1
Dummheit muß nicht gleich weh tun –
so was kommt vielleicht später

»Also, meine lieben Jungens – ich verlange ja nicht gleich, daß ihr meinen Ratschlägen folgt. Ihr solltet nur mal versuchen, meine Gedankengänge zu begreifen. Es sind schließlich die eines Vaters. Eures Vaters!«

Das verkündete Richard Breitbach mit ermunternder Herzlichkeit seinen beiden Söhnen, die er zu sich gebeten hatte. Breitbach war ein hochangesehener Bürger in diesem Städtchen Gilgenrode – Sattlermeister, Hausbesitzer, dazu ein erklärt nationaler und christlicher Mann.

Doch jene Zeiten, in denen er hier sogar gelegentlich als ein ›Schlachtroß Gottes‹ bezeichnet wurde, waren wohl schon lange vorüber; zumindest trabte er neuerdings nicht mehr sonderlich kraftvoll durch diese Gegend. Vermutlich begann er zu scheuen. Und einige meinten sogar: Dieser an sich kompakt behaglich wirkende Mann liebt es, sich als ›Streithammel‹ aufzuführen. Und zwar nur so, gegen die Langeweile.

»Ihr dürft mich nicht mißverstehen, meine lieben Söhne!« rief Richard Breitbach. »Doch was hier so alles im Bereich dieser neudeutschen großkotzigen Kerle geschieht, ist reichlich kurios, tönender Unfug, infantile Spielerei!« Dabei blickte er seine beiden Söhne an, wie ein auf der Kanzel stehender Pastor seine Gemeinde um Vertrauen in die Weisheit des lieben Gottes ersucht. »Unsere derzeitige Situation, meine guten Jungens, will mir manchmal wie ein Narrentreiben anmuten. Auch wenn sich so manches, was diese braunen Brüder von sich geben, durchaus überzeugend anhört. Doch denen darf man nichts glauben!«

»Man darf nichts glauben – auch wenn es sich noch so überzeugend anhört?« fragte nunmehr Konrad, Breitbachs jüngerer Sohn.

Richard Breitbachs väterlich würdiges Selbstbewußtsein blieb zunächst noch ungetrübt. »Auch mir verwischen sich da immer wieder gewisse Grenzen bei unseren lieben Landsleuten, denn die können unberechenbar wie Kinder sein. Aber auch bei ihnen gibt es schließlich erkennbare Unterschiede – etwa jene zwischen echten Idealisten und echten Ganoven!«

»Und die glaubst du tatsächlich zu kennen – bei uns in Gilgenrode?« fragte nun wieder mit freundlicher Beharrlichkeit der jüngere Sohn Konrad seinen immer unruhiger werdenden Vater. »Ich jedenfalls vermag mir durchaus einen Ganoven als Idealisten vorzustellen – und umgekehrt.«

Vater Breitbach schien ein wenig an Atemnot zu leiden, er lockerte seine Krawatte, die schwarz-weiß-rot gestreift war. Die Sonne des sich nach dem Sommer sehnenden Frühlingstages prallte helleuchtend in diesen sonst reichlich dunkel wirkenden Wohnraum von bürgerlicher Gediegenheit; Leder und Eichenholz dominierten darin.

Diese seine ›Jungens‹ waren bereits ausgewachsene Männer. Hoch und breit der ältere, Johannes genannt; sein Gesicht war von heller Schönheit, holzschnittartig geprägt, fast gotisch zu nennen. Die Augen blickten tief verträumt. Der war wohl so eine Art Musensohn und war immerhin schon fast dreißig Jahre alt.

Wesentlich anders geartet war der andere Bruder – also Konrad. Eine Art ›Männchen-Mensch‹; er wirkte und war auch sehr klein: kaum größer als 165 Zentimeter, mutete er äußerst zierlich, aber auch recht beweglich an, doch zugleich auch ein wenig hölzern. Eine Kasperlfigur.

So gut wie niemand hatte bislang geglaubt, diesen Konrad sonderlich beachten zu müssen. Auch er selbst schien keinerlei Wert darauf zu legen. Und sein Vater pflegte von ihm zu sagen: »Unser Knabe Konrad ist gewiß ein sehr liebes Kerlchen, doch leider wohl auch ein braver dummer Hund!« Breitbach liebte Hunde sehr.

Sichtlich konzentrierte sich daher dieser Vater, elefantenhaft in einem Ledersessel hockend, auf Johannes, seinen älteren Sohn. Denn um den ging es hier! Zugleich wohl auch um in Generationen gewachsene Grundprinzipien wie Ehre, Treue, Überzeugung – und wer weiß, was nicht sonst noch alles.

»Ich nehme mir die Freiheit«, sagte Vater Breitbach, Auge in Auge mit seinem Johannes, »einen Sauhund auch einen Sauhund zu nennen – das zumindest hier, im engsten Familienkreis. Und dieser Sonnenblum ist einer!«

Johannes richtete sich auf – es wirkte wie eine Geste entschlossener Tapferkeit. »Verehrter Vater«, sagte er, »um zunächst einmal das klarzustellen: Du bist immerhin mit diesem Sonnenblum befreundet gewesen! Doch dann habt ihr euch gegenseitig zu Feinden erklärt; aus welchen Gründen auch immer. Erspare mir, deutlicher zu werden, was mir sehr peinlich wäre – dir vermutlich auch. Aber was, muß ich dich nun wohl fragen, haben denn eigentlich die Kinder mit den Feindschaften ihrer Väter zu schaffen?«

»An sich – nichts«, versicherte Breitbach entgegenkommend. »Unter gewöhnlichen Umständen nicht das geringste! Doch hier handelt es sich nicht mehr um sogenannte Feindschaften, irgendeiner Frau wegen, wie gerne ablenkend gesagt wird, vielmehr um absolut unüberbrückbare Gegensätze! Denn dieser Sonnenblum ist ein notorischer Nazi! Ich jedoch bin ein erklärter Deutschnationaler! Der will mich ausrotten – und meine Familie dazu! Das soll der gesagt haben!«

»Gesagt haben sollen hier neuerdings manche vieles«, meinte Johannes leicht erregt. »Doch was hat das damit zu tun, daß ich Erika Sonnenblum liebe – und sie mich?«

»Sollte sie dir das etwa bestätigt haben?« fragte Vater Breitbach nicht unbesorgt.

»Wir beide, Erika und ich, wissen es. Also brauchen wir erst gar nicht darüber zu reden.«

Nun meldete sich der Knabe Konrad, das Kerlchen, zu Wort: »Die einfachste Lösung wäre doch wohl die Schaffung einer sogenannten Tatsache. Also dieser: Du machst ihr ein Kind! Womit alles gelaufen wäre.«

»Schwein!« rief Johannes empört seinem Bruder zu.

»Idiot«, wehrte der gelassen ab. »Wenn du das nicht begreifst, bist du einer! Was ist denn schon dabei, wenn ihr frühzeitig für Nachwuchs sorgt – falls ihr euch wirklich liebt, also sowieso heiraten wollt?«

Vater Breitbach starrte überrascht auf seine beiden Söhne. Einen gewissen hartnäckigen Widerstand von Johannes hatte er erwartet – wenn auch nicht gleich in diesem Ausmaß. Die jedoch völlig unvorhergesehene Einmischung seines Sohnes Konrad wollte ihm höchst seltsam erscheinen – irgendwie bedrohlich.

Ungleich ernster jedoch mußte sein Johannes genommen werden. Der war von sensiblem Wesen, ein betont gefühlvoller

Mensch, äußerst anfällig für Gemütsanwandlungen. So was war niemals ganz ungefährlich – schon gar nicht in diesem Gilgenrode, wo es, nach des alten Breitbach Ansicht, neuerdings von Roßtäuschern, Viehaufkäufern und Glaubensbetrügern nur so wimmelte!

»Dieser Sonnenblum, mein Sohn, ist verdummt und verblendet genug, alles auf eine Karte zu setzen, also auf die der Nazis. Als Dentist ist dieser Kerl gar nicht schlecht; durchaus zugegeben, objektiv wie ich bin. Doch seine politischen Ansichten sind geradezu verheerend! Und seine Tochter, diese Erika, ist eben nichts als die Tochter ihres Vaters.«

»So wie auch ich, meinst du wohl, nichts als dein Sohn bin?« Johannes blickte nahezu anklagend. »Was vermutlich heißen soll, daß ich zu denken habe wie du? Und deine Entscheidungen haben die meinen zu sein!?«

»Mein lieber Johannes«, sagte Richard Breitbach besorgt, als befinde er sich plötzlich einem tiefen Abgrund gegenüber, »sollte ich etwa damit rechnen müssen, daß auch du inzwischen ein Nazi geworden bist?«

»Nein«, versicherte Johannes entschieden. Schon als Kind hatte er sich vor naßfeuchten Fröschen geekelt, die auf ihn zugesprungen waren – und so war ihm wohl auch jetzt zumute. »Ich habe stets versucht, ein Mensch von Kultur zu sein. Jene Leute jedoch gehören nicht dazu. Also lehne ich sie ab!«

»Gut«, bestätigte ihm Vater Breitbach erleichtert. »Doch dann mußt du nun wohl auch folgendes wissen: Dieser Saukerl Sonnenblum hat mich gestern abend gestellt, sich vor mir aufgebaut, mitten auf dem Marktplatz vor dem Café ›Vaterland‹, aus dem ich gerade kam. Und dabei hat er mir verkündet, ich hätte gefälligst zur Kenntnis zu nehmen: Er sei jetzt hier der Ortsgruppenleiter der Nationalsozialistischen Deutschen Arbeiterpartei. Somit sei seine Erika die Tochter eines Hoheitsträgers der NSDAP geworden. Und das bedeute – sagte dieser Kretin! –, daß sie nunmehr standes- und gesinnungsgemäß verheiratet werde. Also mit einem Nazi!«

»Das ist einfach ungeheuerlich!« rief Johannes aus, erschrocken und streitbar zugleich.

»Willst du dich dagegen etwa zur Wehr setzen?« fragte das Kerlchen Konrad interessiert. Kein Schaf konnte harmloser dreinschauen, in seinen sanftblauen Augen strahlte der Widerschein eines milden Himmels auf, wie von Murillo gemalt. »Wie stellst du dir das vor?«

»Laß diese Erika sausen!« empfahl Vater Breitbach seinem Johannes. »Das würde uns allen eine Menge Unannehmlichkeiten ersparen, vermute ich.«

»Ich denke nicht daran! Um keinen Preis der Welt! Dieser jetzige Zustand muß ja kein Dauerzustand sein!«

»Davor bewahre uns der Herrgott!« rief Breitbach tönend. »Diese emporgekommenen Sauhunde werden sich wohl etliche Monate behaupten können, vielleicht sogar ein bis zwei Jahre. Mehr nicht. Oder bist du anderer Ansicht?«

Sie blickten sich fragend an, dieses bemühte Streitroß und sein Musensohn. Sie erschraken fast, als sich nun das Kerlchen Konrad, dieser für lieb und zugleich für dumm gehaltene Sohn, abermals einmischte:

»Da gefällt sich also dieser Sonnenblum hier als Stellvertreter seines geliebten Führers! Und er besteht darauf, seine Tochter, die gleichfalls geliebte, nur an jemanden auszuliefern, der von des Führers Geist erfüllt ist. Was du aber nicht bist, mein Bruder, und auch niemals sein wirst. Unseren Vater erfreut das, und ich nehme es hin. Was jedoch bleibt dann noch übrig?«

»Du scheinst da«, wollte Johannes begierig wissen, »irgend etwas auszubrüten. Um was geht's denn, Konrad?«

»Diese Angelegenheit sieht doch wohl praktisch so aus«, erläuterte dieser. »Da ist ein Hund, also Sonnenblum, in einem Schweinestall gelandet – und dort scheint es ihm zu gefallen; er will nicht wieder zurück. Dabei bieten sich nun zwei Möglichkeiten an, grob gesehen: Entweder man mistet diesen Saustall aus – oder man holt diesen Hund von dort heraus! Doch um das zu können, muß man sich zunächst einmal in dieses Dreckloch hineinbegeben.«

»Völlig verrückt!« rief Vater Breitbach, wohl instinktiv erkennend, daß nun höchst Bedrohliches auf ihn zukam. »Vergessen wir Sonnenblum! Soll der getrost versauen!«

»Aber nicht Erika mit ihm«, sagte Johannes bedächtig. »Die gehört zu mir!«

»Und eben deshalb«, meinte nun das Kerlchen Konrad, fast heiter, »gedenke ich nunmehr einiges für das Gefühlsleben meines lieben Bruders zu tun – auch zu meinem Vergnügen.« Er sagte das, als rede er lediglich davon, daß es nun einmal Tage und Nächte gebe, die Sonne und den Mond. Und was könnte selbstverständlicher sein? »Ich werde also in die Partei dieses Sonnenblum eintreten.«

»Das«, rief Breitbach, ganz Vater, »verbiete ich dir!«

»Ich nehme es zur Kenntnis – doch das ändert nichts an meinem Entschluß. Ganz abgesehen davon, daß ich volljährig bin, will ich mich hier endlich einmal amüsieren.«

»Alles läuft bestens!« rief der Zahnarzt Heinrich Sonnenblum, derzeit Ortsgruppenleiter der NSDAP in Gilgenrode. »Die Zeichen unserer Zeit werden immer klarer erkannt. Was meinst du, Mutter, wer mich vorhin gegrüßt hat? Und zwar äußerst respektvoll!«

»Keine Ahnung, Heinrich – aber du wirst es mir ja sagen. Möglichst später – jetzt störst du hier.«

Gertrude, seine Mutter, war in der Küche damit beschäftigt, das Mittagessen zuzubereiten. Sie war eine gedrungene, kartoffelartig kompakt wirkende Person mit zerknautschtem Gesicht; doch darin befanden sich zwei Habichtsaugen, und ihr Mund war messerartig schmal. »Wie oft soll ich dir noch sagen, daß du in meiner Küche nichts zu suchen hast? Kümmere dich lieber um deine Zahnklempnerei; von mir aus auch um deine Sprechstundenhilfe, falls du an die herankommst.«

Heinrich Sonnenblum lachte amüsiert. Schließlich glaubte er, seine liebe Mutter zu kennen; die hatte sozusagen Haare auf den Zähnen, aber auch ein Herz von Gold, wie man so sagt. Und ihre gefährlich spitze Zunge gebrauchte sie meist für das interne Familienspiel: Was sich liebt, das neckt sich!

Nunmehr war er es, der sie zu necken gedachte. »Also, Mutter, um deine Neugier zu befriedigen: Der Mann, der mich so überaus respektvoll gegrüßt hat, war dein Pfarrer Bachus!«

»Kann ja sein«, sagte sie. »Vielleicht will der bei dir Propagandaleiter werden. Heutzutage ist alles möglich.«

Mutter Gertrude musterte ihren hoch aufgeschossenen, schmalschulterigen, doch breithüftigen Sohn mit dem biederen Beamtengesicht nicht ohne gütige Langmut. Dieser Heinrich war ihr einziges, stets geliebtes Kind – was sie ihm jedoch niemals zu verstehen gab. Dafür war sie zu fürsorglich veranlagt.

Mein Gott – der Kleine war ja nie ganz ungefährdet! Seine Ahnungslosigkeit war stets ebenso groß wie sein Geltungsbedürfnis gewesen. Nicht nur in seiner Eigenschaft als Dentist schien er dieser Welt alle von ihm für krank gehaltenen Zähne ziehen zu wollen. Und seine manchmal geradezu raffiniert erscheinende Rechthaberei bereitete ihr gelegentlich einige Sorgen.

Doch wie dem auch sein mochte – er war ihr Sohn. Sie mußte, vor allem seit er verwitwet war, versuchen, ihn vor Dummheiten zu bewahren. »Wenn ich dich so zufrieden grinsen sehe«, sagte sie, »wird mir unbehaglich, mein Kleiner! Glaubst du tatsächlich, dazu Veranlassung zu haben?«

Heinrich Sonnenblums Heiterkeit war durch nichts zu trüben. »Wie wäre es mit einer Flasche Rheinwein – zur Feier des Tages?« regte er an. Denn er wußte, daß sein liebes Mütterchen einem guten Tropfen niemals abgeneigt war.

»Was sind denn das für neue Methoden! Wein willst du saufen – am hellen Tage? Gehört das etwa zu eurem neuen Herrenmenschentum? Wer sich besäuft, will entweder feiern – oder irgend etwas vergessen. Was glaubst du denn feiern zu können? Was willst du vergessen, Heinrich – mein Kleiner?«

Das versuchte er ihr beim Mittagessen zu erklären. Es gab zunächst eine konzentriert mit Sahne verdickte Gemüsesuppe, danach intensiv gebackene Rindsrouladen in Pilzsoße und schließlich noch seine Lieblingsnachspeise: frisch gebackener Apfelkuchen mit Schlagsahne. Er mampfte das alles wonnig in sich hinein; die Welt, soweit sie seiner Verdauung diente, war völlig in Ordnung.

Denn Sonnenblums Mutter war eine Köchin, die herzhaftkraftvolle Gerichte meisterhaft zuzubereiten verstand. Sie dufteten herrlich, wurden niemals durch betäubende Gewürze ihres Grundgeschmacks beraubt und sodann in verlockender Ansehnlichkeit serviert. Seine verehrte Mutter allein schon deshalb zu lieben, hielt Heinrich für absolut angebracht. Er hob das ihm bewilligte gefüllte Glas und rief: »Auf unsere deutsche Zukunft!«

»Was soll denn dieser Seich, mein Jungchen?« brummte sie. »Wir sind doch unter uns! An deine vielversprechende Zukunft habe ich stets geglaubt – aber eben an die eines Zahnarztes! Und jetzt kommst du mir mit so was!«

»Niemand«, versicherte er eilig ablenkend, »kann deinen Kochkünsten widerstehen. Doch selbst dabei frage ich mich noch: Wie geht es unserer lieben Erika?«

Diese Erika, seine Tochter, war nunmehr etwas über zwanzig Jahre alt; in seinen Augen eine wirkliche Schönheit – jedoch wohl, leider, nicht ausgesprochen germanischen Typs. Ihre Augen waren dunkel, ihr Knochenbau war sehr feingliedrig, und ihre Stimme entbehrte jeder klangvollen Festigkeit. Erika betätigte sich in Gilgenrode als Volksschullehrerin für die unteren Klassen.

»Ich habe große Pläne mit ihr!« vertraute Heinrich Sonnenblum seiner Mutter an. »Erikas Zukunft muß der meinen durchaus ebenbürtig sein – das bin ich mir schuldig!«

Mutter Sonnenblum schien sich in einem kleinen Zirkus zu befinden, wo ein Zauberer versucht, stets das gleiche Kaninchen aus mehreren Hüten hervorzuziehen – ohne überzeugenden Erfolg. »Es genügt doch wohl völlig«, tadelte sie, »wenn *du* dich hier als Weltanschauungsakrobat versuchst. Vor so was solltest du Erika bewahren, schon aus Vaterliebe. Ihre Zukunft ist doch völlig klar, sie wird einen guten Mann heiraten – und ich weiß auch schon wen –, wird eine Familie gründen und Kinder bekommen. Dafür ist sie geboren!«

»Bin ich denn etwa zum Dentisten geboren?« begehrte Heinrich Sonnenblum auf, während er genußvoll an seinem Rindfleisch kaute. »Ich jedenfalls habe rechtzeitig erkannt, wohin die Winde in unserem Vaterland wehen.«

»Du scheinst bedudelt zu sein!« stellte Mutter Sonnenblum fest, während sie die Weinflasche besitzergreifend an sich zog. »Durch deinen Hitlergeist. Jetzt heraus mit der Sprache. Was hast du mit unserer Erika vor?«

»Nun – sie sollte sich ihres Vaters würdig erweisen. Etwa die Führung des Bundes Deutscher Mädel übernehmen – oder in der Reichsfrauenschaft tätig werden. Heiraten kann sie immer noch!«

»Aber du weißt, wen sie liebt?«

»Weiß ich! Leider«, bestätigte Heinrich, nach weiteren Rouladen Ausschau haltend. »Die hat sich mit diesem Johannes Breitbach eingelassen, einem Versager, einem notorischen Nichtstuer, der sich wohl für eine Art Künstler hält. Der verfaßt schwülstige, gefühlstriefende Artikel für unser Heimatblättchen. Außerdem spielt er Klavier und Orgel! Orgel sogar in der Kirche!«

»Nur dort gibt es eine!«

»Na gut! Doch muß er unbedingt darauf spielen? Und zu allem

Überfluß soll er sich auch noch Gedichte aus den Rippen schwitzen, sagt man. Ausgesprochen männlich jedenfalls ist das alles nicht! Kann ich meiner geliebten Tochter einen schöngeistigen Armleuchter zumuten? Da müßte der sich schon grundlegend ändern – und seine ganze schäbige Sippschaft dazu!«

Mutter Sonnenblum lachte schroff. »Offenbar willst du versuchen, deine derzeitige Position auszunutzen, um endlich diesen Privatkrieg mit deinem Feindfreund Breitbach zu deinen Gunsten zu entscheiden!«

Sonnenblum wehrte diesen Verdacht mit großer Handbewegung ab. »Du verkennst mich – wieder einmal mehr!«

»Du bist gar nicht zu verkennen, mein Junge – und dieser Breitbach auch nicht. Ihr seid wie zwei ewige Säuglinge, besonders Frauen gegenüber! Ihr habt euch, in eurer Jugend, gegenseitig eure Wunschträume weggeheiratet. Was der eine wollte, das wollte der andere auch! Worunter eure armen Frauen leiden mußten! Kein Wunder, daß ihr beide so frühzeitig Witwer geworden seid!«

»Mutter, das sind doch uralte Geschichten!«

»Die sich aber, bei euch, immer wiederholen! Zwar seid ihr beide inzwischen an die fünfzig Jahre alt geworden – aber trotzdem steigt ihr schon wieder dem gleichen Weibe nach!«

»Fräulein Beate Fischer ist eben nicht nur meine Sprechstundenhilfe«, versicherte Sonnenblum im Ton eines beleidigten Kavaliers, »sondern sie besitzt auch meine private Zuneigung – berechtigterweise!«

»Verstehe, Jungchen – durchaus! Du willst mit ihr schlafen. Aber eben das will Breitbach auch. Und allein deshalb entfesselt ihr beide hier diesen peinlichen Zirkus! Geht das nicht entschieden zu weit?«

»Derartige Verdächtigungen, liebe Mutter, muß ich mir, bei allem Respekt, energisch verbitten! Ich erstrebe stets das denkbar Höchste, Vollkommenste. Das liegt so in meiner Natur.«

»Und das auch im Hinblick auf deine Tochter?«

»Jawohl! Denn für sie ist der denkbar Beste gerade noch gut genug! Also keinesfalls dieser von der Kultur beleckte Breitbach-Bengel Johannes.«

»Wer denn wohl sonst, mein Jungchen?«

»Nun – zum Beispiel Keller! Der Sturmführer unserer SA, mit

meinem Segen dazu ernannt. Der ist hier eindeutig der kommende Mann – nach mir.«

»Das reicht mir – und zwar völlig!« rief nun Mutter Gertrude Sonnenblum, auflodernd empört. »Bist du denn ganz von Gott verlassen? Wie kannst du auch nur in Erwägung ziehen, diesen stinkenden Bock auf deine Tochter loszulassen!«

»Bitte, liebe Mutter, rege dich nicht auf!« empfahl er ihr, fest entschlossen, Weltgeschichte, nationalsozialistische, zu machen. Mit nahezu seherischem Ausdruck blinzelte er vor sich hin. »Du solltest mich niemals unterschätzen! Wohl bin ich dein Sohn – doch nicht mehr dein Kind. Ich denke sehr weit in die Zukunft hinein! Kann ich noch ein Glas Wein haben?«

»Dieses Restaurant«, erklärte ihm Mutter Gertrude energisch, »ist nunmehr für dich geschlossen! Und nicht nur heute, sondern bis auf weiteres! Bis du endlich halbwegs vernünftig geworden bist! Und das heißt: Ich wünsche fortan in unserem Haus den Namen Keller nicht mehr zu hören – jedenfalls nicht im Zusammenhang mit deiner, aber auch meiner Erika. Darauf bestehe ich – verstanden?«

Die Breitbachschen Sattlerwerkstätten – nördlich vom Marktplatz, nahe bei der evangelischen Kirche gelegen – bestanden aus einem Büro, auch Konstruktionsraum genannt, zwei ineinander übergehenden Fertigungsschuppen und dem sogenannten Atelier. Zwei Dutzend Fachkräfte von Rang arbeiteten dort; ihre Produkte gingen, zu Liebhaberpreisen, in alle Welt.

Während sich Richard Breitbach, der Vater, gewöhnlich im Konstruktionsbüro aufhielt, war Konrad Breitbach, ›das Kerlchen‹, zumeist im Atelier anzutreffen. Dort ließ er den Spitzenerzeugnissen dieses Hauses ›letzten Schliff‹ angedeihen, und der war nicht ohne künstlerischen Glanz. Diesmal arbeitete er an einem Prunksattel von großem Ausmaß.

Bei dieser Beschäftigung ließ er sich nicht im geringsten stören, als ihn sein Bruder Johannes aufsuchte. Der stellte sich vor ihm hin, betrachtete ihn intensiv und verkündete dann: »Ich bin besorgt. Und unser Vater ist es auch.«

»Berechtigt!« stimmte ihm Konrad zu, ohne von seiner Beschäftigung aufzusehen. »Doch warum – wißt ihr nicht!«

»Allein deinetwegen, Konrad! Denn wir können nur hoffen,

Vater ebenso wie ich, daß deine Ankündigung, in diese Partei einzutreten, lediglich ein Scherz gewesen ist. Kein sonderlich gelungener übrigens, falls du mich fragst.«

»Ich frage dich aber nicht, Johannes! Weder danach noch nach dem Sinn oder Zweck deiner poetischen Produktionen, deiner geistigen Anwandlungen und Versuchungen, deiner Gefühlsregungen und Gemütsbewegungen! Ich gönne dir alles! Denn du bist du – und das sollst du auch bleiben; solange das hier noch möglich ist.«

Konrad versah dabei, mit sicheren Griffen, den vor ihm aufgebockten Sattel mit Ornamenten, die er aus Silberdrähten zusammengeflochten hatte. Dieses Produkt war für einen Rancher in Texas bestimmt. Büffelmotive sollten es zieren; liegende, grasende, sich wälzende, dahintrabende, angriffswütige Büffel. »Tiere, die auf die Farbe Rot mit instinktiver Erregung reagieren sollen. Bei mir bewirkt das die Farbe Braun.«

»Mein lieber Bruder«, sagte nun Johannes ehrlich besorgt, »du bist ein wahrer Künstler in deinem Fachbereich. Und ich hoffe, einmal ein Schriftsteller zu werden, der einiges zu verkünden haben wird. Was denn, ich bitte dich, geht Menschen wie uns diese plötzlich hervorgebrochene Kloakenwelt an?«

»Versuche nicht, Johannes, diese größenwahnsinnig gewordenen Gesinnungshengste zu unterschätzen. Oder gar zu übersehen. Denn *die*, das kannst du mir glauben, werden dich nicht übersehen – keinen, der ihnen als andersartig oder ›abartig‹ erscheint. Und genau darauf muß man sich einstellen. Und das heißt: mit den Wölfen heulen, sie vielleicht sogar übertönen – und dabei nicht heiser werden!«

»Das entspricht nicht meiner Denkweise.«

»Du bist nun mal ein Schöngeist. Und du darfst dich getrost auf dein Weltgewissen, die Poesie und Erika konzentrieren – den schäbigen Rest überlasse mir. Ich gedenke mit den gleichen Waffen zu kämpfen wie diese Kloakenkerle. Nur eben gegen sie!«

»Ich könnte, wenn überhaupt, nur geistig kämpfen.«

»Eigentümlicherweise«, sagte nun Konrad amüsiert, »sind es gerade die geistlosesten Menschen, die immer an den Kampf mit geistigen Waffen appellieren.«

»Das ist doch Unsinn!« rief Johannes empört aus. »Ein derartig frechdummes Geschwätz solltest du mir nicht zumuten.«

»Ich habe lediglich zitiert, mein lieber Bruder. Und zwar aus einem Buch, das jetzt gar nicht wenige ›die Bibel der Deutschen‹ nennen; oft ohne überhaupt hineingeschaut zu haben. Es handelt sich um Adolf Hitlers ›Mein Kampf‹. Und was dort steht, wird nicht nur geglaubt – es wird auch danach gehandelt werden!«

»Aber so idiotisch können diese Menschen doch nicht sein!«

»Sie sind es! Sie berauschen sich an Phrasen wie an hochprozentigem Alkohol. Eine ansteckende Gehirnkrankheit breitet sich schnell aus. Ich war zufällig bei der Auseinandersetzung unseres Vaters mit Sonnenblum anwesend. Mitten auf dem Marktplatz!«

»Das hat er mir gar nicht erzählt.«

»Das hat der gar nicht bemerkt. Die sahen ja nur noch sich, standen einander gegenüber wie scharfgemachte Kampfhähne – als wollten sie sofort Blut fließen sehen! Ausgerechnet diese beiden! Nachbarskinder, Jugendfreunde, Kriegskameraden dazu – und nun wie besessen von dem Verlangen, einander anzuspringen, zu verletzen, umzubringen.«

»Scheußlich«, sagte Johannes angewidert. »Und standen Menschen herum, sahen sich das an – unternahmen aber nichts?«

»Doch – einer, ein einziger hat es versucht, einer unserer Arbeiter. Doch der liegt jetzt im Krankenhaus mit etlichen, zum Glück nicht sonderlich schweren Verletzungen. Den hat der Keller zusammengeschlagen; behauptet natürlich: in Notwehr, nach einem direkten Angriff auf ihn. Und dieser Keller ist Sturmführer der SA! Der steht nun ganz oben auf meiner Liste.«

»Und was hast du dabei getan?«

»Nichts. Ich empfand nicht das geringste Verlangen, mich auch noch zusammenschlagen zu lassen. Doch in diesen Augenblicken beherrschte mich zwingend eine Formulierung; nachzulesen in Hitlers ›Mein Kampf‹, auf Seite 225: ›Ich aber beschloß, Politiker zu werden.‹«

Keller, der örtliche Sturmführer der SA, war wieder einmal empört. Und das war er in letzter Zeit recht gerne. Diesmal war er entschlossen, sich den Vorstand des örtlichen Sportvereins vorzunehmen, und zwar im Beisein etlicher Kameraden von seiner SA. Diese drängten sich hinter ihm her. Mit Sendungsbewußtsein im Blick. Stets bereit! Für Heimatschutz, Wehrertüchtigung, Verteidigung des gesunden Volksempfindens!

»Du bist mir vielleicht ein Volksgenosse!« fauchte Keller den Sportvereinsvorstand an. »Sagte ich – Volksgenosse? Daß ich nicht lache! Du bist ein Unterwanderer, ein Volksfeind! Was hast du denn geglaubt, uns zumuten zu können – uns, den maßgeblichen Kräften dieses Reiches!«

»Könntest du mir das, bitte, ein wenig näher erklären?« flehte nun der Vorstand des Sportvereins ›Wacker o8‹ höchst besorgt, auch vorbeugend zerknirscht. »Bitte, Hermann!«

Kellers Stimme klang nun noch schärfer, schneidender – lauter jedoch nicht mehr; er hatte bereits auf äußerste Lungenkraft geschaltet. Als ehemaliger Feldwebel, Infanterie, und anerkannter Rekrutenausbilder, besaß er erhebliche Erfahrung im Umgang mit Untergebenen jeder Sorte. Und die zahlte sich jetzt aus.

»Zunächst einmal verbitte ich es mir, in solchen Augenblicken vertraulich geduzt und einfach Hermann genannt zu werden – ich bin Sturmführer! Und als solcher hell empört! Denn ich habe vernehmen müssen, daß dieser Sportplatz, auf dem ich mich mit meinen SA-Kameraden wöchentlich zweimal versammle, und zwar zwecks Wehrertüchtigung, zum Besitz eines gewissen Juden Sass gehört. Stimmt das oder habe ich recht?«

»Nun ja, das stimmt, Sturmführer«, gestand der biedere Sportsfreund ein, erwartungsgemäß beunruhigt. »Aber was, bitte, ist denn schon dabei? Dieser Herr Sass...«

»Habe ich richtig gehört? Sagtest du – *Herr* Sass?«

»Dieser Sass also«, korrigierte sich der Sportsfreund, »hat uns bereits vor Jahren ein ihm gehörendes Gelände zur Verfügung gestellt. Ohne irgendwelche Bedingungen. Und das haben wir dann der SA überlassen. Unentgeltlich – wenn ich darauf aufmerksam machen darf.«

»Ja – pfui Teufel!« brüllte nun Keller kunstvoll gewaltig. »Und so was will ein aufrechter deutscher Mann sein! Verschwinde aus meinen Augen – du Judenfreund!«

Diese letzte Formulierung war ein böses, sogar ein sehr gefährliches Schimpfwort – das begriff dieser Leichtathletiker sogleich. Er entfernte sich befehlsgemäß und so schnell, als verfolgten ihn Bluthunde. Keller lachte ihm männlich kraftvoll nach – wie beim Umtrunk in der Kantine.

Dann wendete er sich seinen SA-Kameraden zu. Von dieser Sorte existierten in Gilgenrode bereits an die sechzig: entschlos-

sene Gesichter, vertrauensvolle Augen, schmal zusammengepreß-
te Lippen.

»Halbkreis bilden!« befahl Keller.

Sie reagierten sofort und scharten sich um ihren Leithammel in
feierlicher Blödheit.

Und der verkündete nun: »Wir sind eine verschworene Gemeinschaft! Diese elende Judenwiese ist unser nicht mehr würdig. Was
wir brauchen, ist ein gepflegtes SA-Heim, ein festes Dach über
unseren Köpfen, ein Ausbildungsplatz für jede Jahreszeit und
jedes Wetter. Dafür werde ich nun sorgen.«

Worauf Sturmführer Keller seine SA-Kameraden mit der Aufforderung entließ: »Macht euch einen schönen Abend! In Kneipen,
wo ihr euch wohl fühlt. Die ersten drei Biere und Schnäpse gehen
auf Staatskosten. Abrechnung darüber, gegen Quittung, im Büro
der Ortsgruppe. Ordnung muß sein.«

Sie stürmten freudig davon.

Hermann Keller jedoch gedachte nunmehr in diesem Gilgenrode ein Exempel zu statuieren. Zu diesem Zweck begab er sich, jetzt
in Zivilkleidung, in das Café ›Vaterland‹ am Marktplatz. Hier ließ
er sich an einem der wenigen freien Tische nieder und bestellte,
mit der ihm eigenen Lautstärke, ein Bier. »Und dazu den Inhaber
dieser Bude!«

Der Besitzer des Cafés war ein gewisser Kimminger – einer der
drei oder vier Beherrscher von Gilgenrode. Denn nicht nur dieses
Lokal gehörte ihm – auch das Hotel ›Deutsches Haus‹, dem ein
nahezu erstklassiges Speiserestaurant angeschlossen war; ferner
zwei Lebensmittelhandlungen, ein warenhausartiges Schuh- und
Bekleidungsgeschäft und mehrere Kneipen. Dennoch wirkte er
mit seinem Milchgesicht reichlich unscheinbar, säuglingshaft verfettet und verschwommen; seine Augen allerdings blinzelten
schlaumeierhaft.

Er setzte sich zu dem Gast, der ihn gerufen hatte. »Da bin ich.
Kann ich etwas für Sie tun?«

»Schon möglich, Herr Kimminger. Wissen Sie, wer ich bin?
Nein? Sie kennen mich also nicht? Mithin noch nicht. Nun – dann
werden Sie mich eben kennenlernen!« Worauf sich dieser Keller,
sozusagen offiziell, vorstellte. Er nannte seinen Namen und gab
mit merklichem Genuß seine Position zu erkennen.

Kimminger zeigte sich höchst entgegenkommend. »Freut mich

sehr, Herr Keller. Habe schon viel von Ihnen gehört! Darf ich Sie bitten, mein Gast zu sein? Und das in jeder Hinsicht. Für Männer wie Sie und für unser schönes Gilgenrode ist mir nichts zu teuer.«

Gilgenrode, im südlichen Teil Ostpreußens gelegen, war umgeben von dichten, doch nicht dunklen Wäldern, in die das Sonnenlicht wie durch funkelnde Kirchenfenster flutete. Ein größerer See bespiegelte die kleine Stadt und ließ sie, wie flirrend vervielfältigt, aufleuchten. Zwei kleinere, still und bescheiden im Hintergrund gelagerte Seen kamen noch hinzu, als klare Übergänge zu satten Wiesen und sorgsam bebauten Feldern, in denen das Land geruhsam und gelassen zu atmen schien.

Bevölkert war diese Gegend – auch gerne ›Paradies‹ genannt – von zahllosen Tieren: scheuen Rehen, springlebendigen Hasen, schlauen Füchsen. An und in den Seen tummelten sich geschäftige Enten, stelzten Fischreiher herum, erhoben sich Kraniche aufschreiend gegen die Sonne. Auf diesen Wiesen standen schwarzweiß gesprenkelte Kühe und glotzten gelassen dahintrabende Pferde an. Sogar Katzen und Hunde, von klein auf aneinander gewöhnt, vertrugen sich hier; sie lagen oftmals, wie eng aneinandergelehnt, vor den Haustüren.

Gilgenrode selbst, ziemlich abseits der Hauptstraße nach Königsberg gelegen, besaß immerhin an die siebentausend Einwohner – und die wurden nicht nur von Pfarrer Bachus gerne ›Seelen‹ genannt. Sie alle beteten auf zumeist evangelische Weise zu ihrem Herrgott, ungestört zumindest so lange, bis sich dann auch hier diese ›Nazis‹ breitmachten, die gleich alles auf einmal sein wollten: national, sozialistisch und deutsch! Über diese angebliche ›Arbeiterpartei‹ des Zahnarztes Sonnenblum glaubten einige sich herzhaft amüsieren zu können, doch sollte ihnen das Lachen bald vergehen.

Dies spätestens dann, als hier die Sturmabteilung, die SA, den ihr gemäßen Führer erhalten hatte. Und das war der bei der Stadtverwaltung, Amt für Wasser und Licht, beschäftigte Hermann Keller – Kriegsteilnehmer in Kasernenbereichen, bewährter Rekrutenausbilder. Mit dem, das hatte sich schnell herumgesprochen, war nicht zu spaßen.

Diesem Häuptling nun, der eindeutig fordernd vor ihm saß, beeilte sich Kimminger, sein Entgegenkommen zu demonstrieren. »Was Sie auch immer, Herr Sturmführer, von mir erwarten sollten

– es ist schon bewilligt! Etwa ein gediegener Kameradschafts-
abend zu Sonderpreisen? Wird organisiert. Oder eine Spende,
eine stattliche, für Ihre gute Sache? Warum nicht?«

»Sie verkennen uns, Herr Kimminger!« Keller wirkte geradezu
bedrohlich munter. Denn dieser Kneipenesel reagierte erwartungsgemäß: der kniff den Schwanz ein und versuchte Gold zu
scheißen. Mit Gesetzesstimme dröhnte Keller: »Wollen Sie etwa
versuchen, uns zu bestechen, Mann?«

»Das würde ich mir niemals erlauben, Herr Sturmführer!«

Auf Kellers Schafsbockgesicht, das dicht auf seinen Schultern
saß, erschien ein breites Grinsen. Seine Greiferhände wirkten
muskulös, Kinn und Nacken waren mächtig ausgeprägt. Besonders, wenn er sich in Gegenwart von Leuten, die der Partei
fernstanden, hochreckte, machte er einen bedrohlichen Eindruck.
Dann wurden Worte zu Befehlen.

»Es handelt sich um folgendes, Herr Kimminger. Sie sind der
Vorsitzende des Ruderclubs Germania, der ja wohl alles andere ist
als eine Vereinigung des arbeitenden Volkes. Nicht zuletzt deshalb gedenke ich Ihnen Gelegenheit zu geben, Ihren guten Willen
zu beweisen. Uns gegenüber.«

Worauf er dann weiter ausführte: Er habe sich gründlich umge-
sehen. Das vom Ruderclub besetzte Ufer am Gilgenroder See sei
das beste Grundstück weit und breit; das Clublokal könne sich
gleichfalls sehen lassen. Und zu diesem Komplex gehöre ja noch:
ein hallenartiges Gebäude, in welchem gelegentlich Ruderboote
untergebracht würden – das jedoch zumeist völlig leer stehe. »Und
auf diesen Schuppen, Kimminger, lege ich Wert!«

»Das«, versicherte der Wirt mit betontem Entgegenkommen,
»ist eine ausgezeichnete Anregung, Herr Sturmführer! Selbstverständlich werde ich mich im Vorstand dafür stark machen, daß Sie
mit Ihren Männern diese Halle benutzen dürfen, jederzeit. Ohne
daß Ihnen dabei irgendwelche Kosten entstehen, versteht sich.
Doch falls der Vorstand Schwierigkeiten machen sollte . . . Oder die
Mitglieder . . .«

»Werden die nicht, Kimminger: Sofern die nicht, mit Ihnen, in
den Verdacht geraten wollen, als Staatsfeinde abgestempelt zu
werden. Mit den in solchem Fall unvermeidlichen Folgen.«

Sich auszumalen, was unter derartigen Folgen zu verstehen war,
dafür reichte selbst Kimmingers nicht sonderlich ausgeprägte

Fantasie aus. Dennoch – das wußte er bereits – existierten auch für diesen neudeutschen Geist gewisse Sperrbezirke, und darauf setzte er eine gewisse Hoffnung.

»Leider«, führte er katzenhaft sanft aus, nicht frei von erwartungsvoller Schadenfreude, »gibt es dabei vermutlich einen kleinen Schönheitsfehler: Das Grundstück unseres Ruderclubs und damit auch die von Ihnen gewünschte Halle ist nicht unser Eigentum. Sie sind uns lediglich zur Verfügung gestellt worden. Recht großzügig, könnte man sagen; vielleicht auch auf sehr berechnende Weise – wer kann das wissen? Und zwar – von Herrn Sass.«

»Von diesem Juden!?« brüllte nun Keller auf, und zwar derart raubtierhaft gewaltig, daß sofort alle Gespräche im Restaurant verstummten. »Ausgerechnet der!«

Kimminger hielt eine besänftigende Erklärung für ratsam: »Aber selbst unter diesen Umständen, Herr Sturmführer, ließe sich das alles arrangieren.«

»Darauf bestehe ich!« entschied Keller, keuchend vor Empörung. »Soll ich etwa vor einer jüdischen Finanzsau kapitulieren? Wenn es um das Wohl und die Wirksamkeit meiner SA geht? Drücken wir es einmal so aus: Wir geben diesem Ausbeuter Gelegenheit, etwas gutzumachen von seinen Sünden wider unser Volk, unser Blut. Diesen Schuppen will ich haben, Kimminger! Und Sie werden dafür sorgen.«

Sonnenblum, Heinrich, hier in Gilgenrode lange Jahre nichts als ein Zahnarzt, hatte neuerdings seine Wohnung und Praxis, Am Markt 7, um etliche Räume erweitert. Deren bisheriger Mieter, ein sich unparteilich gebender Oberlehrer, hatte ausziehen müssen – eine Maßnahme, die nicht schwierig zu bewerkstelligen war; ein leichter Nachdruck hatte genügt.

In den frei gewordenen drei Zimmern war dann unverzüglich, auf Kosten der Bewegung, die ›Ortsgruppe Gilgenrode der NSDAP‹ einquartiert worden. Wozu gehörte: ein Warteraum sowie ein Vorzimmer mit Sekretärin, einer ziemlich dekorativen, ausgesucht germanischen. Dann das Büro des Ortsgruppenleiters, also jenes von Sonnenblum, das bequem von seiner Praxis aus zu erreichen war.

Hier wie dort herrschte derzeit kein lebhafter Betrieb. Nur

wenige Gilgenroder wollten sich von Sonnenblum die Zähne ziehen lassen – und kaum jemand verlangte nach seinem Rat als Parteigewaltiger. Alles befand sich eben noch in den Anfängen. Also übte sich Sonnenblum in Geduld.

Das auch dann noch, als ihm, in seiner Eigenschaft als Leiter der Ortsgruppe, ein Besucher mit dem Namen Breitbach gemeldet wurde. Er blickte seine kuhträge Parteisekretärin fast ungläubig an. »Falls es sich etwa bei dieser Person um den Sattlermeister Breitbach handeln sollte – ich empfange keine Volksfeinde! Es sei denn, diese wären endlich bereit, zu Kreuze zu kriechen!« Womit er das Hakenkreuz meinte.

»Es handelt sich um den Jüngsten von dieser Familie. Konrad. Der wünscht Sie zu sprechen.«

Der allerdings durfte unverzüglich vor Sonnenblum erscheinen. Denn Konrad war das Patenkind seiner Mutter Gertrude, und das mußte respektiert werden. Überdies war dieser Konrad ein äußerst nettes, angenehmes Kerlchen. Und wie der nun vor ihm stand – geradezu mitleiderregend treuherzig!

»Mein lieber Konrad«, sagte Sonnenblum sanft säuselnd wie Morgenwind im Schilf des Gilgenroder Sees, »dich mag ich! Doch solltest du etwa im Auftrag deines Vaters gekommen sein, dann kann ich dich nur warnen. Denn mit dem paktiere ich nicht! Von dem trennen mich Welten!«

»Was mich nichts angeht. Ich bin allein meinetwegen hier. Und sogar gegen den Willen meines Vaters.«

Worauf sich dieser Zahnarzt als Ortsgruppenleiter aufflammend erfreut zeigte – eine durchaus ehrliche Reaktion: »Gegen seinen Willen – tatsächlich? Und warum?«

»Nun, sagen wir – aus Überzeugung.«

Für Sonnenblum war ›Überzeugung‹ ein gewichtiges Stichwort – ein signalhaft befeuerndes! Denn es war einfach nicht wahr, was einige hinterhältige Mitbürger von ihm behaupteten: Er sei lediglich deshalb zu einem Nazi geworden, weil er in den deutschnationalen Organisationen dieses Ortes immer nur die sogenannte ›zweite Geige‹ hatte spielen dürfen – und zwar nach diesem Breitbach! Und das sogar im ›Krieger-, Veteranen- und Soldatenverein‹; und wohl nur, weil er den letzten Krieg, von Fortschrittsgläubigen bereits *Erster* Weltkrieg genannt, lediglich als Leutnant der Reserve beendet hatte. Während dieser Breitbach, gewiß rein zufällig, als Oberleutnant daraus hervorgegangen war, gleichfalls Reserve.

Sonnenblum jedenfalls hatte erkannt, wer die wahren Belange des deutschen Frontsoldatentums am wirksamsten vertrat: Adolf Hitler! Der allein war der wahrhafte Garant dafür, daß niemand dazumal bei der Verteidigung des Vaterlandes umsonst gefallen war, keiner vergeblich gekämpft hatte. Hitler – und in seinem Namen nun auch Sonnenblum. Keinesfalls jedoch diese kraft- und saftlosen Vereinsmeier vom Schlage eines Breitbach, die sich bei ihren Kundgebungen lediglich vollsoffen und patriotische Lieder grölten.

»Überzeugung – das ist es!« Des Ortsgruppenleiters Auge ruhte sanft versonnen auf Konrad. »Für jeden wertvollen Menschen kommt einmal die Stunde der Wahrheit. Und du, mein Junge, bist ein wertvoller Mensch – davon war meine liebe, verehrte Mutter schon immer überzeugt. Sollte ich nun etwa die Freude haben zu vernehmen, daß du ebenso denkst wie ich?«

»Das, Ortsgruppenleiter, trifft wohl zu.«

Beglückt blickte Sonnenblum auf diesen jungen Menschen, den auch er noch immer ›Knabe Konrad‹ nannte.

»Also darf ich in dir, und dies trotz deines Vaters, einen bereitwilligen, getreuen Gefolgsmann unseres verehrten Führers willkommen heißen?«

»Dem scheint tatsächlich so«, versicherte Konrad mild.

Worauf nun Ortsgruppenleiter Sonnenblum, Heinrich, tief bewegt aufschnaufte. Denn weltpolitisch weitgehend geschult – dafür hielt er sich –, erkannte er, was das möglicherweise zu bedeuten hatte. Nichts Geringeres nämlich als dies: die Zersprengung der Breitbach-Sippe! Sein lebenslänglicher Widersacher würde jetzt erheblich an Gelände verlieren, da sich nun einer seiner Söhne gegen ihn ausspielen ließ. So was mußte, machtpolitisch konsequent, ausgenutzt werden.

»Wenn ich dich also richtig verstehe, lieber Konrad, willst du bei uns, bei mir, mitmachen. Und das – obwohl dein Vater alles andere als erfreut darüber sein dürfte?«

»Das«, bestätigte ihm Konrad, »will und kann ich mir leisten. Und zwar nicht nur, weil ich inzwischen volljährig geworden bin.«

»Wie erfreulich vielversprechend, das alles!« Sonnenblum sah eine strahlende Zukunftsvision vor sich. »Du hast die Zeichen unserer Zeit erkannt! Wie bist du dazu gekommen?«

»Ich glaube begriffen zu haben, daß wir in einer entscheidenden Epoche unseres deutschen Daseins angelangt sind. Nach dem Motto: ›Was der Mensch will; das hofft und glaubt er!‹ Womit ich aus dem wohl maßgeblichsten Werk nicht nur unseres Jahrhunderts zitiert habe, aus Hitlers ›Mein Kampf‹; dort zu finden auf Seite 177.«

Nun staunte der Ortsgruppenleiter ehrlich. »Du hast dieses Buch tatsächlich gelesen?«

»Mehrmals sogar.«

Sonnenblum besaß viele Exemplare des Hitlerbuches; sie lagerten stapelweise, zu Geschenkzwecken für feierliche Anlässe, auf seinem Schreibtisch; stets wie griffbereit. Sie wirkten völlig neuwertig; nur in einem hatte er gelegentlich mal geblättert.

»Einfach überwältigend, was unser Führer so von sich gegeben hat – was?«

»Das kann man wohl sagen!« Konrad legte, fast andächtig, die Handflächen aufeinander und blinzelte vor sich hin. »Bei dieser Lektüre kam ich aus dem Staunen nicht mehr heraus. Etwa als ich auf Seite 35 las: ›Kämpfen kann ich nur für etwas, das ich liebe, lieben nur, was ich achte, und achten, was ich mindestens kenne.‹ Das ist es, dachte ich.«

»Das ist es tatsächlich!« röhrte Sonnenblum äußerst zufrieden. Der Silberglanz in seinen Augen zeugte von großer Zuversicht. Und das nicht allein in der Hoffnung, diesen Breitbach endlich unterminieren zu können. Weit darüber hinaus beherrschte ihn das Verlangen, endlich einen sehr würdigen, vielversprechenden Weggefährten zu finden. Diesen! »Du bist ja geradezu nationalsozialistisch gebildet, mein lieber Junge!«

»Damit«, schränkte Konrad ein, »fange ich wohl erst an. So habe ich den ›Völkischen Beobachter‹ abonniert, das wohl maßgebliche Publikationsorgan der Bewegung; dazu den ›Angriff‹, die Berliner Zeitung von Dr. Goebbels; sogar den ›Stürmer‹ des Frankenführers Julius Streicher. Wahre Fundgruben, kann man da nur sagen!«

»Prächtig – ganz prächtig!« Ortsgruppenleiter Sonnenblum rutschte freudig erregt in seinem Sessel herum. Mein Gott, mein Führer, dachte er ergriffen. Dieser Knabe ist ja purer Sonnenschein. »Du bist der geborene Parteigenosse! Dich nehme ich mit offenen Armen in unseren Reihen auf!«

»Danke.« Konrad sagte das wie unendlich ergeben. Auch er hatte nunmehr erkannt: Die Würfel waren gefallen, sein Rubicon war überschritten worden. Wobei er an Hitlers Buch dachte, in dem auf Seite 117 geschrieben stand: ›Unangenehme Wege nicht gehen zu wollen, heißt in dieser Welt nur zu oft, auf das Ziel verzichten.‹

Sonnenblum machte eine segensreiche wie unmittelbar von Herzen kommende Gebärde. »Ich könnte dich, wenn du willst, in meinen engeren Stab aufnehmen. Etwa für die Sparte Volksaufklärung und Propaganda. Dort hat sich zwar schon ein gewisser Patzer eingenistet – aber dem mißtraue ich. Der ist ein Steißtrommler, mit verdächtig intellektuellen Anwandlungen – der versucht sogar mich zu belehren! Der müßte überwacht, vielleicht sogar ausgeschaltet werden. Wäre das was für dich?«

»Vielleicht später.« Konrad erschien äußerst ergeben. »Denn ich möchte, wenn das erlaubt ist, lieber von Grund auf anfangen. Zunächst als einfacher Parteigenosse; und dann noch als SA-Mann, aber sozusagen im hintersten Glied. Alles andere wird sich finden.«

»Bravo!« rief Sonnenblum begeistert aus. »So muß es sein! Wenn ich dich, mein lieber Konrad, in unseren Reihen begrüßen kann, gedenke ich dafür so manches in Kauf zu nehmen – sogar unvermeidliche Schwierigkeiten mit deinem Vater. Doch selbst damit werden wir fertig werden – wenn wir nur unbeirrbar zusammenstehen!«

Womit ein Pakt, der alsbald die seltsamsten Folgen zeitigen sollte, besiegelt worden war. Mit Händedruck – einem ziemlich kraftvollen. Wie unter deutschen Männern üblich.

2
Kinder haben nun mal Väter

An einem dieser Abende speiste Richard Breitbach, der Sattlermeister, mit Fräulein Beate Fischer. Das geschah im Restaurant ›Deutsches Haus‹, am hinteren Tisch rechts. Ein exzellentes ostpreußisches Essen wurde serviert. Zunächst Geflügelcremesuppe, dann Moorente mit Backpflaumen, schließlich Marzipangebäck, frisch aus dem Ofen.

Richard Breitbach, gemüthaft genußbereit, konnte sich das leisten. Schließlich war er der wohl reichste Mann dieser Stadt – von Sass, dem Juden, abgesehen. Zumal für diese Dame Beate leistete er sich's gerne. Die war ein angenehmes, sehr gepflegtes, höchst attraktives Geschöpf. Sie wurde gemeinhin auf Mitte Zwanzig geschätzt, war jedoch wohl bereits weit über dreißig Jahre alt, was ihr niemand zutraute. Sie wirkte zeitlos attraktiv.

Seit einigen Jahren bereits war sie die Sprechstundenhilfe, auch Assistentin genannt, des Zahnarztes Sonnenblum. Und auch der bemühte sich, privat, sehr um sie. Eine vielversprechende Konstellation, die Breitbach, fürsorglich-liebevoll seiner Beate entgegengeneigt, sichtlich genoß. Wenigstens dieses Sieges über seinen Feindfreund glaubte er sich sicher. Er hielt eine Menge von seinen finanziellen Möglichkeiten und seiner männlichen Überzeugungskraft.

»Schmeckt es dir, meine Schöne?« fragte er, wobei er sich besorgt gab – um ihr Wohl, ihr Wohlbefinden. Denn bei Beate Fischer wollte er ganz Kavalier sein, worauf auch sie Wert legte. Und das gelang ihm auch vorzüglich – jedenfalls weit besser als diesem Sonnenblum. »Ist alles ganz in deinem Sinne, meine Liebe?«

»Sehr schön, sehr gut, lieber Richard«, sagte sie, gekonnt entgegenkommend. Zugleich deutete sie an: Sie war nicht nur gepflegt, sie liebte auch das Gepflegte. »Mir kam es allerdings vor, als sei die Geflügelcremesuppe nicht ausreichend gewürzt gewesen, und die Ente hat um Minuten zu lang im Ofen geschmort.«

Er bewunderte ihren sicheren Geschmack. Und damit auch den seinen: Er hatte sie erwählt! An Beate war einfach alles zu bewundern: ihr süß-sanftes Gesicht mit dem verlockend vollen Mund, die sinnlich geblähten Nasenflügel, die großen dunklen Kuhaugen – all dies schien Zärtlichkeit und Hingabebereitschaft zu bekunden.

Was jedoch ein – wenn auch verständlicher – Irrtum war. Denn im Grunde ihres Wesens war diese Beate alles andere als sanft und lieb; sie verhüllte sich vielmehr verwirrend vieldeutig – und eben diesen Eindruck kultivierte sie, mit selbstbewußter Beharrlichkeit. Sie schien jederzeit so gut wie alles zu versprechen, erweckte die kühnsten Hoffnungen, doch sonderlich weit kam man bei ihr kaum. Da mußte man wohl schon eine ganze Menge investieren. Nicht nur Gelder, auch Geduld.

»Ich bin sehr gerne mit dir zusammen, lieber Richard. Aber du weißt auch, daß ich entschieden Wert darauf lege, niemals zu einem Gebrauchsobjekt herabgewürdigt zu werden. Bitte – respektiere das!«

Breitbach zuckte leicht zusammen; hastig nahm er seine Hand von ihrem Oberschenkel. Sie war ja ansonsten nicht kleinlich – doch in der Öffentlichkeit, und das vergaß er immer wieder, legte Beate Wert auf Formen. Also: kein Betatschen, kein Knutschen, keine Küsserei! Sie wollte nicht nur hingebungsvoll geliebt, sondern auch für jedermann erkennbar respektiert werden.

»Entschuldige bitte, meine Schöne, meine Liebe – aber du bist nun einmal eine wunderbare Frau. Ich finde dich einfach hinreißend!«

»Das höre ich gerne, lieber Richard! Aber schließlich sind wir nicht miteinander verheiratet.«

Das war wohl hier der springende Punkt. Diese Beate wollte geheiratet werden – aber nicht um jeden Preis, sondern um einen möglichst hohen. Sie glaubte genau zu wissen, was sie wert war. Und wenn dieser Breitbach auch, durchaus nicht heiratsunwillig, eine recht brauchbare Partie darstellte – es gab auch noch eine andere.

Und zwar: diesen Sonnenblum! Sie hatte also eine Wahl zu treffen: zwischen einem der reichsten Männer dieser Stadt – und dem, der vielleicht nun bald der mächtigste Mann in Gilgenrode sein würde – sofern es ihm gelingen sollte, seine große Stunde zu erkennen, seine Macht zu nutzen.

Und ausgerechnet dieser Mann rief, während sie mit Richard

Breitbach speiste, im ›Deutschen Haus‹ an und verlangte sie zu sprechen!

»Unerhört!« Breitbach reagierte löwenhaft gereizt; doch dann versuchte er schnell, sich belustigt zu geben, denn Beate blickte ihn warnend an. »Ich wollte sagen: das ist ja geradezu lachhaft! Sonnenblum glaubt, er könnte uns stören! Wenn du erlaubst, meine Süße, gehe ich für dich ans Telefon.«

»Das – erlaube ich dir nicht«, sagte sie, sanft wie ein Engel. »Es sei denn, du *bestehst* darauf, dieses Gespräch mit Sonnenblum zu führen. Dann würde ich dich nicht daran hindern.«

»Laß mich das nur machen! Dem werde ich mal beibringen, was ich von seinen Versuchen, uns beim Essen zu stören, halte!«

Das nun folgende Telefongespräch hatte folgenden Wortlaut:

Breitbach: »Ich empfinde es als ziemliche Unverschämtheit von dir, Sonnenblum, daß du versuchst, in das Privatleben von Fräulein Fischer einzugreifen. Diese Dame ist doch schließlich nicht dein Eigentum.«

Sonnenblum: »Sie ist jedoch meine Sprechstundenhilfe! Und als solche wird sie hier dringend gebraucht.«

Breitbach: »Was denn – mitten in der Nacht? Gehören derartige Methoden etwa zu deiner neuen Weltanschauung? Ich denke, ihr seid sozial eingestellt? Doch du scheinst Beate, immerhin eine Dame, wie eine Sklavin behandeln zu wollen! Mann, da kann ich dich nur warnen! So was ist mit der nicht zu machen! Solltest du tatsächlich darauf bestehen, daß ich ihr deine anmaßende Zumutung mitteile?«

Sonnenblum verstummte, wirkte wie abgeschaltet, mehrere Sekunden lang. Wobei ihm klar wurde, daß Breitbach diese Reaktion genoß. Schließlich sprudelte er heraus, als habe er eine Wortwasserleitung aufgedreht. »Wie kommst du mir vor, Mensch? Was fällt dir denn ein? Was glaubst du denn, wer du bist? Für Beate doch wohl nur einer unter anderen – und bestimmt nicht der Aussichtsreichste! Unter ferner liefen...«

Breitbach: »Du hast wohl überhaupt kein Anstandsgefühl – wie? Was soll denn das heißen: andere!? Wer denn noch – außer uns beiden?«

Sonnenblum: »Was, jetzt bist du platt! Und glaube nur ja nicht, daß ich dir etwas vormache. Der Andrang auf Beate ist enorm! Auch wenn sie uns beiden den Vorzug zu geben scheint.«

Breitbach: »Nicht uns beiden, Mensch! Allein mir!«

Sonnenblum: »Ich kann dir nur soviel sagen: Wenn es mir nicht gelingen sollte, Beate zu bekommen – dann kriegst du sie erst recht nicht! Dafür werde ich sorgen.«

Breitbach nun, ebenso entschieden wie dunkel drohend: »Du kannst mich mal – Herr Ortsgruppenleiter!«

Frau Gertrude, Sonnenblums Mutter, widmete sich Erika, ihrer Enkelin. Das geschah beim Frühstück. Erikas Vater, der Zahnarzt und Ortsgruppenleiter, schlief vermutlich noch seinen schweren Rausch aus. Denn in der vergangenen Nacht hatte er längere Telefongespräche geführt und dann noch eine ausgedehnte Sitzung veranstaltet – mit Propagandaleiter Patzer und Sturmführer Keller, unterstützt von einem Kasten Bier und zwei Flaschen Schnaps.

Mithin war der wohl kaum zum Frühstück zu erwarten, was in Mutter Gertrudes Augen eine enorme Torheit war. Denn die Devise der Beherrscherin dieses Hauses lautete: Am Morgen muß man speisen wie ein König, am Mittag wie ein Edelmann, am Abend wie ein Bettler. Das erhält gesund!

»Also, nun mal ganz offen, mein liebes Kind!« Das Alleinsein mit ihrer Enkelin nutzend, begehrte Mutter Getrude, gluckenhaft betreuungsbereit, von Erika zu erfahren: »Wie stellst du dir deine Zukunft vor – wenn du die Wünsche deines Vaters berücksichtigst?«

»Ich weiß nicht, Großmutter, der stellt Forderungen an mich, die mich nicht wenig beunruhigen. Wenn ich ganz aufrichtig sein darf.«

»Das darfst du mir gegenüber immer!«

Erika war knapp einundzwanzig Jahre alt, vermutlich immer noch Jungfrau; ein scheinbar schafsanftes, kleintierhaft zierliches Geschöpf. Sie machte den Eindruck, daß sie kein Wässerchen trüben könnte. Als Volksschullehrerin machte sie sich recht gut, jedoch ihre Lebenserfahrungen waren denkbar minimal.

»Nun«, gestand sie, nach Frau Gertrudes freundlicher Ermunterung, »da ist Johannes.«

»Der ältere Breitbachsohn also. Ein netter Junge – durchaus. Und zu dem fühlst du dich hingezogen?«

»Ja«, bekannte Erika. Rosarote Farben schienen ihr Gesicht zu umspielen, als blicke sie in einen Sonnenaufgang hinein. »Ich glaube schon.«

»Was heißt denn das nun wieder!« rief die hellhörige, wachsame Urmutter aus. »Du glaubst? Du weißt also nichts Genaues? Habt ihr wenigstens miteinander geschlafen?«

»Wo denkst du hin!« wehrte Erika entsetzt ab.

»Ein Esel ist dieser Johannes also auch noch!« stellte Mutter Gertrude mit anhaltendem Kopfschütteln fest. »Sollte der dir etwa, wenn ihr alleine seid, Gedichte vorlesen. Mein Gott, der scheint ja noch weit törichter zu sein, als zu vermuten war.«

»Er – will nichts erzwingen, hat er mir angedeutet.«

»Ein Edel- und Ehrenmann – was?« Frau Gertrude schnaufte unwillig. »Als dein Großvater mich zu heiraten begehrte, hat er dafür Himmel und Hölle in Bewegung gesetzt. Er stellte mir nach, schlich um unser Haus herum, legte sich mit meinem Vater an, war sogar bereit, den zu verprügeln – alles nur, um mich zu erringen! Doch was bringt ihr zuwege – außer Händchen halten?«

»Ich habe, meint Vater, mich seiner würdig zu erweisen!«

»Sollte er dir tatsächlich in diesem Zusammenhang einen gewissen Keller vorgeschlagen haben?«

»Woher weißt du das, Großmutter?«

»Der hat sogar gewagt, das mir gegenüber anzudeuten. Ich habe das für einen schlechten Scherz gehalten. Doch mein lieber Sohn scheint das ganz ehrlich gemeint zu haben! Na – und du! Sollte diese Anregung deines Vaters etwa verlockend für dich sein – oder auch nur nachdenkenswert?«

»Nein, Großmutter. Ich würde mich, wenn ich wählen könnte, für Johannes entscheiden.«

»Dafür werde ich sorgen!« Frau Gertrude war hell empört. »Derartige Versuche, dein Privatleben zu regulieren, werden wir unserem Parteiherrscher gründlich versauen.«

»Aber das möglichst bald«, sagte Erika sanft flehend, »bevor es zu spät ist.«

»Im übrigen gibt es ja«, sagte die Großmutter bedächtig, »noch einen anderen Breitbachsohn, diesen Konrad. Kennst du den?«

Erika nickte. »Der ist mir gelegentlich mal über den Weg gelaufen. Ein vergnügtes Eichhörnchen. Freundlich, sympathisch, verspielt. Ist ja doch komisch, daß ausgerechnet der jetzt auch in Vaters Fahrwasser schwimmt.«

»Was sagst du da?« Frau Gertrude staunte. »Der hat sich meinem Heinrich zugesellt – bist du sicher?«

»Konrad ist in die Partei eingetreten. Außerdem will er sich sogar in der SA betätigen. Und Vater, in seiner Eigenschaft als Ortsgruppenleiter, hat verkündet: ›Der ist ein Mann nach meinem Herzen, erfüllt von meinem Geist!‹ Das besagt doch wohl alles.«

»Herrgott noch mal, Erika – du ahnst offenbar nicht im geringsten, was das bedeuten könnte! Aber das vermag hier wohl niemand – außer mir. Denn dieser Konrad ist nicht zufällig mein Patenkind. Der ist meiner würdig, worauf ich sehr stolz bin. Den hättest du dir aussuchen sollen! Dann wäre alles wesentlich einfacher.«

»Ausgerechnet dieses Milchgesicht?«

»Das ist es ja gerade, was den so herrlich gefährlich macht! Dieser seltsame Junge besitzt das Herz eines Löwen und die Gerissenheit eines ganzen Rudels Füchse! Du brauchst ihn dir nur ein wenig näher anzuschauen.«

»Der Herr, unser Gott, Schöpfer Himmels und der Erde«, quäkte Emil Spahn, um Feierlichkeit bemüht, »ruhte sich am siebenten Tage aus, sein Werk zu betrachten. Was jedoch mußte er erblicken? Das Paradies und die Sünde! Geile Feigenblattmenschen, Töchterschänder, Brudermörder! Und diese Welt wird immer voller von ihnen!«

Derlei verkündete Emil Spahn in einer Kneipe, die ›Zur letzten Instanz‹ hieß. Sie befand sich dem Amtsgericht unmittelbar gegenüber und war eine von mindestens drei Dutzend in dieser Stadt. Solche Weisheiten ließ der ortsbekannte Säufer jederzeit vom Stapel, und gar nicht selten spendierte ihm einer, der sich davon erheitert fühlte, einen Schnaps.

Dieser Emil Spahn, mit faltenreichem Dackelgesicht und bulldoggenhaften Triefaugen, galt als notorischer Querulant. Er genoß Narrenfreiheit, die er sich zäh, beharrlich errungen hatte.

»Der Herr, unser Gott, ist wahrhaft groß!« verkündete er allen, die sich willig über ihn amüsierten, und das waren jeweils mindestens drei bis vier Zuhörer. Zumal der Schnaps lediglich zehn Pfennige pro Glas kostete. Und das war ihnen Emils Kneipentheater wert.

»Doch seine angeblichen Ebenbilder«, rief Emil Spahn, »sind

denkbar mies, schäbig und hinterngesichtig! Um das zu erkennen, braucht ihr euch nicht gleich im Spiegel zu betrachten! Es genügt schon, mich anzusehen.«

Worauf dieser Emil gedachte, sich mit fünf spendierten Schnäpsen in die hinterste Ecke des Lokals zurückziehen zu können, um dort gedankentief vor sich hin zu brüten.

Doch überraschend gesellte sich Konrad Breitbach zu ihm und nickte ihm freundlich zu.

»Du säufst reichlich viel in dich hinein, Emil – was ja hier durchaus verständlich ist. Aber warum diesen penetranten, gesundheitsschädlichen Kartoffelschnaps? Dir gebührt was Besseres!«

Emil Spahn schien zwar nicht gleich vollends aus seinen Trunkenheitsträumen zu erwachen, doch immerhin hatte es den Anschein, als fühle er sich vom Anblick dieses Kerlchens ermuntert, wenn nicht gar belustigt.

»Was – willst denn ausgerechnet du von mir, du Seelenbohrer? Dich habe ich schon als Kind durchschaut: Du hörst das Gras wachsen!«

»Und du, Emil, hast unserem Volk aufs Maul geschaut. Doch vor den letzten Konsequenzen schreckst du zurück. Warum wohl?«

Emil Spahn griff hastig nach dem nächsten Schnapsglas. »Ich bin, wie du wohl erkannt hast, lieber Konrad, ein denkbar armes Schwein. Ich hause in einer äußerst schäbigen Bude. Aber lebensmüde bin ich dennoch nicht, nicht einmal unglücklich. Denn ich besitze eine Katze – ein überaus prächtiges Geschöpf, auch wenn man's der vielleicht nicht ansieht. Aber sie bereitet mir ein wunderbares Glücksgefühl – vielleicht das letzte Mal in meinem Leben. Soll ich das aufs Spiel setzen, Konrad – mit Gewalt?«

»Nicht aufs Spiel setzen, Emil. Aber vielleicht könntest du trotzdem dein Leben ein wenig sinnvoller gestalten. Denn schließlich leben wir, was dir wohl kaum entgangen ist, in einer großen Zeit.«

»Worauf ich scheiße, Mensch!« erklärte Emil Spahn mit schlicht kompakter Überzeugung. »Denn die Sache mit Gott, auf die ich mich eingelassen habe, ist schon schlimm genug – soll ich mich nun auch noch mit dem Teufel einlassen? Kein Bogen um den kann groß genug sein! Ich bin hier sowieso nichts anderes als ein Schnapsbruder, ein Schafskopf, ein stadtbekanntes Arschloch!«

»So was, lieber Emil«, warnte Konrad, freundschaftlich besorgt, »würde ich, an deiner Stelle, niemals mehr laut verkünden. Denn damit würdest du dich selbst zu einem minderwertigen Element erklären. Und das ist derzeit ziemlich gefährlich. Denn da hat doch ein gewisser Adolf Hitler in seinem Buch ›Mein Kampf‹ auf Seite 280 verkündet: ›Eine unbarmherzige Aussonderung unheilbar Erkrankter wäre ein Segen für die Nachwelt.‹ Willst du etwa auch zu denen gehören?«

»Will ich nicht!« stieß Spahn erregt hervor. Auch ein weiterer Kartoffelschnaps besänftigte ihn nicht. Leicht zitternd wollte er dann wissen: »Was meinst du wohl, Konrad, wäre dagegen zu machen?«

»Statt dem lieben Gott Vorwürfe zu machen, solltest du deine durchaus noch vorhandenen Geisteskräfte beweisen, indem du gewisse großartige Führerpersönlichkeiten in Verlegenheit bringst.«

Emil Spahn hob abwehrend seine bebenden Hände. »Ich mag ja ein erklärter Idiot sein, Mensch – aber so saudumm, mich mit diesen herumlauernden Schlägertypen anzulegen, bin selbst ich nicht. Nur ein falsches oder eben ein richtiges Wort, und die würden mich durch den Fleischwolf drehen! Das aber will und kann ich mir nicht leisten – meiner lieben Katze wegen nicht.«

»Sollst du auch gar nicht, Emil! Mach genau das Gegenteil. Bestätige sie! Lobe sie über den grünen Klee, jubele sie hoch! Dagegen werden die so gut wie machtlos sein.«

Je mehr Emil Spahn trank, um so nüchterner schien er zu werden. In seinen triefenden Bulldoggenaugen dämmerte es horizontweit. »Ich soll ihnen also in den Hintern kriechen. Erwartest du das von mir, Konrad?«

»Fast genau das, Emil. Und gerade dir sollte das nicht schwerfallen. Zumal ich dich dafür mit bester, treffsicherer Munition beliefern werde – mit Stichworten, Hinweisen, Anregungen. Du bleibst die Stimme unseres Volkes – doch nun eben penetrant positiv neudeutsch! Bist du bereit?«

»Bin ich! Bei großzügiger Zurverfügungstellung bester Getränke, durchaus. Und bei wem, meinst du, habe ich anzufangen?«

»Nun – etwa bei Sturmführer Keller.«

Emil Spahn staunte bereitwillig entzückt. Er vergaß sogar, nach dem nächsten Glas zu greifen. »Ausgerechnet der? Mensch, Kon-

rad – den lobe ich mit Wonne in Grund und Boden! Ein schlacht-
reiferes Schwein kann ich mir kaum vorstellen! Ich wohne ja sogar
in seiner nächsten Nachbarschaft. Der ist ja mein Feind! Der haßt
meine Katze! Das ist entscheidend!«

Sturmführer Keller fühlte sich beschwingt. Die Rindviecher in
Gilgenrode spurten wie abgerichtete Hunde.

An diesem Vormittag hatte er sich wieder einmal bei seinem
Ortsgruppenleiter zu melden. Und der schätzte ihn, erkannte ihn
an, da war Keller sicher. In Sonnenblums Büro angekommen,
brauchte er nicht allzulange zu warten. Der Ortsgruppenleiter
erschien im weißen Zahnarztkittel, zog den jedoch gleich hastig
aus, eine goldbraune Uniform kam zum Vorschein.

»Soeben«, verkündete er, noch als Dentist, »habe ich dem Juden
Sass einen Zahn ziehen müssen.« Um dann, nun ganz Ortsgruppenleiter, zu versichern: »Mit erheblichem Widerwillen, versteht
sich! Da der aber vorgab, heftige Schmerzen zu haben, konnte ich
ihm meinen ärztlichen Beistand nicht verweigern. Ich habe ihm
jedoch keinerlei Betäubungsmittel gegönnt. Auch das ist eine Art
von Konsequenz.«

»Sehr überzeugend, bewundernswert!« tönte Sturmführer Keller. »Du bist eben eine Führerpersönlichkeit – und ein Klassediplo-
mat zugleich!«

Das war durchaus keine Schmeichelei, wurde zumindest von
Sonnenblum auch nicht für eine solche gehalten. So was gehörte
zum Umgangston – unter Herrenmenschen. Diese ›verschworenen Gefolgsleute‹ waren bemüht, sich gegenseitig zu bestätigen.

»Kamerad Keller«, feuerte der Ortsgruppenleiter seinen Sturmführer an, »was auch immer auf uns zukommen mag: die Hauptsache ist, daß wir uns aufeinander verlassen können!«

»Was soll’s denn dieses Mal sein?« Keller scherzte kumpanenhaft anbiedernd. »Will etwa unser Pfarrer in die Partei eintreten –
und soll ich das verhindern? Oder habe ich ihm Dampf zu machen,
weil er noch immer nicht in die Partei eintreten will? Du brauchst
mir nur zu sagen, was du für zweckmäßig hältst.«

»Sinnvolle Zweckmäßigkeit, Keller – genau das ist es, worauf es
hier ankommt. Das hast du goldrichtig erkannt.« Wenn sie einander duzten, so nicht etwa aus persönlicher Zuneigung – sondern
gleichsam als ›alte Frontschweine‹, kameradschaftlich, wie von

ihrem Hitler vorgelebt. »In diesem Fall handelt es sich um einen Breitbach – und zwar um Konrad Breitbach. Über den müssen wir reden.«

»Ausgerechnet über den?« Keller glaubte mäßig erheitert reagieren zu können. »Was soll denn mit diesem kleinen Scheißer geschehen? Habe ich dies Windei in die Pfanne zu hauen?«

»Nicht gleich das, Kamerad Keller! Vielmehr gedenke ich diesen Konrad in unsere Partei aufzunehmen. Und darüber hinaus noch deiner SA zuzuteilen! Na – was sagst du nun?«

»Will der, muß der – oder soll der?« Der Sturmführer blickte seinen Ortsgruppenleiter neugierig an. »Ausgerechnet dieser sanfte Spinner – in unseren Reihen? Aber sicherlich wirst du dir einiges dabei gedacht haben.«

»Und zwar dies: Konrad ist ein Sohn des Richard Breitbach, also eines erklärten Feindes unserer Bewegung. Wenn der freiwillig zu uns stößt, wäre es pure Dummheit, ihn zurückzuweisen. Denn damit schwächen wir unsere Widersacher. Kapiert, Kamerad?«

»Genial!« rief der Sturmführer ergriffen. »Dann soll dieser Konrad nur bei mir antanzen! Dem werde ich schon beibringen, was ein echter, rechter, deutscher Mann ist! Richtig so?«

»Goldrichtig!« bestätigte Sonnenblum. Um dann jedoch behutsam warnend hinzuzufügen: »Aber schrecke ihn nicht ab! Versuche ihn vielmehr wie ein rohes Ei zu behandeln. Auch dann, wenn er nichts wie ein notorischer Armleuchter sein sollte. Er könnte nämlich immerhin die Funktion eines Schafes ausüben, das an einer Fallgrube festgebunden wird – als Köder für Raubtiere!«

»Verstehe, Ortsgruppenleiter!« Keller gelang es, den Eindruck zu erwecken, höchst beglückt darüber zu sein, unter solch einem weitschauenden, zielstrebigen Parteiführer in Aktion treten zu dürfen. »Ich sehe schon: hier geht es unentwegt vorwärts, vorwärts! Erkennbar. Erfreulich. Wir werden respektiert. Wenn nicht gar geliebt!«

»Was werden wir – geliebt?« fragte Sonnenblum lauernd. »Wovon redest du da?«

Ein Thema wie dieses berauschte den Sturmführer sichtlich: »Also – wenn wir da so durch die Stadt marschieren, ich voran, dann bekommen die Weiber blanke Augen. Die geilen hinter uns her! Das ist eben die Macht der Uniform – und natürlich, speziell bei mir, die Wirkung der Persönlichkeit. Da wird so manche schwach.«

»Na – wer denn wohl? Würde ich gerne wissen.«

»Also! Da ist zum Beispiel die Frau vom Bäcker Abromeit. Ein sanftes, blondes Seelchen, rein äußerlich – in Wirklichkeit scharf wie ein Rasiermesser; die versucht sich bei jeder Gelegenheit auf mich zu stürzen. Dann die Frau von diesem Oberlehrer Buchner, die immer so hochmütig blickt, sogar Klavier spielt, Mozart und so was. In Wirklichkeit ist die läufig wie zwei Dutzend kastrierter Katzen. Auch die Schwester von der Frau des Bürgermeisters – oder die Tochter von Pfarrer Bachus. Auch die mit Recht so genannte ›Empfangsdame‹ vom Kimminger-Hotel! Sie alle machen die Beine breit – wenn ich nur will! Wer eigentlich nicht?«

»Etwa auch Beate Fischer?« fragte nun Sonnenblum, sprungbereit, katerhaft gesträubt.

»Die natürlich nicht!« versicherte Sturmführer Keller eilig. Schließlich war ihm das Interesse seines Ortsgruppenleiters an dieser Dame bekannt; große Teile der Stadtbevölkerung wußten darüber Bescheid; in dieser Hinsicht war Gilgenrode durchaus überschaubar. »Dieses Fräulein ist schließlich nicht irgendeine unter anderen. So mal auf die Schnelle ist mit der nichts zu machen. Eine deutsche Frau! Auch wenn sie eigentlich nicht so aussieht. Doch die hat Rasse! Aber wem sage ich das?«

»Dennoch«, bohrte Sonnenblum nach, »würdest du auch mal gerne mit ihr… Falls du das könntest?«

»Aber klar, Ortsgruppenleiter! Da bin ich ganz offen, dir gegenüber immer. Ich wäre ja ansonsten wohl auch kein rechter, echter Mann, wenn mich diese Wucht von Weib gleichgültig ließe. Aber ich bin auch dein Gefolgsmann. Und als solcher respektiere ich selbstverständlich deine Interessen. Bei dieser Dame hast du Vorfahrt.«

»Was dich aber nicht davon abgehalten hat, wie mir zu Ohren gekommen ist, sie zum Essen einzuladen. Auch sollst du ihr Blumen geschickt haben, sogar Konfekt.«

»Likör auch – Danziger Goldwasser!« Keller gab das unumwunden zu. »Aber das geschah schließlich in Verehrung und Bewunderung dir gegenüber. Der von dir so hoch geschätzten

Frau die größte Aufmerksamkeit entgegenzubringen – das halte ich für selbstverständlich!«

»Das gefällt mir nicht!« verkündete Sonnenblum nunmehr mit einiger Strenge. »Womit ich gar nicht so sehr deine Bemühungen um Fräulein Fischer meine, denn die verdient gewiß jede erdenkliche Aufmerksamkeit. Was mich jedoch ehrlich besorgt macht, Keller, ist dein geradezu ausschweifendes Leben – deine heiklen, unberechenbaren, wilden Weibergeschichten!«

»Schließlich – ich bin ein Mann! Und was für einer!« Womit er sich zweifellos überschätzte.

Aber Sonnenblum sagte mit erhobener Stimme, als verlese er das Parteiprogramm: »Du bist unser Sturmführer. Das verpflichtet dich zu vorbildlichem Verhalten! Solltest du dazu etwa nicht bereit sein?«

Keller zuckte leicht zusammen. Er zog hastig die weit von sich gestreckten, gespreizten Beine ein. »Bin ich denn nicht stets bemüht gewesen...«

Er gab sich durchaus entgegenkommend, nicht ohne Neugier. Denn er begann zu ahnen, daß ihm hier offenbar eine Karte zugespielt wurde, deren Wert er noch nicht kannte, der jedoch ziemlich hoch sein mußte. »Wie also habe ich mich zu verhalten – deiner Meinung nach?«

»Deiner einzigartigen, verantwortungsvollen Position gemäß!« erwiderte Ortsgruppenleiter Sonnenblum bedächtig. »Allein das erwiesenermaßen rassisch Hochwertige darf dein Ziel sein. Das bist du unserer Bewegung schuldig.«

»Und wer wohl käme nach deiner Ansicht, die allerdings für mich maßgeblich ist – als ein solches Ziel in Frage?«

»Ich könnte dir, mein lieber Keller, mehrere Namen nennen – von verehrungswürdigen, erstrebenswerten Frauen. Zumindest drei. Das wäre einmal die verdienstvolle Leiterin unserer NS-Frauenschaft – die frühe Witwe Peller.«

»Eine ganz prächtige Person – durchaus! Jedoch bereits wohl ein wenig zu alt – für mich.«

»Wie wäre es dann mit Eva Schwarz, unserer vielversprechenden BDM-Führerin? Allerbeste Erziehung, höchst ansehnlich, vom rechten Geist erfüllt.«

»Doch vermutlich wohl etwas zu jung für mich – außerdem nicht ganz mein Typ. Die gefällt sich als ganz scharfe Idealistin – aber wer kann schon mit so was schlafen, von Heirat ganz zu schweigen! Sense also. Wer käme sonst noch in Frage?«

»Einen dritten Namen nenne ich nur gewissermaßen der Vollständigkeit halber, aus keinem anderen Beweggrund.« Sonnenblum blickte fast verweisend streng, als verbitte er sich im voraus jedes Mißverständnis. »Es handelt sich um Erika, meine mir sehr liebe Tochter.«

Nun war es, als befehle Keller seinem Gesicht, heldenhaft entschlossene Züge anzunehmen. »Ein äußerst verehrungswürdiges Wesen, in der Tat! Von großer Schönheit und gewiß von besonderem Wert. Eben – deine Tochter. Und du meinst nun, wenn ich dich richtig verstehe: Erika und ich könnten...«

»Ich habe nichts Derartiges auch nur angedeutet, mein lieber Keller. Doch es würde mich selbstverständlich nicht gleichgültig lassen, sollte die Wahl des sauberen Herzens meiner geliebten Tochter auf einen Mann fallen, der ihrer auch in meinen Augen würdig wäre.«

»Wenn es so steht«, versprach Keller unbedenklich, denn er schien rosige Horizonte zu erblicken, »werde ich eben bemüht darauf hinarbeiten! Denn was der Mensch will, das kann er auch – hat unser Führer gesagt. Und was der sagt, stimmt!«

Vater Breitbach hatte an diesem Tag ein ausgedehntes Mittagsmahl genossen: knusprigen Schweinebraten mit Kartoffelknödeln, selbstverständlich handgemachten. Sein Gastgeber war Pfarrer Bachus gewesen. Massiv gestärkt durch leibliche Genüsse und geistliche Ratschläge, begab sich Richard Breitbach nunmehr in seine Werkstatt, in das sogenannte Atelier.

Hier fand er, wie erwartet, seinen Sohn Konrad vor. Der arbeitete intensiv an einem Sattel, den er mit lilienartigen Ornamenten verzierte; eine Auftragsarbeit für einen französischen Grafen aus der Provence, für garantierte dreitausend Dollar.

»Du bist ein handwerkliches Genie«, versicherte Breitbach anerkennend.

»Das habe ich von dir, Vater.«

»Das ist wahrlich nicht wenig. Aber solltest du nicht auch sonst noch einiges bei mir gelernt haben? Etwa in menschlicher oder in politischer Hinsicht?«

»Habe ich tatsächlich, Vater – sogar weit mehr, als du ahnst!«

»Dann verstehe ich nicht, Konrad, daß du mit meinem Feind Sonnenblum Kontakt aufgenommen hast. Solltest du tatsächlich – in diese Partei eingetreten sein?«

»Stimmt, Vater.«

»Womit du dich also entschieden hast – gegen mich!«

Konrad unterbrach die Arbeit an den feinen Silberflechtungen über goldbraunem Leder. Er betrachtete seinen Vater geradezu nachsichtig. Was den ungemein irritierte – denn von diesem Sohn war er das nicht gewohnt.

»Warum sollte ich gegen dich sein? Warum glaubst du, daß ich für Sonnenblum bin? Ich bin lediglich der Bruder meines Bruders, den ich, wie dich ja auch, sehr liebe – und den ich glücklich sehen will. Das ist schon alles.«

Richard Breitbach hielt es nunmehr für angebracht, absolut massiv zu reagieren, ganz als Familienoberhaupt. »Ich verbiete es dir ganz einfach, mit diesem Sauhund Sonnenblum gemeinsame Sache zu machen – die im Endeffekt gegen mich gerichtet wäre!«

»Erstens, Vater, mache ich keine gemeinsame Sache mit dem.« Konrad erklärte das so ruhig, als habe er Nachhilfeunterricht zu erteilen. »Zweitens kannst du mir gar nichts verbieten, da ich volljährig bin. Und drittens bin ich tatsächlich dein Sohn – aber eben auf meine Weise.«

»So? Und wenn ich entschlossen bin, dich vor die Wahl zu stellen? Entweder – oder? Ich könnte mich von dir abwenden, dir mein Haus verbieten, dich enterben!«

»Das wirst du nicht. Schließlich bin ich nicht nur dein lieber Sohn, sondern auch der beste Mann in deiner Sattlerwerkstatt; dein legitimer Nachfolger. Mich an die Luft zu setzen – das kannst du dir gar nicht leisten.«

»Mein Gott, Konrad – was ist denn nur in dich gefahren?«

»Ich berücksichtige lediglich unsere Familienkonstellation, die denkbar vielversprechend ist. Du bist ein scharfer Nazigegner; Johannes bemüht sich, neutral zu sein; und ich marschiere unter der Hakenkreuzflagge.«

»Und das nennst du vielversprechend!«

»Versuche, das richtig zu sehen, Vater«, erklärte ihm dieser seltsame Sohn nicht ohne irritierende Heiterkeit. »Denn was nun auch alles geschehen mag, und das Fürchterlichste scheint mir nicht ausgeschlossen: Im Endeffekt wird wenigstens einer von uns recht behalten, also richtig reagiert haben. Und der muß dann die beiden anderen aus dem Dreck ziehen, auch wenn der noch so dick sein sollte.«

Vater Breitbach war, ganz gegen seinen Willen, beeindruckt. »Du mußt verrückt sein, mein Sohn – um so was auskochen zu können!«

»Aber ich bitte dich, Vater! Was ist denn schon normal – in einer Zeit, in der ein Hitler, allseits bewundert und gläubig angestaunt, verkünden kann: ›Wenn wir zugrunde gehen, sinkt mit uns die Schönheit dieser Erde ins Grab.‹ Das ist nachzulesen auf Seite 316 seines grandiosen Werkes. Wenn jedoch ein derart brutaler Blödsinn ohne jeden Protest hingenommen wird, muß man wohl auf einiges gefaßt sein. Und das bin ich.«

Erstmals bewährte sich nun Emil Spahn in Gilgenrode als aufrechter, national empfindender Mann – nicht ohne sich vorher mit einem halben Liter Branntwein gestärkt zu haben. Dann jedoch war er bereit, sogar den Teufel als Spielgefährten zu akzeptieren.

Sein bemerkenswerter Auftritt fand in der Kneipe ›Zur guten Ente‹ statt, die sich im Westen der Stadt befand, in der Nähe der verfallenden Ordensritterburg. Dort pflegten sich Bauern aus der Umgebung einzufinden; nach lohnenden Viehverkäufen waren sie für eine unterhaltsame Ablenkung zu haben. Die bot ihnen dieser Emil gern. Diesmal jedoch auf eine sie leicht beunruhigende Weise.

Denn er, von dem sie gewohnt waren, daß er vom Himmelreich schwätzte, von der Schöpfung und ihren Folgen, gefiel sich nunmehr in heiklen, bedenklichen, wenn auch durchaus noch erheiternden Anspielungen.

»Da leben wir nun in einem herrlichen, gottgesegneten Land! Bei uns wächst und blüht und gedeiht einfach alles. Wir haben die prächtigsten Menschen, die dicksten Kartoffeln und die vollfleischigsten Tiere: wundersam großäugige Kühe, freudig fressende Schweine, treuherzig grasende Lämmer. So könnten wir denn zufrieden sein, wenn nicht gar glücklich. Doch damit des Guten noch nicht genug! Es weilen auch noch mannhafte deutsche Patrioten mitten unter uns!

Und diese gilt es zu preisen, meine lieben Mitbürger, die ihr jetzt auch noch Volksgenossen seid! Wozu ich euch beglückwünschen darf – mich auch. Denn nun kann und darf sich hier endlich ein jeder Mann als echter deutscher Mann fühlen, jede Frau sich als eine sehr deutsche Frau wähnen, und unsere lieben Kleinen dürfen gewiß sein, daß sie die Garanten unserer Zukunft sind! Und die kann nur rosig sein oder rot wie das Blut, das unsere deutschen Herzen durchpulst. Und für wen pulst es?

Natürlich für unseren Führer! Oder eben für jene, die hier, in seinem Sinne, an seine Stelle getreten sind – und zu denen wir Vertrauen haben müssen. Wobei wohl entscheidend ist: die Stimme des Blutes, der Gleichklang der Seelen, der ausgeprägte Sinn für das Hochwertige. Womit ich einmal unseren einzigartigen Ortsgruppenleiter meine, doch nicht minder unseren unvergleichlichen Sturmführer. Denn beide verkörpern vorbildlich den Geist unserer deutschen Zukunft!«

Schweigen im Raum. Selbst der Wirt starrte mit offenem Mund seine gleichermaßen erstaunten Gäste an. Deren Gläser drohten leer zu bleiben.

Doch Emil Spahn rief ermunternd in die Runde: »Darauf sollten wir trinken – auf das Wohl unserer strahlenden örtlichen Führer, denen wir gewiß noch eine ganze Menge zu verdanken haben werden! Doch, darauf trinke ich gerne – diesbezügliche Spenden erhoffend!«

»Eine Lokalrunde!« rief freudig enthemmt der Bauer Rogalski aus, ein anerkannter Züchter hochwertigen Rindviehs. »Einen doppelten Schnaps für jeden – doch für unseren Emil einen dreifachen!« Und zu dem sagte er dann, ihm zuprostend: »Du hast hier eine ganze Menge Schmalz abgelassen, mein Guter! Paß nur auf, daß man dich eines Tages nicht abschlachtet wie ein vollreifes Zuchtschwein.«

Erika Sonnenblum und Johannes Breitbach trafen sich im sogenannten Stadtpark beim Gilgenroder See. Das war eine etliche hundert Quadratmeter große Anlage mit knirschenden Kieswegen, dichtbelaubten Linden, wuchernden Blumenbeeten. Hier standen auch an die drei Dutzend Bänke, und die waren die Hauptsache, denn auf, neben oder hinter ihnen, so ging die Sage, sollte ein wesentlicher Teil der Gilgenroder Bevölkerung entstanden sein.

Die Nacht umhüllte das Pärchen dicht, schien es bereitwillig abzuschirmen. Der Himmel war von dunkelblau schimmernder

Leuchtkraft und ließ ihre Gesichter magisch erglänzen. Sie atmeten ein wenig schwer. Das bleierne Wasser des Sees glänzte sinnlich-träge im sanften Mondlicht.

»Da bin ich«, sagte Erika Sonnenblum, verhalten, aber auch vielversprechend. »Ich bin gekommen – zu dir.«

»Wofür ich dir danke – von ganzem Herzen«, versicherte Johannes. Er griff nach ihrer Hand, die sie ihm bereitwillig entgegenstreckte. »Und ich kann nur hoffen, dir deshalb keine Schwierigkeiten zu bereiten. Bei deinem Vater! Denn der ist gegen mich.«

»Hörst du, wie mein Herz schlägt?« fragte Erika nun mit mutigem Entgegenkommen. »Für dich! Willst du es fühlen?«

Noch ehe er das bejahen konnte, ergriff sie seine Hand und führte sie an ihre linke Brust. Die erwies sich als nicht sonderlich füllig, entsprach also nicht ganz dem zeitgemäßen Schönheitsideal. Was Johannes jedoch nicht störte.

»Wie wunderschön du bist!« bekannte er in wonnigem Erschauern. Es verlangte ihn, sich über sie zu stürzen, ihr Kleid zu öffnen, sich mit beiden Händen an diese ihm herrlich erscheinenden Brüste heranzutasten.

Doch dann löste er sich fast hastig von ihr. Keuchend bekannte er: »Ich respektiere dich viel zu sehr, liebste Erika, als daß ich leichtfertig der Versuchung erliegen könnte, uns in eine fragwürdige Situation zu bringen!«

»Mein Gott!« sagte Erika. Ein tiefer Seufzer verriet ihre verhaltene Resignation. »Wie stellst du dir das vor? Du kannst doch nicht beides zugleich haben: meine Liebe und den Segen meines Vaters! Was ist dir denn wichtiger?«

Nachdem Sturmführer Keller vernommen hatte, daß sich Ortsgruppenleiter Sonnenblum in Allenstein bei der dortigen Parteileitung aufhielt, setzte er sich in den ihm neuerdings von Amts wegen zur Verfügung gestellten Dienstwagen: eine Mercedes-Limousine, viertürig, Sechssitzer. Farbe: Sargschwarz.

Dieses einem Edelmenschen durchaus angemessene Prachtfahrzeug steuerte Keller persönlich. Und zwar vor das Haus ›Am Markt 9‹, wo in zwei Zimmern plus Bad und Küche Beate Fischer wohnte. Und die hupte er nun herbei.

Beate Fischer ließ sich Zeit zu erscheinen. Dann jedoch zeigte sie sich in einem perlgrauen sportlichen Kostüm. Darunter trug sie eine beigefarbene Bluse, eine leicht aufknöpfbare, wie Keller freudig registrierte. Lässig ließ sie sich neben ihm nieder und fragte, gekonnt kokett: »Nun, mein Lieber, was gedenken Sie mir heute zu bieten?«

»Lassen Sie sich überraschen, Verehrteste!«

»Versuchen Sie das mal!« ermunterte sie ihn – sich zurücklehnend, wobei sie jedoch ihre Schenkel aneinanderpreßte. »Geben Sie sich Mühe.«

Und Keller gab sich Mühe. Er brauste mit ihr davon, ließ den Wagen tanzen, lachte männlich-herzhaft dabei. Er versuchte sich, trotz der vielen Unebenheiten dieser Straße, in kühnster Kurventechnik, in gewagten Ausweichmanövern. Rennfahrerseligkeit überkam ihn.

Sie landeten dann, nach nur etwa sechs Kilometern, in einem bei der Gilgenroder Bevölkerung ungemein beliebten Lokal, dem ›Roten Krug‹ am kleinen Rotsee. Dieses ländlich-idyllische Gasthaus pflegte besonders an Sonn-, Feier- und Festtagen von den Bürgern der Stadt erwandert zu werden; es war aber auch – durch den glasklaren Bruderkanal – per Schiff und mit dem Ruderboot bequem zu erreichen.

Nachdem Kimminger auch dieses Lokal übernommen hatte, wurde dort nicht nur vorzüglich gekocht und gebacken – auch die Getränke galten als erlesen und sehr gepflegt: etwa ein Bier mit dem Namen ›Englisch Brunnen‹, gebraut in Elbing, oder edelste, hochprozentige Schnapssorten nach landsmannschaftlichen Rezepten. Aber es wurden auch, falls gewünscht, Weine vom deutschen Rhein serviert; auch Sekt, gleichfalls vom deutschen Rhein.

Dazu hatte Kimminger klugerweise im ersten Stock des ›Roten Kruges‹ drei Doppelzimmer ausbauen lassen, die gerne gemietet wurden, von Hochzeitspaaren wie auch von Geschäftsleuten und Honoratioren der Stadt, oftmals mit wechselnder Begleitung. Beate Fischer jedoch hatte noch nie dazugehört. Und sie sagte nun auch mit lächelnder Offenheit:

»Sie erwarten doch nicht etwa, Herr Keller, daß ich mit Ihnen in einem dieser Schlafzimmer absteige? Oder sollten Sie mir das tatsächlich zutrauen?«

»Natürlich nicht!« versicherte er hohl tönend, doch im Grunde unbeeindruckt.

Er versuchte, während sie sich in den ›Roten Krug‹ begaben,

ihre stutenhaft stramme Rückenpartie zu betätscheln. Beate blieb prompt stehen und sah ihn mit rehhaft großen Augen an. »Da muß ich doch sehr bitten, mein Lieber – so weit sind wir noch nicht! Noch lange nicht. Erwarten Sie bitte kein leichtfertiges Abenteuer von mir!«

»So was«, behauptete Keller schwergewichtig, »würde ich mir niemals erlauben! Ich verehre Sie doch!«

»Jedenfalls, lieber Herr Keller«, meinte Beate fast warnend, »verlasse ich mich darauf, daß Sie meine Unbescholtenheit respektieren.«

Worauf er lautstark befahl, daß nunmehr Sekt zu servieren sei. Das geschah unverzüglich. Er prostete ihr hastig zu und verschluckte sich. Sie klopfte ihm, doch nur andeutungsweise, auf die Schultern, was ihn schnell wieder hoffen ließ.

»Ich bin stets für denkbar größte Offenheit, Herr Keller«, sagte sie, »was Sie hoffentlich zu schätzen wissen. Ich nehme an, daß Ihnen nicht entgangen ist, daß sich noch zwei andere Männer sehr ernsthaft um mich bemühen. Und zwar die Herren Sonnenblum und Breitbach.«

»Die! Wer sind die denn schon!« Keller rief das geradezu verwegen aus, eisern entschlossen, ihr zu imponieren. Er kippte den Inhalt des Sektglases in seinen Schlund. »Dieser Breitbach ist doch eindeutig von vorgestern; der hat doch keine Zukunft in unserem neuen Staat! Und der andere«, er meinte Sonnenblum, sprach den Namen aber nicht aus, »versucht zwar, sich den Erfordernissen unserer großen Zeit anzupassen, jedoch ohne Energie und Ausdauer! Der wird garantiert überrollt werden!«

»Durch – wen? Etwa durch Sie, Keller? Fürchten Sie denn nicht, sich dabei ein bißchen zu übernehmen?«

»Sie dürfen mir getrost einiges zutrauen, Fräulein Fischer! Nun erst recht – da ich Ihr Verständnis erspüre, zumindest Ihr Interesse. So was spornt mich ungemein an! Und wenn Sie sogar bereit wären, meine Bestrebungen zu unterstützen – ich würde hier Bäume ausreißen!«

»Und wie stellen Sie sich meine Unterstützung vor? Möglichst genau, bitte!«

»Das liegt ganz bei Ihnen!« versicherte Keller prompt. Er legte seinen Arm um sie – und diesmal entzog sie sich ihm nicht. »So etwa könnten Sie hier die Frau eines Sturmführers werden, der

48

alsbald Ortsgruppenleiter sein wird, wenn nicht sogar Kreisleiter. Bei mir ist einfach alles drin! Wollen Sie?«

Beate Fischer lehnte sich wie probeweise an ihn. »Nun, dann versuchen Sie, mich davon zu überzeugen, daß Sie hier wirklich der Größte sind. Alles andere wird sich dann schon finden.«

»Prima, einfach prima!« rief Keller begeistert aus. Worauf er seinen rechten Daumen nach oben zeigen ließ, also dorthin, wo die doppelten Schlafzimmer lagen. »Und wie wäre es nun mit einer internen Bestätigung unseres Paktes? So für ein, zwei Stunden?«

»Wo denken Sie hin!« Beate lachte ihn sommersonnenhell an. »Schließlich kann ich mir, womöglich als künftige Frau eines Kreisleiters, keine vorehelichen Ausschweifungen leisten.«

»Na – großartig!« Er lachte urmännlich auf. »Mädchen, du bist eine Wucht! Genau meine Kragenweite. Du weißt noch, was Sitte und Anstand ist, du bewahrst dich auf für mich! Was sind wir doch für ein prächtiges Gespann!«

Beate überhörte, für diesmal, das ›Du‹. Dieser Abend stimmte sie großzügig. Und eben deshalb wünschte sie ihn zu beenden. »Darf ich Sie nun bitten, mich nach Hause zu fahren?«

Womit dieser Ausflug wohl gelaufen war. Keller zitierte den Ober zu sich und schob ihm einen Zehnmarkschein hin, wobei er lässig sagte: »Gesamtrechnung an Kimminger!« Er vernahm ein ergebenes ›Jawohl!‹. Und Beate gegenüber erklärte er, nach einem vergeblichen Versuch, sie zu umarmen: »So macht man das! Die spuren hier alle, in jeder erdenklichen Hinsicht. Doch das ist erst der Anfang!«

Darauf bestieg er, reichlich betrunken, seinen Amts-Mercedes und hockte sich hinter das Steuerrad. »Steig ein, Mädchen!«

»Aber das«, sagte Beate Fischer, die noch auf der Straße stand, »ist doch gewiß nicht die erstrebte, feine Lebensart!«

»Ja, warum denn nicht?«

»Wer ein Kavalier sein will«, belehrte sie ihn sanft, »pflegt seiner Dame die Wagentür zu öffnen und hinter ihr zu schließen, bevor er sich selbst niederläßt.«

Was dann auch tatsächlich geschah. Keller wieselte ergeben um seinen Wagen herum und auf sie zu. »Mädchen, du weißt noch, was deutsche Lebensart ist! Du bist die denkbar beste aller Frauen. Für mich!«

Unmittelbar nach dem sonntäglichen Gottesdienst, dessen Thema diesmal gelautet hatte: man gebe dem Kaiser, was des Kaisers ist, und Gott, was Gottes ist –, schlenderte Bachus, der Pfarrer von Gilgenrode, über den Marktplatz.

Er wirkte überaus versonnen, schritt ein wenig gebückt, wie permanent demütig, dahin. Vermutlich sann er, wie im Nachgenuß, seiner Predigt nach, die er für herrlich ausgewogen hielt. Bei diesem geistreichen Verdauungsspaziergang landete Pfarrer Bachus am oberen Teil des geräumigen Marktplatzes, und zwar bei jenem Hause, das dem Geschäftsmann Sass gehörte. Es war einer der im Zentrum dieser Stadt üblichen Bürgerbauten: zweistöckig, nicht sonderlich breit, mit kleinen Fenstern. Auf der klobigen Haustür waren in einer Schnitzerei Mond und Sonne vereint, ob auf- oder untergehend, war nicht erkennbar.

Die Front dieses gediegenen Hauses Sass war schneeweiß gestrichen – wie beispielhaft für die blendende Sauberkeit dieses Landes. Von Ostpreußen pflegte man zu sagen: Hier könne man mitten auf der Straße speisen – sogar ohne Tischtuch.

Aber gerade die Gediegenheit dieses so gar nicht protzig wirkenden Hauses machte nicht wenige mißtrauisch. Wußte man doch: Dieser Sass, dieser Jude, war ein stinkreicher Mann, dem schätzungsweise halb Gilgenrode gehörte. Der hätte sich mit seinem dicken Vermögen ein Prunkhaus am See erbauen können, ein Lustschloß in den nahen Wäldern, sogar eine Villa an der Riviera.

In Wahrheit hockte er unbeweglich in Gilgenrode, wie völlig vereinsamt, ohne Familie, ohne Nachkommen, also ohne erkennbaren Erben. Er wurde lediglich von einem weißhaarigen Mann und einer uralten Frau betreut, von der allerdings behauptet wurde, sie sei vermutlich die beste Köchin von ganz Ostpreußen. Überfressen jedoch wirkte dieser einsame Sass, inmitten all dieser steifen Behaglichkeit aus Leder, Holz und Samt, keineswegs.

Daß an seinen Wänden höchst bemerkenswerte Bilder hingen – ein Goya, ein Turner, ein van Gogh, zwei Renoir – hatte hier wohl, außer Konrad und Johannes, noch niemand zur Kenntnis genommen. Auch war wohl noch keinem aufgefallen, daß eines dieser Gemälde, nämlich jenes in seinem Schlafzimmer, der Beate Fischer zu gleichen schien, obwohl es doch im vorigen Jahrhundert gemalt worden war. Er betrachtete es oft und gerne.

Beim Anblick seiner Bilder pflegte Sass den Großteil seiner Tage zu verbringen. Gern ging er auch stundenlang spazieren – zumeist mit entblößtem Haupt, als vermöge er nur so dieser herrlichen, geruhsamen Landschaft würdig zu begegnen. Ansonsten las er viel. Zeit, sich auch noch um seine Finanzen zu kümmern, schien ihm dabei kaum mehr zu bleiben.

Als an diesem Tage seine Türglocke betätigt wurde, schritt Siegfried Sass, leicht gebückt, gletscherhaft weiß, mit quellwasserklaren Augen, zum Eingang hin. Als er öffnete, sah er vor sich Pfarrer Bachus.

»Da staunen Sie – was?« sagte der Pfarrer wieselhaft munter. Seine Kleintieraugen blinzelten zutraulich. »Ausgerechnet mich haben Sie hier wohl kaum erwartet. Doch Sie wissen ja, wie ich bin!«

»Weiß ich nicht«, sagte Sass, jedoch nicht unfreundlich. »Wer kennt denn wen schon wirklich?«

Bachus wirkte leicht entkräftet. Das große Wagnis dieser Begegnung ließ ihn, nachdem Sass ihn ins Wohnzimmer geführt hatte, in den nächsten Sessel fallen, während Sass stehenblieb. Und wie predigend, wie beschwörend rief Bachus: »Lernen Sie die Zeichen der Zeit erkennen, Herr Sass! Bald wird unsere Welt von Raffern, Zerstörern und Fressern beherrscht werden! Und die werden alles vereinnahmen oder vernichten, was sich ihnen entgegenstellt. Also auch Sie und Ihre Welt! Mithin sind Sie äußerst gefährdet!«

»Und Sie – nicht, Herr Bachus? Hat ein Christ keinen Anlaß zur Sorge?«

»Derzeit«, erklärte der Pfarrer mit düsterer Miene, »scheinen bei uns zwei Sorten von Christen zu existieren. Die einen bekennen sich zur Bibel und die anderen mehr zum Deutschtum. Ich jedoch fühle mich allein Gott gegenüber verpflichtet.«

»Und was, glauben Sie, könnte sich daraus ergeben?«

»Sie sollten sich mir anvertrauen, Herr Sass! Denn ich bin hier der einzige, auf den Sie sich voll und ganz verlassen können.«

»Sie sagten: anvertrauen! Was verstehen Sie darunter, Herr Bachus?«

»Sie sollten das so sehen, verehrter Herr Sass: Unsere evangelische Kirche ist in diesem Land seit Jahrhunderten unantastbar, ein Hort der Geborgenheit und Verläßlichkeit, von großem Ansehen und weiter Wirksamkeit. Wir verdienen und besitzen auch jedes erdenkliche Vertrauen!«

»Sie wollen doch nicht etwa, Herr Pfarrer«, scherzte Sass, wenn auch nur mäßig amüsiert, »den Versuch unternehmen, mich für Ihre Kirche anzuwerben?«

Bachus schwitzte stark, sein Gesicht glänzte wie eingeölt, was wohl an der hohen Temperatur dieses strahlenden Vorsommertages lag. »Ich erlaube mir lediglich, dies zu sagen: Unsere Kirche bedeutet Sicherheit. Nicht einmal ein Hitler wird sie anzutasten wagen. Auch den werden wir überleben! Bis dahin jedoch müssen wir uns absichern – und Sie müssen das auch. Und eben deshalb bin ich hier.«

Siegfried Sass hatte bald erkannt, worauf Bachus hinauswollte. Auch wenn es ihm kein sonderliches Vergnügen bereitete, den zappeln zu sehen, gedachte er doch nicht, ihm irgendwie entgegenzukommen. »Worauf wollen Sie mich aufmerksam machen?«

Bachus betupfte sein Gesicht. »Was ich Ihnen offeriere, ist meine Bereitschaft, Sie in jeder Hinsicht abzusichern. Auch finanziell. Was praktisch heißt: Ich bin bereit mitzuhelfen, Ihre Vermögenswerte dem schon bald zu erwartenden Zugriff der Nazis zu entziehen.«

»Heißt das: Sie machen mir den Vorschlag, Ihnen, also Ihrer Kirche, meinen ganzen Besitz zu überschreiben?«

»Nur um ihn zu sichern! Eine Überführung in treue Hände also – und das natürlich nur so lange, bis dieser Spuk vorüber ist. Selbstverständlich dränge ich mich Ihnen nicht auf. Es ist nichts als ein Angebot. Darüber sollten Sie nachdenken. Sehr bald! Bevor es womöglich zu spät ist.«

»Ich werde über diese Anregung nachdenken«, sagte Sass mit einem etwas traurigen Lächeln. »Tun Sie das, bitte, auch.«

3
Die Wahrheit kann sehr
unglaubwürdig sein

Konrad Breitbach, das ›Kerlchen‹, fand sich bei seinen SA-Kameraden erstmals an einem Abend des Monats Mai ein. Und das war in diesem ersten Jahr von Hitlers neuem Deutschland wahrhaftig ein ›Wonnemond‹, wie der Germane zu sagen pflegte. Die Natur drohte vor Sinnenfreude zu zerbersten. Der Tatendrang der SA, zumindest der ihres Sturmführers, schien ihr nicht nachzustehen.

Sturmführer Keller wartete, umringt von seinen Männern, im Bootsschuppen des Ruderclubs auf Konrad Breitbach. Diese Halle hatte er inzwischen schnell und wie endgültig für seine Zwekke vereinnahmt, also völlig räumen und renovieren lassen. Das war nun ein erstklassiges Trainingslager und Schulungsheim. Nach dem hier immer verbindlicher werdenden Motto: Das Beste ist für die Besten gerade gut genug!

»Da bist du ja, Kamerad Breitbach!« rief Keller. Das klang entgegenkommend, ja herzlich, eingedenk der Hinweise und Mahnungen, die ihm der Ortsgruppenleiter gebieterisch eingeprägt hatte. Das konnte jedoch den Sturmführer nicht hindern, eine leicht unwillige Verwunderung beim Anblick dieses neuen Mannes erkennen zu lassen. »Laß dich mal anschauen, Mensch!«

Konrad war nämlich in eine funkelnagelneue SA-Uniform gehüllt – eine von sichtlich allerbester Qualität: Kalbslederstiefel, reitsportartig zugeschnittene Hosen, straff sitzendes Hemd, Koppel und Schulterriemen hochglänzend, dazu eine SA-Sturmmütze aus Segeltuch, und das alles leuchtend braun. Geliefert von der Reichszeugmeisterei in München, dann aber noch von Simoneit, dem anerkannt besten Schneider von Gilgenrode, auf Paßform gebracht. Außerdem, höchst ungewöhnlich für einen SA-Mann, trug dieser Konrad ein Buch mit sich herum.

Soweit war alles eindrucksvoll sehenswert, sogar für die prüfenden Feldwebelaugen eines Keller. Überaus komisch jedoch war, daß diese ganze Pracht ein kleines, zierliches, keinesfalls soldatisch oder gar straff gereckt dastehendes Männchen umhüllte. Keller erkannte sogleich: den mußte er erst zu einem Manne formen! Doch das war schließlich eine seiner Spezialitäten.

Ungetrübt munter, also nicht ahnend, was diese Begegnung noch für ihn bedeuten sollte, verkündete er seinen Männern: »Das also, Leute, ist unser neuer Kamerad! An sich völlig gleichgültig, wie er heißt, aus welcher Sippe er kommt. Hauptsache: er bekennt sich zu uns, ist nunmehr einer der unseren! Herzlich willkommen also, Kamerad Breitbach! Später wirst du Gelegenheit erhalten, eine Einstands- und Ehrenrunde zu schmeißen. Doch zunächst fordert der Alltag sein Recht!«

Und das sah so aus: Sturmführer Keller begann mit militärischen Übungen, als habe er Grundausbildung für die Infanterie zu betreiben: Antreten, Einreihen, Tuchfühlung, Ausrichten, Abzählen! Stillgestanden – Augen rechts – Augen geradeaus – die Augen links! Hierauf Meldung durch den dienstältesten Scharführer. Und die nahm Keller, nahezu feldherrnhaft dastehend, entgegen.

Sodann: »Einzelübungen. Zunächst Wendungen. Fünfzehn Minuten.«

Worauf die Scharführer drei Gruppen bildeten und diese schreiend herumkommandierten, mit von Keller übernommenen Kasernenhoftönen. »Bauch rein – Brust raus – Hände an die Hosennaht – Blick geradeaus – Arsch eingeklemmt!« Und derlei Feinheiten mehr.

Bei diesen drei unter Keller agierenden Scharführern handelte es sich um folgende Männer: Müller, auch genannt das ›Pferd‹, ein Sparkassenangestellter, der vernichtende Fußtritte austeilen konnte. Dann Schulze, ›der Sanfte‹, ein Kolonialwarenhändler von erwürgender Hinterhältigkeit, die er für kompromißlosen Idealismus hielt. Ferner Feinemann, ›der Kaputtmacher‹, ein Fleischergeselle von fröhlicher Wesensart; für ihn war das Töten von Tieren ein gesetzlich geordneter Vorgang – bald das von ›minderwertigen‹ Menschen auch.

Keller beherrschte sie alle – sie folgten ihm. Aufs Wort. Und schon befahl er weitere Ertüchtigungen im Rahmen der von ihm bevorzugten Methode, Menschen zu Männern zu formen! Nächste Übung: Ehrenbezeigungen: der deutsche Gruß! Gereckte Haltung – Blick frei auf den Vorgesetzten gerichtet oder, gegebenenfalls, feierlich auf die Fahne. Sodann schnellt der rechte Arm hoch, mit straff ausgereckter Hand, genau bis in die Höhe der rechten

Augenbraue, keinen Millimeter höher, keinen tiefer! »Und wehe, wenn einem Schwanz die Flosse zittert – dem trete ich ein Hakenkreuz in den Arsch. Das, Leute, wollen wir nun üben, üben, üben!«

Das taten sie denn auch, vom Scharführergebrüll angefeuert. Keller selbst stand breitbeinig und beobachtete seine Männer – diesen Neuling Breitbach mit besonderer Aufmerksamkeit und gar nicht unzufrieden. Der hatte sein Buch abgelegt und machte erfreulich bereitwillig mit. Sogar eine gewisse Geschicklichkeit war ihm nicht abzusprechen. Der war vermutlich brauchbar – zumindest bemüht.

»Gefechtspause!« befahl Keller, nachdem er seinen Männern eine Stunde lang kräftig eingeheizt hatte. »Stärken wir uns!« Dafür hatte er vorgesorgt, denn die immer großzügiger werdende Spendenbereitschaft des besseren Teils der Gilgenroder Bevölkerung erlaubte eine angenehme Freizeitgestaltung. In diesem Fall: ein Kessel voller Fleischwürste – mindestens zwei für jeden; dazu gab es Landbrot, noch leicht ofenwarm. Der Sturmführer persönlich brach es in große Brocken und warf diese dann seinen Männern zu.

Das mampften sie nun in sich hinein, im trauten Kameradenkreis. Freudig umringten sie ihren Sturmführer, der ihnen zusätzlich noch eine Flasche Bier ›pro Schwanz‹ bewilligt hatte. »Lediglich zur Stärkung. Gesoffen wird später.«

Sie redeten einander, wie befohlen und wie unter Gefolgsleuten des Führers selbstverständlich, mit ›du‹ an. Was einiges vereinfachte – auch für Konrad. Der wandte sich nun scheinbar aufmerksam ergeben an Keller: »Erlaube mir eine Frage, Sturmführer. Bist du sicher, dich auch nicht zu irren?«

Keller unterbrach seine Tätigkeit – das Zerlegen einer Brühwurst in große Teile – und blickte ungläubig auf. »Ich höre da wohl nicht richtig, Mensch! Was sagst du? Ich mich irren? Ich! Wie kommst du Armleuchter denn auf so was, Breitbach – Kamerad!«

Der blinzelte in die Runde – ohne auch nur die geringste Verständnisbereitschaft wahrnehmen zu können, schon gar nicht bei den Scharführern. Einer von denen, der sogenannte ›Sanfte‹, in Wahrheit ein ganz scharfer, also Schulze, lachte bedrohlich auf. »Was will denn der? Alte Hasen anpinkeln?«

Konrad beeilte sich zu versichern: »Ich weiß – ich bin erst ein Anfänger! Aber anfangen müssen wir ja wohl alle, irgendwann einmal. Und selbstverständlich kann ich mich irren. Ich habe mir lediglich erlaubt, eine Frage zu stellen – nicht unberechtigt, wie ich glaube.«

Keller stellte, als wäre ihm plötzlich der Appetit vergangen, seinen Teller mit den Wurstresten zur Seite – doch immerhin noch in Reichweite. »Was meinst du denn mit diesem Seich, Mensch, Kamerad?«

»Ich gebe lediglich zu bedenken, Sturmführer, daß einiges von dem, was wir hier veranstalten, möglicherweise zu einer Art Fehlentwicklung führen könnte.«

»Zweifelst du etwa am Auftrag unserer SA, Jungchen?« fragte nun wieder Scharführer Schulze, der scharfe Sanfte. »Wenn du das auch nur versuchen solltest, trete ich dir ins Gekröse. Du wärst nicht der erste, dem ich diese Spezialbehandlung verpasse!«

»Nur ruhig Blut, Kameraden!« sagte Keller, sich souverän gebend. »Konrad soll sich getrost ausquatschen. Das ist auch im Sinne unseres derzeitigen Ortsgruppenleiters. Also?«

Konrad Breitbach reagierte mit einem fast töricht wirkenden Lächeln. »Ich würde es mir natürlich niemals erlauben, den Geist und den Auftrag unserer SA in Zweifel zu ziehen! Meine konstruktiv gedachten, kameradschaftlichen Einwände sollen lediglich andeuten, daß mir die bei uns angewendeten Methoden, sehr behutsam ausgedrückt, als nicht sinnvoll genug erscheinen wollen!«

Scharführer Schulze schnaufte bedrohlich auf. »Menschenskind – dir hat wohl einer ins Hirn geschissen!« Die übrigen SA-Männer blickten einsatzbereit ihren Sturmführer an.

»Du willst mich doch nicht etwa zum Lachen bringen, Breitbach?« sagte Keller todernst. »Worauf willst du eigentlich hinaus, Menschenskind?«

»Ich erlaube mir lediglich dies zur Diskussion zu stellen. Unsere SA hat ihrem Wesen nach kein militanter Verein, kein Ersatzsoldatentum, keine Kasernenhoftruppe zu sein. Alles Militärische muß der Reichswehr überlassen bleiben; sie ist der alleinige Waffenträger unseres Volkes. Unsere SA ist aber die entscheidende Aktionsgruppe der Partei, und als solche *sportlich* zu schulen und zweckmäßig einzusetzen.«

Keller richtete sich angriffsbereit auf. Er fühlte die Augen seiner Männer auf sich gerichtet. Entsprechend reagierte er – nun ganz

Sturmführer. »Was versuchst du uns da einzureden, Mensch! Wer hat dir solchen Unsinn zugeflüstert!«

»Als Unsinn, Sturmführer, würde ich das lieber nicht bezeichnen.«

»Aber ich bezeichne es so, Mann! Und ich bin hier maßgeblich! Also – wer hat dir solch jüdischen Scheißdreck eingeredet?«

Konrad, ganz freundlicher Knabe: »Das habe ich gelesen.«

»Er hat es gelesen! Auch das noch!« Keller blickte ermunternd in die Runde. Prompt kam herzhaftes Gelächter auf. »Mein Gott, das ist ja saukomisch! Der Kerl liest! Womöglich sogar Bücher! Und? Wer hat denn diesen Bockmist geschrieben?«

»Unser Führer«, sagte Konrad schlicht – und mit vernichtender Wirksamkeit. Selbst Scharführer Schulze blickte nun wohltuend blöde – und die SA-Männer duckten sich wie in einen Deckungsgraben hinein. Denn damit, das erkannten sie alle, war nicht zu spaßen; spätestens beim Führer, dem hoch zu verehrenden, wurde es heilig ernst.

Auch Keller zeigte sich beeindruckt. Mit polternder Kameradschaftlichkeit versuchte er, auch diese Situation für sich zu retten. »Könnte es nicht sein, daß du da unseren Führer irgendwie mißverstanden hast? So was kann ja vorkommen – und ich bin da nicht nachtragend.«

»Ich berufe mich auf Adolf Hitlers ›Mein Kampf‹.« Worauf Konrad das Buch, das er mitgebracht hatte, wie eine Waffe schwenkte. Mit sicheren, wie eingeübten Griffen schlug er es auf, das bestürzte Schweigen um sich herum lange genießend.

»Hier – Kameraden, in unserer deutschen Bibel – und zwar auf Seite 611 – steht es gedruckt. Sogar gesperrt, was wohl auf die besondere Bedeutung dieses Satzes hinweist. Und den erlaube ich mir nun wörtlich zu zitieren: ›Ihre Ausbildung‹ – also jene der SA – ›hat nicht nach militärischen Gesichtspunkten, sondern nach parteizweckmäßigen zu erfolgen.‹

Soweit, liebe Kameraden, verehrter Sturmführer, das Zitat! Die unmittelbar danach folgenden Ausführungen unseres verehrten Führers bestätigen all das, was ich mir bereits auszuführen erlaubt habe. Sollte gewünscht werden, daß ich weiter zitiere?«

»Das reicht – völlig!« rief Keller schwefelgesichtig aus. Er wußte: Gegen Hitlers ›Mein Kampf‹ war nicht anzukommen. Er hatte dieses Buch zwar noch nie gelesen – wie auch viele Christen ihre

Bibel nicht. Aber was es an Befehlen und Anweisungen enthielt, mußte bedingungslos respektiert werden. So sagte er denn: »Darüber sollten wir nachdenken, Kameraden! Und zwar gründlich.«

Unmittelbar danach befahl er: »Schluß für heute! Der Führer hat immer recht! Und ich bin sein Stellvertreter. Natürlich kenne auch ich dieses herrlichste aller Bücher – jede Zeile! Doch einem Deuter wie mir ist es gegeben, auch zwischen den Zeilen zu lesen. Darüber bei nächster Gelegenheit mehr.«

Er nickte seinen Kameraden ermunternd zu – jedoch nicht allen. Konrad Breitbach würdigte er keines Blickes. Aufrecht stelzte er zu seinem Mercedes. Mit dunkel-entschlossenem Sturmführerblick.

»Was führt Sie zu mir?« wollte Siegfried Sass, der alte Jude, von seinem Besucher Richard Breitbach, dem Sattlermeister, wissen. Und mit milder Ironie fügte er hinzu: »Erwarten Sie etwa, mich vor Angst schlottern zu sehen? Oder gedenken Sie mich gar als Mitglied für Ihren Widerstandsverein zu gewinnen? Für beides bin ich bereits zu alt.«

»Weder – noch, Herr Sass! Ich bin sozusagen rein geschäftlich hier.«

Sass musterte seinen Besucher, den er noch als Kind gekannt hatte, also vor bald fünfzig Jahren. Breitbach war in seinen Augen ein vorzüglicher Handwerker, ein guter Geschäftsmann, aber auch ein permanenter Streithammel, worunter sein ansonsten durchaus funktionierender Verstand gelegentlich zu leiden schien. »Sie machen mich neugierig, mein Lieber! Geschäfte gedenken neuerdings einige mit mir zu machen. Welche bieten Sie mir an?«

Nachdem sich Breitbach ein Glas Portwein eingeschenkt und eine holländische Zigarre angezündet hatte, beides von gewohnter, hervorragender Qualität, kam er unverzüglich zur Sache. »Es handelt sich um das Haus Am Markt Nummer 7. Und das gehört Ihnen – nicht wahr?«

»Woher glauben Sie das zu wissen, Herr Breitbach?«

»Dieses Haus ist im Grundbuch eingetragen als der Besitz einer Immobiliengesellschaft, die Dr. Breile verwaltet. Und eben der ist seit langen Jahren Ihr Rechtsberater, Herr Sass – und davor war dessen Vater der Rechtsbeistand Ihres Vaters. Mithin ist durchaus anzunehmen, daß Ihnen dieses Haus gehört, in dem sich jetzt dieser Sonnenblum breitgemacht hat – nicht nur als Zahnarzt, sondern neuerdings auch als Ortsgruppenleiter!«

»Langsam beginne ich Sie zu verstehen, Herr Breitbach«, sagte Sass gedehnt, wobei er die Augen schloß. »Und auch zu bestaunen. Ganz ehrlich, mein Lieber – so was hätte ich Ihnen kaum zugetraut. Sie wollen also diesen Sonnenblum ausbooten!«

»Ich gedenke das zu versuchen, eben weil Sie sich das, als Jude, nicht mehr leisten können, ohne sich dabei die Finger zu verbrennen – oder noch mehr. Ich aber könnte dieser Führerpersönlichkeit Schwierigkeiten bereiten – bis ihr der Atem ausgeht!«

Sass schenkte sich nun auch ein halbes Glas Portwein ein. Doch er roch lediglich daran, sehr intensiv. »Ich befinde mich hier wohl in einer gewissen Notlage. Was ich ansonsten nicht gern eingestehe. Doch Ihnen gebe ich das zu. Ich könnte Ihnen also das von Ihnen gewünschte Vergnügen gönnen – möglicherweise wäre ich sogar bereit, mich das einiges kosten zu lassen.«

»So etwas, verehrter Herr Sass«, wehrte Richard Breitbach entschieden ab, »kommt bei mir nicht in Frage! Wir werden den Wert des Hauses schätzen lassen, durch einen neutralen Sachverständigen Ihrer Wahl – und genau der von ihm ermittelte Preis wird gezahlt. Anders mache ich das nicht.«

Siegfried Sass, der alte, nun geradezu uralt wirkende Mann, sagte darauf zu Breitbach, dem Fünfzigjährigen: »Mein lieber junger Freund – Sie lassen sich da mit Schakalen ein. Die haben ihre ureigenen Gesetze. Die erzeugen nicht nur Leichen – die fressen sie auch.«

Als die Sprechstundenhilfe des Zahnarztes Sonnenblum, also Beate Fischer, nach nur schwach besuchten Praxisstunden die kaum benutzten Instrumente ordnete und säuberte, wieselte Mutter Gertrude herein und hockte sich in den Schreibtischsessel ihres Sohnes, der bereits wieder hoheitstragend tätig geworden war.

Die alte, doch stets eichhörnchenflinke Frau Sonnenblum betrachtete ›das Mädchen‹, wie sie Beate nannte, mit einiger Ausdauer, wobei ihre Augen katzenhaft funkelten.

»Wenn man Sie so ansieht, Mädchen, versteht man so manches. Sie haben zwar nur kleine, doch vermutlich sehr feste Brüste; ihr Hintern ist ähnlich – sehr zierlich und zugleich wohlgeformt. Aber das bemerkenswerteste an Ihnen sind die kuhsanft großen Augen und Ihre sehr sinnlich wirkenden Nasenflügel. Sie sind hier so eine Art exotischer Vogel – in einem Gänsestall. Kein Wunder, daß da so mancher leicht verrückt spielt.«

Beate Fischer ließ sich scheinbar nicht im geringsten stören. Während ihrer nunmehr fast dreijährigen Tätigkeit bei Sonnenblum hatte sie es aufgegeben, die Denkvorgänge im Hirn seiner Mutter zu erraten. Denn die waren stets verwirrend kompliziert, so massiv sie auch vorgetragen wurden.

»Frau Sonnenblum«, sagte Beate, während sie eine Greifzange von Blut- und Speichelresten befreite, »ich frage mich manchmal: Warum sprechen Sie eigentlich kein Machtwort Ihrem Sohn gegenüber! Etwa dahingehend, daß er mich feuern soll; hinaus aus der Praxis und dem Privatleben! Ich vermute, er würde das dann auch tun. Falls Sie darauf mit Nachdruck bestehen.«

»Warum sollte ich das? Ich bin doch alles andere als eine egoistische Idiotin! Ich liebe meinen Sohn, ich will ihn auch glücklich sehen – auch mit Ihnen, falls das möglich wäre. Aber eben das ist wohl kaum möglich.«

»Woher glauben Sie das so sicher zu wissen, Frau Sonnenblum?«

»Ganz einfach. Sie sind fast genau so, wie ich in Ihrem Alter gewesen bin. Auch rein äußerlich – ich zeige Ihnen gerne bei Gelegenheit Jugendbilder von mir. Auch ich war so ein herrliches kleines Raubtier wie Sie – nur waren eben damals die Verhältnisse anders.«

»Was verlangen – was erwarten Sie von mir? Ihr Sohn hat mir zu erkennen gegeben, daß er bereit wäre, mich zu heiraten. Aber dazu kann ich mich, ganz offen gesagt, nicht entschließen. Beruhigt Sie das?«

»Ich bin keinesfalls beunruhigt, meine Liebe. Doch mein Sohn sollte es sein, Ihretwegen! Und das ist er auch. Er ist unsicher, entschlußlos, nervös. Das empfinde ich durchaus als positiv; ich begrüße es sehr.«

»Heißt das: Ich kann mich verhalten, wie ich will: in Ihrem Sinne ist es richtig?«

»So ungefähr, Mädchen«, bestätigte diese robuste, grimmig-gemütliche Frau mit fast mütterlicher Freundlichkeit. »Ich weiß vermutlich mehr von Ihnen, als Sie selbst. Ich bin mit Ihrer Mutter, noch bevor Sie geboren wurden, so gut wie befreundet gewesen. Und die war damals Wirtschafterin bei Herrn Sass, den ich auch recht gut kannte. Und nicht zuletzt deshalb, meine Liebe, gehört Ihnen meine besondere Sympathie.«

»Das wußte ich nicht«, bekannte Beate leicht verwirrt. »Was hat das zu bedeuten?«

»Machen Sie sich deshalb keine unnötigen Gedanken, Mädchen! Bleiben Sie, wie Sie sind. Das allein kann meinen Sohn seelisch oder geistig völlig fertigmachen. Und zwar gleich so sehr, daß der endlich wieder zur Vernunft kommt, also praktisch für seine braunen Brüder erledigt ist. Wenn das jemand gelingt – dann Ihnen. Darauf baue ich!«

Keller, der Sturmführer, suchte – entsprechend einer ihm übermittelten Anordnung, einem, wenn auch indirekten Befehl – Sonnenblum, seinen Ortsgruppenleiter, in dessen Büro auf. Üblicherweise gab es dabei Grußwechsel, Händedruck, Gedankenaustausch – alles betont herzlich, vertraulich, kameradschaftlich. Diesmal jedoch nichts dergleichen!

Sonnenblum hockte schildkrötenhaft hinter seinem Schreibtisch. Er erwiderte den formvollendeten Gruß seines SA-Führers nur kurz: Er schwenkte die rechte Hand lässig, als bewege er wie automatisch einen Fliegenwedel. Dann sah er auch noch auf seine Armbanduhr und auch auf die Tischuhr, die vor ihm stand. »Eine Verspätung von fast zehn Minuten, Keller! Das gefällt mir nicht.«

Der Sturmführer grinste breit. »Bin aufgehalten worden, von irgendeinem Weib! Habe mich dann aber von ihr losgerissen.«

»Zehn Minuten zu spät – wie gesagt.« Ortsgruppenleiter Sonnenblum, nach wie vor ungnädig, ließ Keller stehen, wo er stand. »Ich habe dich zu einer dienstlichen Unterredung hierher gebeten. Eine solche hat normalerweise in Uniform zu erfolgen. Ich bin dementsprechend gekleidet, du jedoch nicht! Auch das gefällt mir nicht!«

Keller glaubte seinen Ohren nicht zu trauen. Was waren denn das für Töne! Doch er war fast sicher, den wahren Grund zu kennen. Vermutlich hatte sich sein Ausflug zum ›Roten Krug‹, eben der mit Beate Fischer, bis zu Sonnenblum herumgesprochen. Irgendein indiskreter Saukerl mußte da am Werk gewesen sein! Doch den würde er herausfinden, und dann: Gnade dem Gott!

Der Sturmführer schaltete schnell auf vertrauliche Kumpanei. »Dir scheint da eine Laus über die Leber gelaufen zu sein, Ortsgruppenleiter. Dabei weißt du doch, daß du dich hundertprozentig auf mich verlassen kannst. Ich stehe hinter dir!«

»Um mir, bei günstiger Gelegenheit, in den Rücken zu fallen!« Sonnenblum schien entschlossen, sich zu einem bewußten Machtmenschen zu entwickeln – ganz im Sinne seines Führers. Wozu aber auch die Erkenntnis gehörte: Der Mächtige hat Feinde; Stärke erzeugt Neider; kein Amt, bei dem sich nicht Amtsnachfolger nachdrängen. »Ich jedenfalls gedenke mir nicht die Butter vom Brot nehmen zu lassen.«

»Du bist ja voller Mißtrauen«, sagte Keller, nun doch etwas blaß geworden. »Sogar mir gegenüber, der ich doch dein treuester Gefolgsmann bin. Solltest du mir deshalb diesen Konrad Breitbach auf den Hals gehetzt haben, Ortsgruppenleiter?«

»Ist es dem etwa gelungen«, fragte nun Sonnenblum aufhorchend erwartungsvoll, »dich irgendwie zu irritieren?«

»Das ist gar kein Ausdruck für das, was sich dieser kleine Scheißkerl geleistet hat. Und das gleich bei der ersten Übung mit uns! Der ist ja ein ganz ausgekochter Provokateur, da bin ich ziemlich sicher. Wolltest du mich etwa auf die Probe stellen? Der hat sich nämlich angemaßt, mußt du wissen...«

»Das weiß ich – von ihm persönlich. Er hat mir, auf mein Verlangen, von seiner ersten Übung bei deiner SA berichtet. Und ich verstehe nicht, warum du dich so aufregst. Solltest du es etwa als Provokation empfinden, wenn einer aus dem Werk unseres Führers zitiert, das auch mir heilig ist und worin ich immer wieder gerne lese? Hast du etwa irgend etwas dagegen einzuwenden?«

»Natürlich nicht!« Das klang wie ein schneller Eid. »Die Art und Weise jedoch, mit der dieser Konrad versuchte, uns, sogar mich, als weltanschauliche Trottel hinzustellen, war kaum zu ertragen.«

»Bist du dir dabei wie ein Idiot vorgekommen, Keller?«

»Nein – das nicht. Denn sonst hätte ich dem ja sofort die Fresse poliert! In solchen Fällen reagiere ich nämlich sehr feinfühlig. Außerdem muß ich zugeben: Ich hatte durchaus den Eindruck, daß er mich als seinen Sturmführer respektierte.«

»Na also, Keller!« Sonnenblum fühlte sich hoheitsträgerisch überlegen. »Im Grunde ist es doch sehr begrüßenswert, daß wir endlich einen Parteigenossen und SA-Kameraden unter uns haben, der sich Gedanken macht – über die wahren Werte unserer Bewegung.«

Dieser Knabe Breitbach, dachte Sonnenblum, schien höchst brauchbar zu sein – in seinem Sinne. Denn er benötigte dringend Männer, denen es gegeben war, ihn zu entlasten, ihn abzuschirmen, ihm den Rücken freizuhalten vor all jenen Herandrängenden, die auf seinen Posten spekulierten.

Zwei von denen schienen ihm besonders gefährlich: einmal dieser Peter Patzer, der sich in der Ortsgruppe – das hatte sich leider ergeben – als Propagandaleiter betätigte, jedoch nichts wie ein zweckentfremdeter Arschpauker war, dazu noch eindeutig postengeil. Und dann eben Keller! Dieser Gewaltkerl schreckte offenbar nicht einmal davor zurück, sich sogar in seine, Sonnenblums, privatesten Bereiche hineinzuwagen! Doch mit dem redete er nun Fraktur:

»Unseres Führers ›Mein Kampf‹ ist stets zu respektieren – das bitte ich mir aus! Die dort verkündeten Wahrheiten sind absolut verbindlich.«

Was Keller unverzüglich bestätigte: »Falls irgendwelche Mißverständnisse entstanden sein sollten, bedauere ich das zutiefst. Ich bitte, niemals an meiner Ergebenheit, meiner Bereitschaft, meiner Hingabe zu zweifeln!«

Der Ortsgruppenleiter lachte auf – rauh, hohnvoll verweisend. »Ich bin hier lediglich, Keller, um das Ansehen unserer Gemeinschaft bemüht. Und da gefällt mir bei dir so manches nicht! Ich meine nicht deinen Ausflug mit Beate zum ›Roten Krug‹. Doch den Versuch, die dabei entstandene Rechnung frisieren zu lassen, muß ich als höchst fragwürdig empfinden. Das könnte ganz scharfe Munition sein – für die Feinde unseres Volkes!«

»Sollte etwa diese Qualle Kimminger... Wenn der so was gewagt hat, breche ich dem alle Knochen – jeden einzeln! Aber da siehst du wieder einmal mehr: Die sauen uns an!«

»Nicht uns, Keller – dich! Und wohl leider nicht ganz ohne Berechtigung! Du bist, an sich, ein recht guter Sturmführer. Ich würde dich nur ungerne verlieren.«

Keller erkannte prompt, was diese schwarzdunklen Anspielungen zu bedeuten hatten – eine massive Drohung! »Habe ich das verdient, Kamerad – mein Ortsgruppenleiter?«

»Ich bin schließlich nicht dein Vormund, Keller! Ich maße mir nicht an, in dein Privatleben einzugreifen. Jedoch würde ich es begrüßen, wenn du dich endlich um geregelte Verhältnisse, also um eine standesgemäße Verbindung, bemühen würdest.«

»Will ich ja!« versicherte Keller, wie stets schwurbereit. Er wußte genau: Dieser Sonnenblum spielte wiederum auf seine Tochter Erika an. »Doch ich muß gestehen, daß ich in diesem speziellen Fall eine gewisse Scheu empfinde – diesem gewiß doch äußerst verehrungswürdigen Geschöpf gegenüber. Aber wenn du der Ansicht sein solltest, daß ich es wirklich wagen dürfte ...«

»Von mir aus, Keller, kannst du eine ganze Menge wagen – nur eben nichts gegen mich! Bedenke das wohl.«

Emil Spahn – von Konrad wirkungsvoll animiert, nicht nur durch alkoholische Getränke, auch durch geistige Anregung – trat erneut in Aktion. Das geschah diesmal in einem Lokal beim alten Park, einer Kneipe mit dem vielversprechenden Namen ›Zur deutschen Fahne‹.

Dort pflegten gewöhnlich Mittelstandsbürger von einigem örtlichen Ansehen zu verkehren. Etwa der Fleischer Matzke, Ladenbesitzer und Weltkriegsteilnehmer, oder der Schlosser Kunigkeit, Werkstattinhaber und Sonntagsfischer; auch Krüger, der Branntweinbrenner, der seine eigenen Erzeugnisse stets mit Wonne genoß.

Hier fand sich regelmäßig auch dieser Kolonialwarenhändler namens Schulze ein. Er betrieb gemeinsam mit seiner Frau einen kleineren Laden, nicht weit vom Marktplatz. Es war ein mühsames Geschäft – und doch war Schulze optimistisch. Denn neuerdings war er hier Scharführer der SA, genannt ›der Sanfte‹.

In diese Kneipe – schwere Bänke, dicke Tischplatten, grober Holzboden, angeräucherte Vorhänge, blankgescheuerter Ausschank – schob sich nun Emil Spahn hinein. Und zwar mit der vorsorglichen Ankündigung: »Ich kann zahlen. Sogar für mehr, als ich vertragen kann!«

»Du hast wohl geerbt – was?« rief ihm einer der Zecher zu.

Worauf Emil nahezu kanzelhaft feierlich erklärte: »Wir alle, Volksgenossen, sind Erben! Und zwar solche unserer neuen, großen Zeit! Da überwältigt uns ein unsagbar herrliches Lebensgefühl! Die Bäume haben weit mehr Blätter als sonst; sie sind auch viel grüner! Das Vieh blickt ungleich freundlicher, Blumen blühen farbenprächtiger, Menschenherzen schlagen höher! Was wollen wir mehr?«

Danach verlangte er einen doppelten Schnaps und bezahlte ihn im voraus – mit Trinkgeld sogar. Er spülte ihn durch die Gurgel, blickte blaßäugig um sich und schien beglückt, als er den Kolonialwarenhändler und SA-Scharführer Schulze erspähte. Lautstark verkündete er:

»Ich erlaube mir, einen der wichtigsten Vertreter unserer Sturmabteilung zu begrüßen! Mit hoher Anerkennung und tiefem Respekt! Wo wären wir denn, so muß ich fragen, wenn wir euch nicht hätten? Nicht auszudenken!«

»Schon gut, Mensch, schon gut!« meinte Schulze, hier durchaus ›der Sanfte‹, nicht ohne selbstgefälliges Wohlwollen. »Du kannst dir weiteren Dünnschiß ersparen, ich spendiere dir einen Doppelten.«

Emil Spahn hob wie segnend beide Hände und danach sein volles Glas dem Scharführer entgegen. Wobei er unhemmbar stimmungsbereit ausrief:

»So erweist es sich wieder einmal mehr, meine Volksgenossen, welch edle Geister hier versammelt sind! Verläßlichste Gefolgsleute des Großartigsten von allen – womit ich unseren einzigartigen Sturmführer Hermann Keller meine! Ihn, der Männerherzen höher schlagen läßt, die Herzen deutscher Frauen jedoch nicht minder! Sogar die Kinder sehen mit Begeisterung zu ihm auf.«

»So muß es auch sein!« meinte Scharführer Schulze gewollt bieder – doch er stieß es scharf zischend hervor. »Du brauchst dich nicht weiter auszuschleimen, Emil! Bei uns ist alles kristallklar! Eines aber solltest du kapiert haben: Keller allein ist nicht die SA – das sind wir alle! Und nun halte dein Maul und saufe!«

Worauf sich die anderen Gäste in der Kneipe ›Zur deutschen Fahne‹ ermunternd einmischten. »Jawohl – der soll saufen! Aber auch quatschen! Was der so von sich gibt, ist zwar purer Mist – doch damit kann man düngen! Also los, Mensch! Schleim dich aus!«

Das war eine Aufforderung, der Emil Spahn bereitwillig nachkam. »Dieser unser einzigartiger Keller ist wie ein Symbol – für unsere glückhafte neue Zeit. Auch so manche deutsche Frau, jedenfalls hier in Gilgenrode, betrachtet diesen aufrechten Mann als den Glücksfall ihres Lebens. Womit ich aber keinesfalls die Gattin unseres verehrten Scharführers Schulze gemeint habe.«

Geradezu sandsteinbleich zunächst, in der Farbe der ausgewaschenen Ostseeküste, alsbald jedoch rosarot überhaucht, wie von Abendsonne angestrahlt, starrte Schulze über Bier- und Schnapsgläser hinweg auf diesen Emil Spahn. »Was war denn das!« rief er aus, zertrümmerungsbereit. »Solltest du versoffener Mistkerl etwa eine ansauende Andeutung gewagt haben?«

»Dergleichen«, wehrte Emil ab, sich wie erschrocken duckend, »würde ich mir niemals erlauben! Ich gedachte lediglich ein ganz besonderes Loblied zu singen, verehrter Herr Kolonialwarenhändler und Scharführer, auf die ungewöhnlichen Vorzüge Ihrer höchst einzigartigen Frau Gemahlin. Und auf jene unseres unvergleichlichen Sturmführers Keller. Bitte sehr, das nicht mißzuverstehen!«

»Mach ruhig weiter!« forderten ihn die Kneipenkerle erwartungsfroh auf. »Jede Menge Schnaps und Bier ist dir sicher.«

Scharführer Schulze jedoch, nunmehr ganz unverkennbar ›der Scharfe‹, rief bedrohlich erregt aus: »Sobald dieser Kretin noch einmal seine verleumderische Fresse auftut, schlage ich ihn zusammen! Auch alle, die ihn dazu ermuntern! Kapiert?«

Am Abend dieses Tages erschien Sturmführer Keller im Café ›Vaterland‹ beim Rathaus. Er trug saloppe, sportlich wirkende Zivilkleidung, ohne Schlips, was hier recht herausfordernd wirkte. Er setzte sich an einen Mitteltisch, breitbeinig, mit vorgewölbter Brust und prüfend-scharfen SA-Augen.

»Kimminger zu mir!« befahl er dem Oberkellner.

Der reagierte vorsichtig. »Herr Kimminger hält sich vermutlich in seinem Hotel ›Deutsches Haus‹ auf.«

Keller demonstrierte die Festigkeit eines Vollzugsbeamten, für den es keine Hindernisse geben darf. »Ich warte! Und meine Geduld ist groß – jedoch nicht grenzenlos.«

Der Oberkellner zog sich hastig zurück. Dabei registrierte er: Drei Männer schoben sich in den Raum hinein – und das waren, soviel stand fest, Gefolgsleute dieses Keller. Ganz unbekümmert machten sie sich breit, nahmen Kaffeehaustische wie feindliches Gelände in Besitz.

Wer diese drei waren, wußte der Ober noch nicht, doch sollte er sie bald kennenlernen: Müller, ›das Pferd‹; Schulze, ›der scharfe Sanfte‹; Feinemann, ›der Kaputtmacher‹. Die Scharführer der SA.

Eine heftige, beängstigende Unruhe überfiel die anwesenden gutbürgerlichen Gilgenroder, unter ihnen ein Arzt mit Frau und Tochter, ein Sparkassenvorsteher mit Mitarbeitern, ein Bauholzproduzent mit zwei Kunden, der Besitzer der Dampferlinie ›Morgenrot‹ sowie ein Stadtrat mit der Sekretärin des Bürgermeisters. Sie alle spürten, daß nun selbst hier, in diesem Hort solider Geborgenheit, so manches nicht mehr stimmte.

Zumal sich alsbald weitere neun Mann invasionsartig dieses Cafés bemächtigten. Das waren von den drei Scharführern ausgesuchte verläßliche Kleinholzhackertypen. Freudig grinsend blickten sie sich um, ließen sich dann, ein jeder für sich, jeweils dort nieder, wo noch ein Platz frei war. Da machten sie sich breit, schoben die Männer mit den Ellenbogen zur Seite und blickten gutbürgerlichen Damen scharf auf den Busen. Innerhalb weniger Minuten verließen mehr als zehn Personen nahezu fluchtartig das Lokal.

Doch nun eilte der alarmierte Kimminger herbei. Er hatte in seinem Hotel ›Deutsches Haus‹ eine vielversprechende Beschäftigung schroff abbrechen müssen. Er war gerade dabeigewesen, einer gewissen Frau Schulze seine Postkartensammlung zu zeigen. Doch was jetzt auf ihn zukam, schien alles andere als ein Vergnügen zu werden – das erkannte er auf den ersten Blick.

Servil eilte er auf Keller zu und verbeugte sich vor ihm, um dann säuselnd zu versichern: »Freue mich ganz ungemein, Sie in meinem Etablissement begrüßen zu dürfen! Es steht Ihnen voll und ganz zur Verfügung!«

»Kimminger«, sagte nun Keller sturmführerhaft unmißverständlich, »sollten Sie es tatsächlich gewagt haben, unseren Ortsgruppenleiter mit einer angeblich für mich frisierten Rechnung anzuöden – den ›Roten Krug‹ betreffend? Was ich nur als schäbige Hinterhältigkeit empfinden könnte. Oder vermögen Sie dafür eine halbwegs brauchbare Erklärung anzubieten?«

»Eine absolut überzeugende!« Kimminger war wie quellklares Wasser, das noch so schroffe Felsbrocken ungetrübt zu überfließen vermag. »Da habe ich mich nämlich erst neulich wieder mit Ihrem Herrn Sonnenblum unterhalten. Und dabei erlaubte ich mir auch,

Freude darüber zu äußern, daß nicht nur er meine bereitwilligen Dienste in Anspruch nimmt, sondern neuerdings sogar der Führer unserer SA!«

Keller horchte auf wie ein scharfer Wachhund. »Welche bereitwilligen Dienste?«

»Nun, Herr Keller – ich bin schließlich ein sehr entgegenkommender Mensch. Und als solcher habe ich, seit geraumer Zeit schon, unserem Herrn Ortsgruppenleiter auf jede seiner Rechnungen einen Nachlaß von mindestens zehn Prozent gewährt. Und den gewähre ich Ihnen selbstverständlich auch.«

Bei dieser Erklärung empfand Keller tiefe Genugtuung. Genau das hatte er zu hören erwartet! »Also sind Sie nicht scharf darauf, daß wir Ihren bürgerlichen Schuppen in Trümmer legen – was wir mühelos könnten, wenn wir wollten – das heißt: wenn Sie uns dazu zwingen.«

»Um Gottes willen, Herr Keller, nur das nicht!« Kimminger jaulte auf wie ein mit Fußtritten bedrohter Hund. »Ich lege höchstens Wert auf Ihr Wohlwollen, Herr Sturmführer!«

»Welchen Wert denn wohl? Nun mal genau!«

»Nun, ich denke an einen fünfundzwanzigprozentigen Nachlaß auf jede Rechnung, für Sie persönlich. Und zehn Prozent für jeden Ihrer Männer. Wäre das ein Angebot?«

»Schon möglich«, sagte Keller nachgebend, doch offensiv zugleich. »Allerdings dürften sich meine guten Männer in Ihrem Spießbürgerstall nicht sonderlich wohl fühlen. Die wünschen sich ein ihnen gemäßes Freizeitlokal, in dem sie kräftig und ungestört auf die Pauke hauen können! So was müßte man für sie beschaffen.«

»Das, Herr Sturmführer, wird selbstverständlich organisiert.« Der Restaurationslöwe von Gilgenrode versprach das unverzüglich, nicht wenig erleichtert. Denn, instinktsicher, wie er war, witterte er nunmehr ein Geschäft; wenn auch zunächst nicht sonderlich ertragreich, so doch im Enddeffekt durchaus lohnend. Denn auf diese Weise konnte er sich um die Kampfgefährten des wohl nun völlig unvermeidlich gewordenen Führers verdient machen. Und auch noch – daran verdienen.

Womit das Sturmlokal der SA von Gilgenrode bereits so gut wie eröffnet war. Es sollte ›Zum starken Mann‹ heißen. Die Einweihungsfeierlichkeiten würden schon in wenigen Tagen stattfinden.

Heinrich Sonnenblum, Zahnarzt und Ortsgruppenleiter, hatte durchaus noch Augenblicke, in denen ihn das Verlangen überkam, ausschließlich als Mann in Erscheinung zu treten. Selbstverständlich bei Beate Fischer. Freilich waren seine Erfolgsaussichten neuerdings nicht allzu groß.

Als günstige Gelegenheit für erhoffte Intimspiele hatte sich die Zeit nach seiner nachmittäglichen Sprechstunde herausgestellt. Dann, wenn der letzte, zumeist sehr schnell bearbeitete Patient die Praxis verlassen hatte, ergaben sich vielversprechende Minuten.

Dann hüpfte er auf sie zu, in rosiger Erwartungsfreude, umarmte sie, zog sie an sich, hauchte sie heiß an, suchte ihren Mund. Und der schien in solchen Augenblicken bereitwillig geöffnet zu sein. Sie ließ sich also küssen. Wobei sie ihn jedoch aufmerksam betrachtete, was ihm zunächst nicht auffiel. Schließlich war er viel zu sehr damit beschäftigt, wieder einmal mehr sich und ihr zu beweisen, daß er Wonnen zu bereiten vermochte. Nur er!

»Du!« stöhnte er sie stimmungsfördernd an, um möglichst schnell zu wesentlicheren Vorgängen zu kommen. Welche ihm jedoch niemals gelangen. »Du ahnst nicht, wie sehr ich mich nach dir gesehnt habe!«

Das war seit einem Jahr schon, also seit seiner letzten großen Gehaltserhöhung für sie, immer wieder der gleiche Vorgang, stets mit fast den gleichen Worten. Auch in der Liebe war Sonnenblum kein formulierungsfreudiges Genie – vielmehr glaubte er wohl, mehr ein Mann der Tat zu sein. Er schob Beate auf seinen Schreibtisch zu, um sie darauf zu legen – allein deshalb hatte er ihn zuvor aufgeräumt.

Dort angelangt, pflegte er ihre Bluse zu öffnen. Die bestand zu jeder Jahreszeit aus leichtem, seidigem, hautanschmiegsamem Stoff. Unterbekleidung trug Beate nie – auch keine trügerisch formenden Büstenhalter; dergleichen hatte sie bei ihrer straffen, dennoch zierlich wirkenden Figur nicht nötig.

Als er sich jedoch diesmal über ihre Brüste, die ihm entgegenzuhüpfen schienen, beugte, um sie mit seinen Lippen zu berühren, entzog sie sich ihm mit heftig abwehrenden Seitwärtsbewegungen ihres Oberkörpers. Wodurch er, gleichsam abprallend, auf dem Fußboden landete.

Ungläubiges Staunen überkam ihn: »Was – ist mir dir los?«
»Die Tür ist nicht abgeschlossen«, sagte sie.

Er starrte sie an – einem Ochsen gleich, der beunruhigt das ihm zustehende Futter vermißt. »Aber ich bitte dich, Beate! Von mir aus kann jeder wissen, was wir hier treiben. Ich bekenne mich zu dir, zu unserer Liebe, vorbehaltlos. Ist das etwa nichts?«

»Auch du bist wie alle anderen!« rief sie, ihre Bluse zuknöpfend, mit leidender Schärfe. »Du siehst in mir nichts als ein Objekt deines Verlangens. Das macht mich krank! Denn ich will kein Gebrauchsgegenstand sein. Dafür bin ich mir zu schade!«

Sonnenblum zog sich auf seinen Schreibtischsessel zurück, von dem fatal würgenden Gefühl bedrängt, völlig verkannt zu werden. War er denn nicht ein liebender, Zärtlichkeit suchender, großzügiger Mann! Wofür hielt sie ihn nur! Etwa für einen geilen Bock, einen schnellen Lustbefriediger, einen notorischen Vernascher? »Was – tust du mir an!« stöhnte er.

Sie reagierte heftig und rückte noch weiter von ihm ab. »Spürst du denn nicht, was *du* mir antust? Du behandelst mich wie ein stets greifbares Geschlechtsobjekt. Mich – die du angeblich verehrst! Bitte, Heinrich – versuche nicht, mich zu zwingen!«

Sonnenblum kam sich vor wie ein Tiefseetaucher, der mit lebensgefährlicher Schnelligkeit an die Oberfläche des Wassers gezerrt wird. Dabei hatte er das vernichtende Gefühl, seine Lungen würden zusammengepreßt, sein Hirn würde vom Blut zerplatzender Adern überspült. »Muß das sein, Beate – muß das sein?«

»Ja.« Sie hatte ihre Bluse zugeknöpft, mit flinken Fingern – was wie eine Art Ladenschluß wirkte. Wer weiß, für wie lange. »Das, Heinrich, mußte einmal sein! Deinetwegen. Unseretwegen. Damit wir wieder zueinander finden können – ganz ehrlich!«

»Ich verstehe das alles nicht!« Sonnenblum schien vom Fieber überfallen worden zu sein. Seine Hände flatterten wie Segel im scharfen Wind.

»Wir müssen uns eben in Geduld üben, lieber Heinrich. Und ein wahrhaft liebender Mann kann das! Und nur einem solchen will ich gehören.«

Ein solcher aber, schwor sich Sonnenblum schwer atmend, war nur er!

4
Möglichkeiten gibt es immer mehrere

Johannes Breitbach, örtlicher Dichter und Denker, war von Erika deutlich gemacht worden, Mutter Sonnenblum wünsche mit ihm Kaffee zu trinken. Allein mit ihm. Also erschien er bei ihr mit einem Strauß eidottergelber, lilienartiger Gewächse. »Wenn Sie erlauben, gnädige Frau!«

Mutter Gertrude reagierte nach ihrer Weise: »Was heißt hier: gnädige Frau! Ich bin ein altes Weib – aber auch entsprechend erfahren. Irgendwelche Gemütsbetäubungen durch fleißige Schaumschlägerei oder penetrant duftende Friedhofsblumen wirken bei mir nicht. So was kannst du dir sparen, mein Junge.«

Wenn sie Johannes duzte, so war das keine altersbedingte Vertraulichkeit, sondern eine wesentlich unkompliziertere Reaktion. Denn früher, als die Familien Breitbach und Sonnenblum noch freundschaftlich miteinander verkehrten, hatten sie fast alle Sonntage fröhlich speisend und trinkend miteinander verbracht. Konrad, den jüngeren Breitbachknaben, hatte Mutter Gertrude stets wie einen späten Sohn angesehen; wohl nie ganz ohne Verwunderung, neuerdings sogar mit Bewunderung. Sie war mächtig stolz auf ihn. Selbstverständlich ohne das zu zeigen. Johannes jedoch hatte sie geliebt, mit zärtlichem Mitgefühl. Dieser wundersame Junge träumte so vor sich hin. Bereits als Kind besaß er zerfließende Teichwasseraugen, einen plüschartigen Sehnsuchtsblick und scheue, schöne, wie um Verständnis flehende Bewegungen.

»Im Grunde, lieber Johannes«, stellte Mutter Gertrude fest, während sie ihm eine Tasse Kaffee zuschob, »hast du dich seit deiner Kindheit nicht sonderlich verändert. Das könnte durchaus seine Vorteile haben – Nachteile aber auch.«

»Immerhin bin ich inzwischen fast dreißig Jahre alt geworden, also alt genug, eine Familie zu gründen. Wozu nun mal eine Frau gehört. Du weißt, wen ich damit meine. Darf ich auf deine Zustimmung hoffen?«

»Mein Gott, Johannes, mein Jungchen!« Mutter Sonnenblum

schwankte zwischen herzhafter Belustigung und ungeduldigem Unwillen. »Du bist ja noch weit komplizierter als ich befürchtet habe! Falls dich mein Standpunkt interessiert: meinen Segen habt ihr!«

Ihr Gespräch wurde unterbrochen; Pfarrer Bachus erschien. Er trabte ziemlich munter herbei und entschuldigte sich mit wohlklingenden Worten. Selbstverständlich wolle er nicht stören; er käme gerne ein anderes Mal wieder.

»Sie stören nicht!« Mutter Gertrude machte eine einladende Handbewegung. »Mich schon gar nicht.«

Worauf sich Johannes erhob. Denn dieser Geistliche mochte ihn nicht – was auf Gegenseitigkeit beruhte. Beide waren davon überzeugt, daß jeweils der andere unter peinigenden geistigen Fehlleistungen zu leiden habe; ob nun auf der Kanzel oder in der Redaktion. Doch als Johannes darum bat, sich entfernen zu dürfen, befahl ihm Mutter Gertrude energisch: »Du bleibst – wir sind noch nicht fertig miteinander.«

Nun bekam auch Pfarrer Bachus eine Tasse des herrlich dick gebrauten Kaffees vorgesetzt. Und dazu, ohne erst befragt werden zu müssen, ein großes Glas mit eiswasserklarem Getreideschnaps. Das war die bei seinen Besuchen übliche Ration. Er trank und begann dann mit salbungsvoller unverbindlicher Verbindlichkeit von Gott zu sprechen und von dieser Gilgenroder Welt.

Wobei er, ohne zunächst unterbrochen zu werden, betonte, wie sehr er sich freue, immer wieder in diesem Hause und bei der Herrin des Hauses weilen zu dürfen. Zusätzlich erfreue es ihn diesmal, auch den jungen Herrn Breitbach anzutreffen. Denn dessen Anwesenheit zeigte ihm hoffnungsvoll an, daß den häßlichen Gerüchten in dieser Stadt doch wohl kaum Glauben zu schenken sei, wonach eine Art unversöhnlicher Feindschaft zwischen den jahrelang so überaus harmonisch miteinander verbundenen Familien Sonnenblum und Breitbach bestehe. »Und eben das ist äußerst vielversprechend – besonders in Zeiten, in denen Mißverständnisse wie Pilze nach großem Regen in Massen wachsen – darunter auch sehr giftige.«

»Was verstehen Sie denn, Herr Pfarrer«, wollte Mutter Sonnenblum wissen, »unter giftigen Pilzen? Etwa – diese Nazis?«

»Aber da muß ich doch sehr bitten, meine liebe, sehr verehrte Frau Sonnenblum!« Bachus erhob beschwörend beide Hände, als gedenke er damit Satan zum Weichen zu bringen. »Wie käme denn ich dazu, in diesem Hause, vor Ihren Augen und Ohren, Ihren höchst schätzenswerten Sohn in beleidigender Weise als giftiges Naturprodukt zu bezeichnen! Dem ist keinesfalls so – und unser junger Herr Breitbach ist mein Zeuge.«

»Solche Reden können Sie sich schenken!« sagte Mutter Gertrude. »Sie brauchen doch mir gegenüber nicht die geringste Rücksicht zu nehmen, Herr Pfarrer – und schon gar nicht auf die derzeitige Position meines Sohnes. Denn den habe ich schließlich nicht als Ortsgruppenleiter geboren! Was jedoch Ihren Vergleich anbelangt, den mit den Nazis und den giftigen Pilzen – da bin ich ganz Ihrer Ansicht.«

Pfarrer Bachus lechzte nun nach einem weiteren Getreideschnaps. Doch diese erhoffte Tröstung wurde ihm nicht zuteil. Leicht taumelnd, wie ein der Erschöpfung naher Wüstenwanderer, entfernte er sich.

»Das ist es wohl, Johannes«, sagte danach Mutter Gertrude Sonnenblum mit der grimmigen Genußfreudigkeit von Einzelgängern. »Auch der versucht sich an die derzeit Mächtigen heranzuwanzen, also an meinen Sohn. Ausgerechnet über mich! Aber da läuft bei mir nichts – nicht in dieser Richtung. Ist dir das klar?«

Am nächsten Tag lauerte Sturmführer Keller, auffallend unauffällig, in der Nähe des Schulgeländes herum. Er wartete auf Erika Sonnenblum. Denn die betrieb dort in der Turnhalle, wie er wußte, weisungsgemäß Jungvolkertüchtigung. Mithin also den Körper stählende Übungen – für von Hitler bewegte Kinder.

Der lauernde Keller hielt sich an einer Hausecke auf, stand dort ein wenig vorgebeugt, wie startbereit zu einem Geländelauf. Als er dann endlich Erika erblickte, setzte er sich, wie motorisch angetrieben, in Bewegung. Er erreichte sie in wenigen Sekunden, blockierte ihren Weg, grinste sie vielversprechend an und schwenkte seinen rechten Arm zum Gruß.

»Heil Hitler, Parteigenossin Sonnenblum!« rief er beglückt und wie überrascht. »Welch ein schöner Zufall! Ich hatte gerade dienstlich in dieser Gegend zu tun – und da sehe ich Sie! Erlauben Sie, daß ich Sie begleite?«

Erika wich ein wenig zurück, vermutlich nur, um ihn eingehender mustern zu können. Das geschah mit pädagogisch geschulter Genauigkeit.

»Herr Keller, nehmen Sie, bitte, zur Kenntnis, daß ich keine Ihrer Parteigenossinnen bin.«

»Doch immerhin, Fräulein Sonnenblum«, tönte er unbeirrt herzlich, »sind Sie die Tochter unseres ranghöchsten Parteimannes, dessen engster Mitarbeiter zu sein ich die Ehre habe. Als solcher biete ich Ihnen mein Geleit an.«

»Das, Herr Keller, könnte möglicherweise mißverstanden werden – in unserer kleinen Stadt durchaus.« Erika stand wie hinter dem Katheder, wo sie sich einigermaßen sicher fühlte. »Vermutlich werden Sie schon gehört haben, daß ich so gut wie verlobt bin.«

»Das, gnädiges Fräulein, wird selbstverständlich respektiert.« Keller grinste maskenhaft. Denn der ihm eigenen Hellhörigkeit war dies verräterische ›so gut wie‹ nicht entgangen. So glaubte er sich eine massive Warnung leisten zu können. »Sie werden doch nicht etwa meine Begleitung abweisen wollen? Das würde Ihrem Herrn Vater bestimmt nicht gefallen. Falls der davon erfahren sollte. Natürlich nicht von mir.«

Sie gingen dann vom Schulhaus, an den gepflegten Bürgerhäusern der Großen Bleiche und den verwitternden Resten eines Ritterschlosses vorbei, zum Marktplatz. Erika war äußerst wortkarg – es blieb ihr auch nichts anderes übrig, denn dieser Keller redete wasserfallartig auf sie ein. Etwa dies: Da lebten wir nun in einer einzigartig neuen, ungestüm, gewitterhaft heraufdrängenden Zeit! Diese beanspruche Hirne, Körper und Herzen gleichermaßen total. Dabei sei verpflichtendes Gebot, das absolut Hochwertige zu vereinigen. Wozu sie, Erika, gewiß gehöre – er, Keller, aber auch. Mithin also – sie beide!

»Sie begreifen sicherlich, verehrtes Fräulein Sonnenblum, was ich damit sagen, zumindest andeuten will?«

Erika jedoch gab vor, nichts zu begreifen. Was ihr um so leichter fiel, als sie bereits beim Haus ›Am Markt 7‹ angelangt waren – in dem sich die Ortsgruppenleitung, die Zahnpraxis Sonnenblum und die Wohnung ihrer Familie befanden. Sie sagte, sich kurz verabschiedend: »Es war sehr interessant, Herr Keller.«

»Lediglich ein Anfang, verehrtes gnädiges Fräulein!« versicherte dieser siegeswillig. »Und zwar, wie ich meine und hoffe, ein überaus vielversprechender Anfang.«

Richard Breitbach, der Sattlermeister, fand sich verabredungsgemäß bei Dr. Breile, dem Rechtsanwalt, ein. Das geschah außerhalb seiner üblichen Bürozeit. Denn bei diesem Gespräch wollten sie weder gestört noch beobachtet werden. Dieser Dr. Breile blickte durch eine dicke Brille stets ein wenig hilflos und wie auf Hilfsbereitschaft hoffend um sich. Aber das täuschte wohl.

Nach verschwörerisch wirkendem Händedruck kamen sie unverzüglich zur Sache. »Ich habe«, sagte Dr. Breile mit bedauernden Untertönen, »alles Ihren Wünschen gemäß vorbereitet, Herr Breitbach. Sie können mithin dieses Haus ›Am Markt 7‹ kaufen – falls Sie das immer noch wollen.«

»Will ich. Unbedingt!«

»Wovon Ihnen der Inhaber dieses Objektes abraten möchte – ich übrigens auch! Und das allein in Ihrem Interesse, Herr Breitbach.«

Doch der sagte nun, einem Alpinisten gleich, der sich auf eine Seilsicherung verlassen kann, aber dennoch zum Risiko bereit ist: »Ich kaufe! Um jeden Preis.«

»Zu einem durchaus angemessenen Preis! Der ist, Ihrem Wunsch gemäß, von Sachverständigen festgelegt und auch notariell beglaubigt worden. Niemand wird Ihnen also jemals den Vorwurf machen können, Sie hätten die Notlage eines jüdischen Mitbürgers ausgenutzt.«

»Gut. Dann können wir also diesen Vertrag perfekt machen.«

»Na bestens!« bestätigte Dr. Breile. »Dieses Geschäft geht also in Ordnung.« Wobei er bemüht vor sich hin lächelte. In dieser hyänischen Zeit waren solche Unternehmungen mit Gefahren verbunden. »Sollte ich sonst noch einiges für Sie tun können, Herr Breitbach?«

»Das, Herr Dr. Breile, würde ich sehr wünschen!« Breitbach zwinkerte dem Rechtsanwalt undeutbar zu . »Was mich vor allem interessiert, ist dies: Wußte dieser Sonnenblum eigentlich, daß er sich bei einem Juden eingemietet hatte?«

»Schon möglich.« Der Rechtsanwalt lavierte vorsichtig. »Sagen wir einmal so: Herr Sonnenblum hat das vermutlich gewußt – doch ohne Zweifel wollte er es nicht wissen.«

»Könnte sich das beweisen lassen?«

»Es ist nicht auszuschließen, Herr Breitbach, daß irgendwo – vielleicht sogar in meinen Akten – Unterlagen existieren, die einen derartigen Nachweis ermöglichen ließen.«

»Könnten Sie mir die besorgen?«

»Ich bin lediglich Rechtsanwalt«, erklärte ihm Dr. Breile ebenso vor- wie nachsichtig. »Also kein bereitwilliger Materiallieferant interner Kampfmunition für stadtbekannte Freund-Feind-Spiele, so wichtig sie nunmehr auch geworden sein mögen. Doch warum eigentlich nicht? Falls mir also dennoch von Ihnen gewünschte Unterlagen in die Hände fallen sollten, könnte es durchaus sein, daß Sie davon Kenntnis erhalten. Doch zu einer solchen Übermittlung würde ich mich nie bekennen, ich würde sie glatt ableugnen, falls ich danach gefragt werden sollte.«

Breitbach schnappte sofort wachhundartig zu. »Und ich werde Ihnen nicht in den Rücken fallen – das ist abgemacht! Sie brauchen also nur zu liefern.«

Die große interne Parteikonferenz – Thema: Durchdringung der Bevölkerung mit nationalsozialistischem Gedankengut – begann am frühen Abend; sie sollte bis weit nach Mitternacht andauern. Sie durfte als bedeutsam bezeichnet werden.

Der Schauplatz: das Büro des Ortsgruppenleiters – wirksam verziert mit Hitlerbild und Hakenkreuzflagge. Teilnehmerliste: Keller, Sturmführer – Stenz, Schatzmeister – Patzer, Propaganda – Peller, Frauenschaft – Schwarz, Bund Deutscher Mädchen. Aber dazu noch: Breitbach, Konrad, Parteigenosse und SA-Mann.

Letzteren hatte Sonnenblum als profunden Kenner nationalsozialistischen Gedankenguts angekündigt. Was jedoch tatsächlich damit angerichtet wurde, vermochte hier noch niemand zu ahnen – auch dieser Ortsgruppenleiter nicht. Lediglich Peter Patzer, Propaganda- und Volksaufklärung, witterte erheblichen Unrat.

Denn bisher war die Verbreitung NS-deutschen Geistes in Gilgenrode allein seine Domäne gewesen, zugleich eine Herzensangelegenheit. Wenn er in der Öffentlichkeit reden durfte, glich er einem Vulkan, so unentwegt sprudelte er seine Argumente hervor. Manche freilich meinten, er gebe nur hochstaplerisch an, als habe er sämtliche Weisheiten dieser Welt in sich hineingefressen – mit ganz großen Löffeln.

Sonnenblum erkannte Patzers leidende Nervosität, und er genoß sie. Denn der war ihm schon oft zu aufdringlich und vorlaut erschienen. Der hatte sich nicht einmal davor gescheut, ihm, dem Hoheitsträger, gelegentlich ins Wort zu fallen, angeblich in heiligem Eifer! Doch dergleichen konnte der Ortsgruppenleiter nicht gebrauchen.

Entschlossen strebte Sonnenblum auch dieses Mal seinem Ziel entgegen. Zunächst gefiel er sich, wenngleich nur kurz, in positiven Formulierungen: Wir machen unverkennbare Fortschritte, unbestreitbar erfreuliche, aber vielleicht noch nicht voll überzeugende; wohl werden wir bereits anerkannt, wenn nicht gar respektiert – aber eben noch nicht genug. »Wie wohl«, so fragte er seine Zuhörer, »wäre dem wirksam abzuhelfen?«

Konrad Breitbach blickte geradezu pudelhaft ergeben, mit erwartungsvoll glänzenden Augen. Stenz, der unbeirrbare Schatzmeister der Bewegung, beschränkte sich auf den Ausruf: »Scheiße. Zu wenig Heu!« Womit er die der Partei zur Verfügung stehenden Gelder meinte, er konnte nie genug davon bekommen.

Sonnenblum pflegte solche Ausbrüche stets geduldig über sich ergehen zu lassen. Auch die beständigen Klagen der Frauenschaftsführerin Peller – »Die deutsche Frau wird immer noch nicht gebührend gewürdigt« – oder die heilige Versicherung der BDM-Führerin Schwarz – »Unsere Jugend erwartet Großes, ganz Großes von dieser Zeit!« – auch diese gefühlvollen Töne konnten den Ortsgruppenleiter nicht beirren.

»Völlig berechtigt!« stimmte er auch diesmal ungeniert zu. Dabei blickte er den Sturmführer an. Der hielt sich zunächst zurück. »Ich warte ab. Ich richte mich stets nach dir, Ortsgruppenleiter.«

Der blinzelte wie zu fernen Horizonten hin. Dann blickte er fragend Peter Patzer an, der vor Tatenbereitschaft alpenhaft erglühte. »Nun – was meinst du dazu, Kamerad?«

Der von Sonnenblum in einem ganz besonders schwachen Augenblick zum Propagandaleiter Ernannte sah nun seine Stunde gekommen. Er, der sich sehr gerne ›der Goebbels von Gilgenrode‹ nennen ließ, redete nun, redete, redete! Und nicht zuletzt sich selbst um Kopf und Kragen. Er tönte, als stehe er hinter dem Rednerpult: »Wir müssen unsere geliebte Partei, also unsere Ortsgruppe, konsequent stärken, verstärken, sie einflußreicher und leistungsfähiger machen. Die Bevölkerung von Gilgenrode muß zu einem Volk von Nationalsozialisten werden!«

Diesen Ausführungen stimmte Schatzmeister Stenz mit Grunzgeräuschen zu; ein Gaul, der die Futterkrippe wittert: »Was ich immer sage – mehr Heu!«

Patzer zeigte sich beglückt. »Was wir hier dringend benötigen, sind Mitglieder! Volksgenossen, die aktiv für uns tätig werden und auch für uns zahlen! Was ich somit vorschlage, ist dies: eine verstärkte, intensive, angriffsfreudige Mitgliederwerbung!«

Stenz, der Schatzmeister, ließ erneutes, noch weit stärkeres Grunzen vernehmen. Denn die Rede vom ›Heu‹ war wie Musik in seinen Ohren.

Die Frauenschaftsführerin Peller allerdings schnaufte unwillig vor sich hin. »Ich habe in meinem Bereich bereits die Mitgliederzahlen, allein in den letzten drei Monaten, mehr als verdoppeln können.« Und das Hitlermädchen Schwarz meinte, leicht versonnen, ja ein wenig betrübt: »Mich stört diese Überbetonung des Materiellen. Denn wir kämpfen doch wohl in erster Linie für Ideale!«

»Ach – Scheiße!« murmelte Stenz, leicht angewidert.

»Die Hauptsache ist jedoch«, meinte Keller, »daß unser Kampf sinnvoll bleibt!«

Ansonsten jedoch verharrte der Sturmführer weiter zurückhaltend – aus gutem Grund. Denn er hatte seinen Ortsgruppenleiter scharf beobachtet und dessen Mißtrauen dem traumtänzerischen, aufdringlichen Propaganda-Patzer gegenüber klar erkannt. Der machte sich hier so lautstark breit, als habe er die Partei gepachtet. Sich weinerlich besorgt gebend, markierte er den allerersten Mann – der er nun wirklich nicht war. Der nicht!

Sonnenblum schien von ähnlichen Gedanken beseelt – ohne daß er sich veranlaßt sah, sie zu äußern. Denn auch dafür, nicht wahr, hatte man schließlich seine Leute. Also blinzelte er in Richtung Konrad Breitbach. Die Hände gemütlich über dem Bauch gefaltet, erkundigte er sich: »Irgendwelche Einwände gegen die Ausführungen des Parteigenossen Patzer?«

Worauf der Knabe Konrad, wie um Nachsicht bittend, um sich blickte, sodann seine Aktenmappe öffnete und diverse Unterlagen herausholte: Zeitungsausschnitte, Rundschreiben, drei Schulungshefte – und ein Buch.

Seine Stimme klang harfenhaft melodisch. »Ein Einwand allerdings bietet sich hier an – falls ich unseren verehrten Parteigenossen Patzer nicht mißverstanden haben sollte.«

Dieser fühlte sich nicht nur betroffen, sondern auch herausgefordert. »Einwände?« fragte er mit bebender Stimme. »Gegen meine wohldurchdachten Worte? Angesichts meiner langjährigen Erfahrung in dieser Materie? Nach zahlreichen öffentlichen Versammlungen, erfolgreichen und gutbesuchten, in Gilgenrode und Umgebung? Na schön – wie sehen denn deine Einwände aus?«

»Deine Verdienste in allen Ehren«, sagte Konrad, »aber irren kann sich schließlich jeder einmal.«

»Ich nicht!« rief Patzer erregt verweisend. »Nicht was den deutschen Geist anbelangt und die Durchdringung unserer Menschen mit demselben! Da kenne ich hier keinen, der mir das Wasser reichen kann!«

»Du scheinst jedoch dabei«, wandte Konrad gekonnt bescheiden ein, »zwei Begriffe miteinander zu verwechseln. Und zwar diese: Anhänger und Mitglieder.«

»Und wo soll da ein Unterschied sein?« Patzer verteidigte sich erregt, von den fordernden Blicken der anderen angetrieben. »Das ist doch gehupft wie gesprungen! Die einen wie die anderen bekennen sich, machen mit, zahlen! Klarer Fall!«

Den Ortsgruppenleiter hatte die doch wohl größenwahnsinnige Bemerkung Patzers, ihm könne hier keiner das Wasser reichen (das hieß: auch Sonnenblum nicht!) erheblich verstimmt. Ermunternd wandte er sich an Konrad. »Ist das tatsächlich ein klarer Fall, Parteigenosse Breitbach?«

»Eben nicht«, versicherte der. »Anhänger einer Bewegung ist, wer sich mit ihren Zielen einverstanden erklärt; Mitglied jedoch kann nur sein, wer entschlossen ist, auch dafür zu kämpfen.«

Womit dieser Konrad, wieder einmal mehr, ein Zitat angebracht hatte – ein nahezu wortwörtliches aus Hitlers richtungweisendem Werk. In dem Patzer freilich nie gelesen hatte, wohl auch nicht lesen wollte. Denn der arbeitete bereits, zumindest im Geiste, an einem eigenen großen Buch, welches den deutschesten Traum seiner gedankenzerquälten Nächte verkünden sollte. Sein Titel: ›Auf rauhen Pfaden zu den Sternen!‹

Knabenhaft freundlich führte Konrad weiter aus, das heißt, er zitierte: »Anhänger sind passive Elemente, die lediglich eine Idee anerkennen, hier also die unsere. Mitglieder jedoch, stets bewußt aktiv in Erscheinung tretend, dürfen als Auslese gelten! Das jedoch etwa, an den Anhängern gemessen, im Verhältnis eins zu zehn. Doch zu zahlen, falls das irgend jemand beruhigt, haben sie alle!«

»Heil Hitler!« rief Stenz freudig kassierbereit. Er glaubte schon das Zehnfache der ursprünglich erhofften Summe einstreichen zu können. Dieser Konrad begann ihm ans Herz zu wachsen. Peter Patzer jedoch hatte das panisch-peinliche Gefühl, nunmehr die sorgfältig gegerbten Felle seines Geistes davonschwimmen zu sehen – irgendwo flußabwärts dahin! Und selbst die Damen der Bewegung, die ihn sonst anzuhimmeln pflegten, blickten nun an ihm vorbei, was einem nackten Verrat gleichkam. Zutiefst erschüttert, und nicht nur darüber, rief er mit zitterndem Protest aus: »Aber das ist doch nichts wie blanker Unsinn!«

»Sollte das tatsächlich Unsinn sein?« Ortsgruppenleiter Sonnenblum lächelte Keller und Stenz zu, den Damen erst recht – doch an Patzer blickte er vorbei. »Auf diese Behauptung unseres Parteigenossen Patzer solltest du, Parteigenosse Breitbach, ihm die richtige Antwort geben!«

Aber Konrad war jetzt ohnedies einem Heringshändler vergleichbar, dem man gesagt hat: Deine Fische stinken! »Die Majorität der Menschheit ist träge und feige!« rief er aus. Was abermals ein Zitat war, das in diesem Kreis nur noch mehr Verwirrung hervorrief.

Patzer stürzte sich nun wie ein tollwütiger Hund auf diese Verdächtigungen, Anmaßungen, Beleidigungen. Er bellte und biß um sich, so entnervt war er.

»Solchen Entgleisungen, solchen schamlosen Unsinnigkeiten wird hier offenkundig von niemandem widersprochen! Das ist eine Beleidigung nicht nur der Menschheit, sondern sogar unserer Bewegung!«

»Dazu«, versicherte Konrad Breitbach, »kann ich nur sagen: Was ich da soeben vorgetragen habe, ist keinesfalls meine persönliche Ansicht gewesen. Ich habe mir lediglich erlaubt zu zitieren. Und zwar aus dem herrlichen Buch ›Mein Kampf‹ unseres Führers Adolf Hitler. Dort vorzufinden auf den Seiten 615 bis 645.«

»Sehr eindrucksvoll!« rief Sonnenblum aus. »Bravo!« stimmte der Sturmführer prompt zu. Die Bewegungsdamen nickten anerkennend. Und der Schatzmeister gab wiederum ein kräftiges ›Heil Hitler‹ von sich, was wohl so gut wie alles sagte.

Peter Patzer aber war kreidebleich geworden. Wie in quälenden Schmerzen schloß er seine Froschaugen. Als er wieder aufblickte, sah er in einen verdüsterten Himmel mit schweren Gewitterwolken. Mühsam gurgelte er: »Vermutlich – bin ich mißverstanden worden. Möglicherweise habe ich mich geirrt – nicht versagt, das nicht, aber eben geirrt. Kann ja vorkommen, nicht wahr?«

»Aber gewiß doch!« stimmte ihm Konrad Breitbach zu. Worauf er unverzüglich den nächsten Zielpunkt ansteuerte. »Theorien sind immer gut – doch sie müssen der Praxis entsprechen. Von der aber verstehen am meisten unser Ortsgruppenleiter und unser Sturmführer.«

Sonnenblum fühlte sich geschmeichelt, auch Keller konnte sein freudiges Erstaunen über diese Bemerkung nicht verbergen. Dieser Konrad war sein Mann!

Nach längerer Nachtsitzung – nicht ohne geistige Stärkungen, die Männer tranken Bier, Königsberger, die Frauen Likör, Bärenfang – wurde, streng geheim, das folgende ›Nahziel-Aktionsprogramm der Ortsgruppe Gilgenrode der NSDAP‹ beschlossen:

1. Schatzmeister Stenz hatte einen Finanzierungsplan für besondere Ausgaben zu entwickeln. Und zwar handelte es sich um die Beschaffung von Uniformen für SA, HJ und BDM, um Werbematerial, Unterstützung bedürftiger Parteigenossen, Pflege der Kameradschaft, die Ausrichtung von Festlichkeiten und so weiter und so fort. Diese Finanzierung habe sich zu stützen auf freiwillige Spenden von Volksgenossen. Letztere wären systematisch dazu aufzufordern, und zwar von ausgesuchten, dafür begabten Leuten, unter Anleitung und Leitung des Sturmführers.

»Sind wir uns in diesem Punkt einig?« fragte Sonnenblum.

»Wird erledigt«, bestätigte Keller.

Worauf Stenz ungeniert wissen wollte: »Kann auch bei gewissen Außenseitern kassiert werden? Etwa bei solchen, die vor Geld geradezu stinken – wie dieser Sass?«

»Keinesfalls!« entschied Sonnenblum, um die Parteiwürde bemüht. »Keinesfalls direkt.« Worauf er einen Merkspruch aus dem ›Stürmer‹ zitierte, dieser Giftschleuder ›wider den undeutschen Geist‹. Und dieses Zitat lautete: ›Wer vom Juden frißt, stirbt daran!‹

2. Parteigenosse Konrad Breitbach habe – zunächst provisorisch, also gewissermaßen auf Bewährung – das Amt des bisherigen, leider nicht mehr voll verwendungsfähigen Propagandaleiters Patzer zu übernehmen. Er habe für eine systematische Aufklärung der Bevölkerung, etwa durch Handzettel, Rundschreiben, Wandtafeln, Spruchbänder und Gespräche von Mann zu Mann, zu

sorgen. ›Auch positive Kontakte zur örtlichen Presse sollen gepflegt werden.‹

Konrad erkannte sofort, was die Weisung seines Ortsgruppenleiters zu bedeuten hatte. Und fast alle anderen Anwesenden erkannten das auch, und das stimmte sie recht vergnüglich. Denn mit diesem Ausruf zur ›Kontaktpflege‹ war, sozusagen parteiamtlich, der eine Breitbach, also Konrad, auf einen anderen Breitbach, Johannes, ganz direkt angesetzt worden.

»Warum nicht«, meinte der neue provisorische Propagandaleiter völlig unbeeindruckt. »Mal sehen, was dabei herauskommt.«

3. Verstärkte Bemühungen um Ausschaltung gewisser, offenbar unbelehrbarer gegnerischer Personen. Diese Bemühungen hätten in planvoller Gemeinschaftsarbeit aller Organisationen der Bewegung zu erfolgen. Unter persönlicher Führung des Ortsgruppenleiters werde ein ›konzentriertes Vorgehen‹ erstrebt.

»Wen willst du denn als ersten aufs Kreuz legen?« fragte Keller mächtig interessiert. »Wenn wir das wüßten, nur andeutungsweise, könnten wir gezielter vorgehen.«

Doch Sonnenblum gefiel sich augenzwinkernd darin, Rätsel aufzugeben, deren Lösung jedoch nicht sonderlich schwerzufallen schien. Keller dachte: Der meint Bachus, diesen Kirchenschwätzer – der sollte vermutlich als Hiob zurechtgetrimmt werden. Schatzmeister Stenz hielt allein den schwerreichen Juden Sass für das einzig lohnende Ziel. Konrad jedoch wußte, wer in erster Linie damit gemeint war. Sein Vater! Er lächelte dennoch.

Punkt 4 und 5 sodann: Zielbewußte Förderung des Ansehens der Partei bei der Bevölkerung; entschlossene Schaffung von Vertrauen; Bildung einer verläßlichen Anhängerschaft. »Als vorläufigen Höhepunkt stelle ich mir einen ›Deutschen Tag‹ vor!« sagte Sonnenblum. »Also ein Fest unseres Volkes von erheblicher, weitreichender Wirkung! Eine Veranstaltung, von der noch unsere Kinder und Kindeskinder beglückt und in dankbarer Würdigung sprechen werden. Das ist mein Wunsch und Wille!«

Die Anwesenden bejahten diese Ankündigung freudig – denn Feste zu feiern war ihnen ein tiefes Bedürfnis. Sie begrüßten diesen ›Deutschen Tag‹ mit überzeugender Lautstärke. Freudig witterten sie Aufmärsche, Blaskonzerte, Gemeinschaftssingen, volkstümliche Spiele, Feldküchenverpflegung auf dem Marktplatz.

Lediglich Stenz hielt sich zurück. »Mein Gott – was wird das kosten?« stöhnte er. »Wenn ich nur mal überschlage: an die tausend Teilnehmer – und für jeden ein Bier?«

»Nicht nur eins!« befahl Sonnenblum. »Auch Schnaps! In Krügen! Und Fressalien, stapelweise: Klopse, Karbonaden, Bratwürste! Das Volk von Gilgenrode soll endlich erkennen, was es an uns hat!«

Am nächsten Vormittag suchte Johannes, der ältere der Breitbach-Brüder, wieder einmal das Haus ›Am Markt 7‹ auf. Er wollte Sonnenblum, den Vater seiner Erika, um eine vertrauliche Unterredung bitten. Doch abermals vergeblich. Ihn empfing Beate Fischer, die sich langweilte.

Sie musterte diesen Johannes nicht uninteressiert, er besaß, bei aller Stattlichkeit, ein fein zu nennendes Gesicht, auch sehr zierlich wirkende Hände, und war zudem von ausgesuchter Höflichkeit, was sie sehr beeindruckte. Sie strahlte ihn an, morgensonnenhaft sanft.

»Herr Sonnenblum ist derzeit nicht erreichbar. Der macht Weltgeschichte! Und Frau Gertrude befindet sich bei Pfarrer Bachus, vermutlich um dem ihren Segen zu erteilen. Könnte möglicherweise ich irgend etwas für Sie tun?«

Die lapidare Wirklichkeit sah so aus: Sonnenblum pennte! Schlief seinen schweren alkoholischen und geistigen Rausch aus. Die Zahnarztpraxis war somit ›vorübergehend geschlossen‹. Erika war in ihrer Schule und Mutter Gertrude einkaufen gegangen. In diesem leeren Haus war Beate jede Abwechslung willkommen.

»Sie haben sehr schöne Hände, Johannes«, sagte sie katzenhaft lässig. »Und wissen Sie auch, was sich damit anfangen läßt? Bei sehr feinfühligen Frauen? Doch lassen wir das – zunächst. Es könnte ja sein, daß ich Ihnen mißfalle.«

»Keinesfalls!« versicherte Johannes prompt. Er fühlte sich in diesem Augenblick weit mehr als Dichter denn als Denker. Was er hier erblickte, war ein Bild in dunkel glühenden Farben, das entzückte. »Ich habe Sie bisher immer nur von weitem gesehen – wobei Sie stets äußerst dekorativ gewirkt haben. Jetzt aber, da ich Sie aus nächster Nähe betrachten darf, erkenne ich, daß Sie tatsächlich von ganz besonderer Schönheit sind.«

»Dabei bin ich doch wohl«, reagierte Beate mit mühsam verhohlenem Entzücken, »alles andere als eine Germania.«

»Muß auch nicht unbedingt sein!« Johannes glaubte damit hinreichend deutlich gemacht zu haben, daß ihn das derzeit hochgepriesene nordische Schönheitsideal eher langweilte. »Sie, verehrte Beate, sind ein elfenhaftes Wesen, dunkel-geheimnisvoll. Eine Undine!«

Beate hätte gerne gefragt, wer denn Undine sei – doch soviel hatte sie im Umgang mit ihren diversen Männern gelernt: Fragen, die den Geist strapazierten, wirkten nicht eben stimmungsfördernd.

Beate vermochte einfach keine Gelegenheit auszulassen, sich als Frau bestätigt zu sehen. Und dieser so wohltuend höfliche, angenehm kultivierte Mensch gefiel ihr ungemein! Genau so ein Exemplar fehlte noch in ihrer Sammlung. Ein vielversprechender Anfang schien gelungen. Dennoch war sie nicht ganz unbesorgt. Dieses Gilgenrode war ein verdammt kleines Nest, wo jeder auf jeden aufpassen konnte, wenn er wollte – und die meisten wollten das. Woraus sich so manche Schwierigkeiten ergaben.

»Ich habe etliche Ihrer Artikel gelesen – und fand sie hochinteressant.« Beate blickte Johannes bewundernd an – das gelang ihr stets mühelos; und er, wie alle ihre Männer, reagierte eindeutig geschmeichelt. »Doch leider verstehe ich nicht allzuviel davon. Ich bin nicht sehr belesen.«

»Dafür haben Sie andere Vorzüge«, versicherte Johannes spontan. »Auch Schönheit ist eine besondere Gabe der Schöpfung – wie ja auch der Geist oder die Kraft. Alles zusammen kann keiner haben.«

»Aber vieles von dem, was Sie schreiben, verstehe ich auch«, versicherte Beate. »Und ich lese es sehr gerne. Denn Sie lieben unsere Heimat. Sie vermögen unsere Landschaft in herzanrührender Weise zu beschreiben. Eine Welt, die ich bisher noch nicht kennengelernt habe – obgleich ich hier lebe. Ich bin eben noch niemandem begegnet, der sie mir zeigt, erklärt, sie mich richtig sehen lehrt.«

Johannes wußte nun nicht recht, ob er sich beglückt oder bestürzt zu fühlen habe. Immerhin hatte er den Eindruck, bewundert zu werden. Das machte ihn dankbar entgegenkommend. »Falls Sie tatsächlich auf diesbezügliche Dienste meinerseits Wert legen sollten, Fräulein Fischer – es wäre mir eine Ehre...«

»Danke!« rief sie aus, wie großzügig beschenkt. »Das ist außerordentlich liebenswürdig von Ihnen. Ich nehme Ihr Angebot gerne an. Wobei ich nur hoffen kann, daß sich daraus keine Komplikationen ergeben – für Sie. Erikas wegen.«

»Keinesfalls, Fräulein Fischer! Denn in unserem Fall, nicht wahr, handelt es sich doch allein um eine Art kunstsinniger Begegnung, die selbstverständlich an meinem Verhalten meiner zukünftigen Verlobten gegenüber nicht das geringste ändern kann.«

Beate beließ ihn gerne bei dieser Ansicht. »Vielleicht könnten wir sogar eine Art Abkommen schließen: Sie machen mich mit den Schönheiten unseres Landes vertraut, worauf ich versuchen werde, Sonnenblum umzustimmen; so daß der Sie empfängt und anhört. Ist das ein akzeptabler Vorschlag?«

Das war einer! Johannes ergriff beglückt Beates Hand. Wobei er jedoch artig darauf achtete, nicht allzu stark zuzupacken. Auch er hielt sie für ein zartes Geschöpf.

In dieser kleinen Stadt existierte auch ein Polizist namens Kersten. Den versuchten hier alle Machtgruppierungen möglichst zu übersehen. Was jedoch bei diesem mächtig großen Zweizentnermann nicht ganz einfach war.

Kersten war Polizeimeister und Reviervorsteher; drei weitere Beamte waren ihm zugeteilt. Doch die meisten der anfallenden Probleme erledigte er persönlich. Dabei leistete er sich jedoch, reichlich leichtfertig, wie es hieß, den Luxus, nichts als Gerechtigkeit walten lassen zu wollen. Und das sozusagen rundherum! Also ohne jede Rücksicht auf Amt, Verdienst, Würden, Ansehen, Religions- und Parteizugehörigkeit.

Was diesen Kersten in Gilgenrode geradezu berühmt gemacht hatte, ihn aber bald auch als ›höchst verdächtig‹ erscheinen ließ, waren seine Eingriffe in diverse Parteiveranstaltungen. Und zwar während der letzten Monate vor der sogenannten ›Machtergreifung‹ am 30. Januar 1933. Diese Vorgänge lagen also kaum mehr als ein halbes Jahr zurück. Ihre Rechtsgrundlage war ein Erlaß des ›Preußischen Innenministeriums‹. Danach konnte ›eingeschritten‹ werden – und zwar bei ›erkennbarem Mißbrauch der Redefreiheit‹ bei öffentlichen Versammlungen. Zu entscheiden, ob ein solcher Mißbrauch vorlag, war dem Ermessen des anwesenden Polizeibeamten überlassen.

Kerstens erste derartige ›Ermessenshandlung‹ führte zum vorzeitigen Abbruch einer Wahlveranstaltung der hierorts winzigen

Sozialdemokratischen Partei. Und zwar nachdem der Redner die Soldaten des Weltkrieges pauschal als ›mißbrauchte Dummköpfe‹ bezeichnet hatte. Kersten schritt ein und ›löste auf‹. Danach galt er in Gilgenrode als erklärt nationaler Mann – eine Vermutung, die sich jedoch nur wenige Wochen hielt.

Danach waren nämlich die Deutschnationalen, unter Richard Breitbach, an der Reihe. Als bei ihrer Veranstaltung die Sozialdemokraten ›rotes, vaterlandsloses Gesindel‹ genannt wurden, erhob sich Kersten und schritt zum Rednerpult. Von dort aus erklärte er lautstark und entschieden diese Vorstellung für beendet.

Als wenig später in Gilgenrode der Verdacht aufkam, dieser Kersten müsse wohl ein erklärter Nationalsozialist sein, ließ sich auch diese Hypothese nicht lange halten. Denn gleich die nächste Versammlung, eine der NSDAP, unter Sonnenblum, kam über die erste Viertelstunde nicht hinaus. Sie wurde wegen ›diskriminierender Äußerungen über jüdische Mitbürger‹ von Kersten aufgelöst.

Dieser Polizist tat also nichts als seine Pflicht – davon war er überzeugt und durch nichts abzubringen.

Außerhalb seines Dienstes war er ein liebender, treusorgender Gatte und Vater für seine stämmige, nilpferdhaft sanfte Frau und seine drei Kinder, alles Mädchen, acht, zehn und zwölf Jahre alt. Kersten nahm gern solide Hausmannskost zu sich, trank regelmäßig zum Abendessen eine Flasche Bier; an Sonnabenden zwei. Schnaps verschmähte er. Kneipen suchte er nur dienstlich auf. Daheim sang er gern. Immer Volkslieder.

Wenn jedoch die Pflicht rief, war dieser massige Mensch bereit, sich mit Ernst, Ausdauer und unerschütterlichem Gerechtigkeitssinn einzusetzen. Die direkt davon Betroffenen empfanden das als ›erschreckend rücksichtslos‹; andere hingegen nannten es mutig und verwegen. Das galt besonders für den Fall ›Ritterstraße 33‹. Der begann vergleichsweise harmlos, artete dann aber in einen Skandal mit verheerenden politischen Folgen aus. Und einer überlebte ihn nicht. Das war jedoch nicht Kersten.

Es handelte sich um eine Katze. Sie war drei oder vier Jahre alt, von weißer Grundfarbe, mit braunschwarzen Flecken auf dem hinteren Rücken. Ein langhaariges Geschöpf von ergebener Anschmiegsamkeit, äußerst scheu, wie stets zur Flucht bereit. Sie war kein edles, rassisch wertvolles und entsprechend teures Zuchtprodukt, sondern nichts wie eine Wald- und Wiesenkatze, wie es sie in Gilgenrode zu Hunderten gab. Mit dieser Katze im Arm suchte ihr Besitzer das Polizeirevier auf. Dort verlangte er den ›Vorsteher‹ zu sprechen, also Kersten. Der erschien prompt und musterte den Mann mit der Katze, zunächst wortlos abschätzend.

Diesen Menschen kannte er. Das war ein gewisser Spahn, allgemein nur ›der Emil‹ genannt. Eine Art Original, bereits uralt aussehend, zerknittert, leicht verwahrlost, mit krächzender Stimme. Ein sozusagen amts- und stadtbekanntes Subjekt. In Besonderheit bekannt durch seine undurchsichtigen, verwirrenden Redensarten, die er in vorgeblicher Volltrunkenheit von sich gab, also sehr oft.

»Was, Herr Spahn«, fragte Kersten mit der ihm eigenen amtlichen Höflichkeit, »kann ich für Sie tun?«

Der schien seinen Ohren nicht zu trauen; er schüttelte heftig den Kopf wie ein irritiertes Pferd. »Sagten Sie *Herr* Spahn? Nicht einfach Emil – wie alle anderen? Emil – der Säufer, der Spinner, der Idiot! Das, Herr Polizist, bin ich nicht gewohnt!«

»Dann werden Sie sich eben bei mir daran gewöhnen müssen, Herr Spahn. Denn vor dem Gesetz sind alle Menschen gleich, sagt man; und so muß es auch sein. Und das Gesetz vertrete ich hier. Also – tragen Sie bitte Ihr Anliegen vor.«

Emil Spahn schnaufte zutiefst ungläubig. Nur höchst mühsam schien er zu begreifen, daß in diesem Gilgenrode tatsächlich außer Konrad Breitbach noch jemand existierte, der ihn nicht belächelte, verachtete, beschimpfte – der ihn ernst zu nehmen schien. So was wollte erst einmal verdaut werden! Zunächst einmal hielt er mit der zärtlichen Geste des liebenden Beschützers seine Katze dem Polizisten vor die Nase, damit auch er sich an ihrem Anblick erfreuen möge.

»Das«, sagte Emil nicht ohne Stolz, »ist meine Susie – ich nenne sie aber nur Su; was wie ›du‹ klingt. Dieses Geschöpf ist mir zugelaufen, vor zwei Jahren. Sie lebt nun mit mir – und ich mit ihr. Wir gehören zusammen. Sie ist für mich wie ein Kind – und ich bin für sie Vater und Mutter zugleich, und beides sehr gerne! Können Sie das verstehen, Herr Polizist?«

»Durchaus.« Kersten betrachtete die Katze mit ihren großen, wie um Verständnis und Hilfsbereitschaft flehenden Augen aufmerksam. »Ein sehr schönes Tier, Herr Spahn. Doch warum kommen Sie zu mir?«

»Man hat versucht, meine Su zu ermorden!«

Kersten blieb gelassen. Wie für alle braven Polizisten galt auch für ihn der Leitspruch: Es gibt nichts, was es nicht gibt – halte also alles für möglich! »Und was, Herr Spahn, berechtigt Sie zu einem solchen Verdacht?«

»Meine Susie wird verfolgt! Auf sie werden Steine geworfen, einige haben sie getroffen, andere haben Kellerfenster zertrümmert. Und gestern sind sogar Schüsse, mehrere, auf meine geliebte Katze abgefeuert worden – sechs oder acht, aus einer Pistole!«

»Haben Sie eine Ahnung, wer so etwas getan haben könnte?«

»Dafür kommt nur einer in Frage. Der Untermieter im Erdgeschoß des Hauses, in dem ich wohne. Doch warum tut der das? Wo ich ihn doch stets höflich grüße und sogar sehr lobend von ihm spreche. Erst neulich habe ich sehr würdige Worte über ihn gebraucht. In aller Öffentlichkeit, im Gasthaus!«

»Sie meinen doch nicht etwa Keller, diesen Sturmführer? Denn von Ihren neuesten, ebenso merkwürdigen wie bemerkenswerten Lobeshymnen auf gewisse Leute habe ich bereits gehört.«

»Ja – so bin ich! Doch wie ist der? Dieser Pistolenmensch scheint unser Haus für einen Schießstand zu halten – und meine liebe kleine Su für eine Zielscheibe! Der haßt meine Katze!«

»Keller also!«

»Genau der, Herr Polizist! Und nun werden Sie wohl Ihre Akten schließen – noch bevor Sie sie aufgemacht haben, wie?«

»Lassen Sie das meine Sorge sein«, empfahl ihm Kersten souverän. »Gerechtigkeit ist schließlich nicht teilbar. Selbstverständlich auch einer Katze wegen nicht. Ganz abgesehen davon, Herr Spahn, daß mir Ihre Susie gefällt. Was dabei jedoch keine Rolle spielen darf.«

In einem verwitterten Haus hinter dem Marktplatz, Ritterstraße 33, wohnte Hermann Keller, ehemals Angestellter bei den städtischen Gas- und Wasserwerken, noch früher Feldwebel mit enormen Erfahrungen in der Rekrutenausbildung, nunmehr jedoch hauptberuflicher Sturmführer der SA. Eine anerkannte, maßgebliche Persönlichkeit in Gilgenrode. Und wohl bald, wenn alles nach seinen Wünschen lief, der erste Mann am Ort.

Dieser Keller hauste bei seiner Schwester Hermine. Die war mit einem Finanzbeamten verheiratet, einem dumpf dahindämmernden Kerl von verfetteter Trottelhaftigkeit. Keller bewohnte das größte Zimmer, sein Schwesterchen betreute ihn intensiv. Die liebte ihn – und das nicht nur, weil er nicht schlecht zahlte.

Wozu neuerdings erhebliche Sonderzuwendungen kamen: dicke Freßpakete, große Bierkästen, Schnapsflaschen kartonweise. Alles mit freundlichsten Begleitschreiben: ›Herzliche Grüße... in Hoffnung auf weitere gedeihliche Zusammenarbeit... dem verehrten Führer unserer SA!‹

Sie hätten also – er, der Sturmführer, seine liebe, ihn betreuende Schwester und sogar dieser schmalzkübelhafte Finanzamt-Schwager – in äußerster Harmonie leben können, wie die Maden im Speck. Doch hatte nicht schon Schiller gesagt: Es kann der Frömmste nicht im Frieden leben, wenn es dem bösen Nachbarn nicht gefällt? Und eben solch ein bösartiges Exemplar lebte ebenfalls in diesem Haus – man bedenke: mit einem Hermann Keller unter dem gleichen Dach! Das war ein borniertes, vor sich hin schwatzendes, oftmals bis zur Bewußtlosigkeit besoffenes Wesen, Emil genannt. Eine unentwegte Herausforderung für einen so bewußt deutsch denkenden Menschen wie Keller.

Begegnete der Sturmführer diesem sabbernden Kretin im Treppenhaus oder auf der Straße, dann krähte der: »Gott zum Gruße, Herr Sturmführer! Oder eben ein herzliches Heil Hitler, Herr Keller! Ganz wie Sie wünschen.«

»Halte gefälligst deine dreckige, versoffene Schnauze, du Idiot!« pflegte ihn dann Keller zurechtzuweisen. »Ich verbitte es mir, von einem hirnrissigen Spinner belästigt zu werden!«

»Was, bitte, soll ich sein?« röhrte dann Emil freudig. »Ein Idiot, ein Spinner? Und auch noch krank? Nur weil ich Ihnen den Deutschen Gruß entboten habe?«

Dieser schäbige, hirnlose Saufkopf war eine einzige Zumutung für diese ihres rassischen Wertes immer bewußter werdenden deutschen Menschen. Zumal der da neuerdings Behauptungen verbreitet haben sollte, die nur als außerordentlich hinterhältig bezeichnet werden konnten. Und dann trug er auch immer diese schreckliche Katze mit sich herum oder sorgte dafür, daß sie ihm, Keller, über den Weg lief. Allerdings wich sie gewöhnlich bei seinem Anblick ängstlich zurück, respektvoll erzitternd, seine

Macht erahnend. So weit, so nicht ungut. Doch seit neuestem wagte es diese schäbige Kreatur doch tatsächlich, ihn streitbar anzufauchen – mit gekrümmtem Rücken und gesträubten Haaren. Ja, hätte das Biest Feuer spucken können – Keller war überzeugt, es würde es tun! »Verschwinde, du schäbiges Miststück!« hatte er dieses ihm räudig erscheinende Katzenvieh im Kasernenhofton angeschrien. »Oder soll ich dir ins Kreuz treten, dir den Hals umdrehen?«

Doch Susie schien geradezu versessen darauf zu sein, ihm zu begegnen, und jedesmal fauchte sie ihn verachtungsvoller an. Das durfte ein Keller sich nicht bieten lassen – schon gar nicht von der Kreatur dieses Idioten Emil! Und eben das führte dann zu jenen Vorgängen, die als ›registrierte Tötungsversuche an einer Katze‹ aktenkundig werden sollten.

Polizeimeister Kersten fand sich dienstlich in der Ritterstraße 33 ein. Hier versuchte ihn zunächst die Keller-Schwester Hermine zu blockieren. »Ich glaube, mein Bruder schläft.«

»Dann wecken Sie ihn auf! Ich habe mit ihm zu reden. Amtlich.«

Nach wenigen Minuten wurde Kersten die Tür zur Wohnhöhle des Sturmführers geöffnet. Dort stapelten sich Kartons, Kisten, Postpakete. Er selbst lag quer auf seinem Bett, in voller SA-Uniform, den Kragen weit geöffnet. Schlaftrunken blinzelte er dem ihm sattsam bekannten Gerechtigkeitsapostel entgegen.

»Ich gedenke Ihnen lediglich«, sagte dieser, »einige Fragen zu stellen; zwecks einer mir notwendig erscheinenden Aufklärung.«

»Sie wissen ja wohl, wer ich bin?« Keller schien fast begierig danach, auch von diesem Menschen, gleichsam amtlich, seinen besonderen Wert bestätigt zu bekommen. »Oder muß ich Sie über meine Stellung, meinen Einfluß, meine Bedeutung aufklären?«

»Müssen Sie nicht!« Kersten reagierte unbeirrbar sachlich. »Denn das würde nicht den geringsten Einfluß auf die Behandlung der Angelegenheit ausüben, die ich Ihnen nun vorzutragen habe.«

»Mir – in meiner Eigenschaft als Sturmführer?«

»Ich befrage Sie lediglich, Herr Keller, in Ihrer Eigenschaft als Bewohner dieses Hauses. Weil Anzeige erstattet worden ist.«

»Doch nicht etwa gegen mich? Welches ungeheure Arschloch sollte sich denn so etwas erlaubt haben?«

»Es handelt sich dabei«, sagte Kersten, der auch mit rohen Eiern jonglieren konnte, »um einen mutmaßlichen Tötungsversuch – an einer Katze. Wobei es auch noch zu nicht unerheblichen Sachbe-schädigungen gekommen sein soll. Dem muß ich nachgehen.«

»Sie wollen mich doch nicht etwa mit Gewalt erheitern, Mann!« Keller lachte sturmführerhaft überlegen auf. »Schließlich sind auch Tiere nichts wie Sachen – und mit denen kann man machen, was man will!«

»Stimmt – leider, nach den bestehenden Gesetzen. Doch allein der Besitzer eines Tieres kann bestimmen, was mit ihm zu gesche-hen hat. Und diese Katze, Herr Keller, gehört nicht Ihnen.«

»Na und? Was wollen Sie eigentlich, Mensch? Dieses Scheißtier lebt doch noch!«

Kersten besaß die Beharrlichkeit eines Landregens. »Bei den mutmaßlichen Tötungsversuchen scheint es, wie ich schon sagte, auch zu Nebenwirkungen gekommen zu sein. So zur Zertrümme-rung einiger Kellerfenster und zur Beschädigung von Wänden im Treppenflur. Und zwar durch Abgabe von Pistolenschüssen.«

Keller vermochte nunmehr seine Empörung über derartige Zumutungen nicht mehr zu zügeln: »Mann, das ist doch nichts wie schäbiges Hintertreppengeschwätz! Oder glauben Sie etwa, Zeu-gen dafür finden zu können? Mann – da gibt's in Gilgenrode wohl keinen, der sich bei einer Konfrontation mit mir nicht in die Hosen machen würde! Außer vielleicht dieser Emil. Aber von dem weiß doch jeder: der ist ein notorischer Idiot!«

»Da bin ich nicht ganz so sicher«, sagte Kersten ziemlich entschieden. »Aber vielleicht, Herr Keller, wissen Sie eine ein-leuchtende Erklärung für alles, was hier irgendwie verdächtig erscheint?«

»Massenweise, Mann! Also: zertrümmerte Kellerfenster! Da haben irgendwelche Lümmel Steine auf den von mir täglich begangenen Weg gelegt. Die habe ich mit dem Fuß zur Seite gestoßen, und dabei gab's Scherben. Was ja vorkommen kann.«

»Und womit begründen Sie die Verwendung einer Schußwaffe?«

»Ratten! Die tauchen im Treppenflur auf – und ich versuchte sie zu vernichten. So, lieber Mann, das sind die Tatsachen, die Sie zu respektieren haben.«

Das Mißtrauen dieses Polizeimenschen schien dennoch un-beirrt. »Ich frage mich nur: besitzen Sie eigentlich einen Waffen-schein? Sind Sie berechtigt, eine Schußwaffe zu tragen und sogar zu benutzen?«

»Mann Gottes!« Kellers Stimme bekam nun sirenenartige Klänge – eindeutig warnende. »Sollten Sie denn noch immer nicht erkannt haben, in welch großer Zeit wir leben?«

»Nun – jedenfalls in einer Zeit, in der die Gesetze noch gelten!«

»Richtig! *Unsere* Gesetze! Merken Sie sich das! Der oberste SA-Führer hat uns mit Waffen ausgerüstet. Fragen Sie doch mal in Berlin nach – wenn Sie sich trauen!«

»Werde ich tun«, sagte Kersten schlicht.

»Machen Sie das nur!« empfahl Keller grinsend. »Das wird unsere Kameraden in Berlin sehr interessieren, daß hier einer gegen den Strom schwimmen will!«

Am darauffolgenden Samstag fand, wie geplant, in der Schloßstraße von Gilgenrode die Einweihung des Sturmlokals ›Zum starken Mann‹ statt. Kimminger, der mit Nachdruck ermunterte Protektor dieses Unternehmens, ließ es dabei wahrlich an nichts mangeln.

Frisch angezapftes Bier gehörte, mit Reservefässern im Hintergrund, das verstand sich von selbst, dazu. Aber auch Getreidekorn in zahlreichen Steinkrügen lagerte griffbereit im kühlen Keller. Auch Erbsensuppe mit Rauchfleisch stand zur Verfügung, und in einem Fünfzigliterkessel schwabbelten, brodelten, dufteten köstliche Würste. »Alles auf Kosten des Hauses!« rief Kimminger wiederholt. »Zwecks Pflege der Kameradschaft!«

Teilnehmer dieser feierlichen Einweihungszeremonie waren in erster Linie die wackeren SA-Männer von Gilgenrode, etwa fünf Dutzend. Denn dies war nun mal ihr Lokal. Stumm und stramm standen sie da, mit Hartholzgesichtern und Kasernenhofblick, in voller Uniform, dicht hinter ihren drei Scharführern – dem Pferd Müller, dem Kaputtmacher Feinemann und dem Sanftscharfen Schulze. Vor denen wiederum stand Sturmführer Keller, das Auge seherhaft in die Ferne gerichtet.

Natürlich hatten sich auch die Spitzen der Partei eingefunden: Sonnenblum, der Ortsgruppenleiter; majestätisch wohlwollend musterte er seine liebe SA. Auch Schatzmeister Stenz, der ihn begleitete, war strahlender Laune. Schließlich hatte er für diesen Schuppen kein ›Heu‹ liefern müssen.

Rechts vom Ortsgruppenleiter durfte sich Kimminger postieren, sozusagen als Ehrengast seines eigenen Unternehmens. Er gab sich bescheiden, geradezu dankbar. Konrad betrachtete ihn auf-

merksam. Er stand hinter dieser Spitzentruppe: SA-Mann, Parteigenosse und provisorischer Propagandaleiter. Unter den linken
Ellbogen hatte er ein Buch geklemmt.

Zunächst jedoch bestaunten alle Anwesenden diese solide deutsche Pracht: klobige Tische und festgefügte Stühle, Fichtenbretterböden, mit altdeutschen Motiven bemalte Vorhänge. Dazu ein
raumbeherrschender Ausschank, prallgefüllt mit Gläsern, vollgestopft mit Schnapsflaschen. Der Bierhahn zischte freudig gurgelnd
vor sich hin.

Die fällige Eröffnungsrede hielt Sonnenblum mit der hier wohl
gebotenen Kürze. Schließlich wußte er: Diese Kerle wollten nichts
wie saufen und fressen! Was ihnen auch, da das eindeutig bewegungsstärkend war, gegönnt werden mußte. Mithin verkündete
Sonnenblum volksführerhaft gut gelaunt: »Wir leben in einem
Lande, das seine Feste freudig feiern will. Und wie alles in diesem
unserem Lande, müssen unsere Feste die denkbar besten und
größten sein! Wozu auch wohl ein sinnvolles Wort unseres Führers
gehört. Darf ich darum bitten, Parteigenosse Breitbach!«

Worauf Konrad, äußerst bereitwillig, das von ihm mitgebrachte,
mit zahlreichen Merkzetteln versehene Buch aufschlug. »Ich erlaube mir zu zitieren. In diesem gedankenschwersten Werk aller
Zeiten steht auf Seite 311 geschrieben, was ich nunmehr verkünden darf: ›Es gibt Wahrheiten, die so sehr auf der Straße liegen, daß
sie gerade deshalb von der gewöhnlichen Welt nicht gesehen oder
wenigstens nicht erkannt werden. Da liegen die Eier des Kolumbus zu Hunderttausenden herum; doch die Kolumbusse sind eben
seltener anzutreffen. Schon die oberflächlichste Betrachtung zeigt
als nahezu ehernes Grundgesetz der Natur ihre in sich begrenzte
Form der Fortpflanzung und Vermehrung. Jedes Tier paart sich nur
mit einem Genossen der gleichen Art. Meise geht zu Meise, Fink
zu Fink, der Storch zur Störchin, Feldmaus zu Feldmaus, Hausmaus zu Hausmaus, der Wolf zur Wölfin und so weiter!‹«

»Wie wahr!« rief Sonnenblum ergriffen.

Worauf Konrad das Kampfbuch zuschlug und, als er sich umsah,
in erstaunte, wohl auch reichlich ratlose Gesichter blickte. Er war
klug genug, diesen erfreulichen Anblick nicht allzu lange zu
genießen. Vielmehr beeilte er sich zu erklären:

»Soweit also, liebe Parteigenossen und SA-Kameraden, die
Erkenntnisse unseres verehrten Führers. Dem wäre wohl an sich

nichts mehr hinzuzufügen. Doch warum, könntet ihr wohl fragen, habe ich ausgerechnet dieses Zitat ausgewählt? Das will ich gerne erklären – mit Erlaubnis unseres Ortsgruppenleiters.«

Sonnenblum erlaubte das unverzüglich. Seine Saat, so glaubte er, ging auf. Auch Keller nickte zustimmend. Denn auch ihn hatte Konrad ergeben fragend angeblickt – und Konrad war sein Mann!

»Kameraden«, sagte der provisorische Propagandaleiter, »man muß das wohl so sehen: Unser Führer weiß noch um allerletzte Wahrheiten; er ist ein Kolumbus, der sämtliche Eier auf den Kopf zu stellen vermag. Und in diesem Fall bedeutet das: gleich und gleich gesellt sich gern. Das ist ein Naturgesetz. Dementsprechend fühlt sich auch der SA-Kamerad zu seinem SA-Kameraden hingezogen.«

»Also – Kameradschaft. Bedingungslose, freudigste!« rief Sonnenblum anfeuernd. »Womit hier doch so gut wie alles gesagt ist.«

»So ist es!« Das bestätigten ihm alle Anwesenden, von einer sie strahlend überflutenden Zukunftsvision wie geblendet. Und Kimminger verkündete: »Genießen wir das! Denn dies ist kein gewöhnliches Lokal. Dies ist der Treffpunkt unserer Elite!«

Das ließen sich die SA-Kameraden nicht zweimal sagen, sie stürzten sich, freudig enthemmt, auf alles, was ihnen hier so reichlich geboten wurde. Dabei führten sie die muntersten Reden – über ihr Edelmenschentum und seine Möglichkeiten. Auch sangen sie triefäugig trunken stimmungsvolle Lieder. Etwa: ›Als die goldne Abendsonne...‹ Oder markige Kampflieder: ›Wenn das Judenblut vom Messer spritzt, dann geht's noch mal so gut...‹

Wobei sie sich umarmten und einander auf Schultern und Schenkel schlugen. Ihre Trunkenheit gedieh bestürzend schnell zu himmelhochjauchzender Vollkommenheit.

Nach knapp zwei Stunden verkündete der sichtlich betäubte Ortsgruppenleiter seinen Wunsch, dieses so außerordentlich gelungene Fest nicht weiter stören zu wollen. Dies vermutlich deshalb, weil er noch in dieser Nacht mit Beate Fischer verabredet war. Er gratulierte Keller noch einmal zu seinem Sturmlokal: »Das ist deiner würdig, deinen Männern angemessen! Möge stets ein guter Geist darin walten!«

Zugleich mit ihm war auch Schatzmeister Stenz bestrebt, sich zu entfernen, um nicht noch einer gefährlichen Schwäche zu erliegen: Denn wenn er besoffen war, wurde er prompt das, was er niemals sein wollte – nämlich großzügig! Und zwar in finanzieller Hinsicht. Also betrank er sich lieber zu Hause, auch dort auf Parteikosten. Auch Kimmingers Nacht war noch lange nicht vorüber und wollte genutzt werden. Denn auf ihn wartete, in einem seiner Hotelzimmer, eine gewisse Frau Schulze.

»Achtung, Kameraden!« ertönte nun Kellers kasernenhofgestählte Kommandostimme. »Nehmt Haltung an! Blick in Richtung auf unseren Hoheitsträger!«

Das versuchten seine Männer denn auch – etliche leicht schwankend, andere starr wie Beton. Fast aller Augen blickten glasig verklärt.

»Kameraden!« rief Sturmführer Keller, »wir danken unserem verehrten Ortsgruppenleiter für sein Erscheinen! Und verabschieden ihn, da er heute noch weitere Aufgaben für unsere Bewegung zu erfüllen hat, mit einem dreifachen Sieg – Heil!« – Worauf ein so mächtiges, rhythmisches Gebrüll ertönte, daß Fensterscheiben und Biergläser klirrten. Sonnenblum machte dankend eine hitlerhaft segnende Gebärde, bevor er sich entfernte, gemeinsam mit Kimminger und Stenz. Konrad, nunmehr ganz SA-Kamerad, durfte zurückbleiben. Diese Keller-Menschen im ›Starken Mann‹ fühlten sich nun noch freier, unbeschwerter, freudiger. Sie tranken Bier literweise und Schnaps aus Wassergläsern, ohne eine Miene zu verziehen. Manche mampften eine dickflüssig zähe Mitternachtserbsensuppe wonnig würgend in sich hinein. Bald danach kotzten einige, auch hierbei kameradschaftlich vereint, in die Waschbecken der Toilette. Eine herrlich hemmungslose Nacht reifte ihrem Höhepunkt entgegen.

»Unsere Fortschritte«, sagte Sturmführer Keller anerkennend zu dem neben ihm sitzenden Konrad Breitbach, »sind nicht mehr zu übersehen.«

»Durchaus«, bestätigte ihm der, wobei er etliche der dahintaumelnden Schwertrunkenen hoffnungsfroh betrachtete. Er selbst hatte nicht sonderlich viel getrunken – Keller übrigens auch nicht. Diese beiden hockten hier wie in einer Loge, ein theatralisches Ereignis betrachtend, das sich unmittelbar vor ihnen betäubend lautstark zutrug.

»Der Ausbildungsstand unserer Kameraden«, versicherte Konrad, »ist ein sehr hoher, ihre Schulung die denkbar beste – und dies allein dank deiner Begabung und Tatkraft, Sturmführer! Das hat erst neulich auch unser Ortsgruppenleiter festgestellt.«

»So? Hat er!« Keller rekelte sich geschmeichelt, mit selbstsicherem Grinsen. »Mußte der wohl – was?«

»Im Inneren – das meinte wohl unser Ortsgruppenleiter, wenn ich seine Andeutungen richtig verstanden habe – ist unsere SA eine prächtige, in sich geschlossene Einheit. Doch als solche sollte sie auch nach außen in Erscheinung treten.«

»Na, wie denn wohl noch, Konrad? Was, meinst du, könnte sich dieser Sonnenblum darunter vorgestellt haben?«

»Vermutlich dies: die tatkräftige, nachhaltige Bloßstellung erklärter Feinde unserer Volksgemeinschaft! Und zwar dürfte es sich dabei um keinen kleinen Fisch handeln, sondern um Großwild.«

»Doch nicht etwa um deinen Alten, Breitbach?«

Konrad winkte mit behutsamem Bedauern ab. »Der steht sozusagen auf der persönlichen Liste von Sonnenblum ganz oben – und dieses Vergnügen sollten wir ihm gönnen. Doch es gibt noch einen anderen, den unser Ortsgruppenleiter dir wohl gerne überlassen würde. Soweit ich da durchblicke, handelt es sich um Bachus, den Pfarrer.«

Kellers versonnener Blick richtete sich auf seine Männer: Arm in Arm einhertaumelnd, wundersam enthemmt. Mit denen, erkannte er, ließe sich noch vieles anfangen, so gut wie alles! Ob wohl mit Konrad Breitbach auch?

Zu dem beugte sich Keller nun und hauchte ihn mit heißem Atem an. »Bachus – meinst du? Aber ist denn dieser Generalvertreter Gottes überhaupt noch ein Problem für uns? Versucht der nicht schon seit geraumer Zeit, uns in den Hintern zu kriechen? Das weiß doch auch Sonnenblum! Warum geht der nicht persönlich gegen dieses Kirchenschwein vor?«

Konrad gab darauf, mit der Vorsicht eines Porzellanhändlers, zu bedenken: »Entsprechendes Material habe ich ihm vorgelegt. Völlig ausreichend für die geistige Auseinandersetzung mit Andersdenkenden. Die haben endlich klar zu bekennen, wohin sie gehören wollen. Doch vermutlich muß man das so sehen: Auch ein Sonnenblum hat auf gewisse menschliche Beziehungen Rücksicht zu nehmen – etwa auf seine Mutter, mit der bekanntlich nicht zu spaßen ist. Und eben die spielt sich hier als bekennende Christin auf.«

»Verstehe«, behauptete nun Keller mit männlicher Entschlossenheit. »Dann müssen wohl wir an Sonnenblums Stelle in Aktion treten! Gleich bei der nächsten sich bietenden Gelegenheit.«

»Also bereits morgen!« feuerte ihn Konrad Breitbach an. »Denn morgen ist Sonntag – wo dieser Bachus gewöhnlich auch einen Mittagsgottesdienst veranstaltet. Dabei könnten wir ihm auf den Pelz rücken und an sein Gewissen appellieren. Der hat bestimmt so was, das muß sich nun erweisen. Doch bis dahin ist noch eine ganze Nacht lang Zeit. Und die werden wir nutzen – nicht wahr?«

Was sich im ›Starken Mann‹ kurz vor Mitternacht ereignete, war zunächst eine Art Herrenreiten auf Holzstühlen. Diese, von rückwärts bestiegen, stellten die Pferde dar. Auf denen hüpften die SA-Männer durch das Lokal – von der vorderen Theke bis zur hinteren Wand.

Das geschah zunächst in kleineren Gruppen von jeweils sechs Personen. Das waren die ›Vorläufe‹. Die Sieger kamen in den Zwischenlauf – wieder sechs. Schließlich durften die drei zuletzt ermittelten Gewinner um den Endlauf kämpfen. Als absoluter Champion erwies sich dabei jener Scharführer, der als ›der Scharfe‹ bezeichnet wurde. Also Schulze!

Der beugte beglückt sein schweißüberströmtes Haupt, als ihm Keller einen ›Ehrendolch der SA‹ überreichte – blinkend wie aus purem Silber. Heftiger Applaus ehrte ihn. Unmittelbar danach begannen alle wieder zu singen, ebenso freundwillig wie feindbereit. Denn sie intonierten nunmehr das Lied ihres hinterhältig von Kommunisten gemeuchelten, jedoch unsterblichen Kameraden Horst Wessel: ›Die Fahne hoch – die Reihen fest geschlossen – SA marschiert . . .‹ Als wüßten sie bereits, daß dies die nächste deutsche Nationalhymne sein würde.

Keller jedenfalls war sehr bewegt. Er legte einen seiner Bärenarme um Konrads schmale Schultern, wie besitzergreifend. »Mein Gott«, stöhnte er, »wir könnten es schaffen! Ich – mit deiner Hilfe. Also – wir! Welch eine herrliche Nacht!«

5
Die Ahnungslosen
sind leicht zu verwirren

Diese Gilgenroder Nacht von jenem Samstag zum Sonntag schien voller Fragwürdigkeiten zu sein. Es muß dabei wohl berücksichtigt werden, daß ihr ein früher, heiß durchfluteter Sommertag vorangegangen war. Der vermochte das Blut zum Kochen zu bringen; noch lange nach Sonnenuntergang strahlte er wohlig erregende Wärme aus. An Schlaf dachten nur wenige – und der meisten Durst war groß.

Die oftmals nur winzigen Kneipen in diesem Gilgenrode waren gut besucht, es gab immerhin an die dreißig. Getrunken wurde Bier (das in kleineren Gläsern), aber auch Korn (und der in weit größeren Gläsern als anderswo üblich). Geredet wurde nicht sonderlich viel.

Für gelegentliche Unterhaltung sorgte Emil Spahn, der an diesem Abend Gastspiele in fünf dieser Saufbuden gab. Sein Thema war diesmal: Wer vom Juden frißt, stirbt daran! »Dies ist ein Ausspruch unseres verehrten Herrn Zahnarztes und Ortsgruppenleiters!« Und den lobte er nun, nach Konrads Weisung, über den grünen Klee, was allgemein stimmungsfördernd wirkte.

Auf dem turnierplatzgroßen Markt standen viele Menschen herum, sie plauderten gemütlich miteinander, ohne jemals zu vergessen, daß sie hier auch Zuschauer sein wollten. Andere saßen stundenlang auf den Bänken vor ihren höchsten zweistöckigen Häusern, oder sie lehnten sich breitbrüstig aus weit geöffneten Fenstern.

War auch die Beleuchtung nur recht mäßig, so waren doch viele Augen luchsartig scharf – wie auch das Gehör. Sie registrierten alles, was geeignet war, die Fantasie anzuregen. In solch blutwarmen Sommernächten sammelte sich Gesprächsstoff für den ganzen Rest des Jahres an.

Einige Stunden vor der Zeit, da Kellers SA-Männer völlig enthemmt auf Holzstühlen durch ihr Sturmlokal ›Zum starken Mann‹ trabten, traf sich Richard Breitbach mit Beate Fischer im Hotel

›Deutsches Haus‹. Er hatte sie zu einem erlesenen Abendessen eingeladen – wie fast jeden Samstag.

»Freue mich, dich zu sehen, meine Liebe, meine Schöne!« Er beugte sich nieder, um einen Handkuß anzubringen; und wenn der auch nicht formvollendet gelang, so war er doch sehr innig gedacht. »Du scheinst aber nicht besonders glücklich zu sein. Geht es dir nicht gut?«

»Ich habe so meine Sorgen«, bekannte Beate.

»Sorgen, meine Schöne?« fragte er, um Einfühlung bemüht. »Doch nicht etwa meinetwegen – oder gar durch mich verursacht?«

»Da kommt so vieles zusammen, Richard«, sagte sie zart klagend, wie ganz verloren in dieser bösen Welt. Sie löffelte von der Krebssuppe nur sehr wenig, als sei ihr der Appetit vergangen. »Da ist einmal Sonnenblum, bei dem ich angestellt bin. Und der sieht es gar nicht gerne, wenn ich mich mit dir treffe. Der könnte mich sogar entlassen! Und was dann?«

»Dann kommst du eben zu mir, Mädchen – ganz einfach!«

»Aber – als was?« Sie sah ihn mit kindhaft großen Augen an. »Ich bin als Hilfe für eine Zahnarztpraxis ausgebildet – was nützt dir das? Und schließlich verdiene ich in meiner derzeitigen Stellung recht gut.«

»Das könnte ich überbieten, Beate. Mühelos.«

Als der zweite Gang serviert wurde, zartester Rehrücken mit Rahmsoße, rief sie klagend aus: »Wieder und immer wieder versucht man mich einzukaufen – wie eine Ware! Das erniedrigt mich, das macht mich krank!«

»Ich wäre sogar bereit«, versicherte nun Breitbach, leicht erschrocken, aber mit ergebener Aufrichtigkeit, »ich wäre bereit, dich zu heiraten – falls du darauf bestehst. Ich meine: wenn du das willst.«

»Lieb von dir, Richard.« Sie berührte sein Gesicht in Mundwinkelnähe, mit feuchten Lippen – sie wußte, daß ihn das beglückte. »Doch wir sollten nichts überstürzen! Zur Zeit bin ich völlig durcheinander. Und das nicht nur wegen Sonnenblum, der mich immer mehr bedrängt; auch wegen meiner unglücklichen Schwester und ihrem kranken Kind. Denen muß ich Beistand leisten. Die haben sonst niemand – du verstehst?«

»Das verstehe ich – selbstverständlich, meine Liebe!« Schließlich wollte *er* hier nicht als schneller Besitzergreifer dastehen, beziehungsweise dasitzen, wollte sie unter keinen Umständen wie eine kaufbare Ware behandeln – ihr nichts aufzwingen! Denn wohl nur so bestand die Möglichkeit – und eben das hatte sie ihm wirksam suggeriert –, sie zu erhalten: für sich.

Johannes Breitbach, Dichter und Denker, fleißig Zeitungsartikel schreibender Chronist dieser Gilgenroder Welt, eindeutig positiv-optimistisch-menschlich ausgerichtet, konnte an diesem Abend gleich mehrere besondere Erlebnisse genießen. Zunächst einmal im Hinblick auf Erika Sonnenblum. Denn es wurde ihm ermöglicht, sie auszuführen.

Das geschah gewiß ohne Genehmigung des väterlichen Ortsgruppenleiters, jedoch mit nachdrücklicher Billigung seiner eigenwilligen Mutter: »Ihr habt jetzt zwei, wenn nicht gar drei Stunden Zeit. Und seid so gut wie ungestört. Nutzt das aus, Kinder – möglichst sinnvoll!«

Darum bemühte sich Johannes denn auch auf seine Weise. Zunächst unternahm er mit Erika, die ihn anschmiegsam begleitete, einen Spaziergang zum seit Jahrhunderten zerfallenden Ordensschloß, dessen klobige Wucht besonders in der Abenddämmerung gewalttätig-beherrschend wirkte. Johannes sprach von den bemerkenswerten Wechselwirkungen zwischen Humanismus, Geschichte und menschlichen Verirrungen. Erika schien ihn anzustaunen; jedenfalls war sie klug genug, seine Ausführungen geduldig hinzunehmen.

Danach besuchten sie das einzige Filmtheater am Ort, wo diesmal ›Morgenrot‹ gegeben wurde. Das war ein epochales nationales Leinwandwerk, wahrhaft deutsch in jedem Meter Zelluloid. Ein U-Boot-Kommandant, gewiß einer der besten, sieht dem sicheren Tod würdig gelassen ins Auge. Und das mit dem verständnisvollen Segen seiner wunderbaren Mutter.

So was wollte mit Haltung und Hingabebereitschaft durchgesessen werden. Wobei, als auf der Leinwand der wildgurgelnde Wassertod seine heroischen Opfer forderte, Erika wie hilfesuchend nach den Händen von Johannes griff. Ein Zustand, der zwar etliche Minuten lang vorhielt, jedoch einer für Liebende nicht sonderlich günstigen Stimmung entsprang.

Als sie sich wieder ins Freie begaben, in diese nachglühende Gilgenroder Frühsommernacht, sagte Erika, immer noch Hand in

Hand mit Johannes: »Sollte ich nun ergriffen sein? Ich fühle mich vielmehr bedrückt. Denn ich muß mich wohl nun fragen: Lebt man nur dann überzeugend für sein Vaterland, wenn man recht bald dafür stirbt?«

»In dieser unserer Welt, meine liebe Erika, existieren, durchaus gleichberechtigt nebeneinander, die verschiedenartigsten, vielfältigsten Existenzformen. Heldentum und Geist, Ordnung und Freiheit, Organisationstalent und Künstlertum! Allein wichtig ist: man muß sich frei für eine dieser Formen entscheiden dürfen.«

»Und für was, Johannes, würdest du dich entscheiden – wenn du das könntest?«

»Nun, wohl für das, was man Heimatliebe nennt! Für die Hingabe an die Schönheiten der Landschaft, in die wir hineingeboren sind. Für die Liebe zu Menschen und Tieren, mit denen wir leben. Ist das wenig?«

Darüber redeten sie noch, als sie bereits wieder vor dem Haus ›Am Markt 7‹ angekommen waren. Dort lehnte sich Mutter Gertrude aus dem Fenster, freundlich einladend.

»Kommt ins Haus! Hier könnt ihr euch im Wohnzimmer aufhalten, völlig ungestört. Während ich mich vor die Tür setze, um diese wundersam laue Nachtluft zu genießen. Und das kann etliche Viertelstunden lang dauern. Macht was daraus!«

Das versuchten sie denn auch – leider vergeblich.

In der Ritterstraße 33 rief Emil Spahn, der Altrentner, Säufer, Tierliebhaber, Spinner und Stadttrottel von Gilgenrode, nach seiner Katze, gurgelnd-flehend, mit steigender Lautstärke. Er schrie nach ihr! »Susie, mein Liebling, wo bist du? Komm hervor, meine schöne Kleine. Ängstige dich nicht, denn dein Freund ist hier! Zeige dich, Su – du Schönste der Schönen!«

Doch zum Vorschein kam lediglich Hermine, die Keller-Schwester, in einen buntgeblümten Bademantel gehüllt. Und die rief scharf verweisend: »Brüllen Sie hier gefälligst nicht herum mitten in der Nacht, Sie Subjekt!«

»Pardon, gnädige Frau!« Emil verbeugte sich tief, wobei er den rechten Arm schwenkte, als ziehe er einen Hut. »Ich brülle nicht! Das liegt nicht in meiner Natur, das überlasse ich anderen. Ich locke lediglich mein Kätzchen.«

»Was«, stellte Hermine fest, ihren Bademantel lüftend, wie um freier atmen zu können, »den Tatbestand der nächtlichen Ruhestörung erfüllt, also strafbar ist!«

»Madame«, versicherte Emil Spahn, nun nahezu ergeben, »wessen nächtliche Ruhe sollte ich denn hier stören? Etwa die Ihre? Wie an fast jedem Samstag wirken Sie angenehm munter, während Ihr guter Mann sich seinen Kegelbrüdern zugesellt hat und Ihr geliebter Bruder Weltgeschichte macht. Und diese Zeit nutzen Sie, Ihren netten Neffen zu empfangen, um mit ihm zu spielen, Karten zu spielen.«

Hermine kreischte empört auf. »Sie schäbiger Saukerl! Wofür halten Sie mich?«

»Gnädige Frau«, versicherte der stets wie volltrunken wirkende Emil priesterhaft feierlich, »Ihr verehrter Herr Bruder ist gewiß ein großer Mann! Und Sie sind eine Dame von dieser Welt und können tun und lassen, wozu Sie lustig sind. Ich jedoch führe nur ein äußerst bescheidenes Dasein. Doch dazu gehört nun einmal meine Katze Susie.«

»Ja, und die hat uns erst neulich wieder in den Korridor geschissen – unmittelbar vor unserer Tür, wo es dann penetrant gestunken hat! Das aber gedenken wir uns nicht länger bieten zu lassen!«

»Madame – meine Susie, da bin ich sicher, ist ein Tier von geradezu bewundernswerter Sauberkeit. Falls es dennoch zu der von Ihnen gerügten Darmentleerung am unstatthaften Ort gekommen sein sollte – so könnte das nur in außerordentlicher Bedrängnis, also nachdem man sie mutwillig in Angst versetzt hat, geschehen sein. Und wer wohl könnte sie so geängstigt haben?«

»Öde mich nicht an, du Pennbruder!« rief Hermine verachtungsvoll. »Verschwinde aus meinen Augen, Kretin.«

»Jawohl, gnädige Frau – und das sehr gerne. Ich verlange oder erwarte ja nichts sonst von Ihnen oder Ihrem Herrn Bruder, als daß ich Ihnen diese Bitte vortragen darf: Lassen Sie mir meine Katze Su! Das ist mein einziger Wunsch.«

Darauf wandte sich Emil Spahn von ihr ab, um weiter nach seiner Katze zu rufen, mit bebender Klage. Jedoch vergeblich.

Richard Breitbach, der aufrechte Deutschnationale von Gilgenrode, ob nun Streitroß Gottes oder Streithammel, jedenfalls reich und erfolgreich, hockte auf einem Stuhl des Hotelrestaurants ›Deutsches Haus‹. Er blickte wie in dichteste Nebel hinein.

Seine Beate hatte ihn allein gelassen. Vor ihm stand die unberührte Nachspeise: Früchte in Blätterteig, mit Schlagsahne überhäuft. Daneben im Eiskübel eine Flasche Sekt, Marke Hoehl, welche bereits in kaiserlichen Offizierskasinos bevorzugt worden war.

Doch alsbald gesellte sich Kimminger zu ihm. Und der versicherte, wie sehr er sich freue, diesen seinen wohl angesehensten Gast begrüßen zu dürfen. »Erlauben Sie mir bitte, diese Flasche Sekt auf meine Rechnung gehen zu lassen. Sozusagen zur Feier des Tages.«

Breitbach blickte verwundert auf. »Falls ich richtig informiert bin, Herr Kimminger, kommen Sie gerade von der Einweihung eines Ihrer Lokale, das Sie dieser SA zur Verfügung gestellt haben. Was mich nicht wenig befremdet. Denn bisher habe ich Sie mehr für einen Menschen meiner Welt gehalten.«

»Das trifft auch durchaus zu, Herr Breitbach!« versicherte Kimminger werbend. »Sehen Sie das bitte so: Diese völlig enthemmten, besitzgierigen Schlägertypen unter ihrem Anführer Keller versuchten sich massiv in meinem Hauptlokal breitzumachen. Das würde mich ruiniert haben!«

»Früher oder später ruinieren die uns alle!«

»Kann sein! Wenn ich jedoch diesen Kerlen einen eigenen Vergnügungsschuppen zur Verfügung gestellt habe, dann nicht zuletzt, und merken Sie nun bitte auf, verehrter Herr Breitbach, um diese Krawallkerle möglichst unter Kontrolle zu bekommen. Der dort von mir eingesetzte Geschäftsführer ist eindeutig mein, also auch Ihr Mann, wenn Sie wollen. Der wird uns laufend Bericht erstatten.«

»Das vernehme ich gerne, Herr Kimminger«, sagte Breitbach erfreut. Wobei er sogar, wenngleich nur vorübergehend, die dunklen Gedanken vergaß, in welche ihn Beate gestürzt hatte. »Sie dürfen mir also diesen Sekt offerieren.«

»Verbindlichen Dank!« Kimminger öffnete die Flasche und füllte zwei Gläser. »Sehr zum Wohle, zu beiderseitigem. Was wir wohl nötig haben. Wenn ich da zum Beispiel an die Funktion Ihres Sohnes in diesem wüsten SA-Haufen denke...«

Breitbach trank sein Glas dennoch nicht ohne Genuß leer. »Ein recht bemerkenswerter Knabe, dieser Konrad, nicht wahr? Wer hätte dem wohl jemals etwas Derartiges zugetraut? Ich nicht. Sie?«

Kimminger genoß dieses ihn, wie er glaubte, nach mindestens zwei Seiten absichernde Gespräch. Dafür nahm er sich Zeit. Auch wenn die von ihm erwählte Frau Schulze, jene des Scharführers, bereits seit einer Stunde in einem seiner Hotelzimmer auf ihn wartete. So was pflegte, erfahrungsgemäß, die erhoffte Hingabebereitschaft nur zu erhöhen.

Abermals die Gläser füllend, sagte er, Breitbach vertraulich entgegengeneigt: »Ihr Sohn Konrad und ich haben hier in Gilgenrode die gleichen Schulen besucht. Erst die Volksschule, dann unser Kaiser-Wilhelm-Gymnasium. Wenn auch ein gewisser Altersunterschied zwischen uns bestand, so habe ich Konrad doch nicht übersehen. Und zwar wegen seiner betonten Zurückhaltung. Der wurde von uns ›das stille Wasser‹ genannt.«

»Verständlich«, bestätigte Breitbach. »Doch wer konnte, ausgerechnet bei dem, derartige Abgründe vermuten?«

Kimminger nickte zustimmend. »Konrad legte offenbar nicht den geringsten Wert auf sogenannte Schülerfreundschaften, auch nicht auf das Wohlwollen seiner Lehrer. Er las dicke Bücher, sogar noch in den Pausen auf dem Schulhof. Der wußte einfach alles. Doch man mußte ihn immer ganz direkt danach fragen – denn sonst sagte der nichts. Ehrlich, Herr Breitbach, irgendwie war der ganz unheimlich. Aber wem sage ich das – Sie sind sein Vater.«

»Ich bitte Sie – welch ein Vater weiß denn schon, wer oder was seine Kinder tatsächlich sind?«

Peter Patzer, der stets feinsinnig gestimmte Pädagoge und einstige Propagandaleiter, litt entsetzlich. Er fühlte sich erbarmungslos verstoßen – ausgeliefert diesen besessenen Machtmenschen, diesen rücksichtslos radikalen Postenjägern. Sie hatten ihn beschimpft, verhöhnt und ausgelacht – was ihn, der doch ein höchst sensibler, äußerst gefühlvoller Mensch war, zutiefst verstören mußte.

Tränenüberströmt hockte er in seinem Zimmer und starrte auf die fast leere Schreibtischplatte. Darauf lag lediglich ein Blatt Papier. Kraftlos schüttelte er den Kopf, als vermöge er nicht zu begreifen, was mit ihm geschehen war. Ausgerechnet mit ihm, der doch nur lieben und verteidigen wollte, was liebenswert war: das deutsche Wesen! Das wahre.

Denn es beglückte ihn stets, erhebende Bilder zu betrachten, naturhaft zarte Gedichte zu lesen oder auch vorzutragen – Verse, die von silbrigem Mondesleuchten, einem sternklaren Himmel und glitzerndem Wellenspiel raunten. Besonders dies zog ihn verlockend an: die magische Dunkelheit der Tiefe, das ihn anrufende Glucksen des Wassers im Schilf, die Flut, die ihn mit sich reißen wollte.

Sein Leben durfte wohl als karg und mühsam bezeichnet werden. Peter Patzer war als das letzte von fünf Kindern geboren worden – und dabei war seine Mutter gestorben. Eine schützende väterliche Hand hatte er nie kennengelernt, denn sein Erzeuger wanderte alsbald aus, unbekannt wohin; er wurde niemals wieder gesehen.

Peter Patzer geriet dann, noch als kleines Kind, an eine nicht ganz unvermögende Tante. Und die betreute ihn entschlossen und intensiv; kaum halbwegs erwachsen, durfte er das Bett mit ihr teilen. Doch immerhin ermöglichte sie seine bescheidene Volksschullehrerlaufbahn.

Soweit sich Peter erinnern konnte, hatten ihn wuchernde Sehnsüchte beherrscht: etwa nach Menschen, die er lieben wollte. Doch niemand war darunter, der auch ihn, gleichermaßen selbstlos, zu lieben bereit war. Er verzweifelte dennoch nicht. Schließlich suchte er nach Gott, dem denkbar höchsten Wesen, und fand – seinen Führer. Und dem widmete er sich fortan mit heiligem Eifer und vorbehaltloser Ergebenheit.

Jedoch – sie ließen ihn nicht! Sie zerredeten die ihn ergreifenden Überzeugungen, zerstückelten unwissend all seine mühsam gewonnenen Erkenntnisse, wiesen ihn schließlich brutal von sich! Verpaßten ihm Fußtritte wie einem räudigen Hund.

Und damit hatten sie ihn seiner Partei beraubt – die für ihn die große Mutter geworden war; hatten ihm den Führer entzogen – der für ihn das vollkommenste aller Vaterbilder darstellte! Sein Leben hatte damit den Sinn verloren. War zerstört, zertrümmert – einem Kristallspiegel ähnlich, in den bösartige Kinder Steine geworfen haben.

Taumelnd raffte er sich hoch. Wie blind geworden, wischte er sich die Tränen aus den Augen – um nur noch einmal klar sehen zu können: auf jenes Blatt Papier, das vor ihm lag. Er zog ein Tintenfaß heran, tauchte die Schreibfeder ein, Feinheitsgrad eins – und schrieb mit zitternder Hand:

›Ich, Peter Patzer, bekenne hiermit folgendes: Ich vermag in dieser Stadt, mit diesen Menschen, in dieser Welt nicht mehr zu existieren! Wenn dieses Schreiben vorgefunden wird, weile ich nicht mehr unter den Lebenden. Ich bin stets strebsam bemüht gewesen, ein konsequent deutscher Mensch zu sein! Ich habe unseren Führer vorbehaltlos geliebt und verehrt – und wie er habe auch ich mich nach dem großdeutschen Reich, nach seiner ewigen Bestimmung, seinen völkischen Herrlichkeiten gesehnt. Doch dabei mußte ich Menschen begegnen, die nur noch von primitivem Machtdenken beherrscht wurden. Wahrer Idealismus wurde von buchhalterischem Gewinnstreben abgelöst.

Hier müssen drei Namen genannt werden, mit gebotener deutscher Aufrichtigkeit, mit feierlich-völkischer Anklage: Ortsgruppenleiter Sonnenblum, Sturmführer Keller, Schatzmeister Stenz. Diese Menschen sind nicht nur nicht in der Lage, die großen Zeichen unserer heroischen Zeit zu erkennen – sie treiben sogar Mißbrauch mit heiligsten Gefühlen. Sie sind zutiefst materiell veranlagt und oft sogar in geradezu sittengefährdender Weise am Werk. Niederer Lustgewinn, eitles Machtstreben und Raffgier beherrschen sie.

Deren beklagenswerte unidealistische Existenz führt hier zu einem Sumpf, der das erlesen Hochwertige zu sich herabzuziehen versucht. Diesem Sumpf will ich mich nicht aussetzen, das kann man von keinem wahren deutschen Mann verlangen. So opfere ich mich denn freiwillig auf – um nicht zu einem Opfer schäbiger, hinterhältiger, gewissenloser Verführer und Verderber zu werden.

Mit diesem Bekenntnis hoffe ich ein letztes, warnendes Signal gegeben zu haben.‹

Nachdem Peter Patzer dieses Vermächtnis gleichsam mit seinem Herzblut niedergeschrieben hatte, ergriff er einen Umschlag und versah ihn mit plakativen Buchstaben: ›Mein Letzter Wille! Abschließende Bemerkungen zu meinem Leben.‹ Dann steckte er das Blatt hinein und legte das Kuvert auf den Schreibtisch.

Danach verließ er, gleich einem Parzival, der seinem Gral entgegenschreitet, das Zimmer, in dem er gelebt, das Haus, in dem er gewohnt hatte. Und zwar in Parteiuniform; er hatte sie bereits vor Stunden angelegt. So begab er sich in südlicher Richtung zum verlockend leuchtenden Gilgenroder See. In dem spiegelte sich der Mond in seiner sanften, ihn magisch anziehenden Pracht.

Was sonst noch um ihn herum geschah, vermochte Peter Patzer nicht zu erkennen. Also weder den keuchenden Säufer, der sich in einem Gebüsch übergab, noch die Liebespaare auf den Bänken ringsherum. Entschlossen taumelte Patzer wasserwärts dahin, dem Mond entgegen, der ihn magisch anlockte. In der Nähe des Ufers stolperte er über zwei ineinander verflochtene Gestalten – er fiel hin, mit dem Gesicht in den nassen Sand. Mühsam richtete er sich auf. Es schien ihm ein Symbol zu sein. Auf dieser Welt war sich jeder selbst der Nächste, allein auf *seine* Lust bedacht. Dennoch zögerte Peter Patzer nicht, an den hohen Sinn des letzten Opfers zu glauben. Er begab sich in den Gilgenroder See hinein – als schreite er feierlich seinem Führer entgegen. »Heil Hitler!« rief er – bevor er ertrank.

Fast zur gleichen Zeit – also gegen zehn Uhr abends – wartete Heinrich Sonnenblum, Zahnarzt und Ortsgruppenleiter, in einem reservierten Hinterzimmer des Café-Restaurants ›Vaterland‹ auf Beate Fischer. Er hatte sie zu einem ›erlesenen Souper‹ gebeten; und allein für sie hatte er sich von der Einweihung des Lokals ›Zum starken Mann‹ frühzeitig freigemacht. Doch Beate kam nicht – nicht exakt zur vereinbarten Zeit.

Das machte ihn unruhig. Er trank mehrere Schnäpse, die ihm jedoch nicht sonderlich schmeckten. Als Beate endlich erschien, mit fast halbstündiger Verspätung, blickte er geradezu anklagend auf seine Taschenuhr.

Eben das hätte er nicht tun dürfen! Denn Beate nutzte diese provozierende Ungeschicklichkeit unverzüglich aus. Sie blieb vor ihm stehen – leicht breitbeinig, mit zurückgelehntem Oberkörper – und schaute ihn mit ihren wundersam sanften Kuhaugen betrübt an.

»Bin ich denn«, rief sie, sich zutiefst verkannt gebend, »für dich nichts als eine Sprechstundenhilfe, die sich allein nach deinen Wünschen richten muß – auf die Minute genau? Behandle mich bitte nicht wie deine Angestellte – sonst vergeht mir der Appetit.«

Schließlich hatte sie bereits schon einmal an diesem Abend gespeist, und zwar mit Breitbach. Das jedoch recht zurückhaltend, eben im Hinblick auf die nächste Einladung. Und hier war das Souper fast genau das gleiche.

Sie löffelte also mit irritierender Gleichgültigkeit von der Suppe. Dabei ergriff sie, ganz lässig, die Hand ihres Gastgebers, die sich zu ihren Schenkeln vorzutasten wagte. »So nicht! Ich bin kein billiges Mädchen!«

Sonnenblums sonst so fröhlich-freudiges Führergesicht wurde bleich, dem Mond in klaren Frostnächten vergleichbar. Auch war ihm, als breche sein Kreislauf zusammen; heftige Schwindelanfälle, so kam es ihm vor, bemächtigten sich seiner! Sogar ein Herzanfall schien nicht ausgeschlossen...

»Was – machst du mit mir?« stöhnte er.

Beate Fischer blieb bei dieser theatralischen Demonstration völlig ungerührt. Sie kannte derartige Ausbrüche bereits; sie gehörten offenbar zu den Eigentümlichkeiten des männlichen Geschlechts. Entweder fühlten sich diese Kerle als angehimmelte Helden oder als arme, geplagte Hunde. »Du bist nicht der einzige Mensch in meiner Welt. Ich habe auch noch andere Verpflichtungen.«

»Was«, keuchte er beunruhigt, »willst du damit andeuten?«

»Ich habe, wie du weißt, noch eine Schwester – und der geht es nicht gut; ihr Kind ist krank. Die brauchen mich. Auch wenn ich heute nacht gerne noch länger mit dir zusammengeblieben wäre – diesmal geht das nicht. Verstehst du das?«

»Selbstverständlich!« versicherte Sonnenblum eifrig, wobei er beide Hände gegen seine linke Brust preßte. »Ich bin stets bereit, dir jedes Zugeständnis zu machen, Beate! Denn ich will dich nicht verlieren.«

»Das macht mir Hoffnung, Heinrich, für uns beide!« Worauf sie, nur ein wenig, von der Nachspeise kostete: steifdicke Sahne über einem von Honig durchtränkten Kuchen. »Zu süß!« stellte sie fest.

Dann küßte sie ihn kurz, mit gespitzten Lippen. »Ich danke dir für deine Verständnisbereitschaft, sie wird uns vieles erleichtern. Doch nun muß ich leider gehen.«

Sie verließ ihn. Er blieb wie schwer leidend zurück. Doch immerhin bereit, sich in sein Bett zu schleppen.

Es war kurz vor Mitternacht.

Gleichfalls kurz vor Mitternacht vermochte nun endlich Kimminger das für ihn reservierte Sonderzimmer in seinem Hotel aufzusuchen. Dort erwartete ihn Frau Schulze, also die Gattin des Kolonialwarenhändlers und Scharführers, bereits teilweise entblößt. Was wohl daran lag, daß dies eine warmleuchtende Nacht war; zum anderen mochte es der für sie bereitgestellte Eierlikör bewirkt haben, dem sie eifrig zugesprochen hatte.

»Du kommst reichlich spät!« rief sie ihm zu.

»Für das, was wir vorhaben, meine Süße, erscheine ich wohl immer noch rechtzeitig?«

Kimminger hatte es inzwischen gelernt, das möglichst Angenehme mit dem vermutlich Nützlichen zu verbinden. Er ließ sich weder mit Bürgertöchtern noch mit Angestellten ein, er bevorzugte verheiratete Frauen. Vornehmlich solche mit brauchbaren Beziehungen.

So etwa die Frau des derzeitigen Bürgermeisters, deren Dankbarkeit sich auch auf ihren Mann übertrug, das heißt: sie ermunterte ihn, Kimminger in amtlicher Eigenschaft nützlich zu sein. Ferner: die Frau eines Studienrates, die nach wahrer Aufklärung lechzte, ihrerseits jedoch, in Kimmingers Kaufmannsaugen, einen unschätzbaren Vorteil besaß: sie war die einzige Tochter des hier dominierenden Brauereibesitzers. Inzwischen waren auch noch diverse Parteidamen an die Reihe gekommen. Und deren Bearbeitung war unter anderem auch als ein Akt politischer Absicherung zu verstehen.

Unter denen schien sich die Frau des Scharführers Schulze als besonders entgegenkommend zu erweisen – als vielerfahren auch. »Du bist ganz groß!« bekundete sie freudig. Um dann unverzüglich anzuregen: »Du brauchst mir nur zu sagen, wie ich es am besten machen soll – und das mache ich denn auch!« Das eben war deutsche Wertarbeit.

»Du bist ganz große Klasse, meine Süße!« keuchte er sie an. »Weiß dein Mann überhaupt, was er an dir hat?«

»Ach der!« Sie dehnte sich Kimminger entgegen. »Der ist neuerdings viel zu abgelenkt. Der hat offenbar nur noch einen Ehrgeiz: nämlich Sturmführer zu werden.«

Nun horchte Kimminger auf: das war ein höchst interessanter Aspekt. »Vielleicht«, sagte er, versonnen über ihren Busen gebeugt, »könnte ich da ein wenig nachhelfen, mit meinen Beziehungen – falls du das wünschen solltest, meine Süße!«

»Das wäre sehr schön!« versicherte sie spontan. »Es würde ihn dir sehr verbinden – mich natürlich auch. Und es würde unsere beiderseitigen Beziehungen wesentlich erleichtern.« Die Vorstellung, hier bald als Frau Sturmführer respektiert zu werden, schien ihr mächtig zu gefallen.

Kimminger erkannte das – aber auch gewisse Weiterungen, die sich draus ergeben könnten. Dieser Saukerl Keller, mit seinen immer unverschämter werdenden Forderungen, drohte ihm lästig zu fallen. Dessen Ablösung würde hier vermutlich manches erleichtern.

»Arbeiten wir also, meine Süße, möglichst intensiv zusammen!« Wozu sie unverzüglich bereit war.

Am Südrand des Marktplatzes von Gilgenrode befand sich das Hotel ›Zum weißen Hirsch‹. Das war ein äußerst konservativseriös anmutendes Haus, zwar mit bereits abblätternder Fassade, doch sauber und gediegen möbliert. Hier wurde noch auf eine gepflegte großbürgerliche Atmosphäre Wert gelegt.

Dies war das Haus, in dem die Gutsbesitzer der Umgebung abzusteigen pflegten, falls es für sie unvermeidlich geworden war, mit den in Gilgenrode stationierten Behörden Kontakt aufnehmen zu müssen. Auch die Lehrkräfte des Gymnasiums verkehrten hier, ebenso höhere Beamte und angesehene Geschäftsleute. Die Küche des ›Weißen Hirschen‹ besaß einen für gewisse Leute leicht verdächtigen französischen Einschlag. Bevorzugte Gäste wurden vom Inhaber, Herrn Georg Gernoth, persönlich bekocht.

Und das tat er mit besonderer Vorliebe für Siegfried Sass, den die meisten Gilgenroder nur noch ›der Jude‹ nannten. An diesem Abend speiste der hier sehr spät, als wolle er nicht gesehen werden, gemeinsam mit seinem Rechtsanwalt Dr. Breile. Georg Gernoth setzte ihnen leichteste Spezialkost vor: Krebse ohne Soße, sanft gebackenes Lammfleisch, eine schaumig verrührte Speise aus roter Grütze. Dazu tranken sie Frankenwein, dessen aromatische Schwere Sass mit Mineralwasser milderte.

In den danach servierten Kaffee kippte der Rechtsanwalt ein großes Glas Weinbrand hinein, als wolle er sich für das, was nun wohl unvermeidlich war, stärken. Und nun wurde er massiv deutlich: »Versuchen Sie nicht, Herr Sass, Ihre Situation zu verkennen. Sie sind ein Jude! Also, nach Lage der Dinge, ein Angriffs- und Ausbeutungsobjekt allerersten Ranges!«

Siegfried Sass lächelte abwehrend. »Was ich auch immer besitze, Herr Dr. Breile – es ist in drei Generationen durch solide, intensive Arbeit entstanden. Mein Großvater hat hier noch Vieh aufgekauft und mit Fellen gehandelt, ehe er eine Kolonialwarenhandlung aufmachte. Mein Vater erbaute eine Mühle und eine Molkerei, dazu noch einige Mietshäuser. Und ich, der Sohn, habe nicht viel mehr getan, als dieses Erbe zu bewahren. Nicht ohne eine gewisse Großzügigkeit – der Allgemeinheit gegenüber.«

»Durchaus bekannt, Herr Sass! Unser Waisenhaus kann nur dank Ihrer Zuwendungen existieren; ferner finanzieren Sie sehr freigebig ein Altersheim, ein Tierasyl und einen Kindergarten. Der Ruderclub Germania ist auf Ihr Wohlwollen angewiesen, der Turnverein 08 auch. Um nur einiges zu nennen. Dennoch könnte man gerade daraus die Behauptung ableiten: Dieser Jude bemüht sich um eine Art Alibi! Der hat an uns Deutschen Millionen verdient – und nun streut er einige tausend Mark Almosen herum!«

»Allein entscheidend für mich und meine Entschlüsse«, bekannte nun Sass mit großer Aufrichtigkeit, »ist diese Welt, in die ich nun einmal hineingeboren bin. Diese Landschaft des östlichen Preußen – voller wundersamer Schönheiten, von endloser Weite, in der man wie in tiefster Geborgenheit ruhen darf. Wie sollte ich es fertigbringen, meine Heimat zu verlassen?«

Rechtsanwalt Dr. Breile zwang sich dazu, rücksichtslos konsequent zu bleiben. »Sie sollten versuchen, Ihre Situation möglichst realistisch zu sehen. Bringen Sie sich in Sicherheit! Was praktisch heißt: schnellstens verkaufen, was sich verkaufen läßt; also abkassieren und verschwinden. Am besten gleich nach Übersee.«

»Nein«, sagte Siegfried Sass, ohne den geringsten greisenhaften Eigensinn. »Hier gehöre ich hin – und hier bleibe ich.«

»Für Sie«, versicherte Dr. Breile mühsam, doch beeindruckt, »arbeite ich gerne – wie schon mein Vater für Ihren Vater gearbeitet hat. Aber damals war alles weit weniger kompliziert.«

Siegfried Sass war durch das, was da nun wie ein Hochseesturm auf ihn zuflutete, kaum zu beeindrucken. »Haben Sie – worum ich Sie bat – Auskünfte über eine gewisse Beate Fischer eingeholt?«

»Habe ich! Und dabei ist eine ganze Menge zusammengekommen. Warum wohl übrigens – so frage ich mich – interessieren Sie sich so sehr für diese Person?«

»Das will ich Ihnen gerne zu erklären versuchen, Herr Rechtsanwalt.« Siegfried Sass blinzelte heiter vor sich hin. »Doch ich bin leider ziemlich sicher, daß Sie das nicht verstehen werden.«

»Nehmen Sie immerhin an, ich bemühte mich darum.«

»Tun Sie das, lieber Herr Breile. Und das auch noch, wenn ich Ihnen dazu lediglich dies sagen kann: Ich habe schon immer eine ausgeprägte Vorliebe für das Schöne, das Ungewöhnliche gehabt. Und diese Beate Fischer fällt in meinen Augen ganz eindeutig in diese Kategorie. Also was, bitte, ist mit der?«

Über diese Person hatte Dr. Breile eine ziemlich dicke Akte angelegt, die er auf den Tisch legte. »Im Grunde handelt es sich dabei wohl nur um ein fürchterlich indiskretes Geschwätz! Was gedenken ausgerechnet Sie damit anzufangen?«

»Das herrlich Allzumenschliche«, sagte nun dieser Sass, wobei er nach den Unterlagen fast begierig griff, »hat sich schon immer als wunderlicher Spielplatz voller Überraschungen erwiesen. Da möchte ich auch einmal mitspielen – auf meine Weise.«

Johannes Breitbach wartete, wie von Beate angeregt, seit Mitternacht beim südlichen Eingang der Uferpromenade am Gilgenroder See. Die dicht belaubten Äste einer Trauerweide umhüllten ihn mantelartig. Dabei betrachtete er, was sich seinen Augen im Lichte des strahlenden vollgerundeten Mondes darbot:

Wuchernde Blumenbeete, in blutrot erglühenden Farben; dichte blaugrüne Büsche dahinter, die wie Übergänge zu weiten Wäldern waren; dazwischen die breiten blassen Bänder der Sandwege, an deren Rändern Bänke standen, Bänke, auf denen, mit kaum erkennbaren Konturen, Menschen saßen, hockten, lagen oder sich ins duftende Erdreich fallen ließen. Es war eine ungemein zeugungsfrohe Gilgenroder Nacht.

Johannes wartete auf Beate Fischer, mit der er verabredet war. Dabei beschlich ihn die Hoffnung, sie würde nicht kommen! Denn er wußte nicht recht, was sie eigentlich von ihm erwartete. Doch soviel glaubte er zu erkennen: Diese Beate könnte für ihn sehr wichtig sein. Sie war überaus einflußreich – im Hinblick auf sein spezielles Problem, also Erika. Also mußte er wohl entsprechende

Geduld aufbringen. Mindestens eine halbe Stunde lang gedachte er auf sie zu warten.

Beate Fischer erschien dann fast vierzig Minuten später. Johannes löste sich aus seinem Trauerweidenmantel und eilte ihr entgegen. »Wir haben großes Glück«, versicherte er, ihr artig die Hand reichend, die sie überraschend kraftvoll ergriff. »Das ist eine ganz herrliche Nacht – und wie geschaffen, Sie mit den Schönheiten unserer Landschaft bekannt zu machen!«

»Fein! Dann fangen Sie also gleich damit an, lieber Johannes!«

Er schlug ihr einen Spaziergang vor – auf dem Weg, der vom Gilgenroder See zum Bismarckturm führte. Im dortigen Lokal fand jeden Samstag ein vielbesuchtes Tanzvergnügen mit Blasorchester statt.

Turm und Lokal waren nur etwa zwei Kilometer entfernt, mithin in einer halben Stunde gut zu erreichen. Der malerische Weg war begleitet von hochstrebenden Pappeln und herabwallenden Weiden. Zu ihrer Linken schimmerte silbern der See, zur Rechten erstreckten sich sattglänzende Wiesen.

»Sehr, sehr schön!« seufzte Beate Fischer, mit gekonnt kindhaften Untertönen. »Und wie romantisch!« Wie schutzsuchend griff sie nach seinem Arm.

Johannes ließ sie gewähren und kam sich äußerst ritterlich vor. Aufrecht schritt er neben ihr einher, wobei er zu einer poetisch gefärbten Erklärung ansetzte. »Dies ist ein Land der Seen und Wälder und Wiesen; seit Jahrhunderten im Grunde unverändert. Wenn es auch wechselweise von den verschiedenartigsten Menschengruppen heimgesucht worden ist: von Slawen, Masuren, Polen, Ordensrittern und Strafversetzten. Doch sie alle prägten unser Ostpreußen; durch sie sind wir zu einer Einheit geworden. Mit einer sogenannten Rassenlehre ist also speziell bei uns nicht sonderlich viel anzufangen. Falls Sie mir diese Bemerkung erlauben.«

»Warum sollte ich sie Ihnen denn nicht erlauben, Johannes?« Sie hatte sich, wie begierig lauschend, an ihn geschmiegt. »Sind Sie hier schon oft, wie jetzt mit mir, mit Ihrer so gut wie verlobten Erika spazierengegangen?«

»Nein!« bekannte er aufrichtig. »Sie haben es bestimmt schon gemerkt, Fräulein Fischer, ich bin nun mal kein Mensch von unbedenklich draufgängerischer Wesensart. Mein Vater, wie Sie wohl wissen, ist da wesentlich anders, und mein Bruder Konrad auch. Die scheinen vor nichts zurückzuschrecken! Ich jedoch...«

»Wenn ich in dieser Hinsicht einiges für Sie tun könnte, Johannes – das brauchen Sie mir nur zu sagen.«

»Danke!« Er griff nach ihren Händen mit heißer Herzlichkeit, was sich Beate gerne gefallen ließ. Den Mond über ihnen umhüllten nun tüllschleierzarte Wolken.

In dieser denkbar fragwürdigen Gilgenroder Nacht betete Pfarrer Bachus, in ein weißliches Schlafgewand gehüllt, in seinem Arbeitszimmer. Bücherwände umstanden ihn, gleich einer gefälligen Dekoration. Denn er pflegte nicht sonderlich viel zu lesen; er war wohl eher ein christlicher Tatmensch.

Auch betete er nur, weil er nicht schlafen konnte. Und das nicht allein seiner Frau Esther wegen, der Tochter eines würdigen Kirchenmannes in Königsberg, der den ›Bekennenden Christen‹ zuzuzählen war. Und in dessen Namen bedrängte sie ihn; unentwegt. Sie forderte, er habe so zu sein wie ihr verehrter Vater. Also ganz eindeutig auf den Glauben ausgerichtet – ohne Zugeständnisse an eine braun gefärbte Volksgemeinschaft.

Doch damit nicht genug: Seine Frau, eben Esther, war auch wesentlich jünger als er – was ihn in weitere Bedrängnisse brachte. »Es genügt nicht«, hatte sie ihm im gemeinsamen Schlafzimmer gesagt, »daß du behauptest, mich zu lieben und zu verehren – du mußt das auch beweisen!« Was ihm im Laufe der Zeit immer schwerer fiel. Wozu dann noch die Eskapaden seiner minderjährigen Tochter kamen. Denn die entwickelte eine Vorliebe für stämmige Landsleute, sogar für sturmbewegte Nazis.

Doch selbst damit noch nicht genug der Forderungen, Zweifel, Bedrückungen. Da war jenes Schreiben, das nun vor ihm lag. Der Absender war, ganz offiziell, die Ortsgruppe der NSDAP, der hiesige Propagandaleiter. Und in dem Schreiben stand, erschreckend lapidar:

›Worte unseres Adolf Hitler – nachzulesen in dessen ‚Mein Kampf‘:

1. Dem politischen Führer haben religiöse Lehren und Einrichtungen seines Volkes immer unantastbar zu sein. Seite 127.‹

So weit, so gut, fast schön; durchaus vielversprechend. Wenn unmittelbar danach nicht gleich noch ein weiteres Zitat gestanden hätte, welches lautete:

›2. Der Protestantismus hat für die Forderungen allen Deutschtums einzutreten. Wozu gehören: innere Sauberkeit, nationale Vertiefung, Verteidigung deutschen Wesens, deutscher Sprache, deutscher Freiheit...‹

Nun ja, nun ja – warum nicht! Was jedoch, fragte der Pfarrer sich, war wirklich darunter zu verstehen, was wurde in der Praxis von ihm gefordert? Und obgleich Bachus die Fähigkeit besaß, alles Geschriebene seiner Art gemäß ausdeuten zu können, irritierte ihn doch ungemein die Unterschrift: ›Mit deutschem Gruß! Konrad Breitbach.‹

Doch eben dieser Knabe Konrad – so erinnerte sich nun Bachus unangenehm deutlich – war einst der Schrecken seines Religionsunterrichtes gewesen. Der hatte ihn, beharrlich fragewütig, wie versessen in Verlegenheit zu bringen versucht. Dies ganz sanft, freundlich lauernd, jedoch mit einer Zähigkeit ohnegleichen.

Der, sagte sich Bachus, ist der geborene Provokateur. Dabei das gescheiteste, hellwachste Kerlchen, mit dem ich es jemals zu tun gehabt habe. Und nun, mein Gott, krieg' ich's schon wieder mit ihm zu tun!

Immerhin war Bachus nahe daran, Konrads wahre Beweggründe zu erkennen. Dem ging es offensichtlich darum, den Geistlichen dieser Gemeinde zu einem offenen Bekenntnis vor der Gilgenroder Öffentlichkeit zu provozieren.

Kersten, der Polizeimeister von Gilgenrode, geriet erst gar nicht in Versuchung, sich auf gebetsähnliche Meditationen einzulassen. Denn er war schließlich ein bewährter Mann der Praxis, war waches Auge des Gesetzes.

Längst hatte er erkannt: In den Abenden und Nächten vor jedem Sonntag nahmen gewisse kriminelle Betätigungen, besonders Tätlichkeiten, alarmierend zu.

So etwa stieg der auch an anderen Tagen nicht eben geringe Alkoholverbrauch um mehr als einhundert Prozent an, was automatisch zu Beschimpfungen, Verleumdungen und endlich zu handgreiflichen Auseinandersetzungen führte. Verletzte, auch Schwerverletzte, waren keine Seltenheit. Totschlägereien jedoch kamen kaum vor; der hiesige Menschenschlag war von starkem Knochenbau und großer Widerstandskraft.

Außerdem war hier jeden Samstag ein G-Tag, nach Kerstens Polizeijargon, was im Klartext hieß: ›Geschlechtstag‹. Es waren also ganz bestimmte Leidenschaften einzukalkulieren – etwa Ehebrüche, die durchaus nicht selten vorkamen, oder Vergewaltigungen, die zumeist nur behauptet wurden. Wobei andere Gewaltmaßnahmen jedoch, etwa Ehefrauen gegenüber, also deren Verprügelung, als Privatsache anzusehen waren; die gingen die Polizei nichts an.

Weitere kriminelle Schwerpunkte: Diebstähle – zumeist von Fahrrädern, Geldtaschen und Schnapsflaschen: kaum der Rede wert! Mißhandlungen – etwa von Tieren, Kindern, Hausangestellten: äußerst geringer Anzeigenanfall. Gelegentlich vorkommende Brandstiftungen erwiesen sich fast immer als Racheakt oder Freude am Feuer: Es loderte nun mal so schön!

Kersten durchwanderte auch in dieser langen Nacht wachsam seine kleine Stadt. Dabei kam er sich weit mehr als geduldiger Bernhardiner vor, keineswegs als scharfer Schäferhund! Mitten auf dem Marktplatz stellte er einen Mann, der dort sein Wasser abschlug – und zwar nicht irgendwohin, sondern, wie ganz gezielt, gegen den Sockel des Krieger- und Heldendenkmals.

Es war kein anderer als Richard Breitbach. Er grinste freudig, sichtlich betrunken. Er hatte den Inhalt etlicher Flaschen in sich hineingeschüttet, um die katzenhaften Launen seiner Beate zu vergessen. Was ihm offenbar gelungen war. Und eben deshalb wirkte er nahezu heiter – selbst noch beim Anblick des Polizisten.

Zu dem sagte er, ohne seine Tätigkeit zu unterbrechen: »So ist das nun mal! Ich konnte mich einfach nicht mehr zurückhalten! Und nun können Sie mich anzeigen – wenn Sie wollen!«

»Will ich nicht«, erklärte Kersten. »Falls Sie Zuschauer gehabt hätten, könnte das immerhin als Erregung eines öffentlichen Ärgernisses bezeichnet werden. Ich jedoch bin kein Zuschauer, lediglich Ordnungshüter. Und als solcher kann ich Ihnen nur empfehlen, Herr Breitbach, in der Wahl Ihrer Zielobjekte wesentlich vorsichtiger zu sein.«

»Mann!« staunte der trunkene Breitbach, »was sind denn Sie für einer? Ein Polizist mit Verständnis für menschliche Regungen! – Und das sogar bei uns?«

»Wo auch immer«, bestätigte ihm Kersten höflich und entfernte sich.

Denn nunmehr gedachte der Polizist das neueste Lokal von Gilgenrode zu überwachen, die Kneipe ›Zum starken Mann‹. Als er dort angekommen war, dröhnte ihm mächtiger Lärm entgegen – ein dumpf-polterndes Stampfen, erzeugt von in Trab gesetzten Stühlen. Dazu Freudenschreie, klirrende Gläser und brechendes Holz! Doch solange nicht irgendein Nachbar sich wegen nächtlicher Ruhestörung beschwerte, hatte ihn das nichts anzugehen. Und zu einer solchen Anzeige fand sich hier erfahrungsgemäß keiner bereit.

Kersten machte weiter seine Runde – bis er in der Ritterstraße, nahe dem Haus 33, diesem Emil Spahn begegnete. Der löste sich aus dunklen Mauerschatten, stürzte auf Kersten zu, versperrte ihm den Weg.

»Sie kennen mich – und ich hoffe Sie zu kennen, Herr Kersten. So weit, so vielleicht gut. Aber da gibt es eben noch andere – ganz andere! Etwa diesen feldherrnhaften Feldwebel, diesen Sturmführer, der hier so selbstherrlich herumkommandiert und der mich ein schäbiges, verkommenes asoziales Subjekt genannt hat...«

»Beabsichtigen Sie, den deshalb anzuzeigen? Haben Sie verläßliche Zeugen für diese Ihre Behauptung?«

»Ich mag ja wirklich manchmal blöde sein, Herr Polizist – aber gleich so blöd bin selbst ich nicht! Soll ich gegen das Meer anbrüllen, in der Eiszeit barfuß gehen, nach einem Vulkanausbruch mit den Händen greifen? Ich will mir doch nur das bewahren, woran allein mein Herz hängt – meine geliebte Katze. Doch die ist verschwunden.«

»Sie wird sich finden lassen, Herr Spahn. Und bei der Suche nach ihr will ich Ihnen gerne behilflich sein, soweit mir das mein Dienst erlaubt. Versprechen kann ich Ihnen natürlich nichts.«

Worauf nun Spahn nach Kerstens Uniformrock griff und den Polizisten an sich zog, was der sich nachsichtig gefallen ließ. »Sehr verehrter Herr Kersten! Mein Leben ist voller Unvollkommenheiten gewesen – ungefähr so wie unsere Gesetze. Ich habe mich daran gewöhnt, ein armes Schwein zu sein. Doch selbst ich will mir nicht das Letzte nehmen lassen, was mir noch gehört – nicht meine Katze Susie.«

»Beruhigen Sie sich, bitte!« sagte Kersten; wobei er mit gut gelernter Polizeitaktik operierte: die besänftigende Tour, erregten Subjekten gegenüber. »Ihre Susie wird vermutlich irgendwo herumstreunen! So was soll bei Katzen nicht unüblich sein – schon gar nicht in so herrlichen Frühsommernächten.«

»Kann sein! Auch ich erhoffe das. Doch meine Susie hat mich noch niemals für längere Zeit verlassen. Wenn es sie aber nicht mehr geben sollte, wenn sie also einer umgebracht hat – dann bringe ich den um, der das getan hat!«

Die wohlberechnet erstrebte Volltrunkenheit der Sturmabteilungsmänner in ihrem Lokal ›Zum starken Mann‹ war nun nahezu perfekt. Sie führten taumelnde Tänze auf, schwankten im Kreise einher, einander die Schultern umfassend, sich heftig in die heißen Gesichter schreiend. Wobei sie weiter schöne Soldatenlieder grölten, wie ›Argonnerwald um Mitternacht‹.

Überdies befanden sie sich in freudiger Erwartung jenes Ereignisses, welches gemeinhin ›Das große Berieselungsspiel‹ genannt wurde. Dieses entsprach, nach der hier maßgeblichen Ansicht von Sturmführer Keller, allerbester deutscher Kantinentradition und durfte, überlieferungsgemäß, niemals vor Mitternacht stattfinden. Es handelte sich um eine ganz besondere Demonstration männlicher Leistungsfähigkeit. Es ging um die erzielte ›Strahlungsstärke‹.

Zu diesem Zweck ließ Keller seine Männer mitten im Lokal, das nun von Tischen und Stühlen geräumt war, in Doppelreihe antreten. Sodann kommandierte er: »Erstes Glied – kehrt! Drei Meter Abstand nehmen! Nunmehr beide Glieder in Front. Mann auf Mann ausgerichtet. Strahler in Stellung bringen!«

Worauf, mit rhythmisch wippenden Bewegungen, ›Strahlstellung‹ eingenommen wurde, und zwar mit Zielrichtung auf den Kameraden gegenüber. Und Keller kommandierte: »Wasser – marsch!«

Nun hatte freilich der Druck im Verlaufe dieser Nacht erheblich nachgelassen; zumal immerhin eine Entfernung von drei Metern zu überwinden war.

Mithin ›strullten‹ also die meisten Männer lediglich vor sich hin, saftentkräftet durch überreichlichen Alkoholgenuß. Immerhin erreichten fünf von ihnen ihre Gegenpinkler, wobei sie freilich nur deren Stiefel zu benässen vermochten. »Mehr Druck dahinter!«

rief anfeuernd Sturmführer Keller. Er hatte sich zum Schiedsrichter ernannt; Konrad durfte als eine Art Linienrichter fungieren.

Und doch kam es nun zu jener wohl einzigartigen Glanzleistung, von der, wie es dann in der folgenden ›Laudatio‹ heißen sollte, noch Kinder und Kindeskinder sprechen würden! Denn einem, einem einzigen dieser Elite, gelang es, eine überzeugend wirksame Weite zu erzielen, bis über die Hosen seines Kontrahenten auf dessen Brust zu, fast ins Gesicht hinein.

Diese bravouröse Leistung gelang Scharführer Schulze – ›dem Sanften‹. Demselben also, dessen Frau zur gleichen Zeit für ihn beförderungsfreudig in einem Hotelbett mit Kimminger werkte. Er wurde nun von Keller ›zum überzeugenden Sieger‹ erklärt und alsbald zum ›Beherrscher des Urinoco‹ ernannt.

Ein bereitliegender Lorbeerkranz krönte ihn. »In Würdigung deiner einzigartigen Leistung!« Worauf die Überlebenden dieses Berieselungsspiels weiter stampf-tanzten, überzeugt davon, Männer, ganze Männer zu sein.

Inmitten dieser grölenden, taumelnden, wie schon dem Tode nahen Volltrunkenheit gab es nur zwei Menschen, die hellwach blieben. Das war einmal Keller, der Sturmführer – und der vertrug, in der Tat, worauf er stolz war, Unmengen von Alkohol. Der zweite aber war Konrad Breitbach. Dem war es gelungen, die Wirkung der wie in Strömen fließenden Getränke durch Mineralwasser erheblich zu mindern.

Keller legte seinen Arm um Konrad, was der sich gefallen ließ, und bekannte ihm: »Das ist es, was wir erstreben – die totale Bereitschaft! Oder sollte da dein, unser Adolf Hitler etwa anderer Ansicht sein?«

»Im Prinzip – keinesfalls. In unseres Führers herrlichem Buch ›Mein Kampf‹ wird immer wieder bedingungslos entschlossene Einsatzbereitschaft gefordert.«

»Hört sich vielversprechend an, Konrad – und soll dein Schaden nicht sein. Und nun mal ganz im Vertrauen, mein Lieber: Unsere drei Scharführer sind ja sehr willig, besonders wenn es um Besäufnisse und Wettpissen geht. Aber sie sind doch wohl reichlich dumme Säue. Der eine oder andere wird also bald abgelöst werden müssen. Na, und durch wen wohl, Konrad? Zumal es ja durchaus sein könnte, daß ich hier in nicht allzu ferner Zeit einen weit höheren Posten zu übernehmen habe. Und wer käme dann wohl, Konrad, als mein Nachfolger in Frage?«

Konrad verstand so gut wie alles; auch war er fest entschlossen, sich durch nichts mehr überraschen zu lassen. Es überraschte ihn nicht einmal, daß in diese dumpf-träge Männernacht ein Polizeimensch in Uniform hereinbrach. Einer jener drei, die zur Dienststelle Kersten gehörten. Dieser eine jedoch besaß etwas, das ihn besonders verpflichtete: das Mitgliedsbuch der NSDAP. Dementsprechend trat er nun in Aktion.

Höchst vertraulich flüsterte er Keller in das ihm bereitwillig entgegengeneigte Ohr – doch mithörbar für Konrad: »Da ist eine Wasserleiche aufgefunden worden! An sich nichts Ungewöhnliches, kommt in jedem Sommer mehrmals vor, im Gilgenroder See durchaus. Dort soll ja eine Art Wassergeist herrschen, wie die Spinner behaupten. Diesmal jedoch ist das Opfer ein gewisser Patzer. Was irgendwie bemerkenswert sein könnte – Sie kennen den. Der gehört zu unserer Ortsgruppe – nicht wahr?«

»War alles andere als ein heroischer Mensch«, sagte Sturmführer Keller mit unklarer Versonnenheit. Er hatte erhebliche Mühe, seine Unruhe zu verbergen: das war eine äußerst unangenehme Nachricht. »Der war kaum ein verpflichtendes Vorbild, sein Ende beweist es geradezu zwingend. Gewiß ein guter Mensch – doch leider kein starker Mann.«

»Sie neigen also«, fragte der Parteibuchpolizist höflich, »zu der Ansicht, daß hier ein Selbstmord vorliegt?«

»Warum kommen Sie damit zu mir?« fragte Sturmführer Keller, der immer noch auszuweichen versuchte. »Sie hätten unseren Ortsgruppenleiter aufsuchen sollen!«

»Das habe ich versucht! Doch der liegt krank darnieder, hat mir seine Mutter gesagt. Und deshalb bin ich hier, bei Ihnen.«

Keller rang sich zu einem möglicherweise notwendig werdenden Entschluß durch. Konrad saß nachdenklich dabei, trotz der betrüblichen Nachricht schien er diese Situation zu genießen. »Also gut«, sagte der Sturmführer, »nach Sonnenblum bin ich hier der maßgebliche Mann – das haben Sie richtig erkannt, Kamerad. Doch was heißt hier Selbstmord? Unser Kamerad Patzer kann schließlich auch beim nächtlichen Baden ertrunken sein. Ist auch denkbar, daß er eine Bootspartie gemacht hat und dabei gekentert ist.«

»In voller Parteiuniform?«

»Von mir aus auch im Frack!« Keller wies nun ganz energisch auf den von ihm erkannten rechten Weg hin. »Nur kein Aufsehen! Nichts, was unserer Bewegung schaden könnte! Dafür zu sorgen, sollte das Anliegen eines jeden verantwortungsbewußten Parteigenossen sein.«

Das bestätigte auch der Polizist, um dann hinzuzufügen: »Es wird aber nicht ganz leicht sein, das auch unserem Polizeimeister Kersten beizubringen. Denn der ist ziemlich eigenwillig.«

»Früher oder später«, und da war Keller sehr sicher, »wird hier jeder Vernunft annehmen. Selbst der! Dafür müssen Parteigenossen sorgen – wenn sie weiterkommen wollen. Kapiert?«

»Wird versucht!« Schließlich strebte auch dieser Parteibuchpolizist nach höheren Zielen – wie etwa in Gilgenrode Reviervorsteher zu werden, anstelle von Kersten. Er salutierte hoffnungsvoll und entfernte sich schnellstens.

Keller, von Konrad aufmerksam betrachtet, rülpste. »Dieser schäbige Scheißkerl Patzer! Habe ich nicht schon immer gesagt, daß man mit dieser sich ständig querlegenden Arschpaukertype bei uns keinen Staat machen kann? Man sollte eben mehr auf mich hören! Na schön – jedenfalls sind wir den jetzt los. Endgültig. Trinken wir einen darauf! Tote können keinen Unsinn mehr quatschen!«

Konrad Breitbach zeigte sich nicht wenig besorgt. »Wenn es sich tatsächlich um einen Selbstmord handeln sollte, wäre wohl folgendes zu bedenken: Solche Menschen pflegen gewöhnlich ihre Tat zu erklären. Sie hinterlassen also einen Abschiedsbrief, mit ziemlich genauer Begründung ihrer Tat. Also: wieso, warum, wodurch, weshalb!«

»Verflucht!« rief Sturmführer Keller, sichtlich alarmiert. »So was ist allerdings diesem hinterhältigen Burschen durchaus zuzutrauen.«

»Und das könnte einige belasten – und zwar schwer! Etwa dich, Kamerad Keller – mich vielleicht auch. Und wer weiß, wen sonst noch! Dagegen muß man nun wohl einiges tun. Aber – was?«

Worauf der Sturmführer zunächst nach einem großen Bier schrie.

In sonnenüberglänzter Frühmorgenstunde verließ Konrad Breitbach das Sturmlokal ›Zum starken Mann‹. Ihn umtaumelten freudig grölende, kotzbereite Kameraden – auch schritt Sturmführer Keller an seiner Seite dahin, stocksteif und sichtlich schwer nachdenkend.

Zu ihnen hatte sich Scharführer Schulze gesellt. Er trug mit Stolz den ihm als ›Beherrscher des Urinoco‹ verliehenen Lorbeerkranz, der ihm tief über die Stirne fiel.

»Nur munter, Kamerad Keller!« rief Schulze freudig aus. »Das war doch ein höchst gelungenes Fest. Du solltest strahlen!«

»Hohe Bogen zu pissen, genügt nicht immer«, sagte Keller gereizt verweisend. Schulze, der das als schwere Kränkung empfand, blickte empört und entfernte sich unwillig schnaufend.

Keller versuchte, ihn nicht zu beachten; er wandte sich an Konrad: »Falls dieser schäbig charakterschwache Scheißkerl Patzer tatsächlich so einen Abschiedsseich verfaßt haben sollte – ist dann anzunehmen, daß er den bei sich hatte, als er sich abkratzen ließ? Dann könnte dieses Schreiben womöglich in die Hände der Polizei gelangt sein!«

»Kaum«, sagte Konrad Breitbach wohlüberlegt. »Patzer war schließlich Pädagoge, also ein höchst ordentlicher, stets auf Sauberkeit bedachter Mensch. Das sicher bis zum letzten Augenblick. Es ist also durchaus anzunehmen, daß er seinen Abschiedsbrief zu Hause deponiert hat, an gut auffindbarer Stelle.«

Keller schlug Konrad anerkennend auf die Schulter, um dann aktionsbewußt zu verkünden: »Da habe ich nun also wohl zu verhindern, daß er seinen Dünnschiß unter die Leute bringt!« Und er entfernte sich. Worauf sich Scharführer Schulze, der an der nächsten Ecke gelauert hatte, an Konrad heranmachte, mit demonstrativ kameradschaftlicher Anteilnahme. »Was ist denn mit diesem Keller los? Der scheint aus jedem Furz einen Donnerschlag machen zu wollen. Worunter unsere Kameradschaft leiden kann. Wie der mich behandelt hat!«

Konrad zögerte keinen Augenblick, sich in dieser Situation, scheinbar, auf die Seite von Schulze zu schlagen. »Kellers Methoden, Kamerad Scharführer, gefallen dir nicht – und nicht nur dir. Doch er ist immerhin noch unser Sturmführer!«

»Was ja nicht unbedingt ein Dauerzustand sein muß«, grollte Schulze. »Da gibt es gewiß noch andere – bessere! Allerdings gehören auch Opfer dazu. Was mich betrifft: Ich bin stets bereit!«

Polizeimeister Kersten fand sich nach seinen ausgedehnten nächtlichen Streifzügen durch Gilgenrode auf dem von ihm geleiteten Revier ein – im Rathaus, Seiteneingang. Und hier nahm er die inzwischen eingelaufenen Berichte seiner Beamten entgegen; bereits mit leichter Gleichgültigkeit.

Doch er wurde sofort hellwach, als ihm ausgerechnet der Parteibuchpolizist meldete: »Da ist eine Wasserleiche gefunden worden – in Parknähe am Gilgenroder See. Die dritte in dieser Saison. Der Zeitpunkt des Todes scheint etwa ein oder zwei Stunden vor Mitternacht eingetreten zu sein. Reiner Routinefall also.«

»Wer?« wollte Kersten wissen.

»Ein gewisser Patzer, Peter. Dabei hat es sich jedoch mit an Sicherheit grenzender Wahrscheinlichkeit lediglich um einen Unfall gehandelt.«

Kersten reagierte scharf verweisend. »Ich verbitte mir voreilige Urteile! Unsere Aufgabe ist es nicht, angebliche Tatsachen zu verkünden, sondern juristisch einwandfreies Untersuchungsmaterial zu erstellen! Ich wünsche die diesbezüglichen Unterlagen zu sehen.«

Diese wurden ihm vorgelegt: Polizeibericht, Fundortskizze, erstes ärztliches Gutachten, Personenstandsaufnahme, Liste der bei der Leiche vorgefundenen Bekleidungsstücke, Wertgegenstände, Papiere. Diese Unterlagen betrachtete Kersten intensiv, wofür er sich Zeit ließ.

Bald jedoch begann er unwillig knurrende Laute auszustoßen; auch schüttelte er anhaltend seinen quadratisch anmutenden Polizeischädel. »Sollte man denn nichts von mir gelernt haben? Sind meine zahlreichen Unterrichtsstunden völlig vergeblich gewesen? Vermag man denn nicht zu erkennen, daß dieser Vorgang geradezu nach Selbstmord riecht – um nicht zu sagen: stinkt?«

»Möglich – durchaus, Herr Reviervorsteher«, gab der Parteibuchpolizist zu. Um sogleich, fast beschwörend, hinzuzufügen: »Wobei aber wohl doch zu bedenken wäre, daß es sich hier um eine Person handelt, bei der eine besonders bevorzugte Behandlung angebracht sein dürfte.«

»Nicht für mich«, sagte Kersten.

6
Selbst der Wahnsinn
kann Methode haben

An dem nun folgenden, einem schon frühzeitig grell strahlenden Sonntag trat der Polizeibeamte Kersten, in voller Uniform, entschlossen in Aktion. Und zwar mit einer selbst bei ihm ungewohnten Feierlichkeit. Nach den ersten Untersuchungen des Todesfalles Patzer hatte er seinen ihm unterstellten Kollegen verkündet: »Nunmehr gedenke ich einige abschließende Recherchen vorzunehmen.«

Durchaus würdig schritt er über den Marktplatz, von den wenigen Menschen, die ihn in dieser frühen Vormittagsstunde erblickten, ehrlich angestaunt. Denn auf seinem Kopf befand sich nicht, wie ansonsten üblich, seine Dienstmütze, vielmehr hatte er sich ein helmartiges Gebilde aufgesetzt, auch Tschako genannt. Dieser Kopfputz war für ganz besondere Gelegenheiten vorgesehen: Festlichkeiten, Feierstunden, Staatsaktionen! Um so etwas wie das letztere schien es sich hier zu handeln.

Kersten begab sich zunächst in die Ritterstraße, zum Haus Nummer 33, und verlangte Herrn Keller zu sprechen. Doch dessen Schwester Hermine, auf die er wie unvermeidlich geprallt war, erklärte ihm robust abwehrend: »Das geht nicht; ist unmöglich!«

»Ist aber notwendig!« beharrte Kersten mit polizeilichem Nachdruck. »Ich bin amtlich hier!«

»Mein lieber Bruder hat eine anstrengende Nacht hinter sich gebracht, gleichfalls amtlich. Und vor elf Uhr, hat er mir gesagt, darf ich ihn nicht wecken. Danach gedenkt er den mittäglichen Gottesdienst in der evangelischen Kirche zu besuchen. Kommen Sie später wieder.«

Kersten trat schnell einige Schritte zurück. Denn massiv aufdrängen wollte er, durfte er sich nicht; dazu hatte er, laut Dienstvorschrift, keinerlei Berechtigung. Also salutierte er steif, unfähig zu einer anderen Reaktion, machte kehrt und schritt davon. Er wußte auch schon wohin.

Nur wenige Minuten später traf Kersten im Haus Am Markt 7 ein, wo ihn Mutter Gertrude Sonnenblum empfing. Die musterte erwartungsvoll diesen frühen sonntäglichen Besucher. »Ganz prächtig sehen Sie aus – mit Ihrem Helm. Wie einer von der Garde!«

»Diese Kopfbedeckung gehört zu meiner Dienstbekleidung Nummer eins«, erklärte ihr Kersten würdevoll. »Und eben diese anzulegen hielt ich für gegeben.«

»Hoffentlich nicht meinetwegen!« Mutter Gertrude lächelte ihn aufblühend an. »Sollte ich etwas Polizeiwidriges angestellt haben? Das möchte ich zwar manchmal gerne, aber es gelingt mir nie.«

»Ich bin lediglich hier, Frau Sonnenblum, um mit Ihrem Herrn Sohn zu sprechen.«

»Der schläft – und zwar seinen Rausch aus. Wie fast regelmäßig jeden Sonntag. Das hängt wohl mit seinen höheren Verpflichtungen zusammen. Jedenfalls ist er derzeit nicht ansprechbar. Zu allem Überfluß fühlt er sich auch noch krank.«

»Verstehe.« Kersten sah auch hier keine andere Möglichkeit, als sich zurückzuziehen; schließlich konnte er eine solche Unterredung nicht erzwingen. »Dann muß ich wohl später wiederkommen.«

»Nur langsam, junger Mensch!« rief ihm Mutter Gertrude aufmunternd zu. »Denn so wie Sie jetzt aussehen, habe ich fast den Eindruck, Sie könnten meinem lieben Sohn einige Unannehmlichkeiten bereiten. Und eben diese gönne ich ihm – wie einfach alles, was ihn möglicherweise zur Vernunft bringen könnte. Sollten Sie so was im Rohr haben?«

»Möglicherweise ja«, sagte Kersten lebhaft erwartungsvoll. »Das scheint sogar fast sicher.«

»Dann«, entschied Mutter Gertrude, »dürfen Sie ihn damit erfreuen. Und mich auch.«

Frau Sonnenblum begab sich in das Schlafzimmer ihres Sohnes Heinrich, wo der dick zugedeckt lag, schweißüberströmt und heftig vor sich hin schnarchend; vermutlich träumte er bedrückt von Beate. Frau Gertrude entfernte seine Bettdecke und schüttete einen gefüllten Wasserkrug über ihn aus.

Sonnenblum blinzelte aufgeschreckt – dann richtete er sich taumelnd auf. Wenn auch zunächst noch dumpf verschlafen wirkend, war er doch alsbald um hoheitsträgerhafte Haltung bemüht. »Was – soll denn das!«

»Ein Mann deiner Größenordnung, mein Kleiner, wird hier dringend verlangt – und zwar von der Polizei.«

»Polizei!« Der Ortsgruppenleiter blickte empört: »Die kann mich mal!«

»Dazu, mein Jungchen, kannst du sie immer noch auffordern«, empfahl ihm seine Mutter mit erlebnisbereiter Fröhlichkeit. »Doch zunächst einmal solltest du dir anhören, was Herr Kersten zu sagen hat.«

Ortsgruppenleiter Sonnenblum schlüpfte mit Mühe in einen braunen Bademantel und wankte auf den Polizisten zu. Und von dem vernahm er, in Gegenwart seiner neugierigen Mutter, dies: Patzer sei als Wasserleiche aufgefunden worden. Diesbezügliche Untersuchungen könnten noch nicht als abgeschlossen gelten. »Was sagen Sie dazu?«

»Mein Gott – was soll ich dazu sagen!« Sonnenblum bedeckte sein schwammiges Gesicht mit beiden Händen. Es war, als versuche er, seine Betroffenheit nicht allzu offen zu zeigen. Denn das wäre eines wahren, zumal deutschen Mannes nicht würdig gewesen – und er war doch einer!

Seine Mutter betrachtete ihn mit Nachsicht, ohne sonderlich an Vergnügungsbereitschaft zu verlieren. »Das scheint dir tatsächlich die Sprache verschlagen zu haben – was?«

»Unser Patzer – ist tot?« Sonnenblum, nun ganz Ortsgruppenleiter, blickte wie tief bewegt vor sich hin. »Der war einer unserer Besten – wenn nicht gar Allerbesten! Welch ein Verlust! Wie konnte es dazu kommen? Das kann doch nur ein tragischer Unfall gewesen sein!«

»Das, Herr Sonnenblum«, sagte Kersten, »ist zwar nicht völlig auszuschließen, jedoch kaum wahrscheinlich. Nicht nach Lage der Dinge.«

Mutter Gertrude baute diese Andeutung freudig aus: »Ein Unfall war es also nicht, wenn ich unseren prächtigen Herrn Kersten richtig verstanden habe. Eine Ermordung kommt wohl auch nicht in Frage, denn dann hätte unsere Polizei sofortige Maßnahmen ergriffen, jedenfalls keine freundlichen Hausbesuche abgestattet. Also scheint es sich hier wohl um einen Selbstmord zu handeln.«

»Sie sagen es, verehrte Frau Sonnenblum!« Kersten verbeugte sich respektvoll anerkennend vor ihr. »Und dafür gibt es allerdings ziemlich überzeugende Verdachtsmomente. Etwa das Verhalten einiger Leute. Unter anderem das des Herrn Keller.«

»Falls der damit«, verlangte nun Sonnenblum verwirrt zu wissen, »irgend etwas zu tun haben sollte – warum suchen Sie denn den nicht auf?«

»Ich habe, bevor ich zu Ihnen kam, Herrn Keller sprechen wollen. Doch eine Unterredung mit ihm wurde mir verweigert, von seiner Schwester Hermine. Wobei ich annehmen mußte, daß er hinter einer spaltbreit geöffneten Tür mithörte. Ich hatte die Absicht, Herrn Keller nach folgendem Vorgang zu befragen: Ist er, also Ihr Sturmführer, frühzeitig durch einen meiner Leute, welcher der Partei zumindest nahesteht, über den Tod des Patzer informiert worden? Wenn ja – hat er sich dann, und zwar noch vor der Polizei, in das von dem Patzer zuvor bewohnte Zimmer begeben – ist also dort sozusagen eingedrungen?«

Sonnenblum wirkte völlig überfordert. »Aber warum – denn das?«

»Herr Keller hat in der Tat, in seiner Eigenschaft als Sturmführer, der Zimmervermieterin gegenüber behauptet: er müsse, falls vorhanden, parteiinterne, vielleicht sogar geheime Unterlagen sicherstellen. Hierbei drängt sich nun der Verdacht auf, es könnte versucht worden sein, wichtiges Beweismaterial beiseite zu schaffen. Und nun muß ich wohl dies fragen: Sollten etwa Sie Ihrem Herrn Keller irgendeine diesbezügliche Anordnung oder auch nur Anregung gegeben haben?«

»Keinesfalls!« wehrte Sonnenblum hastig ab. »Wie käme ich denn dazu?«

»Das sollten wir klären«, empfahl Kersten drängend, »und zwar gemeinsam. Mit Herrn Keller. Schnellstens. Wären Sie dazu bereit?«

»Das«, forderte Mutter Gertrude, freudig das Feuer schürend, »mußt du unverzüglich bereinigen. Selbst wenn es unser Deutsches Reich einen Sturmführer kosten sollte. Oder auch – einen Ortsgruppenleiter.«

Nun war es Sonnenblum, jetzt in einem lichtbraunen Zivilanzug, der, von Kersten schattenhaft begleitet, das Haus Ritterstraße 33 aufsuchte. Und selbst Kellers Schwester Hermine sah jetzt keinen Hinderungsgrund mehr, ihren geliebten Bruder zu alarmieren.

Der murmelte erheblich Unfreundliches, stieg in seine Parteihose und schlüpfte in sein SA-Oberhemd. Barfüßig erschien er dann in dem sogenannten Salon seiner Schwester, einem durchaus sauberen, da kaum jemals benutzten Raum mit Möbeln aus Plüsch, Fichtenholz und Glas. Und in einer Art Vitrine standen sogar zwei Bücher. Bei beiden handelte es sich um Hitlers ›Mein Kampf‹; das eine Exemplar war Keller anläßlich seiner Ernennung zum Sturmführer verliehen worden, das zweite hatte er als Geburtstagsgabe von seinen SA-Kameraden erhalten.

Als Keller seinen Ortsgruppenleiter erblickte, reckte er die rechte Hand zum Deutschen Gruß. Auf solche Symbole kameradschaftlicher Verschworenheit legte er stets demonstrativ Wert; selbstverständlich auch unter diesen Umständen. »Heil Hitler – mein Ortsgruppenleiter! Was kann ich für dich tun?« Erst jetzt sah er den Polizisten im Hintergrund. »Was will denn der hier?«

»Es wird behauptet«, sagte Sonnenblum, indem er sich vor Kersten stellte, als wolle er den verdecken, »daß du dich, nachdem dir der Tod des Patzer bekannt geworden war, in dessen Wohnung begeben haben sollst. Trifft das zu?«

»Jawohl!« bestätigte Keller frappierend aufrichtig. »Das geschah aus gutem Grund. In unserem Interesse.«

»Und wie, bitte«, bohrte der Polizeimensch nach, »sehen Ihre Interessen aus? Sollten Sie etwa den Abschiedsbrief eines Selbstmörders an sich genommen haben? Mit möglicherweise darin zu vermutenden Anschuldigungen? Welcher Art mögen die wohl gewesen sein – und gegen wen waren sie gerichtet?«

»Das«, rief Keller streitbar, »geht doch wohl Sie und Ihresgleichen einen Dreck an. Mischen Sie sich gefälligst nicht in unsere parteiinternen Angelegenheiten!«

»Bitte – so nicht weiter!« empfahl Sonnenblum in seiner Eigenschaft als örtlicher Hoheitsträger. »Herr Kersten erfüllt hier gewiß nur seine Pflicht – das muß ihm zugestanden werden. Aber auch wir haben schließlich unsere besondere Verantwortung, dem Reich und unserer Bewegung gegenüber. Bevor jedoch weitere peinliche Mißverständnisse entstehen könnten, schlage ich eine klärende Unterredung unter vier Augen vor – zwischen mir und meinem Sturmführer.«

Diese Unterredung, gegen die Kersten keinen Einwand erheben konnte, fand in der Küche der Keller-Schwester statt. Sie hatte einen schwer duftenden Kaffee zusammengebraut und in zwei Kannen gefüllt. Die eine stellte sie vor ihrem Bruder und dem Ortsgruppenleiter ab, mit der anderen begab sie sich zu Kersten, in den sogenannten Salon. Hermine war spürbar bereit, den Polizisten angenehm zu betreuen.

In der Wohnküche jedoch wurde dieser köstliche Kaffee nicht genossen. Denn dort standen sich der Ortsgruppenleiter und sein Sturmführer einander belauernd gegenüber. Was Sonnenblum dann sagte, klang anklagend dunkel: »Stimmt das etwa, was dieser Polizeimensch behauptet hat?«

Keller nickte, als habe er lediglich die Frage zu bejahen, ob er fünf Finger an einer Hand habe.

»Du hast also, nach Patzers Tod, dessen Wohnung durchsucht?« Wieder nickte Keller. »Und du hast dabei tatsächlich etwas an dich genommen? Menschenskind – wie konntest du so etwas tun?«

»Wenn ich das nicht getan hätte, wäre jetzt hier die Scheiße am Kochen!«

»Was hast du denn dort gefunden?«

»So ziemlich genau das, was dieser Polizeimensch, der leider immer noch nicht gleichgeschaltet ist, vermutet hat: den sogenannten Abschiedsbrief eines notorisch Geisteskranken. Dieses schäbige Gesinnungsschwein wollte einfach nicht abkratzen, ohne noch einige seiner ehemaligen Kameraden in die Pfanne zu hauen. Und zwar namentlich, mit diversen Einzelheiten. Wobei auch du genannt wirst – an allererster Stelle.«

»Verflucht noch mal! Mir bleibt aber auch gar nichts erspart!« rief Sonnenblum klagend aus. »Da mühe ich mich nun Tag und Nacht, treusorgend, stets großzügig entgegenkommend! Doch was wird mir zuteil? Nichts wie Undankbarkeit, mangelnde Zusammenarbeit, egoistischer Eigenwille, wohin man auch blickt!« Womit er auch Beate Fischer meinte, die ihn quälte, auf sehr beunruhigende Weise. »Kann ich diesen Brief sehen?«

»Den übergebe ich dir – zu treuen Händen!« Keller hatte vorsorglich für sich eine Kopie des Schreibens anfertigen lassen – aus Sicherheitsgründen. »Der Inhalt wird dich umhauen.«

Tatsächlich stellte sich eine gewisse nervöse Erschütterung des Ortsgruppenleiters bei dieser Lektüre ein. Sein Gesicht glänzte schweißig, seine Hände zitterten.

»Einfach nicht auszudenken, lieber Kamerad Keller«, stöhnte er,

»was da hätte geschehen können, wenn diese schäbige Sauerei an die falsche Adresse geraten wäre! Was aber fangen wir jetzt an? Wie kommen wir da, gemeinsam, heraus? Wie können wir diesen Schnüffler Kersten davon überzeugen, daß er sich geirrt hat?«

»Diesbezüglich wird dir gewiß, bei deiner Geschicklichkeit, einiges einfallen! Wenn hier einer Scheiße als Schlagsahne verkaufen kann, dann du, Ortsgruppenleiter!«

Dieser ›Verkauf‹ fand unmittelbar danach statt. Im sogenannten Salon. Von mildem Vormittagslicht umglänzt.

Dort schenkte die Keller-Schwester Hermine nunmehr Weinbrand ein, als willkommene Ergänzung zu ihrem starken Kaffee. Selbst Kersten, obgleich im Dienst, aber eben in Ostpreußen, verschmähte eine solche Stärkung nicht. Auch nicht ein zweites Glas. Denn auch das vermochte seine Aufmerksamkeit, nunmehr speziell Sonnenblum gegenüber, nicht im geringsten zu trüben.

Der bat nun beflügelt um Verständnis. »Dieser Vorgang scheint mir hinreichend geklärt zu sein. Es trifft also durchaus zu, daß unser Kamerad Keller die Wohnung des verstorbenen Parteigenossen Patzer betreten hat. Dies geschah jedoch in berechtigter Sorge; weil dort möglicherweise wichtiges, als geheim zu bezeichnendes Material unserer Bewegung vorhanden gewesen sein konnte. Und aus einer gewissen Staatsnotwendigkeit heraus schien dessen Sicherstellung durchaus angebracht.«

»Bei einem Todesfall jedoch«, gab Kersten mit beunruhigend dienstlicher Miene zu bedenken, »darf den untersuchenden Behörden kein Dokument, keine Aufzeichnung vorenthalten werden. Schon gar nicht ein Abschiedsbrief.«

»Das, Herr Kersten«, wurde ihm mit hoheitsträgerischem Ernst versichert, »ist auch nicht geschehen! Wohl hat unser Herr Keller gutgläubig-verantwortungsbewußt, was man ihm zugestehen muß, gesucht. Jedoch – er hat nichts gefunden! Also hat er auch nichts vereinnahmen können.«

»Dem ist so!« bestätigte Keller, wobei er seine rechte Hand, wie schwurbereit, erhob.

»Das«, ermunterte nun Sonnenblum den Polizeibeamten, »sollte Sie überzeugen.«

»Nein«, sagte Kersten schlicht. Er wirkte jetzt schafsbockhaft stur – mit vorgerecktem Schädel. »Wenn ein Selbstmord vorliegt, worauf vieles hinweist, dann muß auch ein Abschiedsbrief existieren. Das ist die Regel – in mindestens neunzig von hundert Fällen. Hier also nicht?«

»Hier nicht, Herr Kersten!« versicherte Sonnenblum, jedoch mit warnenden Untertönen. »Denn warum wohl sollte sich ein so hervorragender, allseits geschätzter Mann umbringen? Zumal unser Patzer, dies nun ganz im Vertrauen, mein Lieber, für hohe, wenn nicht gar höchste Aufgaben vorgesehen war! Und das wußte er! Falls ich hier – wie von der Gauleitung geplant – zum Kreisleiter ernannt werden sollte, hätte er meine Nachfolge als Ortsgruppenleiter antreten können. Nicht der geringste Grund bestand also für unseren Patzer, sich umzubringen. Sehen Sie das ein?«

»Nein«, sagte dieser fatal unbeirrbare Polizist. »Ich kann ja durchaus verstehen, daß Ihnen ein Unfalltod höchst willkommen wäre. Doch es war keiner! Um das jedoch ganz einwandfrei klären zu können, müßte ich den Abschiedsbrief haben. Warum wollen Sie mir ihn nicht aushändigen?«

»Weil er nicht existiert!« behauptete Sonnenblum beharrlich.

»Vielleicht«, sagte Kersten – es klang fast schwermütig, »kommt der doch irgendwann einmal zum Vorschein. Und hoffentlich nicht zu spät. Denn mit dem läßt sich sicherlich eine Menge anfangen. Bitte darauf zu achten!«

Worauf er sich entfernte – einigermaßen zufriedengestellt, wie es schien, doch in Wahrheit nicht ohne Hoffnung. Er glaubte, diese braunen Herrenmenschen in eine Zwickmühle manövriert zu haben.

Während die Keller-Schwester den Polizisten hinausgeleitete, blickten Ortsgruppenleiter und Sturmführer einander nicht unbesorgt an. Sie durften nun wohl als verschworene Mitwisser eines hochbedeutsamen, parteiinternen Geheimnisses gelten.

»Dieser bornierte, querköpfige Kerl«, schimpfte Keller. »Der ist ja geradezu gefährlich!«

»Auch er«, prophezeite Sonnenblum, »wird sich uns anpassen müssen! Niemand hat, auf die Dauer, eine andere Wahl. Der weiß das nur noch nicht.«

»Für uns ist also das, was mit diesem Patzer geschah, ein Unfall. Ganz offiziell. Und dabei bleiben wir – was? Eisern!«

»Das ist gewiß die beste Lösung! Ein Mann aus unseren Reihen kann schließlich kein Selbstmörder sein – wohl aber ein tragischer Held. Und darauf arbeiten wir nun hin! Wir werden Patzer ein äußerst würdiges Begräbnis verpassen. Das muß alle noch möglichen Zweifel zerstreuen. Bist du bereit dazu, Hermann?«

»Zu allem, Ortsgruppenleiter!«

In der evangelischen Kirche von Gilgenrode gedachte Pfarrer Bachus seinen sonntäglichen Mittagsgottesdienst abzuhalten. Doch vor dem klobig-burgartigen Gebäude hatten sich befehlsgemäß eingefunden: zwölf SA-Männer, alle in voller Uniform, unter ihnen Konrad Breitbach. Befehligt wurden sie von jenem Scharführer Schulze, der in der vergangenen Nacht, seiner enormen Strahlkraft wegen, den Titel ›Beherrscher des Urinoco‹ errungen hatte. Sie warteten auf Keller.

Doch der erschien nicht. Die SA-Männer standen breitbeinig, mit bleichen, starren Gesichtern, die eisern soldatisch zu blicken versuchten. Scharführer Schulze zeigte erhebliche Unruhe. Denn die an ihm vorbeiströmenden Gottesdienstteilnehmer schienen in ihm eine Art Zirkuspferd zu sehen. Das mißfiel ihm maßlos.

Auch das Verhalten des Kirchendieners erregte seinen Unwillen. Denn dieser schäbige Gottesknecht im speckigen Sonntagsgewand belauerte ihn und die SA-Männer wie ein feindlicher Spion. Und alarmierte Pfarrer Bachus!

Worauf dieser aufgestörte Geistliche aus einem Seitenfenster neben dem Haupteingang äugte. Bleich, verstört, wenn nicht gar hosenflatternd angstvoll, betrachtete er die braune Gruppe vor seinem Gotteshaus.

Urinoco-Schulze wandte sich unruhig Konrad Breitbach zu, der sich wie zufällig in seiner Nähe aufhielt: »Da stehen wir herum – wie bestellt und nicht abgeholt! Wie soll man sich nun verhalten?«

»Zeitgemäß«, sagte Konrad, der freudig die wachsende Unsicherheit dieses Kerls registrierte. »Denn solange Keller hier nicht auftaucht, bist du der allein maßgebliche Befehlsgeber.«

Doch jetzt erschien ein Knabe, etwa zwölfjährig, blauäugig, überaus treuherzig wirkend. Er sah Keller ähnlich, auch dessen Schwester Hermine, deren Sohn er war. Und er überbrachte Schulze die folgende Nachricht. »Der Herr Sturmführer läßt mitteilen, daß er leider nicht erscheinen kann. Er ist verhindert durch eine wichtige Besprechung mit dem Herrn Ortsgruppenleiter.«

»Was meinst du?« fragte Scharführer Schulze seinen Kameraden Konrad um Rat. »Was hat jetzt zu geschehen?«

»Genau das, was hier geplant gewesen ist«, sagte Konrad hoffnungsvoll; die blöd-ahnungslose Visage des Scharführers vor ihm ermunterte ihn ungemein. »Nämlich der Besuch des Gottesdienstes! Du bist jetzt der Führer. Befiehl – wir folgen!«

Dazu zeigte sich der Scharführer denn auch entschlossen. Wobei er nicht im geringsten ahnte, was der verhinderte Keller tatsächlich geplant hatte. Gewiß eine Art Teilnahme – aber zu welchem Zweck? Eine Art Repräsentation vermutlich.

Jedenfalls setzte sich nunmehr Schulze, von Konrad ermuntert, entschlossen an die Spitze seiner zwölf auserlesenen Männer und marschierte mit ihnen in tönendem Gleichschritt in die Kirche hinein. Wobei sie, wie es ihnen wohl angemessen war, den beiden vordersten Bänken zustrebten. Wenn dabei etliche Zivilisten mit Hilfe des vorauseilenden Kirchendieners in den Hintergrund gedrängt wurden, so ging das in Ordnung. Sie ließen sich das bereitwillig gefallen.

Und dort saßen sie nun: eine dunkle, braune, kompakte Masse! Sie schauten nicht demütig zu Boden, sondern starrten auf den Altar, als sei der ein Zielobjekt. Pfarrer Bachus, der sich bereits auf der Kanzel befand, umkrampfte die Balustrade heftig, um das Zittern seiner Hände nicht erkennen zu lassen. Mühsam überwand er die ersten Sekunden der Angst. Dann jedoch breitete er gebetsbereit beide Arme weit aus, als wolle er auf diese Stadt, auf dieses Deutschland, wenn nicht gar auf den Erdkreis weisen. Ein Katholik hätte sich an den Ostersegen des Papstes erinnert.

Nun forderte Bachus die Anwesenden mit leicht bebender Stimme auf, den ersten Vers zu singen von ›Ein' feste Burg ist unser Gott...‹ Und er stimmte dieses gewiß deutsche, kämpferische Luther-Lied selber an – und sie sangen. Alle! Auch die SA-Männer sangen, diese sogar besonders lautstark. Und das war ein Umstand, der Bachus von seiner zweifelnden Angst erlöste und ihm neuen christlichen Mut verlieh. Es stärkte ihn auch der Anblick dieses seltsamen Knaben Konrad Breitbach. Der saß nur wenige Meter von ihm entfernt, lächelte ihm offenbar ermunternd zu, schien sogar zustimmend zu nicken.

Mithin war wohl alles in bester Ordnung. Offenbar legte die Partei, hier vertreten durch ihre wohl tatkräftigste Organisation, entschieden Wert auf eine gute Verbindung zur Mutter Kirche. Hinzu kamen die gewiß verständnisvollen Reaktionen seiner

Gemeinde. In einer der vordersten Bänke sah er auch Mutter Sonnenblum. Und selbst diese nickte ihm, da war er sicher, ermunternde Zustimmung zu. Diese Erkenntnis beschwingte Bachus ungemein. Und so ließ sich der Geistliche alsbald zu sehr deutschchristlichen, also betont nationalen Formulierungen hinreißen: Schon immer hätten in deutschen Landen Vaterlandsverteidiger das Haus des Herrn aufgesucht, um im Krieg wie auch im Frieden den Segen Gottes für die gute und gerechte Sache zu erflehen! Waffen und Fahnen wurden geweiht, und dies möglichst vor jeder Schlacht, was sich sehr oft als recht wirksam erwiesen habe.

»Und da sitzen nun«, predigte er mit wachsender Leidenschaft, »diese herrlich-hoffnungsvollen Soldaten des Führers, Schulter an Schulter mit uns vereint, vor dem Altar! Wenn das nicht ungemein beglückend ist – was dann?«

»Will der uns etwa verschaukeln?« fragte Scharführer Schulze unruhig.

»Der versucht uns zu vereinnahmen«, flüsterte sein SA-Kamerad Konrad. »Das nicht gerade zum Entzücken seiner Gemeinde. Betrachte dir nur die Visagen – die wirken reichlich verstört.«

»Wie würde, deiner Ansicht nach, Keller reagieren?«

»Weiß ich nicht! Das ist allein dein Bier, Kamerad Scharführer.«

»Habe ich diesen Kanzelseich zu schlucken?« würgte Schulze hervor. »Oder muß ich mit unseren Leuten demonstrativ dieses Lokal verlassen? Oder was?«

»Du brauchst nur zu befehlen – eben das, was sinnvoll ist! Unser Ortsgruppenleiter, vermute ich, würde in einer solchen Situation etwa folgendes sagen: Als politisch geschulter Mensch muß man Kröten schlucken können! Zumindest eins darf man niemals: unnötiges Aufsehen erregen!«

»Wie wahr!« bestätigte Schulze gequält mutig, »zumal es sich ja auch hier um keine erhebliche Größenordnung handelt.«

Was rein äußerlich durchaus zutraf. Denn diese Kirche war klein; sie bot lediglich zweihundert Menschen Platz. Überfüllt wirkte sie niemals, neuerdings eher leer. Das jedoch nicht an diesem Sonntagmittag, an dem eine Abordnung der SA einmarschiert war, beunruhigt bestaunt von den Gläubigen. Und freudig besitzergreifend begrüßt vom Hirten dieser Herde, von Bachus.

»Wieder einmal mehr«, rief der Pfarrer verbrüderungswillig aus, »erweisen sich Gottes Wege als wahrhaft wundersam!«

»Kann ich ein möglichst kühles Bier haben?« bat Sonnenblum seine Mutter mit leicht flehendem Unterton.

»Nein«, entschied Frau Gertrude, die an ihren Kochtöpfen beschäftigt war. Dort schmorte ein Sonntags-Sauerbraten mit betörendem Duft. »Keine alkoholischen Getränke vor meinem Mittagessen!«

»Mir geht es aber nicht gut, Mutter«, versicherte er, während er sich auf einen Stuhl neben dem Herd fallen ließ. »Ich fühle mich krank. Und habe Sorgen.«

»Sorgen, mein Jungchen, hätte ich an deiner Stelle auch! Und zwar wegen deiner Zahnarztpraxis. Denn die vernachlässigst du leichtfertig.«

»Die werde ich möglicherweise sogar ganz aufgeben müssen«, bekannte er mit bedeutsam gerunzelter Stirn. »Falls ich nämlich zum Kreisleiter ernannt werde, müßte ich meine ganze Zeit und Kraft allein der Bewegung widmen.«

»Dann kannst du wohl auch dein Fräulein Fischer nicht mehr brauchen?« scherzte Frau Gertrude robust.

»Was würdest du sagen, Mutter«, bekannte er nun schleppend, schwergewichtig, »wenn ich die Absicht bekunden sollte, Beate zu heiraten?«

Mutter Gertrude beschäftigte sich intensiv mit ihren Kochtöpfen, schürte das Holzfeuer unter ihnen, wobei ihr starkes, männliches Gesicht von glühender Röte umflackert wurde. »Dir gönne ich alles, was dich glücklich machen könnte«, sagte sie. »Sogar deine Partei; auch dieses Fräulein Fischer. Aber bist du sicher, daß auch die dich heiraten will?«

»Solltest du etwa damit wieder auf diesen Breitbach anspielen, der sich gleichfalls um sie bemüht? Was besagt das schon! Nur der denkbar Großzügigste ist für eine Beate der Beste. Also ich – nicht Breitbach!«

»Du darfst dir ein Bier nehmen«, gestand ihm Mutter Gertrude sehr nachsichtig zu. »Das scheinst du dringend nötig zu haben.«

Heinrich Sonnenblum stürzte sich dem genehmigten Getränk entgegen, das im Spülbecken lag, von kaltfließendem Wasser umgeben. Er öffnete eine Flasche und saugte daran mit hastigen

Schlucken, einem Kind nicht unähnlich, das verlangend nach der Mutterbrust gegriffen hat. Frau Gertrude betrachtete ihn nicht unbesorgt. Dann sagte sie, geradezu sanft: »Ich habe gar nicht diesen Breitbach gemeint, sondern einen anderen. Keller.«

»Keller?« Sonnenblum staunte seine Mutter so an, als sei er ein Dackel, dem ein Kauknochen aus Kunststoff zugemutet wurde. »Aber ich bitte dich! Dieser primitive Bulle!«

»Kühe, mein Junge, reagieren auf so etwas.«

»Absurd!« Sonnenblum saugte heftig an seiner Bierflasche. »Dieser Keller ist mein Geschöpf, den habe ich mir großgezogen! Der wird es niemals wagen, seine Hände in meine internen Angelegenheiten hineinzustecken – Hände mit sichtbarem Dreck unter den Fingernägeln. Allein davor würde Beate, feinfühlig veranlagt wie sie ist, zurückschaudern!«

»Tatsächlich?« fragte Mutter Gertrude mit hohnvollem Lachen. »Die also, meinst du, würde erschauern? Dein Töchterchen, das du ihm ausliefern willst, jedoch nicht?«

»Bevor ich den beiden meinen Segen gebe«, antwortete er hastig, »wird noch viel Zeit vergehen. Bis dahin erziehe ich mir den Keller schon!«

Mutter Gertrude wendete sorgsam den Sauerbraten im brodelnden Schmortopf um. »Dein Keller scheint weitaus aktiver zu sein, als du vermutest. Nicht nur bei deiner Beate, sogar in der Kirche! Dort haben sich heute zum Mittagsgottesdienst einige seiner SA-Männer eingefunden, um sich als fleißige Chorsänger zu produzieren. Ich glaubte meinen Ohren nicht zu trauen. Die röhrten vor dem Altar wie brünstige Hirsche im Vollmond. Sogar Bachus kamen die Tränen!«

»Das«, rief Sonnenblum ungläubig, »das kann, das darf einfach nicht wahr sein!«

»Genau das jedoch, mein lieber Kleiner, ist geschehen!« Sie betrachtete ihn genußvoll. »Und so eindrucksvoll das auch gewesen sein mag – es war wohl kaum in deinem Sinne.«

»Sind denn da Idioten am Werk?!« rief er anklagend aus.

»Das dürfte zutreffen«, meinte Mutter Gertrude, immer noch heftig amüsiert. Dann gab sie, freudig lauernd, zu bedenken: »Doch auf das, was irgendwelche Idioten da veranstalten, kommt es doch schon gar nicht mehr an. Leute von dieser Sorte lassen sich überall finden, derzeit bei uns ganz mühelos, haufenweise, weit mehr als Kuhfladen auf unseren Wiesen. Doch entscheidend ist wohl: Wer hat sie dazu gemacht? Und warum? Und gegen wen richtet sich das wirklich?«

»Versuchst du mir da Verdächtigungen einzureden, die völlig absurd sind?«

»So gut wie alles, was dir noch absurd erscheint, existiert hier bereits. Du hast wohl geglaubt, dir willige Schafe herangezüchtet zu haben. Doch die wollen gern Wölfe sein. Die Zeit ermuntert sie dazu.«

Ortsgruppenleiter Sonnenblum befahl per Telefon, Sturmführer Keller habe bei ihm zu erscheinen. Und zwar im Parteibüro. Unverzüglich!

Dort hockte nun Heinrich hinter seinem Hoheitsträgerschreibtisch, auf dem eine Hakenkreuzflagge stand, im steifen Drahtgestell so gebogen, als wehe sie in ewigem Wind. Er selbst wirkte froschhaft kalt und sprungbereit. Mit leicht zitternden Händen umkrampfte er die Lehne seines Sessels.

»Melde mich, wie befohlen, zur Stelle!« rief der herbeigeeilte Keller ahnungslos munter aus, mit hochgerecktem Arm. »Stets zu treuen Diensten bereit!«

»Derartige Bekundungen kannst du dir und mir ersparen! Worauf ich Wert lege, das sind brauchbare praktische Ergebnisse!«

Der Sturmführer wirkte beunruhigt durch so viel massive Unfreundlichkeit; dennoch war er sicher, sich stets bewährt zu haben. »Schließlich habe ich die Sache mit diesem Abschiedsbrief doch wohl geradezu glänzend...«

»Durchaus! Doch fast zugleich betätigen sich einige deiner SA-Leute, und zwar in voller Uniform, mitten in der Kirche. Bei diesem Hirnvernebelungsverein! Und sogar als Chorknaben! Menschenskind, das darf doch einfach nicht wahr sein!«

»Dafür allein verantwortlich ist dieser Schulze; der muß größenwahnsinnig geworden sein! Während ich mit dir konferierte, in wichtigster Sache, Patzer betreffend, machte der sich selbständig, marschierte mit seinen Leuten in diesen Kirchenstall hinein und hat sich dort von diesem hinterhältigen Seelenverkäufer glatt überfahren lassen!«

»Nichts wie Bockmist, Mann! Denn der ist schließlich dein

Scharführer, es waren deine Leute, du bist ihr Chef, also für sie und alles verantwortlich!« Sonnenblum richtete sich geradezu standbildhaft auf. »Während ich mich bemühe, mit allen erdenklichen Komplikationen möglichst geschickt fertig zu werden, benehmen sich deine Männer wie blökende Schafe!«

»Ich werde ihnen die Wolle scheren – unverzüglich!«

Sonnenblum nickte milde zustimmend und sagte dann streng: »Möglicherweise unvermeidliche Auseinandersetzungen mit der Kirche fallen vereinbarungsgemäß direkt in meinen Zuständigkeitsbereich. Dafür benötige ich keinerlei Mithilfe. Du solltest dich wohl lieber, wie besprochen, um deine derzeitige Hauptaufgabe kümmern: die Beschaffung von denkbar großzügigen Spenden! Damit wir hier einen ›Deutschen Tag‹ begehen können, der einfach alles in den Schatten stellt!«

»Wird gemacht, mein Ortsgruppenleiter!« versicherte Keller feierlich mit hörbarer Erleichterung. »Ich erledige – alles!«

Konrad Breitbach leistete sich eine kleine, ihm zweckmäßig erscheinende, lediglich als Verwirrung gedachte Zwischenrunde als Propagandist. Er steckte diverse von ihm entworfene ›Interne Hinweise‹ in braune Briefumschläge und legte sie in Gilgenrode wie Kuckuckseier ab. Sie enthielten zumeist Erkenntnisse des Führers.

So für die BDM-Führerin Eva Schwarz diese: ›Mädchen, gedenke, daß du eine deutsche Mutter werden sollst!‹ Nachzulesen in ›Mein Kampf‹ – Seite 10. Dabei der Zusatz von Konrad: ›Herzliche deutsche Grüße – stets zu Diensten.‹

Für Pfarrer Bachus: ›Wem aber Leidenschaft versagt und der Mund verschlossen bleibt, den hat der Himmel nicht zum Verkünder seines Willens ausersehen.‹ – ›Mein Kampf‹, Seite 117. Dazu Konrad: ›Ich hoffe sehr, Sie wissen, was Ihr Himmel will.‹

Für Schatzmeister Stenz: ›Man sollte sich hüten, die breite Masse für dümmer zu halten, als sie ist. In politischen Angelegenheiten entscheidet nicht selten das Gefühl richtiger als der Verstand.‹ So in ›Mein Kampf‹, Seite 190. Kommentar von Konrad: ›Ergo: die Masse ist dumm! Mithin nichts wie kassieren – nachdem Gefühle mobilisiert worden sind.‹

Mit den nächsten ›Erkenntnissen des Führers‹ begab sich Konrad Breitbach zu Siegfried Sass. Der begrüßte ihn herzlich. »Da bist du ja endlich, mein lieber Junge! Oder muß ich nun etwa Herr Parteigenosse zu dir sagen?«

»Können Sie, Herr Sass – falls ich hier gleich wieder verschwinden soll. Wenn Sie mir also nicht mehr Ihren englischen Fruchtkuchen gönnen wollen – wie bisher immer.«

»Bediene dich!« rief Sass freundlich einladend aus. »Dieses Gebäck steht bereit, es ist allein für dich und mich!«

Konrad aß völlig ungeniert und mit sichtlichem Genuß. »Eigentlich habe ich erwartet, daß Sie mich im hohen Bogen hinauswerfen werden – nach all dem, was ich mir inzwischen so geleistet habe. Oder sollten Sie etwa noch gar nichts davon gehört haben!«

»Sämtliche Gilgenroder Spatzen pfeifen es von allen Dächern, Konrad, du bist hier zum Tagesgespräch geworden. Ich war geradezu neugierig darauf, dich endlich wiederzusehen.«

»Um herauszubekommen, ob ich mich verändert habe?«

»Wohl seit deinem fünften Lebensjahr, Konrad, verspeisen wir nun hier gelegentlich gemeinsam unseren englischen Kuchen, also seit bald zwanzig Jahren. Auch dabei kann man sich näherkommen. Ich glaube dich zu kennen.«

»Von Ihnen, von Ihrer Art zu leben, habe ich eine ganze Menge gelernt, Herr Sass – bei unseren Gesprächen, aus Ihren Büchern. Vermutlich bin ich geistig ein halber Jude.«

»Davor bewahre dich mein Jehova, lieber Sohn! Hüte dich davor, in dieser Zeit!« Siegfried Sass hob erschrocken abwehrend beide Hände, die er dann, sehr langsam, sinken ließ. Dabei sah er Konrad prüfend an. »Weißt du, wie du mir vorkommst? Wie überaus ungermanisch. Zweckentfremdet.«

»Was ich auch sehr gerne sein würde, Vater Sass. Ich habe eben eine ganze Menge von Ihnen gelernt.«

»Vermutlich zu viel, muß ich wohl befürchten. Denn das, mein lieber Junge, was du hier veranstaltest und wohl noch weiterhin zu veranstalten gedenkst, mutet ja geradezu ausgekocht ›jüdisch‹ an – ich meine das, was gewisse derzeit maßgebliche Standardwerke unter ›jüdisch‹ verstehen.«

»Danke – für dieses Kompliment.«

»Das war kein Kompliment, Konrad. Das war als Warnung gedacht, sosehr mir auch dein abenteuerliches Vorgehen gefällt. Doch diese deine so entschlossen demonstrierte Einstellung könnte fast zwingend dazu führen, daß man dich zu einem Volksverderber erklärt, für einen eindeutig semitisch verseuchten noch dazu.«

»Wäre ich gerne«, versicherte Konrad kauend.

»Sei vorsichtig, mein lieber Junge«, sagte Sass leise. »Falls dir was Ernsthaftes zustoßen sollte, könnte mich das nicht gleichgültig lassen. Ich besitze, wie du weißt, keine Kinder, keine Verwandten – ich benötige also Erben. Die ich mir nach meinem eigenen Geschmack aussuchen kann. Dafür habe ich zwei vorgesehen – und einer von diesen sollst du sein.«

Konrad hörte auf zu kauen und starrte Siegfried Sass mit leicht geöffnetem Mund an. Nach längerem, sehr nachdenklichem Schweigen wollte er wissen: »Ist etwa irgendeine Bedingung dabei? Etwa die, daß ich hier mit meinem Parteizirkus Schluß machen soll?«

»Keine Bedingung, Konrad! Diese schon gar nicht.«

»Dann will ich mir aber mein Erbe mit Nachdruck verdienen!« Konrad grinste freudig vor sich hin. »Ein ganzer Jude wäre ich gerne – wenn auch ein einwandfrei arischer obendrein.«

Sturmführer Keller hatte sich überstürzt von seinem Ortsgruppenleiter entfernt, denn eine scharfe, möglicherweise zum Bruch führende Auseinandersetzung mit dem wollte und konnte er sich nicht leisten. Noch nicht.

Dafür war seine Aussaat noch nicht reif. Wenn er hier wirksam weiterkommen wollte – bei der Bewegung, bei Beate und bei wem sonst noch –, mußte er wohl einen langen Atem haben; doch den glaubte er zu besitzen. Und entsprechende Einfälle dazu.

Zunächst diesen: Er betrat die Wohnung des Gärtnereibesitzers und Inhabers der einzigen Blumenhandlung am Ort, der bereits beim Mittagessen saß. Ihm und seiner Familie rief Keller zu: »Heil Hitler, liebe Parteigenossen! Laßt euch nicht stören! Wünsche allerseits gesegneten Appetit!« Dann wandte er sich direkt an diesen Gilgenroder Blumenmenschen: »Sobald du dir deinen Wanst vollgeschlagen hast, Kamerad, gehst du nicht gleich pennen, sondern bindest mir erst mal einen stattlichen Strauß. Und den läßt du zu Fräulein Erika Sonnenblum bringen – mit herzlichen Grüßen!«

»Aha!« rief der Gärtner augenzwinkernd. Was wohl besagen sollte: was bahnt sich denn da an?

»Nur keine voreiligen Vermutungen!« riet ihm Keller munter. »Aber immerhin kannst du dich auf einen Großauftrag gefaßt machen – anläßlich des bevorstehenden Begräbnisses unseres Parteigenossen Patzer! Das muß ein äußerst würdiger Vorgang werden. Also Kränze und nochmals Kränze, mit meterlangen Schleifen, darauf prächtigste Hakenkreuze. Die Parteikasse zahlt alles! Dabei kannst du sicherlich die heute zu liefernden Blumen mit verrechnen? Abgemacht! Also dann: Gesegnete Mahlzeit, liebe Leute!«

Unmittelbar danach stellte Keller diesen erwiesenen Versager von Scharführer, also den blöden Urinoco-Schulze, mitten auf dem Marktplatz. Und zwar beim Brunnen hinter dem Rathaus, der eine Art Schwan darstellte, welcher sanft und mit endloser Ausdauer vor sich hin zu pinkeln schien. Bei diesem Brunnen handelte es sich um eine Stiftung des Herrn Sass – anläßlich einer Mittsommerwende nach dem Krieg.

»Was hast du saublöder Hund denn da angestellt?« rief Keller. »Unsere Männer als schäbige Kirchensklaven zu verschaukeln! Und damit auch mich, der ich für euch verantwortlich bin, als politischen Idioten hinzustellen! Was hast du dir eigentlich dabei gedacht, Mensch?«

Schulze versicherte, durchaus um mannhafte Würde bemüht, wie ja in diesen Kreisen stets erstrebt: »Ich bin überzeugt, nichts wie meine Pflicht getan zu haben – und zwar stellvertretend für dich, Sturmführer. Ich – der ich doch einer deiner Besten bin, wie du mir mehrfach versichert hast. Noch gestern nacht.«

»Inzwischen jedoch«, stellte Keller scharf vorprellend fest, »hast du dich benommen wie ein Riesenarschloch! Und das ausgerechnet im kirchlichen Bereich! Dort hatte ich eine klärende Aktion unserer Partei, meiner SA, beabsichtigt. Selbst ein Halbidiot mußte das erkannt haben. Das hat was mit gewachsener Gesinnung zu tun. Du aber hast versagt! Damit bist du so gut wie erledigt.«

»Ich lasse mich aber nicht einfach erledigen!« Schulze stand nun stiernackig-stoßbereit vor Keller. Seine Augen blickten warnend blau-germanisch, die Lippen waren zusammengepreßt. »Ich werde mich zu wehren wissen! Schließlich habe ich nur meine Pflicht getan! Verdammt noch mal!«

So viel deutlich erkennbare Verbohrtheit machte Keller vorsichtig. »Schon gut«, meinte er besänftigend. Dieser Schulze wirkte bedrohlich – der war wohl abzuschaffen, bei besserer Gelegenheit. »Fehler sind wohl niemals ganz unvermeidlich. Entscheidend ist jedoch: man muß sie erkennen, sie zugeben, sie auf sich nehmen. Bist du dazu bereit, Kamerad?«

»Absolut, Sturmführer!« bestätigte Schulze.

»Na – bestens!« Keller war bemüht, seine Besorgnis über diese Mißgeburt von Mann durch kameradschaftliches Wohlwollen zu verschleiern. »Du bist also bereit, den Ortsgruppenleiter über diese Kirchenentgleisung deiner Leute aufzuklären, an der ich keinerlei Anteil hatte. Schuld allein ist, nehme ich an, dieser aufdringliche Pfaffe. Dem du so bald wie möglich eine Kostprobe deiner Fähigkeiten verpassen solltest. Gelegenheit dazu ergibt sich vielleicht schon in zwei, drei Tagen – wenn unser Parteigenosse Patzer beerdigt wird. Einer unserer Verdienstvollsten! Dabei nämlich könnte uns eben dieser bornierte Bachus Schwierigkeiten machen. Aber dem werden wir einheizen!«

»Bitte um die Ehre, das erledigen zu dürfen.«

»Wird dir gewährt.«

»Danke!« Der Scharführer schien von so viel ihm entgegengebrachtem Vertrauen tief gerührt. Gemütsdumpf bekannte er: »Manchmal komme ich mir vor wie ein großer Elefant, der von hinterhältigen Feinden getäuscht und umstellt worden ist. Dann könnte ich alles zerstampfen, überrennen, in Grund und Boden trampeln! So bin ich nun mal!«

Keller jedoch überfiel nun das dringende Verlangen, sich möglichst angenehm und entspannend ablenken zu lassen. Durch die holde Weiblichkeit. Er dachte dabei an Beate Fischer.

Beate Fischer hielt sich, wie fast jeden Sonntag in den Mittags- und Nachmittagsstunden, bei ihrer Schwester auf. Die war zwar wesentlich jünger, wirkte jedoch schon etwas verbraucht, wie von ihrer intensiven Familie gezeichnet. Die bestand aus drei Kindern in noch nicht schulpflichtigem Alter, einem ausgewachsenen Schäferhund und ihrem Mann.

Dieser war bei der Stadtverwaltung beschäftigt, dort zuständig für Ortsplanung, Straßenanlagen, Baugenehmigungen. Er bekleidete also einen äußerst wichtigen Posten, wie er glaubte. Er fühlte sich beständig eingespannt und stets überfordert – woraus sich sein großes Ruhebedürfnis erklärte.

An Sonntagen schlief er bis in die Mittagsstunden. Und nach dem Essen pflegte er sich abermals niederzulegen, bis dann Kaffee und von seiner Frau frisch gebackener Streuselkuchen serviert wurden. Nahezu einen Quadratmeter davon schlang er in sich hinein. Sein Leibesumfang war entsprechend.

»Und so was erträgst du?« fragte Beate ihre Schwester, während der Gatte im Nebenzimmer in trägzäher Zufriedenheit vor sich hin schnarchte.

»Was soll man da machen«, sagte die Schwester mit karg lächelnder Ergebenheit. »Männer sind nun mal so! Irgendwann einmal wirst sogar du dich daran gewöhnen müssen.«

»Ich? Niemals!« Beate Fischer war ihrer Sache sicher. Sie saß, lediglich mit Unterwäsche bekleidet, in der Nähe des weit geöffneten Fensters und bot ihren Körper hingebungsvoll der Sonne dar. Sie war lufthungrig – zumal zu ihrem dunklen Typ eine möglichst tief gebräunte Haut gehörte.

»Wenn ich einmal heiraten sollte, dann nicht den ersten besten, sondern den denkbar Besten!«

»Und das bei uns – in Gilgenrode?«

»Selbst in diesem Kaff sind die Auswahlmöglichkeiten gar nicht gering. Nicht für mich.« Beate Fischer dehnte sich in ihrem Sessel – die Mädchenbrust hervorgestreckt, die Frauenschenkel leicht gespreizt. »Ich kann hier so gut wie alles haben! Das große Geld, die sogenannte Macht, die Kraft – und neuerdings sogar gefühlvolle Intelligenz.«

Womit sie, nacheinander, anspielte: auf Breitbach, auf Sonnenblum, auf Keller und endlich auf Johannes.

»Doch ich weiß noch nicht, für wen ich mich entscheiden soll.«

»Und inzwischen – machst du es! Mit allen diesen vier Männern?«

»Aber doch nicht gleich das! Ich bitte dich. Diese sogenannte letzte Erfüllung ist meistens doch nur der Anfang vom Ende. Entweder bekommen die so beglückten Kerle bald genug von dieser Machart, springen also ab – oder sie melden schnellstens Besitzansprüche an und engen dich in deiner Bewegungsfreiheit ein. Nachgeben darf man denen nie; aber warmhalten kann man sie sich mit den verschiedenartigsten Methoden – vom Händchenhalten bis zum Beinahe-Hingreifenlassen! So was ist manchmal nicht ganz angenehm – aber meistens macht es sogar Spaß. Sobald die im eigenen Saft schmoren, sind sie weich wie Kalbfleisch.«

Während Beate so ihre Erfahrungen ausbreitete, hielt ihre Schwester in Fensternähe nach den Gilgenrodern Ausschau. Und plötzlich glaubte sie zu erkennen: »Du bekommst Besuch – von diesem Keller! Der bewegt sich auf unser Haus zu.«

»Wimmle ihn ab!« entschied Beate Fischer, ohne auch nur im geringsten zu zögern. »Mit dem bin ich nicht verabredet; der soll gefälligst verschwinden. Nur keine Aufdringlichkeiten!«

Als Beates Schwester die Haustür öffnete, stand dort Keller sprungbereit männlich und gab sich sehr munter: »Einen schönen Deutschen Gruß, verehrte gnädige Frau! Kann ich Ihr liebes Fräulein Schwester sprechen?«

»Das können Sie leider nicht, Herr Keller. Beate hat sich hingelegt. Sie schläft.«

»Dann wecken Sie die Dame. Sagen Sie ihr: ich bin hier! Und ich erlaube mir, sie zu einem kleinen Spaziergang einzuladen; auch auf ein Glas Wein oder Kaffee und Kuchen – wonach sie gerade Verlangen haben sollte.«

»Herr Keller«, sagte nun die Schwester nicht ohne warnende Untertöne, »ich weiß, daß Beate Sie sehr schätzt. Was sie jedoch nicht schätzt, weiß ich auch: nämlich jeden Versuch, aufdringlich zu sein.«

»Was soll ich sein?« fragte Keller ungläubig. Wieder einmal fühlte er sich bestürzenden Mißverständnissen ausgeliefert, mit denen er sich neuerdings herumschlagen mußte wie mit lästigen Stechmücken. »Ich – und aufdringlich? Nur weil ich hier mal höflich anfrage, ob meine Begleitung genehm wäre?«

»Sie sind nicht mit ihr verabredet; also nicht bei ihr eingeplant. Das sollten Sie respektieren, Herr Keller, ich rate es Ihnen.«

Der Sturmführer zog sich empört zurück – nunmehr ohne jede Höflichkeit. Dabei stieß er einige unverständliche Worte hervor, nicht viel anders, als habe er ausgespuckt. Sie besagten vermutlich: So was gedenke er sich nicht gefallen zu lassen! Das gehe wider seine Ehre!

Worauf sich Keller, nach wie vor entspannende Befriedigung suchend, nunmehr in Richtung Osten, zum Volkspark hin begab.

Um dort, in der leicht verwahrlost wirkenden Preußenstraße, im

Haus Nummer 14, vorzusprechen. Dort wohnte sein Scharführer Schulze, also auch dessen Frau.

Wobei er wußte, daß der Kamerad um diese Zeit seinen sonntäglichen Ausbildungsdienst in den Sandbergen leistete: vormilitärische Schulung von Hitlerjungen. Und eben deshalb war Keller hier. Doch er stand vor verschlossener Tür. Eine Nachbarin eilte freudig herbei.

»Sie wollen zu Frau Schulze?« fragte sie gurrend wie eine glückliche Taube.

»Ich will zu ihrem Mann – meinem Kameraden!«

»Der ist ja kaum noch zu Hause! Sie aber auch nicht. Beide haben alle Hände voll zu tun. Die sind Tag und Nacht beschäftigt, nachts besonders. Kann ich was ausrichten – falls sie oder er wieder einmal heimkommen sollte?«

Keller entfernte sich, und wiederum stieß er ungehalten Laute aus, die da besagten: »Diese Scheißweiber! Was muten die mir alles zu! Mir!«

Kersten, der gute Polizist von Gilgenrode, war der Ansicht, ein ordnungshütender Beamter habe sich in jedem Fall denkbar neutral und unpolitisch zu verhalten. Doch neuerdings drohte er manchmal der Versuchung zu erliegen, sich gelegentlich Ausnahmen von dieser seiner Grundregel zu leisten.

So etwa, als sich jener Polizeikollege mit dem Parteibuch mit besorgter Amtsmiene in das kleine Büro des Reviervorstehers hineinschob. »Da scheint es Stunk zu geben, Kollege Kersten«, sagte er verheißungsvoll. »Und zwar mächtigen. Es handelt sich um die Schwester unseres Sturmführers. Die hat angerufen.«

Kersten blinzelte bernhardinerartig sanft und aufmerksam; kein knurrendes Grollen war in seiner Stimme, auch keinerlei Ironie. Er klärte lediglich auf: »Herr Keller ist nicht ›unser‹ Sturmführer, zumindest nicht meiner, Herr Kollege. Polizisten sind keine SA-Leute. Es ist auch nicht entscheidend wichtig, wer angerufen hat, sondern zunächst geht es allein um die Frage: Was ist passiert? Worum handelt es sich?«

»Um Tatsachen – betreffend einen gewissen Emil Spahn, unserem Amt wohlbekannt. Durch den fühlt sich besagte Volksgenossin belästigt, und zwar schwer!«

»In welcher Hinsicht, bitte?«

»Der durchsucht das Haus, in dem er wohnt, in dem aber auch Keller wohnt, nämlich bei seiner Schwester, in allen Ecken und Winkeln, vom Erdgeschoß bis zum Dachboden! Und dazu noch die ganze Umgebung. Und zwar einer Katze wegen!«

»Hat der die noch immer nicht gefunden?« Kersten ließ nun ein fast schon persönliches Interesse an diesem Vorgang erkennen. »Das tut mir leid. Für ihn.«

Worauf er sich erhob, ohne noch einen Blick für diesen ihn unruhig bestaunenden Kollegen übrig zu haben. Er knöpfte seine Uniform bis zum Halskragen zu, umgürtete sich mit Koppel und Pistole, setzte die Dienstmütze auf – und überprüfte ihren exakten Sitz.

Dann schritt er aus seinem schäbigen Polizeibüro hinaus – mitten in diese Gilgenroder Welt hinein. Einer Katze wegen! Um die zu retten – und den Besitzer dazu. Vergeblich.

Konrad Breitbach suchte Schulze bei den Sandbergen auf, wo der Scharführer Minderjährige mit militärischem Geist zu beseelen trachtete. Und das sah so aus: Diese Knaben wurden, zwecks Erzielung überdurchschnittlicher Leistungsfähigkeit, herumgejagt wie Schäferhunde.

Sie mußten die Sandberge hinauf- und wieder herunterrennen, mußten sich hinlegen, kriechen, die Rolle rückwärts machen, seitwärts robben, sich eingraben mit den Händen. Dabei keuchten sie geradezu wonnig – der Antreiber ebenso wie die Angetriebenen. Denn sie alle waren erfüllt von dem Bewußtsein, daß es dabei um hohe, wenn nicht höchste Ziele ging. Prallgelbe Sonne überstrahlte sie.

Schulze erspähte, trotz seiner intensiven Tätigkeit, den Ankömmling sofort und nickte ihm kameradschaftlich zu. Er legte eine Pause in seinen Ertüchtigungsspielen ein.

»Na – das gefällt dir wohl, was?«

»Gefallen, Kamerad Scharführer, ist wohl nicht der richtige Ausdruck dafür. Ich bewundere dich!«

»Freut mich ungemein!« Schulze ließ sich dicht neben Konrad auf einem Stein nieder. »Du erkennst offenbar mein Bemühen, mein Bestreben.«

»Wie doch wohl hier fast jeder. Erst neulich hat der Ortsgruppenleiter in einer vertraulichen Besprechung gesagt: Auf unseren

Schulze kann man sich verlassen – der weiß noch, was selbstlose Gefolgschaftstreue ist.«

»Das stimmt! Und unser Sonnenblum ist gewiß ein großer Mann. Dem ist es gegeben, die besonderen Fähigkeiten und Leistungen eines Mannes zu erkennen. Anderen jedoch nicht – was mich schmerzt!«

Konrad wußte genau, worauf Schulze damit anspielte. Selbstverständlich auf Keller! Doch er sprach den Namen nicht aus, deutete ihn nicht einmal an. Was wohl hierzu noch zu sagen war, stand bei Hitler. Auf den Führer war jederzeit Verlaß.

»Was kümmert es denn schon einen deutschen Eichbaum«, sagte Konrad großartig, »wenn sich irgendeine Wildsau daran scheuert? Das aber ist deine Situation! Erkenne sie!«

»Mache ich, Mensch – aber wie wehre ich mich? Ich meine: wirksam?«

»Allein auf unseren Führer kommt es dabei an! Und der hat in seinem Buch ›Mein Kampf‹ geschrieben, und zwar auf Seite 327: ›Pflichterfüllung: das heißt nicht sich selbst genügen, sondern der Allgemeinheit dienen!‹«

»Pflichterfüllung!« Schulze schien dunkel zu erglühen. »Niemals sich selbst genügen – stets der Allgemeinheit dienen! Richtig so! Und wer mich daran hindern will, den mache ich fertig!«

»Unser Führer hätte gewiß seine Freude an dir!« versicherte Konrad. »Ganz im Sinne seiner Erkenntnisse, wie sie auf Seite 321 geschrieben stehen: ›Der Hammerschlag des Schicksals schlägt plötzlich auf Stahl; und indem die Hülle des Alltags zerbricht, liegt vor den Augen der staunenden Welt der bisher verborgene Kern offen zutage!‹ Soweit dieses Zitat – das dich gewiß sehr berühren wird, Scharführer.«

»Es spricht mir sozusagen aus dem Herzen, Kamerad«, versicherte der, fortan nur noch Hochziele erstrebend. »Doch was, meinst du wohl, ist tatsächlich darunter zu verstehen?«

»Genau das, was unser Führer Adolf Hitler bereits völlig unmißverständlich dargelegt hat – diesmal auf Seite 379: ›Wer Führer sein will, trägt ... die letzte und schwerste Verantwortung.‹ Willst du das?«

»Will ich!«

»Auch dann noch, wenn in diesem herrlichen Buch weiterhin gefordert wird, gleichfalls auf Seite 379: ›Wer jedoch dazu nicht fähig ist... oder zu feige ist... taugt nicht zum Führer. Nur der Held ist dazu berufen!‹ Bist du einer?«

»Bin ich!«

»Und bist es auch gegen einen Keller – falls das unvermeidlich werden sollte?«

»Gegen wen auch immer«, bekannte Scharführer Schulze sendungsbewußt.

In welchem Ausmaß er dabei von Konrad Breitbach benutzt, ausgenutzt wurde, erkannte er nicht. Er gedachte nur noch in die Zukunft zu blicken.

Keller erlag nunmehr völlig dem Verlangen nach großem Vergessen, nach den Segnungen der Betäubung – er wollte sich besaufen! Zu diesem Zweck begab er sich wieder zur Stadtmitte von Gilgenrode – in das Café ›Vaterland‹. Hier ließ er sich nieder und rief sogleich nach Kimminger: Der eilte unverzüglich herbei.

»Was darf es denn diesmal sein? Was immer Sie wollen – Hauptsache: Sie fühlen sich hier wohl. Darauf lege ich Wert.«

»Schleimerei!« sagte Keller. »Ich lege allein auf Tatsachen Wert. Etwa im Hinblick auf diesen Bachus, dem endlich das Handwerk gelegt werden muß. Wie ist das zu bewerkstelligen? Wie läßt sich dieser Pfaffe unschädlich machen? Nun mal ganz offen, Mensch! Ohne jede weitere Ausflüchte!«

»Wie wär's mit Mädchen?« Kimminger goß Sekt in die vor ihnen stehenden Gläser, wobei er das von Keller besser einschenkte als seins. »Mädchen aus dem Kirchenchor. Die soll der befummelt haben. Beim sogenannten Nachhilfeunterricht in der Sakristei.«

»Soll der? Vermutungen nützen nichts. Hat er?«

»Entsprechende Akten müßten bei der Polizei liegen – seit zwei, drei Jahren schon! Nun werden Sie wohl fragen, warum dem kein Prozeß gemacht worden ist? Weil diverse Bürger mitgeholfen haben, die Sache zu vertuschen. Außerdem waren einige dieser mißbrauchten Mädchen bereits über sechzehn Jahre alt. Und die wurden dann dazu veranlaßt zu behaupten, freiwillig mitgemacht zu haben. Was ja dann für ihn nicht strafbar ist.«

»Schließlich ist diese Sittensau doch verheiratet!«

»Na – und wie!« Kimminger schüttelte sich geradezu vor Lachen und ließ die nächste Flasche Sekt servieren. »Wissen Sie denn nicht, daß seine Frau bei jeder sich ihr bietenden Gelegenheit fremdgeht? Eine äußerst empfehlenswerte Adresse übrigens, Verehrter! Denn diese Dame ist noch ganz prächtig in Form und überdies äußerst erfahren, was ich persönlich bezeugen kann. Sogar eine Beate Fischer, sagt man, soll an die kaum heranreichen.«

Das jedoch war eine Andeutung, die den Sturmführer höchst unangenehm berührte, so daß er mit zischender Schärfe reagierte: »Lassen Sie gefälligst diese Dame aus dem Spiel! Oder wollen Sie etwa behaupten, sogar mit der...«

»Natürlich nicht, Herr Keller!« Kimminger versuchte den erkennbar schweren Fehler, den er sich soeben geleistet hatte, ablenkend zu bereinigen. »Ich werde Ihnen also alles greifbare Material über diese Kirchenchormädchen und die Seitensprünge der Bachusgattin zukommen lassen. Kann ich sonst noch etwas für Sie tun?«

Der Sturmführer würgte immer noch an diesen schlüpfrigen Andeutungen, Beate Fischer betreffend – zumal die möglicherweise nicht ganz aus der Luft gegriffen waren. So war auch er zielstrebig auf Ablenkung bedacht.

»Sie sind also, Herr Kimminger, wenn ich Sie richtig verstanden habe, um Harmonie mit unserer Bewegung bemüht. Jedoch – um welchen Preis? Darüber sollten wir uns jetzt unterhalten.«

Kimmingers biederes, oftmals leicht dümmlich wirkendes Kaufmannsgesicht – eine sehr erfolgreiche Tarnung – wirkte nun wachsam bleich, um alsbald zu erröten. »Was soll es denn bitte diesmal sein?«

»Diesmal«, erklärte Keller, »handelt es sich um die Finanzierung eines ›Deutschen Tages‹, des größten, der hier jemals gefeiert wurde. Er soll ohne Beispiel sein und in die Geschichte unserer Stadt eingehen. Wozu jedoch großzügige Zuwendungen der mit uns sympathisierenden Mitbürger die Vorbedingung sind. Deshalb zählen wir auch auf Sie – in erster Linie!«

»Freut mich sehr, Herr Keller«, versicherte Kimminger. »Und um welche Summe, meinen Sie wohl, handelt es sich dabei? Etwa um eintausend Mark?«

Keller reagierte erkennbar wenig beglückt, während er seinen Gesprächspartner löwenhaft belauerte. »Falls dieser ›Deutsche Tag‹ wahrhaft festlich verlaufen soll, wird man von Ihnen vermutlich das Zehnfache dieser Summe erwarten müssen.«

Bei dieser Forderung erschrak Kimminger nun doch, wenngleich nur vorübergehend. Er begann heftig zu rechnen, während er sich mit Sekt stärkte. Seine Hände legten sich um das Glas, als ließe sich dort moralischer Halt finden. Schließlich sagte er: »Es könnte sich allenfalls machen lassen. Sogar dazu bin ich nun bereit.«

Der Sturmführer blinzelte beglückt. »Doch wie ich Sie kenne, Kimminger, machen Sie so etwas nicht aus purer Liebe zu Deutschland, zum Führer oder zu mir. Dabei gibt es bestimmt einen ganz dicken Pferdefuß! Sie verlangen eine Art Gegenleistung – habe ich recht?«

»So ungefähr«, bekannte Kimminger ungeniert offen, seiner Sache und Kellers Reaktion ziemlich sicher. »Ich denke dabei an eine Art Arbeitsteilung: Ich beschaffe die notwendigen Gelder für Sie – und Sie schalten hier weiterhin Volksfeinde aus.«

»Kapiert!« versicherte Keller prompt. »Und auf welchen Volksfeind zielen Sie dabei in Besonderheit?«

»Nun auf diesen Gernoth natürlich!« Geradezu mit Überzeugungseifer wies Kimminger auf den Inhaber des Hotels ›Zum weißen Hirsch‹ hin. »Denn bei dem versammeln sich höchst fragwürdige Elemente! Zum Beispiel gewisse Lehrkräfte unseres Gymnasiums, das eine Brutstätte für humanistisch-konservative Trottel ist. Auch andere Beamte, die sich stur demokratisch geben! Und mitten unter ihnen Kersten, dieser Polizeiclown, der sich hier als Gesetzeshüter gefällt. Und die alle fressen sich dort durch, zu Sonderpreisen, reißen ihre faulen Mäuler auf, geifern uns an. Am finanzkräftigsten tritt dabei dieser Jude in Erscheinung. Der ist offenbar bereit, einfach alles aufzukaufen. Muß man sich das gefallen lassen?«

»Muß man nicht! Da hast du verdammt recht, Kamerad Kimminger!« Keller duzte den Wirt jetzt, instinktiv sicher reagierend. Denn nun, so schien es, befanden sie sich endlich in einem Boot, schwammen im gleichen Strom. Ihr Vertrag war somit perfekt. Sie prosteten sich innig zu. Zehntausend Mark waren damit für die Partei so gut wie garantiert – und für Kimminger bahnte sich der Besitz des Gernoth-Hotels an. In gut deutscher Eintracht schien nunmehr alles in die richtige Richtung gebracht worden zu sein.

Als sich dieser sonnendurchglühte Vorsommertag des Jahres 1933 der Abenddämmerung zuneigte, glaubte Sturmführer Keller sicher zu sein, eine Serie großkalibriger Sprengkörper gelegt zu haben. Diese würden ihm, wenn hier alles mit rechten Dingen zuging, sehr bald alle Hindernisse aus dem Weg räumen. Der Weg zu den hierorts möglichen höchsten Höhen der Macht würde ihm offenstehen.

Er hockte im Café ›Vaterland‹ vor der dritten Flasche Sekt und trank, als habe er Wasser vor sich.

Und während er dann auf der Toilette rülpsend, sowohl gedankenträchtig wie auch hoffnungsfreudig gestimmt, anhaltend vor sich hin pinkelte, glaubte er folgende Punkte eindeutig positiv für sich verbuchen zu können:

1. Es war ihm gelungen, die Partei vor großem Schaden zu bewahren. Und zwar durch Sicherstellung des Abschiedsbriefes von Patzer. Dabei war es ihm sogar geglückt, diesen Polizeiprotz Kersten für dumm zu verkaufen.

2. Der Ortsgruppenleiter hatte – eben dadurch – nun keine andere Wahl mehr, als ihm voll zu vertrauen; er mußte mit ihm zusammenarbeiten, so gut wie bedingungslos. Der war also auf dem Rückzug. Der bot ihm sogar seine Tochter an – wie saures Bier.

3. Die Gesamtfinanzierung des ›Deutschen Tages‹ war durch Kimminger gesichert. Das war allein sein, Kellers, Verdienst! Ungeahnte Geldquellen begannen zu sprudeln.

4. Die klägliche Kapitulation vor der Kirche durch einige seiner dümmsten Leute, angeführt von Schulze, durfte als einigermaßen bereinigt gelten. Diesem hinterhältigen Pfaffen Bachus, das schwor er sich, würde er es allerdings noch besorgen oder eben besorgen lassen. Einen Keller forderte niemand ungestraft heraus!

5. Mithin: Unverkennbar steigender Einfluß, sichtlich verstärkte Machtposition, denkbar günstige Ausgangsbasis für alles, was nunmehr unvermeidbar und entschlossen zu bewältigen war! Wie es Adolf Hitler, der verehrte Führer, erst neulich im ›Völkischen Beobachter‹ formuliert hatte: ›Die SA ist unser Schicksal!‹

Leicht schwankend betrat er wieder die Straße und schritt abermals quer über den Marktplatz. Um dann, dicht hinter diesem, in der Ritterstraße zu landen, in jenem Haus mit der Nummer 33, in dem er wohnte. Hier gedachte er seine geliebte Schwester aufzusuchen, um sie und sich mit schöngeistig gedachten Gesprächen zu beglücken, nach denen sie stets zu lechzen schien.

Er fand sie in ihrem Schlafzimmer vor – doch bei ihrem Mann, über diesem. Der röchelte wie ein angestochenes Schwein, verdrehte die Augen; seine hastigen Hände betasteten seine Frau, also Kellers Schwester Hermine, wie mit wild flatternden Taubenflügeln. Sie sah ihren Bruder groß an, wie Verständnis erflehend. Sie schien ihm sagen zu wollen: Warte nur ein paar Minuten. Dann bin ich hier fertig.

Keller zog sich, immer noch schwankend, zurück. Das, stellte er mühsam auflachend fest, hätte er sich denken können! Seit Jahren war dies der Abschluß des sonntäglichen Nachmittagsschlafes seines feisten Schwagers! In dieser Zeit machte der regelmäßig von seinen sogenannten Eherechten Gebrauch. Was man wohl hinnehmen mußte – wenn auch höchst ungerne.

Ein Umstand, der nunmehr Kellers eigenes Lustverlangen schürte. Denn ihm gebührte der Lohn, der dem besten Mann nun einmal zusteht: reichliche Befriedigung, vollste Erfüllung! Erneut versuchte er, die Frau des Scharführers Schulze anzutreffen – doch die war noch immer unterwegs. Danach verschaffte er sich Zutritt in die Wohnung des Pfarrers Bachus. Doch dessen Frau erklärte, nicht ohne Bedauern, sie sei ›besetzt‹. Worauf er empört einen kräftigen Wind wehen ließ.

Doch eben um diese Zeit, das hatte er herausgefunden, pflegte sich Beate Fischer in ihrer Wohnung aufzuhalten – Marktplatz 9. Also unmittelbar neben der Ortsgruppenleitung und der Zahnarztpraxis Sonnenblum. Dorthin schwankte er nun und klopfte an, oberes Stockwerk, erste Tür rechts: stark, ausdauernd, eindringlich fordernd. Seine Hüften, in denen es prickelte, als habe er sie mit Brennesseln gepeitscht, drängten sich ihr entgegen.

Beate öffnete die Tür, jedoch nur spaltbreit. Sie war in einen himmelblauen Bademantel gehüllt, blickte ihm unwillig entgegen und sagte, äußerst reserviert: »So was habe ich aber gar nicht gerne, Herr Keller! Das empfinde ich, ganz offen, als Aufdringlichkeit – als Zumutung.«

»Ach Mädchen – hab' dich doch nicht so!« In seiner Trunkenheit stemmte er sich gegen die Tür, drückte sie Beate entgegen, so daß sie leicht taumelte. »Wir sind doch schließlich keine kleinen Kinder! Ich will, was du auch willst! Also – bediene dich! Ich bin da!«

»Herr Keller, das ist mit mir nicht zu machen!« Beate blickte verweisend. Wie ein Dompteur auf ein unruhig gewordenes Raubtier einspricht, versuchte sie ihn sanft, leise zu überreden: »Ich mag Sie – sehr!«

»Dann also nichts wie ran!«

»Habe ich denn nicht schon mehrmals versucht, Ihnen klarzumachen, daß man nicht einfach über mich verfügen kann wie über einen gekauften Gegenstand? Und haben Sie mir nicht versprochen, das zu respektieren? Ich lege Wert auf geregelte Verhältnisse.«

»Keine Regel ohne Ausnahme!« tönte er sie brunsthirschartig an. »Mir ist so danach.«

»Aber mir nicht!«

Keller drängte Beate noch weiter zurück, in ihre Wohnung hinein – wobei er versuchte, sie zu betasten. »Spiel dich nicht auf, Mädchen! Markiere nur nicht die feine Dame, nicht bei mir! Ich weiß doch schließlich, wer du bist, was du da so alles treibst und getrieben hast – und mit wem! Aber eben das macht mich neugierig. Also los, los – treiben wir's auch! Und so gut bedient wie von mir wirst du garantiert von keinem anderen – du kleine, herrliche Sau!«

Beate erzitterte nun – ebenso empört wie angstvoll. Sie versuchte, ihn von sich zu stoßen – doch er drängte sofort nach. Sie blickte in ein schweißiges, verzerrtes, ihr ungemein brutal und blöd erscheinendes Gesicht. Und in das schlug sie nun hinein.

Das geschah zwar ohne sonderliche Kraft – doch es genügte, um Keller erstarren zu lassen, mit weit aufgerissenem Mund. Seine getrübten wäßrigen Augen schienen dem Gefrierpunkt nahe. »Was – nimmst du dir heraus!« keuchte er sie an. »Du schäbiges Miststück!«

Und nun war er es, der zuschlug – mit geballter Faust, von zerstörender Empörung gepackt, stierhaft blutroten Blickes. Und wieder richtete er die Faust in ihr Gesicht, auf ihren Mund. Es krachte so trocken, als wäre eine Zigarrenkiste zerschmettert worden.

Beate fiel zu Boden; ihre Oberlippe war aufgeplatzt, Blut floß über ihr Kinn. Sie röchelte und versuchte, sich rückwärts kriechend in Sicherheit zu bringen. »Das – werden Sie noch bereuen«, stammelte sie.

Keller trat nach ihr und brüllte voller Verachtung: »Das hast du verdient – du Hure!« Und dann war es noch, als spucke er sie an.

7

Selbst der Tod muß kein
endgültiger Zustand sein

Dort, wo Hitler an der Wand hing, als Fotografie, stand Ortsgruppenleiter Sonnenblum – vermutlich eine gewisse Ähnlichkeit mit seinem Führer anstrebend. Und beinahe gelang ihm das auch – nicht nur was Blick und Haltung betraf; auch die bellenden Befehlstöne, die er nun von sich gab, erinnerten an den Reichskanzler.

»Parteigenossen! Parteigenossinnen! Kameraden!« rief Sonnenblum in den Raum hinein. »Ich eröffne die heutige Besprechung, auf deren Tagesordnung ein einziger Punkt steht: das Begräbnis unseres Patzer! Wozu ich die verpflichtende Devise ausgebe: Groß, würdig, eindrucksvoll!«

Der Ortsgruppenleiter wirkte schafskäsebleich, zitternd nervös; vermutlich dieser Beate wegen. Denn die war am heutigen Montag nicht in der Praxis erschienen, ohne jede Erklärung oder gar Entschuldigung. Hinzu kam, daß Sonnenblum die vergangene Nacht durchgesoffen hatte. Ähnlich mitgenommen und übernächtigt wirkte auch Sturmführer Keller. Er belauerte, stocksteif, jede Bewegung, jede Formulierung seines Ortsgruppenleiters. Und dabei glaubte er, vorübergehend erleichtert, vermuten zu dürfen: Der wußte noch nichts von dem, was da gestern so alles geschehen war.

Die anderen Anwesenden blickten feierlich ergeben. Sie erwarteten Hinweise, Anordnungen, Befehle.

Der Ortsgruppenleiter bellte: »Unser Parteigenosse Patzer ist durch einen tragischen Unfall ums Leben gekommen. Wir werden ihn denkbar würdig zu Grabe tragen – was jedoch organisiert werden muß. Der Festakt beginnt mit einer parteiamtlichen Verlautbarung, einem Nachruf von mir. Erbitte deren Bekanntgabe!«

Dafür war verantwortlich Parteigenosse Konrad Breitbach, provisorischer Propagandaleiter. Er reichte vervielfältigte Exemplare herum. Sie wurden aufmerksam zur Kenntnis genommen.

»Die Nationalsozialistische Deutsche Arbeiterpartei, Ortsgruppe Gilgenrode, mit den ihr angeschlossenen Organisationen und

Verbänden, gibt in tiefer und stolzer Trauer den tragischen Unfalltod ihres verehrten und geliebten

Parteigenossen Peter Patzer

bekannt.

Wir werden ihn mit allen Ehren auf seinen letzten Weg geleiten,
in der sicheren Hoffnung auf eine erkennbare Anteilnahme unserer Bevölkerung. Weitere Einzelheiten hierzu werden noch rechtzeitig bekanntgegeben.

Unterschrift: Sonnenblum, Ortsgruppenleiter.«

»Sehr eindrucksvoll!« wurde von allen Anwesenden übereinstimmend versichert. »Ebenso würdig wie wirksam!«

»Fein!« Sonnenblum bestätigte erfreut die einhellige, wenngleich nicht unerwartete Reaktion. »Das geht also an die Öffentlichkeit. Und den möchte ich dann sehen, der es wagen sollte, sich
dieser herzlichen Aufforderung zur Trauer zu entziehen!«

Ein kurzes, fröhliches Gelächter kam auf. Auch Kellers rauhes
Organ röhrte Zustimmung. Hier wurde wieder einmal verschworene Gemeinschaft demonstriert, lediglich Konrad meldete, wenn
auch einigermaßen vorsichtig, Bedenken an.

»Zu jedem Begräbnis gehört ein Friedhof. Und hier gibt es nur
einen. Über den aber verfügt die evangelische Kirche, also Pfarrer
Bachus. Was geschieht, wenn der sich sträuben sollte, unseren
Patzer aufzunehmen?«

»Dann«, prellte Keller tatendurstig vor, »machen wir den fertig!
Zur Sau! Auf eine solche Gelegenheit warte ich schon lange! Mit
meinen Männern!«

»Langsam, nur langsam!« Sonnenblum hob besänftigend beide
Hände. Er wandte sich an Konrad: »Was willst du damit sagen,
Menschenskind?«

»Lediglich dies«, erklärte der nun, bemüht, als höchst bescheidener Ratgeber zu erscheinen. »Nach der hier wohl zu berücksich-
tigenden Ansicht des Polizisten Kersten könnte es sich beim Tod
unseres Patzer eben auch nicht um einen Unfall handeln, sondern
möglicherweise um Selbstmord.«

Sonnenblum schüttelte unwillig den Kopf, der ihm weh tat; er
hatte erhebliche Mühe, klare Gedanken zu fassen. »Na, und
wennschon! Herumgequatscht wird vieles. Was hat das schließlich
zu bedeuten?«

»Vermutlich dies, Ortsgruppenleiter: Die Kirche, die nach jahrhundertealten Grundsätzen lebt, also auch Pfarrer Bachus, pflegt gewöhnlich bei der Bestattung von Selbstmördern sehr eigene Maßstäbe anzulegen.«

»Sauerei!« rief Keller aus. »Das werden wir nicht hinnehmen!«

Worauf Schatzmeister Stenz die Versammelten dahingehend belehrte: »Diese Kirche kann keinem Toten einen Platz auf ihrem Friedhof verweigern, falls dafür Heu – also Geld – geliefert wird. Und das können wir. Auf diesen Friedhof bekommen wir unseren Patzer allemal!«

»Wobei dann freilich«, gab wiederum Konrad zu bedenken, »unser Parteigenosse lediglich verscharrt würde, ganz am Rande dieses Unternehmens, ohne kirchlichen Segen.« Er sagte das bedächtig provozierend, wie fast stets, wenn es um Bachus ging. Den wollte er endlich als Bekenner haben.

»Das wird dieser Pfaffe nicht wagen!« brüllte Keller. »Dem braucht man doch nur mal kurz und kräftig zuzureden – auf unsere Spezialtour. Soll ich das erledigen lassen, Ortsgruppenleiter?«

Sonnenblum massierte seinen wild schmerzenden Schädel – um dann zu verkünden: »Ich unterbreche diese Besprechung für etwa eine Viertelstunde! Ich beabsichtige ein dringendes Telefongespräch zu führen. Und zwar mit der Gauleitung.«

Nachdem sich Sonnenblum entfernt hatte, erhoben sich die Besprechungsteilnehmer, um sich die Füße zu vertreten. Sie stärkten sich ungeniert für weitere Taten, die nun gewiß bald von ihnen verlangt werden würden, mittels diverser, auf einem Nebentisch bereitgestellter Schnäpse: Getreidekorn, Bärenfang, Masurenkaffee. Wortlos, fast feierlich, prosteten sie einander zu.

Auch Keller trank, während er Konrad in eine Ecke dieses Raumes zog, um ihn zu fragen: »Meine Bemerkung vorhin, Kamerad, über diesen Pfaffen und seine Kirche, die war doch wohl goldrichtig – was?«

»Ganz im Sinne unseres Führers!« bestätigte ihm Konrad Breitbach. »Nachzulesen in ›Mein Kampf‹, wo die Sünden, Versäumnisse und Vergehen kirchlicher Organisationen erbarmungslos angeprangert werden. Allerdings mit dem Zusatz: es gebe wohl auch anständige, verantwortungsbewußte, mithin also einwandfreie deutsche Christen.«

»Wozu aber dieser borniere Bachus nicht gehört!« Keller war da sehr sicher. »Bei dem muß man scharf rangehen! Nur keine

Halbheiten, kein schwaches Zögern, keine Unentschlossenheit!« Wobei er unmißverständlich an Sonnenblum dachte. »Mangelnde Entschlossenheit schafft nichts wie Schwierigkeiten!«

»Und kann auch«, sagte Konrad bedächtig, »zu Schwierigkeiten in persönlichen Bereichen führen – nicht wahr? Etwa – im Hinblick auf Beate Fischer.«

Keller erschrak sichtlich. »Wer hat dir denn das geflüstert, Mensch – Kamerad?«

»Das hat sich inzwischen herumgesprochen. Eben weil unser schönes Gilgenrode eine kleine Stadt ist, mit vielen, aufmerksamen Einwohnern. Und einigen davon ist nicht entgangen, daß du, Sturmführer, und zwar gestern am späten Nachmittag, dieser Beate Fischer, wie man so sagt, die Fresse poliert hast.«

»Verleumdung!« rief Keller hastig abwehrend aus. »Der habe ich nur mal ins Gewissen geredet – so von Mensch zu Mensch!«

»Immerhin so intensiv, daß sie sich in ärztliche Behandlung begeben mußte. Das könnte nun durchaus recht unangenehme Folgen zeitigen.«

Keller lehnte sich, zurückweichend, gegen die nächste ihm erreichbare Wand. »Nichts als ein Mißverständnis! Immer wieder versuchen Minderwertige die Hochwertigen anzusauen. Wie auch in diesem Fall, wo nichts weiter wie dies geschehen ist: Beate stolperte, fiel hin, schlug auf. Sie verletzte sich also. Meine bereitwillige Hilfe kam zu spät. Das muß man mir glauben – oder etwa nicht?«

»Wobei wohl auch zu bedenken wäre, daß eine Frau nicht so leicht zugeben wird, daß man ihr ins Gesicht geschlagen hat. Denn so was vermindert ihren Wert, könnte sie womöglich als fragwürdig erscheinen lassen.«

»Na also, Mensch!« Keller fühlte sich maßlos erleichtert. »Das stimmt doch hoffnungsvoll!«

»Nicht unbedingt – meiner bescheidenen Ansicht nach.« Konrad schien eine Ölquelle entdeckt zu haben, so daß er nun fleißig weiterbohrte. »Es ist anzunehmen, daß es sich bei dieser Beate Fischer um ein Vollblutweib handelt. Als solches wird sie handgreifliche Demütigungen zwar scheinbar hinnehmen, sie jedoch niemals vergessen oder gar verzeihen können. Zumal sie weiß, daß hier noch mindestens drei oder vier Männer existieren, die durchaus bereit sein könnten, für sie einzutreten – zu einigem entschlossen. Ohne erst von ihr dazu aufgefordert zu werden. Das sollte man wohl bedenken – Kamerad.«

»Ach was, Menschenskind, Konrad – ich bin doch nicht irgendwer! Und ich kenne nicht nur die Sprache, die diese Weiber am sichersten verstehen, ich bin hier schließlich auch der Führer einer verschworenen Gemeinschaft. Zu der ich auch dich zähle, Kamerad Konrad.«

»Jawohl, mit mir kannst du rechnen, Sturmführer. In jeder Hinsicht.«

Heinrich Sonnenblum erschien nun wieder in diesem erlesenen Kreis. Das Telefongespräch mit der Gauleitung – vielleicht sogar mit dem Gauleiter persönlich – schien ihn tatenfreudig gestimmt zu haben.

Gebieterisch blickte er um sich, als sei er nun geistig gestärkt, also eindeutig in seinen Ansichten bestätigt worden.

In der Tat hatte er keineswegs mit der Gauleitung telefoniert, sondern lediglich zwei Aspirintabletten geschluckt, danach seinen schmerzenden, dröhnenden Kopf in kaltes Wasser gesteckt, mehrmals. Dabei allerdings glaubte er zu äußerst fruchtbaren Erkenntnissen gelangt zu sein, die er nunmehr verkündete:

»Ein Platz auf dem Friedhof ist also unserem Patzer sicher, da jederzeit kaufbar. Die dazugehörende Begräbnisfeierlichkeit jedoch organisieren allein wir. Wobei einfach alles würdig-wirksam sein muß. Lorbeerkränze werden angeschleppt, eine Flamme hat zu brennen, Fahnen werden wehen! Als einleitenden Gesang natürlich ›Ich hatt' einen Kameraden‹. Sodann eine Lesung von Führerworten, aus ›Mein Kampf‹, ausgesucht sinnvolle. Hierauf eine unseren lieben Toten ehrende, die Trauergemeinde aufrüttelnde Rede. Die halte ich. Anschließend das Horst-Wessel-Lied, alle Strophen, worauf dann Patzers Sarg, ohne jede Hast, von unseren SA-Kameraden in die Erde gesenkt werden kann. Das müßte hinhauen – was?«

»Bravo!« rief spontan anfeuernd der Hitlerjugendführer. »Wir müssen endlich das Mittelalter überwinden!«

»Sehr richtig!« bestätigte ihm die Führerin des BDM. »Zwischen Kirchenkreuz und Hakenkreuz bestehen schließlich gewisse Unterschiede – das muß man hier endlich einmal klarmachen!«

Einen schöpferischen Vorschlag machte nun Witwe Peller, die

Leiterin der NS-Frauenschaft. Gefühlsbetont gab sie zu bedenken: »Wir haben aus unseren Reihen einen Chor gebildet, eine
anerkannt klangvolle Singgemeinschaft. Der könnte die Einleitung dieser Feier übernehmen, etwa mit dem schönen Lied: ›Dich
mein stilles Tal, grüß' ich tausendmal‹ oder ähnliches. Unser
Repertoire ist so gut wie unerschöpflich.«

Worauf sich bebend revolutionär abermals der zukunftsträchti-
ge Hitlerjugendführer einmischte: »Schließlich hat unsere Gilgenroder HJ auch eine Spielschar. Mit altdeutschen Lands-
knechtstrommeln, echt Kalbsfell, dazu harte Schlagstöcke. Das
erzeugt dunkle, feierliche Töne, so richtig urwelthafte, jedoch
eindeutig germanische Klänge. Aufrüttelnd. Damit könnte der
Sarg unseres Patzer zum Grab geleitet werden.«

»Na, das ist doch bestens!« Sonnenblum strahlte bereitwillig
anerkennend, wenn auch mit Mühe, denn seine Kopfschmerzen
ließen ihn nicht los. »So schaukeln wir das! Oder sollte jemand
noch etwas einzuwenden haben?«

Worauf sich Keller meldete, allerdings erst nach einem ermunternden Blick von Konrad, seinem Mitverschworenen. Und auf
den, glaubte er, war Verlaß. »Wir sollten dabei möglichst nichts
übersehen! Kamerad Breitbach hat nämlich noch eine Anregung
zu geben.«

»Na – was denn wohl?« fauchte ihn Sonnenblum an, unangenehm überrascht. »Worauf wollt ihr hinaus?«

Worauf dieser Kamerad Breitbach, Hitlers ›Mein Kampf‹ in
seiner Rechten, ausführte: »In den Schriften unseres verehrten
Führers, soweit sich diese mit der Kirche und deren Geschäftsträ-
gern befassen, steht folgendes: ›Eine erkennbare, oder nur vermutbare freiwillige Mitarbeit möglicher positiver Kirchenele-
mente ist stets wohlwollend zu dulden; eine massive Konfrontation mit denen jedoch, in der Öffentlichkeit, ist möglichst zu
vermeiden!‹«

Der Ortsgruppenleiter musterte Keller scharf, Konrad eher
nachsichtig. Mit hoheitsträgerhafter Gelassenheit winkte er ab.

»Auch ich entsinne mich, selbstverständlich, derartiger Zitate.
Wobei ich genau zu wissen glaube, was unser Führer wirklich
damit sagen wollte. Nämlich dies: Derzeit ist unser Volk noch
nicht aufgeklärt und stark genug, um eine vielhundertjährige
Kirchenknechtung auf Anhieb abzuschütteln. Da sind noch viele

tief eingefleischte Vorurteile systematisch abzubauen. Und das braucht seine Zeit.«

Sofort prallte Keller vor. »Was wohl besagt: daß wir den hiesigen Pfaffen auszuschalten haben, falls der nicht spurt!«

»Jedoch gemeinsam mit Bachus«, gab Konrad sanft warnend zu bedenken, »wäre alles weit weniger kompliziert.«

»Übrigens auch billiger«, erkannte Stenz, der Schatzmeister.

»Machen wir doch einfach diesen Geistlichen zu einem Hilfsorgan unserer Partei!« rief der Hitlerjugendführer begeistert. »Das könnte sich sehr positiv auswirken!«

Diese Anregung fand sichtlich Gefallen, nicht zuletzt weil Sonnenblum, auf dem aller Augen ruhten, deutlich genickt hatte; zwar nur einmal, aber doch wohl bejahend. Das gab den Ausschlag. Auch Keller beeilte sich, seine Zustimmung zu bekunden. »Du brauchst nur zu befehlen, Ortsgruppenleiter!«

»Meine Grundidee«, versicherte Sonnenblum salbungsvoll, »hier ein reinrassiges deutsches Begräbnis zu organisieren, war gedacht für den Fall, daß dieser Geistliche nicht spurt. Falls der jedoch dazu bereit sein sollte, halten wir uns selbstverständlich an die allein maßgeblichen Richtlinien unseres Führers. Sind wir uns einig?«

Sie waren es.

Keller jedoch trank den Alkohol wasserglasweise in sich hinein. Wobei er Konrad stellte und ihm zuflüsterte: »Da hast du aber eine ziemlich dicke Scheiße zusammengebraut, Mensch! Dafür werde ich dir bei nächster Gelegenheit in den Arsch treten.«

Der schärfste aller hiesigen Scharführer, also Schulze, wurde von vielen in Gilgenrode nur noch ›Urinoco‹ genannt. Denn seine geradezu staunenerregenden Leistungen bei den Einweihungsfeierlichkeiten des Sturmlokals ›Zum starken Mann‹ hatten sich schnell herumgesprochen.

Zwischen Schulungskursen, Ausbildungsstunden und Bereitschaftsdiensten begehrte er, ein rechter deutscher Mann, immer wieder nach seinem lieben, stets erfreulich erschöpfungswilligen Weib. So auch heute. Doch da er dieses in seiner Wohnung nicht antraf, fragte er bei einer Nachbarin an. Die verriet einladendes Entgegenkommen. »Falls ich irgend etwas für Sie tun kann, lieber Herr Schulze – kommen Sie nur herein!«

»Ich suche meine liebe Frau«, sagte der Scharführer reserviert im Korridor stehenbleibend. »Haben Sie eine Ahnung, wo ich sie finden könnte?«

»Ahnungen habe ich schon!« Diese Nachbarin, mit Vornamen Waltraud, lächelte ihn mit verengten Augen und leicht geöffnetem Mund an, was wohl Sinnlichkeit signalisieren sollte. »Nichts Gewisses weiß man nicht. Vermutungen hat man natürlich. Und davon eine ganze Menge!«

»Welche Vermutungen denn wohl?« verlangte Urinoco-Schulze mit schnell aufkeimendem Mißtrauen zu wissen. »Erklären Sie mir das gefälligst!«

Waltraud zog ihn in ihr Wohnzimmer, ersuchte ihn auf dem Sofa Platz zu nehmen und setzte sich dicht neben ihn. Wobei ihre Augen schnell immer größer wurden, ihn alsbald geradezu zu betasten schienen – seine breiten Schultern, die stämmigen Beine, das, was dazwischenlag.

Sie offerierte einen bereitstehenden Likör, goldgelb und zähflüssig; da mußte wohl ein Dutzend Eidotter in hochprozentigem Alkohol verrührt worden sein. Schulze trank davon, als wäre es Wasser.

»Ach, mein Lieber«, fragte ihn nun Waltraud, noch ein wenig näher rückend, »gönnen Sie doch Ihrer lieben Frau ein bißchen Unterhaltung. Mal was Neues. Etwa das, was Sie auch gerne mal tun würden. Mit mir! So wie Sie mich immer ansehen – und was mir durch und durch geht!«

Schulze, jetzt ganz Scharführer, erhob sich, stand gereckt vor ihr, mit dunkel gerötetem Gesicht. »Verehrte Frau!« sagte er, als diktiere er einen behutsamen Brief, »ich habe da so meine Prinzipien! Ich bin ein Mann von Ehre. Meine Ehre ist Treue. Das ist mein und auch meiner Frau erstes Gebot. Das zu bezweifeln, rate ich niemandem!«

Waltraud gab dennoch nicht ganz auf. »Schließlich sind Sie ein Mensch. Ein Mann! Bei mir dürfen Sie das sein.«

»Lenken Sie gefälligst nicht ab!« stieß nun Schulze fast bebend hervor. »Sie haben meine Frau verleumdet – und damit mich beleidigt. Und zwar schwer! Das aber wird, muß Folgen haben! Nennen Sie also Namen! Rechtfertigen Sie sich!«

»Ach, Mensch – Sie können mich mal!« Waltraud lachte schallend. »Ich habe Ihnen diesbezüglich nicht die geringste Andeutung gemacht. Ich weiß von nichts! Falls Sie was anderes vermuten, haben Sie sich verhört.« Und dann fügte Waltraud noch, vergnüglich rachelüstern, hinzu: »Schließlich habe ich Ihnen keinen Namen genannt. Weder den des Herrn Kimminger noch den des Herrn Sturmführers Keller.«

Dem Scharführer war, als hätte ihn grellgelbe Wüstensonne geblendet oder als sei er von einem feuerspeienden Drachen angefaucht worden. Sein Gesicht war grau, konturenlos, wie aus erstarrtem Schmalzfleisch geformt. Seine Stimme klang wolfshaft rauh.

»Haben Sie da tatsächlich Kimminger gesagt?« winselte er. »Und dann auch noch Keller? Das kann, das darf einfach nicht wahr sein!«

»Muß ja auch nicht! Ich habe die Namen ja auch nur genannt – weil ich sie eben nicht genannt habe! Regen Sie sich gefälligst schnell wieder ab! Wenn Sie wieder vernünftig geworden sind, können Sie wiederkommen, zu mir. Hoffentlich bald.«

Worauf Scharführer Schulze aufjaulend davonstürzte. Jetzt sah er nur noch rot.

Sturmführer Keller war entschlossen, seine Stellung auch weiterhin zielbewußt auszubauen. Zu diesem Zweck begab er sich von der Ortsgruppenleitung über den turnierplatzgroßen Markt von Gilgenrode in südlicher Richtung zum ›Hotel Weißer Hirsch‹, um, wie von Kimminger angeregt, die Konfrontation mit den Volksfeinden zu suchen.

Hier in voller Uniform angelangt, erblickte er zunächst, wie erwartet, nichts wie großbürgerlich prunkenden Plunder: Teppiche, auf denen Blumen zu sehen waren, Rosen zumeist; über die stampfte er verächtlich hinweg. Auch sah er Vorhänge aus verblichenem Samt, in fahlen Farben, sicher gut brennbares Material. Weiterhin: Möbel, wohl aus dem vorigen Jahrhundert, und zwar sehr zierliche, wie für Damen gezimmert. Die waren mit kräftigen Fußtritten mühelos zu zertrümmern.

Kaum angekommen, verlangte Keller nach Gernoth, dem Besitzer dieser zerfallenden Plüschhöhle. Der wieselte herbei. Gernoth war ein kleiner, graumelierter, leicht dicklich wirkender Mann; sein glattrasiertes Rundgesicht schimmerte rosig. Mit herzlicher Gastgeberstimme fragte er: »Womit kann ich dienen, Herr Keller? Was, bitte, wünschen Sie? Eine Unterredung unter vier Augen?«

Und zu der kam es. Sie fand in Gernoths Büro statt, ungestört, unbeobachtet, unbelauscht. Keller kam unverzüglich zur Sache, zu seiner Sache. Er erklärte mit provozierender Offenheit:

»Sie, Gernoth, sind hier ein störendes, volksfremdes Element! Daraus sollten Sie Ihre Konsequenzen ziehen – unverzüglich!«

Der Hotelier fuhr entsetzt zusammen, seine erhobenen Hände flatterten wie verstörte Tauben. Mit ergebenem Domestikenblick flehte er: »Offenbar, verehrter Herr Sturmführer, verkennen Sie mich völlig! Ich bin nichts wie ein stets dienstleistungsbereiter, neutraler Gastronom. Mein Haus steht jedem offen! Also selbstverständlich auch Ihnen.«

»Sie erwarten doch nicht etwa von mir oder von unserem Ortsgruppenleiter«, rief Keller schroff ablehnend, »daß wir uns hier in den gleichen Räumen aufhalten, in denen sogar ein Jude, dieser Sass, anzutreffen ist! Das wäre doch wohl undenkbar!«

Worauf Herr Gernoth, höchst beflissen und leicht stotternd, folgende Erklärung vorzubringen wagte: Jawohl, er gebe es zu, Herr Sass speise hier gelegentlich. Jedoch stets in einem abgesonderten Raum. Seit Jahrzehnten als eine Art Stammgast – wie früher auch dessen Vater bei Gernoths Vater, gleichfalls jahrzehntelang. »Darf ich dafür um Verständnis bitten?«

Das konnte Keller nur als Zumutung empfinden. »Ein abgesonderter Raum also – was? Wohl eine Art Séparée – wie? Mit weiblicher, arischer Bedienung, die dann von dieser Sittensau ungestört befummelt wird! Natürlich zahlt er die höchsten Trinkgelder, die sich ja so ein Ausbeuter durchaus leisten kann! Und dieser notorische Volksverderber mampft bei Ihnen koschere Kost in sich hinein – in einer deutschen Küche zubereitet! Ein Skandal!«

Gernoth versuchte es nunmehr mit einer gewissen Tapferkeit: »Dieser Herr Sass ist ein bereits sehr alter, im Grunde recht bescheidener Mann, von großer Zurückhaltung und wohl auch von zeitgemäß gebotener Vorsicht. Wenn er hier speist, wird er von einem unserer Kellner bedient.«

»Was denn, was denn!« Sturmführer Keller blieb unbeirrbar vernichtungsbereit, zugleich jedoch auch zielstrebig geschäftstüchtig. »Sollte dieser Jude etwa sogar noch, zu allem Überfluß, ein schwuler Bruder sein? Und Sie unterstützen das noch?!«

Gernoths Verzweiflung dieser erbarmungslosen Zudringlichkeit gegenüber nahm zu. »Bitte, Herr Sturmführer, lassen Sie mich wissen, was Sie von mir erwarten! Sobald ich das weiß, werde ich bemüht sein, mich danach zu richten.«

Keller fühlte sich nun, adlerhaft beschwingt, als der Stellvertreter seines Führers, er allein. Und als solcher verkündete er lapidar: »Wer vom Juden frißt, so heißt es bei uns, der stirbt daran. Und wer dem zu fressen gibt, auch! Denn so was kann einen gesunden Volkszorn entfesseln, kann zu völkischer Empörung führen, kann sogar meine SA-Leute herausfordern! Was sehr gefährlich sein dürfte – dabei können nicht nur die Fetzen fliegen, dabei kann auch Blut fließen. Sind Sie unbedingt darauf scharf, Gernoth?«

Gernoth nickte wie abwesend vor sich hin. »Wenn ich Sie richtig verstehe, habe ich nun wohl anzunehmen, daß Sie der Ansicht sind, meine Stunden hier seien gezählt.«

»So ungefähr!« wurde ihm unverzüglich bestätigt. »Sie sollten sich von allen fragwürdigen, gefährlichen Verpflichtungen befreien. Das heißt: verkaufen! Ein guter Erlös ist Ihnen sicher. Und dann sind Sie alle Sorgen los.«

»Verkaufen soll ich?« fragte der nun plötzlich sehr hellhörig gewordene Gernoth. »An wen denn wohl?«

»Ein Käufer wird sich bestimmt finden lassen. So gut wie mühelos.«

»Verstehe«, murmelte der Hotelier. Und obgleich hin und her gerissen zwischen Furcht und Gottvertrauen, ließ er sich dennoch in dieser Situation folgendes einfallen:

»Was aber wäre wohl, Herr Sturmführer – und das ist ein Vorschlag, den ich mir mit allem Respekt erlaube –, wenn ich Sie nunmehr um Ihre direkte Hilfe, um Ihren persönlichen Schutz bitte? Sie und Ihre Organisation. Ein derartiges Entgegenkommen würde ich hoch, sehr hoch einschätzen.«

»Wie hoch denn wohl?« schnappte Keller unverzüglich zu, wahrlich nicht unbeeindruckt. Diese unerwartete Anregung wollte bedacht sein. »Also – dann spucken Sie mal aus, Gernoth! An welche Summe denken Sie? Zunächst mal rein theoretisch gefragt.«

Gernoth begann zu ahnen, daß hier möglicherweise ein ganz dicker Fisch an seine Angel zu bringen war. Jedoch: mit welchem Köder wohl? »So was, Herr Keller, wäre mir jede geforderte Summe wert – sofern ich sie aufbringen kann. Sagen wir: zehntausend Mark! Vielleicht sogar fünfzehntausend. Weiteres später, je nach Vereinbarung.«

Nunmehr war es Keller, der leicht verstört wirkte. Denn damit, erkannte er, war er in eine Art Zwickmühle geraten; was ihn heftig beunruhigte. Doch zugleich begann er, seine erstaunlichen Möglichkeiten zu erahnen.

Er konnte also, wenn er jetzt richtig spurte, nicht nur aus eigener Tüchtigkeit diesen kostspieligen ›Deutschen Tag‹ finanzieren, sondern darüber hinaus noch weitere enorme Summen horten, zum Wohle der Bewegung. Womit er in Gilgenrode ganz eindeutig der Erfolgreichste wäre, dem keiner mehr das Wasser reichen konnte – auch nicht Sonnenblum. Überwältigt von dieser Erkenntnis grunzte Keller auf. Doch aus taktischen Gründen gab er gewichtig zu bedenken:

»Ihr Entgegenkommen wird zur Kenntnis genommen. Ich werde mir Ihre Vorschläge überlegen. Wenn Sie jedoch versuchen sollten, mich zu täuschen, mache ich Sie zur Sau! Dann lasse ich Sie öffentlich ausstellen, mitten auf dem Marktplatz. Mit einem Plakat um Ihren fetten Hals, auf dem dann stehen wird: ›Ich bin am Ort das größte Schwein – ich lasse mich mit Juden ein!‹«

»Das bitte nicht! Alles andere – nur das nicht! Meine Vorschläge, ich versichere es Ihnen, sind absolut verbindlich. Dafür gebe ich Ihnen jede gewünschte Garantie!«

»Offenbar, Herr Gernoth«, sagte Keller und erhob sich, »haben Sie sehr richtig erkannt, daß es nach Lage der Dinge, und das gilt nicht nur für Sie, nur noch zwei Möglichkeiten gibt: Entweder Dienst an Deutschland – oder ein Grabstein.«

Ortsgruppenleiter Sonnenblum suchte Pfarrer Bachus auf. Der werkte in seinem Garten, beschnitt erste Rosen, lockerte die Erde der Beete, förderte das Wachstum, brachte Blüten zum Treiben, bejauchte und bemistete.

Doch beim Anblick dieses Hoheitsträgers richtete sich der Geistliche nahezu alarmiert auf. Er hob eine Hand zum Gruß, jedoch nicht die rechte. Dann meinte er, wie um angenehme Atmosphäre bemüht: »Am liebsten wäre ich Gärtner geworden.«

»Das können Sie immer noch werden. Ganz bestimmt dann, wenn Sie hier so weitermachen. Mann Gottes, Bachus, müssen Sie denn unbedingt nichts wie Schwierigkeiten produzieren – und ausgerechnet uns gegenüber?«

Der Pfarrer wischte sich die Hände an seiner Gartenschürze ab.

»Sie meinen doch nicht etwa das Begräbnis Patzer? Mein Gott, verehrter Herr Ortsgruppenleiter, ich bin ja so gut wie zu jedem Entgegenkommen bereit! Jedoch Selbstmörder zu beerdigen – das erlauben nun einmal die Gesetze meiner Kirche nicht. Ich bitte sehr, dafür Verständnis zu entwickeln.«

»Also machen Sie doch Schwierigkeiten«, stellte der Hoheitsträger fest. »Wollen Sie es unbedingt darauf ankommen lassen?«

»Habe ich denn eine andere Wahl?« fragte der Pfarrer geradezu flehend. »Falls ich Ihrem Ersuchen nachkommen sollte, sind mir erhebliche Schwierigkeiten mit meiner Gemeinde und meinen Oberen sicher. Wenn jedoch nicht, dann gedenken Sie mir welche zu machen! Mein Gott, was soll ich denn tun?«

»Sind Sie denn tatsächlich davon überzeugt, daß es sich um einen Selbstmord gehandelt hat?«

»Dieser Herr Kersten von der Polizei behauptet das! Und der ist doch wohl ein höchst ehrenwerter Mann! Wenn auch oft sehr unbequem; in diesem Fall bestimmt. Unbequem für uns beide.«

»Was ich bezweifle!« Sonnenblum zog nunmehr einen Zettel hervor und schwenkte ihn wie ein Fähnchen vor den immer größer werdenden Augen des Geistlichen. »Hierbei handelt es sich um eine amtliche Auskunft, welche Sie möglicherweise zur Vernunft bringen könnte.«

Dieses Papier hatte Konrad Breitbach dem Ortsgruppenleiter zugesteckt.

Bachus griff hastig danach und las:

Aktennotiz

»Nach heute früh – Datum dieses Tages – eingeholten Auskünften bei der hiesigen Polizeistation erklärte der dortige Vorsteher, also Herr Kersten, amtlich:

Erstens: ein Mord käme nicht in Frage.

Zweitens: ein Unfall sei so gut wie ausgeschlossen. Somit könnte, drittens, ein Selbstmord angenommen werden; dieser lasse sich jedoch nicht mit Sicherheit nachweisen.«

»Was praktisch bedeutet, Herr Bachus: Dieser vermutete Selbstmord muß nicht unbedingt stattgefunden haben! Nun?«

»Wenn Sie das sagen«, versicherte Bachus ergeben, »verlasse ich mich darauf. Ich bin also nunmehr bereit, diese Ihre Leiche auszusegnen.«

»Dabei jedoch, Herr Bachus, kein falsches Wort – wenn Sie nicht unsere SA auf dem Hals haben wollen! Diese Kerle sind wie wild darauf, Ihnen etwas anzuhängen, vor allem der Keller. Lassen Sie es nicht darauf ankommen! Die würden Sie fertigmachen! Und ich könnte nichts dagegen tun.«

Keller, Hermann, Sturmführer der SA, hatte einen gewiß äußerst anstrengenden, aber auch überaus erfolgreichen Tag hinter sich gebracht. Diesen gedachte er nun mit einem abschließenden, sozusagen halb dienstlichen Besuch bei seinen Kameraden im Lokal ›Zum starken Mann‹ zu krönen.

Dort wurde er freudig begrüßt. Er bewilligte den Männern auf Parteikosten ein Faß Bier von fünfzig Liter Inhalt. Um dann zu verkünden: »Kameraden! Die Zukunft wird unser sein. Und morgen ist ein besonders großer Tag! Denn beim Begräbnis unseres Patzer werden wir zeigen, worauf es hier wirklich ankommt. Stärkt euch also. Prost!«

Keller entfernte sich von seinen angeheizten Männern, um seine geliebte Schwester aufzusuchen, deren Mann, wie er wußte, heute Nachtdienst hatte. Wenn sie ungestört waren, pflegten die Geschwister sich wechselseitig an ihren Visionen einer deutschen Zukunft, also an echt nationalsozialistischem Gedankengut, zu berauschen. Doch diesmal wurden sie in ihrer harmonischen Zweisamkeit auf äußerst rabiate Weise gestört.

Eine rauhe Stimme bellte, ebenso verzweifelt klagend wie bitter anklagend. Sie gehörte Emil Spahn. Und der schrie durch das Treppenhaus: »Bist du da, Keller? Dann zeige dich! Und erkenne, was du angerichtet hast! Bekenne dich dazu!«

Keller stürzte zur Wohnungstür, stieß diese auf und beugte sich über das Treppengeländer. Dann ertönte sein Kasernenhofgebrüll: »Verschwinde hier gefälligst, du Kretin! Halte deine saudumme Schnauze – oder ich stopfe sie dir, mit der blanken Faust!«

»Willst du mich auch ermorden, Keller? So wie du meine Katze ermordet hast?«

Spahn hatte sein Tier endlich, nach langem Suchen, hinter einer Mauer aufgefunden. Und dieses bereits steifkalt tote Geschöpf streckte er nun anklagend Keller entgegen.

»Das ist dein Werk! Meine Susie ist erschlagen, zerschmettert worden, mit einem Stein – oder sie wurde gegen eine Wand geknallt. Und das kannst nur du gewesen sein! Alle anderen

Menschen haben meine Susie geliebt – du aber hast sie gehaßt! Und deshalb getötet. Du bist ein Mörder!«

Kellers Kommandostimme röhrte unverändert befehlsentschlossen. »Was wagst du da zu behaupten, du total verblödeter Untermensch? Du gehörst in eine Anstalt! Und dafür werde ich sorgen, wenn du nicht schnellstens deine dreckige Fresse zuklappst!«

Emil Spahn umarmte seine tote Katze mit unendlich zärtlicher Gebärde. Seine Augen schienen in Tränen zu versinken. Doch seine Worte glichen geschleuderten Messern:

»Nun gut, Keller, nun gut – stecke mich in ein Irrenhaus, erkläre mich für unzurechnungsfähig, du Mörder! Bezeichne mich, von mir aus, als notorischen Idioten. Doch damit läßt sich einiges anfangen, dann kann ich mir so gut wie alles leisten. Etwa indem ich das mit dir mache, was du mit meiner Katze gemacht hast. Genau das!«

»Hau ab, du schäbiger Irrer!« röhrte Keller empört und schlug die Tür zu. Dumpf und seherhaft warnend sagte er: »Da sind Irre unter uns! Und nicht nur dieser schäbige Kerl, dem man das sofort anmerkt. Es gibt noch andere! Doch wer auch immer! Unkraut rottet man aus.«

An diesem Abend wurde Siegfried Sass gebeten, sein Souper diesmal nicht, wie vorgesehen, im ›Hotel Weißer Hirsch‹ einzunehmen. Inhaber Gernoth hatte sich vielmehr, mit verschwörerischen Untertönen, folgenden Vorschlag erlaubt: »Gestatten Sie mir bitte, verehrter Herr Sass, das Essen diesmal in Ihrem Hause zu servieren, wie das ja bei besonderen Anlässen bereits schon einige Male praktiziert worden ist. Sie als Hausherr, ich als Gastgeber – wobei ich darum bitten möchte, Gäste einladen zu dürfen: Herrn Breitbach senior und Herrn Dr. Breile, den Rechtsanwalt.«

Dieses von Sass akzeptierte Souper begann pünktlich um acht Uhr. Richard Breitbach und Dr. Breile waren rechtzeitig erschienen, beide spürbar bereitwillig. Gernoth hatte die Speisen auf abgedeckten, angewärmten Silberplatten vom Hotel herüberschaffen lassen, um diese dann in der Küche des Hauses Sass hingebungsvoll anzurichten. Sodann servierte er persönlich: erst Pilzsuppe in Sahne verrührt, dann Lammrücken im Holzkohlenofen gebacken, schließlich Marzipanpudding in Herzform, überzogen von einer hauchdünnen Schicht Schokoladencreme. Dazu gab es Champagner, Pommery, wie in Gletschereis gekühlt.

»Ganz vorzüglich!« Breitbach genoß das alles sichtlich, um dann ungeniert neugierig hinzuzufügen: »Aber auch recht kostspielig, das Ganze. Wer bezahlt das eigentlich?« Er blickte lächelnd und wie um Verständnis bittend um sich. »Ich weiß, das ist eine höchst taktlose Frage, taktlos wie so vieles in dieser Zeit. Und sicherlich sind wir nicht nur eingeladen worden, damit uns Herr Gernoth mit seiner Kochkunst erfreut.«

Worauf der Hotelier erklärte, die Hände wie zum Gebet gefaltet: »Da hat mich dieser Keller aufgesucht und dabei ganz eindeutige Drohungen ausgestoßen. Ersparen Sie bitte uns allen peinliche Einzelheiten. Jedenfalls kam es dabei zu der Forderung, ich möge mein Hotel schnellstens verkaufen, wenn ich es nicht in Rauch und Flammen aufgehen sehen will.«

»Das sieht ihm ähnlich«, stellte Richard Breitbach fest, »derartige handfeste Erpressungen gehören hier neuerdings zu den Spielregeln.«

»Wie ich inzischen erfahren habe«, sagte Dr. Breile, »vertraulich von Anwalt zu Anwalt, ist es Kimminger, der sich hier möglichst preiswert einzukaufen gedenkt. Dafür soll er Sonnenblums Partei eine Spende von zehntausend Mark versprochen haben.«

»Wenn dem so ist«, rief Gernoth, »habe ich den glatt überboten – wohl ganz instinktiv. Ich habe Keller nämlich fünfzehntausend, mindestens, offeriert.«

»Na, fabelhaft!« Rechtsanwalt Dr. Breile betrachtete den Hotelier überaus anerkennend. »Offenbar haben diese Leute nicht nur eine Gesinnung, sondern sich auch entsprechende Preise dafür ausgerechnet. Das ist doch recht interessant.«

»Werden wir doch einmal ganz deutlich, meine Herren«, forderte jetzt Sass, »es handelt sich also um Geld!«

Gernoth bestätigte das. »Ich würde ja mein Hotel unter Umständen auch verkaufen; aber doch niemals an diesen Kimminger! An Herrn Breitbach schon eher – doch was soll der damit anfangen?«

»Sie haben also, Herr Gernoth«, gab Dr. Breile zu bedenken, »dieser Partei fünfzehntausend Mark versprochen und weitere Summen dazu. Auf diesen Köder werden die Kerle sicherlich anbeißen. Denn so idiotisch sind selbst die nicht, daß sie nicht zwischen zehn und fünfzehn und mehr unterscheiden können.«

»Zumindest sollten wir nicht, mitten im Sommer, in einen politischen Winterschlaf verfallen – aus dem wir vielleicht niemals mehr aufwachen!« Breitbach zeigte sich höchst streitbar – wie immer, wenn es um Sonnenblum und dessen Partei ging. »Wenn diese Kerle sich wie Kampfstiere aufführen, sollte man sie auch abstechen, wie in jeder Arena.«

»Ich würde zu feineren Methoden raten«, wehrte Dr. Breile ab. »In diesem Fall etwa zu folgendem: Herr Gernoth zahlt die angebotenen fünfzehntausend Mark – jedoch nicht aus eigener Tasche. Er nimmt dafür ein Darlehen auf.«

»Und zwar von Herrn Sass!« Breitbach stimmte erfreut zu. »Womit dann, bei Bedarf, bewiesen werden kann: diese Nazis lassen sich von Juden finanzieren!«

»Was mir da vorschwebt«, sagte Rechtsanwalt Breile sanft, »ist die Gründung einer Stiftung durch honorige Bürger unserer Stadt. Etwa mit dem Ziel: Förderung von nationalen Werten, heimatbewußten Bestrebungen, völkischen Anliegen. Und was da sonst noch denkbar wäre an ähnlichen Unverbindlichkeiten.«

»Ausbau, Aufbau, Fürsorge, Förderung und Fortschritt!« Richard Breitbach amüsierte sich mächtig. »So was, meinen Sie, zieht immer? Meine ich auch! Jedoch – was soll das kosten?«

»Namen werden offiziell nicht genannt – aus purer Bescheidenheit.« Der Rechtsanwalt sagte das augenzwinkernd. »Doch die Summe dieser Stiftung werden wir bekanntgeben: einhunderttausend Mark! Das dürfte ungemein imponieren. Und aufgebracht wird dieses Kapital von den vier anonymen Stiftern dieses Unternehmens: Sass, Breitbach, Gernoth und mir.«

»Sagten Sie einhunderttausend Mark, Doktor?« Breitbach war blaß geworden. »Etwa geteilt durch vier?«

»Aber nicht doch! Der Löwenanteil muß aus ganz eindeutigen Gründen bei unserem jüdischen Mitbürger liegen. Wir restlichen drei jedoch, schlage ich vor, investieren jeweils eintausend Mark – die weiteren siebenundneunzigtausend stellt Herr Sass zur Verfügung. Wären Sie dazu bereit?«

»Sagen wir – ich bin nicht abgeneigt«, meinte der, tief nachdenklich. »Denn so was bedeutet zwar nicht gleich eine Art Lebensversicherung, kann aber vielleicht Freunde schaffen; Menschen, die sich einmal daran erinnern, daß man ihnen geholfen hat. Das wäre gar nicht wenig.« Worauf er ergeben hinzufügte: »Tun Sie das also, meine Herren!«

Breitbach schien daraufhin frische Morgenluft zu wittern. Vorübergehend, minutenlang, vergaß er sogar seine wachsende Unruhe im Hinblick auf die sich ihm offenbar entziehende Beate. Er schwelgte in glühender Tatbereitschaft. »Diesen Sonnenblum mache ich jetzt fertig!«

Worunter er sich folgendes vorstellte: Erstens: Seine Miete wird ab sofort hochprozentig erhöht. Zweitens: Die Forderung wird erhoben, daß die am Hause angebrachten Spruchbänder – wie ›Deutschland erwache!‹ oder ›Der Führer hat immer recht!‹ unverzüglich zu entfernen sind. Drittens: Die neben der Haustür befindlichen Schilder, außer dem einen, das auf Sonnenblums Zahnarztpraxis hinweist, haben unverzüglich zu verschwinden. Also auch jenes der ›Ortsgruppenleitung der NSDAP Gilgenrode‹, da es nicht beantragt, mithin auch nicht genehmigt ist.

»Rechtlich durchaus einwandfrei«, bestätigte Dr. Breile sachverständig. »Doch das ist hoffentlich noch nicht alles, was wir uns jetzt leisten können.«

»Ich jedenfalls befürchte, wir werden zahlen, zahlen und zahlen müssen!« wandte Gernoth ein. »Wieder – und immer wieder!«

»Mir«, bekannte nun Siegfried Sass nahezu feierlich und zugleich wie beschämt darüber, daß er derartigen Anwandlungen erbarmungslos ausgeliefert war, »mir ist allein wichtig, daß ich in dieser Stadt, in der ich geboren bin, in der ich jahrzehntelang gelebt habe, nun auch in Frieden sterben kann, hoffentlich mit ein wenig Würde. Kein Preis wäre mir dafür zu hoch.«

Das Begräbnis des Parteigenossen Patzer fand an einem Tage statt, der lodernd durchflutet war von einer Sonne, die sich der Erde entgegenzustürzen schien. Selbst die graufahlen Grabsteine schienen aufzuglühen. Die pralle Hitze machte die Gehirne träge und produzierte Ströme von Schweiß. Die Menschen auf dem Friedhof, schwarz und braun gekleidet, standen in dumpfer Ergebenheit herum.

Das für das Begräbnis zwischen Sonnenblum und Bachus getroffene Arrangement hatte sich herumgesprochen: Die Partei würde singen und reden – die Kirche segnen und beten. Womit eine Art Gewaltenteilung perfekt zu sein schien; ja, eine gewisse Harmonie schien unvermeidbar zu sein.

Vier SA-Männer in voller Uniform führten den Sarg des Parteigenossen Patzer seinem Grabe zu. Unter ihnen Scharführer Schulze, der besonders grimmig feierlich blickte. Wenn es um innerlichste, erhabenste Gefühle ging, war seine Hingabebereitschaft grenzenlos.

Als dann der Sarg, bedeckt mit Hakenkreuzflagge und fettgrünem, goldbestäubtem Lorbeerkranz, neben der Grube abgestellt worden war, begann die Frauenschaft, verstärkt durch Hitlerjugend, zu singen. Sie intonierten das Lied vom guten Kameraden mit ohrenbetäubender Lautstärke. Das hatte den Vorteil, daß einige, fast ungestört, miteinander reden konnten.

So der aufgeregt umhertänzelnde Keller, der zu seinem Ortsgruppenleiter sagte: »Hoffentlich hält sich dieser Bachus an seine Versprechungen! Steht der nicht da wie Martin Luther? Das läßt einiges befürchten.«

Worauf Sonnenblum bedächtig erwiderte: »Ich habe nichts dagegen, wenn du scharf auf diesen Pfaffen achtest. Doch höchste Vorsicht, Keller! Immer taktvoll. Soweit wie möglich.«

»Verstehe!« bestätigte der Sturmführer einsatzbereit. »Vorsichtig taktvoll – soweit möglich!«

Daraufhin machte er sich, noch während des dritten Kameradenverses, an Bachus heran, um ihm, ziemlich lautstark, zuzuflüstern: »Vergessen Sie nicht, Herr Pfarrer – es war ein Unfall! Machen Sie das deutlich. Sonst...«

Alles verlief somit, bis jetzt, durchaus programmgemäß. Sonnenblum wirkte versöhnlich. Bachus hielt sich zurück – und Gemeinde wie Gemeinschaft nahmen jegliche Gehirnvernebelung nahezu dankbar hin. Dies nicht zuletzt, weil in Ostpreußen jeder Totenfeier garantiert ein festliches Totenmahl nachfolgte. Und das hatte in diesem Land seine ganz besonderen Vorzüge: kraftvolle Suppen und hochgetürmte Bratenberge, dazu Schnaps und Bier in unbegrenzter Menge. Und darauf warteten sie nun.

Der Ortsgruppenleiter, in seinem schöpferischen Geist, hatte Konrads Entwurf für seine Rede sehr eigene Gedankengänge hinzugefügt: »Unser lieber Peter Patzer, der hier vor uns liegt, ist ein Mensch von hohen Idealen gewesen, unserem Führer Adolf Hitler zutiefst ergeben! Das aber wollten und konnten erklärt volksfeindliche Elemente nicht dulden; ihr zerstörerisches Wesen ließ das nicht zu. Also vernichteten sie ihn – wie das auch weiland mit unserem Horst Wessel geschehen ist. Doch wie er wird auch unser Patzer weiterleben, wird also gleichfalls unsterblich sein.«

Das waren gewaltige Worte, gleich Betonklötzen in diese dumpf-seichte Masse geschleudert. Selbst Johannes fühlte sich einer solchen Anklage in ihrer bedrückenden Unverblümtheit nicht gewachsen – er zog sich zurück. Und mit ihm, aufschnaufend, Mutter Gertrude. Drei weitere Teilnehmer an der Trauerfeier schlossen sich ihnen diskret an.

Nunmehr war für Bachus der Augenblick gekommen, das abschließende Wort zu ergreifen, also diesen Toten auszusegnen. Er sprach über die rätselhaften Wege des Herrn; sie seien unerforschlich, unerklärbar, doch wahrhaft wundervoll. Dies habe man hinzunehmen. Zutiefst ergeben.

Worauf Keller, immer noch dicht neben dem Pfarrer, diesem zuflüsterte: »Kein Herumgequatsche, Mensch! Erklären Sie endlich, daß es ein Unfall war!«

Während dieses in der näheren Umgebung des Grabes deutlich hörbaren Geflüsters eilte der Kirchendiener herbei und versuchte, sich zwischen Keller und Bachus zu drängen. Der Sturmführer reagierte auf dieses unzumutbare Verhalten, indem er den Kirchendiener energisch von sich stieß, und zwar derart kraftvoll, daß der Gottesknecht taumelte, sein Gleichgewicht verlor und in jene Grube fiel, in der inzwischen Patzers Sarg gelandet war. Auf den prallte er dumpf auf.

Schwer keuchend, hilflos, strampelte er vor sich hin.

»Wohl eine Art Berufsrisiko«, meinte Konrad Breitbach. Er kniete nieder und reichte dem gefallenen Gottesdiener die Hand. Der raffte sich auf und erschien, noch zitternd, wieder an der Oberfläche.

Bachus, noch immer verstört, murmelte ein schnelles Gebet. Danach machte er sich aus dem Staube, zu dem wir alle einmal werden. Der Kirchendiener hüpfte ihm rabenartig nach.

Damit hatte der geplagte Geistliche Sonnenblum und seinen Leuten das Feld überlassen. Sie standen zunächst etwas ratlos.

»Das Horst-Wessel-Lied!« befahl Sonnenblum, geradezu geistesgegenwärtig.

Und das sangen sie dann auch. Wobei fleißig geschaufelt wurde, unter Kellers Kommando. Auch hierbei bewies Scharführer Schulze seine große Tatkraft. Baggerartig bewegte er ganze Sandhügel grubenwärts.

»Sehr gelungen – das Ganze«, murmelte der Ortsgruppenleiter

befriedigt. Und dieser Ansicht waren auch andere – wie etwa Konrad. Nur meinten die nicht das gleiche wie er.

Am Abend dieses bedeutsamen Tages geschah folgendes: Breitbach wünschte mit seinen Söhnen Johannes und Konrad wieder einmal gemeinsam zu speisen, am häuslichen Herd. Um, wie er hoffte, eine Art Siegesfeier zu begehen.

Er ließ auftragen, was Küche und Keller hergaben. Wobei er munter seinen Söhnen zurief: »Nun sagt doch mal selbst: War das nicht geradezu umwerfend grotesk, was da auf dem Friedhof geschehen ist? Diese NS-Kerle haben in ihrer Überheblichkeit aber auch jedes Maß verloren! Darüber solltest du, Johannes, in deiner Zeitung berichten – ganz sachlich, ohne jede Polemik!«

Johannes schob ein großes, goldbraun gebratenes Fleischstück weit von sich. »Was du da eben behauptet hast, Vater, trifft auch auf andere zu. Zum Beispiel auf dich! Auch du scheinst jedes Gefühl für ausgewogene Proportionen verloren zu haben. Etwa im Hinblick auf Beate Fischer. Die ist einfach zu jung für dich!«

Breitbach schüttelte beunruhigt seinen Schädel. »Was willst du damit sagen?«

Worauf das einfühlsame Kerlchen Konrad seinem Bruder bereitwillig die Mühe abnahm, auf diese Frage zu antworten: »Unser lieber Johannes ist, bei aller Aufrichtigkeit, ein äußerst taktvoller Mensch. Wenn er sagte: die ist zu jung für dich – dann meinte er wohl damit ganz schlicht: Du bist zu alt für sie.«

»Das«, rief Breitbach, sichtlich verletzt, »ist doch purer Unsinn! Es kommt doch nur darauf an, wie alt sich einer *fühlt*!«

»Beate Fischer ist eine Frau von Kultur«, betonte Johannes. »Und dementsprechend wird sie wählen.«

»Was ihr gar nicht leichtfallen dürfte«, meinte Konrad düster. »Denn der Andrang auf sie hat geradezu gefährliche Ausmaße angenommen. Hart sie denn einer von euch beiden in den letzten zwei Tagen gesehen?«

Sie verneinten diese Frage, sichtlich beunruhigt. »Sollte das irgend etwas zu bedeuten haben?« fragte Vater Breitbach.

»Vermutlich eine ganze Menge!« Konrad verlor nichts von seiner nachsichtigen Sanftheit. »Wenn sie sich nicht sehen läßt, ist anzunehmen, daß sie sich nicht sehen lassen will! Weil sie sich derzeit nicht in ihrer vollen Schönheit präsentieren kann. Denn ihr

Gesicht besitzt etliche Beulen und blaue Flecke, was wohl nur bedeuten kann: Sie ist geschlagen worden.«

Nun sprangen beide auf – Richard Breitbach ebenso wie sein Sohn Johannes. Der Tisch schwankte.

Johannes rief empört: »Das darf nicht wahr sein!«

Und Richard Breitbach: »Wer? Welches elendige Schwein hat das gewagt?«

Doch Konrad sagte gelassen: »Wenn es keiner von euch beiden gewesen war, dann muß es eben ein anderer gewesen sein. Und wer auch immer – früher oder später werdet ihr's wissen. Doch – was dann?«

Im fahlen Mondschein grub Emil Spahn ein Grab für seine Katze Susie – mit schaufelnden Händen. Das geschah am Parkufer des Gilgenroder Sees, beim zentralen Blumenbeet, das von Bänken umstanden war. Erste Rosen begannen dort aufzublühen.

»Auf Wiedersehen, meine schöne Kleine!« sagte Emil zärtlich. Er hatte Susie in ein seidenes Tuch gehüllt, das vor vielen Jahren seine verstorbene Mutter getragen hatte.

»Danke dir – für alles!« flüsterte er seiner Katze zu. Noch einmal umarmte er sie, drückte sie zärtlich an sein Herz. Weinen konnte er nicht mehr. »Ich danke dir, meine Su, für deine sanfte Anschmiegsamkeit, deine fröhliche Verspieltheit, dein wundersames Verständnis. Du hast mich in den letzten Tagen meines Lebens sehr glücklich gemacht.«

Sodann legte Emil Spahn seine Susie in diese Kindergrube hinein und begann sie, wie mit segnenden Gebärden, mit Erde zu umhüllen. Dafür ließ er sich Zeit – als sei er nun allein auf dieser Welt, und die stehe still. Kniend beugte er sich tief auf die von Rosen umstandene Grabstätte. Als er sich wieder aufrichtete, weinte er abermals. Sein Gesicht glänzte im Mondlicht. Und er stammelte. »Wozu sind diese Menschen fähig? Wozu nicht? Aber – bin ich nicht auch ein Mensch?«

In dieser Nacht suchte Pfarrer Bachus wiederum Siegfried Sass auf. Er klopfte dezent und trat dann auf die Straße zurück, um sich in vollem Mondlicht zu zeigen. Der alte Herr persönlich, in einen dunkelblauen Schlafmantel gehüllt, öffnete ihm. Sass war von großer, einfacher Herzlichkeit. Er schien nicht wenig besorgt zu sein – und zwar um Bachus. Er hatte von dessen Kirchenheimsuchung und dem Friedhofsabenteuer gehört; der Mann begann ihm leid zu tun. »Ich habe da noch eine alte Flasche Burgunder, einen Chateau Lafitte, von einem Weingut, das einem Baron von Rothschild gehört, also auch einem Juden. Stört Sie das?«

»Herr Sass«, erklärte nun der Geistliche in melodischem Kanzelton, »ich bin allein hier, um Sie um Vergebung zu bitten!«

Siegfried Sass war außerordentlich überrascht. Er hatte einen wesentlich anderen Bachus erwartet: einen verkannten Propheten, einen anklagenden Verteidiger der Altäre! Doch nun bat er um Vergebung – wofür?

»Ein Glas erlesenen Rotweins wird uns beiden guttun«, sagte Sass.

Nach der Stärkung sagte Bachus: »Herr Sass, was mich zu Ihnen führt, ist eine Bitte: Verzeihen Sie mir! Vergeben Sie mir meine Kurzsichtigkeit, meine Anmaßung, meinen Irrglauben!«

»Nicht doch, Herr Bachus!« wehrte Siegfried Sass fast erschrocken ab. »Derartigen Versuchungen erliegen wir alle irgendwann einmal. Schweigen wir lieber darüber.«

»Das kann und darf ich aber nicht – nicht Ihnen gegenüber! Denn Ihnen habe ich, bei unserer letzten Unterredung, den Schutz der Kirche angeboten, eine Absicherung Ihrer Güter, sogar Ihres Lebens. Woran ich Tor ehrlich geglaubt habe – bis heute. Doch nun weiß ich: ich habe mich, und also auch Sie, getäuscht. Ihnen Unwahrheiten gesagt; Sie also, wenn auch unwissentlich belogen. Können Sie mir das vergeben?«

»Da ist nichts zu vergeben, Herr Bachus – das ist bereits vergeben. Trinken wir darauf.«

Das taten sie denn auch, wobei die Unruhe des Pfarrers nur geringfügig abnahm. »Da habe ich immer geglaubt«, gestand er ein, »daß hier alles mit halbwegs rechten Dingen zugeht – doch dem ist nicht so!«

»Woran vermutlich«, sagte nun Sass mit sanfter Ironie, »die Juden schuld sind! Nicht nur daran, sondern einfach an allem. Das steht geschrieben – und zwar in Hitlers Buch.«

»Ein Werk des Teufels!« rief der Geistliche. »Eine Irrlehre, deren Verbreitung hier noch gefördert wird – und zwar durch diesen Konrad!«

»Der«, versicherte Sass, »hat mich laufend mit entsprechenden

Notizzetteln versorgt.« Er griff nach einigen Papieren, die auf einem kleinen Tisch in seiner Reichweite lagen. »Ich gönne Ihnen gerne einige Kostproben davon.«

Und er las vor: »›Den gewaltigen Gegensatz zum Arier bildet der Jude.‹ Dies auf Seite 329. Weiter: ›So ist der Jude heute der große Hetzer zur restlosen Zerstörung Deutschlands.‹ Auf Seite 702. Oder: ›Die Juden sind schuld an allem!‹ Nachzulesen auf Seite 329.«

Bachus schüttelte, gleich einem störrischen Pferd, seinen mächtigen Lutherschädel. »Dieser fürchterliche Knabe Konrad – immer wieder stoße ich auf den! Der erfüllt mich mit Erstaunen und Entsetzen – was will der denn nun wirklich?«

»Mich vor einer Entwicklung warnen, die auch er nicht aufhalten kann. Er hat erkannt, daß Worte töten können. Und die gleiche Methode wendet er nun auch an. Um nicht vor die Hunde zu gehen. Ein Schicksal, das uns beiden, Herr Bachus, blühen könnte.«

Scharführer Schulze wälzte sich von seiner Frau herunter. Der hatte er es besorgt. Er machte keine halben Sachen.

Sie lag freudig erschlafft – jedoch nur kurze Zeit. Dann versicherte sie ihm: »Du warst großartig – wie immer. Unvergleichlich!«

»So muß es auch sein!« Er dehnte sich blinzelnd. Er dachte an ein Führerzitat, das auf ihn, Schulze, allein geprägt zu sein schien: ›Von höchster Wichtigkeit ist die Ausbildung der Willens- und Entschlußkraft sowie die Pflege der Verantwortungsfreudigkeit.‹ Kamerad Konrad hatte es ihm von Seite 462 abgeschrieben.

»Ich«, bekannte er, nun auf dem Rücken liegend, »bin wohl zu ganz besonderen Aufgaben ausersehen.«

»Das ist auch die Ansicht von Kimminger«, bestätigte seine Frau ermunternd. »Und der ist hier doch ziemlich maßgeblich – nicht wahr?«

Schulze stemmte sich auf die Ellbogen. »Du kennst Kimminger? – Woher?«

»Das ergab sich so.« Sie schmiegte sich an seine schweißnasse Haut. »Ich saß neulich nachmittags im Café ›Vaterland‹, mit einer Freundin, die ich noch von der Schule her kenne. Und da kam Kimminger auf mich zu, stellte sich vor und erlaubte sich dann, wie er sagte, die höfliche Frage, ob ich wohl die Frau des bekannten Scharführers Schulze sei, den er sehr schätze und in dem er den kommenden großen Mann sehe.«

Schulze blickte durchaus zustimmend, wenn auch noch nicht zufriedengestellt. »Und das war schon alles?«

»Was soll denn, bitte, diese Frage?« Sie wich von ihm zurück. »Soll das etwa eine Art Verdächtigung sein? Wo ich dir doch stets treu bin – und das auch jetzt immer wieder beweise. Oder etwa nicht?«

»Entschuldige bitte!« rief er. »Selbstverständlich weiß ich, daß du eine treue deutsche Frau bist. Aber – was ist mit Keller?«

»Über den«, wehrte sie anlockend ab, »sollten wir lieber nicht reden. Der ist alles andere als ein feiner Mann.«

»Wem sagst du das! Der ist einfach nicht deutsch genug, dem mangelt es an wahrer Größe – der will hier nichts wie seinen eigenen Vorteil erwanzen!«

»Das offenbar in fast jeder Hinsicht«, bestätigte sie ihm. »So hat der doch wiederholt versucht, sich mir zu nähern – auf geradezu unsittliche Weise.«

»Was hat der?« Scharführer Schulze loderte auf gleich einem entzündeten Ballen mit Benzin getränkten Strohs. »Sollte der tatsächlich versucht haben, sich dir zu nähern? Dir, meinem Weibe – einer deutschen Ehefrau, der eines Scharführers noch dazu? Und das sogar – unsittlich?«

»Jedoch völlig vergeblich – versteht sich.«

»Selbstverständlich vergeblich!« versicherte Schulze unverzüglich. Er verließ sein Ehebett und begann nackend im Schlafzimmer herumzutigern. »Und so ein charakterloser Saukerl befindet sich mitten unter uns – in dieser Zeit, die allein den Hochwertigen gehört! Das darf man doch nicht dulden!«

»Dann mach doch mal was dagegen«, ermunterte sie ihn, taubenhaft gurrend.

»Komm heraus, Sonnenblum!« rief Richard Breitbach durch die lilafarben durchglühte Gilgenroder Nacht. Breitbeinig, entschlossen fordernd, stand er vor dem Haus des Zahnarztes.

Mutter Gertrude öffnete ein Fenster. »Komm doch herein, Richard, mein Junge! Besuche mich!«

»Ich würde schon hereinkommen, Mutter Sonnenblum – jedoch nicht, wenn dein Sohn anwesend ist. Den gedenke ich nicht zu besuchen – den fordere ich heraus! Ich bitte um Verständnis dafür, liebe Mutter Gertrude!«

Die nickte zustimmend. Worauf aus dem Hintergrund die kehlige Stimme Sonnenblums hörbar wurde: »Dieser Kerl kann mich mal! Sage ihm das, Mutter!«

»Das braucht mir Mutter nicht zu sagen!« rief Breitbach lautstark zurück. In Nachbarhäusern wurden bereits Fenster geöffnet – etliche Gilgenroder bezogen hoffnungsvoll Horchposten. »Wenn du nicht sofort herauskommst, Sonnenblum, trete ich deine Haustür ein!«

»Beruhige dich, Jungchen«, empfahl ihm Mutter Gertrude gelassen. »Der wird kommen.« Und ihrem Sohn befahl sie energisch: »Du wirst gehen!«

»Den werde ich abführen lassen! Und zwar durch die Polizei. Wegen Hausfriedensbruch und Beleidigung des örtlichen Hoheitsträgers!«

»Ach was!« wehrte Mutter Gertrude entschieden ab. »Vergiß nicht, daß ihr beide als Kinder zusammen im Sand gespielt und mir so manches Mal die Küche leergefressen habt. Auch so was verpflichtet. Mach also, daß du zu ihm kommst, wenn der schon nach dir schreit. Und danach, mein Jungchen, erwarte ich einen genauen Bericht von dir. Ich will wissen, was da wieder für ein Unsinn herausgekommen ist.«

Dieses nun wohl unvermeidlich gewordene Gespräch fand am Rande des Marktplatzes statt, unter einer Linde. Die Atmosphäre durfte, trotz dieser lauwarmen Vorsommernacht, als ziemlich frostig bezeichnet werden. Immerhin redeten sie, der Lauscher wegen, wohltuend gedämpft aufeinander ein.

»Warum dieses nächtliche Geschrei, Breitbach?« Sonnenblum war um Distanz bemüht. Zugleich versuchte er Überlegenheit zu demonstrieren, wobei er sich einen grimmigen Scherz glaubte leisten zu können: »Du willst doch nicht etwa so lautstark deinen Eintritt in die Partei ankündigen?«

»Auf deine Partei, Sonnenblum, scheiße ich – und das weißt du!« Breitbach machte robust deutlich, daß er keine Gemeinsamkeiten mit dem Ortsgruppenleiter entdeckt hatte. »Ich habe dir lediglich eine Frage zu stellen – und darauf erwarte ich eine klare Antwort: Hast du Beate geschlagen?«

Sonnenblum starrte völlig entgeistert seinen Feindfreund an. »Bist du total verrückt geworden? Ich soll meine Beate geschlagen haben?«

»Mitten ins Gesicht! Mehrmals.«

Sonnenblum lehnte sich an den Stamm der Linde, zutiefst bestürzt, mit hocherhobenen flatternden Händen. »Wie kannst du nur so etwas Unsinniges behaupten? Mich verdächtigen! Bist du denn irre, Mensch?«

»Du warst es also nicht!« stellte Breitbach fest. »Wer aber dann?«

Sonnenblum schien unter einem heftigen Fieberanfall zu leiden. »Was ist denn geschehen, mein Gott? Beate, sagst du, ist geschlagen worden? Das ist doch nicht möglich! Ich habe sie allerdings seit zwei Tagen nicht mehr gesehen – sie ließ mir ausrichten, sie sei krank. Und du sagst, man hat sie geschlagen – ins Gesicht? In dieses Gesicht?«

»Wer also war es?«

»Das will ich auch wissen!« brüllte Sonnenblum. »Den Kerl will ich haben!«

»Ich auch, Sonnenblum – ohne Rücksicht auf Verluste! Oder solltest du sogar jetzt noch eins deiner Parteischweine in Schutz nehmen wollen!«

Sonnenblum schüttelte stumm den Kopf.

Am Morgen, der jener Nacht folgte, wurde Keller, der Sturmführer, tot aufgefunden. Unmittelbar beim Eingang des Hauses, in dem er wohnte. Dort lag er breitbeinig da, die Hände über das Gesicht gepreßt, als wolle er nun nichts mehr sehen.

Die ersten polizeilichen Recherchen besagten: Dieser Mann war offenbar erschlagen worden, vermutlich mit einem stumpfen, schweren Gegenstand, der den Hinterkopf zertrümmert hatte. Und nun lag er da – klein, verkrümmt, wie wesenlos. Als habe er niemals existiert.

Was an sich nichts Besonderes war. Denn erfahrene Kriminalisten wußten: Gewaltsam verendete Menschen wirken oft sehr klein, verkrümmt, wie schnell ausgetrocknet. Und in diesem Zustand wurde Keller von der Polizei, also von Kersten, übernommen.

Und der sagte: »Unmöglich scheint nun in diesem Gilgenrode nichts mehr zu sein.«

8
Selbst der Tod kann recht
verwendungsfähig sein

Kersten ließ den Fundort der Leiche absperren, Neugierige verdrängen und Dr. Gensfleisch, einen praktischen Arzt, herbeizitieren. Dieser untersuchte den Toten und stellte ähnlich dem Polizeibefund fest:

»Exitus eingetreten vermutlich gegen Mitternacht; durch einen einzigen, wohl mit großer Wucht geführten Schlag auf den Hinterkopf mit einem schweren, massiven Gegenstand. Weitere Einzelheiten nach Untersuchung im Krankenhaus. Oder gedenken Sie, Herr Kersten, hierbei höhere Dienststellen einzuschalten?«

Der Polizist verneinte das energisch. »Das ist unsere Leiche und wird es auch bleiben! Wenn ich die hier gegebene Situation richtig einschätze, läßt sie sich übersehen.«

Das schien zuzutreffen. Denn nunmehr stürzte die Schwester des toten Keller herbei. Sie zerrte ein vogelscheuchenhaftes Wesen mit sich, was ohne sonderliche Anstrengung zu geschehen schien. Das war Emil Spahn, der wie willig dem Tatort entgegentaumelte.

Die Keller-Schwester machte zunächst den Versuch, sich aufschreiend über die Leiche des geliebten Bruders zu stürzen. Kersten jedoch hinderte sie kraftvoll daran. »Ich verstehe Ihren Schmerz! Doch ich darf nicht dulden, daß Sie den Toten berühren, bevor noch letzte Untersuchungen erfolgt sind.«

Mit behutsamer Energie schob er sie gegen die nächste Wand.

Dort blieb sie stehen, schwer atmend, mit tränenüberströmtem Gesicht auf ihren lieben Toten blickend. Das jedoch nicht allzulange. Denn alsbald raffte sie sich auf, streckte den rechten Arm weit aus und schrie mit wilder, nach Rache dürstender Anklage auf Emil Spahn deutend: »Der – der ist es gewesen!«

Das geschah in den frühen Vormittagsstunden dieses flirrend durchsonnten Vorsommertages. Die Bäume trugen noch frisch glänzendes Grün, die ersten Rosen begannen aufzublühen, viele Vögel sangen ihre Lieder.

Kersten übergab die keuchende Keller-Schwester einem seiner Beamten, der sich abschirmend vor sie stellte. Sodann schritt der erste Polizist von Gilgenrode auf Emil Spahn zu. Der blickte ihn mit wonnig trunkenen Schäferaugen voller Ergebenheit an.

»Herr Spahn«, sagte Kersten gemessen, wie freundschaftlich warnend. »Sie haben die schwere Anschuldigung gehört, die soeben gegen Sie vorgebracht worden ist? Sie brauchen sich dazu nicht zu äußern – ich rate Ihnen sogar ab.«

»Ja«, stieß Emil Spahn würgend hervor. Noch einmal, aber jetzt ganz klar: »Ja!«

»Was – ja?« fragte Kersten behutsam. »Was wollen Sie damit sagen?«

»Der ist tot«, stellte Emil fest. »Und das ist gut so! Denn wer ein armes, harmloses, schönes Tier töten kann, was verdient der anderes, als selbst getötet zu werden?«

»Sie wollen damit doch nicht etwa sagen, daß Sie diese Tat begangen haben, Herr Spahn?« Kersten fragte das nicht ohne Betrübnis – doch durchaus bereit, eine bejahende Antwort amtlich zu registrieren. »Bekennen Sie sich dazu?«

»Aber ja – ja!« stieß Emil schwerzüngig hervor. »Einer hat es getan – und damit dieser fürchterlich versauten Welt einen einzigartigen Dienst erwiesen. Irgend jemand! Also – warum nicht ich? Jawohl – ich bekenne mich dazu!«

Kersten nickte wie zustimmend. »Dann muß ich Sie verhaften, Herr Spahn. Bitte folgen Sie mir!«

In den Mittagsstunden dieses Tages fand im Büro des Ortsgruppenleiters, Am Markt 7, eine interne Parteikonferenz statt. Auf der Tagesordnung stand ein einziger Punkt: Tod des Sturmführers Keller.

Konrad Breitbach, der sich neuerdings immer mehr als Ratgeber und Vertrauensmann des Ortsgruppenleiters verdient machte, berichtete auf dessen Wink hin das folgende:

»Im bürgerlichen Lager herrscht eine gewisse Aufregung. Die dortigen parteifeindlichen Elemente befürchten, daß ihnen dieser Tod, zumindest indirekt, angelastet werden könnte. Kersten jedoch scheint den Fall bereits so gut wie gelöst zu haben. Der mutmaßliche Täter hat ein Geständnis abgelegt und wurde verhaftet.«

Das seien, erklärte Sonnenblum unverzüglich, bemerkenswerte, hochwillkommene Nachrichten. Er wirkte einigermaßen entspannt, vergaß jedoch keinen Augenblick, feierliche Trauer zu mimen. »Fürchterliches ist geschehen!« klagte er tönend. »Doch was uns nicht umbringt, macht uns nur noch stärker – hat unser Führer gesagt. Wir sind unserer guten Sache stets sicher!«

Dennoch kam unter den Anwesenden eine gewisse Unruhe auf. Schuld daran war die Frauenschaftsleiterin. Die Witwe Peller schluchzte auf, hatte sogar Tränen in den Augen – und die begannen zu fließen.

»Nicht doch, nicht doch, liebe Parteigenossin!« rief Sonnenblum besänftigend, wenngleich nicht wenig verwundert. Denn sollte etwa sogar auch diese Frau...? Doch ein weiterer Blick in ihr überreifes Germanengesicht bestätigte ihm, daß dieser Verdacht absurd war. »Wir alle trauern um ihn, gleichfalls sehr tief – jedoch, wenn ich bitten darf, in möglichst würdiger Haltung.«

»Welch ein enormer Verlust!« rief sie erregt aus. »Der war noch ein Mann! Einen solchen finden wir nie wieder!«

»Jeder ist zu ersetzen!« mischte sich Urinoco-Schulze ein. »Durch einen mindest gleich guten Mann – von denen unsere Bewegung glücklicherweise einige besitzt.«

Die tränennassen Augen der Frauenschaftsleiterin blickten mit fast zorniger Trauer auf Schulze. »Keller jedenfalls war – unvergleichlich!«

»Ach? In welcher Hinsicht denn wohl?«

Eine Anzüglichkeit, die Frau Peller überhörte. Was sie allein bewegte, war dies: »Völlig unfaßbar ist für mich die Vorstellung, daß es einem Kretin wie diesem Spahn gelungen sein sollte, ein solches Prachtexemplar von Mann einfach umzulegen! Mit einem einzigen Schlag!«

»Bei unserer Polizei«, schaltete sich nun Konrad auf einen Wink des Ortsgruppenleiters ein, »liegt jedoch ein entsprechendes Geständnis vor. Und zusätzliche Ermittlungen haben bisher keine andersartigen Ergebnisse gezeitigt.«

»Ach was!« Die Frauenführerin Peller wehrte diesen Einwand entrüstet ab. »Was versteht denn ein Polizist wie Kersten von so entscheidenden Unterschieden! Ein deutscher Edelmensch läßt sich doch nicht von einem solchen Untermenschen erschlagen! Ein Keller von einem Spahn! Bringt eine Straßenkatze einen deutschen Schäferhund um?!«

»Langsam, meine Liebe, nur langsam!« Sonnenblum bemühte

sich, so viel urgrundhaft aufquellende NS-frauenschaftliche Sympathie zu dämpfen. »Hier haben wir es mit Entarteten zu tun – und die sind unberechenbar!«

»Wir sollten den Anordnungen unseres Ortsgruppenleiters folgen«, mahnte Konrad. »Dessen Entscheidung lautet, wenn ich ihn richtig verstehe: nur kein unnötiges Aufsehen! Die sich hier anbietende amtliche Tatsache wird bereitwillig akzeptiert.«

»Vollkommen richtig erkannt!« bestätigte Sonnenblum. »Keine neuen Komplikationen mehr; wir haben noch genug von dem Vorgang Patzer! Keller ist tot – sein Mörder steht fest. Und damit basta!«

»Dennoch könnten«, gab Konrad Breitbach mit schlichtem Schafsgesicht zu bedenken, »gewisse fragwürdige Zeitgeister, notorische Gesinnungszerstörer, politisch versuchte Querdenker in Aktion treten. Aber mit denen werden wir natürlich fertig.«

»Das werden wir!« versicherte Sonnenblum mit markiger Entschlossenheit.

»Wer so was versucht, muß ins Gras beißen!« ergänzte Scharführer Schulze, nahezu monumental gewaltig.

»Du meinst«, korrigierte ihn Sonnenblum, nicht ohne nachsichtige Anerkennung, »er wird in die ihm gebührenden Grenzen verwiesen werden! Sagen wir das so. Das ist wohl deutlich genug?«

Sogar Johannes zögerte nun nicht mehr, in Gilgenrode ›geistige Barrikaden zu beseitigen‹. Den Anstoß gab Konrads Hinweis auf Emils Situation: »Hier gilt es, einen armen unschuldig Verfolgten zu befreien!«

Johannes veröffentlichte einen flammend zu nennenden Artikel in der ›Gilgenroder Zeitung‹. Wobei etliche wichtige Fragen gestellt wurden. Sie betrafen Emil Spahn, den angeblichen Hauptverdächtigen, den in Gewahrsam genommenen vermeintlichen Täter. Fragen wie diese:

Muß ein Kranker auch ein Krimineller sein? Besitzt nicht jeder das gleiche Recht vor dem Gesetz? Besteht nicht immer wieder die Gefahr, daß Vorurteile zu Fehlurteilen verführen? Abschließend der alarmierende Satz: ›Wehret den Anfängen!‹

Hierzu Scharführer Schulze gegenüber Sonnenblum: »Hast du diesen Bockmist gelesen, Ortsgruppenleiter? Dieser Kerl spinnt ja. Soll ich den mal kurz und kräftig aufklären? Oder diesem Käseblatt mit meinen Männern einen handfesten Besuch abstatten? Nein? Das kommt vielleicht später? Auch gut. Stets zu Befehl!«

Worauf Sonnenblum mit dem Besitzer, Herausgeber und Chefredakteur der ›Gilgenroder Zeitung‹ telefonierte: »Ich will mich natürlich nicht in Ihre Belange einmischen – aber da muß ich Sie doch wohl warnen! Zwar können Sie mit meinem verständnisvollen Wohlwollen jederzeit rechnen, doch einige unserer SA-Leute sind inzwischen höchst unruhig geworden, gewissermaßen erbittert und empört. Über die verseuchte Presse, die Afterliteraten, die notorischen Volksverderber – und so was. Natürlich versuche ich die Männer zu bremsen – doch garantieren kann ich für sie nicht; nicht auf die Dauer. Zumal auch ich mich frage, mein Lieber: Mußte denn das unbedingt sein?«

Worauf dieser Gilgenroder Zeitungsmensch versicherte: »Bei mir, Herr Ortsgruppenleiter, herrscht selbstverständlich völlige Meinungsfreiheit. Wobei ich natürlicherweise voreingenommene, willkürliche Subjektivität keinesfalls zu dulden gedenke. Ich bedauere also diesen Vorgang. Der Schreiber dieser Zeilen wird unverzüglich kaltgestellt. Womit ich sagen wollte: beurlaubt. Bis auf weiteres – was jedoch sehr lange dauern kann. Ich werde unverzüglich einen klärenden, also aufklärenden Gegenartikel schreiben. Eventuellen Anregungen Ihrerseits sehe ich mit verständnisvollem Interesse entgegen.«

Ein Schreiben des Rechtsanwalts Dr. Breile, im Auftrag seines Klienten Richard Breitbach, an den Zahnarzt Heinrich Sonnenblum begann zunächst überaus höflich: ›Bedauern wir es sehr... wäre das jedoch unvermeidlich... dabei um Verständnis bittend für...‹

Dann jedoch folgten plakativ die Forderungen, betreffend das Mietshaus Am Markt 7: Entfernung von Spruchbändern, dies natürlich nicht etwa aus politischen, sondern allein aus ästhetischen Gründen. Entfernung des neben der Eingangstür angebrachten Schildes der NSDAP, da es beim Hausbesitzer nicht beantragt, also auch nicht von ihm genehmigt wurde. Schließlich sogar: ›Erlauben wir uns darauf aufmerksam zu machen, daß eine Kündigung des bestehenden Mietverhältnisses als nicht ausgeschlossen erscheint; zumindest muß eine Mieterhöhung in Betracht gezogen werden.‹

Nachdem er dieses Schreiben mit wachsender Erbitterung gelesen hatte, rief Sonnenblum unverzüglich diesen Dr. Breile an, um ihn auf seine unüberhörbare Weise zu warnen: »Was haben Sie sich eigentlich dabei gedacht, Herr Doktor? Womit wagen Sie mir zu kommen? Haben Sie sich das auch gut überlegt?«

Hierauf der Rechtsanwalt: »Verehrter Herr Sonnenblum – meine persönliche Ansicht hierzu ist absolut gleichgültig. Ich handle allein im Auftrag eines meiner Klienten, dessen Rechtsansprüche völlig legitim sind – nach den derzeit noch bestehenden Gesetzen. Es handelt sich allerdings um Forderungen, welche zu stellen der vorherige Eigentümer des Hauses, in dem Sie wohnen – also Herr Sass, niemals gewagt haben würde.«

»Was denn, was denn! Sagten Sie Sass? Meinen Sie damit etwa diesen Juden? Was habe denn ausgerechnet ich mit dem zu tun?«

»Durchaus einiges, Herr Sonnenblum – was sich mühelos nachweisen läßt. Denn Herr Sass, eben der frühere Besitzer dieses Hauses, hat Ihnen eine Menge Zugeständnisse gemacht – Nutzung und Miete betreffend. Schriftlich nachweisbar. Entsprechende Unterlagen sind beim Kauf an den neuen Besitzer gelangt. Und ich vermag mir kaum vorzustellen, daß Sie unbedingt Wert darauf legen, ausgerechnet so etwas vor einem Gericht mit allen Details erörtert zu sehen.«

»Gewürm um mich!« schrie Sonnenblum und schleuderte den Hörer auf die Gabel. »Schakale und Wölfe, die ihren Fraß haben wollen! Aber ich bin kein verwesendes Aas! Ich bin der Fels in der Brandung!«

»Du bist ein Großmaul«, meinte Mutter Sonnenblum nachsichtig. »Du scharst leichtfertig Feinde um dich. Wie diesen kläffenden Köter Keller, den du jedoch für einen gehorsamen Wach- oder Jagdhund gehalten hast.«

»Bitte, Mutter – keine üble Nachrede über einen Toten! Das ist bei uns nicht üblich.«

»Ach was – höre doch mit deinen Traumtänzen auf! Benimm dich doch endlich vernünftig. Allein ein paar freundliche, entgegenkommende Worte zu Bachus – und der würde dir aus der Hand fressen! Nur ein ruhiges, einsichtiges Gespräch mit deinem Jugendfreund Breitbach, etwa über die Zukunft deiner Tochter mit seinem Sohn – und auch der wird einlenken!«

»Da muß ich doch sehr bitten! Zwischen mir und diesen Leuten klaffen tiefste Abgründe!«

»Vermutlich versuchst du jetzt, auf dieses Fräulein Beate Fischer anzuspielen. Doch damit bist du in eine Sackgasse hineingeraten. Ihr beiden Hirsche solltet es allein diesem Reh überlassen, wem es den Vorzug gibt. Das muß nicht unbedingt einer von euch sein – auch wenn nun Keller ausgeschieden ist.«

Doch genau das war der Punkt, über den Sonnenblum nicht mit sich reden ließ. »Das kannst du nicht verstehen – dafür mangelt es dir an Gefühl!«

»Und du hast zu wenig Fantasie«, sagte Mutter Sonnenblum krankenschwesternhaft nachsichtig, »sogar für unser Gilgenrode langt es nicht. Du weißt so gut wie nichts von mir – und sehr wenig von Beate. Das beste wäre, wenn du künftig kein anderes Verlangen verpürtest, als unseren lieben Gilgenrodern die Zähne zu ziehen.«

Konrad Breitbach suchte, ausnahmsweise einmal ohne sich Hitlers ›Mein Kampf‹ unter den Arm geklemmt zu haben, Siegfried Sass auf. Dem verkündete er: »Da gibt es ein Problem, das schnellstens bereinigt werden muß!«

»Durch mich, Konrad?«

»Mit Hilfe Ihrer finanziellen Möglichkeiten.«

»Und was, meinst du, mein Junge, könnte sich diesmal damit kaufen lassen?«

»Es handelt sich um einen gewissen Emil Spahn. Der wird gemeinhin für ein krankhaftes, versoffenes, versumpftes Geschöpf gehalten. In Wahrheit ist er nach meiner Überzeugung der liebenswerteste Mensch weit und breit. Dem muß geholfen werden! Und wenn einer das bewerkstelligen kann, dann Sie, Herr Sass!«

»Also braucht der wohl einen Rechtsbeistand – und der muß finanziert werden. Und dafür werde ich sorgen, Konrad, da du offenbar darauf bestehst. Schalten wir also Dr. Breile ein. Der ist zuverlässig – soweit das hier in diesem Hexenkessel überhaupt noch einer sein kann.«

Kurz darauf bat Sass den Dr. Breile zu sich, und der führte ein Telefongespräch mit Königsberg.

Wer danach auf Gilgenrode zukam, war ein gewisser Adalbert Runge. Der schaukelte heran, in einem scheppernden uralten Ford, mit Staubwolken aufwirbelnder Höchstgeschwindigkeit von 60 bis 70 Stundenkilometern. Er schaukelte einem seiner stattlichen Honorare entgegen – aber auch einer seiner spektakulärsten Aktionen.

Dieser nilpferdhaft massige Adalbert Runge war ebenso gut wie teuer: ein Strafverteidiger mit intern bekannten, ebenso verwegenen wie erfolgreichen Methoden. Überflüssige Rücksichten nahm er nicht – weder auf gepflegte Gefühle noch auf geistige Eingebungen, nicht einmal auf echt deutsche Gesinnung.

Doch in keiner Weise machte dieser Adalbert Runge den Eindruck eines Erfolgsmenschen, als er sein Übergewicht vor dem Hotel ›Zum weißen Hirsch‹ aus seinem dick bestaubten Wagen herauswälzte. Sein Gesicht war graubleich, schwammig, er wirkte ermüdet, hatte fahle Traueraugen und eine irritierend helle Kastratenstimme. Ein kolossales, asthmatisch schnaufendes Kind.

Dr. Breile nahm ihn in Empfang. »Herzlich willkommen! Falls Sie sich zunächst einmal ausruhen wollen – ein Hotelzimmer mit Bad steht für Sie bereit.«

»Sehr angenehm«, piepste Runge – womit er das Bad meinte. »Dann werde ich dort zunächst einmal ins warme Wasser kriechen, wobei Sie mir immer schon berichten können, was Sie mir telefonisch nicht mitgeteilt haben. Ansonsten nehme ich an, daß sich alles, was hier zu tun ist, in wenigen Stunden erledigen läßt. Wodurch sich jedoch meine Honorarforderung nicht ermäßigt.«

»Selbstverständlich nicht!« versicherte Breile höchst entgegenkommend. »Der Scheck liegt griffbereit.«

»Ich bin jedoch«, versicherte die Kastratenstimme, »lediglich hier, um Ihnen, einem Kollegen, als Strafverteidiger in einem bestimmten Fall behilflich zu sein. Allein Ihnen! In wessen Auftrag Sie handeln, wer also Ihr Klient ist, geht mich nichts an, will ich nicht wissen, das haben Sie mir nicht gesagt, geht das in Ordnung?«

»Völlig in Ordnung, Herr Kollege. Und nun können Sie baden gehen.«

Und während dieses Nilpferd geradezu babyhaft munter in der Wanne planschte, machte es den danebensitzenden Kollegen Dr. Breile mit seinen Anregungen und Vorschlägen bekannt: Der für diesen Fall zuständige Staatsanwalt habe seine angekündigte Rechtsvertretung akzeptieren müssen; vermutlich zähneknirschend. Dementsprechend wäre nun der örtliche Polizeigewaltige zu unterrichten. Wobei jedoch entscheidend wichtig sei: der Betroffene, also Emil Spahn, müsse ihn, Runge, als seinen Rechtsbeistand akzeptieren.

»Das, Herr Kollege«, sagte Dr. Breile, »mache ich. Alles andere müssen Sie erledigen.«

›Alles andere‹ sah dann so aus:

Adalbert Runge erschien auf dem Gilgenroder Polizeirevier und stellte sich dem Polizisten Kersten höflich schnaufend vor. Wobei er schnell erkannte: der war ein sachlicher, geduldiger, unerschütterlicher Mann.

»Darf ich um Einsicht in die amtlichen Unterlagen bitten, Herr Kersten?«

Diese wurden ihm ausgehändigt – nicht nur ohne jeden Einwand, vielmehr durchaus entgegenkommend. Runge brauchte für das Studium dieser Unterlagen kaum mehr als eine halbe Stunde; sein Interesse schien schnell zu wachsen.

Danach blickte er Kersten, mit dem er sich allein im Raum befand, voll an. »Absolut perfektes Material! Sie hätten Rechtsanwalt werden sollen – möglichst jedoch außerhalb meines Bereiches oder eben als mein Teilhaber. Ihre Recherchen muten frappierend klar und überzeugend an. Allerdings vermisse ich eine Kleinigkeit. Sie haben da, Herr Kersten, auf nahezu dreißig Aktenseiten so gut wie alles zusammengetragen, was exakt zu diesem Fall gehört. Nur etwas scheint mir zu fehlen: Ihre amtliche Feststellung, daß dieses Material tatsächlich beweiskräftig, also rechtswirksam ist.«

Als Kersten hierauf schwieg, fuhr Runge fort: »Den Grund kann ich mir denken, Herr Kersten. Sie sind hier an eine ganz große Kiste mit Dynamit herangeraten – mit der Sie allein nicht fertig werden. Sie sind dabei auf die Mithilfe von Vorgesetzten – also etwa des zuständigen Staatsanwaltes – angewiesen, mit der Sie aber kaum rechnen können. So was wird immer zeitgemäßer; niemand will sich unnötig die Finger verbrennen. Doch nun bin ich hier.«

»Und weshalb, Herr Dr. Runge?«

»Ich habe den Auftrag, diesen Emil Spahn freizupauken. Und

eben damit räume ich Ihnen genau jenes Hindernis aus dem Weg, das Sie allein nicht bewältigen können, ohne sich außerordentlich zu gefährden. Richtig so?«

»Herr Dr. Runge«, sagte nun Kersten ganz offen, »wenn das hier alles so weitergeht, könnte es durchaus sein, daß auch ich bald dringend einen Rechtsbeistand benötige. Dabei würde ich mich gerne an Sie wenden, selbst in Kenntnis Ihrer Honorare! Ich fange wohl am besten gleich an, dafür zu sparen.«

Der nilpferdhafte Anwalt kicherte gekonnt kindlich. »Für erkannte Gesinnungsfreunde pflege ich stets Sonderpreise zu berechnen. Doch zunächst werde ich Ihnen Emil Spahn aus dem Weg räumen. Und zwar so, daß bei Ihren Vorgesetzten der Eindruck entsteht, ich habe ohne Ihre Mitarbeit gehandelt – sogar gegen Ihre Ansichten. Womit Sie dann hier weiter ziemlich freie Bahn hätten, um auf den wirklich Schuldigen loszugehen. Mit einiger Vorsicht, hoffe ich – für Sie!«

Worauf Kersten erklärte: »Der in Haft befindliche Emil Spahn steht Ihnen zur Verfügung.«

Um dann, ganz entgegen seiner sonst so überaus korrekten Zurückhaltung, sich die folgende Bemerkung zu erlauben: »Also dann versuchen Sie mal das, was Doktor Breile nicht geschafft hat – nämlich diesen störrischen Glatteisesel zur Vernunft zu bringen!«

Für einen Runge waren dazu lediglich drei Vorgänge notwendig. Diese wurden in einer Stunde erledigt. Fast komplikationslos.

Phase eins:

Strafverteidiger Runge besuchte Emil Spahn in der Haft. Der blickte ergeben weltmüde, schwer gezeichnet von mitternachtsdunkler Resignation. Doch immerhin war es Breile gelungen, ihn zu bewegen, diesen schwergewichtigen Menschen aus Königsberg als möglichen Rechtsbeistand wenigstens einmal anzusehen, und dies, obwohl Emil Spahn gleich abwinkte: »Irgendeinen Sinn hat das nicht!«

Worauf Runge sich bemühte, auf die Gefühle seines Mandanten einzugehen: »Lieber Herr Spahn – ich glaube Sie zu verstehen. Für Sie ist der nunmehr tote Keller ein Mörder und sonst nichts. Der Mörder Ihrer geliebten Katze. Was Ihnen durchaus genügt, seinen Tod nicht zu bedauern.«

Darauf antwortete Emil Spahn, mit zitternder Erregung, mit

flackernder Stimme: »Wer auch immer einen solchen Menschen getötet haben mag – der hat ein gutes Werk getan! Wer Tiere morden kann – der mordet auch Menschen. So einer hat keinerlei Daseinsberechtigung!«

Dr. Runge reagierte auf diese Anklage völlig unbeeindruckt. Er hatte es mit genug absonderlichen Käuzen in seinem langjährigen Strafverteidigerleben zu tun gehabt: Totschläger im Gerechtigkeitsrausch, Betrüger mit sozialen Anliegen, Mörder in allen erdenklichen Versionen: Mörder aus gekränkter Ehre, wegen eines schiefen Blicks, einer falschen Bemerkung, verhinderter Liebe oder einfach aus Hunger. Es gab einfach nichts mehr, was einen Runge überraschen konnte.

»Ich respektiere sehr bereitwillig Ihre Erkenntnisse, Herr Spahn. Doch diese besagen letzten Endes: Wer kein Tier zu töten vermag, der kann auch keinen Menschen umbringen! Damit meine ich Sie! Was also praktisch heißt: Sie können diesen Kerl gar nicht erledigt haben! Denn so was wäre wider Ihre Natur!«

»Dennoch bekenne ich mich dazu!« sagte Emil Spahn trotzig. »Wie zu einer heiligen Verpflichtung.«

Daraus ergab sich Phase zwei:

Der Strafverteidiger Runge wurde deutlich: »Sie scheinen sich also unbedingt opfern zu wollen, Herr Spahn. Für wen eigentlich?«

»Für meine Katze Susie – selbstverständlich!«

»Die Sie geliebt haben – ich weiß!« flüsterte Runge intensiv auf seinen Klienten ein. »Die getötet worden ist – von wem auch immer. Dann wurde auch Keller getötet – doch bestimmt nicht von Ihnen. Sie sind kein Mörder.«

»Ach, Mann, was reden Sie da herum! Für mich steht fest: Wer immer den umbrachte, der hat ein gutes Werk getan!«

»Wie Sie bereits ausführten, Herr Spahn. Aber warum wollen Sie denn unbedingt die möglichen Beweggründe des wirklichen Täters auf sich nehmen und stellvertretend für ihn leiden? Sie wollen doch nicht etwa heilig werden? Erkennen Sie denn nicht, daß es durchaus denkbar ist, daß dieser Keller von einem Menschen seiner Machart ermordet wurde? Also von einem, der aus machtpolitischem Ehrgeiz entschlossen über Leichen geht. Wollen Sie den unbedingt decken? Ihn straflos davonkommen lassen?«

»Hauptsache ist, daß es diesen Keller erwischt hat! Wozu ich mich bekenne! Was wollen Sie dagegen machen?«

»Nun, Herr Spahn, da Sie unbedingt auf Ihrer Schuld bestehen, werde ich Sie zu Ihrer Unschuld zwingen.«

Phase drei:

Nun erfolgte eine Reihe von bewährten kriminalistischen Praktiken und rechtsanwältlichen Kunstgriffen – Verwirrung erzeugend, Klärung herbeiführend. Ein Vorgang, der in Fachkreisen genannt wurde: Roßkur gegen falsche Selbstbezichtigungen.

In Gegenwart des Polizisten Kersten, der sich höchst aufmerksam im Hintergrund hielt, vernahm Runge den Inhaftierten: »Sie behaupten also, Herr Spahn, diesen Keller erschlagen zu haben. Und das mit einem schweren, kantigen Gegenstand, den Sie ihm mitten auf die Stirn knallten? Wie das im Befund steht.«

Das stand dort keineswegs, was Emil Spahn jedoch nicht wissen konnte. Der bejahte die Frage prompt. Doch nach den polizeiamtlichen Unterlagen war Kellers Tod durch einen Schlag mit einem rohrartigen, also nicht kantigen Gegenstand erfolgt, und zwar auf den Hinterkopf.

Runge: »Danach ließen Sie den Erschlagenen liegen?«

»Jawohl«, versicherte ergebungseifrig Spahn, »dort, wo der hingefallen war.« Auch das entsprach nicht den ermittelten Tatsachen. Denn Keller war auf der Straße, vor seinem Haus, getötet und erst danach in den Hausflur gezerrt worden.

Aus den Antworten auf alle Kreuz- und Querfragen, die Runge nun noch stellte, ergab sich zwangsläufig: Emil Spahn konnte der Mörder des angeblichen Mörders seiner Katze nicht gewesen sein! »Und eben das, Herr Kersten, ist es denn wohl auch, was Sie bestätigt haben wollten?«

Der Polizeibeamte hatte einige Mühe, seine helle Freude über diese prompte Abwicklung zu unterdrücken. »Damit wird sich wohl sogar der zuständige Staatsanwalt abfinden müssen! Das Geständnis des Herrn Spahn ist somit hinfällig. Der muß unverzüglich entlassen werden.«

»Sie glauben also an die Gerechtigkeit – was? Das ist bei Ihnen, Kersten, vermutlich zu befürchten.« Rechtsanwalt Runge blickte betrübt. »Sie sind ein Mann der Sicherheit und Ordnung. Respekt! Und nun wollen Sie sich unter denen, die heute die Macht haben, dafür einsetzen? Mann Gottes, Sie haben sich was vorgenommen!«

Womit Runges Mission in Gilgenrode beendet war.

In dem Städtchen Gilgenrode war, rein äußerlich, damals die Welt noch heil. Nichts vermochte die wundervolle Idylle zu stören: keine häßlichen Neubauten, keine hehren Standbilder. Die Menschen lebten wie beschirmt von den Schönheiten einer noch unberührten Natur. Diese Welt war noch frei von Beton.

Über den tiefblauen Seen, es gab Tausende in diesem Land, kreisten die Kraniche. Wasservögel nisteten an den Ufern, die von uralten Bäumen überschattet waren. In den sich weithin ausbreitenden dichten Wäldern lebte das Wild, noch unbedroht von abschußwütigen Jägern, die in Wahrheit nur Ausrotter sind.

Die Nächte in diesem friedlichen Landstrich im südlichen Ostpreußen waren erfüllt von geheimnisvollem Leben: hier ließ sich ein Uhu vernehmen, dort huschte eine Fledermaus vorüber, und an den Frühsommerabenden flimmerten die Glühwürmchen hundertfältig durch die Dunkelheit. Der Menschenschlag mochte wohl ein wenig träge anmuten: Leute, die gutmütig und genußfreudig waren; stets hilfsbereit und freundlich, wenn auch auf ihre karge, einsilbige Art. Sehr bäuerliche Naturen waren es, auch die Leute in Gilgenrode. Die meisten ahnten wohl kaum, daß ihre kleine Welt – und nicht nur sie – vor der Vernichtung stand.

Diese Menschen liebten ihr Land. Sie wollten Gärten mit Blumen besitzen, einen Baum vor ihrem Haus haben, am liebsten eine Linde. Dazu noch einen braven Hund vor der Tür, gleich welcher Rasse. Auch zwei, drei Katzen, ohne nach deren Stammbaum zu fragen. Was hier lebte – mit dem lebte man gern.

Noch war hier alles scheinbar unabänderlich heil. Doch es brach eine Zeit an, eine neue Zeit, die alles verändern würde.

Nach einigen Tagen der Abwesenheit erschien Beate Fischer wieder in der Zahnpraxis Sonnenblum. Sie wirkte unverändert – abgesehen von einer starken Schminkschicht, besonders unterhalb der Augen. Dies verlieh ihr jedoch eine zusätzliche dunkelsinnliche Ausstrahlung.

Sonnenblum eilte auf sie zu, um sie bebend in seine Arme zu schließen. »Da bist du ja endlich!« Worauf er sie fürsorglich betrachtete. »Wollen wir darüber sprechen?«

»Nein, bitte nicht«, sagte sie, mit samtweicher Entschiedenheit. »Du verstehst mich, nicht wahr?«

In der Tat: das denkbar heikle Thema Keller brauchte zwischen ihnen nicht mehr erörtert zu werden. Dafür war er dankbar. »Du mußt dich ausruhen, meine Liebe. Mußt dich schonen!«

Nun war es Beate, die ihn fürsorglich betrachtete. »Du machst den Eindruck, als wärst du krank, Heinrich.«

»Ich fühle mich kerngesund!« versicherte er. »Was jedoch nicht ausschließt, daß ich Sorgen habe.«

»Doch nicht etwa meinetwegen?«

»Aber nein, nein! Dein Anblick bereitet mir wie stets reines Entzücken! Ich bin sehr glücklich, daß du wieder da bist.«

»Das freut mich, Heinrich!« Sie schmiegte sich so zärtlich an ihn, daß er schwankte. »Dann können wir uns also wieder unseren Patienten widmen.«

»Das, Beate, meine Liebe, muß nicht sein! Denn ich gedenke unsere Praxis vorübergehend zu schließen. Ungleich wichtigere Dinge haben nun Vorrang. Jetzt geht es allein um das Ansehen unserer Partei. Entsprechende Maßnahmen müssen ergriffen werden!«

»Dann ergreife, was du für richtig hältst.« Beates verhaltene Ironie nahm er nicht wahr. »Inzwischen werde ich hier aufräumen – und auf dich warten.«

Beate Fischer, die nun allein in der Praxis zurückgeblieben war, beschäftigte sich zunächst mit der Gilgenroder Mundhöhlenwelt: sie vervollständigte Karteikarten. Das langweilte sie zwar maßlos, doch immerhin gelangte sie dabei überraschend an poetische Produkte. Es waren deren drei – von Johannes Breitbach ganz direkt für sie persönlich erdichtet.

Diese Gedichte trugen die Widmung: ›Für B.‹ Poem Nummer eins begann mit dieser Zeile: ›Als ich zum ersten Mal dich sah...‹ Poem Nummer zwei: ›Wenn du mich ansiehst, geht die Sonne auf...‹ Poem Nummer drei schließlich verkündete: ›Zwei Seelen, jedoch ein Gedanke – zwei Herzen, doch mit gleichem Schlag...‹

Beate wußte nun nicht recht, wie sie darauf zu reagieren hatte. So etwas war ihr noch nie passiert. Immerhin wurde sie nun überaus neugierig auf das, was sich möglicherweise daraus ergeben könnte. Doch so sehr sie dann auch darauf lauerte: nichts ergab sich. Das konnte sie allerdings kaum entmutigen.

Schulze, der Scharführer, lechzte danach, siegreich in Aktion zu treten. Dazu schien er von einigen SA-Kameraden angeregt worden zu sein – genau besehen jedoch nur von einem: von diesem Konrad Breitbach, einem Kameraden, der ihm, wie er glaubte, treu ergeben war.

Der hatte ihm erklärt: »Man braucht sich doch nur nach dem Willen und den Weisungen unseres Führers zu richten, die in dessen Werk ›Mein Kampf‹ nachzulesen sind. Darin wird bewußte Auslese, die Bildung einer Elite dringend gefordert. Schwächliche Entschlossenheit und feiges Ausweichen, heißt es dort, sind die Quellen aller Übel.«

»Ein solches Verhalten ist bei einem Mann, wie ich es bin, nicht denkbar!« versicherte Scharführer Schulze mit kämpferischem Selbstbewußtsein. »Das zu bezweifeln, würde ich niemandem raten!«

Konrad Breitbach begann die besonderen Fähigkeiten dieses Scharführers zu erkennen. »Deine Stunde ist gekommen!« sagte er. »Nutze sie!«

Worauf sich Schulze entschlossen zu seinem Ortsgruppenleiter begab, um dem stolz zu erklären: »Unsere SA, die wichtigste Schutztruppe der Partei, ist ohne verantwortliche Führung.« Das klang eingelernt, hörte sich dennoch überzeugend an. »Ein nicht ungefährlicher, äußerst fragwürdiger Zustand, welcher dringend einer Klärung bedarf – damit hier nicht wieder katastrophale Weimarer Zustände einreißen!«

Der vielfach geprüfte Sonnenblum schnaufte, als müsse er, obgleich einem Herzkollaps sehr nahe, einen hohen Berg besteigen. Reichlich mühsam führte er aus: Wohl sei die Partei die führende Gemeinschaft innerhalb der Bewegung, doch sei die SA eine sie ergänzende, vervollkommnende Organisation und somit von großer Bedeutung. Ganz gewiß.

»Ich jedenfalls, mein Lieber, lege entschieden Wert darauf, daß unser SA-Sturm in die Hände eines Mannes gerät, dessen unbedingter Treue ich sicher sein darf. Ich habe dich daher zum Nachfolger unseres gemeuchelten Keller vorgeschlagen!«

»Danke dir, mein Ortsgruppenleiter!« schmetterte Schulze in strammer Haltung. »Ich, und damit unsere SA, wir empfinden die Verpflichtung, dir fortan den Rücken frei zu halten! Wir werden jeden, der sich dir entgegenstellt, beseitigen. Zumal hier nun endgültig aufgeräumt werden muß.«

Sonnenblum nickte, scheinbar durchaus zustimmend. Doch,

wieder einmal äußerst abgelenkt, schweiften seine Gedanken zu Beate Fischer und bedrängten ihn mit quälender Beharrlichkeit:

Was, so mußte er sich fragen, ist mit der los? Weicht sie mir aus? Erlischt ihre Liebesbereitschaft? Oder sollte es sich etwa um einen hochgesteigerten Verführungsversuch handeln? Diese verwirrenden Manöver, diese schockierenden Wechselbäder zwischen Ja und Nein – die wollen bewältigt werden. Aber wie?

Mit derart tiefbohrenden Fragen intensiv beschäftigt, hörte Sonnenblum nicht mehr genau zu. Was ja auch kaum notwendig war, dachte er. Denn dieser Urinoco-Kretin war nichts wie sein Geschöpf. Es war völlig gleichgültig, was der von sich gab.

»Unser Keller«, sagte Schulze, leicht speichelnd, »mag ja gewisse Verdienste gehabt haben. Aber im Grunde hat der doch nur versucht, mit bürgerlichen, kapitalistisch verseuchten Kreaturen gemeinsame Sache zu machen. Und so was ist ganz eindeutig wider unsere Weltanschauung!«

»Ich verlasse mich auf dich«, sagte Sonnenblum mit müder Ergebenheit. Allein diese ihn maßlos verwirrende Beate beherrschte sein Gehirn. Seine Körpertemperatur schien anzusteigen, entsprechend fieberhaft blickten seine Augen.

»Dann werde ich dir also bald, mein Ortsgruppenleiter, erste Kostproben unseres neuen, wahrhaft deutschen SA-Geistes anbieten können. Und die werden es in sich haben!«

Was dann auch zutraf.

Emil Spahn, Traumtänzer, Säufer und Seher, hatte aus dem von Rechtsanwalt Dr. Breile verwalteten Sonderfonds eine Art ›Schmerzensgeld‹ erhalten. Und das war so großzügig bemessen, daß er noch lange davon trinken konnte. Ganze Wortkaskaden in diversen Kneipen waren die Folge.

»Ich«, verkündete er bedauernd, »habe diesen Keller nicht erschlagen! Das ist sozusagen amtlich. Wer aber dann? Denn schließlich muß es ja einer gewesen sein. Wer also – wenn nicht ich?

Dabei gebe ich gerne zu: ich hätte diesem Menschen, meiner geliebten Katze wegen, bereitwillig den Hals umgedreht. Eine Regung, die man mir wohl nachfühlen kann – in diesem gottgesegneten Land. Denn bei uns gehören, selbst jetzt noch, Tiere zu unseren liebsten Weggefährten.

Doch diese unsere Welt ist tief in ihrem Wesen bedroht. Denn unter uns befinden sich Mörder! Und Mörder ziehen Mörder an. Das beginnt schon, wenn wir es hinnehmen, daß getötete Katzen zu unserem Alltag gehören. Nicht lange – und die Produktion von Leichen menschlicher Art könnte ebenfalls eine alltägliche Sache sein.«

Doch viel Beifall gewann Emil mit diesen Ansichten nicht. Er erhielt vorsorgliche Lokalverbote. In einer Kneipe meinte der Wirt: »Saufe von mir aus so viel, wie du willst – aber halte die Schnauze!« In einer anderen wurde ihm sogar angedroht: »Wenn du hier weiter so röhrst, verständige ich die Polizei!« Im letzten Lokal dann, kurz vor Mitternacht, ehe Emil total verdämmerte, trat ein uralter Bauer aus der Gilgenroder Umgebung in Erscheinung – ein gewisser Griegoleit, auch ›der Grüne‹ genannt.

Der hatte eine Fuhre Salat angekarrt, seinem Pferdchen Klara, ›die Braune‹ genannt, zu trinken und zu essen gegeben; und nun hockte er mit seinem Hündchen, ›der Schwarze‹ genannt, bei Bier und Bockwurst. Und der, mit eisweißem Haar und einem Faltengesicht wie aus Baumrinde, ansonsten äußerst wortkarg, bekannte:

»Was du da so von dir gibst, Emil, mein Jungchen, kommt mir vor, wie wenn ein Rabe singt – auf einem Friedhof. Von Gott gewiß geduldet – doch von wem sonst noch?«

Ortsgruppenleiter Sonnenblum fühlte sich neuerdings beständig heimgesucht. Man bedrängte ihn geradezu rücksichtslos. Zu denen, die ihn im Büro stellten, gehörte auch Kersten, der Polizist.

Sonnenblum versuchte sich einzureden, er sei ein germanischer Stammesfürst, der würdig unter einer Eiche sitzt und Urteile fällt. Doch in Wahrheit hockte er lediglich hinter einem aus schmalen Fichtenbrettern zusammengezimmerten Schreibtisch. Am liebsten freilich hätte er sich in verlockend dichtdauniger Kissenfülle bei Beate gesehen. Daß davon keine Rede war, machte ihn fiebrig reizbar.

Also sagte er zu Kersten, der wie aus Holz geschnitzt vor ihm stand: »Sie haben mich sehr enttäuscht! Denn es ist Ihnen leider nicht gelungen, diese fürchterliche Untat aufzuklären. Das wirbelt nun hier viel Staub auf, schafft böses Blut, führt zu gemeinschaftsgefährdenden Unruhen. Das muß abgestellt werden!«

»Genau deshalb, Herr Sonnenblum, bin ich hier. Denn ich muß

Sie darauf vorbereiten, daß ich nunmehr betreffs des Todes von Keller unvermeidliche Maßnahmen zu ergreifen habe, die sich bis in die Bereiche der Partei ausdehnen können – speziell jener der SA.«

Bei dieser Eröffnung vergaß Sonnenblum sekundenlang sogar seine Beate. Er erkannte sofort die Tragweite dieser betont sachlich vorgebrachten Äußerungen. »Das«, stieß er würgend hervor, »ist absurd, auch höchst gefährlich. Für uns alle, auch für Sie. Wagen Sie etwa zu behaupten, daß ein Kamerad einen Kameraden umgebracht haben könnte?«

»Ich behaupte nichts. Ich verfolge lediglich Spuren, gehe allen erdenklichen Vermutungen nach. Auch wenn diese bis in die Reihen der SA hineinführen. Ich habe keine andere Wahl.«

»Wenn dem tatsächlich so sein sollte, Herr Kersten, dann werde ich mich, notgedrungen, direkt an die Gauleitung wenden müssen. Und zwar mit der amtlichen Bitte, möglichen bedrohlichen Mißgriffen Einhalt zu gebieten. Womit dann eine Ihnen vorgesetzte Dienststelle eingeschaltet werden wird – eine hohe und maßgebliche. Wollen Sie es unbedingt darauf ankommen lassen?«

»Ich tue hier lediglich meine Pflicht«, sagte der Polizeibeamte in ergebenem Selbstbewußtsein. »Und von der vermag mich niemand abzubringen.«

»Ich bin Konrad Breitbach«, sagte der kleine zierliche Mann mit den versonnen blickenden Eulenaugen. »Und ich nehme an, selbst zu so später Abendstunde nicht ungelegen zu kommen. Denn ich habe gehört, daß Sie lange Nächte lieben und außerdem so gut wie durch nichts zu erschüttern sind. Also wohl auch nicht durch mich.«

Beate Fischer blickte ihrem spätabendlichen Besucher, dem sie die Tür ihrer Wohnung geöffnet hatte, mit wachsender Neugier entgegen. Sie trug einen sonnenblumigen Bademantel über erkennbar leichtester weißer Unterwäsche. »Was erwarten Sie von mir?«

»Das«, meinte Konrad, »ist an sich ganz einfach zu erklären.«

Beates dunkel strahlende Schönheit schien ihn zu blenden. »Ich bin hier, um Sie kennenzulernen, und – damit auch Sie mich kennenlernen. Soweit das möglich ist und Sie das überhaupt wollen.«

»Will ich!« Beate öffnete ihre Tür einladend weit.

Konrad trat ein und sah sich ungeniert um, mit abermaligem Wohlgefallen. Denn der Raum, in dem er sich nun befand, wirkte blumenbunt und frühlingshaft munter und für Gilgenroder Verhältnisse ungewöhnlich hell. Auf einem kleinen Mosaiktisch, unter einem großen, mit Dschungelblüten ausgemalten Stehlampenschirm, lag ein aufgeschlagenes Buch.

An diesem Tischchen ließ sich Konrad unaufgefordert nieder, nahm das Buch an sich und begann darin zu blättern. Bald schüttelte er mit einem Lächeln, das voller Verwunderung war, den Kopf. »Auch das noch!« rief er aus. Denn dieses Buch war von Heinrich Heine.

»Offiziell«, erklärte er dann, »bin ich hier, um Sie über Keller zu befragen. Denn seinetwegen scheinen wir erhebliche Schwierigkeiten zu bekommen. Wir müssen uns deshalb gründlich informieren, um auf alles möglichst vorbereitet zu sein. Vermutlich jedoch werden Sie jede Auskunft verweigern.«

»Das vermuten Sie richtig!« versicherte Beate Fischer entschieden. »Und damit ist Ihre offizielle Mission beendet! Was nun?«

»Dann gehen wir eben zum privaten Teil dieser Begegnung über!« Konrad, des Dichters Buch in den Händen, betrachtete sie mit knabenhafter Freude. »Und lassen Sie mich, bevor sich unvermeidliche Mißverständnisse einstellen, dies sagen: Sie sind noch weit schöner, als ich das bisher wahrgenommen habe! Und das erklärt hier wohl so manches – wenn nicht alles!«

»Was denn, bitte?«

»Zunächst etwas sehr Wesentliches! Ich glaube zu erkennen, daß für Sie die allgemeinen Gilgenroder Gesetze nicht gelten. Sie sind eine absolute Ausnahme – ein Sonderfall.«

»Langsam«, sagte Beate mit leuchtender Wachsamkeit, »wird mir klar, daß man mich nicht zu Unrecht vor Ihnen gewarnt hat! Sie scheinen tatsächlich äußerst gefährlich zu sein! Denn Sie sagen offenbar immer genau das, von dem Sie zu wissen glauben, daß Ihr Gesprächspartner es gerne hört.«

»Sollten Sie mich durchschaut haben?« fragte er heiter.

»Vermutlich sind Sie im Grunde sehr ähnlich wie ich!« sagte Beate Fischer, ihm stark entgegengeneigt. »Auch Sie versuchen sich zu behaupten. Mithin könnten wir beide gute Freunde sein. Und ich gestehe Ihnen offen: Sie gefallen mir.«

»Sie mir auch!« Konrads breites Faunlächeln verzog sich zu einer grotesken Grimasse. »Das Fatale dabei ist, daß hier nicht das maßgeblich ist, was Sie sind, sondern nur das, was andere von Ihnen glauben.«

»Sie sind doch nicht etwa besorgt um mich, Konrad?«

»Das bin ich tatsächlich; jedoch auf wesentlich andere Weise, als Sie vermuten.« Wobei Konrad auf das Heinrich-Heine-Buch in seiner Hand blickte – mit wachsender Nachdenklichkeit. »Denn irgendwie, nehme ich an, gehören Sie ganz einfach nicht in die hiesige Welt. Die paßt nicht zu Ihnen! Sie sollten sich von hier entfernen. Das wäre gewiß die beste Lösung – für Sie!«

Kimminger hatte – mit den schön gezielten Worten: »Ich erlaube mir die Ehre zu geben!« – Scharführer Schulze zu einem Mittagessen zu sich gebeten. »Als mein verehrter Gast!« Und Schulze war durchaus bereit, sich verehrt zu fühlen. Das jedoch nicht ohne die lautstark hervorgebrachte Behauptung: »Ich bin nicht zu bestechen – schon gar nicht durch Fressen und Saufen! Da habe ich so meine Prinzipien – und zwar eiserne!«

»Das wird selbstverständlich respektiert!« versicherte Kimminger, galoppartig entgegenkommend. »Von mir immer!«

In dieser neuen Ethik kannte er sich einigermaßen aus. Das Gesicht war zu wahren! Dazu gehörte, daß diesem Schulze später eine Rechnung vorgelegt wurde, auf der allerdings nur ein Bruchteil der entstandenen Kosten verzeichnet war. So was zahlte sich aus.

»Was darf ich Ihnen denn anbieten, Herr Sturmführer?« Kimminger empfahl Nierenbraten, Schweineschulter und Ochsenfleisch. Schulze winkte ab; er wünschte Heimatlich-Kraftvolles zu speisen. Etwa: Rührei, Sülze, Karbonaden – in Maßen. Also von letzteren nicht mehr als drei. Dazu Bratkartoffeln!

»Und was, bitte, begehren Sie zu trinken, Herr Sturmführer? Einen Burgunder – oder gleich Champagner, wie ihn Ihr Ortsgruppenleiter bevorzugt.«

»Ich bin hier weder Ortsgruppenleiter noch Sturmführer – noch nicht!« bellte Schulze. »Doch ein erklärt deutscher Mann, das bin ich allerdings, und als solcher bevorzuge ich Bier, ostpreußisches!«

Kimminger registrierte erneut, was er bereits zu wissen glaubte: Hier hatte er ein ganz prächtiges Exemplar von einem deutschen

Rindvieh vor sich! Das war, nicht zuletzt im Hinblick auf dessen Frau, außerordentlich vielversprechend. Damit ließe sich einiges anfangen. »Ich bin besorgt«, bekannte er, sich vorbeugend. »Und zwar über die Entwicklung der Dinge!«

»Brauchen Sie nicht, Herr Kimminger!« Schulze biß von seiner dritten Karbonade ein großmauliges Stück ab. »Denn nun sind wir hier am Ruder. Und wir steuern einen ganz klaren Kurs!«

»Was mich äußerst hoffnungsvoll stimmt!« versicherte Kimminger schwungvoll. »Und ich gedenke auch nichts gegen Herrn Keller zu sagen, wobei ich mir jedoch diese Bemerkung, Herr Schulze, erlaube: In meinen Augen sind Sie der weitaus bessere Mann.«

»Diese Bemerkung erlaube ich Ihnen. Gerne.«

»Denn was mich, nun mal weiter äußerst vertraulich, nicht wenig besorgt gemacht hat, ist die offenbare Tatsache, daß es diesem Keller nicht gelungen ist, mit erklärten Volksfeinden, wie etwa Gernoth und Genossen, überzeugend fertig zu werden. Ihnen jedoch traue ich das zu!«

Schulze verschluckte sich und spülte mit schäumendem Bier nach. Um dann zu erklären: »Dieser Judenknecht Gernoth hat uns herausgefordert. Unsere SA!«

»Was Sie sich jedoch nicht bieten zu lassen gedenken – wie?«

»Niemals, Herr Kimminger! Wer uns in die Quere kommt, den machen wir fertig! Und wenn es der liebe Gott persönlich wäre.«

Was nun auf Gilgenrode zukam, war ein kleiner, äußerst zierlich wirkender, wie storchenhaft einherschreitender Mensch. Der war von Königsberg angereist, mit der Reichsbahn, II. Klasse.

Seinem Eintreffen vorausgegangen war ein intensives Telefongespräch des Ortsgruppenleiters Sonnenblum mit der Gauleitung, und zwar mit dem Gauorganisationsleiter. Das war ein gewisser Graf von der Schulenburg, Fritz-Dietlof mit Vornamen, ein spürbar unternehmungsfreudiger Mann.

»Da haben Sie nun also«, hatte der munter festgestellt, »gewissermaßen eine Leiche im Keller – was durchaus mal vorkommen kann. Doch die können Sie nicht allein beseitigen – die wollen Sie nun uns zuschieben, was?«

»Ich bitte da lediglich um eine Art Amtshilfe.«

»Für solche Fälle«, hatte dieser Gauorganisationsleitergraf ausgeführt, »haben wir uns hier eine Art Fachmann zugelegt, dem so gut wie nichts unmöglich ist. Schon gar nicht, wenn es sich um Leichen handelt. Für derlei vermag der einen sechsten Sinn zu entwickeln. Wobei ich nur hoffen kann, daß Ihre Finger sauber geblieben sind.«

»Mit dem Tod des Sturmführers, Herr Gauorganisationsleiter, habe ich nicht das geringste zu tun! Das versichere ich mit Entschiedenheit.«

»Na, fein! Dann können Sie also der Ankunft unseres Mannes namens Tantau getrost entgegensehen. Er ist Krimalkommissar. Und bei dem schlafen Sie gut, falls Ihr Gewissen rein ist. Falls jedoch nicht, werden Sie wohl kaum noch jemals richtig schlafen können.«

Dieser Tantau schien die Großausgabe eines Zwerges zu sein. Er war in einen Anzug von schwarzbrauner Farbe gehüllt, der ein Gerippe zu umschlottern schien. Daß dieser Mensch, der wie eine schäbige Vogelscheuche aussah, ein Spezialist sondergleichen für die Aufklärung von Morden, ja überhaupt ein Polizist war, hätte niemand vermuten können. Und genau auf diese Unkenntlichkeit legte er Wert.

Einen kleinen Koffer wie spielerisch schwenkend, begab er sich vom Bahnhof Gilgenrode zur Polizeistation im Rathaus. Hier fragte er nach Kersten. Der, unentwegt einsatzbereit, nahm den Besucher in Empfang. »Was, bitte, kann ich für Sie tun?«

Der wies sich zunächst aus – ein wenig umständlich, fast pedantisch. Also: »Tantau, Kriminalkommissar, mit Sonderauftrag. Ich bitte um Einsicht in die Unterlagen, betreffend Todesfall Keller.«

Die wurde ihm unverzüglich gewährt. Und beim Studium dieser Papiere hatte man den Eindruck, als atme dieser Tantau kaum mehr. Der steif neben ihm sitzende Kersten witterte, daß sich jetzt eine Art Orkan über Gilgenrode zusammenbraute.

Dann lehnte sich Tantau weit zurück. Er betrachtete den Polizeibeamten anhaltend, fast versunken, als lese er in einem Buch, um endlich mit einer leisen, sanften Grabpflegerstimme zu sagen: »Kompliment, Herr Kollege!«

»Wozu?« fragte Kersten mit leicht knurrendem Unterton. »Daß ich erkannt zu haben scheine, wer der eigentliche Täter ist? Oder etwa, daß ich zögere, ihn zu stellen? Vermutlich halten Sie mich für einen der in dieser Zeit besonders zahlreichen Feiglinge?«

»Nicht doch gleich das, mein lieber, verehrter Kollege!« Tantau lachte auf, als habe er sich einen Scherz geleistet. »Wofür arbeitet ein guter Beamter? Für seine Vorgesetzten! Ich bin ein Beamter. Und zwar ein Spezialist für Dreckbeseitigung, ein Straßenkehrer der Gerechtigkeit – jedoch kein Kuli!«

Kersten versuchte vergeblich, den Gedankengängen des Kommissars nachzuspüren – denn die schienen, gebirgswasserartig sprudelnd, durch steinige Schluchten vorwärts zu stürzen. »Ich nehme an, daß Sie mich darüber aufklären werden, was Sie von mir erwarten.«

Tantau nickte. »Was ich erhoffe, ist Zusammenarbeit! Das heißt praktisch: Sie schleppen herbei, wen immer ich für notwendig halte. Und den setzen wir dann gemeinsam unter Druck. Mit dem vermutlichen Endergebnis: wir überführen den Täter. Worauf ich dann Ihnen die Wahl überlasse zwischen zwei Möglichkeiten. Entweder: Ich übergebe Ihnen diesen Täter, den Sie dann zu Ihrem Polizeiruhm, quasi als Ihre ureigene Beute, abschleppen können.«

»Oder?«

»Sie können mir die Verantwortung für diese Vorgänge getrost in meine großen Schuhe schieben. Ein Arrangement also, das Ihnen ja auch schon Rechtsanwalt Runge angeboten hat.«

»Sie kennen den?«

»Man kennt sich eben – in solchen Notzeiten immer! Wie von Leuchtturm zu Leuchtturm. Doch versprechen Sie sich nicht sonderlich viel davon. Letzten Endes muß hier wohl jeder allein dahinvegetieren. Oder er muß krepieren, sofern er nicht lernt, wie man dennoch überleben kann. Falls sich so was überhaupt lernen läßt.«

9
Es gibt kein Ende –
alles ist nur Übergang

»Also, dann wollen wir mal Wind säen, um Sturm zu ernten!«
Tantau kicherte Kersten genossenhaft an. »Oder eben: Würmer
aus allen sich anbietenden Nasen ziehen – um damit die Mistbeete
der Gerechtigkeit anzureichern!« Dabei rieb er sich heftig die
Hände, als friere ihn selbst noch an diesem prächtigen Vorsommertag.

Dann wollte er wissen, ob Kersten Stenographie und Schreibma-
schine beherrsche. Das wurde ihm bestätigt. »Dann sind wir beide
sozusagen ein fachgerechtes kriminales Zweigespann – ich als
Untersuchungsbeamter, Sie als Protokollführer. Vorzuführen wäre
als erster Herr Sonnenblum.«

Worauf Kersten leicht zusammenzuckte. »Wäre es nicht vielleicht ratsamer, den in seinem Büro aufzusuchen? Schließlich ist
der hier als Ortsgruppenleiter...«

»Allein entscheidend ist doch wohl, was wir hier darstellen. Wir
sind alles andere als ängstliche Subalterne. Wir sind Polizei.
Beruhigt Sie das?«

»Herr Kommissar«, sagte nun Kersten steif, »ich glaube zu jenen
deutschen Beamten zu gehören, die nicht wissen, was ein Befehl
ist. Die aber dennoch nach dessen Sinn fragen. Unsere kleine Stadt
ist schließlich nicht das große Königsberg!«

»Ein Irrtum mehr, Kollege Kersten. Wir haben es hier mit dem
Versuch einer gigantischen Gleichschaltung zu tun. Und so was
sieht, im Prinzip, in der Reichshauptstadt Berlin kaum wesentlich
anders aus als im letzten Kuhdorf. Mithin: das Universum, sich
widerspiegelnd in einem Wassertropfen.«

»Dann werde ich also«, bestätigte Kersten etwas mühsam,
»Herrn Sonnenblum herbitten.«

»Was keinesfalls unter Androhung von Gewalt geschehen muß,
falls Sie das irgendwie beruhigt. Reden Sie vielmehr diesem
Ortsgruppenleiter ein, er habe ein Beispiel zu geben! Er möge
damit bezeugen, daß er sich der Gerechtigkeit anvertraut. So was
wirkt garantiert ansteckend. Und genau darauf kommt es an!

Sobald sich dieser sogenannte Hoheitsträger herbeizitieren läßt, werden ihm alle anderen folgen – wie dem Leithammel die Herde. Also los!«

Die nun folgenden Vorgänge waren nichts als amtliche Vernehmungen, die dennoch eher wie freundliche Plaudereien wirkten, veranstaltet von Tantau, registriert von Kersten. Objekt Nummer eins war also Ortsgruppenleiter Sonnenblum. Der erschien bereitwillig, beklagte sich jedoch sofort: »Mußte das sein?«

»Wir haben wohl ein gemeinsames Problem«, meinte Tantau höflich. »Sie als örtlicher Hoheitsträger, ich als Beauftragter der Gauleitung. Wir müssen herausfinden, ob die Möglichkeit besteht, daß Angehörige der Partei oder ihrer Organisationen, zum Beispiel der SA, am Tode dieses Keller schuldig oder mitschuldig sein könnten.«

»Das auch nur im Traum anzunehmen«, wehrte Sonnenblum entschieden ab, »will mir als eine Vermessenheit sondergleichen erscheinen! Eine derartige Andeutung kann ich nur als Drohung empfinden – die möglicherweise sogar gegen mich gerichtet ist!«

»Aber nicht doch gleich das, Herr Ortsgruppenleiter!« wehrte Tantau nahezu erschrocken ab. »Sie stehen bei der Gauleitung, wurde mir versichert, in hohem Ansehen. Und ich erkenne, Ihr Gewissen ist rein – und ich kann nur hoffen«, ergänzte er fast traurig, »ich habe mich nicht getäuscht.«

Munter, nahezu vergnügt, erschien jetzt Richard Breitbach. Um sogleich zu verkünden: »Diesen Keller habe ich kaum gekannt, dem bin ich nur wenige Male begegnet – und falls es das ist, Herr Kommissar, was Sie wissen wollen: der hat mir nicht gefallen, mit dem wollte ich möglichst nichts zu tun haben.«

»Das entspricht meinen Informationen«, lächelte Tantau entgegenkommend. »Er war sozusagen Ihr politischer Gegner.«

»Das können Sie nennen, wie immer Sie wollen, verehrter Herr! Auf alle Fälle aber gehöre ich nicht zu jenen, die andere Menschen ihrer politischen Überzeugung wegen, und sei sie noch so unsinnig, ins Jenseits befördern – oder befördern lassen.«

Der nächste, der sich im Polizeirevier bei Tantau und Kersten einzufinden hatte, war Kimminger. Der versicherte, als befinde er sich unter verläßlichen Mitverschworenen: »Den Tod unseres

Keller beklagt und bedauert wohl niemand so sehr wie ich! Der war ein hervorragender Mann, den habe ich geschätzt.«

»Sie scheinen den«, meinte nun Herr Tantau sehr sanft, »auf zunächst zehntausend Mark eingeschätzt zu haben. Ganz abgesehen von sonstigen Vergütungen, Zuwendungen – oder wie immer man das nennen könnte.«

»Ich versuche eben«, versicherte Kimminger mit der ihm eigenen Ungeniertheit, »mich um unsere Bewegung verdient zu machen. Gedenken Sie irgend etwas dagegen einzuwenden, werter Herr?«

Dann erschien Frau Hermine, die Schwester des Sturmführers Keller. Sie blickte anklagend und verächtlich auf Kersten und sagte dann zu Tantau: »Ich habe bereits alles gesagt. Dieser Emil ist es gewesen! Bringen Sie den endlich wieder hinter Schloß und Riegel – und geben Sie den Leichnam meines Bruders frei, damit er beerdigt werden kann!«

»Hier?« wollte Kersten wissen. »Unmittelbar vor dem großen ›Deutschen Tag‹?«

Hermine würdigte ihn keines Blickes, keiner Antwort – sie sprach allein mit Tantau. »Mein Bruder wird in seinem Heimatort beigesetzt werden« – der lag zwölf Kilometer ostwärts von Gilgenrode –, »unmittelbar neben seiner geliebten Mutter. Herr Sonnenblum ermöglicht das großzügig. Und nun tun auch Sie hier endlich Ihre Pflicht und Schuldigkeit!«

Das darauf folgende Gespräch mit Pfarrer Bachus mutete nur wie ein banales Zwischenspiel an. Der Geistliche bekannte unaufgefordert: »Nun ja, Herr Keller hat mir gewisse Schwierigkeiten gemacht – doch das verzeihe ich ihm, der konnte nichts dafür. Er war ein irregeleiteter Mensch, von denen gibt es hier einige. Womit ich keinesfalls Sie, Herr Tantau, meine – und schon gar nicht unseren Herrn Kersten. Ich werde für Sie beten.«

Das nächste Vernehmungsobjekt war Beate Fischer. Sie wurde von Tantau mit erlesener Höflichkeit empfangen. Auch er erfreute sich, sichtlich und spürbar, an ihrem Anblick, an ihrer sanftdunklen Süße, den graziösen Bewegungen, dem betörenden Lächeln.

»Fast genau so, liebes Fräulein, habe ich Sie mir vorgestellt!« bekannte der Kriminalist überraschend genußbereit. »Sie gefallen mir sehr.«

»Was auf Gegenseitigkeit beruht!« versicherte Beate Fischer, instinktiv reagierend. »Auch wenn ich das Gefühl habe, daß Sie sich persönlich nicht sonderlich viel davon versprechen.«

»Stimmt.« Tantau lächelte sie verständnisvoll an. »Doch nicht, weil ich mich etwa zu alt dafür fühlte oder mich durch mein Aussehen behindern lassen würde. Denn auf so was, nicht wahr, kommt es letzten Endes gar nicht an. Doch ich habe keinesfalls die Absicht, das bisher schon ganz erhebliche Gedränge um Sie noch zu vergrößern. Honig und Bienen gehören zusammen. Doch manchmal stellen sich auch Bären ein.«

»Das genau, Herr Tantau, ist meine Situation! Die bereitet mir manchmal erhebliche Schwierigkeiten.«

»Wobei Sie vermutlich das ganze Ausmaß dieser Schwierigkeiten noch nicht einmal klar erkennen können. Denn zur sogenannten Liebe gehören oft auch sehr seltsame Spielarten der Leidenschaft. Zuweilen kann es sogar zu einer Gewalttat kommen. Wie in diesem Fall.«

»Das habe ich niemals gewollt!«

»Darauf, was man will, meine schöne Dame, kommt es dabei nicht an – sondern allein auf das, was man auslöst! Etwa bei einem Mann. Oder, in Ihrem Fall, wenn ich richtig nachgezählt habe, bei mindestens vier Männern. Mein verehrtes Fräulein Fischer – ist das nicht ganz entschieden zu viel?«

»Die sind eben, ohne mein Zutun, auf mich zugekommen, Herr Tantau. Leider gehörte auch dieser Keller dazu. Doch muß der unbedingt deshalb umgebracht worden sein?«

Tantau betrachtete mit Wohlwollen ihre grünblauen Augen.

»Sie sind ein kluges Kind«, sagte er. »Wir werden uns bestimmt noch einmal unterhalten.«

»Jetzt verstehe ich so gut wie gar nichts mehr!« bekannte der Polizeibeamte Kersten dem offenbar äußerst zufrieden vor ihm sitzenden Zwergmenschen Tantau. »Sie haben nun fünf Stunden lang mit diversen Leuten geplaudert, ohne daß dabei irgendwelche neuen, verwertbaren Tatbestände zum Vorschein gekommen wären.«

»Üben Sie sich in Geduld, verehrter Kollege«, empfahl der Kriminalkommissar aus Königsberg mit fast herzlicher Höflichkeit. »Zunächst einmal muß man eine Menge Feuer schüren, um die Erkenntnissuppe zum Kochen zu bringen.«

»Aber bei diesen Randfiguren?« Kersten glaubte sich den Einwand leisten zu dürfen.

»Auch jene, die Sie Randfiguren zu nennen belieben, gehören zum Gesamtbild! Erst wenn man die alle beisammen hat, kann man erkennen, wer die Zentralfigur ist.«

»Die findet man hier vermutlich unter ganz anderen Leuten! Etwa – bei Sass und seinem Rechtsanwalt Breile. Oder bei Scharführer Schulze und seinen SA-Gewalttätigen. Auch auf Konrad Breitbach sollte man achten – der hat seine Finger überall drin stecken. Hinzu kommt dann noch dieser angeblich oppositionelle Gesinnungsverein im Hotel ›Zum weißen Hirsch‹. Und schließlich auch der Emil Spahn, der sich jetzt bemerkenswerte Mengen an Alkohol leisten kann.«

»Alles das kommt schon noch, Herr Kersten. Überschlafen wir das zunächst einmal – Sie bei Ihrer Familie, ich in einem Hotel. Übrigens in jenem, das Sie bereits eben erwähnt haben: im ›Weißen Hirsch‹. Ich wünsche uns dennoch eine möglichst geruhsame Nacht. Halten Sie sich aber abrufbereit.«

Das Hotel ›Zum weißen Hirsch‹, in dem Tantau Quartier bezogen hatte, wirkte an jenem Abend wie eine Oase der Ruhe und Geborgenheit, eine Heimstatt ostpreußischer Gastlichkeit: das große Abendessen, geschmorte Ente mit Äpfeln, war vorzüglich gelungen. Wohlbehagen breitete sich aus.

Etliche äußerst solide wirkende, wohltuend nicht uniformierte Bürger speisten mit sichtbarem, nur selten auch hörbarem Genuß: ein Kaufmann, zwei Stadtverwalter, ein Erziehungsbeamter, drei Handwerksmeister, ein Gewerbetreibender. Sie alle zumeist in Begleitung ihrer Gattinnen. Sie wirkten dennoch recht zufrieden.

Gernoth, der Besitzer des Hotels, leuchtend weißhaarig, wandelte von Tisch zu Tisch, erkennbar dienstbeflissen, ohne dabei an bescheidener Würde einzubüßen. Dienernd begrüßte er seine Gäste, achtete luchshaft auf Bestecke, Teller und Gläser, war um gewisse Feinheiten des Servierens bemüht. Dabei näherte er sich auch Tantau, der allein an einem Tisch saß.

»Ich hoffe sehr, Sie haben einen angenehmen Aufenthalt bei uns, mein Herr?«

»Warum sollte ich das nicht? Ihr Haus wirkt äußerst gepflegt, Ihre Gäste fühlen sich offensichtlich wohl – ich auch. Sie allerdings scheinen mir ein wenig beunruhigt zu sein. Sollten Sie etwa befürchten, diese wohltuende Harmonie könne gefährdet sein? Durch wen?«

»Kann man das wissen?« Der Hotelier faltete ergeben seine Hände, ohne sein freundliches Lächeln zu verlieren. »Ich jedenfalls kümmere mich nur darum, daß meine Gäste zufrieden sind. Und ich hoffe sehr, diese Ente, eine Spezialität meines Hauses, mundet Ihnen.«

»Ganz vorzüglich«, versicherte Tantau mit kennerischer Miene. »Dieser Braten hat einen leichten, doch sehr aromatischen Wildgeschmack.«

»Äußerst treffend bemerkt, verehrter Herr«, bestätigte der Hotelier voller Anerkennung. »Es handelt sich um Enten, die im Moorgebiet nördlich von Gilgenrode gezüchtet werden. Die leben dort in freier Natur, werden aber zusätzlich noch mit Kraftfutter gespeist – daher diese fast sahnig-fette und dennoch kraftvoll-fleischige Würze. Ich erlaube mir, guten Appetit zu wünschen.«

Ein frühsommerliches Idyll mithin, dieses Hotelrestaurant. Alle diese so freudig speisenden Menschen fühlten sich sichtlich wohl. Trotzdem führten sie keine aufdringlich lauten Gespräche. Manchmal jedoch klang herzliches Lachen auf, etwa wenn sie sich gelegentlich zuprosteten, über die Tische hinweg, mit Gläsern voll schäumenden Bieres. Das geschah augenzwinkernd, als wären sie alle einander freundschaftlich zugetan. Dann speisten sie wieder schweigsam und hingebungsvoll – als vermöge nichts in dieser Welt sie in ihrem Wohlbehagen zu beeinträchtigen.

Aber dann kam die SA.

Schulze, der sich bereits als der wahre Führer der Gilgenroder SA wähnte, war entschlossen, sich möglichst schnell und wirksam zu bewähren. Deshalb hatte er aus einigen ihm besonders verläßlich scheinenden Männern einen kampfbereiten Stoßtrupp gebildet, um ihn im Bereich ›Weißer Hirsch‹ planvoll zum Einsatz zu bringen.

Zwei seiner Leute waren am Haupteingang postiert worden, zwei weitere im Hof, beim Hinterausgang. Und das war mit der Weisung geschehen: »Alles abriegeln! Kein Schwanz kommt hier mehr durch! Also weder raus noch rein! Zumindest nicht so lange, bis meine Aktion in diesem volksfeindlichen Saustall abgeschlossen ist.«

Unmittelbar danach stampfte Schulze, von zwei Uniformierten flankiert, in das Hotelrestaurant. Standbildhaft standen sie, die Beine leicht gespreizt, den Oberkörper gereckt, klobige Schlagstöcke in den Schaufelhänden. Der kommissarische SA-Sturmführer war mit einer Pistole 08 bewaffnet, die in einer gelbbraunen Ledertasche steckte. Und auf diese klopfte er drohend, während er mit bellender Kommandostimme befahl: »Ruhe bewahren und weitermachen, Volksgenossen! Dies ist eine Staatsaktion! Da hat sich niemand einzumischen, verstanden – falls der nicht lebensmüde ist. Von euch will niemand was. Noch nicht. Zunächst ist *der* an der Reihe!«

Worauf der Gilgenroder SA-Gewaltige seinen rechten Arm weit ausstreckte – doch keinesfalls zum Deutschen Gruß, sondern um, gleichsam die Anklage erhebend, auf den Hotelier Gernoth zu weisen. Der neigte sein bleich gewordenes Gesicht und stammelte mit bebender Stimme: »Stehe zu Ihrer Verfügung, werter Herr. Vielleicht, wenn ich darum bitten darf, in meinem Büro?«

Diese Bitte wurde ihm mürrisch gewährt. Der Hotelier trippelte eilends voran, Schulze folgte stampfend. Die beiden SA-Männer blieben wächterhaft zurück. Sie spielten mit ihren Schlagstöcken und grinsten bedrohlich.

Die Gäste hatten aufgehört zu essen, jedes Gespräch war verstummt, kaum wagte einer den anderen anzublicken. Lediglich einer schien, völlig unberührt von diesen Vorgängen, sich weiterhin seiner Moorente widmen zu wollen. Allerdings beobachtete er dabei sehr aufmerksam alles, was um ihn herum geschah. Das war Tantau.

So bemerkte er, was den schlagbereiten SA-Bullen völlig entging: daß einer dieser Gäste geschickt unauffällig in Aktion trat. Abgeschirmt durch eine Säule an einem hinteren Ecktisch saß er und schrieb, offenbar auf eine Speisekarte, einige wenige Worte. Vermutlich einen Namen, eine Nummer, dazu einen Satz. Und diese Karte schob er dem in seiner Nähe stehenden Kellner zu. Der nahm sie an sich und schob sich damit, so gut wie unbemerkt, rückwärts aus dem Restaurant hinaus.

Tantaus Neugier nahm erheblich zu.

Inzwischen hatten sich der kommissarische Sturmführer Schulze und der Weiße-Hirsch-Hotelier in Gernoths Büro zurückgezogen. Dort standen sie nun einander gegenüber: sendungsbewußt bedrohlich der eine, mit um Verständnis flehender Ergebenheit der andere. Zwischen ihnen befand sich ein fast leerer Schreibtisch, nur eine fahlblaue Kassette lag darauf. Und an die schien sich der Hotelier zu klammern.

Schulze, nun völlig enthemmt: »Jetzt bist du fällig, Mensch! Die Stunde deiner totalen Entlarvung ist gekommen. Denn du bist der erklärte Freund einer Judensau, was du nunmehr mir gegenüber bekennen wirst – und zwar schriftlich! Danach wird hier ein gesundes Volksurteil vollstreckt werden. Kapiert?«

Der Weiße-Hirsch-Hotelier stotterte: »Erlauben Sie mir, bitte, höflichst darauf aufmerksam zu machen, verehrter Herr, daß ich bereits mit Ihrem Vorgänger eine ziemlich verbindliche Absprache getroffen habe...«

»Der ist krepiert«, reagierte Schulze mit brutaler Offenheit. »Glücklicherweise ehe es ihm womöglich auch noch beschieden war, sich im Dreck von Judensäuen zu wälzen. Mir jedoch kann so was nicht passieren. Ich bin Deutschland. Vertrete hier den Führer! Verstanden, Mensch?«

»Durchaus!« versicherte der Hotelier. Dabei öffnete er die Kassette mit zitternden Händen. Ein dickes Bündel Geldscheine kam zum Vorschein. »Zehntausend Mark – genau. Für Sie. Also für die Partei. Was lediglich eine Art Anzahlung ist.«

Schulze schnaufte pferdeartig auf. So viel Bargeld auf einem Haufen war ein äußerst beeindruckender Augenblick. Er befahl sich führerhafte Überlegenheit. Doch nun wollte er wissen: »Sollte etwa mit dieser Spende irgendeine Verpflichtung verbunden sein?«

»Selbstverständlich nicht!«

Worauf Schulze unverzüglich nach dem Geldbündel griff. Er schien es kurz zu beriechen, bevor er es in seinen beiden Hosentaschen verstaute. »Diese Spende wird also angenommen – zumindest sichergestellt. Und zwar als erste Rate einer Wiedergutmachung.«

»Was bitte – denn sonst noch?«

»Eine derartige Geldzuwendung ist ein eindeutiges Eingeständnis. Nunmehr hat noch ein Bekenntnis zu erfolgen – der Öffent-

lichkeit, also dem deutschen Volk gegenüber. Und zwar schriftlich. Sofort!«

»Halten Sie das unbedingt für notwendig?« fragte Gernoth
flehend. »Und was für ein Bekenntnis denn überhaupt?«

»Ja – verdammt noch mal, Mann! Glauben Sie, ich quatsche
hier unüberlegt herum?« Schulzes Stimme klang rasiermesser-
scharf. »Sie werden bekennen, daß Sie sich mit Juden und sonstigen Volksfeinden eingelassen haben. Das bedauern Sie – das
dürfen Sie schreiben – und zugleich sind Sie willens, alle sich
daraus unvermeidlich ergebenden Konsequenzen zu ziehen!
Oder eben – hinzunehmen.«

»Würde es, bitte, nicht ausreichen, wenn ich meine Spende
erhöhe – etwa gar verdoppelte?«

»Daran würde ich Sie nicht hindern – das Einverständnis der
Partei vorausgesetzt.« Womit Schulze vermutlich auf Sonnenblum verwies. »Aber versuchen Sie niemals, mich davon abzuhalten, meine Pflicht zu tun! Oder sollten Sie etwa noch auf
irgendwelche Wunder hoffen?«

Darauf zu hoffen wagte der Hotelier Gernoth nicht. Doch
etwas Derartiges geschah tatsächlich. Und zwar in jenem Augenblick, da ein gewisser Konrad Breitbach in diesem Hotel
erschien. Der trug ein dickes, vielfach gelesenes, fast schon zer-
lesenes Buch ohne Umschlag unter dem Arm. Adolf Hitlers
›Mein Kampf‹.

Damit begab er sich in das Büro des Hoteliers, ohne von den
prügelbereiten SA-Posten aufgehalten worden zu sein. Diese
hatten vielmehr, wie zum Gruß, ihre Schlagstöcke ein wenig
erhoben und grinsten ihm kameradschaftlich zu. Schließlich war
dieser Konrad einer der Ihren.

Tantau hatte den Einmarsch dieses wieselflinken, knabenhaften Menschen aufmerksam verfolgt. Er vermochte seine Neugier
nicht mehr zu unterdrücken, zumal er seine Ente bereits ver-
zehrt hatte. Leicht gebückt begab er sich an den Tisch jenes
Mannes, der vorhin offenbar eine Art Botschaft hatte hinausge-
hen lassen.

Dort angekommen, fragte er höflich: »Erlauben Sie mir, mich
vorzustellen – und mich dann zu Ihnen zu setzen?«

»Nehmen Sie Platz«, wurde ihm nicht minder höflich erwidert. »Ich weiß, wer Sie sind, Herr Tantau. Ihre Anwesenheit hat

sich in unserer kleinen Stadt bereits herumgesprochen. Ich weiß* auch, weshalb Sie hier sind. Ich bin Breile, der Rechtsanwalt – mein Name steht vermutlich in Ihren Unterlagen.«

»Allerdings!« bestätigte Tantau freundlich. Diese Begegnung schien ihm, zumal unter diesen Umständen, durchaus willkommen zu sein. »Freut mich, Sie jetzt schon kennenzulernen. Spätestens morgen hätte ich Sie aufgesucht.«

»Oder veranlaßt, daß ich Sie aufsuche – nicht wahr?«

»Das nun nicht mehr. Herr Rechtsanwalt – nicht, nachdem ich Sie hier bei einer Aktion gesehen habe, auf deren Ergebnis ich ehrlich gespannt bin. Mir ist nicht entgangen, daß Sie versucht haben, irgend jemanden zu alarmieren. Die Polizei – dachte ich zunächst. Doch dann erschien *der*!«

»Alle Achtung, Herr Tantau!« rief der Rechtsanwalt mit ehrlicher Anerkennung, obschon nicht ohne eine gewisse Besorgnis. »Sie haben diesen Vorgang tatsächlich durchschaut! Doch warum sollte ich die Polizei alarmieren? Die war doch bereits anwesend – in Ihrer Person! Sie jedoch ließen alles laufen, unternahmen nichts. War denn hier nicht der Tatbestand des Hausfriedensbruchs gegeben?«

»Nicht unbedingt, Herr Rechtsanwalt!« erklärte ihm Tantau entgegenkommend. »Zu einem Hausfriedensbruch gehört, wie Sie natürlich auch wissen, ganz eindeutig die Feststellung des Hausbesitzers, daß gebrochen worden ist, was der seinen Frieden nennt. Herr Gernoth jedoch ließ alles mit sich geschehen, nahm es hin, wie selbstverständlich.«

»Ja – das stimmt.« Breile begann die Gefährlichkeit dieses Kriminalisten zu ahnen – auch zu schätzen; doch warum genau, wußte er nicht. Noch nicht.

»Sie verlangten also gar nicht die Polizei«, folgerte Tantau weiter. »Um diese Situation in den Griff zu bekommen, genügte Ihnen offenbar die Mobilisierung diese jungen Mannes. Wer ist das?«

»Auch er dürfte mit einiger Sicherheit in Ihren Unterlagen zu finden sein. Ein gewisser Konrad Breitbach. Dem ist eine ganze Menge zuzutrauen. Er kann nämlich logisch denken.«

»Ziemlicher Luxus, heutzutage«, murmelte der Kommissar. »Und Sie glauben, der kann mit seiner Logik tatsächlich etwas anfangen? Womöglich sogar brauchbare Ergebnisse erzielen?«

Offenbar genau das schien ihm gelungen zu sein. Denn nur wenige Minuten später war das Restaurant von seiner SA-Besatzung befreit. Schulze war aus Gernoths Büro gestürzt und hatte seinen Männern mit grimmigen Blicken und schroffen Handbewegungen befohlen: »Folgt mir!«

Ergeben waren sie ihm nachgetrabt.

Danach tauchte der Hotelier Gernoth auf – sichtlich entkräftet, fast ein wenig taumelnd. Dennoch hatte er sich bereits wieder auf seine gastronomischen Pflichten besonnen. »Bitte den Nachtisch zu servieren!« rief er seinen Kellnern zu. »Dazu Cognac – auf Kosten des Hauses!«

An ihm vorbei schob sich Konrad, Hitlers Lebenswerk unter den Arm geklemmt. Fast ein wenig tänzelnd begab er sich zu Dr. Breile, an dessen Tisch nun auch Tantau saß. Unaufgefordert ließ er sich nieder, nachdem er ›Mein Kampf‹ in der Mitte aufgeschlagen und auf die Sitzfläche gelegt hatte.

»So wirke ich größer«, erklärte er und bekundete sein Verlangen nach einem Bier. »Das habe ich nötig – vielleicht sogar verdient.«

»Das ganz gewiß!« versicherte Dr. Breile.

»Auch ich bin außerordentlich beeindruckt«, bestätigte ihm Tantau. »Es ist Ihnen offenbar gelungen, brüllende Löwen in stumme Schnecken zu verwandeln. Wie haben Sie das geschafft?«

»Bevor Sie diese Frage beantworten, Konrad«, mischte sich Dr. Breile sofort anwaltsgerecht ein, »sollten Sie wohl wissen, mit wem Sie es hier zu tun haben.«

»Das weiß ich – das weiß doch bereits jeder in diesem Kaff. Herr Tantau versucht hier, einen Mörder zu greifen.«

Der nickte, mit spürbarem Entgegenkommen. »Wobei Sie wissen sollten, daß ich bemüht bin, niemandem etwas vorzumachen – eher warne ich ihn vor mir. So gebe ich gern zu, hemmungslos neugierig zu sein. Und eben deshalb würde ich gerne wissen wollen, was da eben vor sich gegangen ist – in Büro des Hoteliers.«

»Eine Art Aufklärungsgespräch vermutlich?« meinte Breile, immer noch warnend.

»So ungefähr!« Konrad griff zum Bier, das inzwischen serviert worden war, und trank mit Genuß. Dann sagte er: »Man muß die Ideologie kennen, die hier dominiert, also vor allem das Meisterwerk unseres großen Führers – und das kenne ich. Und damit mache ich gern auch andere bekannt.«

»Was denn, was denn!« staunte Tantau ehrlich. »Sie haben dem tatsächlich aus Hitlers ›Mein Kampf‹ vorgelesen? Und das hat gereicht?«

»Durchaus – wobei ich dem vorher allerdings noch klargemacht habe, daß der Ortsgruppenleiter wie sein Führer denkt und erwartet, daß Parteigenossen auch so denken. Das war schon alles, Herr Tantau.«

»Prächtig!« gestand der ein. Um dann, überraschend offen, hinzuzufügen: »Anscheinend vermögen Sie die hier gegebenen Konstellationen zu durchschauen. Vermutlich wissen Sie auch schon, wer als Mörder dieses Keller in Frage kommt? Natürlich glaube ich das auch zu wissen, nur kann ich es noch nicht voll beweisen. Vielleicht – sollten wir uns zusammentun?«

»Nicht gleich nach dem ersten Bier!« Konrad lächelte den besorgt blickenden Rechtsanwalt besänftigend an. »Vielleicht nach dem zweiten – wenn ich nunmehr um ein solches bitten dürfte.«

Am nächsten Tag suchte Tantau zunächst Sonnenblum auf, der ihn, mit einem Morgenmantel bekleidet, mürrisch empfing. Und dem erzählte er: »Da bin ich doch gestern abend, rein zufällig, mit einer Unternehmung Ihrer oder eben unserer SA-Männer im Hotelrestaurant ›Zum weißen Hirsch‹ konfrontiert worden. Ein recht bemerkenswerter Vorgang – falls Sie mich danach fragen.«

Sonnenblum: »Das sind allerbeste Leute, unter allererster Führung! Natürlich – das gestehe ich gern zu –: Irrtümer sind nicht ganz ausgeschlossen. Doch so etwas läßt sich ja bereinigen.«

Tantau: »In diesem Fall trat offenbar, gerade noch rechtzeitig, einer Ihrer Wachhunde in Aktion. Ein gewisser Konrad Breitbach. Handelte der in Ihrem Auftrag?«

Sonnenblum: »In meinem Sinne! Wobei Sie wissen müssen, daß wir niemals rückwärts, sondern immer nur vorwärts sehen! Und unser nächstes, wichtigstes Ziel ist der kommende große ›Deutsche Tag‹! Und dieser muß ein höchst überzeugender werden. Etwa unter dem Motto: Der Endsieg ist unser!«

Nach dieser bedeutsamen Erklärung verließ Tantau den Hoheitsträger, um wiederum Herrn Sass aufzusuchen. Und der hatte gerade, für Tantau nicht ganz unerwartet, Besuch von Rechtsanwalt Dr. Breile.

Tantau jedenfalls ließ sich davon nicht stören. Er nahm gemächlich Platz in einem der bequemen englischen Ledersessel und
sagte: »Ich bin keinesfalls hier, um irgendeine Vernehmung oder
so etwas Ähnliches zu versuchen. Ich beabsichtige lediglich, eine
Art Informationsgespräch zu führen. Genauer: Ich gedenke Sie zu
informieren – Sie und Herrn Dr. Breile.«

»Und worüber, bitte?« fragte der Anwalt.

»Nun – über das, was man gemeinhin als die Wirkung des
Weiblichen bezeichnet. Des Ur-Weiblichen gewissermaßen.«

»Sollten Sie da etwa«, fragte Dr. Breile sanft, »an eine gewisse
Beate Fischer denken?«

»Genau an die!« Tantau wirkte sehr selbstsicher. »Dieses überaus bemerkenswerte Wesen nimmt bei diesem Spiel wohl eine Art
Schlüsselposition ein. Falls es jedoch gelingen sollte, diese Dame
zu neutralisieren, so könnte das bewirken, daß sich hier einige
schwere Nebelschwaden auflösen.«

Sass hielt sich erwartungsgemäß zurück, wirkte jedoch keineswegs ablehnend. Für ihn antwortete Dr. Breile: »Sollten Sie etwa
diese Ihre Anregung im Hinblick auf Ihre Ermittlungen für entscheidend halten, Herr Tantau?«

Der erwiderte mit undurchdringlicher Miene: »Lassen wir einmal Gott und diese Welt beiseite – also Hitler und sein Reich.
Halten wir uns an den alten Griechen – oder war es ein Römer? Der
soll gesagt haben: Was eine Frau zwischen ihren Schenkeln mit
einer Hand bedecken kann, vermag ganze Imperien zu zerstören.«

»Das «, meinte Sass leicht belustigt, »könnte zutreffen – etwa für
Athen oder Rom. Wir befinden uns jedoch in Gilgenrode.«

»Wo, bitte, wäre da ein Unterschied?« Tantau kicherte gnomen-
haft hell. »Ich sehe keinen! Die menschlichen Macharten und
Möglichkeiten ähneln sich auf der ganzen Welt auf frappierende
Weise.«

Worauf Sass bedächtig sagte: »Offenbar haben Sie herausgefunden, daß diese Beate Fischer meine ganz besondere Sympathie
besitzt.«

»Meine ja auch«, stellte Tantau aufrichtig fest. »Offenbar bewegt
Sie, Herr Sass, die gleiche Vermutung wie mich: dieses schöne,
liebenswerte und auch vielgeliebte Mädchen ist eine Art Gefahr
für Ruhe und Frieden, sofern es so etwas noch gibt. So etwas wie
ein blockierendes Element. Allein ihretwegen hacken Breitbach

und Sonnenblum unentwegt aufeinander ein, wie Kampfhähne. Und etliche andere drängen sich noch hinzu. Wenn sie nicht hier wäre, würde das einige Schwierigkeiten weniger bedeuten – auch für Beate.«

»Sie paßt einfach nicht hierher!« stellte Sass fest. »Sie gehört in eine ganz andere Welt, in ein anderes Leben. Und wenn ich es richtig einschätze, will sie selber auch fort von hier. Was mich betrifft – ich würde ihr das von Herzen gönnen, ja, es würde mir eine besondere Freude machen, einen Menschen wie sie von dieser Gilgenroder Umwelt zu erlösen.«

»Das höre ich gerne«, gestand Tantau ein. »Und Sie, Herr Sass? Werden Sie sich auch von uns erlösen?«

»Nein«, sagte der. »Uralte Bäume lassen sich nicht mehr verpflanzen.«

Knapp achtundvierzig Stunden vor dem großen Gilgenroder Volksfest, dem ›Deutschen Tag‹, fand bei Ortsgruppenleiter Sonnenblum eine letzte Generalstabsbesprechung statt – eine sehr vielversprechende; die Organisation lief auf vollen Touren.

Die Frauenschaft befand sich betreuungsentschlossen in Bereitstellung. Hitlerjugend und Bund Deutscher Mädchen konnten Vollzug aller ihnen aufgegebenen Vorbereitungen melden. Selbst Stenz, der Schatzmeister, schien nicht unzufrieden; alles ließ sich mit ›Spenden‹ organisieren, also ohne in die Parteikasse zu greifen. Und die SA, unter Schulze, konnte melden: »Alles abgesichert!«

Das erfreute Sonnenblum ungemein. Abermals vergaß er, vorübergehend, an Beate zu denken. Doch zunächst bat ihn Konrad um eine Unterredung ›unter vier Augen‹. Das geschah im Nebenraum.

Und hier fragte der Ortsgruppenleiter, nicht unbesorgt: »Gibt es da noch irgend etwas? Möglicherweise Unangenehmes? Du siehst so aus.«

»Ich meine lediglich, Ortsgruppenleiter, wir sollten nun – um nichts außer acht zu lassen, was diese so herrlich gedachte Veranstaltung möglicherweise gefährden könnte – ein klärendes Gespräch mit Schulze führen.«

»Nun ja, Konrad«, sagte Sonnenblum, immer noch leicht beunruhigt. »Falls du darauf bestehst, soll es geschehen.«

Worauf Scharführer Schulze, der sich hier bereits als Sturmführer wähnte, in den Nebenraum gebeten wurde.

Ohne jede Einleitung, mit freundlichem Grinsen, fragte ihn Konrad: »Weißt du eigentlich, daß dieser Tantau dich für den Mörder von Keller hält?«

»Was nimmst du dir denn da heraus, Mensch!« brüllte Schulze zutiefst empört. »So was verbitte ich mir! Das ist eine Gemeinheit sondergleichen! Das muß unverzüglich bereinigt werden. Dieser Tantau hat sofort zu verschwinden. Das mußt du veranlassen, Ortsgruppenleiter!«

»Einer derartigen Forderung«, erwiderte Konrad, auf einen flehenden Blick Sonnenblums, »kann unser Ortsgruppenleiter bedauerlicherweise nicht entsprechen. Dieser Tantau ist im Auftrag der Gauleitung hier. Das allein zählt.«

»Darauf scheiße ich!« ereiferte sich Schulze. »Ich scheiße auf alle, die nicht erkannt haben, daß es allein um unser Deutschland geht. Wofür Opfer zu bringen sind! Irgend so ein störender Polizeiseich muß unterbunden werden! Nicht wahr, mein Ortsgruppenleiter?«

»Allerdings«, versicherte der ziemlich entschlossen.

»Denn daraus könnte sich etwas sehr Unangenehmes entwikkeln – vielleicht sogar eine Störung unseres großen ›Deutschen Tages‹. Was niemals geschehen darf!«

»Dann soll dieser Polizist gefälligst seine vorlaute Schnauze halten!« forderte Schulze. »Und Konrad sollte sich hüten, derartige Verdächtigungen zu verbreiten, die mir äußerst mißfallen! Was Folgen haben kann.« Worauf er sich entfernte. Er begab sich wieder dorthin, wo sich die Mehrheit der führenden Parteigenossen aufhielt, reichlich mit stärkenden Getränken versorgt. Grimmig prostete er ihnen zu und sagte: »Das Reich! Darum alleine geht es!«

Die beiden Zurückgebliebenen, Sonnenblum und Konrad, betrachteten sich blinzelnd; es war, als schätzten sie einander ab. Dann war es, als frage der Ortsgruppenleiter, wie man wohl den Wind fragt, warum er weht. »Mein Lieber, mußte das sein? Unbedingt? Was du da unserem Schulze zugemutet hast, wird er dir nie verzeihen!«

»Das werde ich überleben – oder eben ihn.«

»Mein Gott!« rief Sonnenblum. »Warum denn immer wieder diese fürchterlichen Komplikationen! Habe ich die verdient?«

»Die sind doch unvermeidlich«, meinte Konrad lapidar. »In solch einer großen, großartigen Zeit, in der wir leben dürfen, treten sie wie gebündelt auf – nicht nur im Parteibereich, auch im Privatleben.«

Sonnenblum reagierte, wie erwartet, hellhörig. »Worauf spielst du an? Solltest du etwa Fräulein Beate Fischer damit meinen?« Das war eine geradezu begierig vorgebrachte Frage. »Was ist mit der los? Was weißt du von ihr?«

»Noch immer nicht genug«, bekannte Konrad. »Doch zumindest eines glaube ich von ihr zu wissen: Die läßt nicht mit sich herumspielen – in welchen Bereichen auch immer. Und insofern sollten wir auf einiges gefaßt sein, Ortsgruppenleiter.«

Beate Fischer war, gleich am nächsten Tag, überaus höflich zu Rechtsanwalt Dr. Breile gebeten worden. Sie erschien in dessen Kanzlei, keinesfalls unwillig, eher recht neugierig. Sie brauchte keine Minute zu warten, sondern wurde gleich wie eine kleine Königin in Empfang genommen. Das schmeichelte ihr durchaus, konnte sie jedoch nicht dazu verführen, auf ihre stets mißtrauische Wachsamkeit zu verzichten. »Da haben Sie mir also telefonisch angekündigt, Herr Dr. Breile, daß Sie eine gewisse Summe für mich bereithalten.«

»Sogar eine sehr große Summe, verehrtes Fräulein Fischer. Freut Sie das nicht?«

Beate sah ihn groß und prüfend an – bei Männern kannte sie sich aus! Der jedenfalls war kein spekulierender Liebhaber, der wickelte Rechtsgeschäfte ab – oder eben das, was er darunter verstand. Bei dem war also Vorsicht geboten; bei welchem Mann eigentlich nicht?

Beate reagierte also reserviert, jedoch nicht ablehnend: »Was Sie mir da offerieren oder auch zumuten, kommt mir etwas seltsam vor und könnte vielleicht auch sehr unangenehme Folgen für mich haben. Wofür eigentlich – wird man prompt fragen – wird mir Geld geboten? Und das frage ich mich auch.«

»Sehen Sie das einfach so, Fräulein Fischer: Mit seinem Geld kann jeder machen, was ihm beliebt. Er kann es versaufen, verfressen, einem Altersheim zukommen lassen, einem Tierasyl, sogar der Partei. Warum nicht auch Ihnen?«

Beate kuschelte sich katzenartig in ihren Sessel – entsprechend war ihr Blick: grüngelb flirrend, von irritierend schläfrig anmutender Wachsamkeit. »Falls ich das alles richtig durchschaue, darf ich wohl annehmen, daß der eigentliche Geldgeber Herr Sass ist – nicht wahr?«

»Darüber sollten Sie sich keine Gedanken machen!« empfahl Dr. Breile eindringlich. »Denn nachweisbar ist, daß Sie Herrn Sass gar nicht kennen. Sie sind ihm niemals persönlich begegnet – also kennt er auch Sie nicht.«

»Will der mich etwa von hier wegkaufen?« fragte Beate Fischer mit wuchernder Neugier. »Und – warum?«

»Ich empfehle Ihnen, das so zu sehen: Man wünscht sehr, Ihnen ein anderes Leben großzügig zu ermöglichen – falls Sie das wünschen, was wir doch hoffen wollen. Wobei Sie Ihren Aufenthaltsort selber wählen könnten – etwa Paris oder London, vielleicht auch New York, wo Sie wohl am sichersten wären. Alles wird finanziert.«

»Und warum, bitte, sollte Herr Sass sich eine solche Ausgabe leisten? Doch bestimmt nicht meiner schönen Augen wegen, in die er niemals hineingeschaut hat. Was steckt tatsächlich dahinter?«

Dr. Breile lächelte nun noch stärker. »Was, bitte, wissen Sie von Ihrer Frau Mutter?«

»Eigentlich sehr wenig«, gab Beate zu. Um dann nach kurzem, nachtdunklem Besinnen hinzuzufügen: »Meine Mutter starb nur wenige Jahre nach meiner Geburt.«

»Doch etliche Jahre davor, etwa zehn oder zwölf insgesamt, hat sich Ihre Frau Mutter als Wirtschafterin betätigt – und zwar im Hause Sass. Beginnen Sie zu begreifen, was das zu bedeuten haben könnte?«

Beate Fischer schloß jetzt, wie durch einen schwefelgelben Blitzschlag geblendet, die Augen. »Soll das etwa heißen – daß Herr Sass – daß meine Mutter – daß also ich . . .«

»Nein, Fräulein Fischer, nein! Nichts Derartiges! Es bedeutet lediglich: Herr Sass fühlt sich Ihrer Frau Mutter gegenüber, die lange Zeit gewissermaßen zu seiner Familie gehört hat, immer noch verpflichtet.«

»An meine Mutter«, sagte Beate nachdenklich, »kann ich mich kaum noch erinnern.«

»Herr Sass jedoch vermag das! Und für diese Ihre Mutter, liebes

Fräulein Fischer, könnte er doch durchaus eine dankbare, zeitlose Verpflichtung empfinden. Die sich nun auf Sie überträgt.«

»Ohne – irgendwelche Forderungen?«

»Herr Sass besitzt keine Kinder, keine näheren Verwandten, also keine direkten legitimen Erben. Die kann er sich also aussuchen! Und die hat er sich ausgesucht. Nicht allein Sie, auch noch einen anderen. Das fällt jedoch nicht weiter ins Gewicht – nicht bei diesem Millionenvermögen. Es gibt nur eine Bedingung: Sie haben Gilgenrode zu verlassen. Sind Sie dazu bereit?«

»Warum nicht, Herr Rechtsanwalt?« bestätigte sie ihm, nur allzu bereit, sich diesem immer heftiger, immer bedrohlicher werdenden Andrang auf ihre Person zu entziehen. »Ich packe gleich heute meine Koffer und reise morgen ab – sagen wir: nach Paris. Geht das in Ordnung?«

»Absolut!« bestätigte Dr. Breile. »Das ist somit abgemacht und wird juristisch einwandfrei garantiert.« Es war, als gratuliere er ihr zu ihrer Einsicht – aber auch sich selbst dazu, diese bewirkt zu haben.

Als Tantau, der Kriminalist aus Königsberg, im Hotelzimmer seinen Koffer packte, der jedoch sehr klein war, unterbrach er diese Beschäftigung keineswegs, als ihn Konrad Breitbach aufsuchte. Der lehnte sich gegen den Türrahmen und lächelte ihn an – mit ausdauerndem Wohlwollen. Schließlich lächelte Tantau auch. »Ich hoffe sehr, daß ich nie wieder hierherkommen muß – das nicht zuletzt Ihretwegen, Konrad. Offenbar scheinen Sie einen gewissen Gefallen an diesem fürchterlichen Politzirkus gefunden zu haben. Sie beginnen sogar, Zugnummern dafür zu dressieren.«

»Mehr der Not gehorchend als dem eignen Triebe!«

»Ach was – Sie sind ein heimlicher Kleinstadttiger, der hier Blut geleckt hat. Und dabei sind Sie sogar, Mann Gottes, auf den Einfall gekommen, diesem jämmerlichen Schulze den Tod von Keller ganz direkt anzuhängen? Und das noch dazu in meinem Namen!«

Konrad Breitbach blinzelte treuherzig. »Haben Sie mir denn nicht genau das suggeriert, Herr Tantau?«

»Habe ich, Mensch – verdammt noch mal!« polterte Tantau und schlug den kleinen Koffer knallend zu. Dann jedoch lachte er auf, ganz unbekümmert, fast knabenhaft, so ähnlich, wie auch Konrad nicht selten zu reagieren pflegte. »Sie sind ein reichlich ausgekochter Bursche!«

»Das wird man hier wohl! Dabei kann man aber auch seinen Spaß haben. Den vermutlich auch Sie zu schätzen wissen – wenn ich mich nicht irre.«

»Sie irren sich da leider nicht, mein Lieber! Auch ich versuche in diesem Deutschland möglichst sinnvolle Idiotenspiele zu betreiben. Solange das noch geht.«

»Nutzen wir also die uns noch dafür verbleibende Zeit!« Konrads Blick wirkte nun sekundenlang traurig. »Werden Sie uns nun von diesem Schulze befreien – also ihn mit sich nehmen?«

»Das, mein Lieber, würde ich liebend gerne! Doch ich bin kein Vollstrecker – nur ein Bereiniger. Ein Gummilöwe der Gauleitung.«

»Sie – geben auf? Sogar Sie?«

»Nicht gleich das, mein Lieber! Ich habe mich hier als eine Art Bagger betätigt – ich durchforschte das Terrain. Und zwar für jemanden, der ungleich mehr Möglichkeiten als ich besitzt.«

»Und wer – ist das?«

»Der derzeitige Gauorganisationsleiter in Königsberg! Ein gewisser Schulenburg – Fritz-Dietlof mit Vornamen: ein Graf. Das ist ein ganz großartiger Mann! Der ist nun hier zu erwarten. Dessen Kommen ist absolut unvermeidlich – sobald ich ihm Bericht erstattet habe.«

»Und der könnte diesen Schulze kassieren?«

»Mit Wonne! Falls unsere Vorarbeiten dafür ausreichen. Sollten sie eigentlich – denn schließlich haben wir gemeinsam diesem Kerl so viel Feuer unter seinen Mörderarsch gemacht, daß er sich zu einem Geständnis bereitfinden müßte. Jedoch – wem gegenüber? Darauf müssen Sie achten, Konrad!«

Worauf Tantau seinen schäbigen Koffer ergriff und sich von Gilgenrode entfernte – mit einiger Hast. Konrad blieb allein auf dem Bahnhof zurück. Er fühlte sich würgend einsam.

Heinrich Sonnenblum, derzeit noch Ortsgruppenleiter, dämmerte in seinem Büro vor sich hin – wie betäubt von wuchernden Schmerzen. Er atmete schwer, Finsternis bedrängte ihn, drohte ihn zu ersticken. Seine Beate machte Anstalten, ihn zu verlassen...

Das bedeutete: sein Puls schlug schneller, Schweiß brach hervor – zunächst unter den Achseln, dann bei der oberen Brustpartie, bis hin zum Hals; alsbald glänzte auch sein Gesicht, wie von einer öligen Brause übersprüht. Er litt fürchterlich. Doch zwischendurch trank er Getreideschnaps, was ihn nicht unangenehm betäubte.

Er kam sich vor wie Hiob. In welchem Ausmaß er tatsächlich so etwas Ähnliches war, ahnte er nicht. Auch dann noch nicht, als sich ein nächster Besucher ankündigte – dieser Scharführer Schulze. Und der ließ sich nicht abwimmeln!

Sonnenblum schluckte eine Anzahl Tabletten gegen Grippe und Kopfschmerzen und spülte sie mit Alkohol abwärts. Danach versuchte er, mit dem sich vor ihm aufbauenden Scharführer einen kurzen, möglichst guten Prozeß zu machen.

Der strahlte geradezu – wie von Sonnenschein überflutet. »Denn ich, mein Ortsgruppenleiter, fühle mich verstanden und gewürdigt. Durch dich! So muß es sein!«

»So ist es!« bestätigte Sonnenblum, bestärkt durch ein Telefongespräch, das er noch kurz vorher mit dem abreisebereiten Tantau geführt hatte. Dabei hatte der ihm verraten: Handfeste Beweise gegen Schulze liegen nicht vor! »Du«, sagte Sonnenblum daher, »bist einer unserer Besten!«

»Wie wahr!« bestätigte Schulze mit feierlichem Entzücken; es war ihm, als blicke er unendlich weit in einen braungetönten deutschen Himmel hinein. »Und eben dieser mich beglückenden Anerkennung sicher, vermochte ich alles auf mich zu nehmen. Einfach alles! Sozusagen reinen Herzens.«

Sonnenblum starrte seinen SA-Führer an, als sei er dem erstmals in einer Art Geisterbahn begegnet, auf irgendeinem Rummelplatz. »Was, bitte, willst du damit sagen?«

»Nun – daß ich es getan habe!« Schulze stand bekennend, urfelsenhaft da, das Standbild des unbekannten Helden! »Denn einer mußte das wohl tun! Opfer müssen sein.«

Sonnenblum preßte seine bebenden Hände auf die Tischplatte. Der hoffnungsvolle Zweifel in seinem Blick verlor sich schnell. Er fühlte sich unendlich gequält. »Du hast das also getan!«

»Jawohl, ich habe unser deutsches, nationalsozialistisches Gilgenrode von diesem Keller befreit! Denn der war alles andere als ein guter Kamerad, vielmehr eine ganz fürchterliche Sittensau! Der hat sich nicht nur denkbar schamlos an deine Beate herangemacht,

Ortsgruppenleiter, sondern auch an meine Frau, sogar an deine Tochter! Und wer weiß, an welches edle deutsche Weib sonst noch! Was wir uns nicht ungestraft bieten lassen konnten.«

»Mein Gott!« keuchte Sonnenblum. »Womit habe ich auch das noch verdient?«

Schulze war bereit, ihn wirksam mißzuverstehen. »Davon weißt du natürlich offiziell nichts! Auch mußt du das nicht gleich würdigen oder anerkennen – lediglich eine Art Verständnis dafür entwickeln. Für die Treue, die Ergebenheit, die letzte Einsatzbereitschaft unserer SA – unter meiner Führung. Und damit: Heil Hitler!«

Am Vorabend dieses denkbar groß geplanten ›Deutschen Tages‹ traf in Gilgenrode, prompt wie es Konrad von Tantau angekündigt worden war, der Graf von der Schulenburg ein. Das war ein schlanker, beweglicher Mann, mit einem rassig zu nennenden Pferdegesicht und großen Augen, die voller Fragen zu sein schienen.

Konrad Breitbach war der erste, den dieser Graf zu sich bestellte, kaum daß er im ›Deutschen Haus‹, dem Kimminger-Hotel, abgestiegen war. Dort stand er in Unterhosen, dicht beim Waschbecken und rief seinem Besucher munter zu: »So bekommen Sie gleich den richtigen Eindruck von mir! In dieser Aufmachung sehen Sie mich so, wie ich bin: ein Mensch ohne Uniform.«

»Ich versuche immer, durch Uniformen hindurchzuschauen«, meinte Konrad, gleichfalls munter.

Dann aber stieg der Graf doch in Uniform, zunächst in braungelbe Reithosen, die seine Hüften umschlotterten. Nein, für die Uniform geschaffen, das erkannte Konrad sofort, war dieser Graf nicht! Und später beobachtete Konrad, daß der Graf seine militärisch konstruierte Mütze gelegentlich wie einen Hut zu schwenken pflegte, sich nur allzu gerne seines Schlipses entledigte und bei Hitze ungeniert die Ärmel hochkrempelte.

»Sie sind also Tantaus erklärter Liebling?« sagte der Graf.

»Das ist mir neu«, bekannte Konrad überrascht.

»Sie sind es aber! Mit unserem Tantau bin ich gestern einen halben Tag und eine ganze Nacht lang zusammen gewesen. Sie wären ein ganz großes Schlitzohr, meinte er – fast ein so großes wie ich. Er ist der Ansicht: Sie und ich – wir paßten hundertprozentig zusammen!«

»Immerhin gibt es wohl einige nicht unerhebliche Unterschiede! Etwa diese: Sie sind ein Graf, ich bin ein Sattler. Sie sind der große Organisationsleiter im Gau Ostpreußen, ich bin lediglich ein kleiner Parteigenosse in Gilgenrode. Sie können über alle machtpolitischen Möglichkeiten verfügen – mir steht nichts zur Verfügung als ein wenig Fantasie!«

»Das ist völlig ausreichend! Das hat eben auch unser einzigartiger Tantau erkannt. Er hat mir gesagt, Sie werden hier ›der Knabe‹ oder ›das Kerlchen‹ genannt. Und ein jugendlicher Idealist, in gewisser Hinsicht, bin ich ja auch. Weil ich nicht nur Lagerfeuer, sondern auch eine andere Art von Feuer sehr zu schätzen weiß.«

»Und hier wollen Sie wahrscheinlich einigen Leuten ein Feuer unter ihren Allerwertesten machen?«

»So ungefähr, Parteigenosse Breitbach!« stimmte der Graf mit freudiger Aufrichtigkeit zu. »Und Sie sind der Mann, der mir dabei behilflich sein könnte. Wobei wir nun wohl, den Gepflogenheiten der SA entsprechend, du zueinander sagen sollten.«

»Das muß nicht unbedingt sein, Herr Graf. Ich werde Ihnen, auch ohne diese Vertraulichkeit, jede Hilfestellung geben, die ich vermag.«

»Nun mal ehrlich, Herr Breitbach: auch mir fällt es im allgemeinen nicht leicht, mich auf dumme, dumpfe Verbrüderungen einzulassen! Eben weil gerade die größten Arschlöcher dazu jederzeit bereit sind – und das nennen die dann gleich Kameradschaft. Doch falls ich, was sehr selten vorkommt, Menschen meiner Wesensart begegne, lege ich Wert darauf, sie zu duzen. Bei Ihnen ist der Fall gegeben. Erlauben Sie mir also, Sie einfach Konrad zu nennen. Ich heiße mit Vornamen Fritz-Dietlof – wobei Fritz genügt. Also?«

»Nun gut – Fritz«, bestätigte ihm Konrad vorsichtig entgegenkommend. »Worauf willst du hinaus?«

»Auf das, was sich hier zwingend anbietet. Der derzeitige Ortsgruppenleiter von Gilgenrode ist ein ziemlicher Trottel, wenn auch ein einigermaßen ehrenwerter. Er ist ein politisches Schaf, aber eben deshalb nicht ungefährlich. Denn diese ahnungslosen Typen lassen nur Krawallmacher und Totschläger hochkommen.«

»Und so was, Fritz, will die Partei nicht?«

»Will *ich* nicht, Konrad! Solange ich hier noch Einfluß habe, mich durchsetzen kann – mit welchen Mitteln auch immer, sogar nicht selten mit deinen Methoden –, will ich doch wenigstens versuchen, diese Partei nicht gleich zu einem kriminellen Ringverein werden zu lassen.«

»Sagtest du ›nicht gleich‹?«

Der von der Schulenburg lachte anerkennend. »Dir entgeht offenbar nichts, auch kein Wörtchen, das man nur so fallenläßt. Worauf es ankommt, ist dies: Ich versuche möglichst kluge, verständnisvolle, menschlich denkende Volksgenossen in entscheidende Positionen zu bringen. Und deshalb muß Sonnenblum abgelöst werden. Klarer Fall?«

»Aber durch wen, Fritz? Hier gibt es keinen besseren Mann als ihn. Wer soll den ersetzen? Wüßtest du einen tüchtigen Mann von anderswo?«

»Das wäre taktisch falsch, Konrad. Den Ersatz für ihn müssen wir in Gilgenrode finden. Und unser Tantau glaubte auch schon zu wissen, wer dafür in Frage kommen könnte.«

Konrad Breitbach zuckte zusammen, als habe ihn ein Brandeisen berührt. Doch dann beeilte er sich, meckernd aufzulachen. »Hast du nicht gesagt, daß du ein Schlitzohr bist, Fritz? Darüber hinaus scheinst du auch noch eine Art Witzbold zu sein.«

»Manchmal bin ich beides zugleich, Konrad.«

»Was wohl praktisch zu bedeuten hat: Diese permanenten Parteikarnevalsveranstaltungen gehen hier weiter?«

»Für dich ab sofort, Konrad! Denn du solltest unverzüglich Sonnenblum über unsere Unterredung Bericht erstatten. Wobei du's dir leisten kannst, jede Menge übler, alarmierender Behauptungen über mich vorzubringen. Der soll mich getrost für einen ganz scharfen, äußerst hinterhältigen Bluthund halten.«

»Was ja auch irgendwie stimmt«, meinte Konrad.

An diesem frühen Sonntagvormittag, als der große Gilgenroder ›Deutsche Tag‹ sozusagen offiziell begann, sonnte sich diese kleine Stadt unter einem hohen, weithin leuchtenden Masurenhimmel. Die Temperaturen lagen zunächst bei 20 Grad, stiegen jedoch schnell an.

Auf dem Marktplatz, in Höhe des Rathauses, allerdings mehr auf das Haus 7 ausgerichtet, also jenes des Ortsgruppenleiters Sonnenblum, hatten sich örtliche Männer- und gemischte Chöre zu festlichen Gesangsdarbietungen aufgestellt; an die achtzig Personen.

Sie intonierten mit röhrender Hingabe deutschestes Sangesgut, in geradezu überwältigender Lautstärke. Das hallte und schallte und jauchzte ganz inniglich! Selbst die Ziegel auf den Dächern schienen beglückt zu scheppern. So etwa bei dem Liede: ›Wer hat dich, du schöner Wald, aufgebaut so hoch da droben!‹

Obwohl Ortsgruppenleiter Sonnenblum seinen Sangesbrüdern und Sangesschwestern anerkennend zunickte, hatte er erhebliche Mühe, seine fieberhafte Unruhe zu verbergen. Denn immer wieder mußte er zu Konrad hinüberblicken. Genauer: zu dem Mann in seiner Begleitung. Das war dieser gräßliche gräfliche Mensch von der Gauleitung.

Dessen Begrüßung an diesem deutschen Morgen war sehr knapp ausgefallen, noch dazu von einem bedrohlich wirkenden Grinsen begleitet: »Lassen Sie sich durch mich nicht stören, Parteigenosse Sonnenblum. Wenn ich stören will, werden Sie das schon merken. Doch zunächst einmal sehe ich mich um und höre zu.«

Auch Sonnenblum hatte gleich registriert: den Grafen umhüllte eine schlotternde, nicht sonderlich gepflegt wirkende Uniform; auch hatte er seine Mütze verwegen schief aufgesetzt. Das pferdehafte Adeligengesicht blickte leicht gelangweilt, auch müde – vermutlich vom übermäßigen Champagnergenuß in der vergangenen Nacht. Kimmingers Keller sei, so hieß es, erheblich strapaziert worden.

»Na – geradezu rührend«, sagte schließlich der von der Schulenburg sanft, »wie sich diese Leute produzieren!« Er mußte sich zwingen, nicht schluchtentief zu gähnen. Er näherte sich Sonnenblum und fragte: »Was für einen Sinn, Herr Ortsgruppenleiter, könnte ein derartig gefühlvolles Massengejaule wohl haben?«

»Das, Herr Organisationsleiter«, versicherte nun Sonnenblum nahezu heftig, als müsse er sich verteidigen – ohne genau zu wissen, warum und weshalb –, »sollte immerhin als ein wichtiger Bestandteil der von uns erstrebten harmonischen Volksgemeinschaft erkannt werden. Und anerkannt auch!«

»Aber lieber Parteigenosse«, stellte der Graf von der Gauleitung, wie nebensächlich, fest. »Was da veranstaltet wird, ist doch nichts wie ein kleinkarierter Anbiederungsversuch an unsere Spießbürger. Warum, so frage ich mich, erklingen hier keine Marsch- und Kampflieder, heldisch-deutsche Gesänge oder ähnliches in dieser Preislage? Diese gesungenen Landschafts- und Naturbetrachtungen sollten wir uns schenken.«

»Erlauben Sie mir, auf den Wert und die Wirkungen des deutschen Gemüts aufmerksam zu machen«, gab Sonnenblum steif zu bedenken. »Mithin auf jenen Aspekt, der als deutsche Innerlichkeit bezeichnet wird und wohl niemals übersehen werden darf.«

»Diese Ihre Ansichten, mein Lieber«, sagte nun der Gauleitungsgraf, »sagen eine ganze Menge aus – über das, was Sie hier geleistet haben. Ich sage nicht: was Sie sich geleistet haben! – bitte achten Sie auf diesen Unterschied. Schließlich urteile ich niemals voreilig. Zunächst würde ich gerne wissen, was Sie als nächsten volksgemeinschaftlichen Festakt vom Stapel zu lassen gedenken.«

Solche Sätze – und alles, was danach noch kommen sollte – waren zweckbedingte, wohlüberlegt zielstrebige Äußerungen, die der Graf unter vier Augen dem Ortsgruppenleiter verpaßte. Mit dem Ziel, ihn möglichst weit aus der ›Schußlinie‹ zu befördern. Das war notwendig und war ihm sogar zu wünschen. Allerdings wurden die Manipulationen des Grafen aus Königsberg denen des jungen Sattlers aus Gilgenrode durchaus ähnlich.

Wobei wohl bemerkt werden muß: Dieser von der Schulenburg war ein belesener, musischer Mann von ausgeprägter Toleranz und Großzügigkeit. Selbst Chorgesang und Kirchenpflege bejahte er, Festesfreuden und Vergnügungen jeder Art nicht minder. Nur behagte ihm eben in dieser Konstellation nicht ein Sonnenblum als Ortsgruppenleiter, und das erst recht nicht, als er erkannte: Der war ein keineswegs unsympathischer Mann. Der mußte ganz einfach davor bewahrt werden, hier noch weiter den Hanswurst zu spielen. Um dieses Ziel zu erreichen, war auch die krasse Abschreckungsmethode, zumal wenn sie nur von Mann zu Mann angewendet wurde, durchaus legitim.

Sonnenblum war über dieses ihm naßforsch erscheinende Auftreten des Grafen von der Gauleitung ziemlich empört. Dennoch versuchte er – da er über dessen bluthundhafte Gefährlichkeit von Konrad ausführlich aufgeklärt worden war – einigermaßen verbindlich, sogar höflich zu bleiben. Was ihm wahrlich nicht leichtfiel.

Doch selbst das gehörte wohl zu den vielen Opfern, die ihm sein Amt auferlegte. Ganz abgesehen von seinem völlig durcheinandergeratenen Privatleben. Denn abermals schweiften seine Gedanken heftig ab – zu Beate.

Doch unmittelbar danach war er schnell wieder bestrebt, überzeugend parteikameradschaftlich in Erscheinung zu treten. So bot er für Außenstehende ein Bild vertraulichen Einvernehmens, wie er mit dem ihm von der Gauleitung zugeteilten Grafen über den Marktplatz von Gilgenrode schritt. Konrad begleitete sie, hundehaft freundlich. Sie strebten der nächsten Programmnummer entgegen. Sonnenblum erklärte, es werde nun ein gemeinsamer Gottesdienst in der evangelischen Kirche stattfinden – denn nahezu neunzig Prozent der Gilgenroder Bevölkerung gehörten dieser Glaubensrichtung an, was beachtet werden müsse. Dabei sei die Weihe einer Fahne des örtlichen Krieger-, Soldaten- und Veteranenvereins vorgesehen, einer höchst einflußreichen Gruppe, zum großen Teil aus Frontkämpfern bestehend, die sich sehr zum Nationalsozialismus hingezogen fühlten. »So was muß man doch unbedingt unterstützen!«

Der Graf von der Schulenburg blieb plötzlich mitten auf dem Marktplatz stehen. Damit stellte er sich, das Kriegerdenkmal im Rücken, gleichsam Sonnenblum entgegen. Und jetzt blickten seine Augen gar nicht mehr taubenhaft sanft, wenngleich auch noch nicht adlerähnlich die Beute fixierend – so weit war er noch nicht. Er lachte dem Ortsgruppenleiter ins Gesicht.

»Das darf doch einfach nicht wahr sein, lieber Mann! Sollten Sie hier tatsächlich mit unserer Partei und deren Organisationen einen Kirchenbesuch veranstalten wollen? Haben Sie denn nicht die Richtlinien der Gauleitung gelesen?«

»Selbstverständlich!« versicherte der Ortsgruppenleiter mit sonnigem Gesinnungseifer. »Wobei jedoch wohl bei uns ganz besondere, sehr spezielle, örtlich bedingte Gegebenheiten zu berücksichtigen sind.«

»Herr Sonnenblum! Diese Richtlinien werden vom Gauleiter im Einvernehmen mit der Reichsleitung herausgegeben und zumeist von mir persönlich formuliert. Sie sollten also keinesfalls, sozusagen nach Belieben, ausgelegt werden.«

»Jedoch das ganz besondere, wohl äußerst heikle Verhältnis zwischen Partei und Kirche...«

»...ist von uns ganz unmißverständlich angesprochen worden! Wohl beinhalten unsere Richtlinien, daß jeder Streit, jede unnötige Unstimmigkeit, tunlichst zu vermeiden ist – zunächst noch. Was praktisch heißt: Niemand darf ein Gotteshaus anpinkeln – oder gar in dieses hinein! Auch darf jeder Parteigenosse, falls er unbedingt dazu Lust haben sollte, einen Gottesdienst besuchen – das jedoch nur privat, also in Zivil. Niemals offiziell oder in Uniform. Selbst dann nicht, wenn seine Mutter zum Kirchenvorstand gehört.«

Die Provokationsversuche des Grafen waren damit, aus seiner Sicht, auf einem einsamen Höhepunkt angelangt, worüber er selbst ein wenig verwundert zu sein schien. Sein Lächeln wirkte leicht überrascht. Möglicherweise war er dabei einer seltsamen Suggestion erlegen, die von diesem ungewöhnlichen Knaben Konrad ausging. Und er beschloß, ihr gerne zu erliegen. Zu dieser Zeit war wohl nichts mehr klar, gerade, normal. Wenn überhaupt, konnte man sein Ziel nur auf Umwegen erreichen.

Ortsgruppenleiter Sonnenblum neigte ergeben sein nun hochrotes Haupt. »Dann – war das wohl ein Fehler?«

»Gelinde gesagt – ja! Auch wenn sich mir dafür noch ganz andere Vokabeln aufdrängen. Ein Fehler jedoch, der sich wohl gerade noch rechtzeitig abstellen läßt. Dieser Gottesdienstbesuch fällt also aus! Was gedenken Sie uns sonst noch zu bieten?«

Ortsgruppenleiter Sonnenblum wirkte nun bereits mehr als leicht verstört. Dennoch versuchte er auch weiterhin weltanschaulichen Eifer zu entwickeln, wenn auch ohne sonderlichen Schwung. Den immer adlerhafter werdenden Blicken des Grafen wich er aus.

Nun waren sie am Kriegerdenkmal angelangt. Dieses stellte einen klotzigen Frontkämpfer dar, einen offenbar schwerstens Verwundeten, der sich dennoch hoch aufgebäumt hatte, sich heldenhimmelwärts reckte. Wobei er seine stark lädierte Fahne schwang. Dieser heroische Anblick verlieh Sonnenblum wieder Mut und Stärke.

»Nunmehr, Herr Gauorganisationsleiter, ist sozusagen als stimmungsvoller, stärkender Übergang zu den nachmittäglichen Volksvergnügungen eine große Massenabspeisung organisiert worden. Und zwar mit Erbsensuppe, Bauchspeck und Knackwürsten. Aus Gulaschkanonen. Dazu Freibier.«

»Das hört sich recht gut an!« Der Graf von der Schulenburg grinste vergnüglich. »Doch wer bezahlt das?«

»Dafür sind Spenden erfolgt – sehr großzügige. Aus unserer Bevölkerung.«

»Spenden doch wohl, die sich, so hoffe ich, in allen Einzelheiten belegen lassen. Durch Sie, Herr Ortsgruppenleiter! Auch darüber werden wir uns noch näher unterhalten müssen.«

»Mein Gewissen, Herr Gauamtsleiter, ist rein!«

»Das, Parteigenosse Sonnenblum, kann ich nur hoffen! Zumal mir zu Ohren gekommen ist, hier könnten sogar jüdische Gelder geflossen sein.«

»Wovon ich nichts weiß!«

»Oder vielleicht nichts wissen wollen! Wer also organisiert hier diese Gilgenroder Massenfresserei?«

»Unsere NS-Frauenschaft, unterstützt von sonstigen Parteigliederungen. Hier sind einfach alle deutschbewußten Organisationen am schöpferischen Werk! Das sollten Sie anerkennen.«

Sonnenblums Gesicht glänzte schweißig, wie eingeölt. Das konnte auf die steigende Hitze des Tages zurückzuführen sein oder auch auf seine wuchernde fiebrige Krankheit. Er wußte schon gar nicht mehr, was sich ihm so vernichtend auf den Magen schlug: der mögliche Verlust seiner geliebten Beate – oder die aufdringliche Anwesenheit dieses gräßlichen Gauamtsgrafen.

Und der sagte nun, sehr gedehnt, seine Worte genießend: »Daran ist also auch Ihre SA beteiligt. Und die vermutlich unter der Anführung eines gewissen Schulze, der manchmal auch Urinoco genannt wird. Und der ist aufgrund Ihrer Empfehlungen in dieses Amt gebracht worden.«

»Was guten Glaubens geschehen ist, Herr Gauamtsleiter, in ehrlicher Überzeugung. Doch dazu kann ich nun leider nicht mehr stehen.«

»Sie empfehlen mir also, Herr Ortsgruppenleiter, die sofortige Ablösung dieses Mannes? Falls das Ihr Wunsch ist, leite ich ihn gerne weiter – direkt zum Gauleiter. Soll ich das?«

»Was weiß ich denn wirklich?« würgte Sonnenblum hervor. Er wünschte sich meilenweit weg, in dichteste masurische Wälder hinein – um dort, wenn es irgend möglich war, als einsamster Einsiedler leben zu können. Doch daran war wohl nicht zu denken.

»Sie sind also, wenn ich Sie richtig verstehe, Herr Ortsgruppenleiter, nicht mehr bereit, sich vor diesen Schulze zu stellen, für ihn die Hände ins Feuer zu legen. Was also wohl heißt: Sie halten es nicht für ausgeschlossen, daß er Kellers Mörder sein könnte?«

»Jawohl«, sagte Sonnenblum, schüttelfrostartig bebend. Und das war ein Geständnis, ein Eingeständnis seiner Schuld, seiner Mitschuld, seines Versagens. Seiner unerschütterlichen Leichtgläubigkeit.

Und geradezu schlicht ergeben bekannte er nun mit heiserer Stimme: »Da habe ich wohl versagt. Ich bedaure es. Die Folgen nehme ich auf mich.«

Worauf sich der Graf geradezu besorgt mitmenschlich gab. »Sie sehen reichlich blaß aus, mein Lieber – vermutlich sind Sie krank! Kommen Sie, stärken wir uns gemeinsam. Bei einem Mittagessen – auf Kosten der Gauleitung.«

Worauf Schulenburg spontan die Hand Sonnenblums ergriff und ihn mit sich fortzog – zielstrebig in Richtung auf das ›Deutsche Haus‹. Was wie eine brüderliche Geste wirkte. Graf und Zahnarzt wie traulich vereint, der bereitwillig staunenden Bevölkerung zuliebe.

Im Hotel speisten sie dann, zunächst nahezu stumm. Der Gauamtsleiter hatte für sich und Sonnenblum Eisbein mit Erbsenbrei und Sauerkraut ausgewählt, und bei der Nachspeise, einer sahnigen Zitronencreme, gab sich der Graf geradezu kumpanenhaft verständnisvoll.

»Schließlich, mein lieber Parteigenosse, kann jeder einmal versagen. So was wird zumeist kaum bemerkt. Das jedoch, was hier geschehen ist, sicherlich ohne Ihre direkte Schuld, aber eben in Ihrem Hoheitsbereich, läßt sich wohl kaum noch vertuschen; selbst dann nicht, wenn ich dazu bereit wäre. Aber auch dazu wäre es schon zu spät. Versuchen wir dennoch, möglichst das Beste daraus zu machen.«

Sonnenblum nickte ergeben. Dann schüttete er, ohne jeden erkennbaren Genuß, den Inhalt eines Glases herbduftenden Frankenweins in sich hinein. »Und was wäre das Beste? Ihrer Ansicht nach?«

»Im Grunde ist alles sehr einfach. Parteigenosse Sonnenblum«, versicherte der Graf von der Gauleitung behutsam. »Sie brauchen lediglich alle Ihre Ämter niederzulegen; wie aus freiem Entschluß! Also offiziell weder dazu veranlaßt noch gar gezwungen. Ist das ein kulantes Angebot?«

Sonnenblum fühlte sich hilflos und verlassen. Er war bereit, zu kapitulieren. Beate liebte ihn nicht – und nun würde er wohl auch noch seinen Führer Adolf Hitler verlieren.

»Dann trete ich also zurück«, sagte er und schluckte. »Aber – mit welcher Begründung?«

»Da bieten sich mehrere Gründe an. Etwa übermäßige Arbeitsüberlastung oder auch eine schwere Krankheit. Oder der Wunsch, sich hier wieder Ihrer Praxis intensiver zu widmen. Selbstverständlich bleiben Sie unserer Bewegung auch weiterhin als Parteigenosse erhalten. Das wird Ihnen gerne offiziell bestätigt. Wir werden Ihnen auch offiziell bestätigen, welch enormen Verlust für die Partei Ihr Rücktritt bedeutet.«

»Und wer – wird mein Nachfolger sein?«

»Weiß ich noch nicht. Doch Sie bringen mich auf eine Idee – mit der Sie viel Ehre einlegen könnten! Sie selbst, schlage ich vor, Sie persönlich sollten Ihren Nachfolger aussuchen. Wobei ich mir einen Vorschlag vorstellen könnte, dem wir gerne zustimmen würden: der Parteigenosse Breitbach.«

»Konrad?« Sonnenblum schien in eine ihn heftig blendende Lichtquelle zu blicken. Er schloß die Augen. »Der also!«

»Wäre das nicht eine ausgezeichnete Wahl? Denn dieser Konrad ist klug, gerissen und geschickt genug, selbst mit einem solchen Himmelfahrtskommando fertig zu werden.«

»Möglicherweise könnte der sogar klug genug sein, das Angebot auszuschlagen?«

»So klug ist kein Mann, wenn es um Machtpositionen geht!« Da war der von der Schulenburg sehr sicher – vermutlich sprach er aus eigener Erfahrung. »Lassen Sie mich das nur machen.«

Fritz-Dietlof Graf von der Schulenburg verlor keine Zeit. Er bat Konrad Breitbach dienstlich zu sich, zu einer Unterredung unter vier Augen. Ohne Umschweife kam er zur Sache: »Es ist bereits soweit! Der Ortsgruppenleiter hat abgedankt. Nun habe ich seinen Nachfolger zu bestimmen. Und der bist du, Konrad.«

Der blickte seinen Parteigenossen Fritz lächelnd nachsichtig an –

als habe er da eine Art Clown im Führerbereich vor sich. »So etwas Ähnliches habe ich nach Tantaus Baggerarbeit und deiner Planierraupenaktion durchaus erwartet! Aber nicht, daß es so schnell kommen würde.«

»Die Zeit drängt, mein Lieber!«

»Darf ich dich auf folgendes aufmerksam machen, Fritz? In Hitlers Buch ›Mein Kampf‹, auf Seite 71, wird festgestellt: ›Ein Mensch sollte sich nicht vor seinem 30. Lebensjahr öffentlich in der Politik betätigen!‹ Ende des Zitats!«

»Komme mir nicht auch noch damit. Konrad – Parteigenosse! Die Art, wie du diesen erhabensten Klassiker deutscher Zunge deinen Zwecken dienstbar machst, ist mir schon von unserem Tantau recht wirkungsvoll geschildert worden. Aber mit diesem sehr verwendungsfähigen Werk weiß ich auch umzugehen. So ist mir bekannt, was noch auf Seite 71 steht. Nämlich dies – und nun Fortsetzung deines Zitats: ›Fälle einer ganz besonderen Begabung sind ausgenommen!‹ Die trifft auf dich zu, Konrad.«

»Wenn ich dich richtig verstehe, Fritz, bist du nicht abgeneigt, aus Gilgenrode eine Art neudeutsches Potemkinsches Dorf zu machen! Und ich soll den Kulissenschieber spielen.«

»Traue uns beiden in dieser Hinsicht durchaus einiges zu, Konrad. Zumindest wird hier nun alles einen denkbar seriösen Eindruck machen: Sonnenblum dankt ab, am besten wohl aus gesundheitlichen Gründen. Und er selbst wird dich als seinen Nachfolger vorschlagen – was dann von mir bestätigt wird, sozusagen amtlich. Und damit hast du hier völlig freie Hand!«

»Was bist du doch für ein raffiniert scharfer Jagdhund!« sagte Konrad anerkennend. »Du machst diesen Sonnenblum nicht nur fertig – du lastest ihm sogar noch die Entscheidung über seine Nachfolge an. So daß du auf jeden Fall deine Hände in Unschuld waschen kannst.«

»Wie ich dich kenne, Konrad, werden auch dir ähnliche Absicherungen gelingen, mit meiner Hilfe.«

»Eigentlich habe ich nichts weiter gewollt, als meinem Bruder zu einer Frau zu verhelfen, die er liebt. Doch wo bin ich nun gelandet? Von einem rauschenden Gemütsregen, unter Umgehung der Traufe, direkt in einem Sturzbach – und der ist braun und stinkt!«

»Mir, mein Freund, ist es ähnlich ergangen. Ich galt als ›roter Graf‹ – also als einer, der mit dem Sozialismus und den Arbeitern paktiert. Und dabei geriet ich dann an diese Nazis! Doch wie sagte da unser Goethe so schön: Es irrt der Mensch, solang er strebt!«

»Und nun irrst und strebst du nicht mehr, Fritz?«

»Ich versuche mich nur noch zu behaupten, Konrad – wie du ja auch! Ziehen wir also alles, was wir noch an Beute erwischen können, in unsere Netze.«

»Du besteht also darauf, daß ich hier Ortsgruppenleiter werde?«

»Genau das, Konrad, rate ich dir – damit ich unserem Gauleiter melden kann: Im schönen Gilgenrode läuft alles bestens! Sind wir uns einig?«

Das schienen sie zu sein.

Dieser ganz groß gedachte Gilgenroder ›Deutsche Tag‹ lief trotz allem programmgemäß ab. Die Bevölkerung, fast ohne Ausnahme, genoß alle gebotenen Freuden bereitwillig, sogar mit einem gewissen Glücksgefühl.

Kinder hüpften in Säcken, kletterten über Baumstämme, balancierten rohe Eier auf Löffeln durch die Gegend. Frauen folgten ihren Männern, betreuten die Kleinen und die Freundinnen. Gulaschkanonen dampften, Bier schäumte zischend aus den Hähnen, nahezu tausend Münder mampften munter. Die vereinigten Blaskapellen intonierten Marsch- und Tanzmusik.

Die Menschen der kleinen Stadt pendelten gemächlich in Rudeln hin und her. Von der zentralen Freßstätte, also dem Marktplatz, bis zu den Sandbergen, wo sportliche Spiele, diverse Verlosungen und ein Wettschießen stattfanden. Von dort fluteten sie wieder zurück, um sich abermals an der Gemeinschaftsverpflegung zu stärken – für weitere Taten:

Tanz auf der großen Wiese im Volkspark. Feuerwerk an der Seepromenade und endlich das fröhliche Schlußsaufen in allen Gasthäusern und Kneipen. Und das endete hier erfahrungsgemäß niemals vor Sonnenaufgang.

Sonnenblum, nur noch bis zu diesem Tag Ortsgruppenleiter, wurde nicht sonderlich vermißt, nicht einmal von denen, die er für seine treuesten Parteigenossen gehalten hatte. Denn diese legten seine Abwesenheit bereitwillig als eine sie schonende Geste des Entgegenkommens aus; er wollte sie nicht stören! Sowieso fühlten sie sich ohne das Parteioberhaupt bei solchen volkstümlichen Vergnügungen wesentlich wohler.

Auch die SA-Kameraden vermißten ihren Scharführer nicht. Denn der, hatte Konrad sie wissen lassen, mußte dringend, und zwar amtlich, verreisen. Daß ihn dabei der Polizeibeamte Kersten begleitete, und zwar mit großer Bereitwilligkeit, um ihn in das Untersuchungsgefängnis in Allenstein einzuliefern, erfuhren die wackeren Sturmmänner an diesem Tag noch nicht. Sie widmeten sich unentwegt ihrem Durst, der, wie immer, außerordentlich groß war.

Eine dick zusammengebraute Harmonie beherrschte also Gilgenrode. In umarmungswilliger Feststimmung schwitzten die Leute vor sich hin. Und noch oft sangen sie an diesem Tag, an diesem Abend, in dieser Nacht: »Wer hat dich, du schöner Wald...«

Heinrich Sonnenblum, hier nun nichts mehr als ein Zahnarzt, war frühzeitig nach Hause gekommen. Er wirkte bleich, schweißig und schien leicht zu schwanken. Seine Mutter empfing ihn nicht unbesorgt, doch zugleich auch lautstark vorwurfsvoll: »Was denn, was denn – du bist doch nicht etwa schon wieder besoffen?«

»Ich bin lediglich müde«, sagte er, sich an ihr vorbeiwindend. »Todmüde! Ich möchte meine Kleidung wechseln!« Er eilte in sein Schlafzimmer und schlug die Tür hinter sich zu.

Steif, fast wie gelähmt, starrte er sein Spiegelbild auf der Schranktür an. Sekundenlang – um sich dann gequält, verächtlich zuzulächeln.

Darauf begann er, mit schnellen, heftig zerrenden Griffen, seine Ortsgruppenleiteruniform vom Körper zu reißen. Er schleuderte die Teile weit von sich weg, wahllos in verschiedene Richtungen, entledigte sich auch, schwer keuchend, seiner Stiefel, die er gegen den Schrankspiegel knallte, so daß der klirrend zerbrach. Nun stand er in Unterhosen da.

»Ein Anblick«, sagte von der Tür her seine Mutter Gertrude fröhlich robust, »der mir wesentlich menschlicher vorkommen will als deine Verkleidung durch dieses Staatstheaterkostüm. Solltest du das etwa für immer abgelegt haben? Das würde mich aber freuen. Dann wären meine Gebete erhört!«

»Ich brauche nichts wie Ruhe!« rief Sonnenblum fast flehend. »Bringe mir irgend etwas zu trinken – und dann laß mich schlafen, ein, zwei Stunden nur!«

Mutter Gertrude reagierte hellwach, mit der ihr eigenen Entschlossenheit. »Du scheinst ziemlich fertig zu sein, mein Jungchen – also wohl endlich etwas zugänglicher. Wärst du nun sogar bereit, der Verlobung deiner Tochter Erika zuzustimmen?«

»Nun ja, Mutter, ja – wenn du unbedingt darauf bestehst! Ich will nichts, wie endlich in Ruhe gelassen werden. Soll sie sich also verloben – sogar mit diesem Breitbach-Bengel!«

»Aber mit welchem? mit Johannes oder Konrad?«

»Alle beide«, versicherte er, »sind mir gleichermaßen ungeheuer widerlich! Dieser Armleuchter von spinnendem Poeten ebenso wie diese politische Wildsau! Mach doch, was du willst!«

»Mache ich, mein Kleiner! Du weißt, daß du dich getrost auf deine liebe Mutter verlassen kannst. Schlafe also ein paar Stunden. Doch dann feiern wir: deine Wiederauferstehung – als Zahnarzt. Und dazu die Verlobung deiner Tochter!«

»Hier, Konrad, mein Freund«, sagte der Graf von der Schulenburg, von ihm und Gilgenrode Abschied nehmend, »habe ich für dich vier Telefonnummern aufgeschrieben – zwei von Tantau, zwei von mir; jeweils eine amtliche und eine private! Verständige uns sofort, falls es hier Schwierigkeiten geben sollte.«

»Wann erwartest du denn einen solchen Anruf, Fritz? In einigen Tagen – oder Wochen?«

»Vermutlich erst in etlichen Monaten! Vorerst scheint in diesem Land nur sehr wenigen klar zu sein, was hier wirklich gespielt wird. Und was noch gespielt werden könnte! Dabei ist das bereits schriftlich festgelegt.«

»Du willst doch nun nicht etwa«, rief Konrad nun wieder knabenhaft vergnügt, »ausgerechnet mir gegenüber aus diesem verkrampften Kampf-Buch zitieren?«

»Warum nicht, mein Freund? Und zwar das, was dort auf Seite 399 steht – zu unserer gemeinsamen Ermunterung: ›Ein Mensch, der um seine Sache weiß, eine gegebene Gefahr kennt, die Möglichkeit einer Abhilfe mit seinen Augen sieht, hat die verdammte Pflicht und Schuldigkeit . . . vor aller Öffentlichkeit gegen das Übel auf- und für seine Heilung einzutreten!‹ Soweit unser Führer. Das aber, Konrad, ist eine Art Freipaß für uns. Kapiert?«

»Also dann, lieber Fritz – Heil Hitler! Ich kann jetzt nur noch hoffen, daß sehr viel Zeit vergehen wird, bevor wir uns wiedersehen. Müssen. Lebe wohl!«

Mutter Gertrude hatte, mit schnellen, sicheren Händen, ein hervorragendes Verlobungsessen zubereitet: Aal in Dillsoße, danach Schweinebraten mit Klößen, handgeriebene, versteht sich, sodann gefüllte Krapfen, auch Marzipangebäck und Erdbeertorte, letztere durch Schlagrahmberge verdeckt. Und das, während hier, in diesem Gilgenrode noch immer die Gulaschkanonen dampften und das enthemmt festfreudige Gegröle immer lauter wurde.

Der Tisch im großen Zimmer des Hauses Sonnenblum war für sechs Personen gedeckt. Das vermochte der Hausherr selbst zunächst nicht zu bemerken. Denn als der, wohl immer noch bleich, doch halbwegs ausgeschlafen, auch schon wesentlich gefaßter erscheinend, in einem dunkelblauen Zivilanzug das Zimmer betrat, sah er dort die Verlobten sitzen, traulich einander zugeneigt: Erika und Johannes.

Auf diese schritt er zu, betont würdig, ganz Vater. Sie hatten sich bei seinem Anblick artig erhoben. Er umarmte seine Tochter, durchaus innig. »Der Wunsch deines Herzens wird von mir respektiert! Werde glücklich, mein Kind!« Erika schaute ihn dankbar an, hochsommerlich erglühend.

Worauf sich Vater Sonnenblum Johannes Breitbach zuwandte. Er reichte ihm die Rechte; sie wurde bereitwillig, wenn auch nicht sonderlich kraftvoll ergriffen. »Mein lieber Junge«, sagte er gutmütig, »mache meine geliebte Tochter glücklich! Das verdient sie – und nichts anderes wünsche ich mir! Doch nun können wir wohl speisen.«

»Noch nicht«, entschied Mutter Gertrude. »Denn noch sind nicht alle geladenen Gäste eingetroffen. Zwei fehlen.«

Einer traf unmittelbar danach ein: Pfarrer Bachus. Er begrüßte zunächst, mit gemeindeumarmungsbereiter Herzlichkeit, seine ›liebe, verehrte, hochgeschätzte Frau Gertrude‹. Erst dann schritt er beschwingt auf Sonnenblum zu, um dem zu versichern: »Ich trage Ihnen nichts nach! Schließlich sind Sie der gute Sohn einer von mir hochverehrten Dame. Wenn auch bedauerlich ist, daß Sie heute unserer Kirche mit Ihren Gefolgsleuten ferngeblieben sind. Denn der Fahneneinsegnungsgottesdienst war von besonderer Feierlichkeit.«

Darauf behauptete Sonnenblum, bei einem weiteren Versuch, über seine vielen dunklen Schatten zu springen: »Ich bin hier lediglich ein Werkzeug unseres Führers – gewesen. Dabei jedoch stets versöhnungsbereit, immer gewillt, mit Anstand in Erscheinung zu treten.«

Bachus widmete sich, jeder erdenklichen Schwierigkeit ausweichend, unverzüglich den Verlobten – mit weit und breit ausgestreckten Armen. »Euer Bund, meine lieben Kinder, sei gesegnet! Endlich habt ihr euch gefunden. Und die Kirche wird euch, wenn ihr nur wollt, immer zur Seite stehen.«

Heinrich Sonnenblum gähnte. Ihn verlangte nur noch nach dem bereits verlockend duftenden Meisterwerk der Kochkunst seiner Mutter. Und dann wollte er trinken, um endlich zu vergessen, möglichst alles. Aber noch war der sechste Teilnehmer dieses Verlobungsessens nicht erschienen.

Als der dann auftauchte, glaubte Sonnenblum, der wahrhaft Meistgeprüfte aller Gilgenroder, wieder einmal seinen Augen nicht trauen zu dürfen. Denn wer eintraf, war Richard Breitbach. Sein Widersacher, sein Feind, aus welchen Gründen auch immer. Doch immerhin auch der Vater dieses Verlobten, der künftige Schwiegervater seiner Tochter – dazu noch der Gast seiner Mutter. Das mußte wohl respektiert werden.

Die Begegnung durfte sich aber nicht, beschloß Sonnenblum, männlich, mit verlogener Freundlichkeit vollziehen. Also stand er auf und wich erkennbar zurück, womit er sich der direkten Begrüßung durch Breitbach entzog, ihm also zu verstehen gab: Du bist mir zuwider! Beide schnauften einander unfreundlich an.

Doch nunmehr trat Mutter Gertrude in Aktion. Und zwar durch die Aufforderung, die in Ostpreußen selbst streitbarste Hammel zu einem genußbereiten Verstummen zwang: »Bitte zu Tisch!«

In diesem Lande waren Mahlzeiten noch so gut wie heilig.

Sie speisten also hingegeben und glücklicherweise so gut wie verstummt. Beim Nachtisch erhob sich der Geistliche zu einer humorig-menschlich gedachten Rede.

»Die Wege des Herrn sind wahrhaft wundersam – besonders wenn es um die Liebe geht. Und diese hat nun zwei Familien, die einander feindlich gesonnen waren, zumindest Teile davon, endlich glückhaft vereint. Denn unser gesunder, gediegener, kraftvoller, ostpreußischer Menschenverstand erlaubt ganz einfach keine Tragödien – wie weiland jene von Romeo und Julia!«

»Gilgenrode ist eben nicht Verona«, meinte Vater Breitbach mäßig belustigt, dem Burgunder zusprechend. »Denn bei uns herrschen schließlich noch sogenannte Sitten – was?«

»Wir wohl mehr dem klaren Norden angenäherten Menschen«, verkündete Sonnenblum, der Breitbach demonstrativ nicht zu beachten versuchte, »werden gewiß niemals solch opernhaften südländischen Ausschweifungen erliegen. Wir sind treusorgende Hausväter und verantwortungsbewußte Deutsche!«

»Geschwätz!« rief Breitbach unvermittelt.

Sonnenblum blickte empört an ihm vorbei. Muß ich mir auch das noch bieten lassen? dachte er. Was will man denn noch von mir?

»Meintest du etwa mich damit?«

Breitbach schien sich königspudelwohl zu fühlen. »Ich, meinst du, soll irgend etwas von dir wollen? Wenn – dann ist es doch wohl umgekehrt. So bin ich immerhin bereit, deine liebe schöne Tochter in meine Familie aufzunehmen – und das von ganzem Herzen! Und dann lasse ich sogar meinen zweiten Sohn, dies jedoch weit weniger gern, das Opfer bringen, dich von diesem Goldfasanenposten zu befreien. Dafür solltest du mir dankbar sein.«

»Seid friedlich!« rief Pfarrer Bachus seelsorgerisch beschwörend. »Erlebt diese schönen Stunden mit Wohlgefallen und Dankbarkeit!« Er bangte wohl schon um die Nachspeise und den angekündigten zwanzig Jahre alten, echten Kognak.

Sonnenblums Stimme jedoch bebte: »Nimm das zurück, Breitbach! Entschuldige dich! Und nun hört mal weg, Kinder – kümmert euch nicht um uns! Seid einfach glücklich. Falls du aber, Breitbach, die geforderte Entschuldigung verweigern solltest – dann komm hinaus! Damit ich dir deine vorlaute Fresse polieren kann!«

»Dies erst nach dem Kaffee – wenn überhaupt!« entschied Mutter Gertrude energisch. »Bis dahin bitte ich mir Beherrschung aus. Auch wenn ihr manchmal tatsächlich so dämlich zu sein scheint wie ihr ausseht.«

Nach diesem köstlichen Abendessen begaben sich die Gilgenroder Kampfhähne Breitbach und Sonnenblum ins Freie. Im Gleichschritt marschierten sie über den Marktplatz. Dabei wirkten sie im Vollmondlicht wie getreulich miteinander vereint, doch ihre zu grimmigen Mienen verzerrten Gesichter sahen fahltraurig aus.

Gemeinsam, nahezu Schulter an Schulter, blickten sie zu jenen Fenstern hoch, hinter denen ihre Beate Fischer gewohnt hatte. Doch eben die gab es nun in Gilgenrode nicht mehr. Sie hatte während des Morgensingens die kleine Stadt vermutlich für immer verlassen. Weder Sonnenblum noch Breitbach beabsichtigten, schon gar nicht voreinander, ein Wort darüber zu verlieren – und doch verlangte es sie insgeheim überaus heftig danach.

Um sie herum schlug dieser ›Deutsche Tag‹ letzte, äußerst heftige Wellen. Männer schwankten grölend auf sie zu, torkelten vorbei in eine Seitengasse hinein, wohl irgendeiner Kneipe entgegen.

»Jetzt triumphierst du wohl, Richard!« mutmaßte Sonnenblum, nicht ohne Erbitterung – über sich. »Was hier zum Vorschein kommt, diese Haltlosigkeit, all diese hinterhältigen Gemeinheiten, ja, sogar die Bereitschaft zum Mord – das alles, meinst du wohl, wäre von mir zu verantworten!«

»Lassen wir das, Heinrich! Diese Zeit ist es, die total verrückt spielt – und man kann nur hoffen: es dauert nicht allzu lange! Wir sollten uns mit anderen Dingen beschäftigen. Etwa wieder einmal Schach miteinander spielen. Uns unterhalten.«

»Ich wüßte nicht – worüber!« wehrte Sonnenblum störrisch ab.

»Bestimmt nicht über deine Glanzleistungen als Großpolitiker in Gilgenrode – das verspreche ich dir. Aber beherrscht uns beide denn nicht ein ganz besonderes Thema? Beate Fischer! Dieses hinreißend herrliche Luder sollte uns unvergeßlich sein!«

»Ich empfehle dir, gefälligst mit mehr Respekt von dieser Dame zu reden, Richard! Denn schließlich war ich bereit, sie zu heiraten.«

»Das war ich doch auch, Heinrich! Dabei haben wir vermutlich ein reichlich rücksichtsloses Gedränge um sie veranstaltet – und andere noch dazu. Und das war wohl sogar für dieses mit etlichen Wassern gewaschene Geschöpf zu viel.«

»Was und wie auch alles gewesen sein mag«, sinnierte Sonnenblum, gepreßt atmend, mit gesenktem Kopf, »ich werde dennoch niemals schlecht über Beate sprechen.«

»Das kann und will ich auch nicht.« Richard schlug seinem Begleiter in plötzlicher Herzlichkeit kraftvoll auf die Schulter.

Der begann zu schwanken, von einer heftigen Gleichgewichtsstörung befallen. Er streckte seine Hände aus, irgendeinen Halt suchend – einen Baum etwa, an den er sich klammern, eine Wand, gegen die er sich lehnen konnte.

Richard Breitbach fing ihn auf; er umarmte ihn fast brüderlich, zog ihn an sich – wie an sein Herz. »Zuviel getrunken?« fragte er freundlich besorgt. »Oder zu schwer gegessen? Ach, mein Lieber – wir sind in einem Alter, wo man nur noch mühsam alles verdauen kann, was sich einem auf den Magen schlägt – oder aufs Herz legt.«

»Kann sein.« Sonnenblum richtete sich wieder auf, er atmete keuchend und betupfte mit einem Taschentuch die schweißnasse Stirn. »Du lachst dennoch nicht über mich, Richard – warum nicht?«

»Weil eben nicht alles völlig hoffnungslos ist, Heinrich! Denn ausgerechnet in der Nacht nach diesem Tage verlierst du kein Wort über deine parteipolitische Niederlage. Du beklagst nur einen einzigen Verlust. Den von Beate. Und das gemeinsam mit mir!«

»Dem scheint tatsächlich so zu sein, Richard«, bekannte Sonnenblum, mit schwerer Zunge, über sich selbst maßlos verwundert.

Während Richard und Heinrich, geradezu Hand in Hand, immer noch auf dem mitternächtlichen Marktplatz standen und auf die dunkel glänzenden Fenster blickten, hinter denen ihre geliebte Beate Fischer gewohnt hatte – währenddessen geriet dieses Volksfest in seine letzte, zugleich auch seltsamste Phase.

Weitere Trunkene taumelten dahin; ihre Zahl schien sich kaninchenartig zu vermehren. Pärchen stießen zueinander, verloren sich wieder, noch halbwegs nüchterne Zeitgenossen trieben sich neugierig herum, stiegen über liegende Paare und Betrunkene hinweg.

Während sich das alles spukhaft abspielte, begann eine selbst im Mondschein als reichlich verwahrlost zu erkennende Gestalt mit kasperlartigen Bewegungen auf das Kriegerdenkmal hinaufzuklettern. Oben angelangt, klammerte sie sich an den gußeisernen Helden mit der Fahne.

Das war Emil Spahn. Und der verschaffte sich röhrend Gehör: »Hört mir zu, ihr herrlichen Helden – haltet einmal kurz eure Schnauzen, so schwer euch das fallen mag! Und laßt auch die lieben Kleinen zu mir kommen, all die Garanten unserer deutschen Zukunft, sofern ihr sie nicht auch schon besoffen gemacht habt!«

Auf solche wirren Tiraden fanden sich bald einige Dutzend Neugierige ein. Sie scharten sich erwartungsfreudig um das Kriegerdenkmal, dessen Heldenfigur der quatschende Säufer affenartig umklammert hielt. Die Volksvergnügungen an diesem wunderschönen Tag schienen kein Ende zu nehmen. Breitbach und Sonnenblum, nun schon leicht gegeneinander gelehnt, hielten sich im Hintergrund auf.

Und weiter röhrte, sprudelte, spuckte Emil Spahn in die prächtige Vollmondnacht:

»Mitbürger, Volksgenossen, Gilgenroder! Hört mich an! Das ist ein wahrhaft herrlicher Tag gewesen – ein einzigartiger, vielversprechender, zukunftsträchtiger! Eure Mägen sind gefüllt, gute Verdauung kündigt sich an, die Hirne sind angenehm betäubt – durch gewaltige Blasmusik und viele schöne Worte. Auch ich habe dafür zu danken – wenn nicht Gott, so doch dem Führer und den Seinen.

Denn bei uns ist nun alles wunderbar geregelt und allerbestens in Ordnung! Wir erfreuen uns wahrhaftig wackerer deutscher Männer, die noch wissen, was wahre Wehrhaftigkeit ist. Künftige Vaterlandsverteidiger: die Frontkämpfer von morgen – mit Sicherheit!

Sodann gibt es in unseren dicht geschlossenen Reihen in Hülle und Fülle auch prachtvolle deutsche Mädchen und Frauen. Und sie alle dürfen stolz sein auf ihre Brüder, Männer und braven Söhne, die bereits den großen Gleichschritt üben – und stolz auch auf ihre Töchter, die möglichst noch heute werdende deutsche Mütter zu sein begehren! Ja, unsere neue deutsche Welt kann sich sehen lassen – und sie wird auch von der übrigen Welt bald nicht mehr übersehen werden können!

Denn wir sind uns unserer Werte wieder bewußt geworden! Wir haben den Mut dazu, ein als Feind des Volkes anerkanntes Subjekt auch als Volksfeind zu bezeichnen. Wozu gehört: der ewige Jude, der schmierige Pole und der nestbeschmutzende Volksschädling; ob der nun als kirchlich verseucht oder als Katzenliebhaber verdächtigt wird!

Jedenfalls steht fest: Wer nicht dafür ist, der ist dagegen! Der ist ein Feind! Feinde aber von Volk, Führer und Reich sind auszuschalten, abzuschieben, zu isolieren, an den Pranger zu stellen, zu erledigen! In diesem Sinne: die Fahne hoch!«

»Bravo, bravo!« riefen die belustigten Gilgenroder auf dem mitternächtlichen Marktplatz. Nicht wenige applaudierten sogar – ehrlich und ahnungslos begeistert.

Heinrich Sonnenblum, von steigender Unruhe erfaßt, meinte besorgt: »Was der sich da leistet, ist gar nicht ungefährlich – für ihn. Da sollte man wohl eingreifen.«

Richard Breitbach bemühte sich, seinen wiedergewonnenen Freund zu besänftigen. »Was, mein Lieber, geht dich dergleichen, als Zahnarzt, jetzt noch an? Dafür ist der nunmehrige Ortsgruppenleiter zuständig. Und wie ich Konrad kenne – soweit man den überhaupt kennen kann –, wäre dem durchaus zuzutrauen, daß er einen Spahn zu seinem Propagandaleiter macht. Sofern der aufhören könnte zu saufen – und falls es ihm gelingen sollte, den Tod seiner Katze zu vergessen.«

»Mein Gott!« Sonnenblum wirkte ehrlich erschüttert. »Worauf habe ich mich da eingelassen – woran bin ich mitschuldig geworden?«

Emil Spahns verzückt erscheinendes Gesicht erstarrte zu einem großen Grinsen. In Wahrheit durchbohrte ihn ein brennender Schmerz. Wohin er auch sah – er suchte nur nach seiner Katze Susie. Doch Susie war tot.

»Damit, Mitbürger, Volksgenossen, Gilgenroder, sind die Würfel gefallen! Der gigantische Marsch in eine großdeutsche Welt hat begonnen. Unsere Zukunft ist besiegelt. Und wehe dem, der sich da auszuschließen versucht – dessen Grab ist schon jetzt gegraben! Denn Opfer, das hat unser allseits geliebter Führer verkündet, müssen gebracht werden. Seid also dazu bereit! Doch von dem, was ich da so von mir gebe, braucht ihr kein Wort zu glauben, liebe Leute! Denn schließlich steht fest, daß ich nichts wie ein armer Irrer bin.«

Und Emil Spahn schien geradezu glücklich darüber, nichts wie ein armer Irrer zu sein.

Versuchter Schlußbericht – in zwangloser Reihenfolge, ohne jeden Anspruch auf Vollständigkeit

Heinrich Sonnenblum wurde in Gilgenrode wieder zu einem Zahnarzt. Und da er als solcher durchaus Qualitäten besaß, entwickelte er sich erneut zu einem recht angesehenen Mitbürger. Wobei er jedoch, nominell, weiter Parteigenosse blieb. Und als solcher schaffte er es, vom Wehrdienst im Zweiten Weltkrieg befreit zu werden.

Er fiel dennoch! Nicht auf dem sogenannten Felde der Ehre, sondern vielmehr mitten in seiner Praxis. Die hatte er, in den letzten ostpreußischen Kriegstagen, in ein provisorisches kleines Feldlazarett verwandelt. Als sich sowjetische Truppen den Weg durch Gilgenrode, das nun polnisch ist, freischossen, traf ihn eine Granate.

Seine letzten Worte sollen gelautet haben: »Wie konnte es nur dazu kommen?«

Gertrude Sonnenblum, die Urmutter, durfte, nur wenige Jahre nach den geschilderten Ereignissen, also noch im Frieden, das Zeitliche segnen. Sie starb 1937, an Herzschlag – und das mitten in ihrer Kirche. Pfarrer Bachus soll echte Tränen in den Augen gehabt haben, als er an ihrem Grabe stand.

Doch Mutter Gertrude war nicht gestorben, ohne zuvor noch voller Hingabe die Ehe ihrer Enkelin Erika mit Johannes Breitbach, welche vergleichsweise glücklich genannt werden konnte, betreut zu haben. Sie durfte auch noch die Geburt von zwei Urenkelkindern erleben, die äußerst prächtig geraten waren, ihr also ähnelten – nicht zuletzt, was deren besitzergreifende Lautstärke anbelangte.

Johannes Breitbach, der Poet, hatte in jenen dunklen Jahren zwei Bücher geschrieben. »Wie dicht gewoben aus bestürzenden Träumen und würgender Trauer«, meinte ein Kritiker – der freilich damals nicht in Deutschland lebte. Noch kurz vor ihrem Tod gelang es Mutter Gertrude, ihre Erika, Johannes und deren Kinder, finanziert von Breitbach, auf eine Nordlandreise zu schicken – von der sie, vereinbarungsgemäß, nicht wiederkehrten. In Oslo nahm sie Max Tau auf, ein in diesem Land lebender deutscher, jüdischer

Emigrant. Und dort befinden sie sich auch heute noch. Ohne mitteleuropäischen ›Lebensstandard‹, dennoch nicht unglücklich.

Richard Breitbach schien völlig verstummt zu sein; in politischer Hinsicht durchaus. Dieses einstige ›Schlachtroß Gottes‹ graste nunmehr als müde Mähre auf den saftigen Wiesen des Daseins. Denn nur so, glaubte er erkannt zu haben, vermochte man hier noch einigermaßen unbehelligt zu leben. Zu überleben. Das gelang ihm nicht zuletzt, weil er als international anerkannter Sattlermeister zu einem Deviseneinbringer von erheblichem Rang geworden war.

Doch dann wurde er, sehr frühzeitig, zu einem sogenannten Heimatvertriebenen; einem der allerersten. Denn anläßlich einer ihm staatlich genehmigten Geschäftsreise nach Argentinien zog er es vor, dort zu bleiben. Denn in jenem Land gab es viele Liebhaber seiner prachtvollen Sättel; diese Kunden nahmen ihn mit offenen Armen auf. Das geschah 1943.

Dort jedoch verzehrte sich Richard Breitbach, je älter er wurde, in Sehnsucht nach seinem nunmehr verlorenen Ostpreußen.

Ehe er an Altersschwäche starb – 1968 –, leistete er sich die letzte Reise seines Lebens, nach Boston. Und zwar, um dort einer Frau eine einzige, ihn überaus bewegende Frage zu stellen.

Diese Frage galt der Gattin eines äußerst erfolgreichen amerikanischen Geschäftsmannes, der sein Vermögen mit Fleischkonserven, Zahnpasta und Plastikfabrikaten gemacht hatte. Er hieß Green – und Frau Green, mit Vornamen Beate, hier zumeist Bea genannt, war eine geborene Fischer. Selbst jetzt noch war sie eine betörend strahlende, nach wie vor sehr sinnlich wirkende Person, von gepflegter dunkler Schönheit – alle erdenklichen Möglichkeiten der Kosmetik wirkungsvoll beherrschend.

»Bereust du nichts?« hatte Breitbach Beate gefragt. Das jedoch erst nach Stunden gefälligen Dahinplauderns; wozu auch die intensive Besichtigung alter, bereits vergilbter Fotografien gehört hatte. Und: »Bist du – glücklich?«

Beate hatte ihn groß angesehen – nahezu kindhaft hilflos. So was beherrschte sie immer noch, sehr gekonnt. Sie hatte sich nicht im geringsten verändert. »Was ist denn das – Glück? Durchaus möglich, Richard, daß es damals, wenn auch wohl nur für ganz wenige Augenblicke, für uns eine Art Gilgenroder Glück gegeben hat. Was jedoch – haben wir daraus gemacht?«

»Was, Beate, hätten wir denn daraus machen können – in einer solch fürchterlichen Zeit?« Womit er sich, wie fliehend, von ihr verabschiedete – und damit wohl von seinem ganzen Leben. Mehr ist von ihm und auch von ihr nicht bekannt.

Kimminger, der gezielt operierende Gilgenroder Geschäftsmann, konnte damals schnell ansteigende Umsätze verzeichnen. Planvoll vergrößerte er seine Unternehmungen; und das nicht nur durch die Übernahme des Hotels ›Weißer Hirsch‹. Er machte sich auch weiterhin zielstrebig um diese neue, große Zeit verdient; in vielfacher Hinsicht.

Wobei er jedoch unmittelbar nach Beginn des Zweiten Weltkrieges seine Gewinne weit westwärts zu investieren begann; mit Vorliebe im Raum von Köln und Umgebung. Und dort gehört er nun nicht nur zu den angesehensten Kennern des Karnevals; er besitzt dort ein Kneipenimperium sondergleichen, woran die Witwe des Urinoco-Schulze wesentlich beteiligt ist: Ganze Zuhälterkolonnen, Nuttenherden, Nachtlokalschuppen, Stundenhotels und Pornokinos gehören zu seinem Reich.

Siegfried Sass jedoch, dem Juden von Gilgenrode, war es vergönnt gewesen, in seiner geliebten kleinen Stadt zu sterben. Also in jenem Ort, den er nicht verlassen wollte, um nichts in der Welt!

Mithin blieb ihm erspart, was danach kam und was Millionen Menschen seines Glaubens erbarmungslos brutal in den Tod treiben sollte. Er durfte sich, nach dem Genuß einer Flasche Rotwein Mouton aus dem Hause Rothschild, in einer herrlichen Frühlingsnacht des Jahres 1934 schlafen legen. Danach stand er nicht mehr auf.

Pfarrer Bachus, den Frau und Tochter verlassen hatten, verendete im Gilgenroder See – und zwar gemeinsam mit Emil Spahn. Das geschah nach einer intensiv durchzechten Winternacht. Und zwar im Jahre 1939, am 5. Dezember. Der große Krieg war ausgebrochen. Menschen begannen wie Fliegen zu verenden. Jede noch so bescheidene Hoffnung drohte hinter fernsten Horizonten zu versinken.

Sie beide, also Bachus und Spahn, betraten, einander innig umarmend, das noch dünne Eis. Das brach unter ihnen ein, sie versanken, gingen gurgelnd unter. Und es war, als habe der sagenhafte ostpreußische Wassermann nur darauf gelauert, endlich auch sie in seinen Besitz zu nehmen.

Doch bevor noch die erbarmungsvollen Fluten über ihnen zusammenschlugen, wollte ein zufälliger Zeuge diese letzten Worte des Pfarrer Bachus vernommen haben: »Wir gehen voran! Und alle – alle – werden folgen!«

Wobei Emil Spahn zu Bachus gesagt haben soll: »Wer lebt, muß auch einmal verenden! Doch man stirbt gerne – wenn dieses Leben einem die geliebte Katze weggenommen hat...«

Konrad Breitbach wurde damals tatsächlich zum Ortsgruppenleiter der NSDAP in Gilgenrode ernannt. Dafür sorgte sein beharrlicher Freund, der Graf von der Gauleitung. In diesem Amt vermochte Konrad sich nahezu neun Monate lang zu behaupten – was nicht nur ihn erstaunte.

Danach jedoch kam es zu einer sogenannten Parteigerichtsverhandlung gegen ihn. Und so was war erfahrungsgemäß weit bedrohlicher als jede sonstige juristische Einflußnahme. Konrad wurde aus den Reihen der Bewegung ausgestoßen! Worauf er sich wieder seinem Sattlerhandwerk widmete. Er galt nunmehr als abgeschrieben, erledigt, unwesentlich! Wohl nichts wie ein Mohr mehr, der seine Schuldigkeit getan hatte.

Doch nach dem wohl einzigen einigermaßen wirksamen Attentat auf Hitler nach anderen zahlreichen vorangegangenen, doch kläglich gescheiterten Versuchen – also nach jenem vom 20. Juli 1944 in Ostpreußen – wurde dann auch intensiv nach Konrad gefahndet. Das wohl nicht ganz unberechtigt; denn bei dem konnten ganz direkte Verbindungen vermutet werden – und zwar zwischen ihm und einem der nachweisbar engsten Freunde des Bombenlegers Stauffenberg: Fritz-Dietlof Graf von der Schulenburg.

Der war nicht nur Gauorganisationsleiter in Ostpreußen gewesen, sondern dort auch Landrat, später Vizepolizeipräsident von Berlin, schließlich sogar Gauleiter-Stellvertreter in Schlesien. Doch selbst dabei konnte ihm keiner das nachweisen, was man gemeinhin einwandfrei antinazisitische Betätigung nennen könnte. Dieser Mann war nichts wie ein fürchterliches Rätsel mehr in jener Zeit. Ein überaus unbequemes – für alle Vereinfacher.

Er wurde, nach dem 20. Juli, ›hingerichtet‹ – also an einem Fleischerhaken aufgehängt, wobei Klaviersaiten seinen Hals umspannten. Dabei wurde er gefilmt – denn damit gedachte man den Führer zu erfreuen. Doch in den qualvollen Tagen davor hatte dieser bis auf das Blut gepeitschte, schrecklich gefolterte Schulenburg nicht einen einzigen Namen seiner ›Mitverschworenen‹ genannt. Also auch nicht den von Konrad Breitbach oder Tantau.

Kriminalkommissar Tantau hatte sich, gleich am nächsten Tag nach diesem 20. Juli, in die Schweiz begeben – und dort blieb er. Die international hochangesehene Züricher Polizei nahm ihn, nicht ohne intensive Nachprüfungen, in ihren Reihen auf. Und in Zürich befindet sich Tantau auch heute noch. Dort wird er, wenn auch bereits pensioniert, geradezu ehrfurchtsvoll respektiert und ›unser großer alter Mann‹ genannt.

Konrad Breitbach flüchtete damals – in seine ihm unendlich weit erscheinenden ostpreußischen Wälder hinein. Dort hauste er monatelang – wie ein Tier. Diesen Zustand genoß er trotzdem – auf seine Weise: »Dabei kam ich mir manchmal vor wie Robinson – als hätte sich endlich ein ewiger Knabentraum erfüllt.«

Er wurde, kurz nach Ende des Zweiten Weltkrieges, von sowjetischen Truppen aufgegriffen und nach Sibirien transportiert. Dort blieb er nahezu acht Jahre lang. Dennoch soll er auch dort manchmal wissend vor sich hin gelächelt haben. Als er dann wieder nach Deutschland gelangte, in dessen westlichen Teil, begann er sofort wieder, sich als Sattler zu betätigen. Sehr erfolgreich, wie bei seinen einzigartigen Fähigkeiten nicht anders zu erwarten.

»Was jedoch«, wurde er Jahrzehnte nach diesen Vorgängen befragt, und zwar von einem der immer seltener werdenden deutschen Journalisten, welche die Bewältigung unserer Vergangenheit noch interessiert, »sind Sie damals tatsächlich gewesen? Wozu bekennen Sie sich wirklich?«

Konrad Breitbach lächelte auch auf diese Frage. Fahlblaue Augen lagen unter einer hohen Stirn; sein schneeweißes Haar war noch immer voll und dicht. Sogar die tiefen Falten um die Mundwinkel verrieten gelassene Heiterkeit.

»Was, werter Herr, wünschen Sie von mir zu hören?« meinte Konrad augenzwinkernd. »Etwa das Bekenntnis, daß ich damals, in Gilgenrode, als erklärter Nazi in Erscheinung getreten bin? Als der vermutlich sogar jüngste Ortsgruppenleiter des Dritten Reiches? Falls es Sie unbedingt danach verlangt, das bestätigt zu bekommen – das können Sie haben.«

»Das, Herr Breitbach, ist nachweisbar. Dafür existieren, selbst heute noch, diverse Zeugen. Aber das scheint doch wohl nicht alles gewesen zu sein.«

»Vermutlich wollen Sie nichts als die sogenannte Wahrheit wissen?« Dieser immer noch irritierend knabenhaft wirkende Greis kicherte faunhaft belustigt vor sich hin. »Mein Gott, lieber Mann – Sie brauchen sich doch nur das auszusuchen, was Sie dabei irgendwie für verwendungsfähig halten! Sie können mich durchaus als einen notorischen Nazi bezeichnen – aber zugleich auch als entschlossenen Widerstandskämpfer. Wie es Ihnen beliebt!«

»Sie bekennen sich also – zu nichts!«

»Das wird es wohl sein.« Konrad versicherte das schlicht, mit abendsonnenhaftem Lächeln. »Damals staute sich bei uns eine Menge Dreck; wir waren auf dem Misthaufen unserer Geschichte angelangt. Und völlig sauber blieb dabei wohl so gut wie niemand – ob er das nun wußte, wollte oder nicht wahrzuhaben gedachte.«

»Ist das der Versuch einer Erklärung?«

»Weder das – noch soll es etwa eine Entschuldigung sein. Es ist eine Feststellung. Die jedoch kann wohl nur der voll begreifen, der jener Zeit ausgeliefert war. Denn damals war Leben und Überlebenwollen nicht selten das gleiche, wobei gar nicht wenige nur noch versuchten, nichts wie den nackten Arsch zu retten.«

»Was heutzutage schwer begreifbar ist«, meinte der Journalist.

»Weil zu schnell vergessen wurde, was wirklich geschah – und nicht nur in Deutschland; auch in anderen dunklen Stunden dieser Menschheitsgeschichte, die man so schnell wie möglich aus dem Gedächtnis verdrängen will – bis zum nächsten Mal!«

Geld – Geld – Geld

Seltsame Dinge geschahen damals:

In München ging der Postverkehr um 96 Prozent zurück; in Kassel wurde in drei Tagen nur eine Eisenbahnfahrkarte verkauft; in ganz Westdeutschland standen die Hotels leer... und jeder wollte wieder arbeiten. Ein Wunder war geschehen – die Währungsreform! Sie war der wohl tiefgreifendste Einschnitt in unserem Nachkriegsleben. Fast unmittelbar davor brachten die Zeitungen die seltsamsten Meldungen:

Mehr als vierzig Prozent der Würzburger Schulkinder haben kein eigenes Bett und keine Zahnbürste, lautet das Resultat einer Umfrage in den Volksschulen dieser schwerbeschädigten Stadt. (20. Januar 1948)

Bei einer Hochzeit im Bayerischen Wald waren plötzlich zwei Damenmäntel verschwunden. Als die Gäste den Schutzpatron der Suchenden, den heiligen Antonius, anriefen und dann auf eigene Faust nachforschten, entdeckten sie ein schwarzgeschlachtetes Kalb. (31. Januar 1948)

Hundefleisch solle, zu Wurst verarbeitet, im Geschmack starke Ähnlichkeit mit Schweinefleisch haben – das geht aus dem Tätigkeitsbericht des Städtischen Schlachthofes in Passau hervor. (17. Februar 1948)

Von 30 Carepaketen, die ein nach Amerika ausgewanderter Bürger seiner Heimatgemeinde Nordheim zusandte, wurden 22 an ›bedürftige‹ Bauern verteilt. Drei landeten bei Evakuierten, und die restlichen fünf mußten sich 260 Flüchtlinge teilen! (21. Februar 1948)

Trotz der großen Beschaffungsschwierigkeiten von Holz, Leim und Nägeln konnte die Münchener Stadtverwaltung bisher auf die Einführung von ›Klappsärgen‹ (mit schwenkbarem Boden), wie sie in manchen norddeutschen Städten verwendet werden, verzichten. Papierene Sterbekleider (mit Poloärmeln) in der Preislage von drei bis fünf Mark hält das Bestattungsamt auf Lager. In 80 von 100 Fällen werden diese Bekleidungsstücke von den Hinterbliebenen für die Toten gewählt.

Brauchbare Zivilkleider und Leibwäsche werden nur noch ganz selten ins Grab mitgegeben. Fünfzig Prozent aller Verstorbenen müssen ihre große Reise ohne Schuhe antreten. Mit Ausnahme eines einzigen Falles, in dem eine Frau die Wiederöffnung von Grab und Sarg beim Friedhofsreferenten durchsetzte, weil sie glaubte, ihrem Seligen sei der mitgegebene gute blaue Anzug ausgezogen worden (der Verdacht erwies sich als unbegründet), ist kein ähnliches Mißtrauensvotum mehr an die Bestattungsorgane gerichtet worden. (13. April 1948 – Süddeutsche Zeitung, München)

Ein 16jähriger Junge fesselte in Rosenheim seine kranke Mutter mit Stricken, stahl sämtliche Lebensmittelmarken und flüchtete. (14. Februar 1948)

Der ehemalige Leiter der Markenrücklaufstelle Traunstein hatte durch Falschbuchung 420 Kilo Zucker unterschlagen. Als er die Aufdeckung der Schiebung befürchten mußte, nahm er Urlaub und hinterließ auf seinem Schreibtisch einen Zettel: ›Viel Vergnügen meinem Nachfolger!‹ (31. März 1948)

In Dingolfing wurde ein hölzernes Aborthäuschen nachts abgebrochen und mit einem Handwagen abtransportiert.

Flussometer, der solide Klosettspüler, ist bald wieder lieferbar. Vorerst werden Reparaturen kurzfristig ausgeführt. (10. Januar 1948)

Am 14. Juni 1948 macht Wilhelm Behnke die bemerkenswerteste Fuhre seines Lebens. Aber er weiß es nicht. Denn Wilhelm Behnke hat seine Sorgen, seine Wut und seinen Ärger.

Sorgen macht ihm die Familie. Eine Wut hat er auf die Kerle, die sein Deutschland versauen. Und sein Fahrgast bereitet ihm Ärger: Behäbig und besoffen sitzt dieser Schieber hinten in seinem Auto und läßt sich von ihm durch die Gegend karren. Er heißt Rotzler und nennt sich Restaurateur.

Es geht auf Mitternacht zu, und die Straßen sind leer. Leere Straßen, leere Mägen, leere Hirne – alles ist hohl und leer in dieser Zeit. Nur die Brieftaschen der Schieber sind voll – prall gefüllt mit abgegriffenen Papierfetzen, die Reichsmark genannt werden.

So eine Brieftasche hält jetzt dieser Mensch namens Rotzler, der hinter Behnke im Wagen sitzt, in der Hand. Behnke sieht das im Rückspiegel.

»Halten Sie mal an«, sagt der Rotzler. Behnke fährt rechts heran und hält.

»Vier Mark achtzig kostet das bis hierher«, sagt Behnke.

Der Mann hinter ihm scheint zu grinsen. »Fünfhundert Mark«, sagt er, »wenn Sie mich bis nach Kassel fahren.«

»Ich mache nur Fuhren im Bereich dieser Stadt«, sagt Behnke. »Ich bin nicht bei der Eisenbahn...«

»Tausend Mark«, sagt der Rotzler hinter ihm.

Behnke zuckt nur mit den Schultern. »Ich bin doch kein Schieber«, sagt er.

»Blöd sind Sie«, sagt der Mann.

»Blöd, aber anständig«, sagt Behnke. »Und wie der Mensch geboren ist, so muß er auch verbraucht werden. Also, was ist los? Soll ich Sie hier absetzen oder am Bahnhof? Eine Spazierfahrt kommt nicht in Frage. Das hält mein Kasten nicht aus.«

Behnke ist nicht nur Taxichauffeur, er ist auch sein eigener Fuhrunternehmer. Er kutschiert einen uralten Opel. Den hat er in den letzten Monaten des Krieges gefahren und ihn durch den Zusammenbruch gerettet. Er hat eine Lizenz der Militärregierung

– das ging ohne besondere Schwierigkeiten. Denn Behnkes Opel frißt kein Benzin – Benzin kostet zehn Mark pro Liter. Wenn man es überhaupt bekommt! Behnkes Karren fährt mit Holzgas.

»Zweitausend Mark«, sagt der Rotzler hinter ihm. »Die vierzig Kilometer bis Kassel werden Sie doch wohl noch schaffen! Und dort spendiere ich Ihnen außerdem noch einen Schnaps – auch eine Adresse zum Schlafen kann ich Ihnen verschaffen. Bett mit Inhalt – wenn Sie wollen!«

»Mann«, sagt Behnke, »ich bin verheiratet.«

»Wird Ihnen das auf die Dauer nicht langweilig?«

»Raus!« Behnke öffnet die Wagentür.

»Sie glauben, mich so mir nichts, dir nichts einfach an die frische Luft setzen zu können?«

»Ihre Kragenweite gefällt mir nicht!«

»Wollen Sie Ihre Lizenz verlieren? Ich habe einen Bruder, der bei der Militärregierung...«

»Raus oder Bahnhof!« sagt Behnke. Er will sich nicht mit einem Schieber anlegen und Schwierigkeiten durch Brüder bekommen, die in den Hintern der Besatzungsmächte hineingekrochen sind und dort Einfluß auf den Stuhlgang nehmen. Er will sein Taxi fahren, um einigermaßen leben zu können und seine Beschäftigung zu haben. Mehr ist von dieser Zeit sowieso nicht zu erwarten.

Behnke ist schon wieder einmal wütend. Er reißt seinen Karren mit geradezu kühnem Schwung herum. Er wendet mitten auf der Straße. Der faßähnliche Vergaserofen schwankt zwar heftig, aber er bekommt seinen Opel recht gut wieder in die neue Fahrtrichtung. Doch da braust ihm mit hohem Tempo ein mächtiger Kasten von Lastwagen entgegen. Der Motor jault, die Räder flattern. Dann kreischen die Bremsen, und plötzlich gibt es einen mächtigen Knall.

»Wie die gesengten Säue!« sagt Behnke sachverständig.

»Um Gottes willen!« ruft der Schieber Rotzler.

»Gott kennen Sie auch? Kaum zu glauben.«

Behnke ist die Ruhe in Person. Sein Gewissen als Kraftfahrer ist immer rein. Er hat vorschriftsmäßig gewendet. Er stand bereits auf der richtigen Straßenseite, als das Ungetüm von Lastwagen heranbrauste. Amis natürlich! Die Kerle fahren wie die Teufel. Als ob sie allein auf der Welt wären! Das stimmt ja auch beinahe.

Zumindest in Deutschland. Aber selbst hier gibt es ab und zu einen Behnke, der mit einem uralten Taxi herumkutschiert.

Behnke steigt geruhsam aus. Der Ami-Lastwagen hat einen Baum gestreift und steht jetzt quer auf der Straße. Das Verdeck ist aufgerissen. Zwei Kisten liegen auf dem Boden. Eine dieser Kisten ist aufgeplatzt. Was dort aus den Spalten herauszukrauchen scheint, ist gebündeltes Papier. Fast wie Ziegelsteine aus Papier sieht das aus. Und auf der Kiste steht in dicken Buchstaben: Clay AX – und eine Nummer.

»Jetzt sind wir verkauft«, stöhnt der Restaurateur Rotzler. Und plötzlich hält ein Jeep mit kreischenden Bremsen. Militärpolizei springt heraus. Maschinenpistolen werden in Anschlag gebracht. Behnke staunt und starrt auf das kriegerische Aufgebot. Der Jeep gehört offenbar zum Lastwagen, ist also ein Begleitkommando. Ein zweiter Jeep taucht unmittelbar danach auf.

»Kann ich helfen?« fragt Behnke.

»Zurück!« schreit ein Offizier.

Und dieser Offizier läßt die Straße absperren und die Scheinwerfer voll einschalten. Dann beschimpft er den Kraftfahrer des Lastwagens nach allen Regeln der Kunst.

Behnke aber betrachtet die zerstörte Kiste. Ziemlich viel Lärm um so einen Haufen Papier, sagt er sich. Das werden Formulare sein oder so etwas Ähnliches. Sieht aber auch fast so aus wie Geld, gebündeltes Geld.

»Ihr seid verhaftet«, sagt der Offizier.

Behnke protestiert. »Ich habe keine Schuld.«

»Ihr werdet eingesperrt! Damit basta!«

»Aber warum denn?« will Behnke wissen.

»Weil ihr den Krieg verloren habt«, sagt der Offizier mit entwaffnender Logik. »Darum!«

In dieser Nacht – in der Nacht vom 14. zum 15. Juni 1948 – rollten 150 Lastwagen des US-Transportations-Corps durch Deutschland. Genauer: durch die amerikanische, britische und französische Zone Deutschlands.
Diese Lastwagen waren von Frankfurt aus in Marsch gesetzt worden. Sie hatten Kisten geladen. In diesen Kisten befand sich Geld – funkelnagelneue Scheine, auf feinem Papier, sorgfältig gedruckt: Deutsche Mark – D-Mark.

Und Formulare! 59 Tonnen Formulare insgesamt! Die sagenhafte, kaum noch für möglich gehaltene Währungsreform rollte von Frankfurt auf hundert deutsche Banken der Trizone zu. Das war die ›Operation Bird-Dog‹. Sie lief unter der Kennzeichnung ›Streng geheim‹.

»Das kannst du doch nicht tun«, sagt Charlotte Behnke vorwurfsvoll.

»Und ob ich das tun kann!« entgegnet ihr Bruder Albert. Er füllt den leeren Teller, der auf dem Tisch steht, mit den Resten aus einem Kochtopf.

»Das gehört Vater.«

»Vater ist nicht da. Der fährt mit seinem Stinkapparat durch die Gegend. Mutter näht sich bei der Nachbarin die Finger wund – für einen Apfel und ein Ei. Soll ich das Essen verkommen lassen?«

Charlotte Behnke antwortet darauf nicht. Sie weiß, daß es zwecklos ist. Wenn es sich um Geld oder Essen handelt, kennt Albert wenig Hemmungen – insbesondere dann nicht, wenn der Vater außer Reichweite ist.

Albert löffelt das zusammengekochte Gericht schnell in sich hinein. Er verzieht dabei keine Miene.

»Ein Saufraß«, sagt er schließlich.

»Du hättest es ja nicht zu essen brauchen. Und wenn du regelmäßig arbeiten würdest...«

»...wäre ich schon längst auf dem Friedhof!«

Albert schiebt den leeren Teller angewidert von sich. Er betrachtet seine Schwester nachdenklich, als müsse er sie abschätzen. Sie ist mager, aber sie hat dennoch Figur.

»Wenn du nicht so dämlich wärst«, sagt Albert schließlich, »könnten wir jeden Tag ein Stück Fleisch im Topf haben. Oder warum, meinst du wohl, habe ich dir den Job bei der Lebensmittelkartenstelle besorgt?«

Charlotte Behnke sieht ihren Bruder groß an. In ihren Augen ist Albert ein Opfer der Zeit: direkt von der Schulbank in den Krieg, und vom Krieg in das Chaos des totalen Zusammenbruchs. Offiziell nennt er sich Student, in Wirklichkeit ist er Aushilfs- und Gelegenheitsarbeiter.

»Du erwartest doch nicht etwa von mir, Albert, daß ich Lebensmittel unterschlage?«

»Mensch, du bist vielleicht naiv! Wer redet denn von so etwas? Du sollst nichts unterschlagen, du sollst ausgleichen! Du bist an der Quelle – laß sie in die richtige Richtung sprudeln. Ein paar Kilo Fleisch tun der Stadt nicht weh. Der Bürgermeister ist fett genug, und seine Bonzen haben so viel Schmalz, daß sie es sich schon auf den Kopf schmieren.«

»Ich veruntreue nichts«, sagt Charlotte entschieden.

»Na schön«, mault Albert verächtlich, »nähre dich redlich und gehe zugrunde! Neues deutsches Sprichwort. Von mir aus könntest du Kohldampf schieben, daß dir die Knochen klappern. Aber glaubst du im Ernst, daß die Männer kein größeres Verlangen haben, als auf deinen Rippen Xylophon zu spielen?«

»Schließlich bin ich so gut wie verlobt«, sagt Charlotte.

»Eben! Und ich bin nicht nur dein Bruder, sondern auch der Freund deines Verlobten. Ein Grund mehr, darauf aufzupassen, daß du keine Dummheiten machst. Wir brauchen nicht nur Versager in der Familie, nicht nur biedere Taxichauffeure und freundliche Nähmädchen – wir brauchen auch welche, die was ranschaffen. Deshalb wirst du deinen Job wechseln, und zwar schon morgen.«

»Du bist wohl verrückt geworden!«

Charlotte ist ehrlich empört. Was denkt ihr Bruder sich eigentlich? Sie ist froh, daß sie in der Stadtverwaltung arbeiten darf. Das Gehalt ist zwar niedrig, kaum mehr wert als ein paar Brote, aber der Posten bietet einige Sicherheit auf längere Sicht. Lebensmittelkarten, meint sie, wird es immer geben.

»Ein paar Jahre nur – und ich werde fest angestellt und bin dann pensionsberechtigt.«

»Ein verstaubtes Frauenzimmer mit Brille – dann kannst du einen Aktenbock heiraten, aber nicht deinen Jürgen. Doch ich sorge schon für dein Glück. Mädchen – das ist ganz in seinem Sinne.«

»Hast du Nachrichten von Jürgen?«

»Ich habe erst vor ein paar Stunden mit ihm telefoniert – mit Hilfe von Sergeant Brown von der Militärregierung.«

»Wie geht es ihm?«

»Brown?«

»Nein – Jürgen natürlich! Wie kommst du auf Brown?«

»Der interessiert sich für dich.«

»Wie geht es Jürgen?«

»Es gibt überhaupt einige, die sich für dich interessieren. Warum, ist mir etwas schleierhaft. Aber es ist so. Du solltest das ausnützen.«

»Und das sagst ausgerechnet du zu mir – du, mein Bruder! Und du willst außerdem noch Jürgens Freund sein?«

Albert scheint sich sehr zu amüsieren. Er streckt die Beine von sich und lacht seiner Schwester ins Gesicht.

»Hör mir mal gut zu, Charlottchen«, sagt er, »wir leben in einer Zeit, in der wir nichts zu verschenken haben, und niemand schenkt dir was. Wer haben will, muß auch geben. Hier Brot – hier Busen. Schau mich nicht so blöd an – ich habe diese Zeiten nicht gemacht. Und es verlangt auch niemand von dir, daß du für fünf Kilo Schweinefleisch in irgendeinem Bett landest. Aber du mußt real denken.«

»Wie geht es Jürgen – das ist alles, was mich im Augenblick interessiert.«

»Ich spreche doch die ganze Zeit von ihm«, behauptet Albert, »warum läßt du mich nicht ausreden? Jürgen läßt dich grüßen. Er will hierherkommen...«

»Zu mir? Wann? Sag doch – wann kommt Jürgen?«

»Wann?« Albert sieht sie interessiert an. »Wieviel Geld hast du noch?« fragt er dann.

»Ich habe alles Geld Mutter abgegeben – für die Wirtschaft. Das weißt du doch.«

»Eben!« sagt Albert. »So ist es – und so seid ihr immer. Lange Haare – kurzer Verstand. Ihr wollt lieben! Aber wer lieben will, der muß auch essen. Und er muß ein Dach über dem Kopf haben, wo er sich mit seiner Liebe hinlegen kann. Aber das alles hat Jürgen nicht – kein Geld, keine Stellung. Nichts! Nur eine große Zukunft. Aber damit kann er sich im Augenblick nichts kaufen.«

»Du hast recht«, gibt Charlotte betrübt zu, »aber kannst du Jürgen nicht helfen? Gelegentlich verdienst du doch recht gut.«

»Will ich mich mit ihm verloben oder du?«

»Was muß ich tun, damit er hierherkommen kann?«

»Langsam scheinst du vernünftig zu werden. Also, wir brauchen Betriebskapital und Verbindungen. Jürgen und ich, wir haben eine große Sache vor. Wenn sie klappt, ist alles in Butter. Und sie kann klappen, wenn du uns nicht im Stich läßt.«

»Sag schon, was ich tun soll!«

»Einen neuen Job annehmen – ganz einfach. Einen Job, der Geld einbringt und der auch sonst manche Vorteile bietet. Der Restaurateur Rotzler ist bereit, dich in seinem Lokal anzustellen.«

»Dieser Schieber!«

Albert winkt großmütig ab.

»Reg dich bloß nicht künstlich auf«, sagt er, »was die Leute behaupten, ist Quatsch. Die sind doch nur neidisch. Rotzler versteht sein Geschäft. Er zieht die Fäden und kann die Puppen tanzen lassen. Er ist genau unser Mann. Und weißt du auch, warum Vater heute noch immer nicht da ist? Er macht mit Rotzler eine Fuhre. Die hab' ich ihm besorgt, und die bringt ihm tausend Mark mindestens ein, wenn er klug ist. Und du, Mädchen, wirst auch klug sein. Du läßt die Tintenkulis in der Stadtverwaltung sausen und fängst morgen bei Rotzler an!«

»Und was wird Jürgen dazu sagen?«

»Bravo – wird er sagen. Und er wird es dir persönlich sagen. Denn wenn du bei Rotzler bist, können wir ihn kommen lassen. Dann können wir uns das leisten, klar?«

»Also gut«, sagt Charlotte und kommt sich sehr tapfer vor. »Dann werde ich es tun – weil ich Geld brauche, um mit Jürgen leben zu können. Und ich will nichts anderes.«

Bereits im Sommer 1946 erteilte Harry Truman, der Präsident der Vereinigten Staaten, den Auftrag, die Währungsreform in Deutschland vorzubereiten.

Der Mann, der diesen Auftrag erhielt, hatte den Präsidenten bereits mehrmals in finanziellen Fragen beraten. Er hieß Professor Doktor Gerhard Colm. Er hatte früher einmal zur Universität Kiel gehört. 1946 war er im US-Schatzamt tätig.

Außer Colm war Robert Goldsmith, ein Fachmann für Finanzangelegenheiten, tätig. Ferner: Joseph Dogde, der Präsident einer Bank. Deutsche wissenschaftliche Experten wurden hinzugezogen. Das sogenannte ›Colm-Goldsmith-Dogde-Komitee‹ begann zu arbeiten. Im Frühjahr 1947 wurde unter anderem auch der ›Zonenbeirat‹ der britischen Militärregierung eingeschaltet. Zahlreiche deutsche Denkschriften zur Währungsreform entstanden. Auch der sogenannte ›bizonale Wirtschaftsrat‹ mit Professor Erhard und Direktor Hartmann trat auf den Plan.

Im Sommer 1947 entstand in den Staatsdruckereien der USA die neue Deutsche Mark – die D-Mark. In dreiundzwanzigtausend Kisten reiste dann das neue Geld über den Atlantik nach dem alten Europa, um schließlich nach Frankfurt transportiert zu werden. Zwanzig Flugzeuge bildeten den ›air-umbrella‹, den Luftschirm, für die Konvois.

Aber bis zur eigentlichen Währungsreform war noch ein weiter Weg zurückzulegen.

In der Nacht vom 14. zum 15. Juni 1948 packt Jürgen Weberknecht seinen Rucksack. Er hat das oftmals in diesen dreckigen letzten Jahren getan.

»Wirst du bald wiederkommen?« fragt ihn die Frau.

»Aber ja doch! Selbstverständlich«, sagt Jürgen Weberknecht, der Leutnant. Und auch das hat er in den letzten Jahren oftmals gesagt. Und gelegentlich war er sogar wiedergekommen, wenn auch nur für ein paar Tage.

»Es war doch schön«, sagt die Frau.

»Sehr schön«, bestätigt Jürgen. Was soll er sonst sagen? Er haßt Sentimentalitäten, aber sie sind nicht immer zu vermeiden. Im Grunde ist er ein harter Mann. Hart geworden durch das Erlebnis des Krieges. Harte Schale – weicher Kern. Denn ein Herz hat er auch – davon ist er überzeugt –, ein großes, gütiges Herz. Wäre er denn sonst so lange bei dieser Frau, dieser Witwe, geblieben – fast sechs Monate lang?

»Mußt du wirklich fahren?« fragt jetzt die Frau.

»Leider, leider.«

»Vielleicht gibt mir Mutter doch den Familienschmuck.«

»Die hast du lange genug vergeblich angebettelt.«

»Warte noch ein paar Tage, Jürgen – vielleicht nur noch eine Woche oder zwei. Bis dahin kann sich vieles ändern.«

»Ich kann nicht mehr länger warten, Liebste. Ich muß zu meinem Kameraden Albert Behnke. In dem Kaff bei Kassel, in dem er wohnt, bahnt sich ein gutes Geschäft an – warum soll ich das schießen lassen? Schließlich müssen wir doch auch an unsere Zukunft denken.«

»Ja«, sagt sie und gibt sich hoffnungsfroh. »Ich freue mich darauf.« Und dann umarmt sie ihn heftig. »Ich werde dich immer liebhaben.«

Mein Gott – er hat sie ganz gern. Sie ist eine nette, sympathische Frau – Witwe irgendeines Hauptmanns. Also durchaus standesgemäß und irgendwie Klasse. Aber schon leicht verwelkt – vom Zahn der Zeit benagt.

Und während er sie im Arm hält, denkt er daran, daß bald sein Zug geht. Schon morgen vormittag kann er bei Albert Behnke sein – und bei Charlotte. Süßes Mädchen, diese Charlotte – blutjung und schwer in ihn verliebt. Macht alles, was er will. Der Urlaub damals mit ihr...

»Ach, Jürgen!«

»Liebste«, sagt er nahezu mechanisch und sehr leise. Klingt ganz gut, was? Hört sich an wie echtes Liebesgeflüster. Aber was tut man nicht alles, um eine Frau glücklich zu machen! Er seufzt tief.

»Weißt du noch, Jürgen – als wir uns zum ersten Mal...«

»Aber ja doch! Wie könnte ich das jemals vergessen!«

Er war immer aufrichtig zu ihr gewesen – so wie jetzt. Sie hatte ihm damals vor sechs Monaten ein Zimmer vermietet. Auf Anhieb sozusagen. Sie hatten auf den ersten Blick aneinander Gefallen gefunden – auf höchst ehrenwerte Weise, versteht sich.

Aber damals war es kalt, saukalt. Heizmaterial war knapp, und von Zeit zu Zeit wurde der Strom abgeschaltet. Dann saßen sie im Dunkeln, und der Frost kroch ihnen in die Glieder. Und so kam es dann, daß das Verlangen in ihnen wach wurde, sich aneinander zu wärmen.

»Wenn du zurückkommst, Jürgen – dann werden wir heiraten, nicht wahr?«

»Ja«, sagt er. Und das klingt recht überzeugend. Es ist ja auch die Wahrheit. Er wird heiraten, wenn er zurückkommt. Aber er wird nicht mehr zurückkommen.

Für ein Pfund Butter wurden damals 250 Reichsmark gezahlt. Eine Packung Zigaretten kostete 100 Reichsmark. Für eine Flasche Schnaps wurde etwa ein Monatsgehalt eines mittleren Beamten verlangt. Das neue Geld lagerte bereits in Frankfurt. Aber die geheimnisvolle Währungsreform ließ lange auf sich warten. Das viergeteilte Deutschland warf Probleme auf, die nicht einfach zu lösen waren.

Seit September 1947 arbeiteten deutsche Währungsfachleute an dem sogenannten ›Homburger Plan‹. Im Januar 1948 glaubten die deut-

schen Experten der ›Sonderstelle Geld und Kredit‹ in Bad Homburg, die exakte Organisation einer Finanzreform skizziert zu haben. Drei Mitglieder des Wirtschaftsrates führten als Verbindungsmänner die Verhandlungen mit den Alliierten: Pferdmenges, Blücher und Friedemann. Aber diese Verhandlungen gestalteten sich außerordentlich schwierig. Wohl hörten die Amerikaner, die Briten und die Franzosen aufmerksam zu – aber sie gaben ihre eigentliche Absicht niemals bekannt.

Und die Sowjets begannen unruhig zu werden. Im Wirtschaftsrat entstand eine Krise; Dr. Seeling legte sein Mandat nieder. Er sollte nicht der einzige bleiben, den diese Vorbereitungen zu einer Währungsreform um sein Amt brachten – wenn auch nicht um seine Würde.

Aber am 20. April 1948 – ausgerechnet an einem 20. April, dem Geburtstag eines gewissen Hitler – begann von Bad Homburg aus der letzte große und entscheidende Vorstoß zu einem aufregend gewagten Finanzabenteuer auf deutschem Boden.

Behnke und Rotzler sitzen sich in der engen Zelle gegenüber. Sie belauern sich, ohne miteinander zu sprechen. Behnke gibt sich gleichgültig.

Rotzler tut überlegen.

»Hören Sie mal, Herr Behnke«, sagt Rotzler schließlich. »Sie werden doch hoffentlich aussagen, daß ich völlig unschuldig bin.«

»Sie – und unschuldig? So wie Sie habe ich mir immer einen Unschuldigen vorgestellt.«

»Oder wollen Sie etwa behaupten, daß auch wir schuld an dem Unfall haben? Das können Sie doch nicht gut mit Ihrem Gewissen vereinbaren.«

Behnke grinst.

»Nun seien Sie doch mal vernünftig, Behnke. Sie können mich doch nicht mit hineinreißen wollen! Ich habe mit dem Unfall überhaupt nichts zu tun. In dieser Sache bin ich unschuldig wie ein neugeborenes Lamm. Und wenn Sie vernünftig sind, wird das Ihr Schaden nicht sein. Auch Ihr Sohn wird seinen Vorteil davon haben!«

»Was heißt das, ›wird Ihr Schaden nicht sein‹? Was soll das bedeuten: ›Auch Ihr Sohn wird seinen Vorteil davon haben‹?«

»Regen Sie sich schnell wieder ab, mein Bester. Haben Sie denn immer noch nicht gemerkt, was hier gespielt wird?«

»Wir sitzen.«

»Bis morgen früh – keine Minute länger. Und warum sitzen wir hier? Weil unsere Befreier mit uns machen können, was sie wollen – die Militärpolizei hat uns ganz einfach ins Gefängnis eingeliefert. Und das nur, weil Sie einen Unfall gebaut haben. Und weil die Nachtruhe der Befreier nicht gestört werden darf, werden wir nicht vor morgen früh verhört. Das ist die Freiheit, die sie uns gebracht haben!«

Behnke nickt. Das mit der ›Freiheit‹ stimmt. Aber morgen früh wird der Sergeant Brown auftauchen – und mit dem kann man reden.

Rotzler geht zur Zellentür und schlägt ein paarmal mit der Faust dagegen. Dann begibt er sich ganz gemächlich wieder zu seiner Pritsche zurück. Kurz danach erscheint der Wärter.

»Fehlt was?« fragt er.

»Ein paar belegte Brote und eine Flasche Wein. Rotwein. Aus Frankreich.«

Der Wärter nickt und verschwindet. Behnke sieht Rotzler fragend an. Der hat sich den Rock ausgezogen und kratzt sich genüßlich.

»Ja, mein Bester«, sagt Rotzler, »so ist das Leben.«

»Ist der Kerl von Ihnen bestochen?«

»Er ist mein Freund«, sagt Rotzler wohlgefällig. »Alle vernünftigen Leute sind meine Freunde. Er trabt jetzt hinüber zu meiner Wirtschaft, um uns und sich zu verpflegen. Er kennt eben die Spielregeln, die jetzt Gültigkeit haben.«

»Und das ist nun ein Beamter?«

»Quatsch!« sagt Rotzler breit. »Das ist ein Patriot – genau besehen. Ein guter deutscher Mann. Schließlich sitzt heute die ganze Elite hinter Schloß und Riegel, die einen monatelang, die anderen nur eine Nacht. Sitzen ist fast so gut wie ein Orden. Der hat das kapiert. Wer gestern groß war, ist heute eingesperrt; wer heute groß ist, kann morgen eingesperrt werden. Wissen Sie eigentlich genau, warum wir eingelocht wurden?«

»Wegen dem Unfall.«

»Von wegen, Mann! Haben Sie denn nicht gesehen, was in den Kisten drin war?«

»Papier.«

»Geld«, sagt Rotzler fast feierlich. »Papiergeld!«

»Na – und?«

»So plündern sie uns aus!« sagt Rotzler. »Sie machen uns finanziell völlig fertig. Sie horten Papiergeld – oder verschieben das auf andere Märkte. Wissen Sie, was das heißt? Das heißt, daß wir auch noch auf das Letzte gefaßt sein müssen. Am Ende wird keiner mehr auch nur einen Pfennig in der Tasche haben. Daher lautet die Parole noch klarer als bisher: Waren, Waren!«

Behnke schweigt. Das ist ihm zu kompliziert. Er kann Auto fahren und die Taxe berechnen, er kennt die Verkehrsvorschriften und seinen Motor. Er versucht, seine Familie zusammenzuhalten, so gut es geht. Mehr kann er nicht, mehr versteht er nicht. Krämerseelen haßt er, und Schieber sind ihm ein Greuel.

Der Wärter erscheint mit einem Korb. Rotzler packt aus: Wurst, Käse, Butter und Brot. Dazu eine Flasche Rotwein – mit einem französischen Etikett. Rotzler säbelt ein Stück Wurst ab, dazu einen Kanten Brot und gibt beides dem Wärter.

»Wenn ich noch was brauche, werde ich mich bemerkbar machen.«

Der Wärter verschwindet mit dankbarem Grinsen. Rotzler entkorkt die Flasche und riecht daran.

»Greifen Sie doch zu, Herr Behnke«, sagt er.

»Kein Appetit«, erwidert Behnke und lehnt sich zurück. Er hat tatsächlich keinen Appetit. Hunger hat er immer, aber daran hat er sich gewöhnt. Der Anblick Rotzlers schlägt sich ihm auf den Magen. Er fühlt den Drang, sich zu erbrechen.

»Schmeckt gar nicht schlecht«, sagt Rotzler schmatzend. »Voller Magen hält Leib und Seele zusammen. Und wenn Sie nur wollten, Herr Behnke, könnten Sie das auch jeden Tag haben. Ihre Frau würde richtig aufblühen. Sieht verdammt schmal und blaß aus.«

Behnke beißt die Zähne aufeinander. Verdammt, ist das schwer, denkt er. Ehrlich bleiben – gar kein Kinderspiel. Sauber bleiben – eine harte Nuß. Und dieser Kerl spielt den Verführer. Warum macht er das eigentlich?

»Ich könnte Sie laufend beschäftigen«, sagt Rotzler. »Ich hätte für Sie und Ihr Taxi immer zu tun – da sind Lieferungen durchzuführen, da müssen Sachen abgeholt werden. Und da Sie außerdem den Sergeanten gut kennen...«

»Daher also weht der Wind!« sagt Behnke. »Sie wollen über mich an den Sergeanten Brown herankommen und damit an die Kommandantur. Aber das ist sinnlos. Mit Brown sind keine Schiebungen zu machen.«

»Sie kennen nur nicht seine Preise!«

»Ohne mich«, sagt Behnke.

»Das wird aber Ihren Sohn nicht freuen.«

»Was hat Albert damit zu tun?«

»Einiges«, sagt Rotzler gedehnt. »Ihr Sohn Albert arbeitet nämlich gelegentlich für mich.«

»Das ist nicht wahr!« ruft Behnke.

»Ihr Sohn ist ein ganz tüchtiger Junge. Und Ihre Tochter schätze ich auch. Ich habe überhaupt eine Schwäche für die ganze Familie. Und es geht doch nichts über eine gut funktionierende Gemeinschaftsarbeit.«

»Wir sind nicht zu kaufen.«

»Mit genügend Geld«, sagt Rotzler, seinen Rotwein trinkend, »läßt sich heute alles kaufen. Das ist in meinen Augen ein ganz natürlicher Vorgang. Was ist uns denn sonst noch geblieben? Vaterlandsliebe? Im Eimer! Ehrgefühl? Von den Siegern einkassiert zu billigsten Preisen! Gerechtigkeit? Ausverkauft!

Was aber bleibt? Einmal: Hunger und Durst. Dann aber: Geld und Waren! Sachwerte muß der Mensch haben, um selig zu werden. Rechnen muß er können! Fangen auch Sie doch endlich an, richtig zu rechnen, Herr Behnke!«

Am 20. April 1948, am frühen Nachmittag, hielt ein amerikanischer Omnibus vor der Villa Meister in Bad Homburg. In diesem Gebäude befand sich die ›Sonderstelle Geld und Kredit‹. Hier warteten zehn deutsche Finanzexperten mit ihren bescheidenen Koffern; sie waren bereit, eine Reise mit unbekanntem Ziel anzutreten.

Der Chef dieses Unternehmens war Emery D. Stoker, ein amerikanischer Colonel – ein cleverer Mann mit Witz und Unternehmungsgeist, ein Finanzexperte obendrein. Die Scheiben von Stokers Omnibus waren sorgfältig mit weißer Ölfarbe gestrichen worden. Jahre später erklärte der Colonel lächelnd:

»Das war gar nicht so sehr deswegen, damit die Passagiere nicht merkten, wohin sie fahren – vielmehr sollte dieser Transport für die Außenwelt kein Aufsehen erregen.«

In diesen Omnibus nun stiegen die zehn deutschen Experten. Hinzu
kamen einige Sekretärinnen und Bedienungspersonal: Koch, Köchin,
Zimmermädchen und – eine Friseuse, denn Colonel Stoker kannte die
Damen. Er war ein Kavalier. Als solcher konnte er schweigen,
insonderheit, wenn es um die Frage ging, wo sich das Ziel dieser
geheimnisvollen Fahrt befand.
Der Omnibus verließ Bad Homburg, bewegte sich über die Autobahn
auf Kassel zu. Keiner der Insassen konnte sehen, wohin die Fahrt
ging. Der Colonel plauderte heiter, verteilte großzügig Zigaretten
und Süßigkeiten. Er ließ sogar einmal halten, in einsamer Gegend, an
einem Waldstück. »Um die Beine zu strecken«, wie er gutgelaunt
sagte. Die Damen verschwanden nach rechts, die Herren nach links –
der Colonel sorgte mit seinem Begleitpersonal für ›Sicherheit‹.
Weiter ging die Reise. Nach Stunden wurde das Ziel erreicht: ein
abseits gelegenes, von Stacheldraht umgebenes Kasernengelände.
Niemand, außer Stoker, wußte, wo sie hier gelandet waren.

In jener Nacht vom 14. zum 15. Juni 1948 steht Albert Behnke in der
Nähe einer Scheune und starrt auf den Bahndamm. Hinter ihm
warten sechs Männer – sie dösen vor sich hin.

Albert Behnke sieht auf seine Armbanduhr. Eine knappe halbe
Stunde noch, dann kann die Sache steigen. Bei ihm ist alles klar –
aber Rotzler ist noch nicht da; immer noch nicht. Das beunruhigt
Albert Behnke ein wenig, denn wenn es um ein großes Geschäft
geht, ist Rotzler immer pünktlich.

Die Leute in der Scheune, findet Albert, sind reichlich laut –
dabei war die Alkoholration, die er an sie ausgeteilt hat, nicht
sonderlich groß gewesen. Aber diese Kerle vertragen nicht viel.
Ein Glas Schnaps nur, und sie randalieren.

Albert geht in die Scheune hinein.

»Haltet die Schnauzen!« ruft er. »Wir können nicht riskieren,
daß uns jemand hört.«

»Wer soll uns denn hören!« sagt einer. »Weit und breit ist das
hier der einzige Hof. Militärstreifen kommen kaum in diese
Gegend, und die deutsche Polizei ist nachts grundsätzlich taub.
Und wenn ein Zivilist seine Nase hier hereinstecken sollte, dann
schlagen wir sie ihm platt.«

»Hast du noch was zu saufen?« fragt ein anderer. »Mir ist
nämlich kalt.«

»Langsam wird's Zeit«, sagt einer der Männer, »daß dieser Rotzler hier eintrudelt.«

»Er wird aufgehalten worden sein«, sagt Albert. Und er denkt: Er hat vielleicht das Taxi nicht bekommen. Mein Alter wird ihm Schwierigkeiten gemacht haben. Dem ist das glatt zuzutrauen – der ist so rückständig.

»Vielleicht läßt er uns sitzen«, sagt einer, »vielleicht ist das hier eine Falle – er will uns loswerden! Dem traue ich das zu – alles traue ich ihm zu.«

»Quatsch«, sagt Albert. Aber es klingt nicht sonderlich überzeugend. Nicht etwa, daß er gleich an Rotzler zweifelt. Er findet nur, daß die Leute nicht zuverlässig sind. Es fehlt ihnen an Unternehmungsgeist, auch an Vertrauen. Diese Zeit hat sie zu Waschlappen gemacht; sie wollen sich die Taschen vollstopfen, aber riskieren wollen sie nichts.

Die Leute murren. Albert nimmt das mit Verbitterung zur Kenntnis. Große Sachen kann man mit diesen Pflaumen kaum machen. Es müssen Kerle her, Männer, die rangehen, die einiges auf dem Kasten haben. So wie sein Freund Jürgen Weberknecht zum Beispiel. Es wird höchste Zeit, daß er kommt, denkt Albert Behnke. Er freut sich auf Jürgen, den Leutnant.

»Noch zehn Minuten«, sagt Albert. »Gehen wir auf unsere Plätze.«

Sie begeben sich an den Bahndamm. Hier warten sie. Einer will rauchen, aber Albert schlägt ihm das Streichholz aus der Hand.

Aus der Ferne nähert sich ein Zug. Albert und seine Leute sehen ihm gespannt entgegen.

»Hemmschuhe klar?« fragt Albert.

»Klar«, sagt einer.

»Dann geht in Deckung!«

Sie ducken sich in die niedrigen Büsche, die am Bahndamm stehen. Zwei legen sich lang. Albert hält die Taschenlampe in der rechten Hand.

Der Zug nähert sich mehr und mehr. Es hat den Anschein, als werde er langsamer. Er hat eine Steigung zu überwinden. Er kriecht heran.

Dieser Zug besteht ausschließlich aus Güterwagen. Er ist nicht sonderlich lang, aber er scheint schwer beladen zu sein. Er rollt an Albert und seinen Leuten vorüber. Albert blinkt dreimal kurz mit seiner Taschenlampe, als sich der letzte Waggon auf seiner Höhe befindet. Von diesem Waggon her blitzt ebenfalls eine Taschenlampe.

»Na also!« sagt Albert zufrieden. »Die Organisation klappt.«

Der Waggon löst sich vom Zug, verliert an Fahrt, rollt gegen einen Hemmschuh, wird blockiert. Alberts Leute stürzen ihm entgegen. Zwei Männer springen vom Waggon. Albert geht eilig auf sie zu.

»Alles in Ordnung?« fragt er die beiden, die den Waggon abgehängt haben.

»Alles in Ordnung«, sagt einer von ihnen.

»Bis auf einen Eisenbahner«, sagt der andere. »Den haben wir umgelegt.«

»Was habt ihr getan?«

»Ihm eins auf den Schädel geknallt! Was bleibt uns denn anderes übrig? Er saß im Bremserhäuschen des letzten Waggons. Als wir an der großen Steigung aufsprangen, markierte er den wilden Mann. Das hätte er nicht tun sollen.«

»Verflucht«, sagt Albert dumpf, »das kann uns Kopf und Kragen kosten. Uns allen! Aber auch diesem Rotzler! Wenn der uns hier mit voller Absicht in die dickste Scheiße hineingeritten hat – dann kann er sein Testament machen.«

Wenn auch bereits seit Sommer 1946 die ›Währungsreform‹ eine beschlossene Sache war, so vergingen erst noch zwei Jahre, in denen debattiert, theoretisiert und spekuliert wurde. Und das neue deutsche Geld war in erster Linie sozusagen ein Geschenk der Amerikaner: Der amerikanische Präsident ordnete an, die amerikanische Staatsbank druckte, die amerikanischen Streitkräfte gaben beim Transport das Geleit, amerikanische Experten sprachen das entscheidende Wort.

Solch ein Vollblutamerikaner war auch jener Colonel Emery D. Stoker, der dem Generalstab vorstand, der die letzten entscheidenden Vorbereitungen für den Feldzug ›Währungsreform‹ treffen sollte. Stoker packte also in Bad Homburg zehn deutsche Experten mit Begleitpersonal in einen Omnibus, aus dem niemand hinaussehen konnte: und er schickte sie alle ›in die Wüste‹.

Diese ›Wüste‹ war zum Leidwesen der Experten nicht nur symbolisch zu verstehen: Sie hatten ein komfortables Hotel erwartet, ein herrlich gelegenes altes Schloß oder eine prunkvolle Villa in einem englischen Park – sie fanden aber ein Kasernengebäude vor. Ein primitives, verwohntes, trostloses Kasernengebäude!

Dieser Kasten hieß ›Haus Posen‹. Colonel Stoker nannte es prosaisch ›Building Number One‹ – ›Gebäude Nummer eins‹. Stoker sagte Jahre später: »Es war kein sehr guter Zaun dort – aber es wurde immer scharf patrouilliert.«

Dieses ›einsame Nest‹ hieß Rothwesten – die Experten und ihr dort isoliertes Personal erfuhren den Namen erst Wochen nach der Währungsreform. Viele Deutsche werden sich unter diesem Namen nichts vorstellen können – vielleicht haben sie ihn auch noch niemals gehört. Aber in Rothwesten wurde, gewissermaßen mit Colonel Stoker als Hebamme, die Währungsreform an das Licht der Welt gebracht.

Rothwesten ist auf normalen Karten kaum verzeichnet. Es liegt nördlich von Kassel, fast genau in der Mitte eines Dreiecks, das aus den Städten Hannoversch-Münden, Hofgeismar und Kassel gebildet wird.

Und in diesem Raum spielt auch unsere Geschichte, die in der Nacht vom 14. zum 15. Juni 1948 begonnen hat und kaum mehr als eine Woche dauern wird. In dieser einen einzigen Woche veränderte sich das Gesicht Deutschlands.

Am 18. Juni 1948 wurde die Währungsreform verkündet, am 20. Juni 1948 trat sie in Kraft.

Frau Behnke wartet auf ihren Mann. Und sie wartet auf ihren Sohn. Die halbe Nacht sitzt sie wach und wartet. Sie sitzt auf einem Stuhl in der Nähe des Fensters.

Die Nacht, in die sie hineinstarrt, ist klar. Es ist eine angenehme, fast warme Nacht. Aber Frau Behnke friert. Nahezu mechanisch reibt sie die Hände – so wie sie das in den vielen kalten Stunden ihres Lebens getan hat.

»Du solltest schlafen gehen«, ruft die Tochter Charlotte vom Wohnzimmer her. Sie liegt dort auf dem Sofa, in eine Militärdecke gehüllt.

»Vater ist noch niemals über Nacht weggeblieben«, sagt Frau Behnke klagend. »Am Ende ist ihm etwas passiert!«

»Albert ist in der letzten Zeit so manche Nacht weggeblieben, Mutter, ohne daß ihm etwas passiert ist.«

»Das ist etwas anderes«, sagt Frau Behnke. »Albert ist nicht wie Vater.«

Frau Behnke ist eine Frau wie hunderttausend Frauen auch. Sie hat blutjung geheiratet, zwei Kinder großgezogen und ihren Mann betreut. Sie hat den Ersten Weltkrieg mit wachen Sinnen erlebt – und die Inflation auch. Sie hat erlebt, wie ihre Mutter einen Sohn durch den Krieg verlor, einen anderen durch einen Unfall. Sie hat sich durch die Notzeiten hindurchgehungert. Und sie hat leider ein recht gutes Gedächtnis: Sie kann nicht vergessen, was damals geschehen ist.

Und sie kann nicht begreifen, daß alles das wieder geschehen ist: noch ein Krieg, noch eine Inflation, abermals Hunger. Immer wieder geschieht das in Deutschland! Warum ausgerechnet in Deutschland?

»Geh schlafen, Mutter«, sagt Charlotte. »Du mußt morgen früh aufstehen. Beim Metzger soll es frisches Fleisch geben. Auch Pferdefleisch ohne Marken ist angekündigt. Aber ohne zwei, drei Stunden Anstehen wird kaum etwas zu machen sein.«

»Vater muß etwas passiert sein! Ob ich zur Polizei gehen soll?«

»Tu das lieber nicht!« sagt Charlotte entschieden. »Mach die Polizei nicht unnötig darauf aufmerksam, daß Vater die ganze Nacht unterwegs war – und Albert auch. Du machst diese Leute nur neugierig.«

»Ich kann aber nicht mehr länger warten!«

»Soll ich gehen, Mutter?«

»Zur Polizei?«

»Zu Sergeant Brown.«

»Zu Sergeant Brown? Mitten in der Nacht? Aber das kannst du doch nicht machen! Das ist unmöglich.«

»Mutter«, sagt Charlotte ruhig, »Sergeant Brown ist die rechte Hand des Kommandanten. Er ist ein einflußreicher Mann. Und wenn einer weiß, was hier geschieht, dann ist er es. Er hat eine Schwäche für Vater.«

»Für Vater?« fragt Frau Behnke gedehnt. Und in dieser Frage klingt sogar ein wenig Heiterkeit auf. Für Sekunden hat sie ihre Sorgen, ihre Ängste vergessen. Brown soll eine Schwäche für Vater haben? Eine Schwäche für Charlotte hat er.

»Soll ich zu ihm gehen?« fragt Charlotte.

Frau Behnke zögert, hierauf zu antworten. Immerhin, Brown

gehört zu den Besatzungstruppen. Und deutsche Mädchen, die sich mit fremden Soldaten einlassen, gelten als minderwertig oder als berechnend oder als leichtsinnig.

Andererseits hat so eine Beziehung, die doch im Grunde harmlos sein kann, allerhand Vorteile. Lebensmittel zum Beispiel. Im Haus wohnt eine Kriegerwitwe mit zwei Kindern, und sie hat einen fremden Soldaten zum Freund, einen Farbigen noch dazu. Aber das ist ein riesig netter Kerl, der lacht immer und schleppt ganze Kisten herbei, auch Speckseiten und Kaffeebüchsen. Aber schön ist das Ganze ja nicht gerade, wenn man sich vorstellt...

»Also«, sagt Charlotte, »dann geh' ich jetzt.«

»Komm bald zurück«, mahnt die Mutter hastig. »Sei vorsichtig! Laß dich auf nichts ein! Du weißt schon, was ich meine.«

Charlotte geht, und Frau Behnke bleibt zurück. Allein bleibt sie in der kleinen Wohnung, in der es immer ein wenig nach Öl riecht – und neuerdings auch nach diesem entsetzlich stinkenden Holzgas. Denn ihr Mann hängt seinen Monteuranzug und seine Fahrerkluft immer in den engen Flur, nicht mehr, wie früher, in die Garage. Dort könnten die Sachen gestohlen werden. Es hat kaum einer mehr als einen Anzug.

Die Experten in Rothwesten standen vor ganz eindeutigen Aufgaben: Die Alliierten wünschten ein deutsches Gesetz für die Währungsreform – wie dieses Gesetz in den wesentlichen Zügen auszusehen hatte, lag von vornherein fest. »Aber doch nicht so endgültig, daß es nicht noch möglich gewesen wäre, einige wichtige Fragen abzuändern«, sagte Jahre später Professor Möller, einer der Experten.

Fest stand auch, daß dieses Gesetz über die Währungsreform lediglich in der amerikanischen, britischen und französischen Zone Gültigkeit haben würde – nicht aber in der sowjetischen. Das lag nicht so sehr an den Sowjets – sie wollten die Währungsreform in ganz Deutschland, um bequem zu ihren zehn Milliarden Reparationen kommen zu können.

Die westlichen Alliierten waren es, die sich sträubten und Zugeständnisse verlangten – Zugeständnisse, die die Sowjets naturgemäß verweigerten. Hätten sie das nicht getan, wäre die Währungsreform mindestens ein Jahr früher erfolgt.

Aber nicht nur ein Teil der Alliierten brauchte fast zwei Jahre, um sich zu einigen – auch die Deutschen lagen sich in gewohnter Weise in den Haaren. Sie selbst waren mit die Verzögerer.

Denn es gab ja nicht nur eine amerikanische Zone, in der liberale Wirtschaftstendenzen gefördert wurden. Es gab auch eine britische Zone, in der mit sozialen Experimenten getändelt wurde; nicht die Konservativen, sondern die Labour Party war in London gerade an der Regierung. Und dann war da auch noch die französische Zone, in der reichlich eigenwillig vorgegangen wurde. Und zu allem Überfluß hatten zum Beispiel ganz am Anfang manche Leute versucht, ›den Zahlungsverkehr auch innerhalb der amerikanischen Zone zu reglementieren, von einem Land in das andere, von Bayern nach Württemberg und von Württemberg nach Hessen‹.

Die sowjetische Zone unterschied sich von den anderen drei Zonen durch ein wesentlich anderes Wirtschaftssystem. Und: Kraß unterschiedliche Wirtschaftssysteme, sagten die Experten, können niemals ein gemeinsames Währungssystem haben. Diesem gefährlichen Nebeneinander und Gegeneinander wollte nun Colonel Stoker mit seinen zehn deutschen Experten in Rothwesten energisch auf den Leib rücken.

»Erhebe deine müden Glieder, Tom«, sagt der Soldat zu Sergeant Brown. »Du hast Besuch.«

»Mitten in der Nacht?«

»Genau der richtige Besuch für diese Zeit – Damenbesuch!«

»Eine Dame?«

»Was man heute so nennt. Noch ein Mädchen. Redet so daher, als wenn sie es gewohnt ist, jede Nacht irgendeinem auf die Bude zu steigen – sieht aber nicht so aus!«

»Sie soll sich zum Teufel scheren«, sagt Brown. Er ist müde. Bald wird es draußen dämmern. Und er hat den ganzen Tag zu tun – denn der Captain ist ein feiner Mann, und zwar ist er gleich so fein, daß Brown seine Arbeit mitmachen muß. Der Captain faucht schon unwillig, wenn nur eine einzige Unterschrift von ihm verlangt wird.

Nun, Brown kann das nur recht sein – er spielt hier ganz gern den Stadtkommandanten. Das ist ein mühsamer Job. Man kann dabei Menschen umkrempeln wie Kartoffelsäcke, Vermögen auswechseln, Häuser neu numerieren und ihre Besitzer austauschen. Schulspeisungen durchführen, Nazis absausen lassen – und was der heiteren Dinge mehr sind. Und er hat dabei alle Hände voll zu tun, die Weiber abzuwimmeln. Weiber kann man für Zigaretten kaufen, für einen Dollar, für ein kleines unterschriebenes Papierchen aus seiner Kanzlei. Diese Weiber ekeln ihn an.

»Wie heißt dieses Luder?«

»Behnke«, sagt der Soldat. »Charlotte Behnke.«

»Was?« Brown ist jetzt hellwach. »Das kann doch nicht wahr sein!«

Er springt auf, begibt sich, so wie er ist, an das Fenster seines Zimmers und sieht hinaus. Wahrhaftig: Dort unten am Gartentor, unmittelbar neben der Lampe, steht Charlotte Behnke. Sie sieht zu ihm hoch.

»Kommen Sie rauf!« ruft Sergeant Brown durch die Nacht. »Ich befand mich schon im Bett.«

»Kommen Sie herunter«, ruft Charlotte nicht minder lautstark und entschieden. »Hier ist es kühler.«

Brown lacht, während er sich anzieht. Solche Antworten gefallen ihm. Dieser Apfel, denkt er, ist wahrlich nicht weit vom Stamm gefallen. Sie ist eine echte Tochter des alten Behnke. Diese Charlotte interessiert ihn.

Brown ist ein stämmiger, gutgenährter Mann, Bankbeamter von Beruf, Boxer aus Vergnügen und zur Zeit Befreier. Sein Vater hieß noch Braun. Von ihm hat er Deutsch gelernt. Seine Vorfahren stammen aus Breslau, einer Stadt, die es heute nicht mehr gibt, zumindest für Deutschland nicht. Aber wer einen Krieg macht oder mitmacht, überlegt Brown, der muß dafür bezahlen. Es gibt nichts Kostspieligeres als Kriege, ob man sie gewinnt oder verliert. Das weiß Brown haargenau, weil er Bankfachmann ist.

Er geht hinunter, durch den Garten, auf das Tor zu. Charlotte sieht ihm interessiert entgegen.

»Wo brennt's denn?« will Brown wissen.

»Vater ist heute nacht nicht nach Hause gekommen.«

»Ist das was Besonderes?«

»Bei Vater schon.«

Brown überlegt kurz.

»Sie dürfen wählen«, sagt er dann. »Sie können, wenn Sie wollen, zu mir auf die Bude kommen. Dort habe ich ein Telefon. Und nicht nur das – auch Schokolade, eine Flasche Whisky und ein Grammophon. Wir können aber auch, wenn Sie das lieber wollen, zur Kommandantur gehen, in mein Büro. Auch dort ist ein Telefon, aber sonst nichts. Und bis zur Kommandantur müssen wir zehn Minuten laufen. Also?«

»Kommandantur«, sagt Charlotte.

Brown weiß nicht recht, ob er jetzt zufrieden oder unwillig sein soll. Ist dieses Mädchen nun berechnend oder anständig? Er kann das auf Anhieb nicht sagen. Er hat das Gefühl, daß die meisten Deutschen in dieser Zeit Masken vor ihren Gesichtern tragen. Schon die Tatsache, daß fast alle behaupten, Antinazis zu sein! So viele Faschistenbekämpfer waren in der ganzen Welt nicht zu vermuten gewesen!

»Also los«, sagt Brown und setzt sich in Bewegung. »Erzählen Sie mir das, was Sie für richtig halten.«

Brown hat inzwischen mit Charlotte die Kommandantur erreicht und begibt sich sofort in sein Dienstzimmer. Er weist Charlotte einen Platz an und beginnt unverzüglich zu telefonieren. Aber er denkt gar nicht daran, zuerst mit dem Krankenhaus zu sprechen. Er kennt die Praktiken der Zeit. Er ruft gleich bei der Militärpolizei an – und nach drei Minuten weiß er, was Charlotte wissen wollte.

»Ihr Vater sitzt«, sagt er dann.

Sie glaubt das nicht.

»Warum soll er denn nicht sitzen?« sagt Brown. »So etwas gehört doch heute schon beinahe zum normalen Leben in Deutschland.«

»Was soll Vater denn getan haben?«

»Er hat einen amerikanischen Transport gefährdet – noch dazu einen, der von besonderer Wichtigkeit und obendrein streng geheim ist!«

Charlotte läßt den Kopf sinken. Das alles klingt furchtbar gefährlich. »Gibt es irgendeine Möglichkeit...«

»Mehrere«, sagt Brown sofort. »Es gibt immer mehrere Möglichkeiten.«

»Also los«, sagt Charlotte heftig, »sagen Sie schon, was Sie verlangen, werden Sie ruhig deutlich.«

In diesem Augenblick haßt sie den grinsenden Brown. Wie nett und harmlos doch der Bursche immer tat, wenn er aufkreuzte. Dann mimte er den biederen Jungen aus den Staaten, urgemütlich, familienfreundlich und fast ein wenig weltfremd. Dann spielte er mit Kindern und Hunden und nannte den alten Behnke einen Prachtkerl, der ihn an seinen Vater erinnere.

Alles Mache! Jetzt sitzt dieser Brown da und mustert sie ungeniert. Aber mit ihr ist da nichts zu machen, mit ihr nicht! Sie wird diesem Brown schon zeigen, wie ein deutsches Mädchen denkt und handelt. Das ist sie auch Jürgen schuldig. Brown scheint sich zu amüsieren. Er schließt eine Schreibtischschublade auf und nimmt dort einen Zettel heraus, kritzelt ein paar Worte darauf. Dann faltet er den Zettel und steckt ihn in einen Umschlag. Diesen Umschlag gibt er ihr.

»Ist das alles?«

»Ehe Sie sich weiter unnötig aufregen, Fräulein – lesen Sie nach, was auf dem Zettel steht.«

Charlotte öffnet diesen Umschlag, entnimmt ihm einen Zettel, entfaltet das Papier und liest. Sie tut das zweimal, dreimal. Sie begreift nicht ganz. Dort steht: *Wilhelm Behnke, hierorts wohnhaft, Taxichauffeur, heute nacht eingeliefert wegen Transportgefährdung, ist sofort zu entlassen.* Unterschrift: *Rodger, Captain.*

Die zehn deutschen Experten, die mit ihrer Begleitung und ihrem Betreuer, dem Colonel Stoker, am 20. April 1948 in Rothwesten eintrafen, fanden ein einsam gelegenes, ziemlich verwahrlostes Kasernengebäude vor und waren entsetzt.

»Einige der Herren«, so berichtete ein Teilnehmer, »wollten sofort auf der Stelle wieder umkehren, mit der Begründung: diese ganze Behandlung wäre unwürdig.«

Aber da war der Colonel Emery D. Stoker! Der Vielgewandte ließ seinen ganzen Charme spielen und diverse Leckerbissen springen – damit die Währungsreform nicht etwa noch einmal hinausgezögert wurde. Er ließ gefüllte Gurken auftischen, die zum Erstaunen der Experten ›in Butter schwammen‹. Also gestärkt, begaben sich die Herren zur Nachtruhe in ihre Räume, wo lediglich ein Schrank stand – dazu ein amerikanisches Militärbett, das zwar ›äußerlich einen primitiven Eindruck machte; aber man konnte ausgezeichnet darin schlafen‹.

In dieser ersten Nacht allerdings schlief niemand sonderlich lange: Die gefüllten Gurken in Butter begannen zu wirken.

Gleich am nächsten Morgen begann die Arbeit. Der Colonel Stoker war ein fröhlicher, aber auch ein unerbittlich antreibender Boß. Und

er war begeisternd großzügig, da es doch galt, zufriedene und emsige
Währungsreformer am Werk zu sehen.

Noch heute haben die Experten, die fast alle mager und verhungert
waren, nicht vergessen, welche Herrlichkeiten es damals gab: frische
Milch, ausgezeichneten Kaffee, Weißbrot und ungeahnte Mengen
von Zigaretten. Und sogar Rasiercreme und Seife, ›wunderschöne
amerikanische Seife‹. Ein Schlaraffenland; allerdings ohne Alkohol.

»Wir waren«, berichtete Finanzsenator Dr. Dudek, »ein in sich
geschlossenes Team, das auch nach der menschlichen Seite hin
ausgezeichnet funktionierte. Nicht zuletzt dank der wirklich hervor-
ragenden Eigenschaften des Herrn Stoker.«

»Wer hat dir diesen Wisch gegeben?« fragt Wilhelm Behnke seine
Tochter, als sie das Gefängnis verlassen.

Der ›Wisch‹ ist die Entlassungsverfügung, die mit Captain
Rodger unterzeichnet ist.

»Sergeant Brown, Vater.«

»Das gefällt mir nicht«, sagt Wilhelm Behnke unwillig. »Mir
braucht man keine Extrawurst zu braten. Bin ich ein Spitzel oder so
was Ähnliches? Und wie kommst du dazu, nachts das Haus zu
verlassen? Hat dir das etwa deine Mutter erlaubt?

Und wenn sie es dir erlaubt haben sollte – wußte sie denn nicht,
daß du zu Brown gehen wolltest, zu einem Soldaten der Besatzungsmacht?«

»Du bist undankbar, Vater«, sagt Charlotte gereizt. »Anstatt dich
zu freuen, schimpfst du. Hast du dir denn nicht denken können,
daß sich Mutter ängstigen würde?«

»Daß ich eingesperrt wurde«, sagt der alte Behnke stur, »ist
meine Sache. Wenn Mutter sich ängstigt, ist das ihre Sache. Wenn
du aber nachts abhaust, aus welchen Gründen auch immer, dann
ist das nicht deine Sache.«

»Mutter wartet«, sagt sie nur.

Es wird schon langsam hell. Leben kommt in die kleine Stadt –
aber dieses Leben ist voll Müdigkeit und Resignation. Denn jeder
Tag bringt neue Sorgen, neuen Hunger, neue Schwierigkeiten.

»So geht das nicht weiter«, sagt Wilhelm Behnke grollend.
»Noch bin ich der Herr im Haus – und das wird sich vorläufig nicht
ändern. Wie kommt Mutter dazu, dich nachts zu einem fremden
Mann zu schicken?«

»Vater, ich bin doch kein Kind mehr!«

»Wenn ein Mädchen kein Kind mehr sein will, dann ist es auf dem besten Wege dazu, ein Kind zu kriegen.«

Charlotte findet, daß ihr Vater heute geradezu unausstehlich ist. Eigensinnig und eigenwillig war er immer, respektiert und gelegentlich sogar verehrt. Jetzt aber ist er nichts als wütend und ungerecht. Sie erinnert sich nicht, ihn jemals so gesehen zu haben, wird wohl zuviel für ihn gewesen sein.

»Ich werde eine ganz strenge Untersuchung vornehmen«, sagt Behnke. »Ich lasse nicht mit mir Wickelkind spielen.«

»Gott sei Dank, daß du da bist«, ruft seine Frau, als er nach Hause kommt.

»Und ob ich da bin«, sagt Behnke und nickt seiner Frau zu. Das ist so ziemlich alles an Freundlichkeit, was er im Augenblick zu vergeben hat. Er liebt es nicht, Gefühle zu zeigen, schon gar nicht, wenn unbeteiligte oder gar unerwünschte Dritte anwesend sind. Und dazu gehört jemand, den er hier noch nie gesehen hat.

»Wer sind denn Sie?«

»Weberknecht«, sagt der Mann verbindlich.

»Was für ein Knecht?«

»Weberknecht, Jürgen Weberknecht.«

»Der Leutnant, Vater«, sagt Charlotte eifrig. »Du kennst ihn doch. Er hat uns einmal in seinem Urlaub besucht – 1943. Er ist ein Kriegskamerad von Albert.«

»Ich wollte Ihrem Sohn einen Besuch abstatten«, sagt Jürgen vorbildlich verbindlich.

»Schon so früh am Morgen?«

»Mein Zug ist vor einer knappen Stunde hier eingetroffen – und da dachte ich …«

»Behalten Sie Ihre Gedanken getrost für sich«, sagt Behnke. »Wie Sie sehen, ist Albert nicht hier. Er ist kaum jemals hier – nur zum Essen und gelegentlich zum Schlafen.«

»Du bist übermüdet«, sagt Frau Behnke, die ihren Mann recht gut kennt.

»Jawohl«, sagt Behnke überraschend bereitwillig. »Das gehört zu meinen Prinzipien: erst einmal die Sache gründlich überschlafen. Aber dann – nichts wie ran! Dann werde ich hier aufräumen! Entweder habe ich eine Familie, und dann hat sie auf mich zu hören. Wer aber nicht hören will, der fliegt! Es scheint mir nämlich höchste Zeit, daß ich einmal ein Machtwort spreche. Und das werde ich tun – wenn ich ausgeschlafen habe. Macht euch darauf gefaßt!«

Doch dann sagt er noch: »Schlafen Sie gut, Herr Weberknecht! Aber nicht in meinem Hause.«

Wer in den Tagen vor der Währungsreform durch die Straßen der deutschen Städte ging, sah hier und dort auch ein paar Schaufenster, die sich bemühten, ihre chronische Leere zu verbergen. In diesen Schaufenstern war zumeist nur Ramsch zu erblicken.

Es war so gut wie unmöglich, einen Nagel zu kaufen. Glühbirnen oder ein Knäuel Stopfgarn vermochte auf normale Weise kaum jemand aufzutreiben. Rasierklingen waren Mangelware. Und der Besitz eines Stückes Talgseife grenzte an Luxus.

Die Lebensmittelrationen reichten zum Leben nicht aus. Das fade Dünnbier schmeckte scheußlich. Zeitungen waren hochbegehrt – einige britische, wie der ›Manchester Guardian‹, wurden in Deutschland in großer Zahl verkauft. Gelesen aber wurden diese Zeitungen kaum. Sie dienten als Einwickelpapier, als Schuheinlagen, als Teppichersatz, als Schrankpapier, zum Feuermachen und zu hundert anderen Dingen.

Warme Mahlzeiten gab es zumeist nur einmal täglich – für mehr reichten die Portionen und das Brennmaterial nicht. Der Monatsverdienst eines Arbeiters war knapp vor der Währungsreform drei Päckchen Zigaretten wert. Für ein Pfund Zucker wurde auf dem Schwarzmarkt ein Wochenlohn bezahlt.

Ein riesiger Beamtenapparat ›verteilte‹ eine mikroskopisch kleine Gütermenge. Lebensmittelkarten und Bezugsscheine füllten die Brieftaschen der Normalverbraucher. In einer deutschen Großstadt gab es zum Beispiel vier Beamte allein für die Bewirtschaftung des ›Nähmaschinensektors‹. Diese vier Beamten hatten im Jahr vier Nähmaschinen auszugeben.

So war es in Deutschland noch in jenen Wochen, da bereits Colonel Stoker, Mister Tenenbaum und die elf deutschen Experten in Rothwesten bei Kassel die letzten Vorbereitungen für die große Währungsreform trafen. So war es in jenen Tagen, in denen unsere Geschichte spielt: am 14., 15., 16. und 17. Juni 1948. Niemand kannte den genauen Termin, auch General Clay noch nicht, der das Startzeichen geben sollte. Nur wenige wußten, daß die Währungsreform unmittel-

*bar vor der Tür stand. Und die meisten glaubten nicht mehr daran –
sie konnten sich unter einer Währungsreform so gut wie nichts
vorstellen; zumindest nichts Gutes.*

»Ist denn in euch alle der Teufel gefahren?« ruft Wilhelm Behnke
und mustert die Seinen.

Sie sitzen vor ihm in der sogenannten guten Stube unter dem
Kalender, der den 16. Juni 1948 anzeigt. Mutter blickt ergeben zu
ihm hoch; sie sieht ihn so gutmütig und vertrauensvoll an, daß er
sich langsam weich werden fühlt. Wie kann man dieser Frau
gegenüber hart sein? Aber er mußte jetzt hart sein.

Nun, da braucht er nur seinen Sohn Albert anzublicken, um
sofort wieder eine solide Wut im Bauch zu verspüren. Schon allein
wie dieser Bengel dasitzt – lässig und leicht gelangweilt, als
befinde er sich in einem albernen Film, nur um die Zeit totzuschla-
gen. Und dann grinst der Bursche auch noch! »Das Grinsen wird
dir schon noch vergehen!« verkündet Behnke.

»Soll ich etwa heulen?«

»Das kann schon noch kommen«, meint Behnke. »Schämst du
dich denn nicht, Mutter immer so viel Kummer zu bereiten?«

»Bereite ich dir Kummer, Mutter?«

»Ach, Vater«, sagt Frau Behnke seufzend, »sei doch nicht so hart
zu den Kindern.«

»Das ist ja gerade der springende Punkt«, bemerkt Albert. »In
seinen Augen sind wir immer noch Kinder. Und gerade das sind
wir schon lange nicht mehr.«

Der alte Behnke senkt den schweren Kopf. Was soll er dazu
sagen? Soll er sagen, daß Kinder immer Kinder bleiben, solange es
für sie Eltern gibt? Soll er ihnen erklären, daß eine Familie
zusammengehört – also eine Einheit ist und es ewig bleibt? Das
sind doch gute Worte, leere Worte. Was soll er sagen?

»Wißt ihr noch«, unterbricht Mutter Behnke das Schweigen,
»wie wir euere Geburtstage gefeiert haben? Mit Kaffee und Kuchen und mit einer richtigen Torte. Und abends gab es eine Flasche
Wein oder auch zwei.«

»Und der Vater sang dann ein Lied«, fällt Albert ein. »Mit lauter
Stimme sang er, und ohne singen zu können. Dann roch es immer
nach deutschem Wald, deutscher Gemütlichkeit und deutscher
Treue. Aber die Wälder werden abgeholzt. Gemütlichkeit ist

gleichbedeutend mit Sauferei und mit noch etwas anderem. Und Treue ist ein leerer Wahn.«

»Nicht für mich«, sagt Behnke.

»Als ob es auf dich noch ankommt!« Albert scheint entschlossen, einmal ganz offen seine Meinung zu sagen. Ohne Rücksicht auf Verluste! Im Grunde ist er genauso ein Dickkopf wie sein Vater.

»Nur weiter«, brummt der alte Behnke grimmig, »nimm dir kein Blatt vor den Mund.«

»Dazu brauchst du mich gar nicht erst zu ermuntern«, gibt Albert forsch zurück. »Wir sind aus unseren Kinderschuhen herausgewachsen – das ist vielleicht schon alles. Die Zeit hat uns einen Tritt ins Kreuz versetzt. Die meisten stolpern dabei und fallen auf die Nase oder auf den Hintern, je nachdem. Ich jedenfalls gedenke nicht zu fallen – und Charlotte will das auch nicht.«

»Wie kommt denn ihr mir vor? Wie Traumtänzer? Wißt ihr eigentlich nicht, was hier gespielt wird, was hier vor sich geht? Lest ihr denn keine Zeitungen?«

Aus deutschen Zeitungen vor der Währungsreform:
Die Angehörigen einer Münchner Volksschulklasse legten ihr Taschengeld zusammen, um auf dem schwarzen Markt eine Glühbirne kaufen zu können. (3. Februar 1948)
Die Einschreibung zur Lieferung der zehn Rasierklingen, für die ein Bezugsschein mit der Raucherkarte M 6 ausgegeben wurde, findet bis zum 10. März statt. (28. Februar 1948)
Als bester Tabakersatz wird von dem Londoner Pathologen Dr. G. Harrison nach langwierigen Experimenten eine Mischung aus Mohrrübenkraut, wilder Pfefferminze und Rohrkolbenflocken bezeichnet. Bei Rauchversuchen mit dieser Mischung blieben sogar die Augen trocken. (28. Februar 1948)
In einem Metzgerladen am Münchener Elisabethenplatz steht groß angeschrieben: ›Hier werden nur echte Fleischmarken angenommen‹. (9. März 1948)
In Nürnberg müssen sich die ›Fräuleins‹ neue Gesellschaftspässe für die amerikanischen Clubs ausstellen lassen. Von 9069 Bewerberinnen wurden 7000 zugelassen. (13. März 1948)
Den Nürnberger Fuhrunternehmern wäre es sehr erwünscht, wenn die Brautpaare für die Gäule der bespannten Hochzeitskutsche das Futter selbst mitbringen könnten. (13. März 1948)

Suche mittelschweren Amboß, biete komplettes Spülklosett.
(13. März 1948)

Biete: Samtturban grau, Wollkleid Gr. 42. Suche: Unterwäsche Gr.
44. (13. März 1948)

Seit sich in der Bevölkerung mehr und mehr die Überzeugung
verbreitet, daß die Währungsreform in unmittelbare Nähe gerückt ist,
haben wir besonders große Schwierigkeiten, nicht nur die Waren,
sondern auch die fälligen Rechnungen hereinzubekommen. Jeder
scheint darauf auszugehen, die Last eines finanziellen Verlustes bei
einer Währungsumstellung dem lieben Nächsten aufzubürden – das
erklärte eine staatliche Behörde in München. (16. März 1948)

Das Bestattungsamt München kann sich der ›Zahlungswilligen‹
kaum mehr erwehren, die die Grabmieten bis weit ins nächste
Jahrhundert hinein vorauszuzahlen wünschen. Auch verschiedene
Pfarrämter sahen sich gezwungen, durch Anschläge an den Kirchen-
türen dem Ansturm ›frommer Eiferer‹ entgegenzutreten, die für die
nächsten Jahre bereits Messen bestellen und sie vor allem jetzt schon
bezahlen wollen. (16. März 1948)

Die Münchener Brauereien haben ab 23. März die Bierabgabe infolge
Rohstoffmangels eingestellt. (27. März 1948)

Zum ersten Mal seit vielen Jahren sah man in den österlichen Tagen
in manchen Läden Münchens wieder vielfarbige Erzeugnisse, die als
bescheidene Andeutung eines ›süßen‹ Osterfestes gelten können. Es
gab Osterhasen aus Biskuit, für die man neben Nährmittel- und
Zuckermarken auch ein Ei opfern mußte. (27. März 1948)

Es ist fast unmöglich, in München eine Windel oder ein anderes Wä-
schestück auf Säuglingskarten zu bekommen. Die Fabrikanten ziehen
es vor, an Stelle des billigen Windelmulls Stoffe herzustellen, die ihnen
mehr Gewinn bringen. Andere kompensieren den Mull als Gardinen.
Geschäftsinhaber bedauern mit glattem Lächeln: »Ausverkauft!« und
denken dabei befriedigt an die gestapelte Ware, die sie nach der
Währungsreform für gutes Geld herausgeben werden. (31. März 1948)

Auf der Strecke nach Veitshöchheim bei Würzburg stoppte die
Landpolizei eine Opel-Limousine mit Berliner Kennzeichen, in deren
Benzintank ein 100 Pfund schwerer Silberbarren eingelötet war.
(13. April 1948)

In einer Textilfabrik in Ebersbach wurden in knapp drei Monaten
durch das Personal über vier Zentner Garne ›abgewickelt‹ – zu
deutsch: gestohlen. (13. April 1948)

Die Anwesenden spüren, daß Wilhelm Behnke, der Taxichauffeur, kocht, wie manchmal das Kühlwasser in seinem Wagen. Es ist nicht klug, ihm jetzt auch noch Feuer zu geben – der Alte explodiert sonst.

Albert scheint das völlig gleichgültig zu sein.

»Du benimmst dich«, sagt er, »wie zu Zeiten Kaiser Wilhelms. Daß es inzwischen zwei Weltkriege, zwei Inflationen und sogar einen Hitler gegeben hat, das willst du nicht wahrhaben. Du fährst deine stinkige Karre und verlangst Preise wie im Frieden. Da kann man wirklich nur noch lachen. Du bist hier nämlich kaum mehr als eine komische Figur – den letzten Deutschen nennen sie dich, den Opel-Germanen, den Holzgas-Siegfried.«

»Ich bin eine komische Figur?«

»Genau das.«

»Ich will dir mal was sagen«, poltert der alte Behnke los. »Ich bin ein ehrlicher Mann – und wenn das heute komisch ist, nun, dann bin ich eben eine komische Figur. Und dann will ich auch eine bleiben. Ich hamstere nicht, ich schmarotze nicht, ich schiebe nicht!«

»Aber du hungerst!«

»Wie hunderttausend andere auch! Und ich bin stolz darauf. Und was bist du? Ein Schieber?«

»Dann habe ich hier nichts mehr zu suchen«, bemerkt Albert und geht.

»Albert!« ruft ihm die Mutter nach. »Tu das nicht!«

Behnke starrt auf die Tür, die der Sohn hinter sich zugeschlagen hat. Er atmet schwer, er schnauft sogar. Er steht da wie ein Stier. Er ist offenbar entschlossen, seine Arena leerzufegen.

»Und du?« wendet er sich fordernd an seine Tochter. »Was ist mit dir los – mit dir und diesem Fatzken, diesem Weberknecht?«

»Sprich nicht so von ihm, Vater, bitte!«

»Er ist ein Fatzke.«

»Ich liebe ihn.«

»Dann liebst du eben einen Fatzken. Und das gefällt mir nicht. Genausowenig, wie es mir gefällt, daß du bei Rotzler arbeitest. Damit ist Schluß! Und zwar mit beiden: mit dem Fatzken und dem Rotzler! Klar?«

Charlotte springt auf und verläßt das Zimmer.

»Vater«, jammert Frau Behnke, »wie konntest du das nur tun?«

»Habe ich sie verlassen – oder haben sie mich verlassen?« fragt Behnke.

»Wenn Sie wenig Geld haben«, sagte Professor Doktor Möller, einer der elf deutschen Experten von Rothwesten, »dann wird das Geld auch seine Geltung besitzen und behalten.«

»Aber«, so fuhr Möller fort, »wenn Sie zuviel Geld entstehen lassen – mutwillig oder aus politischen Gründen, zur Kriegsfinanzierung oder was auch immer –, dann wird eben dieses Geld sich entwerten. Und diese Geldentwertung zeigt sich in den steigenden Preisen. Es handelt sich also letzten Endes um eine Frage von Angebot und Nachfrage nach Geld.«

Also rekapitulieren wir noch einmal. Wenig Geld bedeutet: Dieses Geld wird seine Geltung besitzen und behalten. Und genau das war auch das Grundprinzip der Währungsreform: Das in Deutschland umlaufende Geld sollte schlagartig reduziert werden. Über Nacht sollten aus zehn Mark eine Mark werden.

Die Schwarzseher unkten: Das bedeutet Depression – Deflation – Armut – Zwangsarbeit – soziales Chaos – Arbeitslosigkeit – Geldknappheit – Hunger und Elend in verstärktem Maße – Unruhen – Anschwellen der Kriminalität – kurz: das Ende.

Niemand wußte genau, was wirklich werden würde, gestanden selbst die Experten.

»Zu gütig, gnädige Frau«, sagt Jürgen Weberknecht zur älteren Trollmeier, bei der er Quartier bezogen hat.

Die ältere Trollmeier lächelt ein wenig gepreßt und hält ihm den Teller mit Fleisch hin.

»Greifen Sie ruhig zu!«

»Ich bin so frei«, sagt Jürgen und sucht sich ungeniert das größte Stück aus. Das ist vermutlich Pferdefleisch, sieht aber ganz schmackhaft aus.

Im Krieg haben sie sogar einmal eine Katze verspeist, und die sah aus wie ein Hase.

»Ja«, bemerkt der Schwager der verwitweten Frau Trollmeier, der jetzt eine Abdeckerei leitet, »Jugend hat ihren eigenen Appetit.«

»Solange man noch weiß, was Jugend ist, bleibt man selber jung, Herr Doktor«, erwidert Jürgen.

Der Schwager Trollmeier ist kein Doktor; aber er hört das ganz gern. Er hat einmal gegen diesen Titel protestiert, in bescheidener Abwehr, so, als wollte er sagen: Ich bin leider kein Doktor, hätte aber sehr leicht einer sein können – Sie verstehen, die Umstände!

Die ältere Trollmeier ist selbstverständlich auch keine gnädige Frau, im strengeren Kasinosinn. Sie ist eine Metzgerstochter und hat den Besitzer der Abdeckerei geheiratet, nicht zuletzt aus geschäftlichen Erwägungen heraus.

»Lebt Ihr Vater noch?« will Schwager Trollmeier wissen.

»Gefallen«, sagt Jürgen schwer und mit Würde. »Als höherer Offizier im Ersten Weltkrieg.« Und konziliant fügt er hinzu: »Herr Doktor.«

»Und Ihre Frau Mutter?« will die Trollmeier wissen.

»Blieb auf unserem Gut im Osten, gnädige Frau.«

»Schrecklich, schrecklich«, sagt die gnädige Frau, »diese Zeiten!«

»Wir werden auch sie überstehen«, versichert Jürgen und greift nach einem neuen Stück Fleisch.

»Ein Festessen, gnädige Frau«, behauptet er dann und deutet eine dezente Verbeugung an. »Mein Kompliment. Und einmal werden auch gewiß wieder die Zeiten kommen, wo ein derartiges Mahl durch eine gute Tasse echten Bohnenkaffees abgerundet wird.«

Die ältere Trollmeier und ihr Schwager sehen sich an und blinzeln sich zu. Jürgen hat nicht vergeblich auf den Busch geklopft. Die Dame hat eine Schwäche für ihn.

»Für ganz besondere Gelegenheiten«, verkündet die gnädige Frau, »haben wir etwas Kaffee aufgehoben. Den Ihnen zu gönnen, sind wir bereit.«

›Sicherheit‹ wurde bei Colonel Stoker groß geschrieben. Unter Sicherheit verstand er die totale Abschirmung der elf Experten in Rothwesten von der Außenwelt. Wenn es nach Stoker gegangen wäre, hätte keine Maus hinein und keine herauskommen können.

Dabei gab er sich außerordentlich großzügig. Wollte jemand zur Messe, fuhr er ihn hin – er persönlich. Die Herren wünschten Zerstreuung? Er führte sie ins amerikanische Kino.

»Auch gab es allen erdenklichen Service«, erzählte er, »zum Beispiel PX, Snack-Bar und so weiter.«

Und allabendlich oder am Nachmittag, jedenfalls täglich einmal,
versammelte er seine Schäfchen um sich und führte sie spazieren,
wobei er immer heiter plauderte und herzhaft lachte. Es gab sogar –
allerdings nur für die elf Experten, keinesfalls für das Begleitpersonal
– ›Urlaub auf Ehrenwort‹. So durfte einmal Dr. Pfleiderer wegen
einer dringenden Angelegenheit zu seiner Familie nach Stuttgart.
Desgleichen Dr. Bernard.

»Nein, nein«, sagte Colonel Stoker, »um die Experten hatten wir
keine Angst.«

Brown, der Sergeant, hat sich beim alten Behnke eingefunden. Nur
um dem mal, wie er behauptet, ›guten Tag‹ zu sagen. »Nun,
Verehrter, wie geht es denn so?«

»Schlecht«, sagt der. Warum schlecht, sagt er nicht. Das ist seine
Sache. Er greift nach einer der drei ihm entgegengehaltenen
Zigarren. Und das leicht widerwillig.

»Ärger mit den Kindern?« fragt Brown. Er legt die beiden
anderen Zigarren mitten auf den Tisch. Wenn er das Haus verläßt,
wird er sie vergessen.

»Ärger?« Der alte Behnke knurrt auf wie ein gereizter Hund.
»Woher wollen Sie das wissen?«

Das sagt Brown nicht, braucht er auch nicht. Das hat ihm Mutter
Behnke geflüstert. »Da ist doch nichts Besonderes dabei. Nicht in
dieser Zeit. Man will überleben, da macht man manchmal Dummheiten.«

Behnke mag diesen Ami. Und der weiß das. Sie sind fast wie
Freunde, wie so eine Art Vater und Sohn.

»Überleben? Wenn man Dummheiten macht? Und das sogar bei
einem Rotzler? Kennen Sie den?«

»Kenne ich«, bestätigt Brown. »Mit dem haben Sie letzte Nacht
gesessen. Und Ihr Albert kennt den auch, habe ich gehört. Er soll
den sogar ziemlich gut kennen. Beunruhigt Sie das?«

»Nicht nur das! Neuerdings will sogar auch noch Charlotte für
ihn arbeiten – in seinem Geschäft. Na, was sagen Sie nun?«

Der Sergeant sagt nichts. Er holt eine flache Taschenflasche
hervor, öffnet sie, reicht sie dem alten Behnke hin.

Und nun sagt Brown, bedächtig: »Das sogenannte Geschäft von
diesem Rotzler ist ein Restaurant. Und zwar eins von einer
gewissen Sorte. Und dort Charlotte? Das gefällt mir nicht.«

»Na, dann machen Sie doch mal was dagegen! Dieser Rotzler ist ein Saukerl, ein Schieber und wer weiß, was noch. Aber ihr Kerle von der Kommandantur drückt ja alle Augen zu. Beliefert der auch euch – oder beliefert ihr ihn?«

»Das will ich nicht gehört haben, Vater Behnke. Ich jedenfalls würde diesen Rotzler gerne kassieren – und jetzt erst recht.« Er braucht dabei den Namen Charlotte nicht zu nennen. »Aber dem ist schwer was zu beweisen. Man kann nicht nahe genug an ihn herankommen. Bisher jedenfalls nicht.«

»Sie!« ruft Vater Behnke warnend aus. »Daß Charlotte für diesen Rotzler arbeiten will, vermutlich von Albert dazu verführt, ist ja nicht gerade schön, aber auch nicht schlimm. Eine Hure wird die dabei nicht werden, da bin ich ganz sicher, und das wissen Sie auch. Aber als Spitzel für die Militärregierung will ich meine Tochter auch nicht sehen. Klar?«

»Das ist klar«, bestätigt Brown. Und dann sagt er noch: »Ich werde niemals etwas tun, was Charlotte gefährden kann.«

»Das glaube ich Ihnen sogar! Sie haben eine Schwäche für meine Tochter. Sehe ich das richtig so?«

»Ungefähr.«

»Aber machen Sie sich da keine allzu großen Hoffnungen! Die fühlt sich so gut wie verlobt. Und eben nicht mit Ihnen. Da gibt es einen gewissen Weberknecht. Ein Armleuchter, falls Sie meine Ansicht über ihn hören wollen. Aber eben einer, der sich versilbern, wenn nicht gar vergolden lassen will. Und das würde ich gar nicht gern sehen.«

Brown nickt zustimmend. Er läßt Taschenflasche und Zigarren zurück und fährt mit seinem Jeep zur Kommandantur. Hier ruft er von seinem Apparat aus die Militärpolizei an. »Hallo, Jungens. Hier spricht Brown, im Auftrag des Captain. Wir benötigen ein paar Auskünfte.«

»Du brauchst nur zu sagen, welche.«

»Zuerst über Albert Behnke.«

»Der steht auf unserer Liste, ziemlich oben. Und das sogar im Zusammenhang mit den hier üblichen Transportzugberaubungen. Stets die gleiche Masche: Abkupplung des letzten Waggons, Entleerung desselben. Diesmal allerdings hat es sich um Munition und Sprengstoff gehandelt – dazu eine Eisenbahnerleiche.«

Brown reagiert offenbar völlig gleichgültig, sachlich. »Weiter Weberknecht, Jürgen, ehemaliger Leutnant der Wehrmacht.«

»Bisher hier noch nicht verzeichnet.« Der Militärpolizist übertrifft Brown noch an Lässigkeit. »Ich habe den Namen notiert. Wir werden nachforschen. Sonst noch was?«

»Rotzler.«

»Ach, Mann, ausgerechnet der! Von dem haben wir eine ganze Akte, doch dabei so gut wie nichts Greifbares. Der ist ganz der Typ schlüpfriger Aal! Gleitet einem durch die Finger.«

»Was auch immer ihr an Unterlagen habt, ich will sie sehen.«

Die elf deutschen Experten bastelten wochenlang in völliger Abgeschlossenheit an der Währungsreform herum. Das primitive Kasernengelände in Rothwesten am Rande eines abgelegenen amerikanischen Militärflughafens war ihre ganze Welt. Sie brauchten nicht geweckt zu werden. Da sie relativ früh schlafen gingen, standen sie auch früh auf – etwa um halb sieben.

Nach der Morgentoilette und dem Frühstück begannen regelmäßig die Beratungen – »unter Leitung von Herrn Präsident Bernard«, berichtet Senator Dr. Dudek, »der das als alter, großer und erfahrener Mann ausgezeichnet machte«. Fast immer war Colonel Stoker dabei, sehr oft Mister Tenenbaum.

»Die Diskussionen über die Währungsreform«, erzählte Stoker, »fanden in einer sehr guten Atmosphäre statt. Wir hatten ein Gentlemen-Agreement abgeschlossen: Jeder sieht den Standpunkt des anderen. Man diskutiert völlig frei und offen. Man sagt, was man denkt. Aber später soll niemand preisgeben, wer dies oder das gesagt hat.«

Und weiter sagt Colonel Stoker, nach den wichtigsten Geheimnissen im Zusammenhang mit den Vorbereitungen zu einer Währungsreform befragt: »Das Wichtigste waren die Bedingungen des Geldumtausches, also das Verhältnis des neuen Geldes zum alten. Und natürlich: das Datum der Währungsreform. Beides, die Umtauschrate und das Datum, haben wir drei- oder viermal geändert, beziehungsweise neu aufgestellt. Wenn wirklich etwas durchgesickert wäre, hätte man auch nicht gewußt, welcher von den vier Entwürfen nun der richtige sein würde.«

Als dann die Pläne fertig waren, flog Colonel Stoker mit den offiziellen Kopien nach Berlin. Hier wurden sie von den drei westli-

chen Militärgouverneuren unterschrieben. Die deutsche Währungs-
reform war nämlich ein alliiertes Militärgesetz.

»Ja«, sagt Jürgen und streckt seine Beine von sich, »so leicht sind wir nicht kleinzukriegen, was, Albert?«

»Wir doch nicht!« versichert Albert. Sie sitzen auf Jürgens Bude. Jürgen erzählt ein wenig aus seinem Leben – das tut er gern, und das kann er gut. Er hat immer seinen Mann gestanden.

»Also«, sagt er, »die Sache kann steigen – sobald wir das notwendige Betriebskapital beisammen haben.«

»Hast du Verbindungen mit Argentinien?«

»Hast du Devisen?«

»Eins nach dem anderen«, brummt Albert.

Jürgen angelt, ein wenig umständlich, seine Brieftasche hervor. Sie ist gut gefüllt – aber vorwiegend nur mit Papieren.

»Zunächst«, sagt er, »habe ich hier zwei Briefe aus Argentinien. Von Hauptmann Knote – du kennst ihn doch?«

Albert nickt. Er besinnt sich zwar nicht mehr auf Hauptmann Knote. Aber was Jürgen sagt, wird schon stimmen. Briefmarke: Argentina. Poststempel: Buenos Aires. Datum: vom vorigen Monat.

Der Brief beginnt mit den Worten: ›Mein lieber Kamerad! Seitdem ich wieder den Steuerknüppel in der Hand habe, bin ich ein anderer Mensch. Hier ist es wie in guten, alten Zeiten.‹

»Der gute Knote!« bemerkt Jürgen gönnerhaft. »Flog immer wie eine gesengte Sau – ist aber ein prima Kamerad. Jetzt verdient er drüben ganz groß.«

»Wie kommen wir dort hin?«

»Zunächst einmal fahren wir nach Lörrach. Dort wartet ein Vermittler auf uns – ein Mitarbeiter von Monsieur Cadan.«

»Wer ist Cadan?«

»Du kennst Cadan nicht? Du wirst ihn kennenlernen! Er kreuzt in den nächsten Tagen hier auf. Um die letzten Vorbereitungen durchzusprechen und um zu kassieren. Also! Zunächst geht es von Lörrach über die grüne Grenze – Pässe haben wir ja keine – hinein in die Schweiz, und zwar nach Bern zum argentinischen Konsulat. Von dort nach Italien, nach Genua – und dann ab mit der Post! Per Schiff nach Argentinien.«

»Und was kostet das alles, Jürgen?«

»Fünfhundert Dollar pro Person, ab Lörrach. Hinzu kommen jeweils einhundert Dollar Provision für den Vermittler.«

»Mann Gottes, Kamerad Jürgen – das ist, für unsere Verhältnisse, eine enorme Summe! Wo sollen wir die hernehmen?«

Jürgen winkt nahezu großzügig ab.

»Das mit den Dollar, mein Bester, ist natürlich nicht wörtlich zu nehmen. Gezahlt wird in Sachwerten. Der gute Monsieur Cadan ist selbstverständlich genau darüber im Bilde, was in Deutschland los ist. Er erwartet weder einen Scheck von uns, noch ein Bündel Dollar, sondern nur Sachwerte.«

»Sachwerte?«

»Klar, Mensch! Harte, raumsparende Waren. Zum Beispiel: Gold, optische Geräte, etwa eine Kamera oder Uhren, auch Schmuck. So was muß doch wohl noch aufzutreiben sein! Oder?«

Albert beginnt zu verstehen. Schmuck, Pelze, Antiquitäten – die augenblicklich härteste Währung. Und speziell dieser Rotzler hat sich darauf eingestellt. Der muß gemolken werden.

Rotzler, da war Albert Behnke sicher, würde es sich durchaus einiges kosten lassen, ihn möglichst weit weg zu wissen – nach all dem, was sie voneinander wußten. Das wohl Entscheidende dabei: Rotzler hatte, falls er, Albert, auspackte, ungleich weit mehr zu verlieren.

»Ja, die Kameradschaft«, sagt Albert versonnen, »die gibt es noch, die zahlt sich aus. Kameradschaft ist einfach alles!«

Jürgen Weberknecht, der Leutnant, hört das gern.

»Ihr seid hier nicht bei der Fürsorge«, sagt Rotzler tadelnd. »Ihr befindet euch in einem Restaurant, einem erstklassigen.«

Das sagt er zu Albert Behnke, der seinen Freund und Kameraden Jürgen Weberknecht mitgebracht hat. Beide wollen einen trinken – gut, dagegen ist nichts einzuwenden. Schließlich ist das hier eine Wirtschaft. Aber die beiden wollen sich nicht mit einem Dünnbier begnügen, sie verlangen eine Flasche Wein. Schön, auch das ließe sich arrangieren – wozu hat man denn seine Beziehungen? Aber den teuren Wein auch noch kostenlos zu verlangen, das ist eine Zumutung!

»Auf Geschäftsunkosten«, fordert Albert.

»Im Augenblick«, widerspricht Rotzler, »machen wir keine Geschäfte miteinander. Das letzte ist erledigt und war übrigens ganz großer Mist. Was soll ich mit dem Zeug anfangen?« Er meint die Kisten mit Munition und Sprengstoff.

»Letzter Waggon – hast du angeordnet, Rotzler! Willst du mir etwa einen Vorwurf machen?«

»Will ich nicht! Aber auf weitere ähnlich gefährliche und nutzlose Geschäfte verzichte ich gern. Ich bin doch nicht lebensmüde. Ganz im Gegenteil – ich werde immer wacher. Irgend etwas liegt in der Luft.«

»Kann durchaus sein«, brummt Albert Behnke und grinst seinem Freund zu. »Die Leiche eines Eisenbahners stinkt genauso zum Himmel wie jede andere. Kein schöner Geruch! Wenn ich ihn aus der Nase bringen soll, muß ich eine Flasche Wein haben!«

»Na schön«, gibt Rotzler widerwillig nach; er fühlt sich erpreßt. »Aber nur eine!«

»Gemacht«, sagt Albert. »Eine für jeden von uns.«

Und dann begibt er sich mit seinem Freund und Kameraden, dem Leutnant Jürgen Weberknecht, ins Nebenzimmer des Restaurants, wo schon einige auserwählte Bürger sitzen.

»Das war die richtige Tonart«, lobt Jürgen seinen Freund.

»Hoffentlich ist der Wein kein Essigwasser.«

»Rotzler wird sich hüten, mich sauer zu machen. Ich weiß eben zuviel von ihm. Wir werden ihn ohne große Mühe so weit kriegen, daß er uns mit Kußhand unsere Reise nach Argentinien finanziert.«

Dann reden sie von Argentinien, wo Palmen wachsen, scharfe Sachen getrunken werden und noch schärfere Mädchen zum Greifen nahe sind. Dort ist der Fliegergeneral Galland schon wieder ganz groß im Geschäft, nebst anderen Herren. Auch die Waffenbrüder von der SS sind dort wieder am Drücker. Kurz: die Elite ganz unter sich! Und Deutschland will sich den Luxus leisten, auf so was zu verzichten? Charlotte erscheint und bringt eine Flasche Wein. Rödelseer Schwan aus Mainfranken, keine schlechte Marke. Rotzler scheint sich anzustrengen.

Jürgen lächelt ›seiner‹ Charlotte wohlwollend zu. Er greift nach ihrer Hand und drückt sie herzhaft. Dann gleiten seine Fingerspitzen über ihren Rücken – und sie errötet leicht. Der alte Trick, denkt Jürgen, wirkt immer!

»Na, mein Liebes«, fragt er, »wie gefällt es dir denn hier?«

»Es ist scheußlich«, gesteht Charlotte ehrlich, »ich bin zum Schankmädchen nicht geboren.«

»Du bist wohl eine verhinderte Prinzessin, was?« Albert ist sehr ungehalten.

Er hat ihr hier einen prächtigen Job besorgt – und diese Kröte von Schwester ist nicht einmal dankbar dafür.

»Meine liebe Charlotte«, sagt Jürgen Weberknecht mit echt männlicher Überlegenheit, »auch diese Zeit wird einmal vorbeigehen, das kannst du mir glauben!«

Sie glaubt das auch; das sieht man ihr an. Und ist es nicht im Grunde die selbstverständlichste Sache der Welt, daß jede Zeit einmal vorbeigeht? Aber wenn Jürgen das sagt, dann klingt es groß und bedeutsam und vielversprechend. Mit solchen Worten, glaubt sie, fordert er Vertrauen von ihr – und wem vertraut sie mehr als ihm, den sie liebt?

»Immer Kopf hoch, Mädchen!« Jürgen nickt ihr herzhaft zu. »So leicht lassen wir uns doch nicht unterkriegen, was?«

»Ich halte schon durch«, verspricht sie tapfer.

»Na also«, sagt Jürgen und tätschelt ihren Arm. »Gieß uns bitte den Wein ein. Du kannst das sicher ausgezeichnet. Na siehst du, wie eine gelernte Kellnerin! Oder besser: wie eine perfekte Hausfrau. Auf dein Wohl, Charlotte!«

Charlotte nickt ihrem Jürgen leicht errötend zu. Er ist offensichtlich zufrieden mit ihr, und das macht sie stolz und glücklich. Mit welch selbstverständlicher Größe er doch im Leben steht. Er, der einst Vielbewunderte, nimmt nicht den geringsten Anstoß daran, daß sie hier Kellnerin spielt.

»Der Wein ist gar nicht schlecht«, bemerkt Jürgen anerkennend. »Es fehlt aber noch eine Kleinigkeit, um den Genuß vollkommen zu machen – etwas Brot und Käse nämlich.«

»Ja?« fragt Charlotte naiv.

»Frag doch nicht immer so dumm«, fährt Albert sie an. »Schwirr ab und bring Brot und Käse.«

»Ein Stückchen Butter dazu könnte auch nicht schaden«, ruft Jürgen ihr noch nach. »Es muß aber nicht sein.«

Charlotte geht zu Rotzler. Der hört sie mißmutig an. Zwar hat er eine Schwäche für dieses Mädchen, aber ihr Anhang ist ihm ein Greuel. Schließlich bewilligt er Brot und Käse und murmelt etwas wie ›Schmarotzer‹.

»Was sagten Sie soeben?« will Charlotte empört wissen. »Was sollen mein Bruder und mein Bräutigam sein?«

Aber Rotzler gibt hierauf keine Antwort. Denn soeben hat ein Mann seine Wirtschaft betreten, den er hier gar nicht gern sieht – oder doch nur mit gemischten Gefühlen. Und dieser Mann ist der Sergeant Brown. In Zivil.

Rotzler geht auf ihn zu. »Welch eine Ehre!«

»Das wird sich erst noch herausstellen«, erwidert Brown und sieht sich forschend um. Nach Charlotte.

»Jedenfalls«, klopft Rotzler auf den Busch, »sind Sie rein privat hier – in Zivil.«

»Was kann ich bei Ihnen trinken?« fragt der. »Auch Sekt?«

»Für Sie habe ich auch Sekt«, bejaht Rotzler, ohne zu zögern.

»Wie machen Sie das eigentlich?« will Brown wissen.

»Völlig legal, selbstverständlich!« betont Rotzler sofort. »Ich habe noch einige kleinere Bestände aus früheren Zeiten. Sozusagen im privaten Besitz. Das ist keinesfalls strafbar. Und wie ich diese Bestände aufbrauche, ist allein meine Sache. Oder etwa nicht?«

»Ein Glas Bier«, sagt Brown.

»Bier?« fragt Rotzler ungläubig. »Dieses Dünnbier? Aber ich bitte Sie – betrachten Sie sich als mein Gast. Kommen Sie ins Hinterzimmer.«

»Bier«, wiederholt Brown unzugänglich, und das klingt fast wie eine Kriegserklärung.

Rotzler gibt die Bestellung weiter und verschwindet dann in die Küche. Von hier aus beobachtet er durch die leicht geöffnete Servierlücke seinen seltenen Gast. Dieser Brown – sagt er sich – ist verdammt gefährlich. Was will der Bursche eigentlich?

Brown winkt Charlotte zu seinem Tisch. »Ja?« fragt Charlotte ein wenig verlegen. »Was soll es denn sein?«

»Was verkaufen Sie hier eigentlich sonst noch – außer Dünnbier?«

Charlotte sieht ihn fragend und ein wenig verständnislos an. Was will er eigentlich? Was will er von ihr?

»Wie hoch, zum Beispiel, ist Ihr Preis, Fräulein Charlotte?«

Brown hat das reichlich laut gesagt. Charlotte ist rot geworden – vor Scham und Wut. Die Gespräche in der Gaststube sind verstummt.

»Was hat er gesagt?« will Jürgen Weberknecht wissen.

Albert sagt es ihm.

Hierauf erhebt sich Jürgen Weberknecht, wenn auch zögernd, und setzt sich auf Brown zu in Bewegung. Er bleibt vor dem Sergeanten in Zivil stehen.

»Wiederholen Sie das noch einmal«, sagt er herausfordernd.

Colonel Stoker umgab die elf deutschen Experten mit einer Zone des Schweigens. Niemand durfte wissen, was geschah. Die Vorbereitungen zur deutschen Währungsreform waren ein Besatzungsgeheimnis allererster Ordnung.

»Die einzigen«, erzählte Colonel Stoker, »die vielleicht wußten, was wirklich vorging, waren Dr. Newman, der Militärgouverneur von Hessen, und ein Colonel. Sie wußten, daß ich auf Weisung von General Clay an einem supergeheimen Projekt arbeitete. Sie werden sicher geahnt haben, um was es ging.«

Ungewöhnlich waren auch die Methoden, mit denen Colonel Stoker operierte. Und er war der rechte Mann, die Sache mit einiger Heiterkeit zu inszenieren. Manches erinnerte mehr an einen Kriminal- oder Spionagefilm.

»Ich brauchte zum Beispiel ein Auto ohne Chauffeur. Das fuhr ich ein bis zwei Wochen und tauschte es dann wieder gegen eine andere Limousine. So brauchten die Wagen nie gepflegt oder repariert zu werden, und niemand wußte, wohin oder mit wem ich fuhr ...«

»Und wohin fuhren Sie dann wirklich?«

»Meistens nach Frankfurt«, erzählte Stoker. »Ich hatte da noch ein Büro. Dabei fällt mir ein: Einmal, mitten in der Nacht, hatte ich das Gefühl, daß mich ein anderes Auto verfolgte. Ich machte die Lichter aus, um den Verfolger abzuschütteln. Und dann, peng, fuhr ich in ein Reh hinein ...«

So geheim ging es zu. Und diese Entschlossenheit, das Geheimnis niemals preiszugeben, hatte die merkwürdigsten Folgen. So gab es in der ganzen Konklave Rothwesten nur ein einziges Telefon – und das stand selbstverständlich im Zimmer des Colonel. Und kein Fetzen Papier verließ das Gebäude, ohne von Stoker geprüft worden zu sein.

Stoker: »Natürlich hatten wir Briefzensur. Da schrieb eine von den Damen an ihre Familie und machte einige sehr merkwürdige Anspielungen. Ich glaube über die Farbe der Kirschblüten. Komischer-

weise hatten diese Blüten in jedem weiteren Brief immer andere Farben. Nun, dann habe ich die Blütenfarben eben mal geändert ...«

Rotzler ist alarmiert, als er Jürgen Weberknecht angriffslustig auf den Sergeanten zugehen sieht. Er stürzt aus der Küche in das Nebenzimmer. Er kann keinen Skandal gebrauchen – schon gar nicht, wenn ein Angehöriger der Besatzungsmacht darin verwikkelt wird. Noch dazu der hier allmächtige Brown!

»Belästigen Sie gefälligst nicht meine Gäste!« fährt er Jürgen an.

»Halt die Fresse«, sagt Jürgen großspurig, »mit dir unterhalte ich mich nicht.«

»Sie wissen wohl nicht«, schreit Rotzler und deutet auf Brown, »wen Sie vor sich haben!«

»Einen Flegel«, sagt Jürgen. »Er hat eine Dame beleidigt, die mir nahesteht.«

Rotzler stellt sich, die Arme ausbreitend, zwischen die beiden Kampfhähne. Es geht um sein Geschäft. Das macht ihn mutig.

»Verlassen Sie sofort mein Lokal«, schreit er Jürgen an. »Ich dulde hier keine Stänkerer!«

Brown ist aufgestanden. Er ist ganz ruhig. Er lächelt verkniffen.

»Gehen Sie aus dem Weg, Rotzler«, sagt er. »Räumen Sie Gläser und Flaschen weg – das ist das einzige, was Sie hier noch tun können. Wenn sich der Bursche unbedingt prügeln will, dann soll er auch seine Prügel haben.«

Jürgen und Brown mustern sich herausfordernd. Charlotte steht zitternd dabei. Albert leert nahezu genußvoll sein Glas. Rotzler ringt die Hände.

»Dieser Herr«, ruft Rotzler beschwörend und deutet auf Brown, »ist von der Militärregierung!«

»Lassen Sie sich dadurch nicht stören«, bemerkt Brown. »Ich bin privat hier – und in Zivil. Ich erkläre das ausdrücklich.«

Jürgen weicht zurück. Er blickt kurz auf Charlotte und stellt zufrieden fest, daß sie um ihn bangt. Dann sagt er, mit stolzen Untertönen, zu Brown:

»Mit Ihnen schlage ich mich nicht. Ich habe keine Lust, wichtige Teile der Besatzungsmacht zu demolieren.«

»Sie brauchen sich gar nicht zu zieren«, erwidert Brown gelassen. »Ich werde Sie zusammenknüllen wie eine alte Zeitung – wie den ›Völkischen Beobachter‹.«

Jürgen packt Albert am Arm.

»Komm«, sagt er laut, »hier haben wir nichts mehr verloren.«

Albert steht auf. Er sieht herausfordernd-verächtlich zu Brown hinüber.

»Nun gehen Sie doch endlich!« mahnt Rotzler.

Sie setzen sich in Bewegung, nachdem sie Brown noch einmal gemustert und Charlotte zugenickt haben. Rotzler begleitet sie bis an die Tür, als müsse er sich davon überzeugen, daß sie auch wirklich gehen.

Hier, an der Tür, wo er von Brown nicht mehr gehört werden kann, sagt Rotzler: »Wie konnten Sie das tun?«

»Jedenfalls«, schimpft Albert, »haben Sie sich benommen wie eine Sau! Ihn hätten Sie hinausfeuern sollen – nicht uns.«

»Aber ich hatte doch gar keine andere Wahl«, sagt Rotzler beschwörend. »Das müssen Sie doch verstehen! Dieser Brown ist doch hier praktisch der Kommandant! Er ist die Militärregierung. Und außerdem soll er ein gefährlicher Boxer sein.«

»Verdammte Schweinerei!« flucht Jürgen.

»Rotzler«, bemerkt Albert anschließend, »ich lasse mich nicht von Ihnen wie den letzten Dreck behandeln. Dafür werden Sie mir bezahlen. Uns schmeißt man nicht ungestraft hinaus – und schon gar nicht, wenn man so tief in der Jauche sitzt wie Sie!«

Das, findet Rotzler, ist eine verdammt massive Drohung. Und sie ist durchaus ernst zu nehmen. Mit Albert Behnke ist nicht zu spaßen, wenn es bei ihm um die sogenannten grundsätzlichen Dinge geht – wie Ehre und so was. Da ist Albert stur wie sein Vater.

Rotzler sieht den beiden Kriegern mit unfreundlichen Gefühlen nach. Er hätte sich niemals mit Albert einlassen sollen – mit keinem von dieser Sorte. Er eilt ins Nebenzimmer, wo der Sergeant Brown immer noch bei seinem Bier sitzt. Ganz ruhig, als wäre überhaupt nichts geschehen. Selbst dieses Dünnbier scheint ihm nicht geschadet zu haben.

»Ich muß sehr um Entschuldigung bitten«, sagt Rotzler.

»Warum – weil Sie auf der Welt sind?«

»Jetzt haben Sie es selbst einmal ganz deutlich gesehen«, sagt Rotzler zu Brown, »diese Bengel führen sich auf wie die Raubritter. Die schrecken vor nichts zurück.«

»Schon gut«, brummt Brown gleichmütig und sieht zu Charlotte hinüber. »Lassen Sie mich in Ruhe mein Bier austrinken«, sagt er.

»Warum gehen wir nicht ins Hinterzimmer?« schlägt Rotzler vor. »Dort sind wir völlig ungestört. Und vielleicht könnte ich Ihnen einen Hinweis geben, mit dem sich einiges anfangen ließe. Schließlich werden Sie sich ja nicht so ohne weiteres von diesen hergelaufenen Strolchen wie ein dummer Junge behandeln lassen wollen.«

»Bedienung!« ruft Brown.

Charlotte ist sofort zur Stelle. Sie würdigt Brown keines Blickes.

»Sie hatten ein Bier«, sagt sie, »das macht achtundachtzig Pfennig; einschließlich Bedienung! Trinkgeld unerwünscht!«

»Der Herr Sergeant ist selbstverständlich mein Gast.«

»Bin ich nicht«, erwidert Brown.

»Wie Sie wollen!« versichert Rotzler bestürzt. »Ganz wie Sie wollen!«

»Und Fräulein Behnke ist hier die längste Zeit Bedienung gewesen.«

»Wie habe ich das zu verstehen?« will Rotzler wissen.

»Genau so, wie ich das sage.« Brown scheint völlig unnachsichtig. »Sie macht hier Schluß.«

»Ich verbitte mir das!« ruft Charlotte empört. »Was geht Sie das an?«

»Mehr als Sie ahnen«, sagt Brown entschieden. »Sie verlassen sofort diese Bude und kommen mit mir. Ich bringe Sie nach Hause.«

Charlotte findet vor Empörung keine Worte. Sie sieht Rotzler fragend an. Ihr Blick scheint zu fordern: Sagen Sie doch was! Schmeißen Sie den Mann raus!

Aber Rotzler weicht diesen Blicken aus. Er versteht die neue Situation noch nicht ganz. Er spürt nur, daß sie bedrohlich ist. Er kann es sich nicht leisten, Brown übermäßig zu verärgern oder gar vor den Kopf zu stoßen. Und wenn ihn der auch wie den letzten Dreck behandelt – der kann sich das leisten!

»Wenn der Herr Sergeant darauf besteht«, bringt Rotzler schließlich mühsam hervor, »dann will ich Sie nicht aufhalten, Fräulein Behnke – so leid mir das auch tut.«

»Ich will aber nicht!« protestiert Charlotte.

»Sie sind hier entlassen«, erklärt Brown. »Wehren Sie sich nicht gegen Ihr Glück.«

»Das darf doch nicht wahr sein!« Charlottes Augen funkeln.

Sie sieht hinreißend schön aus, denkt Brown; ich darf sie nicht ansehen – sonst merkt sie womöglich noch, was ich denke. Und diesen Luxus kann ich mir nicht leisten, vorläufig wenigstens noch nicht. Er wendet sich an Rotzler.

»Sie ist entlassen«, bestätigt er prompt. »Selbstverständlich. Ich bin der letzte, der gegen eine Anordnung der Militärregierung verstoßen würde.«

»Im Augenblick bin ich hier Privatmann und Zivilist«, erklärt Brown.

»Auf gute Zusammenarbeit lege ich immer großen Wert, Mister.«

»Ich nicht – in Ihrem Fall nicht.«

»Aber...«

»Ich habe einiges gegen Schieber – und noch viel mehr gegen Denunzianten. Das Lebensziel der Schweine ist für mich immer noch das Schlachtfest.«

Damit läßt Brown den Rotzler stehen. Der atmet schwer und sieht bleich aus wie ein Tischtuch. Er hält sich an einem Stuhl fest. Er denkt: Das ist deutlich – mehr als deutlich. Das kann das Ende sein. Aber er wird sich seiner Haut wehren – pure Notwehr ist das, was er tun muß. Er muß zum Kommandanten persönlich gehen!

Wütend schreit er Charlotte an:

»Gehen Sie mir doch aus den Augen! Nichts wie Ärger hat man mit euch! Wenn ich den Namen Behnke nur höre, sehe ich schon rot! Nichts als Verluste euretwegen! Ich bin doch nicht als Wohltäter auf der Welt!

Das Geheimnis, das die Vorbereitungen zur Währungsreform in Rothwesten umgab, blieb tatsächlich – dank der intensiven Bemühungen Colonel Stokers – bis zum letzten Tag gewahrt. Und der wahrhaft clevere Colonel hatte so ziemlich an alle Möglichkeiten gedacht, denn er rechnete von vornherein damit, daß ›jemand Nachrichten verkaufen‹ wollte. Natürlich nicht die Experten, die waren absolut vertrauenswürdig. Aber da war ja noch das zusätzliche Personal.

Und so tat denn der Colonel zuerst das, was seit erdenklichen Zeiten schon als brauchbare Methode der Isolierung gilt: Er ließ um das ›Gebäude Nummer eins‹ einen Stacheldrahtzaun ziehen. Und den dann noch verstärken.

Stoker: »Die wichtigste Funktion dieses inneren Zaunes war es, uns vor der Außenwelt zu schützen. Lebensmittel und Vorräte wurden jeden Tag für uns geliefert. Die Übergabe vollzog sich folgendermaßen: Ein US-Army-Lastwagen fuhr im Rückwärtsgang an das geschlossene Tor heran. Fahrer und Beifahrer, beide US-Soldaten, entluden ihn und fuhren dann sofort wieder weg. Die Sachen lagen also vor dem Tor, das nun erst geöffnet wurde. Dann kam der deutsche Koch oder der Hausdiener und holte die Sachen herein. Auf diese Weise wurde jede Berührung zwischen innen und außen vermieden.«

Ein einziges Mal allerdings geschah etwas kaum Faßbares: Ein unbekannter Mann tauchte auf und schien den Versuch zu machen, sich an das Geheimnis der Währungsreform heranzuwagen. Er mußte über Colonel Stokers mehrfach gesicherten Zaun gestiegen sein – anders war sein Eindringen nicht zu erklären.

Stoker: »Dieser Mann erschien plötzlich im Keller und stieß dort auf einige Angestellte. Er wollte wissen, ›was hier eigentlich vorgeht‹. Aber die Angestellten lehnten es ab, zu antworten. Da verschwand er, schnell und sofort. Wahrscheinlich wieder über den Zaun. Es wurde nicht auf ihn geschossen. Es war ein junger Mann, aber wir haben keine ausreichende Beschreibung von ihm bekommen können. Es ging alles so schnell, und der Keller war nicht gut beleuchtet.«

Und in der Tat weiß bis heute noch niemand, wer dieser Eindringling eigentlich gewesen ist. Handelte es sich um jemand, der lediglich ein Mädchen besuchen wollte? Hatte er sich nur verirrt? Oder war es gar ein sowjetischer Spion? Oder etwa ein deutscher Journalist? Heute jedenfalls lacht der Colonel darüber – damals aber drehte er mächtig auf: Er setzte sich an seinen Schreibtisch und verfaßte ein einzigartiges Dokument ...

Wenn der alte Behnke das Bedürfnis hat, allein zu sein, dann verkriecht er sich in seine Garage. Dann bastelt er an seinem Wagen herum oder hantiert an seiner Werkbank. Das macht ihm immer Freude – zumindest vergißt er dabei diese völlig aus den Fugen geratene Zeit.

Aber man läßt ihn nicht in Ruhe!

»Guten Abend, Behnke«, sagt eine Stimme vom Garagentor her.

»Guten Abend, Brown«, sagt der Alte und nickt dem Sergeant

kurz zu. Er scheint entschlossen, sich nicht in seiner Arbeit stören zu lassen.

»Lohnt sich diese Bastelei eigentlich?« fragt Brown.

»Sie macht mir Spaß«, erwidert der alte Behnke. »Und Spaß kann man sich für Geld nicht kaufen.«

Behnke arbeitet weiter. Brown beobachtet ihn lächelnd.

In diesem Lächeln liegt ehrliche Freude und auch ein wenig Verwunderung, daß es etwas so knorrig Deutsches wie diesen Mann noch gibt.

»Eigentlich seltsam«, sagt Brown, »daß Sie kein Nazi waren.«

»Was ist daran so seltsam?« fragt Behnke. »Ich bin nun mal ein streitbarer Charakter. Ich habe was gegen das Unrecht. Und wer kann am leichtesten ungerecht sein? Wer die Macht in Händen hält. Sehen Sie – und deshalb konnte ich damals auch kein Nazi sein.«

»Und jetzt haben Sie einiges gegen die Militärregierung?«

»Machen Sie etwa einen Unterschied zwischen Nazi und Nazismus? Dabei ist es doch wohl nicht ganz dasselbe, ob einer als Luftschutzwart eure Brandbomben gelöscht hat oder ob er im KZ unsere Landsleute ausradierte. Na ja, mag durchaus sein, daß bei uns der Nazismus Verbrecher nach oben geschwemmt hat. Und Hitler war ganz einfach eine Wildsau. Aber unter euren Befreiungshelden befinden sich doch auch einige Schieber, Sadisten und Totschläger. Oder etwa nicht?«

»Mit Ihnen kann man in diesem Punkt kein vernünftiges Wort reden, Behnke.«

»Dann reden Sie doch nicht mit mir, Brown.«

Der zuckt mit den Schultern. Es ist immer dasselbe mit diesem Behnke! Ein sturer Hund! Hat die Gerechtigkeit gepachtet – weiß zumindest genau, wie die aussieht. Eben ein Mann, in dessen Nähe man frische, gesunde Luft atmen kann. Er flucht nicht heimlich, er kriecht nicht behutsam, er dreht sich nicht nach dem Wind – er sagt, was er denkt. Offen und frei heraus. Jedem, der es hören will. Das grenzt zwar an Selbstmord, verdient aber Respekt.

»Ich habe Ihre Tochter gesehen«, erzählt Brown. »Bei diesem Rotzler!«

»Gegen den habe ich was – aber mehr als ihm die Schnauze polieren kann ich nicht. Und das werde ich auch tun, bei der ersten besten Gelegenheit.«

»Dann landen Sie im Gefängnis.«

»Klar. Wer erwartet denn etwas anderes von dieser Regierung der Militärs?«

Wieder lächelt Brown, wenn auch nicht gerade fröhlich. Er kann sich recht gut vorstellen, was im alten Behnke vor sich geht. Ausgerechnet seine Tochter bei Rotzler zu wissen, das stinkt ihm mächtig.

»Ich habe Charlotte nicht nur gesehen – ich habe auch mit ihr gesprochen«, unterbricht Brown das Schweigen.

Behnke hört auf zu arbeiten. Er sieht wie erstarrt auf seine schweren, kräftigen Hände.

»Wo ist sie?« fragt er ungläubig.

»Oben – in Ihrer Wohnung. Sie hat bei Rotzler Schluß gemacht.«

»Wie kommen Sie sich eigentlich dabei vor, Brown? Wie der Herrgott persönlich? Sie spielen da ganz einfach Schicksal – mit einer Schachtel Zigaretten, einer Blankounterschrift, einem Versprechen, einer kleinen Drohung. Sie sind einfach allmächtig! Kommt Ihnen dabei nicht manchmal das große Kotzen? Sie sind ja schließlich kein Gewohnheitsverbrecher.«

»Vielen Dank für das Kompliment.«

»Quatsch«, sagt der alte Behnke überzeugt, »ich bin doch kein kleines, niedliches Mädchen.«

»Aber Sie haben eines.«

»Brown«, erwidert Behnke nach längerer Pause, »Finger weg von Charlotte! Das ist keine Siegesbeute für Sie – für keinen von Ihrer Sorte. Ich werde niemals dulden, daß Sie mit ihr herumspielen.«

»Ich will doch gar nicht mit ihr spielen«, gesteht Brown offen. »Ich will sie heiraten.«

Die deutschen Experten in der Konklave von Rothwesten, völlig abgeschlossen von der Außenwelt, arbeiteten intensiv an den letzten Vorbereitungen zur Währungsreform. Ihre Gesprächspartner waren fast ausschließlich die beiden Amerikaner Colonel Stoker und Mister Tenenbaum.

Höchst selten bekamen sie Besuch. Einmal tauchte ein britischer Sachverständiger auf. Ein andermal kamen einige deutsche Parlamentarier zu einer kurzen Visite. Und gegen Ende erschienen Ban-

kier Robert Pferdmenges und Herbert Kriedemann – beide seinerzeit Mitglieder des ›Wirtschaftsrats‹, dann Bundestagsabgeordnete.

Über die letzten, entscheidenden Vorbereitungen zur Währungsreform erzählte der spätere Finanzsenator von Hamburg, Dr. Dudek: »Die wissenschaftliche Seite war sehr lange vorbereitet worden durch die Sonderstelle für Geld und Kredit. Die Probleme waren uns geläufig. Es kam nur darauf an, eine Entscheidung zu fällen, die dann ja auch in wochenlanger Arbeit gefunden wurde.«

Und dann erzählte Dr. Dudek von dem ›prächtigen Herrn Stoker‹, von dem ›wirklich gut informierten Mister Tenenbaum‹, der ›wissenschaftlich gesehen völlig auf der Höhe war‹, von dem ›alten, großen, erfahrenen Mann‹, Bernard. Dr. Karl Bernard wurde später Präsident der Bundesbank ...

So lief denn alles nahezu harmonisch ab, und eigentlich nur der Besuch des britischen Sachverständigen zeitigte einige recht ungewöhnliche Folgen. Denn dieser Engländer hinterließ ›eine große Sendung Bier‹, Bier! Echtes, gutes, hochprozentiges Bier – und das für deutsche Kehlen, durch die wochenlang, vielleicht sogar monatelang kein Tropfen Alkohol mehr geflossen war!

»Wir beschlossen«, erzählte Dr. Dudek, »das Bier rationell einzuteilen. Es gab einige, die diese Regelung für ungeschickt hielten, aber im großen und ganzen haben wir uns auch darin geeinigt.«

Es sei erwähnt, daß einmal zwei Mitglieder der Delegation die Gelegenheit benutzt haben, sich dem Bier besonders intensiv zu widmen. Dieser ungewohnte Genuß blieb nicht ohne Folgen. Voll des köstlichen Getränks zogen diese beiden heftig debattierend die Flure entlang.

Wir haben sie am nächsten Morgen zur Rede gestellt und konstatiert, daß sie von ihrer Unterhaltung nichts mehr wußten.

Der Herr Kommandant hatte diese laute Unterhaltung von seinem Zimmer aus beobachtet und später gemeint, sie wären ›completely intoxicated‹ gewesen. Ich habe nach langen Bemühungen herausbekommen, was das heißt: ›sie wären vollkommen besoffen gewesen‹.«

Diese schöne, heitere Gelassenheit des Colonel Stoker war durchaus angebracht – ein wenig lärmende Fröhlichkeit schadet nicht, im Gegenteil: Sie hob die Stimmung, die Freude an der Arbeit. Schließlich bestand keine Gefahr, daß diese lautstarken Fachgespräche außerhalb der Konklave gehört werden konnten. Colonel Stokers ausgekochtes Sicherheitssystem war absolut narrensicher.

»Sie können sich immer und in jeder Beziehung auf mich verlassen«, versichert Rotzler.

Er befindet sich in der Villa des amerikanischen Stadtkommandanten. Captain Rodger sitzt ihm gegenüber – korrekt angezogen wie immer, mit kargem, wohlwollend überlegenem Lächeln. Der Captain ist ein Mann von Welt.

»Ich lege immer Wert auf gute, korrekte Zusammenarbeit«, sagt Captain Rodger. ›Korrekt‹ ist sein Lieblingswort. Und er glaubt sogar an das, was er sagt. »Was haben Sie mir denn heute anzubieten?« will er wissen.

»Nur eine Kleinigkeit«, erwidert Rotzler. »Aber sie wird Ihnen, Herr Kapitän, sicherlich Freude machen.«

»Lassen Sie sehen, Rotzler.«

Und Rotzler stellt den mitgebrachten Karton auf den Tisch und entnimmt ihm eine Vase: leuchtend gold und rot, Rosenmuster, großbauchig und dennoch zierlich wirkend. »Echt Meißner Porzellan! Nur für Liebhaber und Kenner!«

»Korrekt?« fragt der Captain.

»Ganz korrekt!« beeilt sich Rotzler zu versichern. »Aus altem Familienbesitz. Mit einwandfreiem Herkunftsnachweis und Besitzerklärung.«

Der Captain betrachtet die Vase mit Wohlwollen. Er überzeugt sich davon, ob die beiden Schwerter, das Gütezeichen von Meißen, eingebrannt sind. Sie sind es. Der Captain nickt zufrieden. Oh, er kennt sich mit diesen Dingen aus – er hat das in den letzten Monaten und Jahren gelernt. Er weiß, was ein Orientteppich ist, er kann Diamanten von Glas unterscheiden, und Gold von Eisen.

»Wieviel?« fragt er.

»Dreihundertsechzig Mark – Vorkriegswährung. Eine entsprechende Rechnung liegt vor.«

»In Ordnung«, brummt der Captain. »Sie erhalten dafür den Gegenwert von neunzig Dollar.«

»Herr Kapitän sind immer korrekt«, schmeichelt Rotzler und lächelt dankbar. Und das, obwohl er weiß, daß er niemals den Gegenwert von neunzig Dollar erhalten wird – auch nicht annähernd. Der Captain hat da seine eigenen Berechnungsmethoden.

»Sonst noch was?« will Rodger wissen. Er betrachtet die Vase mit Besitzerstolz. Seine Frau wird sich darüber freuen! Oder seine Freundin.

»Wenn ich noch eine Kleinigkeit vortragen dürfte...«

»Bitte, bitte, aber machen Sie es kurz!«

»Ich habe da eine Adresse, Mister Rodger – auf einen Zettel geschrieben. Höchst vertraulich, auch vertrauensvoll. Die dürfte Sie interessieren.«

»Warum?« will der Captain wissen.

»Da ist doch neuerdings, wie ich zufällig gehört habe, ein Transportzug überfallen worden. Und nun habe ich, gleichfalls zufällig, herausbekommen, wo das dabei entwendete Zeug gelagert sein soll.«

Eine Bemerkung, die Captain Rodger alarmiert. Natürlich zeigt er das nicht. Er produziert ein Pokergesicht, was Rotzler prompt erkennt.

Das kann, wittert der Kommandant, eine ganz große Sache sein – von ihm aufgedeckt. Falls diese ihm offerierte Adresse stimmt. Was bei einem Rotzler jedoch anzunehmen ist – der würde es niemals wagen, die amerikanische Militärregierung, also ihn, zu verschaukeln.

»Geben Sie her!«

»Gerne, Mister – doch wenn ich mir erlauben darf: mit einer erwünschten Bedingung. Von mir haben Sie diese Adresse nicht.«

»Sie, Rotzler«, sagt der Captain, »stehen unter meinem persönlichen Schutz. Sie leisten damit der Militärregierung einen wichtigen Dienst. Und den werden wir Ihnen immer hoch anrechnen! Also?«

Worauf ihm der Zettel mit besagter Adresse zugeschoben wird.

»*Was* wollen Sie?« fragt der alte Behnke und ist mächtig erstaunt. »Meine Tochter wollen Sie heiraten?«

Er starrt den Sergeant Brown an, als sei der ein Wundertier. Dann setzt er sich auf eine der leeren Kisten, die in seiner Werkstatt stehen, und schüttelt seinen dicken Kopf.

»Mensch!« ruft der alte Behnke aufbegehrend. »Wie stellen Sie sich das eigentlich vor? Wie im hintersten Afrika? Sie kaufen mir die Braut ab – was? Mit einer Fuhre Mehl!«

»Es können auch ein paar Sack Kaffee sein!«

»Entschuldigen Sie, Brown«, sagt Behnke. »Das mit Afrika ist natürlich Quatsch. Ich habe Sie herausgefordert – und Sie gingen darauf ein. Meine Dummheit – Ihr gutes Recht!«

»Schon gut«, bemerkt Brown gleichfalls heiter. »Vermeiden wir also Familientragödien – ehe wir überhaupt eine Familie werden.«

»Was sehr zweifelhaft ist!«

»Für Sie – nicht für mich.«

»Mein lieber Brown«, trumpft Behnke auf. »Sie sind hier nicht auf der Kommandantur – und wenn diesmal einer Vollmachten hat, dann bin ich es. Also! Sie behaupten, meine Tochter zu lieben?«

»Ich liebe Ihre Tochter.«

»Und – liebt meine Tochter Sie auch?«

»Ich wollte zunächst einmal mit Ihnen darüber sprechen.«

»Mit dem Vater?«

»So ist es.«

»Das ehrt Sie aber mächtig«, sagt Behnke, der sein Erstaunen immer noch nicht überwinden kann. »Und mich ehrt das natürlich auch. Sie kommen also zuerst zum Vater – das hört sich gar nicht schlecht an. Das klingt sogar ganz großartig. Wie in alten Zeiten! Mensch, wie kommen Sie mir vor?«

»Lehnen Sie mich etwa ab?« fragt Brown leicht eingeschnappt.

»Langsam, langsam«, beschwichtigt der alte Behnke. »Sie sind doch sonst nicht so empfindlich! Immer eins nach dem anderen! Sie lieben also meine Tochter Charlotte – und Sie halten es für möglich, daß auch meine Tochter Sie liebt. Sie weiß es vermutlich nur noch nicht. So weit komme ich noch mit. Aber was ich bestimmt weiß, ist leider folgendes: Sie hat sich bereits vergafft – und zwar ziemlich heftig. In einen großdeutschen Jüngling, der Weberknecht heißt. Jürgen Weberknecht. Davon habe ich Ihnen doch bereits erzählt.«

Brown nickt, scheinbar gleichgültig. »Das wird vorübergehen«, sagt er.

»Das soll mir nur recht sein«, erwidert der alte Behnke und nickt gewichtig mit seinem dicken Kopf. »Jeder andere ist mir lieber als dieser Weberknecht – selbst Sie würde ich in Kauf nehmen. Nur sind Sie bei mir nicht ganz an der richtigen Adresse. Ich werde niemals so weit gehen und meiner Tochter einen Mann aufschwatzen. Da muß sie selbst entscheiden.«

»Ich bin Ihr Mann«, sagt Brown.

»Nun ja, die Umstände haben Sie davor bewahrt, ein Hampelmann zu sein. So wie nicht wenige von uns zu Kippensammlern und Arschkriechern geworden sind, mit Untertanenblick und Lobgesängen – je nach Bedarf. Im Augenblick sind Sie hier so etwas wie ein König. Bei Ihrem Anblick – obgleich das gar kein sonderlich erhebender Anblick ist – bekommen Mädchen willige Augen und Männer krumme Buckel. Was Sie in einer Woche an Zigaretten verbrauchen, davon könnten drei Arbeiterfamilien einen Monat lang leben.«

»Das kann sich ändern – über Nacht.«

»Wodurch denn? Befürchten Sie etwa, daß ein Befehl herauskommt, wonach Sie plötzlich Wohltäter der deutschen Menschheit zu sein haben?«

»Es gibt da noch andere Möglichkeiten – eine Währungsreform zum Beispiel.«

»Daß ich nicht lache!« erwidert der alte Behnke todernst. »So was gibt es doch gar nicht – das gehört doch nur zu den ewigen Versprechungen. Und selbst wenn so eine Währungsreform tatsächlich einmal kommen sollte – was ändert sich dadurch? Glauben Sie denn, Amerika wird jemals aufhören wollen, an Deutschland zu verdienen – nur weil wir so schöne blaue Augen haben?«

Behnke ereifert sich. »Und die Walze, die jetzt kommt, kenne ich auch. Darauf fallen nicht wenige Mädchen rein – aber ich nicht. Ich kenne eure Tricks. Und wenn ich mich nicht irre, dann sind Sie der Sohn eines reichen Vaters – der eine Fabrik, eine Tankstelle oder einen Job in Washington hat. Ihr Onkel ist vermutlich Ölmillionär, und Ihre Tante hat einen echten Rembrandt in der Küche hängen. In Ihrer Garage stehen drei Wagen – ein Cadillac Sport, eine Buick-Limousine und ein kleiner Sechszylinder-Ford zum Einkaufen. Ist das nicht so?«

»So ungefähr«, stimmt Brown mächtig erheitert zu.

»Meine Tochter zieht also das ganz große Los – wie ein paar zehntausend andere auch, die als Geliebte oder Dienstmädchen über den großen Teich wandern.«

»Ich bin lediglich Bankangestellter«, erwidert Brown ernst. »Ich verdiene etwa fünfhundert Dollar im Monat. Ich bewohne ein kleines Zimmer mit Küche in Boston. Ich fahre einen Wagen aus zweiter oder dritter Hand. Außerdem muß ich meine Schwester ein wenig unterstützen – sie ist Kriegerwitwe und hat zwei Kinder. Ich habe auch keine sonderlich große Zukunft. Ich verstehe mein Geschäft, aber ein Finanzgenie bin ich nicht.«

»Brown«, bemerkt Behnke nahezu gerührt, »wenn ich meine Tochter wäre, hätte ich jetzt eine Schwäche für Sie – aber ich bin nicht Charlotte.«

»Sie sind also einverstanden?« fragt Brown hoffnungsvoll.

»Ich habe nicht mehr viel dagegen«, gibt der alte Behnke nachdenklich zu.

Ein amerikanischer Soldat erscheint und schaut in die Werkstatt hinein.

»Da bist du ja«, sagt er zu Brown. »Komm sofort mit, der Captain hat Sehnsucht nach dir. Er ist mächtig aufgeregt. Es geht also um ein gutes Geschäft oder um eine große Sauerei. Zu befürchten ist das letztere. Er brüllt und will sein Opfer haben – wenn du ihm nicht eines besorgen kannst, wirst du sein Opfer sein.«

Der ›Spezialbefehl für Posten 1‹, den Colonel Stoker persönlich entworfen hatte, zeigte am deutlichsten, welch außerordentlicher Wert auf Geheimhaltung gelegt wurde.

Dieses Dokument, das hier mit einigen kleinen, unwesentlichen Kürzungen wiedergegeben wird, spricht Bände:

Spezialbefehl für Posten 1:

1. Ich werde unmittelbar außerhalb des elektrischen Stacheldrahtes patrouillieren, vom Tor bis zu dem gekennzeichneten Ende meiner Bewachungszone. (Kennzeichen sind am vorderen und hinteren Gitter angebracht.) Ich werde mindestens alle fünf Minuten zum Eingangstor zurückkehren.

2. Ich werde besonders wachsam sein, um die Annäherung unberechtigter Personen an die Einzäunung zu verhindern.

3. Ich werde niemandem erlauben, das eingezäunte Gebiet zu betreten, ohne daß der Oberst (Stoker) oder seine Assistenten, Miß E. oder Mr. T. (Tenenbaum), in Person erscheinen und die Erlaubnis dazu geben.

4. Ich werde zu niemandem innerhalb der Umzäunung sprechen, außer wenn es für die Ausführung meiner Pflichten notwendig ist.

5. Ich werde keiner Person erlauben, die Umzäunung zu verlassen, ohne daß der Oberst oder seine Assistenten Miß E. und Mr. T. dazu erscheinen und die Erlaubnis erteilen.

6. Der Befehlende Offizier des Gebäudes 1 ist der Oberst und in seiner Abwesenheit seine Assistenten Miß E. oder Mr. T.

7. Ich werde die Person des Obersten und seiner Assistenten Miß E.

und Mr. T. vom Ansehen kennen und werde bezüglich ihrer Identität und Handlungen keine Fragen stellen. Ich werde keine Person überprüfen und befragen, von der sie mir sagen, sie könne das eingezäunte Gebiet betreten oder verlassen.

8. Ich werde alle Befehle, mündlich oder schriftlich, die ich vom Obersten oder seinen Assistenten Miß E. und Mr. T. erhalte, ausführen.

9. Jede Person, die versucht, das umzäunte Gebiet ohne Einwilligung des Obersten oder seiner Assistenten Miß E. und Mr. T. zu betreten oder zu verlassen, wird zuerst gewarnt werden. Es wird geschossen werden, falls sie weiterhin versuchen sollte, die Einzäunung zu verlassen oder zu betreten.

10. Ich werde das umzäunte Gebiet nicht betreten, außer wenn mir dieses vom Obersten oder seinen Assistenten Miß E. oder Mr. T. befohlen wird.

11. Ich werde niemandem etwas aushändigen oder übergeben, außer dem Obersten oder seinen Assistenten Miß E. oder Mr. T.

12. Ich werde beide Tore jederzeit verschlossen und die Schlüssel in meinem Besitz halten, außer es wird mir vom Obersten oder seinen Assistenten Miß E. und Mr. T. befohlen, sie zu öffnen.

13. Ich kenne alle diesbezüglichen generellen Befehle und werde sie befolgen.

14. Ich werde den Sergeant vom Dienst jede halbe Stunde telefonisch anrufen.

Jürgen Weberknecht liegt in seinem Zimmer in der ›Villa‹ Trollmeier auf dem Bett – angezogen, doch ohne Schuhe. Die putzt ihm gerade die ›gnädige Frau‹ unten in der Küche. Sie sind hier alle sehr besorgt um ihn, wie sich das ja wohl auch gehört, wenn ein alter Krieger im Hause weilt, der noch dazu ein Leutnant ist.

Jürgen hat, wie immer, schwer zu tun: Er denkt nach! Er hat verdammt viel nachzudenken. Das Argentinien-Projekt erfordert seine ganze Konzentration. Es wird praktisch von Stunde zu Stunde immer reifer.

Jemand klopft gegen seine Tür, behutsam, fast vorsichtig. Das kann nur die ältere Trollmeier sein. Die hat er bereits entsprechend erzogen. »Nur herein!«

Sie erscheint. Milde Stimme, ergebenes Lächeln, vorsichtiger Sehnsuchtsblick. »Darf man dich stören?«

»Du, meine Liebe, störst mich niemals! Weder bei Tag noch bei Nacht.« Er nennt sie nicht beim Vornamen, um den nicht mit irgendeinem anderen zu verwechseln. Das kann, wie leider manchmal erfolgt, zu unangenehmen Augenblicken führen. Sie heißt Erika – oder Helga? Ist ja auch egal! »Was gibt es denn?«

»Jürgen, mein Lieber«, sagt sie vertraulich, »da ist dieser Albert Behnke erschienen. Er will dich sprechen. Darf er das?«

Weberknecht hat Mühe, seinen Unwillen nicht allzu deutlich zu zeigen. Versucht diese Person etwa ihn abzuschirmen – wie ein Stück von ihrem Besitz? Das sollte sie lieber nicht; das sollte keiner. »Er kann kommen.«

Albert erscheint, mustert die Trollmeier mit verächtlicher Belustigung und schlägt hinter ihr die Tür zu. Dann fragt er Jürgen: »Was ist denn das für eine? Was nimmt die sich heraus? Hast du etwa was mit der?«

Weberknecht weist diese Vermutung weit von sich. »Die betreut mich, dafür bin ich ihr dankbar. Ansonsten bin ich verlobt, wie du weißt; jedenfalls so gut wie. Mit deiner Schwester Charlotte. Wie geht es ihr?«

»Schlecht, sicherlich! Rotzler hat sie gefeuert – wohl feuern müssen. Dieser Scheißkerl Brown von der Kommandantur scheint darauf bestanden zu haben.«

»Warum, Albert?«

»Vermutlich ist der scharf auf sie.«

»Sie auch auf ihn?«

»Bestimmt nicht! Sie weiß schließlich, was sich gehört.«

»Aber das könnte möglicherweise von Vorteil sein – für uns.« Weberknecht erklärt das sofort. »Natürlich würde ich sie am liebsten gleich mitnehmen, nach Argentinien. Doch das schaffen wir wohl nicht. Oder glaubst du, alle dafür notwendigen Finanzen aufreißen zu können?«

»Nicht mehr unbedingt bei diesem Rotzler.« Albert Behnke verkündet das erregt. »Der ist eine Sau!«

»Habe ich gleich gemerkt«, bestätigt Jürgen. »Warum jetzt besonders?«

»Wie ich dir erzählt habe, arbeiten wir hier immer nach der gleichen Tour, kreuz und quer durch die Gegend. Dabei wird der letzte Waggon eines Güterzuges abgekoppelt und dann ausgeleert, zu irgendeiner Scheune, einem Schuppen transportiert. Ein todsicheres System! Man muß sich da nur bei den Fahrplänen der Eisenbahn auskennen.«

»Und wer kann das?«

»Ich! Schließlich bin ich im Krieg monatelang bei einem Transportbataillon beschäftigt gewesen. Und das war keine schlechte Lehre – für diese Zeiten. Was von den Schienen weg war, konnte kaum jemals wieder aufgefunden werden. Es sei denn – irgendeiner verrät das Versteck.«

»Und das, meinst du, ist diesmal der Fall?«

»Ganz offensichtlich, Jürgen! Da hat vermutlich einer – und zwar Rotzler, dieses Schwein! – der Militärregierung die Adresse zugeflüstert, bei der wir die Ergebnisse deponiert hatten. Und dort sind dann diese Männchen von der Militärpolizei aufgekreuzt und haben aufgeräumt.«

»Alles?«

»Eben nicht alles!« kann Albert Behnke mit gewiß berechtigtem Stolz berichten. »Denn eine Kiste davon, mit Sprengstoff, habe ich beiseite geschafft.«

Weberknecht, der ehemalige Leutnant, blickt höchst anerkennend. »Damit, Kamerad, könnte sich einiges anfangen lassen!«

Als die deutschen Experten in Rothwesten die letzten Vorbereitungen für die Währungsreform abgeschlossen hatten, gab es für sie nur noch eine Frage: Was nun?

Sie waren glücklich, eine große Arbeit hinter sich gebracht zu haben und diese Konklave verlassen zu dürfen. Aber sie hörten nicht auf, sich zu fragen, ob wohl das große Experiment glücken werde. Selbst sie wußten nicht genau, ob und in welchem Ausmaß sich ein Erfolg einstellen würde.

Dazu sagt Finanzsenator Dr. Dudek, einer der Experten von Rothwesten:

»Einen großen Raum unserer Unterhaltung gegen Ende der Beratung nahm die Frage ein: Wie wird sich die Währungsreform auf die Wirtschaft auswirken?

Es ist sehr interessant, daß wir der Meinung waren, es würde schlagartig eine große Absatzkrise eintreten, daß wir mit hoher Arbeitslosigkeit rechneten. Wir haben im Grunde die Wirkung der Währungsreform viel pessimistischer eingeschätzt, als sie dann in Wirklichkeit war.

Wir haben zum Beispiel die Frage erörtert, ob die Autoindustrie sich wohl darauf beschränken würde, Reparaturwerkstätten einzurichten, wie sich die Versorgung der Bevölkerung mit Lebensmitteln gestalten würde. Kurzum, all diese Dinge haben wir sehr pessimistisch gesehen.

Wir haben uns auch über all das oft und ausführlich mit Minister Erhard unterhalten. Und ich erinnere mich noch deutlich, daß er im Grunde genommen ein wenig unsere Bedenken teilte. Die Dinge haben sich ja dann anders entwickelt. Gott sei Dank! Und ich glaube, wir dürfen sagen, daß wir ganz zufrieden sind.

Ich persönlich bin der Meinung, daß diese ganze Währungsreform nur durchgeführt werden konnte, weil die Alliierten ohne Rücksicht auf Stimmung und eventuelle Wünsche aus der Bevölkerung das nach meinen Begriffen Vernünftige taten. Gewiß hatte die Währungsreform manche Schattenseiten. Zum Beispiel ist der Sparer meiner Meinung nach zu schlecht weggekommen. Aber das sind ja Dinge, über die sich andere Fachleute schon ausführlich geäußert haben.«

Der Vorsitzende der Konklave von Rothwesten, Dr. Karl Bernard, ehemaliger Präsident der Bundesbank, sagt heute: »Im großen und ganzen hat es funktioniert. Eine Währungsreform ohne Fehler ist taktisch nicht möglich.«

Der Münchner Stadtkämmerer Erwin Hielscher aber, der auch dabeigewesen ist, erklärte zehn Jahre später überzeugt: »Es kann doch gar kein Zweifel daran bestehen, daß es sich um eine der geglücktesten Geldreformen aller Zeiten handelte.«

Captain Rodger ist in Hochstimmung. Er sieht aus, als habe er die Deutschen allein befreit – vielleicht mit einer kleinen Hilfestellung durch Mister Eisenhower. Jedenfalls, findet Brown, macht der Captain einen wirklich blöden Eindruck – es ist also anzunehmen, daß er einen Einfall hat.

»Wo treiben Sie sich eigentlich herum, Brown – mitten in Ihrer Dienstzeit?«

»Ich war gewissermaßen auf Brautschau, Sir!«

Der Captain hält das für einen Witz – für echten Besatzungshumor, vermutlich. Und deshalb deutet er ein verständnisvolles Lächeln an, das in etwa besagen will: Verstehe, alter Knabe – ich bin doch nicht truppenfremd! Im Gegenteil, ganz im Gegenteil – er weiß, was seine Leute denken, ehe sie noch den Mund auftun!

»Haben Sie einen Volltreffer landen können, Brown?«

»Das muß sich erst noch herausstellen!«

»In neun Monaten, was?« Der Captain glaubt im Ernst, ein ganz witziger Knabe zu sein.

»Wollen Sie etwas Bestimmtes von mir, Sir?« fragt Brown.

»Eine Kleinigkeit«, bemerkt Rodger. Er reicht Brown eine Liste über den Schreibtisch, hinter dem er thront.

Brown nimmt die Liste entgegen und sieht sie flüchtig durch – es sind elf Namen darauf. Darunter der von Albert Behnke.

»Was soll ich damit?« fragt Brown. »Ist das eine Fußballmannschaft?«

»Das sind kriminelle Elemente«, erklärt Rodger schlicht.

»Woher haben Sie diese Liste? Etwa von Rotzler?« fragt Brown ahnungsvoll.

»Das ist meine Sache, Brown. Ihre Sache ist es, die Burschen hinter Schloß und Riegel zu bringen.«

»Dafür ist die Militärpolizei zuständig, Sir«, wendet Brown ein.

»Wir sind für alles zuständig, was in unseren Bereich fällt, Brown. Und diesmal kassieren wir. Oder glauben Sie etwa, ich verlasse mich auf Hilfsorgane?«

Brown nickt. Er hat verstanden. Der Captain persönlich will den Rahm abschöpfen – für die Militärpolizei ist Buttermilch gerade gut genug. Wahrscheinlich hat Rodger die Erfolgsmeldung bereits formuliert.

»Sie machen das schon, Brown«, sagt der Captain. »Sie haben eine klare Anweisung bekommen, und ich weiß, daß ich mich auf Sie verlassen kann. Greifen Sie scharf zu und dabei natürlich korrekt. Äußerst korrekt.«

»Das etwa auch dann, Captain, wenn dabei dieser Rotzler seine erkennbar dreckigen Pfoten im Spiel hat...«

»Lassen Sie Rotzler aus der Schußlinie, Brown.«

»Warum soll ausgerechnet Rotzler mit Samthandschuhen angefaßt werden?«

»Er wird überhaupt nicht angefaßt. Merken Sie sich das.«

»Manchmal habe ich ein kurzes Gedächtnis.«

»Finger weg von Rotzler, Brown. Das ist ein Befehl!«

Brown überlegt lange, was er tun soll. Er sitzt in seinem Büro und starrt auf den Zettel. Der Name Albert Behnke drängt sich ihm immer wieder auf.

Schließlich erteilt er einem Soldaten den Auftrag, Albert herbeizuschaffen.

»Wird gemacht!« Der steigt in einen bereitstehenden Jeep und ist nach zwanzig Minuten wieder zurück. Mit Albert Behnke, selbstverständlich. Und dieser sieht leicht zerknittert aus.

»Ich bin behandelt worden wie ein Verbrecher«, sagt Albert Behnke empört zu Brown. »Das lasse ich mir nicht gefallen! Was denkt ihr euch eigentlich?«

»Nehmen Sie doch Platz«, fordert ihn Brown freundlich auf.

»Wie kommt dieser Kuli dazu, mich mit Gewalt in seinen Jeep zu stoßen?« will Albert Behnke wissen. »Hat der etwa noch nichts davon gehört, daß der Krieg seit drei Jahren aus ist?«

»Aber wir haben ihn gewonnen«, bemerkt Brown unvermindert freundlich.

»Was wollen Sie eigentlich von mir?« fragt Albert böse. »Wollen Sie mich belehren oder aufklären oder umschulen? Das ist völlig zwecklos. Ich habe nämlich diesen Krieg vorbereitet und angefangen – denn ich war in der HJ. Ich gehöre zu den sechzig Millionen Kriegsverbrechern, die es in Deutschland gibt. Ich bin also ein völlig hoffnungsloser Fall.«

»Kann durchaus sein«, erwidert Brown lächelnd. »Vielleicht will ich mich gerade deshalb ein wenig mit Ihnen unterhalten, Albert. Vielleicht Ihnen sogar helfen. Sagen wir, um einen neuen Anfang zu machen. Was Sie doch wohl nötig haben. Dringend.«

»Na, was denn, was denn, Mann!« Albert gibt sich mächtig belustigt. »Sie sind doch nicht etwa neuerdings bei der Wohlfahrt gelandet? Das hört sich ja fast so an. Was gefällt Ihnen denn an mir so?«

»Nichts, Behnke, nicht das geringste! Ihretwegen würde ich nicht den kleinen Finger krumm machen. Aber schließlich sind Sie, ausgerechnet Sie, der Bruder einer Schwester, die ich zu heiraten beabsichtige.«

Albert Behnke setzt sich hin.

Er starrt Brown ungläubig an.

»Charlotte ist bereits verlobt«, gibt er zu bedenken.

»Verlobt ist nicht verheiratet«, erwidert Brown gelassen.

»Ihr Verlobter ist hier – in dieser Stadt.«

»Irgendwo muß er ja wohl sein.«

»Er ist Offizier – Leutnant – und Kampfflieger.«

»Er war es«, bemerkt Brown.

»Und jetzt glauben Sie, sind Sie an der Reihe? Das ist ja ein Witz!«

»Albert«, mahnt Brown, »wenn es nicht so wäre, wie ich gesagt habe, dann säßen Sie jetzt nicht hier bei mir.«

»Sondern?«

»Im Gefängnis!«

Albert ist verwirrt. »Was soll das alles?« fragt er. »Wollen Sie meinen brüderlichen Segen erpressen?«

»Wo waren Sie in der Nacht vom 14. zum 15. Juni?«

»Bei meiner Braut!« antwortet Albert prompt. »Ist so was auch von der Militärregierung verboten?«

»Mit noch zehn anderen?«

»Zum Teufel«, ruft Albert und gibt sich äußerst empört. Das tut er nicht zuletzt, um zu verbergen, wie bestürzt er ist. Mit noch zehn anderen – das stimmt verdammt genau. Sie waren elf.

»Wollen Sie mir einen Strick drehen?«

»Ich doch nicht«, sagt Brown. »Der Strick ist bereits fix und fertig angeliefert worden. Und hier ist die vollständige Liste.«

Brown tippt auf ein Blatt Papier, das vor ihm liegt. Dabei läßt er Albert Behnke nicht aus den Augen. Der Junge scheint ein verdammt schlechtes Gewissen zu haben.

»Doch ich will, wie gesagt, gern versuchen, Ihnen zu helfen. Wenn Sie mithelfen, diese Angelegenheit aufzuklären. Mit allen Einzelheiten.«

»Womit ich mich auch selbst ans Messer liefere!«

»Eben nicht, Albert! Nicht dann, wenn wir gemeinsam geschickt genug vorgehen. Nach unserem Recht, das auch hier Gültigkeit hat, gibt es die Funktion eines sogenannten Kronzeugen. Das ist eine voll und vorbehaltlos mit unseren Justizbehörden zusammenarbeitende Person, die dafür von der Strafverfolgung befreit werden kann.«

»Glaube ich nicht! Sie wollen mich verscheißern.«

»Will ich nicht, Albert. Charlottes wegen nicht.«

»Dann wollen Sie mich zum Verräter machen! Mich. Ich soll wohl Kameraden verraten, was? Zu einem schäbigen Stück Mist werden. Aber ich doch nicht.«

»Das sind keine Kameraden, Albert, das sind Kriminelle, Gelegenheitskriminelle von mir aus. Zeitbedingte. Denken Sie darüber nach. Doch nicht allzulange. Das könnte eine letzte Warnung, ein letztes Angebot sein.«

»Ein letzter Bluff, was? Wie beim Poker.«

»Ich muß mal kurz hinaus«, sagt Brown und erhebt sich. »Warten Sie auf mich, Albert, und rühren Sie in der Zwischenzeit nichts an.«

Damit verläßt Brown das Zimmer. Unmittelbar nachdem er die Tür hinter sich geschlossen hat, springt Albert auf und greift nach der Liste. Er überfliegt sie. Und dann wird er bleich: Die Namen stimmen genau, und sie sind vollzählig. In diesem Augenblick weiß er, daß die Sache mit dem Strick keine leere Drohung war. Er sitzt in der Falle.

Doch zugleich erblickt er einen Zettel, der dort zwischen den Akten herumliegt. Und auf dem stehen Buchstaben, Nummern, eine Uhrzeit und ein Wort: TZ 2515, 0105, W6, 4K, Währung-R.

Das sind Kennziffern, die der großdeutsch ausgebildete Eisenbahnermensch Behnke mühelos zu deuten vermag. Sie besagen: Transportzug mit der Nummer 2515 – der verkehrt jede Nacht zwischen Frankfurt und Kassel. Der hält um 1 Uhr und 05 Minuten in diesem Kaff. Dort befinden sich im 6. Waggon, und der hat zumeist nur sechs Waggons, also im letzten, 4 Kisten, die hier ausgeladen und abgeholt werden. Und darin eben das, was mit Währung-R bezeichnet wird: Geld, Geld, Geld – kistenweise. Und das Datum darüber war das des nächsten Tages, der ersten Nachtstunde.

Als Brown zurückkommt, hat Albert bereits wieder Platz genommen, Brown wirft einen kurzen Blick auf den Zettel mit den Personennamen – er liegt jetzt gerade, nicht etwas schräg wie vorher auf dem Schreibtisch. Albert hat ihn also gelesen. Das nimmt Brown nicht ohne Befriedigung zur Kenntnis. Dann betrachtet er, nur kurz, seine Eisenbahnnotizen – auch die nicht exakt am gleichen Platz wie vorher zu sehen, stimmt ihn fast traurig.

»Vermutlich«, sagt der Sergeant dann, »werden Sie erkannt haben, daß bei diesen Namen zumindest einer noch fehlt.« Er meint den des Rotzler. Und er spürt, daß ihn Albert Behnke genau verstanden hat. »Und auf diesen Namen kommt es mir an! Wir kennen ihn beide. Was nun aber notwendig ist, sind Hinweise, die zu Beweisen werden. Und die, weiß ich, können Sie liefern.«

»Worauf die dann verschwinden – etwa bei Ihrem Captain.«

»Ich werde dafür sorgen, daß das nicht geschieht.«

»Mann, wollen Sie den etwa aufs Kreuz legen – mit meiner Hilfe?«

»Das ist meine Angelegenheit. Sie brauchen nur zu liefern.«

»Das, Brown, muß ich mir aber noch sehr überlegen.«

»Tun Sie das. Aber lassen Sie sich nicht allzulange dafür Zeit. Sagen wir: zwölf Stunden. Höchstens. Keine Minute länger.«

»Das«, sagt Albert, »dürfte genügen.«

Ereignisse in diesen Tagen in Deutschland – kurz vor der Währungsreform und unmittelbar danach: In Frankfurt wurden ein Reporter und ein Fotograf verhaftet, als sie wenige Tage vor der Währungsreform die soeben eingetroffenen Kisten mit dem neuen Geld fotografieren wollten. Man hielt sie (bei guter Verpflegung) in einem US-Offiziersheim fest, um die ›Geheimhaltung‹ zu garantieren.

In Würzburg stürmten am 19. Juni 1948, dem letzten Tag, an dem die Reichsmark noch Gültigkeit besaß, Flüchtlinge und Evakuierte ein ›wegen Krankheit‹ geschlossenes Geschäft, lösten ihre Bezugscheine selbst ein und ließen das Geld zurück.

Am Samstag nach Verkündung der Währungsreform wurden die unsinnigsten Einkäufe gemacht. In den Apotheken und Drogerien verlangte man für Hunderte von Reichsmark Kopfwehpulver, Badesalz, Einmachtabletten oder Rattengift. Eine Hausfrau erwarb unter anderem einen Karton voll ›Tortin, dem bewährten Triebmittel für Tortenböden‹, der für die Zubereitung von etwa 2800 Torten ausreicht.

Die Kurve des Währungsfiebers erreichte am 19. Juni 1948 in München ihren Höhepunkt. Vor den Schaltern der Postämter bildeten sich lange Schlangen. Die Leute zahlten ihre Telefon-, Gas- und Lichtrechnungen ein und versuchten, Briefmarken, deren Abwertungsquote mit 1:10 genannt wurde, zu erhalten. Viele wollten auch Steuervorauszahlungen, Pachten oder Mieten mit Hilfe des bargeldlosen und deshalb unauffälligen Zahlungsverkehrs abtilgen.

Aus den Kunstgewerbe- und Altwarenläden schleppten die Leute stoßweise gerahmte Wandsprüche, getrocknete Blumen hinter Glas und Topfuntersätze. Samstagabend war in den Gaststätten kein Bier mehr zu haben. Dafür feierten in manchen Nebenzimmern die Schwarzmarktsnobs die ›Reichsmarkdämmerung‹ bei Schnaps und Wein und zündeten sich ihre Zigaretten mit Fünfzigmarkscheinen an. Nachts sah man viele Betrunkene.

Kleingeld verschand in ganz Westdeutschland aus dem öffentlichen Geschäftsleben restlos und wurde von manchen Spekulanten zum Kurs von 1:10 aufgekauft. Nichtbewirtschaftete Waren wie Salz, Essig oder Suppenextrakte waren grundsätzlich nicht mehr erhältlich. Schuhmacher, Schneider, Reinigungsanstalten, Wäschereien und der größte Teil der Handwerksbetriebe neigten dazu, die in Auftrag oder zu Bearbeitung gegebene Ware, wenn möglich, noch einige Tage zurückzuhalten. Noch nie war der Andrang bei den Friseuren so groß wie vor dem Tag X. Dauerwellen und Haarfärbungen wurden auf ›Vorrat bestellt‹, und sogar die männliche Kundschaft ließ sich noch schnell die Haare schneiden. Auf dem schwarzen Markt waren Bezugscheine, Textilpunkte oder Holzscheine nahezu wertlos geworden, Kaffee, Konserven und Schokolade waren ausverkauft. Zigaretten wurden am Donnerstag für sechs Mark, am Freitag früh für acht und am Freitagabend, gleich nach Bekanntwerden der Währungsreform, für zwölf Mark das Stück notiert.

Der Autohof Giesing bei München, der einen täglichen Benzinverkauf von 1400 bis 1500 Liter bis zur Währungsreform hatte, hat am 21. Juni bis vier Uhr nachmittags ganze 45 Liter Benzin gegen das neue Geld verkauft.

In Frankfurt boten Geschäfte, die am letzten Tag des alten Geldes noch Holzteller für weit über 100 Reichsmark ausstellten, plötzlich erstklassige Lederkoffer und andere Offenbacher Lederwaren zum Verkauf.

Das Autohaus Opel in Wiesbaden verkaufte in der ersten Woche nach der Geldreform bereits drei neue Wagen gegen neues Geld. Der Volkswagen stand für bare 5300 DM sofort zur Verfügung.

Albert Behnke ist davon überzeugt, daß er nun keine Minute mehr zu verlieren hat. Es ist der 17. Juni 1948. Später Nachmittag.

Er begibt sich in das Haus Trollmeier. Dort angekommen, stürzt er hinein; er schiebt die sich vor ihm aufbauende ›gnädige Frau‹ beiseite. Er eilt die Treppe hinauf. Zu jenem Zimmer hin, das sein Kamerad Jürgen Weberknecht, der Leutnant, bewohnt.

Und dem erklärt er: »Ich muß abhauen! Kommst du mit?«

Jürgen zeigt erhebliche Bedenken. Ihm geht das zu schnell. Nicht wegen der älteren Trollmeier, wahrlich nicht; und wegen Charlotte auch nicht. Doch die Reiseunkosten sind noch nicht gesichert.

»Abhauen mußt du? Warum?«

»Ich bin da wohl gleich vom Regen, unter Umgehung der Traufe, in die dickste Scheiße hineingeraten«, sagt Albert. »Jetzt muß ich mich absondern.« Und nahezu stolz fügt er hinzu: »Die Militärpolizei ist hinter mir her!« Er kommt sich vor wie ein Held.

»Das ist schlimm!« sagt Jürgen. »Militärpolizei ist immer schlimm. Wie willst du von hier wegkommen?«

Das erklärt ihm Albert: Sein Alter, der Taxifahrer, hat da noch einen zweiten Wagen. Den schont er, für angeblich bessere Zeiten, die hier jedoch niemals kommen werden. Und dieser Zweitwagen ist recht gut in Schuß.

»Und die sogenannten Reiseunkosten? Hast du die?« will Jürgen wissen.

»Die sind zu beschaffen. Noch heute nacht. Am sichersten natürlich mit deiner Mithilfe.«

Auch das erklärt Albert Behnke wunschgemäß dem aufhorchenden Jürgen Weberknecht: ausgemachter Geldtransport, vier Kisten, hier eintreffen sollend um 01.05. Eine halbe Stunde vorher, bei der Steigung Kreuzberg, bequem zu erreichen, also zu vereinnahmen. Kisten voller Geld!

»Bist du sicher, Albert?«

»Absolut, Jürgen!«

»Dann«, sagt Jürgen, »darf ich dich wohl nicht im Stich lassen, Kamerad.«

»Du machst also mit?«

»Auf mich kann man sich schließlich immer verlassen.«

»Wobei ich jedoch noch, lieber Kamerad, auf eine Kleinigkeit Wert legen würde.« Albert Behnke trägt diesen Vorschlag ziemlich entschlossen vor. »Ich habe da noch eine Kiste Sprengstoff. Und die würde ich gerne möglichst sinnvoll verwenden.«

»Verstehe«, sagt Weberknecht, der Leutnant. »Schließlich habe ich einen Pionierlehrgang mitgemacht.«

In jener Nacht vom 17. zum 18. Juni 1948 – also dem Tag, an welchem die Währungsreform verkündet werden sollte – geschieht in dieser kleinen Stadt, etwa vierzig Kilometer von Kassel entfernt, und dann auch in deren Umgebung, folgendes:

Fast auf die Minute genau um Mitternacht explodiert ein unter dem Restaurant Rotzler angebrachter Sprengsatz von erheblicher Größenordnung. Dieser ist unmittelbar beim Büro des dortigen Inhabers montiert worden. Der Inhaber, also Rotzler, wird dabei ins Jenseits befördert.

Wobei von diesem Raum aus Hunderte von zerfetzten, angebrannten Geldscheinen gleich sterbenden, vergifteten Taubenschwärmen durch die Gegend flattern. Sie landen im Straßendreck. Viele Tausende von Mark, einstmals – doch alsbald nichts wie schäbiges, klebriges Papier. Nicht einmal mehr zum Abwischen eines Hintern zu gebrauchen.

Nahezu dreißig Minuten später entern, bei der Steigung Kreuzberg, die beiden einkassierungsbereiten Kameraden Weberknecht und Behnke den sechsten, tatsächlich letzten Wagen des dort vor sich hinkeuchenden Transportzuges. Es ist, wie Albert erkennt, ein Waggon vom Typ T 33. Und der besitzt auf dem Dach eine Einstiegsluke.

»Kinderspiel!« sagt Albert.

Sie besteigen den Waggon, öffnen die Luke, helfen sich hinein, lassen sich abwärts pendeln. Durch die Seitenfenster fällt Mondlicht. Alles läßt sich nahezu mühelos bewerkstelligen.

Doch als sie im Waggon gelandet sind, ist es, als habe man auf sie gewartet.

Licht aus einem Handscheinwerfer fällt auf sie. Wobei sie jedoch zu erkennen vermögen, daß einige Maschinenpistolen, mindestens zwei, auf sie gerichtet sind – und die sind selbstverständlich entsichert.

»Scheiße!« ruft Albert Behnke aus.

»Hoch die Flossen!« sagt eine Stimme. Natürlich eine mit amerikanischem Akzent.

»Nur kein Mißverständnis!« sagt Jürgen Weberknecht. Seine Arme sind hochgeschnellt. »Wir wollten hier lediglich mitfahren.«

Die Situation wird langsam deutlicher, überschaubarer: ein Transportwagen, der weitgehend unausgenutzt anmutete. Lediglich vier Kisten, jeweils zwei übereinandergestapelt, stehen darin. Albert und Jürgen, mit hocherhobenen Händen, bei ihnen.

Um sie: vier Amis, ganz gewöhnliche, nicht einmal Militärpolizei. Und die grinsen unangenehm gemütlich.

»Ist das etwa eine Falle?« will Albert Behnke ahnungsvoll wissen.

»Warum denn das?« meint einer der Maschinenpistolenträger mäßig amüsiert. »Wir sind rein routinemäßig hier, dazu abkommandiert. Weiß der Teufel, warum.«

»Um diese Kisten zu bewachen?«

»Ach, Mann! Was wir hier transportieren, ist doch nichts wie besseres Toilettenpapier.«

»Kein – Geld?« Das zu fragen leistet sich Albert Behnke.

»Wie kommst du denn darauf? Bist du etwa deshalb hier?«

»Keinesfalls!« antwortet Jürgen Weberknecht für seinen Kameraden. »Wir wollten, wie gesagt, nur mal mitfahren. Bis zur nächsten Station. Wegen einer Autopanne.«

»Na – was denn wohl sonst!« Die bedrohliche Gemütlichkeit um sie nimmt stark zu. »Denn Toilettenpapier braucht ihr ja wohl kaum.«

Wie um das Vergnügen dieser Begegnung vollkommen zu machen, legt einer der US-Soldaten diese Kisten frei. Deren Deckel waren bereits von ihnen, zwecks Einsichtnahme, gelockert worden. Sie wollen schließlich auch wissen, was für einen Transport sie da beschützen.

Und zum Vorschein kommen dabei: Formulare, Formulare, Formulare! Daß diese zu der nun beschlossenen Währungsreform gehören, weiß niemand von ihnen. Ahnt das nicht. Alles mutet reichlich makaber an.

»Scheiße!« ruft nun auch Jürgen Weberknecht aus. Dabei wirft er einen verächtlich-anklagenden Blick auf Albert Behnke; dem wohl gewesenen Freund und Kamerad.

Beide werden kassiert.

Am 18. Juni 1948 wurde um 20.00 Uhr die Währungsreform über die Rundfunkstationen der drei Westzonen verkündet. Sie sollte am Sonntag, dem 20. Juni 1948, in Kraft treten.
Jeder der über 50 Millionen Deutschen in der amerikanischen, britischen und französischen Zone sollte sechzig Reichsmark einzahlen. Dafür bekam er zunächst vierzig Deutsche Mark ausgehändigt – und weitere zwanzig Deutsche Mark einen Monat später.

Jede Person, so hieß es, erhält ihre Kopfquote, auch Kopfgeld genannt, bei der Stelle, die die Lebensmittelkarten verteilt.

Die Preise, so hieß es weiter, werden vom Geldumtausch nicht betroffen. Während der Woche, die mit dem 26. Juni endet, werden keine Schulden bezahlt. Bis zu diesem 26. Juni muß alles Geld gemeldet und registriert sein – oder es wird wertlos. Ferner: Die Herkunft eines Betrages, der über 5000 Mark hinausgeht, ist genau nachzuweisen.

Und: Das Geld wird im Verhältnis 10:1 abgewertet.

Diese Meldung hört der alte Behnke, umgeben von Mutter und Tochter, in seinem Radioapparat. Der alte klapprige Volksempfänger plärrt die umwälzenden Neuigkeiten in die Wohnküche.

»Mein Gott«, jammert Frau Behnke, »was soll das wohl werden!«

Der alte Behnke antwortet nicht. Er hört zu. Sein Gesicht bleibt unbeweglich.

Heftiges Klopfen ertönt.

»Herein!« ruft Behnke.

Sergeant Brown erscheint.

»Stören Sie uns nicht!« sagt der alte Behnke verweisend. »So einer von Ihrer Sorte scheint nichts wie zu stören. Geradezu darauf versessen zu sein. Da haben doch nun tatsächlich Ihre Leute eine Art Währungsreform ausgebrütet. Was bezwecken die damit?«

»Wissen Sie, wo sich Ihr Sohn Albert befindet?«

»Weiß ich nicht, Mann! Will ich auch gar nicht wissen. Habe ich denn einen Sohn? Nichts davon gemerkt! Nicht in letzter Zeit!«

»Sei doch kein Rabenvater!« klagt ihn seine Frau an.

»Und was«, will Brown bohrend weiter wissen, »ist mit Ihrem zweiten Fahrzeug?«

»Das – ist mir gestohlen worden. Und gestohlen auch dann, wenn mein sogenannter Sohn dabei beteiligt sein sollte. Und nun stören Sie mich nicht länger – ich muß diese Nachrichten hören.«

»Dieses Fahrzeug«, sagt der Sergeant unbeeindruckt, »ist aufgefunden worden. In der Nähe von Kreuzberg. Und dort hat denn auch in der vergangenen Nacht Ihr Sohn einen Transportzug bestiegen.«

»Seine Sache!« sagt der alte Behnke hart.

»Dabei ist er kassiert worden. Also eingeliefert in unser Militärgefängnis. Gemeinsam mit diesem Weberknecht.«

»Jürgen«, ruft Charlotte unverzüglich aus, »ist unschuldig!«

»Sei still!« sagt der alte Behnke. »Und Sie, Brown, sollten sich auch weitere Worte dazu ersparen. Ich will Nachrichten hören!« Doch die hört er nun nicht mehr.

Der Radioapparat schweigt. Behnke erhebt sich ein wenig steif.

»Wo willst du hin?« fragt seine Frau.

»Arbeiten«, sagt Behnke, »meine Fuhren machen.«

»Jetzt – wo die Währungsreform verkündet ist?«

»Jetzt erst recht«, betont Behnke und setzt seine speckige, abgegriffene Ledermütze auf. »Und daran wird mich niemand hindern, keine Frau, kein Sergeant und eine Währungsreform erst recht nicht. Und wenn jemand wissen will, wo Albert ist, dann kann ich nur sagen: Hier ist er nicht! Und vielleicht deshalb, weil er gar nicht hierhergehört. Wer anderer Meinung ist, kann sich bei mir melden – aber erst nach der Arbeit.«

»Langsam, Vater Behnke«, rät ihm Brown. »Nur nichts überstürzen! Dabei nämlich könnte es bei Ihrem Sohn Albert um Kopf und Kragen gehen!«

Behnke winkt ab. »Mann, haben Sie denn nicht soeben gehört, was so ein deutscher Kopf im Augenblick wert ist? Genau vierzig Mark! Das sind vielleicht Preise. Die können ja nicht einmal Kopfjäger aus dem Busch locken.«

»Da irren Sie sich – diese Währungsreform ist wie ein Sprungbrett!«

»Ich habe noch niemals«, versichert der Alte, »irgendein Sprungbrett benutzt. Ich kann gar nicht schwimmen. Und in meinen Jahren lernt man das wohl kaum noch.«

Er hebt grüßend die Hand und entfernt sich. Zu seinem Taxifahrzeug hin. Er hat nun mal einen Beruf – und den will er ausüben.

Die Zurückgebliebenen sehen ihm nach. Brown leicht erheitert; Mutter Behnke äußerst besorgt, wie fast immer. Charlotte jedoch blickt den Sergeant an. Sehr fordernd.

»Können Sie da irgend etwas tun?«

»Für wen?«

»Für mich, Mister Brown.«

»So gut wie alles! Was soll's denn sein?«

»Könnten Sie meinen Bruder freibekommen – und Jürgen Weberknecht dazu? Dafür würde ich Ihnen sehr dankbar sein. Sehr.«

Sergeant Brown fragt nun nicht: in welcher Hinsicht denn wohl dankbar? Mit welchen entgegenkommenden Einzelheiten? Er sagt lediglich: »Ich werde gerne machen, was sich dabei irgendwie ermöglichen läßt.«

»Das«, ermuntert ihn Charlotte hoffnungsvoll, »wird gewiß nicht wenig sein! Davon bin ich überzeugt.«

»Brown«, sagt Captain Rodger, »Ihre Stunden in Deutschland sind gezählt – und zwar so oder so. Sie kommen entweder in ein Militärgefängnis, oder Sie werden in die Heimat abgeschoben. Packen Sie auf alle Fälle Ihre Koffer.«

»Ja, Sir«, entgegnet Sergeant Brown. Er steht ganz gelassen da, als sei hier soeben über das Wetter von gestern gesprochen worden. Und er denkt: Das kann doch wohl nicht gut dein Ernst sein, Captain? Er nickt seinem wütend gewordenen Captain freundlich zu.

»Sonst noch was, Sir?« fragt er gelassen.

»Sie können auch degradiert werden, Brown!«

»Das weiß ich, Sir.«

»Und das macht Sie nicht unruhig? Degradiert, eingesperrt, auf kleinsten Sold gesetzt und aus der Armee ausgestoßen? Und das läßt Sie kalt?«

»Jawohl, Sir.«

Captain Rodger ist ratlos. Dieser Brown ist ein fürchterlicher Querkopf, ein unbequemer Hemmschuh, ein impertinenter Bursche. Aber er braucht ihn!

»Brown«, sagt er deshalb mit etwas sanfteren Tönen. »Sie wissen doch, daß Sie in mir einen stets verständnisvollen Vorgesetzten gefunden haben? Sie brauchen doch nur Vertrauen zu haben und alle meine Befehle auszuführen. Ist das wirklich so schwer?«

»Sir«, erwidert Brown offen, »mir will nicht ganz einleuchten, daß für einen amerikanischen Stadtkommandanten ein deutscher Schieber wichtiger ist als sein Sergeant.«

»Davon, Brown, kann doch gar keine Rede sein! Sie denken nur zuviel und dann noch um ein paar Ecken herum. Und das empfinde ich gelegentlich als störend – schließlich bin ich ja der Kommandant dieses Nestes und nicht Sie! Da habe ich Ihnen einen Zettel gegeben und darauf standen elf Namen, und ich habe gesagt: einfangen, einsperren, ausnehmen! Aber was machen Sie?«

»Ich habe mich dabei auch für jenen Lieferanten interessiert, der Ihnen diese Namen zugeschoben hat. Ich bin nun mal neugierig.«

»Und jetzt ist dieser Rotzler eine Leiche!«

»Sollten wir zu seinem Begräbnis einen Kranz schicken, Sir? Mit einer Schleife, auf der steht: Letzte liebe Grüße von der Kommandantur.«

»Und so was, Brown, finden Sie erheiternd?«

»Eine noch so ausgeartete, dennoch ausgleichende Gerechtigkeit, Captain, stimmt mich stets heiter, und so was scheint hier vorzuliegen.«

»Mann«, sagt Rodger nicht unbesorgt, »ich habe immer viel Geduld mit Ihnen gehabt. Das jedoch nicht endlos. Und nun muß ich mich wohl wieder einmal fragen: Was gedenken Sie mir denn diesmal aufzuschwatzen?«

»Nichts Derartiges, Sir.« Brown kennt seinen Captain auswendig wie eine Schauerballade. »Ich beabsichtige lediglich, Sie auf einiges aufmerksam zu machen. Zunächst auf den Tod dieses Rotzler. Dabei ging ein Sprengsatz hoch. Woher der kam, wer den gelegt hat, wird sich kaum einwandfrei nachweisen lassen. Rotzler selbst könnte eine Kiste Dynamit gehortet haben – aus einem der Eisenbahnraubzüge. Und die ging dann bei ihm hoch.«

»Die haben irgendwelche Kerle hochgehen lassen! Und Sie wissen ganz genau, welche das waren!«

»Will ich aber gar nicht wissen, Mister Rodger. Und zwar Ihretwegen nicht. So loyal veranlagt bin ich tatsächlich. Denn sobald hier eine interne, intensive, diesbezügliche Untersuchung erfolgen sollte, die sich prompt auf die von Ihnen Verdächtigen konzentrieren wird, dann könnte durchaus sein, daß man dabei, wie völlig unvermeidlich, auf Sie prallen wird.«

»Aber doch nicht auf mich!« Der Captain ist höchst beunruhigt. »Was habe denn ich mit diesem Sprengstoffzauber zu tun?«

»Damit nichts, Sir. Wohl aber einiges mit Rotzler. Denn bei derartigen Nachforschungen, bei denen mindestens einer der Verdächtigen garantiert auspacken wird, um seinen Kopf zu retten, wird sich herausstellen, daß Sie mit Rotzler diverse Geschäfte betrieben haben.«

»Völlig korrekte!«

»Das glauben Sie doch wohl selbst nicht! Und das wird Ihnen auch niemand glauben, sobald alles aufgerollt wird, was sich da so anbietet. Rotzler war Ihr Lieferant. Und dann haben auch Sie einiges geliefert. Sie waren eine Art Partner. Beweisbar! Wollen Sie das?«

»Nein«, sagt Captain Rodger dumpf. »Das will ich nicht!« Er blickt seinen Sergeant aufmerksam an. »Und Sie machen mir den Eindruck, Brown, als wüßten Sie einen Ausweg, bieten mir den an. Aus welchen Gründen auch immer. Sehe ich das richtig so?«

»Durchaus, Sir.«

»Und – mit welchen Bedingungen?«

»Mit einer einzigen: Sie geben mir völlig freie Hand. Sie erklären also, falls es dazu kommen sollte, meine Maßnahmen als von Ihnen gebilligt.«

»Und – was dann?«

»Könnte es mir gelingen, hier die für Sie unangenehmsten Hindernisse aus Ihrer Laufbahn zu schaffen. Aber nur dann, wenn ich jetzt hier machen kann, was ich für richtig und notwendig halte. Akzeptiert?«

Captain Rodger bestätigt das.

Bereits im Sommer 1946 hatte Truman, der Präsident der Vereinigten Staaten, seinen Sachverständigen den Auftrag erteilt, eine deutsche Währungsreform vorzubereiten. Zwei Jahre vergingen, ehe sie verwirklicht werden konnte. Das letzte Zeichen sollte General Clay geben.

In den Abendstunden des 13. Juni 1948 befahl General Clay die Währungsreform. In der nächsten Nacht – vom 14. zum 15. Juni – rollte die neue, in Amerika gedruckte Deutsche Mark durch die drei Westzonen. Am 18. Juni 1948 wurde die Währungsreform um 20.00 Uhr über alle Sender in der amerikanischen, britischen und französischen Zone verkündet. Stichtag war der 20. Juni 1948.

Dr. Hermann Pünder, der Vorsitzende des Verwaltungsrats der Bank Deutscher Länder, sagte damals:

»Die faulenzenden Schieber und Ecksteher des schwarzen Marktes müssen jetzt verschwinden. Ehrliche Arbeit muß wieder ehrlich belohnt werden. Wenn die deutschen Sparer in Kürze über das endgültige Schicksal ihres Geldes aufgeklärt werden, dann mögen sie sich sagen: Diese Spargelder wurden vernichtet, als Adolf Hitler

seinen verbrecherischen Krieg vorbereitete und Hunderte von Mil-
liarden deutschen Volksvermögens vergeudete.«

Dann aber geschah in diesen entscheidenden Tagen etwas, das im
Trubel der Ereignisse zunächst nicht ganz klar erkannt wurde. Der
Blick des westdeutschen Bürgers war starr auf das Kopfgeld gerichtet,
und für die westdeutschen Politiker war Frage Nummer eins: Wird
diese Währungsreform funktionieren – oder bahnt sich hier eine
unvorstellbare Katastrophe an?

Und in der Tat: Es bahnte sich eine Katastrophe an, wenn auch eine
von ganz anderer Art als allgemein erwartet wurde: Am 19. Juni 1948
um 00.00 Uhr wurde die Zonengrenze von den Sowjets hermetisch
abgeriegelt und Berlin für den Personenverkehr radikal gesperrt.

»Wie die Irren!« sagt der alte Behnke und wirft ein Bündel
Banknoten auf den Küchentisch.

Seine Frau und seine Tochter staunen ihn an. So ist der Alte noch
nie mit Geld umgegangen. Er behandelt die Banknoten, als wären
sie Zeitungspapier von vorgestern.

»Nicht einmal gut genug, um im WC zu hängen!« Behnke ist
empört, daß er so etwas noch erleben muß. Gestern ist die
Währungsreform verkündet worden, morgen soll es losgehen. Und
heute hat er eine Fuhre nach der anderen gemacht, und die Leute
haben mit dem Geld nur so um sich geworfen.

»Hundert Mark für eine Fuhre vom Bahnhof zum Markt. Weitere
hundert Mark für eine vom Markt zu irgendeiner Kneipe. Und so
weiter. Einer wollte mir ein Päckchen Zigaretten verkaufen – ganz
billig hat er gesagt, nur tausend Mark. Die Kerle sind ja hirnver-
brannt.«

Behnke säbelt sich ein Stück Brot ab. Er ißt es trocken und trinkt
dazu Lurke, eine Art Malzkaffee mit Eichelzusatz. Es sieht aus, als
ob es ihm schmeckt. Auch das tut er aus Protest.

»Ich habe für morgen kein Fleisch bekommen«, jammert Frau
Behnke.

»Dafür gibt es am Montag Schnitzel«, bemerkt Wilhelm Behnke.
»Und wenn diese ganze Währungsreform nur dazu gut ist, so ist
sie nicht schlecht.«

»Hast du nicht Angst, daß wir dann noch mehr hungern müssen
als bisher?« will seine Frau wissen.

»Ich habe nicht gehungert«, behauptet Dickkopf Behnke wider

besseren Wissens. »Ich habe lediglich mäßig gelebt – und in gewisser Weise soll das sogar gesundheitsfördernd sein. Die Hauptsache ist, daß man arbeiten kann. Ehrliche Arbeit!« Und dabei blickt der alte Behnke seine Tochter Charlotte forschend an. Sie weicht seinem Blick nicht aus.

»Ich kann wieder in die Stadtverwaltung zurück«, sagt sie. »In der Lebensmittelkartenstelle werde ich gebraucht – wenigstens noch in der nächsten Zeit.«

Wilhelm Behnke nickt zufrieden.

»Na also«, brummt er.

»Charlotte kann auch bei der Militärregierung arbeiten, wenn sie will«, sagte Frau Behnke ablenkend.

»Das will sie aber nicht«, stellt Behnke unverzüglich fest.

»Aber der Sergeant Brown meint...«

»Der hat in meiner Familie gar nichts zu meinen«, fährt der alte Behnke auf. Aber dann fügt er hinzu: »Vorläufig wenigstens nicht. Der soll sich gefälligst an die Spielregeln halten und nicht zu kaufen versuchen, was ihm geschenkt wird – wenn er überhaupt für uns in Frage kommt. Kommt er in Frage, Charlotte?«

»Ich verstehe dich nicht, Vater.«

»Gefällt er dir?«

»Warum soll er mir denn gefallen?«

Behnke ist erstaunt. »Hat er denn nicht mit dir gesprochen?« fragt er.

»Worüber?« will Charlotte ahnungslos wissen.

»Er will dich heiraten – hat er gesagt.«

Charlotte wird rot. Sie ist mächtig verlegen und braucht geraume Zeit, sich wieder zu fassen. »Wie kommt er denn darauf?« fragt sie dann.

»Wie soll er wohl darauf kommen«, sagt der alte Behnke.

»Er hat eben seine Augen aufgemacht und seinen Verstand eingeschaltet. Das ist wohl alles.«

»Es ist empörend!« behauptet Charlotte.

»Langsam, immer langsam mit den jungen Pferden«, sagt der alte Behnke bremsend. »So kannst du doch nicht mit einem Brown umspringen. Er ist auf seine Art ein ehrenwerter Mann. Du kannst wohl sagen: Seine Nase gefällt mir nicht, oder seine Haare sind rot, oder seine Finger zu lang. Aber ein Dorftrottel ist er nicht. Auch kein Charakterschwein. Er will dich heiraten, hat er gesagt.«

»Aber zu mir hat er nichts gesagt!«

»Das ist ein Fehler«, gibt der alte Behnke zu. »Und das habe ich ihm auch klargemacht. Aber er hat mit mir darüber gesprochen, und ich bin immerhin dein Vater. Und er hat das auf eine sehr anständige Art gemacht, das muß man ihm lassen. Deshalb bist du ihm auch eine gewisse Achtung schuldig.«

»Diesem zynischen Kerl!«

»Immerhin«, sagt der alte Behnke schmunzelnd, »scheint er dir nicht ganz gleichgültig zu sein.«

»Ich verabscheue ihn!«

»Das wird ja immer schöner«, sagt Behnke heiter.

»Er hat mich behandelt wie eine dumme Gans.«

»Vielleicht hast du es nicht anders verdient.«

»Ich bitte dich, Vater«, mischt sich Frau Behnke ein, »so was kannst du doch nicht sagen! Unsere Charlotte ist doch schon eine junge Dame.«

»Ach nee!« Behnke lächelt und amüsiert sich heftig. »Die ist wohl schon kasinoreif, was? Eines Leutnants würdig, wie? Fehlt eigentlich nur noch so eine neue, kleine Kriegsvorbereitung, damit das gute Kind endlich eine echte Offiziersdame wird. Was kann ein simpler Sergeant dagegen bieten?«

»Ich heirate nur einen Mann, den ich liebe«, sagt Charlotte entschieden. »Sein Beruf ist mir gleichgültig.«

»Sehr richtig!« ruft Wilhelm Behnke. »Ganz meiner Meinung. Ich finde nur, daß ein einigermaßen taktvoll vorgebrachter Heiratsantrag zumindest eine höfliche Stellungnahme verdient, und das kann natürlich auch eine Ablehnung sein. Eine Flegelei ist dabei nicht angebracht.«

Charlotte fühlt sich ein wenig beschämt. Und irgendwie findet sie Browns Antrag auch ›ehrend‹ – nennt man das nicht so? Er kommt ein wenig überraschend. Was soll sie dazu sagen? Wie soll sie Vater antworten?

Aber sie kommt gar nicht dazu, Stellung zu nehmen. Es klopft energisch an der Tür. Dann tritt Brown ein.

»Immer wenn man vom Teufel spricht, ist er nicht weit«, ruft Behnke lachend.

Der 20. Juni 1948 – der Tag der Währungsreform – verlief reibungslos. Noch einmal, und bis auf weiteres zum letztenmal, bildeten sich gewaltige ›Schlangen‹. Dann war jeder Bürger der drei westlichen Besatzungszonen im Besitz von vierzig Deutschen Mark.

›Millionen von Menschen‹, schrieb damals eine Zeitung mit schönem Pathos, ›alle Bewohner eines großen Landes, die über Nacht, wenigstens für Stunden, gleich arm oder gleich reich sind, das ist ein Stoff, der viel zu phantastisch ist, als daß sich die Romanliteratur an ihn heranwagen könnte.‹

Aber ganz so phantastisch war die Sache denn doch nicht. Wohl hatte in der Tat kein normaler Sterblicher unter den Westdeutschen an diesem Tag mehr als vierzig Mark in der Tasche. Aber gar nicht einmal so wenig hatten Waren. Nur knappe zwei Tage nach der Währungsreform, also am 22., legt ein Zigarrenhändler 1600 DM bei seiner Bank ein. Und er war der einzige nicht. Ungeahnte Warenmengen kamen zum Vorschein.

Finanzsenator Dr. Dudek berichtete ehrlich erstaunt:

»Als nachher die Währungsreform wirklich durchgeführt wurde, war die Überraschung auf allen Seiten groß, wieviel plötzlich aus dem Untergrund an Lebensmitteln, an Gebrauchsgütern usw. auftauchte, und wie sich die deutsche Wirtschaft mit außerordentlicher Lebendigkeit, Aktivität und Wendigkeit den Dingen anpaßte.«

Die Hausfrauen aber bewährten sich, völlig überraschend, in ungeahnter, nahezu großartiger Weise: Sie hielten die Hand fest auf der Geldbörse. Sie glaubten nicht an Wunder und damit auch nicht daran, daß die Kühe über Nacht mehr Milch geben und die Hühner mehr Eier legen. Sie regulierten innerhalb von wenigen Stunden die neuen Preise – indem sie vorerst nicht kauften.

So wurden in Kassel die Eier für 1,10 DM pro Stück angeboten. Und für Butter wurden dreißig Mark verlangt. Die Hausfrauen aber kauften nicht. Mit geradezu unheimlicher Geschwindigkeit sanken die Preise – und dann kosteten die Eier nur noch 20 Pfennig und die Butter 1,50 DM.

Darmstadt meldete: Eine Molkerei lieferte 2500 Liter Milch mehr ab.

Kassel meldete: Milchablieferungen bereits um 15 Prozent gestiegen.

Frankfurt meldete: Bauern lieferten 25 Prozent Milch mehr ab.

Von allen Seiten rollten die Waren an. Am lebhaftesten waren ›Engpaßartikel‹, wie Strümpfe, Stoffe, Nägel, Babywäsche, Nähgarn, Emailwaren, Rasierklingen, Geschirr, Schuhbänder und

Gummilitzen. Ein Warenhaus erklärte drei Tage nach der Währungs-
reform, daß 70 v. H. der zum Verkauf stehenden Gegenstände noch
keine zwei Tage im Haus seien.
Aber da war der Schwarzhandel – und dann gab es noch eine Ostzone.
Und Berlin.

Sergeant Brown begibt sich, nach einem Gespräch mit Charlotte
Behnke, in den Park bei ihrem Haus, nunmehr zu dem von der
Militärpolizei eingerichteten Gefängnis. Das liegt in der Nähe der
Kommandantur.

Brown wirkte schwungvoll. Seine Unterhaltung mit der Behnke-
Tochter, da ist er sicher, berechtigt ihn dazu. Er ist sehr hoffnungsvoll.

Sie hat zu ihm gesagt: »Ihr Antrag, von dem ich gehört habe, ehrt
mich.«

»Lehnen Sie ihn ab, Charlotte?«

»Nein«, hat sie zu ihm gesagt. »Doch zunächst muß hier wohl
noch einiges geklärt werden.«

»Ihren sogenannten Verlobten betreffend?«

»Und meinen Bruder dazu, Mister Brown.«

»Ich bin bereits dabei, das zu klären«, hat er ihr versichert. »Und
das nun besonders gerne. Da Sie keine Abneigung gegen mich
bekundet haben.«

»Ich rechne mit Ihrem vollsten Verständnis!«

Und eben deshalb hat er sich nun hier bei der Militärpolizei
eingefunden. Wobei er unverzüglich auf deren derzeitigen Chef
prallt. Ein Leutnant wie eine Bulldogge in Uniform.

Der will unverzüglich wissen: »Was wollen Sie, Sergeant? Mit
zwei der bei uns einsitzenden Elemente Kontakt aufnehmen?
Mann, da kann ja jeder kommen.«

»Ich bin aber nicht jeder.« Brown wirkt da sehr sicher. »Ich bin
hier, Leutnant, im Auftrag des Kommandanten, Captain Rodger,
dem auch Ihre Dienststelle untersteht – falls ich Sie darauf aufmerksam machen muß. Sie brauchen ihn nur anzurufen.«

Die Bulldogge in US-Offiziersuniform schnauft unwillig auf.
»Ich benötige keine diesbezüglichen Belehrungen, Sergeant!«

»Um so besser! Haben Sie diese beiden, wie von der Kommandantur angeregt, in zwei verschiedenen Zellen untergebracht?«

»Eine Anregung, die gar nicht notwendig war!« Der Leutnant

blickt souverän. »Ich pflege grundsätzlich kriminelle Elemente voneinander zu trennen. Was wollen Sie von denen?«

»Mich mit ihnen unterhalten.«

»Worüber?«

»Weiß ich noch nicht – nicht genau. Das wird sich erst noch herausstellen. Was dagegen, Leutnant, Sir? Nein?«

Die Beherrscher des schwarzen Marktes waren die ungekrönten Könige der Nachkriegszeit. Und ob sie waggonweise Schrott, Lebensmittel und Kurzwaren verschoben oder mit prallgefüllten Aktentaschen ihren gierigen Kunden Audienz gaben – sie waren alle miteinander verbunden durch einen geheimnisvollen, unerklärlichen Nachrichtendienst, der an die Trommelpost des Urwaldes erinnerte. Auch ohne zentrale Börse hatte der schwarze Markt überall und zu jeder Zeit die gleichen Preise. Die Währungsreform versetzte diesen Hyänen des Elends einen schweren Schlag – aber er zerschmetterte sie nicht. Kaum war die Währungsreform verkündet, reagierte der schwarze Markt in ganz Westdeutschland in genau der gleichen Form: Die Händler regulierten ihre Preise und versuchten mit verbissener Anstrengung zu überleben.

Der 20. Juni 1948, der Sonntag, war immerhin noch der Tag der großen Panikstimmung. Die Parole der letzten Tage wurde mit noch größerer Energie als bisher befolgt: Altmark unter allen Umständen abstoßen – Schweizer Franken und grüne Besatzungsdollars um jeden Preis kaufen! Minderwertige Ware verramschen – Edelware horten! Am Montag, dem 21. Juni, verkündete die Trommelpost des zentraleuropäischen Urwaldes: Unterbietet die amtlich festgelegten Stopppreise, wo ihr könnt! Der Kaffee sank auf 20 bis 25 Mark das Kilo. Amerikanische Zigaretten, die stangenweise für 45 Mark angeboten wurden, blieben liegen. Der Preis sank innerhalb weniger Stunden auf 40 Mark. Immer noch blieb die Ware liegen. Weiter sanken die Preise. Da wurden die ersten Edelwaren auf den Markt geworfen – und sofort wurde der Ladenpreis unterboten: eine Fahrraddecke kostete 8 Mark, ein Schlauch 3 Mark. Noch billiger sein, das war die große Parole. Und wenn ein Päckchen amerikanische Zigaretten im Laden 3 Mark kostete – der schwarze Markt verlangte nur 2,50 Mark dafür.

Ein Erdrutsch des neuen Geldes bahnte sich an. Das Preisgefüge drohte wie eine Lawine davonzurollen. Das war Großalarm – für die

deutschen Behörden ebenso wie für die Besatzungsmächte. Die
Währungsreform war in Gefahr. Polizei und Militärpolizei starteten
zur großen Schlacht im Wirtschaftsdschungel.

In diesen Tagen verlor die Mehrzahl der Schwarzhändler nicht nur
ihr Vermögen, sondern auch die Freude am ›Beruf‹. Viele wurden
hinter Schloß und Riegel gesetzt. Eine Razzia löste die andere ab.
Schwarzhändler wurden lastwagenweise Schnellrichtern zugeführt,
die mit Überstunden arbeiteten. Bald waren die Gefängnisse über-
füllt. Und bei Hamburg wurde sogar das ehemalige KZ-Lager Neuen-
gamme als Arbeitslager für Schwarzhändler eingerichtet. Aber dieser
heimliche und heftige Buschkrieg war weit komplizierter, als sich das
heute anhört.

Sergeant Brown betritt die Zelle, in der sich Albert Behnke aufhält.
Der starrt ihm unfreundlich, aber auch nicht ganz ohne Hoffnung,
entgegen. »Nun freuen Sie sich wohl – was? Mich so ganz unten zu
sehen, haben Sie wohl immer gehofft – wie?«

»Reden Sie keinen Unsinn, Mann!« Er setzt sich zu ihm auf die
Pritsche. »Versuchen Sie sich doch mal vorzustellen, daß ich es
immer noch nicht aufgegeben habe, Ihnen zu helfen. Damit Sie aus
dieser Scheißsituation herauskommen.«

»Wollen Sie etwa wieder auf diesen Kronzeugenquatsch
hinaus?«

»Das geht nun nicht mehr. Sie sind leider sozusagen auf frischer
Tat ertappt worden. Mann Gottes, Sie haben sich weit mehr
Dämlichkeiten geleistet, als in selbst noch so schäbigen Zeiten
gestattet sind. Normalerweise müßte man so was wie Sie kaltstel-
len, aus dem Weg räumen, für längere Zeit aus dem Verkehr
ziehen. Was man jetzt mühelos könnte.«

»Dann tun Sie das doch, Mann!« Albert Behnke ist voll verzweifelter Wut. »Was hält Sie davon ab?«

»Etwas wahrlich nicht Unwichtiges – Ihre Schwester.«

»Spekulieren Sie immer noch auf die?«

»Mit zunehmender Berechtigung, Albert. Sogar Ihr Vater hat
seine Proteste halbwegs eingestellt. Und ich weiß, daß ich beiden
einen besonderen Gefallen tun würde, wenn ich Ihnen helfe.«

»Und Jürgen Weberknecht auch?«

»Warum nicht. Immer eines nach dem anderen. Und jedes auf
angemessene Weise. Zunächst jedenfalls bin ich hier, bei Ihnen.«

»Und ich verstehe Sie richtig, Brown – Sie wollen mich hier herausbringen? So ohne weiteres? Nur wegen meiner Schwester. Angeblich. Sie erwarten doch bestimmt irgend etwas dafür von mir. Daß ich Ihnen in den Arsch krieche?«

»Schenken Sie sich derartige Vermutungen. Ich will lediglich wissen: warum? Warum haben Sie sich auf diese fragwürdigen Abenteuer eingelassen. Also – gelungener Sprengstoffanschlag, versuchter Transportraub. Das kann sehr schlimm für Sie werden, muß es aber nicht. Nicht wenn Sie mir Einzelheiten liefern, mit denen ich operieren kann. Für Sie. Sind Sie bereit, ganz offen mit mir zu reden?«

»Wie zu meinem zu vermutenden Schwager – was? Vergessen Sie aber nicht, daß da noch ein anderer existiert. Nämlich Jürgen. Und der existiert ebenso als möglicher Schwager. Dann aber auch noch als verläßlicher Kamerad.«

»Das«, sagt Sergeant Brown, »können Sie getrost mir überlassen. Ich mache das schon. Auf meine Weise. Immer vorausgesetzt, Sie legen nun mal los, Albert. Sie schleimen sich aus unter vier Ohren. Also mit aller Offenheit. Bereit dazu?«

»Sie lassen mir wohl keine andere Wahl – was?«

»Nein!« Das klingt überaus bestimmt, dennoch nicht unfreundlich. »Also, los – ich höre.«

Die Blockade West-Berlins war eine unmittelbare Folge der westdeutschen Währungsreform – das ist nicht zu bezweifeln. Aber gerade diese Behauptung wird weder von den Politikern des Westens noch des Ostens hundertprozentig akzeptiert. Es klingt nicht gut, daß alles, was sich in Berlin ereignet hat, in erster Linie des Geldes wegen geschehen sein soll – es gab ganz andere, wesentlich zugkräftigere Parolen. Beide Seiten behaupteten ganz schlicht, daß es um die Freiheit gehe. Aber beide Seiten zugleich können doch unmöglich recht haben.
Am 18. Juni 1948 wurde in den drei Westzonen die Währungsreform verkündet. Am 19. Juni begannen die Sowjets mit der Abriegelung der Ostzone. Und am 23. Juni – schon drei Tage nach der eigentlichen Währungsreform – lief folgende Nachricht um den Erdball:
›Die Transportabteilung der sowjetischen Militärregierung sieht sich gezwungen, aufgrund technischer Schwierigkeiten den Ver-

kehr aller Güter- und Personenzüge von und nach Berlin ab morgen früh sechs Uhr einzustellen.‹

Und das bedeutete nichts anderes, als daß die Sowjets Anstalten machten, mehr als zwei Millionen Berliner für sich zu vereinnahmen – in Frieden und Freiheit. Und sie versprachen Licht, Brot und Wärme. Und das alles wahrlich nicht zuletzt, um das bedrohte Währungsgefüge in der Ostzone aufrechtzuerhalten.

Wie immer in solchen Fällen konnten beide Seiten dicke Argumente ins Treffen führen. Einer belastete den anderen und versuchte sich selbst als makelloser Ehrenmann auszuweisen. Auch wir wollten die neue Währungsreform, sagten die Russen. Und die Amerikaner erklärten schlicht: Die Sowjets haben Forderungen gestellt, die jede vernünftige Reform unmöglich gemacht hätten.

Dieses Tauziehen um Schuld und Nichtschuld setzte ziemlich frühzeitig ein. Der Auftakt war die Londoner Außenministerkonferenz im Dezember 1947 – sie scheiterte durch die Schuld der Sowjets, sagten die Amerikaner. Prompt behaupteten die Sowjets: Die Amerikaner sind schuld! Und in diesem Stil ging es weiter.

Im Januar 1948 hielten die Sowjets den ersten alliierten Militärzug an – sie erklärten, das sei ihr gutes Recht; sie hätten schon immer diese Militärzüge kontrolliert. Die Amerikaner protestierten. Die Sowjets verschärften ihre Kontrollen. Die Amerikaner protestierten abermals.

Aber die Amerikaner protestierten nicht nur – sie taten etwas recht Bemerkenswertes, das dann später Berlin das Leben retten sollte: Sie begannen, ihre Truppen auf dem Luftweg zu versorgen. Und das geschah bereits Anfang April 1948. Sie schufen eine Brücke durch die Luft – Monate vor der Währungsreform.

Als dann später Berlin wie eine Festung abgeschnitten und umlagert war, als die Blockade begann, war der Weg der Amerikaner bereits vorgezeichnet. General Clay war entschlossen, nicht nur die Amerikaner auf dem Luftweg zu versorgen, sondern ganz West-Berlin. Und so entstand aus der ›kleinen‹ die ›große‹ Luftbrücke – das bisher gewaltigste Lufttransportunternehmen unserer Zeit.

Der Sergeant Brown heißt übrigens mit Vornamen George. Was so ähnlich wie ›Schorsch‹ ausgesprochen wird. Das auch in Bayern, wo er alsbald leben wird. Mit seiner Frau.

Zunächst jedoch besucht ›Schorsch Braun‹ die Zelle nebenan, den dort einsitzenden Jürgen Weberknecht. Teilnehmer Weltkrieg zwo, mehrfach ausgezeichnet, vielfach bewährt. Auch bei diversen Damen. Leutnant bei den Pionieren, mit erfolgreich abgeschlossenem Sprengstofflehrgang, 1944.

Jürgen gibt sich einigermaßen streitbar, aktionsentschlossen, verteidigungsbereit. »Ich protestiere!« ruft er seinem Besucher zu. »Ich bin unschuldig!«

»Geschenkt«, sagt Brown, »da bekannt. Unschuldig sind hier alle. Außer Hitler. Der hat Millionen Nazis verführt und mißhandelt. Und seine braven Soldaten natürlich auch – wozu selbstverständlich auch Sie gehören, Kamerad Weberknecht, Herr Leutnant.«

Der wirkt übergangslos wie stark abgebremst. Er scheint sich sogar um eine gewisse Höflichkeit zu bemühen. »Ich kann nur versichern, daß ich ganz zufällig in diese Angelegenheit hineingeraten bin.«

»Die Zufälligkeiten, Weberknecht, habe ich inzwischen herausgefunden. Sie fühlen sich hier nicht wohl. Das ist ein versautes, heruntergekommenes, von den Amis ausgebeutetes Land. Hier können Sie nicht mehr frei atmen, habe ich gehört. Das ist nicht mehr Ihr Deutschland. Alles stinkt Ihnen zu Ihrem Himmel. Sie wollen weg – soviel ich weiß –, so weit wie möglich. Gleich bis Südamerika. Argentinien. Nun ja – warum eigentlich nicht?«

Jürgen Weberknecht hat aufgehorcht. Nun blickt er den Sergeant wachhundartig aufmerksam an. Ungläubig, skeptisch; fragend auch. »Was heißt das, Mister Brown – dieses: warum eigentlich nicht?«

»Genau das, was Sie vermuten.«

»Wollen Sie mir das etwa ermöglichen?«

»Warum denn nicht? Wenn Sie dazu bereit sind, will ich gern versuchen, Ihnen dabei behilflich zu sein. Den eigentlichen Beweggrund dafür werden Sie ahnen. Doch der wird Sie nicht sonderlich stören, vermute ich. Jedenfalls bin ich bereit, mir Ihre Abreise einiges kosten zu lassen.«

»Und wissen Sie auch, Mister Brown, welche finanzielle Größenordnung dazu gehört?«

»Weiß ich. Darüber bin ich unterrichtet worden. Fünfhundert Dollar, plus Spesen. Sagen wir: insgesamt achthundert Dollar. Um das Ganze angenehmer zu machen. Die zahle ich Ihnen gern. Bar auf die Hand. Nun?«

»Und – mit welchen Bedingungen?«

»Mit nur einer, Weberknecht. Sie verschwinden hier. Sofort. Ohne noch jemandem Adieu zu sagen. Akzeptiert, Weberknecht?«

»Nun ja«, sagt der gedehnt. Es gelingt ihm nur mühsam, seine Freude zu verbergen. Wie um davon abzulenken, bringt er noch einige zeitgemäße Gemeinplätze an: Dieses Deutschland, so wie es jetzt in Erscheinung tritt, ist am Ende. Die sogenannte Währungsreform ist großer Mist, wird nichts ändern, nur diese Sowjets herausfordern! Hier geht alles vor die Hunde. Davor muß man sich bewahren. Auf bessere Zeiten hoffend.

»Tun Sie das«, ermuntert ihn Brown. »Sonst noch eine Frage dazu?«

Weberknecht hat keine. Er fragt weder nach Albert, noch nach Charlotte Behnke. Also nicht nach der Verlobten, nicht nach dem Kameraden.

Brown registriert das mit leicht verengten Augen.

»Von mir aus, Mister, kann es also losgehen! Eisen Sie mich hier frei. Dann blättern Sie mir Ihre Dollars hin. Danach bin ich hier weg vom Fenster. Wann?«

»Von mir aus bereits gestern!« Der Sergeant wirkt nun lässig belustigt. »Also sagen wir: gleich heute, sobald ich Sie freibekommen habe. Dann hauen Sie hier ab.«

»Einverstanden«, sagt Jürgen Weberknecht völlig komplikationslos.

Am Morgen des 24. Juni 1948 ließen die Sowjets den Eisernen Vorhang in Berlin-West fallen. Das war für Eingeweihte keine sonderlich große Überraschung – die Sowjets hatten schon vorher mit dieser Möglichkeit gedroht. Und von ihrem Standpunkt aus war die reale Chance durchaus gegeben, ganz Berlin zu vereinnahmen. Warum sollten sie zögern, in diesem gigantischen Tauziehen eine vorübergehende Schwäche des Gegners auszunutzen?

Merkwürdig war eigentlich nur, daß die beliebte Parole ›Für Freiheit und Frieden‹ hier gelegentlich von durchaus handfesten Formulierungen abgelöst wurde. Zuerst wurde bekanntlich in Westdeutschland die Deutsche Mark eingeführt, die republikanische Mark gewissermaßen – und prompt gab es im Osten auch eine neue Deutsche Mark, die volksdemokratische: Westgeld und Ostgeld, wie es im Volksmund hieß. Berlin aber, so hatten die Alliierten beschlossen, sollte von der Währungsreform ausgenommen bleiben. Knappe fünf Tage später jedoch erklärten die Vollzugsbeamten der Sowjets nahezu feierlich: »Wir werden unsere Währung vor der Spaltermark schützen!«

Und das war der eigentliche, der wahre Grund, warum der Eiserne Vorhang fiel – die besonders schönen Parolen kamen erst später. Und wenn heute die Blockade von Berlin schon so etwas wie eine Legende ist – sie ist von der Währungsreform untrennbar.

Nun saß jedoch in West-Berlin ein Mann, dessen Namen bis dahin nur wenige kannten: ein gewisser Ernst Reuter.

Einen gab es allerdings, der diesen Mann ganz genau erkannt hatte, und das war der amerikanische Oberkommandierende in Deutschland, der General Clay. Clay spürte genau, daß Reuter der richtige Mann war, den Sowjets die Stirn zu bieten. Mit Reuter in der vordersten Linie konnte es Clay wagen, auch das Risiko eines heißen Krieges in Kauf zu nehmen.

Eingehende und ausgedehnte Verhandlungen fanden statt, oft hinter verschlossenen Türen, gelegentlich sogar unter vier Augen. Clay war ein harter Forderer und Reuter ein zäher Bewahrer deutscher Rechte – aber in einem Punkt einigten sich beide schnell: Berlin mußte gehalten werden! Und der deutsche, emigrierte Professor Reuter, der zwölf Jahre lang in Ankara Volkswirtschaft gelesen hatte, der dann den Wunsch verspürte, nach dem Krieg im Ruhrgebiet die Industrie zu organisieren – er schien ein Leben lang nichts anderes gewesen zu sein als ein waschechter Berliner.

Das Endergebnis dieser intensiven Vorbereitungen zu einem der faszinierendsten unblutigen Machtkämpfe der Geschichte wurde dann außerordentlich geschickt in zwei Sätzen zusammengefaßt, die geradezu lesebuchreif sind:

Der General Clay fragt den Regierenden Bürgermeister:

»Sind die Berliner bereit, alle Prüfungen zu überstehen und zu den Alliierten zu halten?«

Und Ernst Reuter antwortete:

»Ohne mit der Wimper zu zucken!«

Was dann aber kam, war durchaus geeignet, heftiges Wimpernzucken hervorzurufen – und zwar auf beiden Seiten.

Der alte Behnke hat schon seit Monaten genau überlegt, was sein wird, wenn einmal anderes Geld kommt. Und er war von Anfang an überzeugt: dann wird es Benzin geben! Und darauf baut er seinen großen Plan.

Als die Währungsreform verkündet wird, verschwindet Behnke in seiner Werkstatt und macht sich über seinen Opel her: Er montiert den Holzgasofen wieder ab und stellt den Wagen auf Benzin um. Er hat alles genau vorbereitet, alle notwendigen Motorteile liegen seit Monaten griffbereit – sauber, vollständig und montagefertig. Und zu allem Überfluß lackiert er noch seinen Karren feierlich schwarz.

Drei Tage später ist sein Werk vollendet. Er fährt bei der Tankstelle vor, legt dort sein Kopfgeld auf den Tisch – die ganzen vierzig Mark, keinen Pfennig weniger – und läßt seinen Opel mit Benzin vollaufen.

»Mensch«, sagt der Tankstellenwärter, »du hast Mut!«

»Ich habe vierzig Mark, und dafür gibt es fast achtzig Liter Benzin. Was hat Benzin mit Mut zu tun?«

Dann fährt Behnke zu seinem Standplatz vor dem Bahnhof. Hier wartet er sieben Stunden. Dann macht er die erste und einzige Fahrt des Tages – aber sie bringt ihm drei Mark ein. Drei Deutsche Mark.

An diesem Abend ist Behnke sehr still. Er legt die drei Mark seiner Frau auf den Küchentisch. Die will das Geld nicht nehmen.

»Kauf dafür Schnitzel«, sagt Wilhelm Behnke. »Jetzt beginnt das fette Leben.«

Aber das ›fette‹ Leben kommt nicht mit Höchstgeschwindigkeit angebraust. Es scheint zu hinken und schleicht sich mühsam um die Ecken. Am nächsten Tag macht Behnke wieder eine Fuhre, nur eine einzige. Er nimmt lediglich 2,20 DM ein. An diesem Abend ißt er sein Schnitzel, allerdings ohne sonderlichen Appetit.

Über diesen mangelhaften Appetit ärgert sich Behnke den ganzen dritten Tag – denn an diesem Tag macht er eine Fuhre nach der anderen und nimmt fast 30 DM ein. Behnke spürt, daß das Geschäft langsam wieder zu blühen beginnt. Und am Abend leistet er sich einen Schnaps.

Schnaps, den er sich selbst gekauft hat! Kaufen konnte! Was ihn sehr befriedigt. Wobei Brown erscheint. Auch ihm schenkt er einen Schnaps ein.

Der offeriert ihm seine Zigarren. Genauer wohl: jene des Captain, aus dessen gehorteten Beständen. Der alte Behnke greift nun ohne zu zögern danach. Langsam, denkt er, werden die Zustände hier wohl endlich menschlicher. Er braucht sich nichts mehr zuschieben zu lassen. Er hat gegeben – also kann er nun auch nehmen.

Er trinkt und raucht. Er beginnt sich wohl zu fühlen. Dieser Sergeant war zwar immer ein netter Kerl, aber eben nun nicht mehr Großmacht. Das macht das Verhältnis zwischen ihnen normaler.

»Sie wirken ziemlich zufrieden, lieber Brown. Glauben Sie, Veranlassung dazu zu haben?«

»Könnte sein. Aber warum interessieren Sie sich für meinen Zustand? Warum fragen Sie nicht nach Ihrem Sohn Albert?«

»Muß ich doch wohl erst gar nicht. Sie werden mir von dem erzählen. Und vermutlich einiges, was ich gar nicht hören will.«

»Zunächst einmal sitzt er. Berechtigt.« Brown läßt sich noch ein nächstes Glas einschenken. Dieser Schnaps ist zwar fürchterlich ordinär, schäbigster Privatbrand. Aber da er spürt, daß es dem alten Behnke Freude macht, endlich einmal auch ihn bewirten zu können, trinkt er gern davon.

Dabei sagt er: »Ich werde versuchen, Albert freizubekommen. Ihretwegen.«

»Also , meiner Tochter wegen – was? Doch das eine sage ich Ihnen gleich: Versuchen Sie keine krummen Geschäfte mit mir zu machen. Etwa von wegen: liefere Sohn, erwarte, daß mir Tochter geliefert wird! So was ist mit mir nicht zu machen.«

»Weiß ich, lieber Behnke! Das versuche ich also auch erst gar nicht. Ich schenke Ihnen Albert. Immer vorausgesetzt, so was ist ein Geschenk.«

Vater Behnke nickt bedächtig. »Jedenfalls hat er Sie, und damit meiner Charlotte auch, in eine verteufelt verzwickte Situation gebracht. Haben Sie das erkannt?«

»Ich sehe das wesentlich einfacher. Nachdem ich diese Vorgänge, glaube ich, einigermaßen durchschaut habe.«

»Sind Sie sicher?« Der alte Behnke wirkt nun sehr skeptisch. »Charlotte etwa, auf die es hier wohl ankommt, scheint das so zu sehen: Da hat die Militärregierung, zu der Sie ja nun mal gehören, sozusagen in maßgeblicher Stellung, ihren lieben Bruder kassiert –

und dazu dann auch noch ihren sozusagen angeblichen Verlobten. Das aber gefällt ihr ganz und gar nicht.«

»Mir auch nicht, Herr Behnke. Doch wenn sie das so sieht, dann sieht sie es eben falsch. Das weiß sie nicht, noch nicht. Also muß man ihr das klarmachen.«

Vater Behnke horcht auf. »Klarmachen, sagen Sie, muß man das ihr? Wer denn? Etwa ich?« Das hat er genau richtig erkannt. Aber vorschieben lassen will er sich nicht. »Wie, Mann, soll man ihr das erklären, wenn Sie etwa Albert freischaufeln, diesen Weberknecht aber im Dreck sitzen lassen? Machen Sie das nicht, Brown! Das würde Ihnen Charlotte nie verzeihen.«

Der Sergeant besitzt die Verwegenheit, noch ein weiteres Glas von diesem furchtbar primitiven Schnaps zu erbitten. Das wird ihm bereitwillig gegönnt. Während er es auszutrinken sich bemüht, ohne irgendwelche Abscheu zu zeigen, berichtet er von seinem Plan, diesen Jürgen Weberknecht wegzukaufen. Weit weg. Mit achthundert Dollar. »Aus meinen Ersparnissen.«

»Und Sie glauben, der läßt sich darauf ein?«

»Er hat bereits zugestimmt. Sobald ich ihn freibekomme und zahle, verschwindet er von hier. Auf Nimmerwiedersehen! Ohne sich noch einmal nach sogenannten Kameraden oder angeblicher Braut umzusehen. Das ist versprochen.«

»Mann Gottes, Brown«, stellt nun Vater Behnke mit hoher Anerkennung fest, »Sie sind ja noch weit raffinierter, als ich das bisher schon vermutet habe! Und das alles wegen meiner Charlotte? Soll ich mich nun geschmeichelt fühlen?«

»Sie sollten sie dahingehend aufklären.«

»Verstehe!« bestätigt Wilhelm Behnke unverzüglich. Er versteht Brown tatsächlich. Denn der kann schließlich nicht persönlich zu Charlotte gehen und sagen: So sieht das aus, so ist der, das habe ich getan – für dich! Das kann der nicht.

»Das werde ich machen, mein Lieber! Und zwar mit Wonne. Was denkt sich dieser kreuz und quer herumschlafende Bursche eigentlich? Ist mein Sohn für den ein ausnutzbares Objekt? Meine Tochter eine bequeme Unterlage für besseres Fortkommen? So was kann er doch nicht machen! Nicht mit mir. Schon gar nicht mit meiner Charlotte. Mann, die werde ich nun mal aufklären!«

»Nicht gleich, bitte! Erst dann, wenn Weberknecht von hier

verschwunden ist. Also – morgen. Gegen Abend. Dann dürfte es soweit sein.«

Als die Blockade begann, gab es in Berlin einen Lebensmittel- und Kohlenvorrat für etwa sechs Wochen. Aber Strom und Gas wurden überwiegend aus dem Osten bezogen. Und die Sowjets drehten den Hahn zu.

Inzwischen begannen die Experten zu rechnen. Sie konferierten Tag und Nacht, um herauszubekommen, was Berlin brauchte. Und sie kamen zu dem Ergebnis: Das tägliche Existenzminimum für mehr als zwei Millionen betrug 3439 Tonnen Nahrungsmittel und 2000 Tonnen Kohlen.

»Unmöglich!« sagten die Amerikaner bestürzt, denn die einzigen damals in Deutschland stationierten US-Flugzeuge waren alte zweimotorige Dakotas mit 2,5 Tonnen Laderaum. Mit ihnen konnten täglich nur insgesamt 870 Tonnen eingeflogen werden, nicht aber – wie unbedingt erforderlich – 3439 Tonnen.

Aber General Clay alarmierte Washington. Und sofort wurden sämtliche verfügbaren Großtransporter nach Deutschland dirigiert – nach Frankfurt. Selbst aus den entlegensten Stützpunkten, aus Südafrika und Australien, brausten die großbauchigen Viermotorigen herbei.

Und in Montana, USA, wurde ein einzigartiger Luftzirkus veranstaltet. Hier übte der Nachwuchs für die Luftbrücke in einem Versuchsluftkorridor, der genau den Verhältnissen in Berlin entsprach: Er war nur 32 Kilometer breit und mußte im Blindflug bewältigt werden. Die vorgeschriebene Flughöhe – bei jedem Wetter – war 1700 Meter. Wenige hundert Meter darüber kreisten die sowjetischen Jäger. Am 30. Juni landete die erste Skymaster in Tempelhof. Jede von ihnen schleppte zehn Tonnen Fracht mit sich. Und bald sollte der Tag kommen, an dem alle 63 Sekunden ein Transporter in Berlin landete. Von neun westdeutschen Flugplätzen aus starteten die Maschinen. Ständig waren über 100 Flugzeuge in der Luft. Wer die Landung verpaßte, mußte zum Ausgangsflughafen zurückkehren und von dort erneut starten.

Das Tempelhofer Feld reichte für diesen riesigen Flugverkehr in keiner Weise aus. Sofort wurden Spezialmaschinen nach Berlin geflogen, die dort neue Rollbahnen planierten. Und so wurden der Flughafen der Briten, Gatow, und der Franzosen, Tegel, erweitert und einbezogen. Eine gigantische Transportmaschinerie lief auf Hoch-touren.

Captain Rodger, der US-Militärkommandant dieser Stadt, hat den örtlichen Chef der mit ihm auf Zusammenarbeit angewiesenen Militärpolizei, also jenen Leutnant, der an eine Bulldogge erinnert, zu sich befohlen. Genauer wohl: gebeten. Und das sozusagen mit korrekter Höflichkeit.

Der Leutnant erscheint sprungbereit und leicht geduckt. Der korrekte Captain kann sehr unangenehm werden. Etwa wenn es um Prinzipien geht – um seine. Zu allem Überfluß hat er noch Verstärkung in Stellung gebracht. Diesen Sergeant Brown. Der hält sich im Hintergrund, mit einem Aktenstück bewaffnet, das er sich wie eine Maschinenpistole unter den Arm geklemmt hat.

Der Militärpolizeioffizier wird nicht aufgefordert, sich zu setzen. Denn der Captain sitzt auch nicht. Und der Sergeant steht gleichfalls. Eine Verhaltensweise, die nichts Angenehmes verspricht.

Der Kommandant beginnt diese Unterredung mit einer vermutlich weltpolitisch umfassend gedachten Erklärung: Schwere, bedeutsame Zeiten und heikelste Zustände erfordern hohes Einfühlungsvermögen und höchstes Verantwortungsbewußtsein. »Was ich nicht nur erwarte; ich bin vielmehr sicher, daß dies vorhanden ist.«

Und weiter Captain Rodger, der nahezu seherisch dasteht: »Der wahre Gegner wird nun erkennbar.« Anscheinend meint er die Sowjetunion. »Darauf müssen wir uns jetzt einstellen. Wobei wir auf niemanden mehr verzichten können, der uns seine Mithilfe anbietet, oder eben dazu aufgefordert werden soll. Dieses westliche Deutschland beginnt für uns wertvoll zu werden.«

»Kann ja sein«, knurrt die Bulldogge von Leutnant, spürbar unwillig. »So was hat uns hier gerade noch gefehlt. Was hat meine Dienststelle damit zu tun?«

»Die hat sich anzupassen – den nunmehrigen Verhältnissen gegenüber!« fordert der Kommandant. »Also – keinerlei unnötige Störungen, Vermeidung jeder fragwürdigen Herausforderung!«

»Ihrer Ansicht nach, Sir?«

»Nach Ansicht von General Clay! Entsprechende Richtlinien, offizielle, liegen vor. Die Währungsreform muß zu voller Wirkung gelangen. Und die Berlin-Aktion darf nicht gestört werden. Nicht durch Maßnahmen, welche die Bevölkerung beunruhigen und verunsichern könnten.«

Der bulldoggenhafte Leutnant blickt blinzelnd um sich. »Darf ich nun mal fragen, Sir, was Sie praktisch darunter verstehen?«

Das erklärt ihm der Sergeant Brown. Dem hat der Captain verlangend zugenickt. Brown benutzt seine Akte, die er jedoch nur flüchtig durchzublättern scheint. Er wirkt dabei überaus freundlich.

»Fall eins – im unmittelbaren Bereich unserer Kommandantur. Der detonierende Sprengstoff bei Rotzler. Der ist nunmehr als Schieber erkennbar. Auch als Hehler. Als solcher hat er vermutlich auch hochexplosives Material gelagert, das dann eben hochging. Eine Art Betriebsunfall.«

»Der Rotzler«, widerspricht der Militärpolizeileutnant, »ist in die Luft gejagt worden! Und zwar fachgerecht. Also von jemanden, der sich auf diesem Gebiet auskennt. Und ich weiß auch, wer dafür in Frage kommt.« Er meint Weberknecht.

»Ich glaube nicht«, sagt der Sergeant sanft, »nicht nach den vorhandenen Unterlagen, daß Sie in der Lage sind, dem von Ihnen vermuteten Täter diese Tat einwandfrei nachzuweisen.«

»Können Sie das?« will der Captain, nach einem ermunternden Seitenblick von seinem Brown, wissen. »Ja – oder nein? Also?«

»Nein«, muß der Leutnant knurrend eingestehen. »Das kann ich nicht voll beweisen. Noch nicht. Dennoch . . .«

»Nur keine Fragwürdigkeiten!« fordert der Captain verabredungsgemäß streng. »Nicht in dieser heiklen, weitzeugenden Situation, bei der alle möglichen Hindernisse geschickt beseitigt werden müssen. Im Sinne von General Clay.«

»Sodann Fall zwei in unserem unmittelbaren Bereich«, beeilt sich der Sergeant Brown nachzustoßen. »Dieser angeblich versuchte Eisenbahnraub. Auf vier Kisten, in denen sich nichts wie Formulare befanden.«

»Absolut beweisbar!« bellt nun die Bulldogge auf.

»Eben nicht!« stellt Sergeant Brown fest, der in dieser Konstellation verläßlichste Mitarbeiter seines Captains: »Denn bei den Vernehmungsprotokollen befindet sich eine recht glaubhafte Bekundung, die da lautet: ›Wir wollten nur mal mitfahren!‹«

»Eine typische Ausrede!« stellt der Leutnant fest.

»Dennoch eine, die nicht einfach von der Hand zu weisen ist. Denn in der Nähe der Aufsprungstelle dieser angeblichen Kriminellen wurde deren Kraftwagen aufgefunden. Und der war nicht in Gang zu setzen. Die hatten tatsächlich eine Panne. Und der dann vorbeirollende Zug bot sich ihnen, als nächstes Transportmittel, geradezu zwangsläufig an.«

»Was denn, was denn!« schnauft der Leutnant höchst unwillig auf. »Mutet man mir denn etwa zu, daß ich diese Kerle einfach laufenlasse?«

»Verdacht allein, Sir«, sagt der Sergeant höflich, »genügt eben nicht. Nicht bei uns.«

Worauf der Captain munter zu bedenken gibt: »Schließlich, mein Lieber, demonstrieren wir hier die denkbar beste aller Demokratien! So was aber verpflichtet. Vermögen Sie das zu erkennen, Leutnant? Endlich!«

Der Leutnant duckt sich. Eine schwer geforderte Bulldogge scheint zurückzukriechen. In seine mögliche Sicherheit hinein. »Was also, Sir, meinen Sie, wird dabei von mir erwartet?«

Der Captain wird nun wie unendlich erleichtert. Er blinzelt seinem Brown ermunternd zu. Und der antwortet für ihn:

»Erwartet, Herr Leutnant, wird lediglich dies: Entlassen Sie diese beiden Kerle aus Ihrem Bereich.« Gemeint sind Albert Behnke und Jürgen Weberknecht. »Überliefern Sie sie uns. Wir machen dann schon mit ihnen, was entsprechend zeitgemäß ist.«

»Einverstanden?« fragt Captain Rodger, nunmehr äußerst zuversichtlich. »Und wie Sie wohl wissen, lege ich auf äußerste Korrektheit stets Wert. Also?«

Und damit scheint hier alles so gut wie gelaufen zu sein.

Bevor die große Blockade begann, war der Berliner ein halbwegs freier Mann. Er konnte sich ungehindert in ganz Berlin bewegen. Er konnte auch – wenn er wollte – in die sowjetisch besetzte Zone fahren, nach Leipzig oder Dresden. Ohne besondere Schwierigkeiten! Eine Fahrkarte in Reichsmark, und los ging die Reise.

Aber dann kam die Westmark, bald darauf die Ostmark, und schließlich gab es sogar eine Berlin-Mark: Die Deutsche Mark wurde mit einem großen dicken B überstempelt. Dieses aufdringlich dicke B wurde zu allem Überfluß auch noch in den Personalaus-

weis hineingedruckt. Und plötzlich genügte ein schneller Vopo-Blick,
um die Westberliner von den Ostberlinern zu unterscheiden.

Aber der B-Stempel bedeutete die Kopfquote in Westmark. Allerdings
forderten die Sowjethelfer die Berliner auf, diese ›Spaltermark‹ nicht
abzuholen, sondern sich vertrauensvoll an den Osten zu wenden.

Das taten denn auch nicht wenige Berliner. Sie kassierten zuerst die
Kopfquote im Ostsektor, um dann das gleiche in den Westsektoren zu
tun. Hier mit B-Stempel. Und hier blieben sie dann auch.

Nur etwa drei Prozent aller Berliner erlagen den Verlockungen des
Ostens – dem angebotenen Strom, dem Heizmaterial und den Lebens-
mitteln. Der große Rest blieb westlich und hat das später nie bereut.
Aber es war gewiß nicht leicht, sich mit 25 Pfund Kohle zu begnügen,
wo man zwei Zentner haben konnte, wenn man zu Kreuze kroch. Aus
diesem Durcheinander und Nebeneinander von verschiedenen Wäh-
rungen und verschiedenartigen Versorgungs- und Wirtschaftssyste-
men erwuchs nahezu unvermeidlich die letzte Konsequenz: der
Zwang. Die Blockade.

Und der Gegenzug darauf: die Luftbrücke.

3439 Tonnen täglich!

Eine geradezu gigantische Forderung, aber sie wurde erfüllt. Und sie
wurde sogar noch überboten. Es kam der Tag, an dem 13 000 Tonnen
eingeflogen wurden, und davon waren allein 10 000 Tonnen Kohle.
An einem einzigen Tag!

Und das war dann das Endergebnis: Mehr als 250 000 Flüge von und
nach Berlin fanden statt. Die Amerikaner allein bewältigten 77 Pro-
zent der Tonnage. Die restlichen 23 Prozent gingen auf das Konto der
Briten.

1,5 Milliarden – in D-Mark umgerechnet – kostete diese Luftbrücke
die USA. Großbritannien brachte 200 Millionen DM auf. Und
Westdeutschland 150 Millionen.

Unter dem pausenlosen Gedröhn der Motoren ereigneten sich die
kleinen und großen Tragödien, die hintergründigen Komödien und die
makabren Lustspiele, und sie verwandelten Berlin in eine gewaltige
Bühne, auf der viele Berliner Glanzrollen spielten – und einige für
immer das Gesicht verloren.

Der Sergeant Brown erlaubt es sich, Charlotte zu bitten, mit ihm
einen Spaziergang zu unternehmen. In den nahen Parkanlagen:
staubige Wege; fast armselige, aber sorgfältig angelegte Blumen-

beete; hochragende Bäume. Letztere wirken wie ein beschützendes Dach.

Natürlich hat Brown zu dieser Begegnung die Erlaubnis des alten Behnke eingeholt. Schon um zu sehen, wie der darauf reagiert. Die Erlaubnis ist ihm erteilt worden – allerdings mit der Warnung:

»Dabei sollten Sie sehr vorsichtig sein, kann ich Ihnen nur raten. Aber Sie werden schließlich schon erkannt haben, daß Charlotte so ganz und gar meine Tochter ist. Also wohl alles andere als ein liebes, schönes, gefälliges Schaf.«

Diese kleine Stadt, etwa vierzig Kilometer von Kassel entfernt, mutet an wie aus Teilen eines alten Baukastens zusammengestellt. Zahlreiche Fachwerkhäuser im Mittelpunkt, nicht mehr als zwei Stockwerke hoch; einige wie geduckt wirkende Gebäude um sie. Vorherrschend: Holz. Das alles wirkt nun leicht verwahrlost – wie eben nach sechs Jahren Krieg und der unvermeidlichen Zeit danach. Obgleich hier keine Bomben gefallen sind, keine Kampfhandlung stattgefunden hat.

Charlotte und George achten nicht auf ihre Umgebung. Sie sind mit sich selbst beschäftigt. Sie schlendern dahin. Scheinbar wie zufällig. Wie ziellos auch. Sie betrachten sich bemüht vorsichtig.

Er sagt dabei: »Charlotte, Sie sollten sich, bitte, bei diesem Spaziergang keinesfalls irgendwie bedrängt fühlen. Nicht durch mich – das niemals. Ich gedenke mich lediglich ein wenig mit Ihnen zu unterhalten. Ihnen Fragen zu beantworten, falls Sie welche haben. Damit Sie mich ein wenig näher kennenlernen, was ich sehr wünschen würde.«

Nun bleibt sie stehen. Wendet sich ihm zu. Sieht ihn groß an. »Ich glaube, Mister Brown, ich kenne Sie bereits recht gut. Möglicherweise besser, als Sie wünschen. Denn Sie haben da offenbar eine Menge Vorgänge in Bewegung gesetzt, die nicht allzu schwer zu durchschauen sind. Auch von mir nicht.«

Sie steht ihm dicht gegenüber. Er blickt sie an. Sie wirkt sehr ernst. Sieht dabei prachtvoll aus. Wie eigentlich immer, in seinen Augen. Jedoch irgendwie anklagend mutet sie nicht an.

»Vermutungen, Fräulein Behnke«, sagt er eilig, »die sich hoffentlich als ein Irrtum erweisen werden.«

»Hoffen Sie nicht allzu viel, empfehle ich Ihnen.« Charlotte gibt sich offenbar recht überlegen. »Jedenfalls haben Sie, einmal, meinen Bruder Albert in die Arme seines Vaters getrieben. Wo der womöglich inmitten lauter Ehrbarkeit verkümmern könnte.«

»Das, Charlotte, ist keinesfalls beabsichtigt – muß auch nicht zutreffen!«

»Und weiter, Mister Brown, haben Sie versucht, Herrn Weberknecht zu kaufen, sozusagen wegzukaufen. Mit schäbigen achthundert Dollar, wie ich gehört habe. Obgleich Sie wußten, daß ich mit ihm so gut wie verlobt bin. Warum haben Sie das getan?«

»Natürlich Ihretwegen, Charlotte«, bekennt Brown offen. Sie hat ihn durchschaut. Da ist nichts mehr zu verbergen. Und das will Brown auch nicht. Er leistet sich letzte Offenheit.

»Ich bekenne mich da sozusagen schuldig«, gibt er zu. »Aber alles ist wohl noch schlimmer als Sie vermuten, Fräulein Behnke. Ich habe Ihrem Bruder Albert diesen Eisenbahnhinweis zugespielt. Und der hat sozusagen zugebissen. Gemeinsam mit Weberknecht.«

»Und damit bekamen Sie beide in Ihre Falle?«

»So ungefähr. Ihren Bruder habe ich dann freigeeist. Und Ihrem Verlobten eine Ausreise ermöglicht – gleich bis nach Argentinien. Der ist nun bereits dorthin unterwegs.«

»Ohne sich von mir zu verabschieden?«

»Davon«, erklärt nun Brown, »habe ich ihm abgeraten. Um noch deutlicher zu werden: Das war eine meiner Bedingungen für seine von mir unterstützte Abreise.«

»Und der hat sich darauf eingelassen?«

»Dazu gezwungen – von mir! Das gebe ich ganz offen zu.« Bleibt ihm denn nun eine andere Wahl? »Und jetzt, Charlotte, können Sie zu mir sagen: Entfernen Sie sich gefälligst; Sie widern mich an! Ich würde das für berechtigt halten.«

Das Fräulein Behnke setzt sich nun in Bewegung. Auf die nächste Parkbank zu. Hier läßt sie sich nieder. Wobei sie auf den freien Platz neben sich weist. Einladend. Dort setzt sich Brown ungläubig hin.

»Wo werden wir leben?« fragt sie dann. Behutsam ermunternd.

»Wir? Wann?«

»Sobald wir verheiratet sind, George.«

Brown hat nun erhebliche Mühe, seine nächsten Worte hervorzubringen. »Sollte ich mich etwa verhört haben? Haben Sie da tatsächlich soeben gesagt: heiraten! Und dabei mich gemeint, Charlotte?«

»Wen denn sonst?«

»Und das trotz allem, was ich mir da so geleistet habe?«

»Gerade deshalb, George. Denn wer so was unternimmt, eben für eine Frau, beweist damit, daß die ihm offenbar gar nicht wenig bedeutet. Sie haben allerhand riskiert, George – aber eben für mich. Und das gefällt mir. Sehr sogar.«

Sie hält ihm eine Hand hin. Er greift mit beiden Händen zu. Sie zögert nicht, sich an ihn zu schmiegen. Ihm ist es, als versinke er in einen großen Traum; wie betäubend endlos.

Doch dann vernimmt er wieder ihre Stimme, die nun sehr freundlich, zärtlich, bereitwillig hoffnungsvoll klingt. »Wo also, George, werden wir leben? In deinem Amerika?«

»Hier – in Deutschland, wenn du willst, Charlotte. Und zwar in München. Dort ist mir die Leitung einer erstklassigen amerikanischen Bankfiliale angeboten worden. Mit einem durchaus stattlichen Monatsgehalt, mit einem langjährigen Vertrag. Wäre dir das recht?«

»Dann werden wir also diese Stadt verlassen«, sagt sie zustimmend. »Und was ist mit deiner Kommandantur, dem Captain Rodger, dieser Militärpolizei?«

»Nur noch Zwischenstationen – zu dir hin. Leicht lösbare übrigens. Ich bin lediglich Soldat auf Zeit. Mir kann jederzeit gekündigt werden. Und auch ich kann jederzeit kündigen.«

»Dann tu das«, sagt Charlotte, sehr dicht bei ihm.

Wobei er zu erkennen glaubt: Selbst Märchen vermögen manchmal wahr zu werden.

In West-Berlin war alles anders. In den drei westlichen Zonen begann sich das Leben ganz langsam zu normalisieren. In der großen Stadt aber löste eine Komplikation die andere ab. Nur eins blieb unerschütterlich, unverändert: die Haltung der Berliner unter ihrem Ernst Reuter.

Damals gab es kaum einen Berliner, der nicht auf eigene Faust handelte, tauschte und schmuggelte: Amizigaretten gegen Zonenkäse, Ostgeld gegen Westgeld, Corned beef gegen Wachskerzen. ›Licht‹ wollten die Westberliner. Elektrischen Strom gab es zu den absonder-

lichsten Zeiten, streng nach Plan, immer nur ein paar Stunden, manchmal mitten in der Nacht oder gegen Morgen. Wachskerzen waren die große Mode, und alles klebte voller Stearin, die Betten ebenso wie die Teppiche. Das Stück kostete etwa 1 Ostmark. Und sie qualmten und stanken entsetzlich.

»Der kluge Berliner kauft in der HO«, lockte der Osten.

Aber die Westberliner aßen Pom – Pomme von ihnen genannt. Und das selbst auf die Gefahr hin, Magenkrämpfe zu bekommen. Denn Pom war ein scheußliches Zeug, eine Art Kartoffelpuffer. Der Westen lieferte dieses Zeug tonnenweise an.

Es gab auch Dorschleberwurst – noch heute schütteln sich die Berliner, wenn sie daran denken. Und manchmal hatten die tapferen Blockadebrecher noch ein anderes Gefühl, das ihnen Unbehagen bereitete: sie wurden den Verdacht nicht los, daß einige der Waren, die über die Luftbrücke kamen, so eine Art Abfall waren. Was der langsam wieder satt werdende Westen nicht mehr essen wollte, das schickte man den Berlinern.

»Wissen Sie, manche Leute sind schon mies«, sagte uns eine Berlinerin in diesen Tagen. »Vermutlich wollten auch einige ganz hübsch an uns verdienen. Na, komisch, was man alles so vergißt. Ist aber vielleicht ganz gut so.«

Es kann jedenfalls nicht schaden, sich daran zu erinnern. Auch die unerfreulichsten Ausnahmen gehören zu dem Gesamtbild – das Böse genauso wie das Erheiternde. Und selbst die Westberliner hatten gelegentlich Grund, ganz herzhaft oder zumindest aufrichtig schadenfroh zu lachen. So ergab sich zum Beispiel, daß einer der ersten Leidtragenden der Blockade der sowjetische Kommandierende General in Berlin selbst war. Denn General Kotikow, der für West-Berlin das Licht abdrehen ließ, saß in Babelsberg in einer Villa, die wiederum Strom aus dem Westsektor bekam. Prompt saß Kotikow im Dunkeln und konnte sein Süppchen nicht mehr wärmen – und er war ein magenkranker Mann. So zog er dann um. Beim Passieren des amerikanischen Sektors wurde sein Möbelwagen beschlagnahmt. Zur reinen Freude der Berliner.

Besonderen Applaus verdiente sich der französische Stadtkommandant, General Ganeval. Er ließ die Sendetürme des kommunistischen ›Radio Berlin‹, die im Westsektor standen, einfach in die Luft sprengen – nach geradezu höflicher Aufforderung an die Sowjets, sie zu entfernen. Sie störten in der Einflugschneise zum Tegeler Flug-

platz. Also, in die Luft damit! Kotikow schäumte. Wütend fragte er
an: »Wie haben Sie das nur machen können?«
»Mit Dynamit« antwortete der Franzose lakonisch.

Die für diese kleine, alte Stadt wohl wichtigste Entscheidung in
jener Nachkriegszeit erfolgt bei Frankfurt. Im Bereich des im
westlichen Deutschland befindlichen Hauptquartiers der US-Ar-
my. Also bei der Dienststelle des General Clay.

Dort glaubt dessen Stabschef, nach Berichten von mehr oder
minder engeren Mitarbeitern, herausgefunden zu haben: Dieser
Captain Rodger ist ein absolut erstklassiger Mann! Der kennt sich
hier aus. Der hat sozusagen fest und sicher seine Hand am Puls
dieses westlichen deutschen Volkes.

Eine Annahme, die allein das Verdienst des Sergeant Brown ist.
Die von ihm erstellten Berichte, die dann der Captain nur noch
unterschreiben braucht, rufen im Hauptquartier hohe Anerkennung hervor. Dort wird alsbald Rodger nicht nur als verläßlicher
Befreier, auch als wirksamer Bereiniger registriert. Sie wollen ihn
haben.

»Ein Ruf«, sagt der Captain nicht ungeschmeichelt, »dem ich
mich wohl nicht entziehen kann.«

»Den ich Ihnen sehr gönne«, sagt der Sergeant.

Captain Rodger verabschiedet sich. »Würde Sie gern mit mir
nehmen, mein Lieber«, versichert er. »Werde versuchen, Sie
nachkommen zu lassen.«

»Muß nicht sein, Sir.«

Dabei lächelt Brown. Dieser Captain ist in seinen Augen lediglich ein weiteres Opfer dieser Berliner Luftbrücke. Er weiß das nur
noch nicht.

Pausenlos schwebten die Transporter mit dröhnenden Motoren in
Berlin ein. Und pausenlos brüllten vom Osten her die Lautsprecher:
Kommt zu uns. Und sie versprachen frische Milch, frisches Fleisch,
frisches Gemüse. Den Berlinern lief das Wasser im Mund zusammen,
aber sie wurden nicht weich.
Sie verspotteten fast zärtlich ihre ›Rosinenbomber‹, schleppten
Kohlen in Aktentaschen nach Hause und erfreuten sogar ihre Ver-
wandten und Freunde im Ostsektor durch duftenden Kaffee, bei
welcher Gelegenheit sie dann manchmal sogar an einer nahrhaften

Margarinetorte Anteil nahmen. Denn im Grunde gab es ja niemals Ost- und Westberliner, sondern nur Berliner.

Und die gigantische Luftbrücke wurde von Tag zu Tag verläßlicher. Bald schien sie zu Berlin zu gehören wie etwa die Spree. Hineingeflogen wurde einfach alles, was gebraucht wurde – natürlich auch Salz. Und zwar in verblüffender Menge: 38 Tonnen täglich. Und dieses Salz war der Alptraum der Transportorganisatoren: Es sickerte durch alle Behälter, fraß sich in den Flugzeugrumpf hinein und beschädigte mehr als einmal sogar die Lenkung. Einige tödliche Unglücksfälle ereigneten sich nur, weil die Berliner auch Salz haben mußten. Schließlich wurden dann besonders konstruierte, salzunempfindliche Flugboote eingesetzt.

Und dann kam auf einmal der Tag, an dem die Lufttransporteure freier atmen konnten. Fortan sorgten sie nicht nur für Berlins Magen – auch für das Herz. Sie flogen nicht nur Kartoffelsäcke, sondern auch Künstler ein. Und sogar die Regimentsziege der Royal Welsh Fusiliers stattete den Berlinern einen Besuch ab.

Berlin begann wieder zu leben.

Der alte Behnke hat, wieder einmal mehr, um sich das versammelt, was er glaubt, als seine Familie bezeichnen zu können. Also nicht nur seine liebe, ihm stets ergebene Frau. Auch diesen seinen Sohn Albert. Ein überaus störrisches Wesen. Und das selbst jetzt noch.

»Du«, sagt er zu Albert, »hättest allen Grund, dir in die Hosen zu machen. Doch du bist immer noch frech wie Rotz.«

»Warum denn nicht!« stellt der feixend fest. »Bei diesem Schwager!«

Wobei er auf George Brown hinweist, der mit seiner Schwester, wie eng vereint, auf dem Familiensofa sitzt. Sichtlich mit dem Segen des Alten.

So haben sich nun mal die Zeiten entwickelt!

»Vorsicht, Albert«, sagt Brown warnend, »komm niemals auf die Idee, mich für einen bereitwilligen Familientrottel zu halten.«

»Aber genauso kommst du mir vor, George! Mit dem Segen unseres lieben Vaters, mit dem Einverständnis der lieben Charlotte, die offenbar gern alles vergißt, was vorher gewesen ist.« Er meint Jürgen.

»Laß diese Albernheiten!« fordert der alte Behnke streng.

»Das wird er«, sagt Brown überzeugt. »Sobald Albert erkennt, was hier wirklich von ihm erwartet wird. Nämlich dies: Falls du nicht richtig spurst, lasse ich dich hochgehen. Unbedenklich und garantiert. Dann liefere ich dich aus. Das bedeutet mindestens zehn Jahre hinter Gitter.«

»Soll das etwa in eine Art Erpressung ausarten, Schwager?«

»Nenne es, wie du willst, Albert. Hauptsache: Du machst hier das, das dein Vater von dir erwartet. Wenn nicht, dann eben nicht.«

Albert leistet es sich nun, den alten Behnke direkt zu befragen: »Quatscht der etwa so was mit deinem Einverständnis?«

»Voll und ganz«, sagt der Vater. »Entweder ich habe einen Sohn, mit dem ich leben kann, der mit mir leben will – oder ich habe eben keinen Sohn.«

»Na, ihr seid mir vielleicht ein kurzsichtiger, auf Ehrbarkeit getrimmter Familienverein!« empört sich Albert. »So Marke eigenes, sauberes Nest. Und das ausgerechnet in dieser beschissenen Zeit, mit dieser krampfhaften Währungsreform und der entenlahmen Luftbrücke. So was muß man doch ausnutzen, solange es geht.«

»Es geht aber nicht mehr«, sagt Brown überzeugt. »Hier sind nämlich bereits alle Weichen gestellt, es ist so gut wie alles gelaufen, programmiert! Nur weiß das kaum jemand; das will wohl auch niemand wissen. Umdenken ist immer ein schwieriger Vorgang.«

»Doch nicht für dich, Schwager – was?«

»Nicht, daß ich mir irgendwie klüger vorkomme – ich weiß nur ein wenig mehr, rein zufällig. Durch die Beschäftigung auf meiner Dienststelle, durch meinen Beruf als Bankmann. So weiß ich etwa dies: Erstellte, nachweisbare Geldwerte lassen sich berechnen. Und die treten hier nun wieder in Erscheinung – das wird, sehr bald, massiv erkennbar sein. Auch für dich, Schwager.«

»Was denn, was denn!« höhnt Albert Behnke bereitwillig. »Ich denke, da wollen diese Amerikaner Weltgeschichte machen. Und du, Brown, redest von Geldwerten.«

»Die gehören dazu.«

»Also auch zu dieser sogenannten Luftbrücke?«

»Selbstverständlich, Albert.« George Brown, hier noch Sergeant, Verlobter von Charlotte, damit erklärter Schwiegersohn des alten Behnke, alsbald Leiter einer amerikanischen Bank in München, erklärt das lässig. »Wer Weltgeschichte machen will, muß auch über Geldmittel verfügen und die dann dort hineinpumpen, wo es sich zu lohnen scheint. Und das eben mit einiger Sicherheit diesmal in Deutschland – wovon hier alle profitieren können. In noch ungeahnter Weise. Darauf sollte man achten. Bei dieser sichtbar werdenden Auseinandersetzung zwischen West und Ost, die ein Glücksfall für dieses Deutschland sondergleichen ist, wird es nicht zuletzt darauf ankommen, wer dabei über die größeren finanziellen Reserven verfügt.«

»Diesmal also dein Amerika, George?«

»Scheint so, Albert. Das ist sogar mit einiger Sicherheit anzunehmen. Und eben darauf muß man sich hier einstellen. Und das, Schwager, solltest du machen. Das ist nicht nur der beste Rat, den ich dir geben kann – das erwarte ich sogar von dir. Im Interesse deines Vaters.«

»Wobei jedoch«, gibt der alte Behnke unverzüglich zu bedenken, »die wahren deutschen Werte wohl dennoch zu berücksichtigen sind. Sie haben niemals aufgehört zu existieren – und nun beginnen sie wieder jene Beachtung zu finden, die sie verdienen. Also achtet darauf!«

Worauf er von beiden, von George ebenso wie von Albert, staunend angestarrt wird. Selbst die weiblichen Wesen in dieser Runde blicken vorsichtig verwundert. Was jedoch einen Vater Behnke nicht zu beeindrucken vermag.

Die Sowjets wurden müde. Die Blockade Berlin bereitete ihnen mehr Schwierigkeiten, als sie jemals erwartet hatten. Und Stalin gab sich wieder jovial und leistete sich Redensarten wie: »Schließlich sind wir immer noch Verbündete.«

Das entscheidende Stichwort aber gab Stalin Ende Januar 1949 dem Journalisten Kingsbury Smith vom International News Service. Ihn empfing der Sowjetgewaltige im Kreml und erklärte bieder: Er sei bereit, seine Blockade einzustellen, wenn auch der Westen seine Blockade einstellt und die Bildung einer westdeutschen Regierung bis nach einer Außenministerkonferenz verschoben wird.

Kein Wort über den großen Stein des Anstoßes – über die Währungsreform.

Diese Währungsreform war der Angelpunkt des ganzen Geschehens. Unmittelbar auf die Währungsreform folgte die Blockade Berlins.

Und indirekt war die Währungsreform auch der Anlaß zur Bildung
der deutschen Bundesrepublik: Auf Westmark folgte Ostmark, die
Blockade wurde mit einer Luftbrücke beantwortet, nach der Bundes-
republik entstand die DDR, die Bewaffnung der einen Seite löste die
Bewaffnung der anderen aus – und so weiter und so fort.
Und wo sollte das enden?
Die Blockade Berlins jedenfalls endete am 17. Mai 1949 – eine Minute
nach Mitternacht. 318 Tage war die Luftbrücke in Betrieb gewesen.
Und in dieser Nacht versammelten sich die Berliner am Kontrollpunkt
der Autobahn. Sie kamen in Abendkleidern, lachten, weinten, tanzten
und umarmten sich, während sie auf das erste Auto aus dem Westen
warteten.
Tapferes Berlin – armes Deutschland.

Alsbald danach – wie um einen erhofften, überzeugenden Schluß-
bericht dieser Vorgänge zu ermöglichen – geschieht dies: Sohn
Albert steigt, wenn auch mit beharrlichem Nachdruck von Schwager Brown, sozusagen voll und ganz in das Transportunternehmen
seines Vaters ein, und zwar mit schnellem, überzeugendem Erfolg.
So daß sich dann diese Firma mit Berechtigung nennen darf:
Behnke und Sohn.

Zu ihr gehören fünf Taxis. Dazu drei Omnibusse. Zwei davon
Kleinbusse, also für den Nahverkehr. Der andere für Urlaubsreisen
geeignet und entsprechend ausgestattet: Schaumgummisessel,
Entlüftungsanlage, Panoramafenster.

Das Ganze etwa unter dem Motto: »Jeder einmal in Lugano!«
Oder: »Der Adria entgegen!« Stets fast voll ausgebuchte Unternehmungen und von Albert persönlich vorbildlich betreut.

Sein Vater, der alte Behnke, lebt noch lange Jahre, ebenso seine
Frau. Beide scheinen schön-besinnliche Augenblicke der Erinnerung geblieben zu sein. »Wir haben wohl«, behauptet er gern, »so
gut wie alles richtig gemacht.« Und sie stimmt ihm bereitwillig zu.

Jürgen Weberknecht, der Leutnant, soll lediglich noch der Vollständigkeit halber erwähnt werden. Er befindet sich, wie von ihm
gewünscht und von Brown finanziert, in Argentinien. Dort betreut
er eine Luftwaffeneinheit und stets noch zwei bis drei willige
weibliche Wesen. Das alles mit einem gewissen Erfolg. »Gelernt ist
eben gelernt!« pflegt er zu sagen.

Einigermaßen merkwürdig, vielleicht auch denkwürdig, dann

das, was sich auf dem Friedhof dieser kleinen, alten Stadt ereignet. Dort werden Blumen abgelegt, versammeln sich trauernde Gesinnungsgruppen. Und zwar am Grabe eines gewissen Rotzler.

Rotzler wird für eine Art Märtyrer erklärt; für einen sehr deutschen. Es wird von ihm behauptet, er sei so etwas wie ein Widerstandskämpfer gewesen. Diesmal einer gegen die Besatzungsmacht. Wie weiland Wilhelm Tell. Mit einer Bombe habe man ihm zum Schweigen gebracht. »Doch der«, wird versichert, »wußte noch, was Deutschland war!« Nicht selten brennen Kerzen auf seinem Grab.

Daß Charlotte nun nicht mehr Behnke heißt, vielmehr Brown, ist vorauszusehen gewesen. Sie lebt mit ihrem George in München – hier ›Schorsch‹ genannt. Zwei Kinder gehören dazu. Beides sind Mädchen. Was ›Schorsch Braun‹ sehr glücklich zu machen scheint.

Als dann der alte Vater Behnke danach befragt wird, Jahre danach, was ihn denn damals wohl, zu Zeiten jener Währungsreform, am meisten beeindruckt habe, erklärt er lapidar:

»Vorher haben wir ganz fürchterlich gehungert. Und unmittelbar danach haben wir wieder Schnitzel gegessen! Alles war überstanden.«

Und – so gesehen – war dazu wohl auch nicht viel mehr zu sagen.

Der unheimliche Freund

Dies ist die Geschichte eines Menschen, der den Versuch wagte, letzte Konsequenzen aus den zu vermutenden fürchterlichen Erkenntnissen seines Lebens zu ziehen.

Das geschah alles innerhalb einer kurzen Zeitspanne: in den Frühlingstagen des vergangenen Jahres – und zwar mit vernichtender Folgerichtigkeit. Dazu gehörte auch die totale Zerstörung seines eigenen Daseins. Ihr voraus ging jedoch, was dieser Mensch für unvermeidlich hielt: die Erledigung etlicher Lebewesen – welche er als fragwürdige Existenzen ansah.

Dieser Mann vollzog damit das, wovon vielleicht gar nicht wenige gelegentlich wenigstens zu träumen versuchen, das jedoch kaum jemals wagen – und wenn, dann nur mit bebender, schweißnasser, angstvoller Mutwilligkeit: eine denkbar vollkommene Gerechtigkeit zu erzwingen! Dieser Mann war entschlossen dazu, Richter und Henker zugleich zu sein.

Schreiben
des Journalisten Frank Schwarz
an den Polizeipräsidenten
persönlich.

Sehr geehrter Herr Polizeipräsident!

Ich bedauere es, Sie auf einen Vorgang aufmerksam machen zu müssen, der mir jedoch von erheblicher Bedeutung erscheinen will. Dabei geht es um eine von Ihrem Amt der Öffentlichkeit zugeleitete Nachricht, welche vermutlich als Irrtum, wenn nicht gar als eine bewußte Irreführung bezeichnet werden könnte. Was jedoch Ihnen persönlich, Herr Präsident, wohl kaum angelastet werden darf; also hiermit auch nicht beabsichtigt ist.

Dabei handelt es sich um folgendes: Nach Verlautbarungen Ihres Amtes – einer Pressemitteilung vom 15. Mai dieses Jahres – wird offenbar für erwiesen gehalten, daß Richard Holden, Rechtsanwalt in dieser Stadt, Selbstmord begangen hat. Das jedoch ist eine Behauptung, die zu bestreiten ich mich gezwungen sehe. Und zwar aufgrund mir inzwischen zugegangener Unterlagen – sowie eigener Erfahrungen und Recherchen.

Angesichts des mir vorliegenden Materials, verehrter Herr Präsident, drängt sich mir die zwingende Vermutung auf, daß es sich hierbei gar nicht um einen Selbstmord gehandelt hat, sondern um einen bewußt geplanten und zielstrebig durchgeführten Mord! Und vielleicht sogar nicht nur um einen einzigen Mord in diesem Zusammenhang.

Als Täter – und das sage ich mit gebotenem Vorbehalt – könnte einer ihrer maßgeblichen Beamten, verehrter Herr Polizeipräsident, in Frage kommen. Und zwar der Kriminalhauptkommissar Karl Hubert, wobei mir bekannt ist, daß es sich bei Rechtsanwalt Holden, dem angeblichen Selbstmörder, und Kriminalhauptkommissar Hubert, dessen möglichen Mörder, um sehr enge Freunde gehandelt haben könnte – angeblich bereits seit ihrer Jugend.

Was dann diese Vorgänge – wie Sie gewiß nachprüfen lassen werden, verehrter Herr Präsident – geradezu als dunkle, dramatische Auseinan-

dersetzung erscheinen ließe. Ich bitte nochmals um Verständnis dafür,
daß ich mich gezwungen sehe, Sie mit derartigen Konstellationen zu
belästigen; oder gar zu belasten. Rechnen Sie jedoch jederzeit mit meiner
uneingeschränkten Bereitschaft zur Mitarbeit.

In hochachtungsvoller Erwartung!
Ihr Frank Schwarz

»Was hat denn das zu bedeuten?« wollte unverzüglich der Polizeipräsident wissen; und zwar von seinem Pressereferenten, dem er
dieses Schreiben vorgelegt hatte. »Was könnte das zu bedeuten
haben – wissen Sie, oder haben Sie wenigstens eine Ahnung?«

Der ›Präsident‹ war nur einer von etlichen Dutzend anderen in
den immer zahlreicher werdenden Millionenstädten des westlichen Europa. Die Menschen darin schienen wie planlos, angstvoll,
zutiefst verstört herumzuwimmeln. Autos röhrten und stanken;
vierundzwanzig Stunden täglich, pausenlos. Radioapparate stießen Schreitöne aus, Fernseher verflimmerten Bilder, Menschen
brüllten sich an. Eine Welt ohne jede Stille.

Eine in Stahlrahmen gepreßte Welt, durch dickgläserne Wände
getrennt, von Betonblöcken zerteilt, mit denen verglichen Gefäng-
nismauern wie japanische Papierwände anmuteten. Eine fürchterlich erscheinende Unübersichtlichkeit war die Folge – besonders
Polizeibeamte bekamen sie zu spüren. Denn in diesen Bienenwa-
ben des Gewinnstrebens war offensichtlich so gut wie nichts mehr
klar erkennbar, eindeutig zu bestimmen, voneinander deutlich zu
trennen.

Nicht nur, daß es immer schwieriger wurde, gleich auf den
ersten Blick, zwischen weiblichen und männlichen Wesen zu
unterscheiden. Hinzu kam, daß sogar weibliche Wesen neuerdings polizeidienstgefährdende Undeutlichkeiten bis Undeutbar-
keiten aufwiesen.

So konnte es sich etwa bei einer in Hauptbahnhofsnähe registriert werden sollenden Frau ebenso um eine abkassierungsbereit
herumwimmelnde Strichnutte handeln, wie auch lediglich um
eine sich vielfach publizistisch aufgeklärt fühlende, nach Erfüllung
ihres Sexualsolls gierende Hausfrau. Denkbar aber auch, daß dabei
ein politbewußtes, provozierendes, protestbereites Emanzipa-
tionsexemplar zum Vorschein kam.

Aber das lediglich ein Beispiel unter zahllosen anderen dieser –

nicht nur aus der Sicht von Polizisten – wie aus allen Fugen geraten zu sein scheinenden Welt: Gesellschaftliche Verbindlichkeiten wurden abgeschafft, sittliche Bindungen lösten sich auf, Gesichter schienen ihre Konturen zu verlieren. Gespräche wurden zum Geschwätz, marktschreierische Klamauktypen posierten als Lebenspflichtersatz. Es gab wohl einfach nichts mehr, was an Lebensverschmutzung nicht denkbar, vorstellbar, möglich geworden war.

Zustände, die dem Polizeipräsidenten, wie allen anderen auch, hinreichend bekannt waren – rundherum im westlichen Europa; ob nun in Amsterdam, Glasgow, Marseille, Mailand oder München. Tagtäglich fluteten Brandungswellen menschlicher Abfallprodukte auf sie zu, die sie dann in klärende Kanäle zu leiten versuchten, also in die Bereiche ihrer Kriminalfachleute und -experten – in der immer geringer werdenden Hoffnung, daß diese nicht daran erstickten. Doch diese permanenten Dschungeldurchquerer der Großstadt schienen tatsächlich so gut wie unermüdlich zu sein – offenbar existiert nichts, was ihnen nicht zuzutrauen, zuzumuten war!

Was jedoch den jeweiligen Polizeipräsidenten nicht davor bewahrte, gelegentlich selbst in diese massige Menschenabfallproduktion eingreifen zu müssen. Und eben das schien diesmal – bei dem Schreiben des Journalisten Frank Schwarz – so gut wie unvermeidlich zu sein.

Zunächst gab sich der Präsident kühl-fischgesichtig gelassen, souverän-entschlossen auch, nicht ohne zugleich betont-angedeutete Überlegenheit. Fast streng wollte er von seinem Pressereferenten wissen: »Was versucht denn dieser Schwarz hier mit uns zu veranstalten? Will der etwa kräftig mitmischen? Wobei? Und – warum?«

»Vermutlich aus purem Geltungsbedürfnis!« Sein Pressereferent demonstrierte pudelhafte Freundlichkeit; was ja an sich durchaus für ihn sprach. »Dieser Frank Schwarz gehört eindeutig zu jenen Journalisten, die vorgeben, nichts wie Aufklärung zu betreiben; das jedoch nur, um damit Zeilenhonorare und Sondervergütungen herauszuschinden. Für einen knalligen Artikel geht der angeblich glatt über Leichen.«

Der Polizeipräsident ließ sich, wie nachdenklich schweigend, erhebliche Zeit, um seinen Pressereferenten, den er sich ja nicht ausgesucht hatte, ein wenig näher zu betrachten. Auch dem war wohl ein gewisser ›Erfolgszwang‹ zuzugestehen, wie anderen seiner Beamten. Doch sie hatten damit fertig zu werden – wie er ja auch.

»Soweit ich informiert bin«, gab daher der Polizeipräsident zu bedenken, mit leicht dunkel getönter Warnung, »handelt es sich bei Herrn Schwarz um einen festangestellten Mitarbeiter der *Tageszeitung* – eines zwar nicht sonderlich hoch angesehenen Publikationsorgans, jedoch örtlich von einigem Einfluß. Worauf wohl zu achten wäre.«

»Dieser Frank Schwarz«, erklärte nun der Pressereferent, mit plötzlich hervorsprudelndem, fast speichelndem Eifer, »ist ein erklärter Schmutzaufwühler! Selbst einige seiner Kollegen halten ihn, wie mir vertraulich berichtet wurde, für ein überaus anmaßendes Arschloch.«

»Danke. Diese Erklärung, glaube ich, reicht für mich.« Eine Feststellung, die der Polizeipräsident keinesfalls verweisend traf, eher leicht erheitert, zumal ihm der wohl entscheidende Grund für diese Gegnerschaft sehr schnell wieder einfiel:

Der Journalist Frank Schwarz hatte in einem seiner Artikel – vor etwa einem Jahr – die angeblich höchst mangelhafte Mitteilungsbereitschaft des Polizeipräsidiums, also jene des dortigen Pressereferenten, ziemlich heftig angegriffen. Was dieser ihm wohl nicht verzeihen konnte; vermutlich auch nicht wollte. Unangenehme Feindschaften vermochten so zu entstehen.

»Sie dürfen sich entfernen«, sagte der Präsident. Und wenn dies auch ziemlich entgegenkommend klang, so wohl nur deshalb, weil damit ein Hinweis auf verpflichtende Zusammenarbeit gegeben wurde – sicherlich in berechtigter Erwartung. »Wobei ich Sie gewiß nicht erst um völlige Diskretion bei diesem wohl nicht ganz unheiklen Vorgang ersuchen muß.«

»Selbstverständlich nicht, Herr Präsident!« versicherte der Pressereferent so feierlich, als gedenke er eine Art Amtseid abzulegen. »Doch ich hoffe sehr, weiter über diesen Vorgang informiert zu werden – um dann, ganz in Ihrem Sinne, die Damen und Herren von der Presse bedienen zu können.«

»Können Sie – sollen Sie auch. Stets höchst taktvoll und entgegenkommend höflich – wie das in unserem Bereich immer üblich ist. Doch zunächst bitte kein Wort über diesen Schwarz-Vorgang.

Zumal anzunehmen ist, daß der sich als ein voreilig losgelassener Versuchsballon entpuppen könnte.«

»Doch was – wenn nicht?«

»Das muß sich erst noch herausstellen! Wobei dann ganz selbstverständlich sein wird, daß wir niemals irgend etwas verschleiern werden – das wollen und müssen wir auch nicht. Ist das klar?«

»Vollkommen, Herr Präsident.«

»Gut! Dann bitten Sie also zunächst einmal den Herrn Kriminaldirektor zu mir. Zwecks weiterer Klärung dieser Angelegenheit.«

»Ein ganz dicker Hund«, versicherte der unverzüglich erscheinende Kriminaldirektor, und das mit starker, leicht aufwiehernd klingender Stimme. Diese Stimme paßte durchaus zu seinem wuchtigen, doch keinesfalls verfetted wirkenden Körper – er erinnerte tatsächlich an ein stattliches, gepflegtes Vollblutpferd. »Den«, forderte er, »sollten wir möglichst schnell und gründlich begraben!« Also diesen, seiner hier wohl recht maßgeblichen Ansicht nach, ganz dicken Hund.

»Sie sind also, Herr Kollege, wie stets voll informiert«, stellte der Polizeipräsident fest – ohne die geringste Überraschung; zumindest zeigte er sie nicht. Er wußte, daß sich sein Kriminaldirektor auf keine Unterredung einließ, auf die er sich nicht vorbereitet hatte; wobei er vermutlich diesmal, schnell und scharf zupackend, den Pressereferenten ausgequetscht hatte.

Der Präsident gestand sich ein – leise über sich lächelnd –, daß er sich da einen Fehler geleistet hätte: Er hätte eben seinen Kriminaldirektor nicht durch den Pressereferenten zu sich bitten lassen sollen, sondern über sein Büro. So aber hatte sich dieser zweite Mann in seinem Amt, der wie jeder Zweite möglichst bald der Erste werden wollte, bereits auf dieses Gespräch eingestellt.

Der Kriminaldirektor ließ sich, die Akten unter dem Arm, unaufgefordert auf einem Stuhl dicht beim Präsidentenschreibtisch nieder. Das war jedoch nicht etwa eine Art Anmaßung, sondern lediglich eine hier übliche Selbstverständlichkeit. Die beiden maßgeblichsten Mitarbeiter des Präsidenten – Polizeichef und Kriminaldirektor – besaßen das Privileg, jederzeit, also auch unangemeldet, mit ihm konferieren zu dürfen. Zwei Stühle, in seiner unmittelbaren Nähe, standen stets für sie reserviert.

In einem davon hatte sich der schwergewichtige Pferdemensch

also krachend niedergelassen. Er prustete kurz vor sich hin, bevor er ungefragt seine Stellungnahme von sich gab. »Dabei, erstens, dieses Schwarz-Schreiben: purer Mist! Sodann, zweitens, der Verfasser dieses Schreibens: ein völlig skrupelloser Zeilenschinder, also durchaus ernst zu nehmen! Womit ich sagen will: Der von diesem Schwarz hier angekarrte pure Mist könnte sich dennoch als unheilerzeugender Dünger erweisen. Wobei schließlich, vorerst drittens, auf unseren Pressereferenten hinzuweisen ist: nicht ganz untüchtig, aber nicht clever genug, um mit entschlossenen Krawalljournalisten fertig zu werden.«

Der Polizeipräsident nickte, nun gleichfalls pferdeartig – was ihn irritierte, als er das erkannte. Schließlich wollte er ein Fuchs sein. Fast hastig ausweichend verlangte er dann zu wissen: »Und was ist mit dem in diesem Schreiben direkt genannten Kriminalhauptkommissar Hubert – einem Ihnen unmittelbar unterstellten Beamten?«

»Dazu, Herr Präsident, wäre wohl lediglich folgendes zu sagen: Erstens – dieser Journalist Schwarz gefällt sich als Verfechter zeitströmungsbedingter Aufweichungsversuche in juristisch-polizeilichen Bereichen, und da er regelrecht darauf programmiert zu sein scheint – das hier nunmehr zweitens – sucht er beharrlich nach erkennbaren Zielobjekten, wobei sich ihm unser Hubert anzubieten scheint. Denn – und das nun drittens – zwischen Schwarz und Hubert bestehen, seit geraumer Zeit schon, gewisse Rivalitäten; etwa Aufklärungs- und Verfolgungsmethoden betreffend. Wenn die nun in eine gefährliche Feindschaft auszuarten drohen – mich vermag das nicht sonderlich zu überraschen.«

Der Präsident schien tief in seinen Sessel hineinzurutschen – es hatte den Anschein, als versuche er sich kleiner zu machen, als er das schon rein körperlich war. Sein Kriminaldirektor kannte diese Methode, wobei seine Augen auffunkelten. Ohne eine weitere Aufforderung abzuwarten, praktizierte er weiter seine permanente rennpferdartige Überrennungstaktik:

»Kriminalhauptkommissar Hubert ist, mit Ausnahme von Keller, der wohl beste Beamte, den wir jemals hatten – was Ihnen vermutlich nicht entgangen sein dürfte, Herr Präsident. Als Chef der Mordkommission eins bekommt Hubert, so gut wie automatisch, alle irgendwie komplizierten oder gar heikel erscheinenden Kapitalverbrechen zugewiesen. Mithin also viehische Abschlachtungen, brutale Massenmorde, dreckigste Zerstümmelungen, feinste Luxusendergebnisse. Aber auch stark politisch angehauchte Vorgänge.«

»Ein Mann also, der allen irgendwie denkbaren Belastungen gewachsen zu sein scheint. Aber auch dem, was hier nun möglicherweise auf ihn zukommen könnte?«

»Allem!« versicherte wie absegnend der Kriminaldirektor. »Und ich darf Ihnen nun mitteilen, Herr Präsident, was ich eigentlich erst beim nächsten Jahresbericht, mit Stolz, Ihnen zu eröffnen gedachte – betreffend unsere Aufklärungsquote bei Kapitalverbrechen. Diese ist an sich schon erfreulich hoch: Über neunzig Prozent der diesbezüglichen Täter wurden überführt.«

»Was stets starken, berechtigten Eindruck auf die Öffentlichkeit gemacht hat! Nur weiter so!«

»Doch noch weit erstaunlichere Erfolge zu erzielen, Herr Präsident, ist unserem Hubert gelungen. Denn dessen Aufklärungsquote ist gleich hundert Prozent! Und das bereits schon seit fast drei Jahren. Einhundert Prozent! Dem entgeht also keiner.«

Der Polizeipräsident schien sich offenbar nicht sonderlich wohl in seiner Fuchshaut zu fühlen, die er sich zugelegt hatte. Denn er glaubte zu erkennen: Ein etwa neunzigprozentiger Erfolg war gut; ein fünfundneunzigprozentiger gewiß noch besser; aber könnte nicht ein hundertprozentiger des Guten möglicherweise zu viel sein? »Bei diesem Hubert handelt es sich also, Ihrer Ansicht nach, um ein einzigartiges kriminalistisches Genie?«

»Hubert steht wohl nicht ganz allein mit seinem bewundernswerten Erfolg da – nicht in der westlichen Welt. Gleichfalls hundertprozentige Aufklärungsquoten können vermutlich auch noch zwei andere Chefs von Mordkommissionen aufweisen – Maxwell Brown in Manchester und Patrik Soliman in Boston. Diese beiden schaffen so was jedoch erst seit ein bis zwei Jahren.«

»Verstehe.« Der Polizeipräsident rutschte nun wieder in seinem Sessel hoch. »Hubert ist also Ihr Mann! Den haben Sie sich großgezogen, seine Erfolge sind schließlich auch die Ihren – und nicht zuletzt auch die meinen! Akzeptiert. Doch das schafft dieses Schreiben des Journalisten Schwarz nicht aus unserer Welt. Wie steht es denn mit seiner Behauptung, Kriminalkommissar Hubert und Rechtsanwalt Holden sollen engste Freunde gewesen sein?«

»Das stimmt.«

»Aber doch wohl nicht die geäußerte, wahrlich ungeheuerliche Vermutung: Der eine könnte am Tod des anderen schuldig – also möglicherweise sogar zu dessen Mörder geworden sein.«

»Das stimmt nicht.«

»Sind Sie da sicher?«

»Absolut!« Diese Versicherung gab das unentwegt kraftstrotzende Vollblutpferd dieses Amtes mit lautstark-schwurbereiter Unbeirrbarkeit von sich. »Nicht das geringste Anzeichen existiert dafür, daß es sich um irgend etwas anderes gehandelt haben könnte, als eben um einen einwandfreien Selbstmord.«

»Ist das auch die Ansicht Ihres, also wohl unseres hundertprozentigen Herrn Hubert? Wie hat er sich zu diesem Vorgang gestellt?«

»Erstens: Selbstmordvorgänge gehören nicht zu seinem Zuständigkeitsbereich; wäre das der Fall gewesen, hätte ich ihm diesen Vorgang selbstverständlich entzogen. Denn seine als äußerst innig zu bezeichnende Freundschaft mit dem Selbstmordopfer Holden war sozusagen amtsbekannt. Zweitens: Das Untersuchungsergebnis des dabei angesetzten Todesermittlungsbeamten – unseres allerbesten, also das von Keller – darf als absolut einwandfrei angesehen werden. Drittens schließlich: Selbst Hubert, der verständlicherweise äußerst erregt auf diesen Vorgang reagierte, mußte den endgültigen Befund, eben den eines Keller, als völlig unerschütterlich akzeptieren.«

»Der reagierte also, sagten Sie – äußerst erregt?«

»Weil er seinen liebsten, vielleicht einzigen Freund verloren hatte!« Der Kriminaldirektor prustete kurz unwillig auf – womit er vermutlich andeuten wollte: Auch Beamte sind nun mal Menschen!

»So was muß man verstehen! So lange ich unseren Hubert kenne, habe ich ihn stets nur eisern beherrscht gesehen, felsenhaft unerschütterlich – mochte auf den auch zukommen, was immer. Doch als ich ihm persönlich von diesem Selbstmord berichtete – was ich wohl ihm, und auch mir, schuldig war – wendete er sich ab; wohl um Tränen in seinen Augen nicht sehen zu lassen. Und ich gestehe, in diesem wohl äußerst seltenen Augenblick einer Gefühlsregung dieses Mannes ein großes, anhaltendes Mitgefühl empfunden zu haben.«

»Verständlicherweise – gewiß!« versicherte der Polizeipräsident unverzüglich; dabei bemüht, auch seine Beamtenmenschlichkeit zu demonstrieren. Das jedoch nicht allzu lange. »Ich würde mir nun gerne, um mich möglichst vollständig zu informieren, die hier im Amt gewiß vorliegende Akte betreffend den Tod des Rechtsanwaltes Holden ein wenig näher ansehen. Können Sie mir die besorgen?«

»Habe ich bereits.« Der Kriminaldirektor schob dem Präsidenten aus seiner mitgebrachten Unterlagensammlung ein vergleichsweise dünnes Aktenstück zu.

»Erstellt, wie gesagt, von Keller, dem besten Todesermittlungsbeamten, den es gibt.« Also dem Mann mit dem Hund; die nun beide unendlich alt waren, aber auch entsprechend weise anmuteten. Sie vermochten einfach nicht aufzuhören, sich mit denkbar letzten menschlichen Möglichkeiten konfrontieren zu lassen.

»Und die Recherchen eines Kellers werden nicht nur, wie gesagt, von Hubert vorbehaltlos akzeptiert, auch Rechtsmediziner sind dagegen so gut wie machtlos. Selbst ein noch so geltungsgierig-hektischer Schmutzfink wie dieser Schwarz kann gegen einen Keller – und dessen einzigartig einfühlsamen Hund Anton – nicht anstinken, also nichts gegen sie ausrichten. Das zumindest steht fest. Und das ist wahrlich nicht wenig.«

Der Polizeipräsident verbrachte einige Stunden der vor ihm liegenden Nacht mit diesem Aktenstück; allein in seinem Reihenhaus, Vorstadt-West. Wobei er sich zunehmend unbehaglicher fühlte – und das nicht zuletzt, weil sich seine Frau zur selben Zeit, vermutlich ebenfalls zutiefst unzufrieden, auf irgendeiner Party langweilte. Wobei noch hinzukam, daß seine derzeitige Freundin, wie oftmals angedroht, irgendwo nach einer vielversprechenden ehelichen Verbindung Ausschau hielt.

Mit so was vermochte er sich aber in dieser Selbstbefriedigungswelt abzufinden. Jedoch niemals mit dem, was möglicherweise den nun endlich erreichten Höhepunkt seiner Laufbahn bedrohen und gefährden könnte – wie etwa der Brief des Journalisten Schwarz und dieses Aktenstück. Er brütete über der Akte mit immer müder werdenden Augen.

Was er zu erkennen glaubte: ein klar und übersichtlich recherchierter Vorgang; völlig unmißverständlich anmutender Bericht über einen Selbstmord. Dabei die üblichen Formulare, der zusammenfassende Befund, zusätzliche Aktennotizen. Und dazu eine Anlage: Abschiedsbrief. Offenbar nichts, was hier irgendwie fragwürdig zu sein schien.

Aufgefundener Toter, identifiziert als Holden, Richard, 48 Jahre alt, Rechtsanwalt, 185 Zentimeter groß, blondes Haar, hohe Stirn, blaue Augen, schmales Gesicht – und so weiter jede amtlich registrierte Einzelheit; von einer Narbe am linken Zeigefinger bis hin zur Farbe, der Größe und dem Material der Socken.

Fundort dieser Leiche war die Wohnung des seit zehn Jahren geschiedenen Toten: das Apartment 403 im Exelsior-Center. Todesursache: Einnahme einer tödlichen Dosis Schlaftabletten; am selben Tag gekauft. Von innen verschlossene Wohnung; abgestelltes Telefon, ausgeschaltetes Licht; bis auf eine Nachttischlampe. Tatzeit: die späten Abendstunden des 1. Mai.

Der Polizeipräsident betrachtete nunmehr diesen Abschiedsbrief. Er war auf einem privaten Briefbogen von mittlerer Qualität geschrieben worden, auf dem sich lediglich, oben links, die gedruckten Initialen RH befanden. Keine Adresse, keine Anrede, keine Unterschrift. Der Inhalt, aus zierlichen, dabei jedoch wie zitternd hingesetzten Schriftzeichen, einwandfrei als die Richard Holdens zu identifizieren, lautete:

Ich kann nicht mehr. Ich will nicht mehr. Diese Welt hat für mich jede Schönheit verloren. Und ohne sie ist alles sinnlos geworden.

Aus den dann auftauchenden sumpfdunklen, wuchernd zu blühen drohenden Mitternachtsgedanken erlöste den einsam in seinem Reihenhaus sitzenden Polizeipräsidenten ein von ihm dringlich angeforderter später Besucher.

Bei diesem uralt wirkenden Mann, der kaum noch Schlaf zu benötigen schien, handelte es sich um Kommissar Keller, den Todesermittlungsbeamten, den nahezu ehrfürchtig respektierten sogenannten ›großen alten Mann‹ des Präsidiums. Und wie stets in den letzten zwölf Jahren erschien er gemeinsam mit seinem Hund; einem kleineren Wesen scheinbar unbestimmbarer Rasse; wobei es sich jedoch um einen Pudel von edelstem Stammbaum handelte – was ihm allerdings niemand ansah. Er drohte seinem Herrn immer ähnlicher zu werden; beide wirkten wie zwei wundersam murmeltierhafte graudunkle Zwerge, die sich in eine Großstadt verirrt hatten.

Der Polizeipräsident öffnete ihnen die Tür seines Hauses weit und ergriff – nahezu mit der Verehrung eines Sohnes dem stets respektierten Vater gegenüber – die Hand dieses Mannes. Auch nickte er einladend dessen Hund zu. Beide ließen sich dann auf dem ihnen bekannten Sofa im Arbeitszimmer nieder. Und von dort aus blickten sie den Reihenhausbesitzer-Polizeipräsidenten nicht ohne neugieriges Wohlwollen an. Sie hörten!

Der Polizeipräsident wies auf die ihm vorliegende Akte und wollte sie Keller reichen. Der winkte ab. »Bekannt!«

Worauf der Präsident unverzüglich versicherte: »Ich beabsichtige nicht das geringste gegen Ihre Ermittlungen einzuwenden, verehrter Herr Kollege Keller! Ich fühle mich lediglich versucht zu fragen: Ist denn das, was hier vor mir liegt, schon Alles?«

»Das ist alles«, sagte sein Gast unendlich nachsichtig. »alles im Hinblick auf diesen einen einzigen Vorgang – diesen Selbstmord. Wobei allerdings zu bedenken ist: Es sind einige wenige Mosaiksteine, eine Art Momentaufnahmen, also die Ablichtung eines Augenblicks. Mehr nicht.«

»Und was, verehrter Herr Kollege Keller, könnte sich möglicherweise dahinter verbergen, also dazu geführt haben?«

Der ›große alte Mann‹ zog nun seinen Hund, wie um ihn zu beschützen, noch ein wenig näher an sich; was dieser mit wohligem Aufschnaufen quittierte. »Erwarten Sie bitte, Herr Präsident«, sagte Keller dann nicht unbesorgt, »von mir keinerlei Weissagungen! Polizeiarbeit basiert allein auf Tatsachenermittlungen. Nach Motiven, nach internen, zumeist seelisch bedingten möglichen Zusammenhängen haben wir nicht zu forschen. So was sollten wir getrost den Psychologen, Psychoanalytikern und sonstigen dichterischen Elementen überlassen.«

Der Polizeipräsident nickte; dann reichte er vielsagend-wortlos Keller das Schreiben des Journalisten Frank Schwarz. Keller überflog es lediglich, in einer knappen Minute. Danach lächelte er – doch galt dieses Lächeln wohl seinem Hund.

»Hubert also«, sagte jetzt dieser Todesermittlungsbeamte versonnen, wie von sehr fernen, doch sich nicht löschen lassenden Feuerrauchgedanken erfüllt. »Welch ein unheimlicher Vorgang!«

Der Präsident reagierte jetzt nahezu ergeben. Er versuchte nicht mehr auszuweichen. »Was – und das nun ganz offen, Herr Keller, hier unter vier Augen – trauen Sie Hubert zu? Sie sind vermutlich der einzige im Amt, der ihn ziemlich genau kennt.«

»Nein, ich kenne Hubert nicht. Ich könnte, gemeinplatzwillig ausweichend, sagen: Wer kennt denn wen wirklich? In der Tat habe ich nahezu zwanzig Jahre mit Hubert gemeinsam im Präsidium verbracht. Und eine wohl nicht unerhebliche Zeitspanne davon, etwa fünf Jahre, ist er einer meiner Schüler gewesen – und zwar mit weitem Abstand der beste. Bei ihm handelt es sich unbezweifelbar um eine der ganz großen Begabungen in unserem kriminalistischen Metier.«

»Scheint mir auch so! Aber könnte nicht vielleicht gerade diese mögliche Vollkommenheit zu einer Gefahr werden, zu einer maßlosen Selbstüberschätzung verführen, die dann zwangsläufig wie zerstörerisch wirkt; nicht nur für ihn? Das frage ich Sie.«

»Verlangen Sie bitte nicht, daß ich Ihnen das beantworten kann.« Keller wies damit die Frage des Präsidenten dumpfdunkel warnend ab. »Doch falls es Sie interessiert, ob unser Hubert tatsächlich mit Holden befreundet gewesen ist – und das auf überaus innigste Weise, wie etwa ich mit meinem Hund –, so kann ich das nur bestätigen. Ich habe wohl noch niemals vorher zwei Lebewesen gesehen, und das auch kaum jemals für möglich gehalten, die sich so liebten, wie diese beiden.«

»Etwa auch – physisch?« Der Präsident fragte mit einiger Behutsamkeit; was bei Keller in diesem Punkt durchaus angebracht schien.

Doch Keller lachte nur auf, wenn auch mühsam belustigt. »Derartige Vermutungen, Herr Präsident, sollten Sie schnellstens wieder vergessen! Beide waren nicht nur erklärte Freunde, vielmehr auch unverkennbar Männer! Manchmal hatte ich den zwingenden Eindruck: Sie sind wie Brüder, wie geistige Zwillinge, wie zwei Seiten einer Medaille. Und was sich daraus auch immer ergeben haben könnte – eines zumindest darf wohl als absolut unbezweifelbar gelten: Keiner von ihnen würde vermutlich jemals auch nur den Gedanken erwogen haben, den anderen zu töten! Keinesfalls – direkt.«

»Sagten Sie soeben, Herr Kollege – oder sollte ich mich verhört haben – keinesfalls direkt? Könnte das möglicherweise heißen: indirekt jedoch – durchaus?«

Der alte Keller, Seite an Seite mit seinem geliebten, ebenso greisenhaft wirkenden Hund, hatte in seinem Dasein fürchterlichste Zurschaustellungen aushalten müssen. So gut wie alles, was dieses Leben auszubrüten, auszustoßen vermochte: Menschen, die gurgelnd aus Abflußröhren zu quellen schienen, die sich ungehört zwischen Betonwänden zu Tode schrien, im Alkohol ertranken, an ihren Süchten aus Sehnsucht und Gier erstickten.

»Unmöglich in unserem Metier ist schließlich nichts. Mütter bringen ihre Kinder um und Kinder ihre Eltern; ein Mann kann seine Frau erschlagen, und das sogar angeblich aus purer Liebe. Nicht wenige Männer werden umgebracht, weil sie ihren Frauen im Weg waren, die sich angeblich mißverstanden oder seelisch mißhandelt fühlten. Und selbstverständlich sind stets auch Leichen registrierbar, die von guten Brüdern und lieben Freunden geliefert wurden. Zärtlichste Liebe und tödlicher Haß scheinen nicht selten blutigste Geschwister zu sein.«

Der Präsident holte mehrmals tief Atem, wie ein Läufer, der nach einem möglichst nahen Ziel Ausschau hielt. »Könnte so etwas auch hier der Fall gewesen sein?«

Worauf dieser uralte Mann sagte: »Bei allen diesen Brüder-, Mütter-, Kinder- und Vatermorden dominiert etwas ganz Entscheidendes: der Verlust ihrer Gemeinschaft; Gemeinsamkeit. Wozu dann zumeist noch eine gewisse Direktheit, Dumpfheit, um nicht zu sagen, Primitivität, hinzukommt; auch krasser Egoismus, verletzter dummdreister Stolz, infantile Unfähigkeit, auf einen anderen Menschen eingehen zu können.«

»Aber so was glauben Sie hier ausschließen zu können?«

»Ich schließe niemals und nirgendwo etwas aus, Herr Präsident! Doch ein Hubert, nehme ich an, ist intelligent, auch erfahren und selbstbewußt genug, um so etwas nicht einmal in Erwägung zu ziehen. Gehen Sie getrost davon aus!«

»Und ein Journalist wie dieser Schwarz, verehrter Herr Kollege Keller, wird das hinnehmen?«

»Das, Herr Präsident, ist Ihre Angelegenheit. Im Grunde wohl nichts als eine Frage möglichst geschickter Formulierungen – und das gehört bekanntermaßen zu Ihren persönlichen Spezialitäten. Das für mich jetzt sehr dringlich Erscheinende mutet wesentlich lapidarer an: Mein geliebter Hund sehnt sich sichtlich nach dem nächsten erreichbaren Baum. Er muß also dringend mal.«

Noch in derselben Nacht entwarf der Polizeipräsident, mit großen, steilen Buchstaben, ein Schreiben an den Journalisten Frank Schwarz.

Das geschah nach einem Telefongespräch mit seiner Frau, die ihm mitgeteilt hatte, sie werde wohl erst sehr spät, wenn überhaupt, ›nach Hause‹ kommen; er möge also nicht auf sie warten. Danach hatte er mehrmals versucht, seine Freundin anzurufen – doch die meldete sich nicht. Sie war wohl, wie neuerdings fast immer, unterwegs; sich von ihm wegbewegend.

Dennoch zwang er sich eine ihm unbedingt notwendig erscheinende Konzentration auf für dieses Schreiben an den Journalisten Frank Schwarz. Es mußte ebenso entgegenkommend-verbindlich wie aber auch amtlich-abgesichert unverbindlich formuliert werden. Etwa eiertanzartig so:

... habe ich Ihnen wohl für Ihre Aufrichtigkeit und Ihr Vertrauen zu danken... dürfen Sie mithin versichert sein, daß ich stets bemüht sein werde... muß ich aber dennoch sehr auf Ihr Verständnis hoffen...

... wobei ich Ihnen mitzuteilen habe, daß keinerlei Anzeichen existieren, die Ihre Vermutungen zu bestätigen scheinen. Was mich jedoch nicht davon abhalten wird, alle die von Ihnen angedeuteten Details gründlich nachprüfen zu lassen. Über die sich dann daraus ergebenden Resultate gedenke ich Sie schnellstens zu unterrichten...

... scheint jedoch dabei festzustehen, daß es sich bei dem Tod des Rechtsanwaltes Richard Holden so gut wie völlig zweifelsfrei um einen Selbstmord gehandelt hat. Eine diesbezügliche Akteneinsicht werde ich Ihnen jederzeit, wenn Sie das wünschen, ermöglichen.

Nachdem der Polizeipräsident das Schreiben entworfen hatte, schloß er, wie unendlich erschöpft, seine Augen. Er hatte einen nahezu vierzehnstündigen Arbeitstag hinter sich gebracht und wohl einen von ähnlicher Ausdehnung vor sich. Er hatte das Gefühl, als wären dicht-dicke Wolldecken über ihn getürmt worden.

Dabei blickte er müde blinzelnd auf jenes Sofa, auf dem er in dieser Nacht jene beiden bannenden Greisengestalten erblickt hatte: den Weisen seines Amtes und dessen wundersam instinktsicheren Hund. Und es war ihm, als säßen sie immer noch dort und blickten ihn an – mit sanfter Verständnisbereitschaft, dennoch fordernd. Was jedoch – fordernd?

Der Polizeipräsident versuchte intensiv darüber nachzudenken. Er preßte seine Hände an die Schläfen und starrte wie unendlich angestrengt vor sich hin. Er versuchte alle Gespräche zu rekonstruieren, die er in den vergangenen Stunden geführt hatte – die angefüllt gewesen waren von tönenden Unverbindlichkeiten, nichtssagenden Phrasen, einem sich absichernden Amtsgeschwätz.

Bis auf eine Bemerkung, die Keller gemacht hatte im Hinblick auf Hubert und Holden, dieses wohl keinesfalls gewöhnliche Freundespaar. Was hatte Keller gesagt – über den Tod eines sogar von Hubert geliebten Menschen? Der Polizeipräsident erinnerte sich jetzt ganz genau daran.

»Welch ein unheimlicher Vorgang!« hatte Keller gesagt.

2

»Nun jault die wieder! Sie läßt also, wie man so sagt, ihren Gefühlen freien Lauf; wie eine zeugungsgeile Hündin beim Pinkeln. Und das neuerdings nahezu stundenlang; fast täglich vor und nach Mitternacht. Die ist wie versessen darauf, Unterleibsverlangen in Wortgebilde zu verwandeln, hält ihre Geschlechtsgier für gedankenträchtig. Das solltest du dir anhören!«

»Will ich aber nicht«, sagte der Freund mit sanft angedeutetem Tadel, »und du solltest dir so etwas auch nicht anhören. Es ist nicht für deine Ohren bestimmt.«

»Ach was, Mensch!« rief Karl Hubert mit munterer Robustheit, die nicht ohne gewollte Provokation war. »Diese Type von nebenan stöhnt sich durch die Gegend – soll ich mir meine Ohren verstopfen? Die ist wie ein voll aufgedrehter Lautsprecher!«

»Höre trotzdem nicht hin!«

»Aber sie ist doch gar nicht zu überhören – ein exakter Bestandteil dieser enthemmten Welt aufgeputschter Geschlechtsvorzeiger. Diese Leute strecken ihre Hintern aus sämtlichen Fenstern und Türen, entblößen sie in Lokalen und sogar mitten auf den Straßen. Soll ich da immer nur wegsehen? Sie stinken vor sich hin, also mich an! Muß ich mir unentwegt die Nase zuhalten?«

»Es gibt andere, schönere Dinge«, empfahl ihm sein Freund Richard Holden mit nachsichtigem Lächeln. »Schau auf dieses Bild! Es wird dich ablenken.«

Sie befanden sich im Wohnzimmer des Kriminalhauptkommissars Hubert – Europastraße 13, oberster, also sechster Stock. Karge Gemütlichkeit umgab sie. Die Tapeten muteten an, als bestünden sie aus aufgeklebten, einstmals zerlegten Zebrafellen; fast alle Möbel aus klobigem, eichenartig gebeiztem Holz; auf dem Fußboden lagen dickwollige schaffellweiße Teppiche. Auf dem Mitteltisch, gleichfalls massiv aus Holzplanken gezimmert, befand sich ein aufgeschlagenes Buch.

Der Freund – Richard Holden, der Rechtsanwalt – hatte es als Geschenk mitgebracht: Malereien des Spaniers Velazquez, 1599 bis 1660. Worauf Holden nun zeigte, war jenes grandiose Gemälde, das im Prado in Madrid hängt und ›Las Meninas‹ genannt wird – was auf portugiesisch ›Mädchen‹ oder ›Jungfrauen‹ bedeutet.

»Diese einzigartige Darstellung, mein Lieber, sollte dich abzulenken vermögen. Sie zeigt doch eine ganz andere Welt auf als jene, die dich neuerdings wie magisch anzuziehen scheint.«

»Es bestätigt sie!« stellte Karl Hubert völlig unbeirrbar fest.

Der Freund verlor dennoch nichts von seiner in langen Jahren bewahrten Nachsichtigkeit diesem immer unruhiger werdenden Menschen gegenüber. Ihn hatte er von Kindheit an geliebt; und dazu war er immer noch entschlossen. »Beachte bitte, daß Velazquez es sogar vermochte, die Spiegelungen des Lichtes, das Geflirr der Luft einzufangen. Und ist etwas Rührendes, Herzbewegenderes vorstellbar als dieses unsagbar wundersame Kind – die Infantin Margarethe?«

»Ach, Mensch – kleine Kinder und junge Hunde haben schon immer vermocht, willig empfindsame Gemütstrottel anzurühren. Doch diese Geschöpfe bleiben nicht ewig klein und jung! Und dominierend auf diesem Bild ist für mich nicht das schöne Königskind, sondern vielmehr die nicht nur so danebenstehende monströse Zwergin – sie allein ist der wahre Mittelpunkt! Ein unförmiger Körper, ein deformiertes, verquollenes Gesicht, mit Augen voll unendlicher, hoffnungslos verlebter Traurigkeit. Ein armseliger Mensch – frühzeitig am Ende seiner Bestimmung angelangt. Erledigt, verloren, ausgelöscht! Wie eben wohl, letzten Endes, alle Menschen.«

»Du übersiehst dabei wohl, Karl, daß Velazquez diese groteske Zwergin offenbar nur gemalt hat, um die Schönheit des Kindes nur noch leuchtender in Erscheinung treten zu lassen.«

»Falsch gesehen, Richard! Vielmehr ist es das arme Ungeheuer Mensch auf diesem Bild, das zwingend deutlich macht, was diesem ahnungslos spielenden Kind noch in seinem Leben bevorsteht!« Karl Hubert grinste koboldhaft. »Also – selbst damit kannst du mich nicht ablenken. Ich begebe mich erneut auf Horchposten – kommst du mit?«

Holden schüttelte den Kopf; mit bedauerndem Tadel, aber auch nicht ohne mäßige Belustigung über so viel lauschbereite Beharrlichkeit. Er war geneigt, diese ihm fatal erscheinende Neugier seines Freundes für eine Art schleichende Berufskrankheit schwergeprüfter Polizeimenschen zu halten. »Ich jedenfalls werde eine Schallplatte auflegen, wenn du erlaubst – eine von Haydns Londoner Sinfonien.«

»Aber bitte möglichst mit gedämpfter Lautstärke! Damit ich auch mitbekomme, was dieses vermaßte Medienprodukt da so alles an Triebhaftigkeit in ihr Telefon keucht.«

Karl Hubert verließ also das Wohnzimmer und trabte durch einen schmalen Gang zu seiner kleinen Küche, seinem ›Horchposten‹. Dieser Raum befand sich, bei dem L-förmig angelegten Großgebäude, über dem Hinterhof. Und von dort aus wurden ihm geradezu verschwenderische Einblicke ermöglicht – in fast zwei Dutzend wabenartige Wohneinheiten hinein, die sich wie total geöffnete Schaukästen darboten. Er brauchte nur sein Küchenfenster zu öffnen.

Er wohnte hier bereits seit zwei Jahren. Doch die Idee, dieses Küchenfenster als einen jagdgerechten Hochstand zu verwenden, war ihm erst vor wenigen Wochen gekommen. Damals hatte er, spätabends und abgelenkt durch ein nichtssagend blödes Telefongespräch, ein Omelett anbraten lassen. Der dabei entstandene fürchterliche Gestank forderte rasche Frischluftzufuhr. Also öffnete er das Küchenfenster weit und lehnte sich hinaus.

Und dabei erblickte er, ein Stockwerk tiefer, also nur wenige Meter von sich entfernt, ein Kind. Es hockte hinter unverhüllten Glasscheiben in einem völlig unmöbliert erscheinenden Raum auf dem Fußboden. Und es starrte, wie unendlich gebannt, völlig bewegungslos vor sich hin. Mit endloser Ausdauer.

Damit hatte alles begonnen. Diese starrende Verlorenheit eines wie völlig hilflos anmutenden, sehr sanft wirkenden Kindes vermochte Karl Hubert tief zu bewegen. Würgend heiße Wellen des Mitleids drohten ihn zu überfluten. Bis er erkennen mußte: Dieses Kind starrte gar nicht wie gebannt in die mögliche Leere seines Lebens – es blickte vielmehr auf einen Fernsehapparat.

Zu diesem Kind – zunächst war unklar, ob Mädchen oder Junge, aber es mußte etwa fünf Jahre alt sein – gehörte auch so etwas wie eine Mutter. Sie lebte von ihrem Mann getrennt, der Buchhalter war – vermutlich auch in intimsten Bereichen. Also sehnte sie sich gierig nach ›Erfüllung‹ durch betäubende Männlichkeit. Was bei ihr alsbald zu erheblichem Andrang führte. Ein so aufmerksamer, kriminalistisch geschulter Beobachter wie Hubert vermochte, bei einmal gewecktem Interesse, innerhalb von etwa vier Wochen mindestens fünf sehr verschiedenartige Geschlechtspartner bei dieser Person zu registrieren.

Unter ihnen, offensichtlich besonders bevorzugt, ein Sparkassenangestellter in leitender Position; er stand der Filiale gleich an der Ecke vor. Er war, wie sie, Anfang Dreißig, wohl auch als recht leistungsfähig vorstellbar – in so gut wie jeder Lebenslage. Und wie sie war auch er verheiratet und angeblich stolzer Vater von zwei Jungen.

Nur eben, daß seine Frau zur Zeit mit den Kindern zu ihrer Mutter ›aufs Land‹ gefahren war, um sich zu erholen; von ihm, was verständlich war. Also schob seine Geschlechtsgespielin ihr fernsehgebanntes Kind, wohl in der Erwartung von verkehrsreichen Nächten, ziemlich oft ab zu Verwandten oder Bekannten, die gewiß auch einen Fernsehapparat besaßen.

Doch eben dieser leitende Sparkasseneroberer trachtete neuerdings offenbar danach, sich ihr zu entziehen. Womit er zum Objekt ihrer allnächtlichen, immer dringlicher verlangenden Telefongespräche geworden war. Und Hubert hörte mit, wenn auch nur zum Teil; was jedoch völlig genügte. Für ihn jedenfalls.

Karl Hubert hockte also dicht beim geöffneten Küchenfenster in dem dunklen Raum. Er rauchte eine Zigarre und schien nahezu genußvoll vor sich hinzulauschen. Dabei vernahm er die angenehm gedämpfte Schallplattenmusik aus dem Wohnzimmer, wo Richard Holden, der Freund, wie angekündigt Haydn spielte. Und zugleich hörte er die Stimme der Frau, die nur wenige Meter von ihm entfernt ihre entfesselten Unterleibsgefühle mit steigender Heftigkeit in ihr Telefon hineinwinselte, -keuchte, -speichelte; wie dem ersehnten Höhepunkt eines Geschlechtsaktes entgegen.

Die klimatischen Gegebenheiten dafür durften als äußerst günstig bezeichnet werden. Denn die ersten Frühlingstage dieses Jahres waren durchflutet von früher Sonne, die selbst noch in den Nächten nachzuglühen schien. Hinzu kam wohl noch die überhitzte Leidenschaftlichkeit dieser Person – gefördert durch die nicht abgestellte Zentralheizung, was zu weiteren erhöhten Temperaturen führte. Also hatte sie ihre Balkonfenstertüren weit geöffnet, was mühelos vollen Einblick gewährte. Und dort lag sie nun, im Schein einer zu grellen Nachttischlampe, recht mäßig bekleidet, auf ihrem Bett wie auf einer Bühne.

Was Hubert vernahm, war eine Art Hörspielmonolog in Pornoformat, also eine jener Darbietungen, die neuerdings für ›modern‹, für ›aufgeklärt‹ gehalten wurden: die Verbreitung letzter Deutlichkeiten.

Beginnend zunächst mit vergleichsweise noch verhalten-verlockenden Gemeinplatzformulierungen dieser brutal-verblödenden Brunstbranche. Etwa: »... hast du mich geschafft. Wie kein anderer sonst. Dich liebe ich!« Und dann die höchst entgegenkommende Folgerung daraus: »Verlange von mir, was auch immer!«

Und was auch immer – sie werde es tun, versicherte sie! Huberts Gesicht, von der aufglühenden Zigarre wie magisch beleuchtet, schien faunhaft zu grinsen. Doch dabei empfand er eine unendliche Trauer, eine zutiefst wuchernde Verächtlichkeit auch – zum Zeugen dafür werden zu müssen, wie sich Menschen in eine quallenartige Masse von Gefühlsbrei zu verwandeln mochten. Würgende Empörung beherrschte ihn.

Und diese steigerte sich noch, als er dann das vernahm, was wohl untrennbar zu dieser publizistisch und filmisch erfolgreich ›befreiten‹ Umwelt gehörte: die alsbald erfolgenden detaillierten Angebote – erst heiser geflüstert, dann geilgierig hervorgestoßen; allerletzte Bereitwilligkeiten.

Karl Hubert jedenfalls verspürte bei dieser Darbietung fast ein leise aufkommendes Verlangen, diesen leitenden Sparkassenmenschen bei so viel intensiver Heimsuchung zu bedauern. Zumal gleichzeitig die von seinem Freund Holden im Wohnzimmer produzierte Haydn-Musik tonschleierleicht auf ihn zuschwebte, ihn nahezu sanft zu stimmen drohte. Doch dann horchte er auf.

Denn was er jetzt vernahm, hatte er zwar bei diesen mehr mittelmäßigen vulkanischen Geschlechtsausbrüchen miteinkalkuliert, aber eben doch nicht mit dieser schnell hervorspuckenden Heftigkeit kommen sehen – die letzte Variante einer bedrohlichen Erpressung. Die grellhektische Stimme bekam jetzt wild flackernde Untertöne – wie etwa eine Kerze flackert, bevor sie von ihrem öligen Talg erstickt wird. Sie kündigte ihren Selbstmord an!

Das geschah offenbar, nachdem der von ihr telefonisch bearbeitete Geschlechtspartner den Versuch gewagt hatte, diese ihn entnervenden Vorgänge schroff abbrechen zu wollen. Denn plötzlich keuchte sie, sprudelnd, bebend, gurgelnd wie eine Ertrinkende: »Das aber muß ich dir noch sagen! Ich liebe dich! Ich kann ohne dich nicht leben! Wenn du mich verläßt, bringe ich mich um – noch heute nacht! Sage mir, daß du mich liebst – sage es mir...«

Na also, resümierte Karl Hubert – das war es denn wohl. Ein an sich gar nicht so seltener erpresserischer Vorgang, der aber meistens, den Kriminalstatistiken zufolge, ohne tödliche Konsequenzen blieb. Doch diese Frau, völlig versessen darauf, sich an einem männlichen Geschlechtsteil sozusagen wie an einen Strohhalm zu klammern, um nicht an ihrem eigenen Verlangen ersticken zu müssen, hatte sich hier nun geradezu rettungslos in eine Art sexuellen Erfolgszwang hineingesteigert.

Hubert warf den Rest seiner Zigarre in das Spülbecken. Er lehnte sich weit aus seinem Küchenfenster hinaus und betrachtete den fast greifbar nah erscheinenden, gut beleuchteten Schauplatz dieser Vorgänge. Und er registrierte: Die mäßig bekleidete Frau mit dem naßroterregten Fiebergesicht griff jetzt nach zwei bereitstehenden Tablettenröhren, leerte diese vor sich aus – und stellte ein Wasserglas bereit.

Und dann würgte sie diese Handvoll Tabletten – von Hubert aufmerksam beobachtet – in sich hinein.

Karl Hubert begab sich wieder in sein Wohnzimer. Er wirkte leicht ermüdet, als habe er soeben eine qualvolle, doch wohl notwendige Erkenntnis hinter sich gebracht. Bei seinem Anblick hob Richard Holden, der Rechtsanwalt, nahezu beschwörend beide Hände, womit er wohl andeuten wollte: Störe mich bitte nicht – nicht bei dieser einzigartigen Musik. Höre zu!

Karl Hubert nickte durchaus zustimmend – er schien sogar bemüht, entgegenkommend zu lächeln – und ließ sich sackhaft schwer in einen Sessel fallen.

Nachdem die letzten Takte der Haydn-Sinfonie verklungen waren, traten Sekunden der Stille ein – wie beglückt nachgenießend. Dann sagte Richard Holden: »Seine Musik will mir vorkommen wie Märchen, Schauspiel und Naturdrama zugleich! Er spricht zu seinen Zuhörern, mit ihnen, ganz direkt; er fordert von ihnen ein Bekenntnis zu seiner Welt, die voll blühender strahlender Schönheit ist! Doch auch nicht ohne Traurigkeit – über das Unvermögen der Menschen, letzte schöpferische Herrlichkeit zu begreifen.«

Karl Hubert nickte wieder. »Wobei deine Welt so gut wie immer voll herrlicher Harmonien zu sein scheint – nur beneide ich dich nicht darum. Und zur gleichen Zeit unternimmt ein weibliches Wesen, nur wenige Meter von uns entfernt, den Versuch, sich umzubringen.«

Karl Hubert sah den Freund auf diese Bemerkung mit schnellem, heftigem Schrecken reagieren; das hatte er erwartet und – wie er sich eingestand – er gönnte es ihm. Denn Richard Holdens Wesen war von geradezu herausfordernd sanften, bemüht menschenfreundlichen Ambitionen beherrscht, wenn nicht gar geprägt; das war schon immer so gewesen.

Sie waren wie Feuer und Wasser, Erde und Himmel, Mond und Sonne! Und dem entsprachen sie offensichtlich auch rein äußerlich. Karl Hubert wirkte klein, doch kraftvoll, bulldoggenhaft sprungbereit. Richard Holden dagegen war groß, schlank und feingliedrig und hatte den Blick eines treuherzigen Pferdes.

Der eine, Hubert, bevorzugte möglichst eisklar kalte Formulierungen, war bis in den letzten Nerv voller Mißtrauen, blickte ständig skeptisch prüfend um sich. Während der andere dieses seltsamen Zweigespanns, also Holden, gerne in weltumarmenden Wortgebilden schwelgte, nichts wie leben und leben lassen wollte und sich dabei noch, wie zu allem Überfluß, als Anwalt der Armen, Unterdrückten, Verfolgten gefiel.

Es schien, als ob in dieser Beziehung ein erklärt Sehnsuchtsvoller sicheren Halt bei einem radikalen Realisten suchte. Oder eben umgekehrt. Ihre Liebe lebte von der Erkenntnis, daß sie einander

brauchten. Jeder für sich allein war wohl nur halb so viel wert –
wenn nicht gar, als einzelner verloren.

Wozu auch heftige, äußerst schroffe, gelegentlich mit plötzlicher
Schärfe gestellte Fragen gehörten – wie etwa jetzt, als Richard
Holden erregt-unwillig wissen wollte: »Was hast du da soeben
angedeutet, Karl? Sollte tatsächlich diese Frau, die du da belauscht
hast – aus welchen Beweggründen auch immer, ich will es nicht
wissen – damit gedroht haben, sich umzubringen?«

»Du hast nicht genau genug zugehört, Richard.« Hubert pflegte
auf derartig schnell hervorbrechende Konfrontationsversuche seines Freundes mit Ironie zu reagieren, die oftmals nicht ohne
verletzende Schärfe war. »Du vermagst offenbar nicht mehr scharf
genug zu denken. Du scheinst dich in einer verdächtig sanft-
sentimentalen Stimmung zu befinden. Etwa irgendeiner Frau
wegen?«

»Bitte, lenke nicht von meiner Frage ab!«

»Deine Fragestellung jedenfalls mutet reichlich oberflächlich an.
Denn die Tatsache, die ich dir mitteilte, war eindeutig diese: Sie
hat nicht nur mit einem Selbstmord gedroht – sie versucht ihn.«

Holden zeigte sich nun anklagend empört und entsetzt zugleich
– zumal der Verdacht des Freundes, eine Frau lenke ihn ab,
tatsächlich zutraf. Um so eifriger fiel sein Bemühen aus, sich als
Menschenanwalt zu betätigen. »Du hast also herausgefunden, daß
diese Frau einen Selbstmordversuch unternimmt – und du hast
nichts getan, sie davor zu bewahren?«

»Wovor ich mich in erster Linie zu bewahren habe, sind deine
immer ausgeprägter anmutenden sentimentalen Anwandlungen.
Darunter leidet deine Logik, die du als Rechtsanwalt dringend
benötigst. Mann Gottes, Richard, was hätte ich denn tun sollen?
Etwa ihr zurufen: Machen Sie das nicht, Sie werden es bereuen!
Hätte ich ihretwegen einen Arzt mit Unfallwagen alarmieren
sollen, sozusagen im voraus? Solltest du etwa der Ansicht sein, daß
ich hier Schicksal zu spielen habe?«

»Ja, Karl! Wenn es darum geht, ein Menschenleben zu retten,
dann ja!«

»Was für ein Menschenleben denn? Diese Person ist im Grunde
doch nichts anderes als eine beständig läufige Hündin, die alles
zerstört, was nicht gerade in ihre derzeitig gewünschte Lebenslage
hineinpaßt. Das kann ein Mann sein; ihr Mann. Oder eben ein

anderer – ein sogenannter Familienvater, den sie seelisch fertigmacht. Oder ihr Kind, das an ihrem Sauleben moralisch zerbrechen muß. Ach was, Mensch – wenn dieses Dasein endlich von einer derart schleimeitrigen Wucherung befreit werden kann, so mutet das doch als geradezu humaner Vorgang an.«

»Ich weiß – ich weiß.« Richard Holden war jetzt sicher, daß er bewußt herausgefordert werden sollte. »Du bist ein Fachmann für kriminelle Vorgänge! Das ist erwiesen. Schließlich kenne ich auch deine ausführlichen Aufzeichnungen, die du für das Bundeskriminalamt erstellt hast – eben zum Thema ›Suicid‹. Und dieser deiner gewiß äußerst fachmännischen Arbeit lagen, soweit ich mich richtig erinnere, folgende Erkenntnisse zugrunde: Ein Großteil derartiger Selbstmordankündigungen sind lediglich Drohungen – ein weit geringerer Teil führt zu vorgetäuschten Versuchen – und nur höchst selten ist die Tat.«

»Na bestens, Richard! Du hast mich ziemlich richtig zitiert.« Karl Hubert blinzelte düster vor sich hin. »Glaube also getrost an die Statistik, das angebliche Gesetz der Serie: Von hundert potentiellen Selbstmördern bringen sich lediglich zwei oder drei tatsächlich um. Eine Erkenntnis, die dich garantiert besser schlafen lassen wird. Was ich dir gönne.«

»Soll ich noch eine Schallplatte auflegen, Karl – wieder Haydn?«

»Nein!« wehrte Hubert nun fast schroff ab. »Du scheinst mir heute nicht entschieden genug in Anwaltsverfassung zu sein. Du weichst einem Streitgespräch mit mir aus, du versuchst mich in geradezu verdächtiger Weise nur allzu bereitwillig zu verstehen. Was steckt dahinter? Also wohl doch – eine Frau?«

»Nun – ja«, bekannte jetzt Richard Holden, nicht ohne zu erröten. »Endlich glaube ich einen Menschen, ein einzigartiges weibliches Wesen kennengelernt zu haben, das mir unsagbar vielversprechend erscheinen will.«

»Na, wie schön, Richard – für dich!« versicherte Karl Hubert fast eilig, mit etwas zäh-lederner Herzlichkeit. Doch er sagte nicht, wozu es ihn drängte, also wohl ein Wesen wie deine einstige Frau, die dich schmählich verließ, um bald darauf zu krepieren – noch in Schönheit, aber ohne Würde. Was wohl genau das war, was sie verdient hatte und bekommen mußte.

Hubert sagte lediglich: »Dann solltest du dich wohl nach Hause begeben, um von deiner neuerlichen Dame ausgedehnt und ungestört träumen zu können. Laß mich ruhig allein. Ich glaube, daß ich hier noch einiges zu tun habe – gewiß in unserem Sinne, nämlich der von uns stets erstrebten, denkbar vollkommensten Gerechtigkeit.«

»Der haben wir uns schon als Kinder verschworen.«

Hubert schien noch einen Hinweis für notwendig zu halten: »Dabei könnte es immerhin sein, mein lieber Freund, daß jeder von uns nicht unbedingt genau das gleiche darunter versteht – auch nicht verstehen muß. Doch bei eventuellen Differenzen wird sich gewiß einer dem anderen anzugleichen bemüht sein.« Und dann sagte er, fast schroff: »Zunächst jedoch: gute Nacht!«

Als ihn Richard Holden, der Freund und Anwalt, in dieser Nacht verlassen hatte, entwickelte Karl Hubert, der Kriminalist, fast übergangslos eine überaus zielstrebig anmutende Geschäftigkeit. Wobei es sich um Vorgänge handelte, die wie exakt durchdacht, genau geplant wirkten. Nicht der geringste Fehlgriff war erkennbar, wohl auch nicht zu vermuten.

Karl Hubert zog aus der unteren linken Schublade seines Schreibtisches einen Bauplan hervor. Diesen breitete er vor sich aus. Er zeigte den Grundriß des L-förmig gebauten Hauses mit zwei Eingangstüren, in dessen oberstem Stock er wohnte.

Auf diesen wohl nur für ihn völlig übersichtlichen Wohnungswabenplan knallte er dann, aus derselben Schublade hervorgezogen, einen rasselnden, faustgroßen Ring von Schlüsselformationen. Es war die nahezu vollständige Sammlung von zur Zeit brauchbar verwendungsfähigen Nachschlüsseln, die er sich, wie vorausschauend, vom Einbruchsdezernat des Polizeipräsidiums ausgeborgt hatte.

Und mit diesen so gut wie jede Einbruchsmöglichkeit garantierenden Werkzeugen in der geballten linken Hand, begab sich Karl Hubert zum Fahrstuhl. Er hatte sich Gummischuhe angezogen, mit glatten Sohlen, die keine Spuren hinterließen; zumindest kaum auswertbare. Er ließ sich abwärts gleiten – bis zum Seitenausgang des Hauses hin. Und von dort aus schritt er, gemächlich wie ein müder Heimkehrer, zur Haupttür.

Kein Mensch störte ihn dabei, kein Liebespaar in einer Hausecke, nicht einmal ein Hund. Schon gar nicht die wie blindwütig auf der angrenzenden Hauptstraße vorbeirasenden Autos, deren

Insassen lediglich wie gebannt den nächsten Verkehrsampeln entgegenzustarren schienen. Und wenn auch in diesem mietwuchernden Ameisenbau so an die einhundert Menschen zu existieren versuchten – die schliefen nun bereits; miteinander, nebeneinander, zumeist jedoch in schweißfeuchter, brütender Einsamkeit. Nicht einer von ihnen begegnete ihm.

Er gelangte dann, gleich einem gleichgültig dahintrottenden Nachtwanderer, vor jene Wohnungstür, hinter der sich – bauplangemäß – die sich ihrem Selbstmord entgegenstöhnende Person aufhielt. Hubert kniete nieder, um das Türschloß zu betrachten – was lässig sachgemäß geschah. Dann suchte er, mit frappierend sicheren Griffen, nach dem passenden Schlüssel – er fand ihn in wenigen Sekunden.

Danach betrat er, gleich einem unbeirrbar unaufhaltsamen Jäger, der ein Wild aufgespürt hat, die Wohnung. Wesentliche Einzelheiten davon waren ihm bereits bekannt – er hatte sie von seinem Küchenfenster aus registriert: eine glattkalte, starrgläserne, von verletzend scharfen Stahlrahmen begrenzte Wohnwelt – dennoch eine wohl für äußerst modisch gehaltene. Darin verfilzt wirkende Hocker, ein schaffelliger Teppich auf dem Fußboden; und im Schlafzimmer ein Bett von wohl für französisch gehaltenen Ausmaßen.

Und auf dem Bett lag diese Person. Jetzt wie verkrümmt, kaum noch keuchend, mit weit geöffneten, grellweiß verdrehten Augen, die jedoch nichts mehr zu erkennen vermochten. Sie hatte einen Hintern, als wäre er, was ja wohl auch zutraf, der erklärte Mittelpunkt ihrer Welt. Er war weit hochgereckt.

Hubert ließ sich nicht ablenken; er betrachtete ihr Gesicht mit fast bemüht erscheinender Nachsichtigkeit. Er registrierte die scharfen Kerben an den Mundwinkeln, das dichte Netz von Falten um die Augen und tiefer, schlaffer noch, unter dem Kinn, am Hals. Die Haut der Frau war bleichgrau, wie feuchtgewordenes Pergament.

Selbst jetzt durfte Huberts stets erklärte Sachlichkeit als völlig unbezweifelbar gelten. Er registrierte alles absolut unbeeindruckt. Die Frau hatte eine stattliche Menge Betäubungsmittel geschluckt; für einen Selbstmord schien das durchaus auszureichen. Sie würde es nicht überleben – falls nicht noch irgend etwas dazwischenkam.

Beispielsweise, daß sie noch einmal zu sich kam und nach dem Telefonhörer griff, um sich der Endgültigkeit zu entziehen. Neben ihrem Telefon lag ein Zettel mit einer Nummer, die Karl Hubert kannte: Es war die des nächstgelegenen Krankenhauses.

Daraus ergaben sich für ihn folgende zwingende Forderungen: Das Telefon mußte aus ihrem unmittelbaren Greifbereich entfernt werden. Was er unverzüglich tat. Er entdeckte eine zweite Anschlußstelle im schmalen Korridor dieser Wohnung. Dort schaltete er den Apparat an das Fernsprechnetz – wobei er den Hörer abhob und ihn zur Seite legte. Er wählte die o-Nummer. Worauf pausenlos das Besetztzeichen ertönte.

Nun konnte sie ungehindert sterben.

In den Mittagsstunden des nächsten Tages trafen sich die Freunde, wie schon oft, im Restaurant ›Waldgarten‹ beim Westpark. Dort pflegten sie ein Schinkenbrot zu verspeisen oder eine Bratwurst. Dazu trank Hubert gewöhnlich ein kleines Glas Bier, während Holden Mineralwasser bevorzugte. Danach folgte ein gemeinsamer Spaziergang – wie in erstrebter Harmonie mit der Natur.

Beide hatten an so einem Tag bereits etliche intensive Arbeitsstunden hinter sich gebracht, Hubert zumeist im Polizeipräsidium, Holden vorwiegend in irgendeinem Gerichtssaal. Nebeneinander, wie unendlich vertraut, dahinschlendernd, pflegten sie sich dann davon zu erzählen. Der auf waldartigen Wegen ausgestreute Kies knirschte dabei melodisch unter ihren Füßen.

»Ich hoffe«, sagte Karl Hubert ermunternd, aber auch behutsam ablenkend, »du hast einen erfolgreichen Vormittag verbracht.«

Richard Holden nickte bereitwillig zustimmend. »Du erinnerst dich an diese beiden alten Menschen, die ihr Haus, in dem sie seit mehr als drei Jahrzehnten leben, verlassen sollten – es war zum Abbruch vorgesehen. Es ist mir gelungen, eine Gerichtsentscheidung zu erreichen, nach der diese armen alten, liebenswerten Menschen darin wohnen bleiben dürfen – bis auf weiteres.«

Karl Hubert lachte auf – fast provozierend verächtlich. Das geschah neuerdings immer öfter; sobald er glaubte, die sich beständig ausprägende Schwäche seines Freundes aufdecken zu müssen: Holdens zunehmend heftiger werdender Hang zu einer Art menschenfreundlicher Volksfürsorge.

»Ich jedenfalls«, sagte er – im Grunde nicht weniger heftig

hingebungsvoll, nur als Verbrechensbekämpfer – »habe mich mit nahezu völlig entgegengesetzten Erkenntnissen beschäftigen müssen. Diese sogenannten armen alten, von dir summarisch als liebenswert bezeichneten Menschen können sich auch als bösartige und ungemein heimtückische Wesen entpuppen.«

»Du scheinst in letzter Zeit zu immer härteren, erbarmungsloseren Urteilen zu kommen«, meinte Richard Holden nicht ohne Besorgnis. »Verkenne doch nicht, daß auch zu diesem krebsartig wuchernden Altern eine schwere, belastende Kette von würgenden Enttäuschungen mit dazugehört; erzeugt in betäubender Einsamkeit.«

»Die dann zu einer hektischen Vernichtungswut führen kann – gegenüber sogenannten Andersartigen, also nur jüngeren Menschen. Bei dem Mordfall, den ich heute vormittag abgeschlossen habe, hat es sich um den Tod eines Kindes gehandelt.«

»Kinder sind immer gefährdet!« stimmte Richard Holden unverzüglich zu. »Auch ihnen gehört mein Mitgefühl!«

»Na – wie schön«, meinte Karl Hubert mit sanfter Ironie. »Nur eben, daß auch das nichts als ein gefälliger Gemeinplatz ist. Vor einem knappen Jahr habe ich einen lieblich-blonden, treuherzig blickenden Knaben zu dem Geständnis gebracht, er habe seine Großeltern umgebracht! Nur weil die schlecht rochen. Sie stanken ihn an! Sie stanken nach lauwarmem penetrantem Schweiß! Nach Pisse, sagte der Knabe, um ganz genau zu sein. Was durchaus einen Mord auslösen kann; erfahrungsgemäß genügen manchmal bereits wesentlich geringere Beweggründe.«

»In welch einer fürchterlichen Welt mußt du leben!« stellte der Freund fest. »Ich fühle mich immer mehr versucht, dich zu bedauern.«

»Mußt du nicht, Richard! Auch nicht in jenem Fall, den ich heute abgeschlossen habe. Ein Mädchen, neun Jahre alt, sie hat bei ihren Großeltern gelebt. Die Mutter war einem Verkehrsunfall zum Opfer gefallen und ihr Vater verschwunden, vermutlich Richtung Amerika. Die Großeltern behaupten, das Kind überaus geliebt zu haben. Und zwar so sehr, daß sie es umgebracht haben – aus reiner Fürsorge!«

»Du versuchst neuerdings grundsätzlich jede mögliche Gefühlsregung anzuzweifeln. Was du da so herausfordernd spöttisch als Liebe bezeichnest – es gibt sie tatsächlich.«

»Nun – unmöglich ist ja schließlich nichts. Doch diesmal sah das ganz einfach so aus: Das Mädchen wurde erwürgt in einer Toilette gefunden, neben dem WC liegend, das es offenbar gerade benutzt hatte, denn in der Schüssel ...«

»Müssen die Deutlichkeiten unbedingt sein, Karl?«

»Sie müssen sein, Richard, unbedingt! Denn so was gehört nun mal zum Leben oder eben zum Tod. Jedenfalls geriet dann ein dortiger Untermieter in den Verdacht, sich diese fürchterliche Sauerei geleistet zu haben. Doch ich fand heraus, daß die Tat die dieses Kind angeblich so sehr geliebt habende Großmutter begangen hatte.«

»War sie geistesgestört?«

»So könnte man das auch nennen. Es war krankhafte Eifersucht; und ich bezweifle, daß man derartige Regungen überhaupt als Normalzustand bezeichnen kann. Diese alte, ehrwürdige Großmutter jedenfalls hatte herausgefunden, daß sich ihr guter, lieber Mann, also der Großvater, zu diesem Kind mächtig hingezogen fühlte; mit sehr handgreiflichen Bekundungen seiner Liebe. Worauf die nette alte Dame ihr das anvertraute Mädchen, so wörtlich im Schlußprotokoll, zur ›kleinen, schäbigen Schlampe‹ erklärte, ihr also jede Daseinsberechtigung absprach. Eine Erkenntnis, die dann zu diesem würgenden Zugriff führte.«

Erwartungsgemäß schwieg Richard Holden, spürbar bestürzt von diesen Eröffnungen; auch über die Wortgebilde, die sein Freund dafür gebraucht hatte. Er blickte zu den alten Parkbäumen hoch, die ein erstes, schwächliches Blattgrün zeigten – sie vermochten noch nicht den Himmel über diesen schmalen Wegen zu verdecken, der in frühlingshaften Blaufarben leuchtete.

Er schien um ein anderes, ablenkendes Thema bemüht. »Was ist denn bitte mit jener Person geschehen, die da in der letzten Nacht mit Selbstmord gedroht hat?«

»Sie hat nicht nur damit gedroht; sie hat es getan!« Karl Huberts Antwort kam so rasch, als habe er während ihres ausgedehnten Spaziergangs nur auf diese Frage gewartet. »Ein endlich so gegen sieben Uhr früh anrollender Krankenwagen konnte wohl nur noch ein bereits leichenfertiges Produkt abtransportieren.«

»Das – ist fürchterlich!«

»Nennen wir es Schicksal. Sie hat es gewollt! Oder eben – herausgefordert.«

Abermals blickte Richard Holden zu den Bäumen hoch, unter denen sie gingen. Sie wirkten uralt, massig verknorrt, dickrindig; sie waren mit bizarren Ästen versehen, die sich zunächst himmelwärts zu recken schienen, dann jedoch, wie von soviel Kühnheit erschreckt, sich wieder erdwärts-abwärts fallen ließen, um abzubrechen – überwältigt vom Alter und dem Sterben.

»Sie mußte also sterben«, sagte Holden, und es hörte sich wie schicksalsergeben an. »Und du hast nichts dagegen tun können? Nichts – gegen ihre gewiß entsetzlichen Qualen?«

»Du irrst dich, zumindest in dieser Hinsicht, mein Freund. So ein Selbstmord, etwa durch eine Überdosis Schlaftabletten oder Betäubungsmittel erzeugt, ist keinesfalls ein scheußlicher, erbrechend-quälender Vorgang – das wird er erst nach den Eingriffen der Ärzte. Vielmehr handelt es sich dabei um einen wundersam betäubenden, schwebend-erlösenden Rausch.«

»Woher weißt du das denn so genau, Karl?«

»Das weiß jeder Fachmann – aufgrund intensiver Befragungen von überlebenden Selbstmördern, anhand rechtsmedizinischer Befunde, basierend auf diversen Versuchsreihen. Das allerdings sind Tatsachen, die selbstverständlich niemals publik gemacht werden und auch nicht publik gemacht werden dürfen, wenn wir nicht ganze Legionen von bereitwilligen Selbstzerstörern mobilisieren wollen. Diese Menschen dämmern dahin – wie einem großen, endlich erlösenden Schlaf entgegen; einem wohl traumlos dunklen, vielleicht auch purpurrot getönten Schlaf. Erst das Erwachen daraus macht alles fürchterlich.«

»Dennoch!« stieß Richard Holden mühsam hervor. »Wenn jemand stirbt, sterben muß« – er ersparte Hubert den Hinweis auf die ›Vorsehung‹ oder ›Gottes Ratschluß‹ – »dann ist das wohl hinzunehmen! Wenn sich aber jemand selbst umbringt, dann handelt er verantwortungslos – da er schließlich nicht allein auf dieser Welt ist. Das ist wohl niemand. Mit ihm, neben ihm existieren noch andere Menschen. Und die läßt er allein!«

»Was nicht immer unbedingt ein Nachteil sein muß, Richard – sondern manchmal sogar eine Art erlösende Erleichterung sein kann. Wie vermutlich auch in diesem Fall.«

»Dem du offenbar recht gründlich nachgespürt hast.«

»Ich mache eben keine halben Sachen. In diesem Fall ergab sich folgendes: Die Person hatte keine Eltern mehr, sie waren frühzeitig gestorben – möglicherweise ihretwegen. Sie galt als nymphoman, bereits in der Schule, war also ein beständig herumhurendes Wesen.«

»Aber sie hatte ein Kind.«

»Deswegen war sie noch lange nicht das, was man unter einer Mutter versteht. Sie hat das Kind offenbar als Bezahlungsobjekt, das ihren Unterhalt garantierte, mit in Kauf genommen. Doch das Kind liebt seinen Vater, der es auch liebt – und zu ihm kommt es jetzt. So etwas wird dich doch gewiß erfreuen – mein lieber Traumwelttänzer.«

»Und was ist mit den anderen Männern – im Leben dieser Frau?«

Karl Hubert zeigte sich nun grimmig belustigt. »Die würden vermutlich bei ihrem Begräbnis eine stattliche Versammlung ergeben – falls sie kommen sollten. Aber sie werden nicht kommen.«

»Du meinst also – niemand hat sie wirklich geliebt?«

»Warum sollte das irgendeiner? Sie hat schließlich unter ›Liebe‹ nichts anderes als Geschlechtsverkehr verstanden; einen möglichst kräftigen und ausgedehnten noch dazu! Was Männer manchmal sehr zu gefallen vermag – aber auf die Dauer für eine enge, anhaltende oder eben innige Verbindung nicht ausreicht; den meisten nicht. Die Person hat also wohl weit mehr Zerstörungen angerichtet als Beglückungen zuteil werden lassen – auf sie kann man verzichten.«

»Willst du damit tatsächlich sagen, der Tod ist kein Verlust?«

»Er ist ein Segen! Selbst das kann der Tod sein – zur rechten Zeit, beim richtigen Objekt. Meistens kommt er mir leider nicht sonderlich fleißig vor, oder auch nur halbwegs geschickt in seiner Auswahl. In dieser Welt wimmelt es doch nur so von potentiellen Kandidaten für ihn. Allein in meiner Luxusmietkaserne wittere ich mindestens noch zwei davon. Sie alle sind Stücke einer riesigen Rinderherde, die von medizinischen Geschäftsleuten und sonstigen organisierten Lebensverlängerern gewinnträchtig an den Schlachthöfen Gottes vorbeimanövriert werden.«

Derartigen Ansichten seines Freundes – die dieser bei jeder sich bietenden Gelegenheit in immer neuen Bildern vorzubringen pflegte – vermochte sich Richard Holden nicht anzuschließen, doch sie beunruhigten ihn zutiefst. »Vermutlich, Karl, willst du mit allen derartigen Behauptungen in erster Linie eines deutlich machen: den Verlust der wohl wesentlichsten Harmonie zwischen den Menschen – der Liebe.«

Karl Hubert wies mit freudiger Grimasse auf die nächste Parkbank. »Womit wir nun also wohl bei deinem eigentlichen Thema angelangt sind. Es bewegt dich offenbar überaus; eben deshalb interessiert es mich zwangsläufig auch ganz ungemein. Also erzähle mir nun mal von jener Frau, die du neulich kennengelernt hast – und die dich spürbar intensiv beschäftigt. Ich höre!«

»Dazu ist wohl nicht allzuviel zu sagen«, meinte nun Richard Holden, zwar ein wenig zögernd, jedoch ohne ausweichen zu wollen. Er hatte sich, dicht neben dem Freund, auf die Parkbank gesetzt. »Was willst du wissen?«

»Einfach alles«, forderte Karl Hubert energievoll freundschaftlich. »Es gibt nichts, was mich nicht interessiert, sofern es dich betrifft – und so was Gefühlsbetontes, versteht sich, ganz besonders.«

Der nahezu menschenleer wirkende Park zog sich kilometerweit im Westen durch die Stadt hin. Er wollte nicht wenigen wie eine monströse Landverschwendung anmuten – das eben in einer Zeit, da zahlreiche menschliche Planungswesen wohl nur noch in Bauplätzen zu denken vermochten, an gezielte Verwertung, an Erfolge, die sich auf Bankkonten nachweisen ließen. ›Hast du was, dann bist du wer!‹ So lautete der von Millionen Fernsehapparaten höchst wirksam hervorgeflimmerte Werbeslogan dieser Tage.

Und tatsächlich würde dieser Westpark die Massenmitmenschen, falls sie ihn gesehen hätten, peinlich zweckentfremdet angemutet haben. Eine Schafherde betätigte sich dort als behaglich malmende Mähmaschine; sie mampfte das erste Frühlingswiesengrün teppichglatt. Nur wenige Hunde spazierten fast artig von Baum zu Baum, dabei wohl sorgsam Auswahl treffend. Außerdem knapp ein Dutzend menschliche Wesen, die ausnahmslos verdächtig geruhsam wirkten. Die Freunde hatten das stets genossen.

»Eine Frau also?« fragte Karl Hubert beharrlich ermunternd. »Welche denn diesmal?«

»Eine überaus liebenswerte Person – will mir scheinen. Und zwar eine, die ich bereits seit mehr als zehn Jahren kenne, die ich aber bisher wohl übersehen, sagen wir: nicht richtig gesehen habe! Eine Freundin meiner Frau.«

Karl Hubert nickte vor sich hin. Die Fakten lagerten wieder einmal wie abrufbereit in seinem exzellent funktionierenden Gedächtnis: Richards Frau hatte seinen Freund damals, vor zehn Jahren, verlassen und die Scheidung von ihm verlangt; mit irgendeinem Immobilienmillionär im Hintergrund. Und mit dem lebte sie dann; erst in einer Villa bei Frankfurt und dann in einer im Tessin. Doch sie lebte nicht mehr allzu lange. Sie brachte sich um – in ihrer Luxushöhle bei Lugano; zufällig in einer Zeit, als er, Karl Hubert, dort einen kurzen Urlaub verbrachte.

»Wenn dieses weibliche Wesen, Richard, eine Freundin deiner ehemaligen Frau gewesen ist, dann hat sie wohl auch zu deren Welt gehört; sie muß also mit ihr einige, wenn nicht gar erhebliche Gemeinsamkeiten aufweisen!« Das waren bedächtige, gleichsam hervortropfende Wortgebilde. »Sollte sie dich etwa – an deine Frau erinnern? Ist es das?«

»Nein, Karl – das ist es nicht, gewiß nicht!« Richard wehrte sich fast heftig gegen diese ihn offenbar peinlich berührende Vermutung. Wobei er dann erstmals jenen Namen aussprach, dessen Trägerin beide noch höchst intensiv beschäftigen sollte: »Susanne – ist so ganz anders. Das jedoch hatte ich damals nicht erkannt.«

Hubert überhörte nicht die geringste, auch noch so verborgene Andeutung. »Damals also, meinst du, ist sie dir wesentlich anders erschienen, als sie das jetzt tut?«

»So ungefähr. Ich habe damals Susanne Sommer tatsächlich für ein ähnliches Wesen gehalten wie meine Frau.«

»Also«, ergänzte Karl Hubert, unverzüglich robust zupackend, »für zwar überaus attraktiv, doch ebenso eitel wie egoistisch, geschlechtsgeschäftig und auch hierbei zweckberechnend. Denn die Ausmaße der Gunstbezeigungen dieser Frau entsprachen vermutlich voll der Höhe der dafür investierten Geldmittel! Und du hast dich nahezu ruiniert.«

»Kann sein«, gab Richard Holden mühsam zu, womit er, zwar äußerst zögernd, eine jener Lektionen bestätigte, die ihm sein dynamischer Freund beigebracht hatte. »Meine Frau war möglicherweise so – Susanne Sommer jedenfalls ist anders; ganz anders! Das schon rein äußerlich. Denn meine Frau war, wie du weißt, hellblond, wirkte stets ein wenig kindlich, wollte wohl auch so wirken; sie gab sich verspielt. Susanne ist dunkel, von zartem Wesen, überaus schutzbedürftig, entsprechend anschmiegsam.«

»Anschmiegsam also. Und dabei – wie weit gehend?«

»Aber nein, nein! Nicht das, was du denkst. Wir haben uns neulich ganz zufällig getroffen; mitten in der Stadt, im Einkaufszentrum beim Hauptbahnhof. Danach gingen wir Kaffee trinken. Ein paar Tage später erlaubte ich mir dann, sie zum Essen einzuladen in ein französisches Lokal. Danach brachte ich sie nach Hause – genauer: bis vor die Haustür.«

»Und dann – das übliche?«

»Nun ja – ich durfte sie küssen; doch wohl mehr freundschaftlich. Wenn auch auf den Mund. Sie bedankte sich damit, wie sie versicherte, für einen sehr schönen Abend, den auch ich, offengestanden, sehr genossen hatte.«

»Was ich dir ja auch gönne!« versicherte Karl Hubert prompt. »Aber selbst dabei solltest du niemals die Erfahrungen vergessen, die du mit deiner ersten Frau machen mußtest. Auch damals begann das alles – und ich erinnere mich noch sehr gut daran – wie ein frühlingshafter, schwebender Rausch. Und was ist dann daraus geworden!«

»Ich würde dich gern mit Susanne bekannt machen, Karl«, erbot sich Richard Holden – als erhoffe er sich dadurch jede Lösung möglicher Mißverständnisse. »Essen wir doch demnächst gemeinsam – im ›Bistro‹ beispielsweise. Sie wird dir gefallen, da bin ich ganz sicher.«

»Das muß sie nicht«, erklärte Hubert abwehrend. Er pflegte niemals nur auf einen vagen Verdacht hin sich mit irgendeinem Fall zu beschäftigen. Nicht bevor handfeste Fakten ihn dazu zwangen.

»Diese Susanne Sommer ist allein deine Angelegenheit – mache das denkbar Beste daraus – soweit diese Dame das zuläßt. Falls jedoch irgendwelche Komplikationen eintreten sollten – was wohl niemals ganz auszuschließen ist – kannst du mit mir rechnen. Hundertprozentig.«

3

Das Begräbnis jener Selbstmörderin – Europastraße 11/13 – fand auf dem Nordfriedhof statt. Dieser Vorgang konnte, da ärztlich als ›möglicher Unfall durch irrtümliche Überdosierung verordneter Medikamente‹ deklariert, fast mühelos zu einem christlichen Begräbnis umfunktioniert werden. Und wenn es auch in kleinster Kirchhofformation stattfand, so reichte das dennoch aus für eine gewisse Würde und Feierlichkeit.

Der Frühlingshimmel umglänzte diese Darbietung mild; er erschien nahezu nachsichtig. Goldgelbe Sträucher waren erblüht und leuchteten wie sanfte Sonnenfeuer. Die Blätter der Birken begannen sich in lichtem Grün zu entfalten, und der Rasen wurde wieder zu einem Teppich. Die Natur jedenfalls trauerte nicht mit – was wie ein kleiner Schönheitsfehler anmutete.

Außer dem aussegnenden Geistlichen mit kleinerem Gefolge hatten sich nur wenige Menschen eingefunden. Dicht an der Grube, doch wie über sie starr hinwegsehend, stand der Vater mit seinem wiedergewonnenen Kind – beide jetzt aneinandergelehnt, wie endlich innig vereint. Dann Hand in Hand – tränenlos.

Kein anderer Mann aus dem Intimleben dieser Frau war erschienen – nicht einmal der Sparkassenmensch. Lediglich ein weibliches Wesen hinter Vater und Sohn, plump-dicklich, mit glattem Rundgesicht, produzierte schnaufende Rührung. Das war die Reinemachefrau und gelegentliche Vertraute der nunmehr Toten, welche auch als Arbeitgeberin von einiger verschwenderischer Großzügigkeit gewesen war – als solche wurde sie nun betrauert. Übertrieben ehrlich.

»Nichts ist hier normal«, glaubte dabei der eine der zwei Männer feststellen zu können, die auf diesem Friedhof wie im Abseits standen – wohl um zu demonstrieren, sie wären keine Teilnehmer, lediglich Beobachter. Allerdings aus sehr verschiedenartigen Beweggründen; was jedoch nur einer von ihnen wußte.

»Das liegt am Wetter«, meinte nun dieser eine, nämlich Hubert, mit milder gelassener Ironie. »Sie, mein Lieber«, womit er den Journalisten Schwarz ansprach, »sind doch hier in unserer Stadt schon seit einigen Jahren tätig – seit zehn, wenn ich mich nicht irre. Allerdings noch immer ohne sich richtig bei uns auszukennen. Der Frühling in unserer Gegend kann von verwirrender Unruhe sein.«

Womit ein Vorgang angesprochen wurde, den man hier ›Föhn‹ nannte. Diese zerstörerisch anmutende Naturerscheinung gab es, wenn auch unter anderen Namen, jedoch mit gleicher, zumindest ähnlicher Wirkung, ebenso im südlichen Deutschland, im nördlichen Italien, in den Gebirtstälern Österreichs und der Schweiz sowie in Teilen des südlichen Frankreich.

Eine Erscheinung, die dann auch, was als erwiesen gelten durfte, zu einer gewissen weitzeugenden Enthemmung sich anbahnender krimineller Vorgänge führte. Selbst die härtesten Richter in jenen Randwetterzonen des westlichen Europas fühlten sich dann versucht, ›mildernde Umstände‹ anzuerkennen, sogar bei schweren Verbrechen – eben weil heftige körperliche oder eben seelische Störungen angenommen werden konnten.

Entsprechend wirkte nun auch hier, auf diesem Friedhof, der mühsam amtierende Geistliche erheblich geschwächt – seine Stimme klang matt, sein Gesicht glänzte feucht. Die ineinander verkrampften Hände von Vater und Sohn schienen zu zittern. Und die Reinemachefrau stieß würgende Laute aus; was sich dennoch höchst beileidsbekundend anhörte.

Auch die beiden Männer im Hintergrund wirkten nicht unbeeindruckt. Der eine von ihnen, Karl Hubert, denkbar konventionell gekleidet, wie ›von der Stange‹ irgendeines Warenhauses, betupfte sich die Stirn mit einem Papiertaschentuch; das er dann hinter einen Grabhügel warf. Der andere, der Journalist Frank Schwarz, von fast glänzendem Modebewußtsein beherrscht, lockerte seinen breiten Kragen, knöpfte sein Seidenhemd bis zur Brust auf, wo eine vermutlich goldene Kette sichtbar wurde, an der ein wohl gleichfalls goldenes Kreuz hing.

Und Frank Schwarz flüsterte nun verlangend auf Karl Hubert ein. »Dies scheint ein Vorgang zu sein, der Sie sichtlich interessiert, wenn nicht gar spürbar befriedigt. Warum eigentlich? Soweit ich Sie kenne, Herr Hubert, haben Sie sich allein auf letzte menschliche Möglichkeiten spezialisiert – sozusagen auf die letzten Exkremente dieses Daseins. Auch – hier?«

»Kommen Sie mir doch nicht mit derartigen gesuchten Spitzfindigkeiten, Menschenskind!« Hubert gab sich ungeniert erheitert, ohne Rücksicht auf den Ort, an dem sie sich befanden. »Sie spüren mir unentwegt nach! Vermutlich sehen Sie in mir eines jener abgerichteten Schweine, die auf das Erschnüffeln von Trüffeln spezialisiert sind.«

»Ich werde mich davor hüten, Herr Hubert, einen derartigen Vergleich auch nur anzudeuten. Doch immerhin – was könnte denn wohl für einen aufmerksamen, einflußreichen Polizeireporter wie mich selbstverständlicher sein, als immer wieder mal nach dem hier maßgeblichen Mordspezialisten Ausschau zu halten. Er ist wie eine Signalflagge, nach der man sich richten muß.«

»Um dabei zu erkennen, ob Ihre ausgeprägten Fäkalienfantasien bei mir auf Wohlwollen stoßen – was dann für Sie höchst wirksam verwertbar wäre.« Hubert schnaufte leicht unwillig auf. Er schien sich allein auf diese Friedhofsszene konzentrieren zu wollen, die sich nun auflöste wie ein früher Nebel.

Der Geistliche sprach dem Vater und dem Kind sein gewiß theologisch gut formuliertes Beileid aus. Dann nickte er, durchaus anerkennend, der heftig trauernden Reinemachefrau zu. Wonach sie sich nacheinander, hintereinander, wie entenartig daherwakkelnd, entfernten. Der amtliche Totengräber – Stundenlohn derzeit DM vierundzwanzig – konnte ungestört abschließend in Erscheinung treten. Er spuckte sich eifrig in die Hände.

Karl Hubert ließ sich auf einer nahen Bank nieder, bei irgendeinem Familiengrab. Frank Schwarz nahm unaufgefordert neben ihm Platz.

»Nehmen wir also an, Herr Hubert, Ihre Vermutung stimmt – ich spüre Ihnen nach. So was geschieht jedoch nicht nur, um über Sie an die von Ihnen aufzuklärenden Fälle heranzukommen – vielmehr auch, um mich Ihnen sozusagen anzubieten. Als eine Art Mitarbeiter.«

Huberts Heiterkeit drohte sichtlich zuzunehmen – er schien sich nun eher in einer Kneipe als auf einem Friedhof zu befinden. »Ich soll Ihnen also Hinweise zukommen lassen, Sie mit Informationen versorgen, Ihnen Material zuleiten? Und dafür gedenken Sie mich dann, in Ihrem Käseweltblatt, immer lieb und nett zu behandeln – was?«

»Keinesfalls nur das, Herr Hauptkommissar!« Frank Schwarz blickte nun geradezu jugendlich revolutionär. »Ich bin schließlich nicht irgendwer! Vielmehr in meinem speziellen Bereich in dieser Stadt – wie Sie in dem Ihren hier ja auch – die absolute Nummer eins. Und so viel Einfluß könnten wir zielstrebig summieren. So etwa wäre ich bereit, Sie gewissermaßen in den höchsten Zeitungshimmel zu heben! Was halten Sie davon?«

»Nichts«, erklärte ihm Karl Hubert; wobei es schien, als wehre er mit einer kurzen Handbewegung eine frühe lästige Fliege ab. »Denn nun muß ich mich wohl fragen, Herr Schwarz, und das leider nicht zum erstenmal: Was halten Sie denn eigentlich von mir?«

Das Männermagazingesicht des Journalisten setzte zu einem vermutlich jovial gedachten Lächeln an. Dabei betrachtete er die Grabstatue eines pausbackigen Engels, der nun wohl schon seit Jahren erhebliche Anstrengungen machte, die möglicherweise in seinem Korb befindlichen Blumen über einen Zementhügel zu streuen. »Was ich Ihnen allein zutraue, Herr Hubert, ist dies: ein ganz klares Gefühl für Realitäten. Sie werden, da bin ich ziemlich sicher, kaum Wert darauf legen, mich zu Ihrem erklärten Gegner zu machen.«

»Und warum nicht?«

»Nun – etwa Ihres offensichtlich so überaus geliebten Freundes Richard Holden wegen nicht! Der ist ein ungewöhnlicher Mensch; nicht zuletzt, weil er sich in Ihrem Bannkreis befindet. Von ihm weiß ich eine ganze Menge – auch von seiner einstmaligen Frau; sogar von deren Tod. Könnte uns das nicht ein wenig näher zusammenführen?«

Diese Frage blieb zunächst unbeantwortet. Die heiter-ironischen Anwandlungen von Karl Hubert schienen schlagartig erstorben zu sein. Er blickte düster auf die Blumen, die über Gräbern lagen – sie verwelkten schnell. Sie müßten weggeräumt werden.

»Ich glaube, ich durchschaue Sie, Schwarz«, sagte dann der unscheinbare Mann mit den dunkel lauernden Augen. »Sie wollen über mich an Richard Holden herankommen. Für Holden empfinden Sie offenbar ein ganz besonderes Interesse – wobei es sich um eine Art späte Abrechnung handeln könnte. Und das wohl wesentlichste auslösende Element dafür kenne ich.«

»Wirklich? Sind Sie sicher?«

»Sie haben damals, kaum daß Sie hier waren, eine ganz erhebliche Anteilnahme bezeugt – an der Frau meines Freundes. Und zwar bereits vor deren Ehe. Aber auch während und nach dieser Ehe. Das jedoch vergeblich.«

»Vergeblich will ich gar nicht mal sagen«, meinte Frank Schwarz; sein Lächeln war allerbeste Schönheitsreklame – er zeigte strahlende Zähne. »Jedoch, letzten Endes, zugegeben, nicht ganz mit dem erhofften Erfolg. Mir mangelte es eben an Vermögen; an finanziellem. Ich bin da sehr ehrlich. Jedenfalls glaube ich zu wissen, daß Sie stets der Ansicht waren, diese Frau war Ihres Freundes Holden nicht würdig.«

»Würdig?« Karl Hubert wurde nun wieder ein wenig munterer. Das nicht zuletzt, weil er eine Grabplatte entdeckt hatte, in welcher sehr tief, mit bereits abblätternden Goldfarben, und das nach wenigen Jahren, die Worte eingemeißelt waren: Treu bis in den Tod! »Welch ein Wort – in diesem Zusammenhang! Ich bitte Sie, wer ist denn schon würdig – in irgendwelchen Betten?«

Frank Schwarz schwieg – er mußte nachdenken, sich über eine möglichst verwertbare Deutung derartiger Formulierungen klarwerden. Er lehnte sich zurück, wie um damit Abstand gewinnen zu können. Karl Hubert schien vor sich hinzublinzeln.

Plötzlich wollte Hubert wissen: »Kennen Sie eigentlich eine gewisse Susanne Sommer?«

»Sollte ich sie kennen?«

»Sie kennen sie also nicht!« stellte Hubert triumphierend fest, mit schnell wieder aufschimmernder Ironie. »Und Sie wollen mir einreden, daß Sie einiges, wenn nicht gar alles, über Holden und dessen ehemalige Frau wissen? Ohne dabei erkannt zu haben, daß es sich bei dieser Susanne Sommer um eine der intimsten Freundinnen jener Person gehandelt hat?«

»Warum, Herr Hubert«, wollte nun Frank Schwarz schnell zuschnappend wissen, »machen Sie mich derartig intensiv auf diese Susanne Sommer aufmerksam?«

»Versuchen Sie es doch herauszufinden!« ermunterte ihn Hubert.

»Um Sie dann über Einzelheiten zu informieren, die mir dabei bekannt werden sollen? Ist es das?«

»Daran, Herr Schwarz, wäre ich durchaus interessiert. Falls es Ihnen gelingt, geschickt genug vorzugehen. Liefern Sie also unauffällig eventuelle Resultate.«

»Und dann könnte das eintreten, was ich Ihnen vorgeschlagen habe: der Anfang jener von mir erhofften Zusammenarbeit?«

»Das ist durchaus möglich.«

»Dann ist das so gut wie abgemacht, Herr Hubert!« Es klang wie der Abschluß bei einem Viehverkauf. »Sie werden es nicht zu bereuen haben!«

»Sie hoffentlich auch nicht.« Hubert schien freundlich zu scherzen. Dieser Friedhofshandel war wahrlich nicht frei von wuchernder Heiterkeit.

»Worauf ich nun gerne«, reagierte Frank Schwarz sportwagenflott, »um eine Art Vorschuß für unseren vielversprechenden Pakt bitten würde, wenn Sie erlauben. Etwa Details betreffend dieser hier soeben begrabenen Leiche. Ließe sich das machen?«

»Das, Herr Schwarz, läßt sich machen. Zumal ich mir vorstellen kann, worauf Sie dabei scharf sind: auf eine magenwärmende, die Verdauung fördernde Frühstücksstory, die sich mit balkendicken Buchstaben auf der ersten Seite Ihres Blattes aufmachen läßt.«

»Sie durchschauen mich!« Nunmehr war es der Journalist, der Grund zur Heiterkeit zu haben glaubte. »Genau darauf kommt es mir an! Und was, meinen Sie, wäre aus diesem Fall herauszuholen?«

»Einiges. Etwa mit den Schlagworten: Miethaustragödie – Frau und Mutter in den Tod getrieben durch Vereinsamung und unerfüllte Liebe – Ehemann hatte sie und ihr Kind verlassen – eines von vielen Frauenschicksalen in dieser Zeit! Und so weiter und so fort.«

»Das«, stimmte Frank Schwarz unverzüglich zu, »würde garantiert hinhauen. Und dazu könnten Sie mir Einzelheiten liefern?«

»Einige durchaus. Bei der dabei üblichen amtlichen Absicherung: ohne Angabe der Quelle. Und eben in der Hoffnung, daß Sie mir dann auch das liefern werden, was ich haben will.«

»Wir sind voll im Geschäft!« versicherte Frank Schwarz. Er war weitgehend ahnungslos, auf was – besser: mit wem – er sich da eingelassen hatte.

Karl Hubert ließ sich nach seinem Friedhofsbesuch von einem schnellen, wenn auch nicht sonderlich komfortablen Dienstwagen zu seiner Mietskaserne, Europastraße 11/13, bringen. Hier erblickte er das Mädchen Irene – Irene Winter. Sie hielt sich unmittelbar vor dem linken Hauseingang auf; leicht auf ihr Fahrrad gelehnt. Und es schien, als habe sie auf ihn gewartet, ihm aufgelauert.

Das stimmte jedoch nicht ganz. Irene Winter wartete und lauerte

offenbar immer. Möglicherweise auf irgendeine Art Wunder –
etwa auf einen Blitzschlag aus heiterem Himmel, der sie erglühend
zu beglücken vermochte; auf einen tropisch-traumhaft warmen
Regen, der sie endlich wohlig erschauern ließe. Also erhoffte sie
wohl das, wozu sie zahlreiche, einschlägige Illustrierte beharrlich
eingestimmt hatten: den Mann! Irgendeinen Kerl.

Das zu erkennen, fiel Hubert nicht sonderlich schwer; zumal
offenbar auch er zu den sie anziehenden Objekten gehörte; unter
vermutlich zahlreichen anderen, wohl ziemlich willkürlich er-
wählten. Denn Irene Winter war zeitgemäße fünfzehn Jahre alt –
mit nicht zu übersehendem Busen, auch bereits auffallend prallem
Hinterteil, das sie wirksam zu schwenken verstand. Zu allem
Überfluß hatte sie sich auch schon die entsprechenden Blicke
zugelegt.

»Die Luft aus meinem Fahrradreifen entweicht immer!« rief sie
ihm zu. »Was kann man dagegen tun?«

»In solchen Fällen«, erklärte er ihr, nicht völlig frei von Neugier
auf ihre weiteren Reaktionen, »gibt es etwa drei Möglichkeiten.
Erstens: aufpumpen. Zweitens: einen eventuell beschädigten
Schlauch flicken. Oder eben drittens: den Schlauch durch einen
neuen zu ersetzen!«

»Aber ich«, klagte sie ihn verlockend an, »kann das nicht!
Würden Sie mir dabei behilflich sein – etwa im Keller, oder in Ihrer
Wohnung?«

»Weder die eine noch die andere Räumlichkeit sind dafür
geeignet!« Karl Hubert betrachtete sie abwartend, ohne das geringste Entgegenkommen. »Dafür benötigen Sie eine entsprechende Reparaturwerkstatt, Mädchen – oder eben einen geeigne-
ten Mechaniker.«

Karl Hubert kannte sich aus. Er hatte so gut wie alle Situationen
kriminalistischer Möglichkeiten hinter sich gebracht. Er hielt es
also nicht für ausgeschlossen, daß eben auch diese nette, niedliche,
nymphenhafte Irene im Grunde ihres Wesens nichts als ein
prädestiniertes Geschlechtstier war. Und damit ein wie unver-
meidliches Opfer ihrer Zeit – eine der zahllosen, enthemmten,
fleißig-erkrankten Geschlechtsvorzeigerinnen; berechnende Un-
terleibswillige; um damit Gewinn zu machen, zumindest Lustgewinn.

»Hauen Sie ab, Mädchen!« rief er ihr zu, was durchaus ermunternd gedacht war. »Machen Sie Ihre Schularbeiten; so was lenkt ab, wenn man es gründlich genug tut! Und ich kenne niemanden in Ihrem Alter, der so was nicht dringender nötig hätte, als sich frühzeitig irgendwelche Kerle aufzureißen. Dafür, Mädchen, ist immer noch Zeit! Je länger Sie Ihre Schenkel zusammenkneifen, um so besser!«

»Aber so«, fauchte sie ihn an, »darf man doch mit mir nicht reden!«

»Nur so!« erklärte ihr Karl Hubert. »Denn das ist vermutlich die einzige Sprache, die Sie noch verstehen – nehme ich an. Und wenn Sie selbst die nicht mehr verstehen, mein schönes Kind, könnte es zu spät sein. Hauen Sie also endlich ab, Mädchen!«

Eine Besonderheit, die sich bei den beiden Freunden im Verlauf der Jahre herausgebildet hatte, waren ihre wöchentlichen ›Buchberichte‹. Beide waren eifrige Leser; sie pflegten literarische und fachliche Werke, die ihnen als bemerkenswert erschienen, untereinander aufzuteilen – in sieben Tagen bewältigte jeder von ihnen etwa drei davon.

Und darüber berichteten sie einander dann: Inhalt – formale Gestaltung – Wertung im allgemeinen, im Detail. Das geschah diesmal in der Wohnung von Karl Hubert. Sehr schnell wurde dabei der amerikanische Schriftsteller John Steinbeck zum Streitpunkt.

»An seiner einst so überzeugend erklärten Humanität«, glaubte Richard Holden feststellen zu können, »beginne ich nunmehr zu zweifeln. Und zwar aufgrund einer Sammlung von Aufsätzen, Mutmaßungen und Betrachtungen, die soeben in Amerika erschienen sind. Was dabei zum Vorschein gekommen ist, kann wohl nur noch als krasser Nationalismus, als eingemauerte konservative Denkweise bezeichnet werden. Denn sogar ein Steinbeck glaubt selbst im Vietnam-Krieg amerikanischen Heroismus erblicken zu können.«

»Nichts als ein Irrtum, Richard, der sich immer wieder einstellt. Sehr junge Menschen, zu denen schließlich auch Steinbeck einst gehört hat, gefallen sich zumeist als Weltveränderer, Weltverbesserer, Weltgewissensträger! Bis dann auch sie endlich einsehen müssen: Eine derartig kraß geforderte Veränderung ist lediglich ein nahezu infantiler, geradezu zweitrangiger Wunschtraum, allein auf den abgewogenen Versuch kommt es schließlich an, wahre Werte sorgsam zu erhalten – die dann wie ein Sprungbrett für weitere Möglichkeiten sein könnten.«

Was Karl Hubert damit meinte, erfuhr der Freund zunächst nicht. Denn die Türglocke der Wohnung wurde heftig in Bewegung gesetzt. Hubert öffnete – einladend weit. Und herein schritt Herr Winter, der Vater von Irene.

»Ich beabsichtige nicht zu stören!« versicherte er, dennoch sich vordrängend. »So was liegt nicht in meiner Natur.«

»Sie können uns gar nicht stören!« behauptete Karl Hubert, mit nahezu verdächtig großzügiger Geste. »Gesellen Sie sich getrost zu uns. Was dürfen wir Ihnen anbieten – ein Glas Bier, eine Tasse Kaffee oder einen Cognac?«

»Nun – sagen wir: eine Tasse Cognac! Wenn Sie so liebenswürdig sein wollen.«

Karl Hubert nickte, wie stets einstimmungsbereit. Wobei er seinem Freund Richard Holden mit ungenierter Deutlichkeit erklärte: »Dies ist Herr Winter, ein Fernlastfahrer; er wohnt in diesem Haus. Und er ist der Vater einer überaus vielversprechenden Tochter namens Irene – vielversprechend in jeder wohl erdenklichen Hinsicht.«

»Jawohl!« bestätigte Herr Winter mit breitgewichtiger Überzeugungskraft – er wog an die zwei Zentner, wirkte dementsprechend; wenn auch nur rein äußerlich. »Und eben als der Vater meiner Irene bin ich hier!«

Eine Bekundung, die Holden, dem Rechtsanwalt, ein wenig bedrohlich vorkommen wollte. Also beeilte er sich, eine gewisse freundliche Atmosphäre zu erzeugen: »Ich glaube, Ihr Fräulein Tochter zu kennen – sie ist doch sicher dieses blonde, geradezu attraktiv zu nennende Mädchen mit dem Fahrrad!«

»Sie sagen es!« bestätigte Fernlastfahrer Winter nicht ohne Stolz. Um dann unverzüglich hinzuzufügen: »Aber sie ist noch ein Kind!«

Hubert lachte auf, zwar nur kurz, doch deutlich erheitert: »Ein Kind – Ihre Irene? Sind Sie sicher?«

»Absolut. Schließlich ist meine liebe Kleine erst fünfzehn!«

»Na – und? Ganz abgesehen davon, daß Ihre liebe Kleine in einem Monat als sechzehn Jahre alt registriert werden kann – was für den Gesetzgeber ein bemerkenswertes Alter ist, denn damit hört praktisch jede mögliche Kindlichkeit völlig auf. Doch was besagt das schon? Ich kenne eine ausgewachsene zwölfjährige Mutter und voll aktive vierzehnjährige Huren.«

Vater Winter schnappte sichtlich nach Luft – er schnaufte gleich einem Bergsteiger, der sich dem Gipfel schon nahe glaubte; bei nur noch mühsam erfolgender Herztätigkeit. »Aber ich bitte Sie, Herr Hubert – was sollten denn derartige Andeutungen mit meiner Irene zu tun haben?«

»Sicherlich nicht das geringste!« beeilte sich Richard Holden, ganz Anwalt, zu versichern. »Mein Freund hat da lediglich einige seiner kriminalistischen Erfahrungen angedeutet – die nicht gleich auf Ihre bezaubernde Irene zutreffen müssen.«

»Na – genau das meine ich auch«, behauptete der fernlastfahrende Vater Winter erleichtert. »Und ich weiß, daß sich meine Irene, zu Ihnen, Herr Hubert, überaus hingezogen fühlt – das hat sie mir gestanden. Eben weil Sie, wie ja auch ich, eine Art Vaterfigur sind!«

»Auch das noch!« Hubert lachte auf.

»Ich jedenfalls empfinde«, versicherte Rechtsanwalt Holden wundersam ausgleichswillig, »Herrn Winters Gedankengänge als gewiß sehr ehrenwert gemeint. Denn seine Irene hat lediglich versucht, sich einem ihr väterlich erscheinenden Wesen anzuvertrauen. Und hätte sie sich dabei einen besseren Gesprächspartner als Herrn Hubert dafür aussuchen können?«

»Das allerdings meine ich auch!« gab nun der Winter-Vater bereitwillig zu. »Denn so ist sie! Wie ein junges Füllen, sage ich immer; ein wenig unbändig, aber eben Klasse!« Fehlte nur noch, daß der ausgesprochen hätte, was er wohl dachte: Kunststück – bei diesem Vater!

»Also gut.« Hubert reagierte nahezu herausfordernd begierig. »Nun weiß ich wenigstens, was Sie von Ihrer Tochter halten. Doch für was halten Sie mich? Bin ich denn nicht etwa ein Mann in den sogenannten besten Lebensjahren – kaum mehr als vierzig, gutbürgerlich, vergleichsweise angesehen? Doch eben aus diesem Altersbereich kommen, statistisch einwandfrei nachweisbar, der Großteil aller Mißbraucher, Beschmutzer, oder eben Vergewaltiger jener nach den bestehenden Gesetzen als nicht vollreif bezeichneten weiblichen Wesen.«

»Wozu Sie jedoch, Herr Hubert, garantiert nicht gehören!«

»Dieser Ansicht«, versicherte Holden schnell, »kann ich nur zustimmen – vorbehaltlos!«

Und zu seinem Freund sagte er, nicht unbesorgt, auch behutsam warnend: »Laß doch, wenn es irgendwie geht, dieses schöne Kind leben – ohne deine fürchterlichen Theorien.«

»Das sind keine Theorien! Es handelt sich vielmehr um eine knallharte, sozusagen hautnahe Praxis. Das müssen Väter wissen! Und wie kommen Sie denn auf die Idee, Herr Winter, daß ich, im Hinblick auf Ihre Tochter, irgendwie vertrauenswürdig sein könnte?«

»Eben weil ich weiß, Herr Hubert, wer Sie sind! Das weiß ich von einem Freund, einem meiner allerbesten – der ist mit mir verschwägert und außerdem Polizeibeamter. Und der hat mich gefragt: Ahnst du eigentlich, wer da in deinem Hause wohnt? Eben der Hubert. Und der ist ein ganz großer Mann; die Nummer eins – im Polizeipräsidium!«

»Was tatsächlich zutrifft!« bestätigte Holden. Er versuchte, wohltuend warme Verständnisbrausen zu betätigen, diese voll aufzudrehen. »Womit wohl, hoffe ich, alle möglichen Mißverständnisse beseitigt sind.«

»Sind sie aber nicht!« Huberts Unbeirrbarkeit, sich und seine Umgebung seinen möglichst letzten Wahrheiten auszuliefern, drohte immer zwanghafter zu werden. »Was besagt denn schon, was einer in der sogenannten Öffentlichkeit darstellt, welches Amt er bekleidet, welches angebliche Ansehen er dabei genießt? Als ich noch bei der Sittenpolizei tätig war, habe ich einen für höchst honorig gehaltenen Chefarzt aufs Kreuz gelegt, der seine Patientinnen, die zum Teil noch halbbetäubt waren, recht fleißig mißbrauchte. Dazu habe ich diverse Polizeibeamte kennenlernen müssen, die sich als Massagepuff-Manager freudig betätigten. Dann auch einen Geistlichen, der die ihm anvertrauten Konfirmationskinder reihenweise umzulegen versuchte.«

»Na, scheußlich, ungemein scheußlich!« rief Vater Winter überaus angewidert aus. »Sind wir denn ausgeliefert?«

»Das ist man – wenn man nichts als ein sich selbst wohlgefälliger ahnungsloser Idiot ist! Wofür ich Sie aber nicht halte, Herr Winter. Unverkennbar lieben Sie Ihre Tochter; was gewiß nicht wenig ist, aber eben nicht alles.« Hubert gab sich suggestiv sicher. »Jedenfalls habe ich Ihrer Irene, wohl ziemlich unmißverständlich, dazu geraten, Ihre Schenkel möglichst eng zusammenzuklemmen; ungefähr mit diesen Worten. Darauf sollten Sie achten – also ihr dabei helfen.«

»Aber wie denn – wie? Falls Sie recht haben!«

»Das, Herr Winter, ist Ihre Angelegenheit! Bei diesem Ihrem Kind will sie mir allerdings als äußerst dringend vorkommen. Denken Sie darüber nach – nachdem Sie hier Ihren Cognac ausgetrunken haben. Doch sonderlich viel Zeit haben Sie dafür wohl nicht mehr!«

»Weißt du, Karl, wie du mir neuerdings sehr oft vorkommst?« fragte Richard Holden den Freund fast unmittelbar nachdem sie der fernlastfahrende Winter-Vater verlassen hatte. »Wie eine Art antiker Spezialgott!«

»Es gab damals, soweit ich unterrichtet bin, keinen für das Polizeiwesen!«

»Doch immerhin einige, die zuständig für Rache waren! Und Wortgebilde wie rächen, rechten, Recht und Gerechtigkeit haben da einen fatalen Anklang.«

Hubert schüttelte den Kopf, wie verwundert. »Du hast eben Rechtsanwaltsanwandlungen – und zwar jene von der sentimentalen Sorte! Du siehst überall Klienten, die vor einem permanenten Mißbrauch der Gesetze geschützt werden müssen.«

»Ich frage mich lediglich«, gab Holden verständniswillig zu, »was mit deinen Kriminal-Gewalttheorien ein so biederer, braver Mann wie der Winter und seine nette Tochter Irene zu tun haben?«

»Was ich immer sage: Zu der denkbar blöden Ahnungslosigkeit diverser Klienten kommt zumeist dann noch die dumme Verbohrtheit so mancher Rechtsberater hinzu. Dann erst blühen die Prozesse wie Unkraut, das alsbald jedes Unglück wild überwuchert.«

»Ich nehme nicht an«, sagte Holden ein wenig steif, »daß du mich damit gemeint haben könntest.«

»Selbstverständlich nicht!« bestätigte ihm Hubert mit nahezu vergnüglichem Augenzwinkern. »Denn schließlich kennst du eines meiner Lieblingsthemen im Bereich der Kriminalistik – die sogenannte Victimologie.«

Holden wußte genau, wovon sein Freund sprach: von der Mitschuld der Opfer – an jener Tat, die an ihnen begangen worden war. Und wenn auch Karl Hubert aufgrund seiner enormen Erfahrungen ein Buch zu diesem Thema zu schreiben beabsichtigte, so gedachte er doch wohl niemals so weit zu gehen, dabei eine der wohl eindeutig überspitzten literarischen Formulierungen der zwanziger Jahre zu übernehmen, die da gelautet hatte: Nicht der Mörder – der Ermordete ist schuldig! Bei einem Hubert waren Mörder niemals schuldlos.

Huberts Theorien zu diesem Thema – Holden in vielen, jedoch eben nicht allen Einzelheiten bekannt – begannen vergleichsweise äußerst harmlos: Eine alte Frau etwa, die ihr Geld offen herumliegen läßt, ermuntert damit Diebe. Oder: Dünne Türen, ungesicherte Räume, unbewachte Warenlager locken Einbrecher an. Dann auch: Trottel mit dicken vorgezeigten Brieftaschen ziehen Raubüberfälle wie magnetisch an.

»Aber derartige Ansichten, Karl, lassen sich doch wohl kaum auf Vater Winter und seine Irene übertragen? Oder vermutest du so was tatsächlich?«

»Vermutungen, Richard – und das solltest du inzwischen erkannt haben, zumindest bei mir – sind für einen Kriminalisten kaum mehr als geistige Onanie; in aller Öffentlichkeit. Ein erklärter Fachmann jedenfalls – und ich nehme an, du hältst mich für einen solchen – schöpft sozusagen nur dann Verdacht, wenn er für einen solchen auch Beweise zu finden vermag. Sonst ist sein Verdacht nichts als ein feuchter, warmer Wind!«

»Wenn ich dich richtig verstehe, Karl, dann scheinst du also wesentlich mehr zu wissen, als du mir bisher eröffnet hast – in diesem Fall.«

»Könnte sein, Richard! Zunächst mal dieser Winter, den du für brav und bieder zu halten scheinst. Von wegen! Der ist ein Armleuchter!« Eine Bezeichnung, mit der er ›Arschloch‹ meinte und die nur auf den feinfühligen Freund zugeschnitten war. »Ein Armleuchter also – ein ziemlich großer, nicht ungefährlicher! Nicht zuletzt sein ausgeprägtes Fernfahrerselbstbewußtsein macht ihn dazu. Ich habe ihn mit einem Doppellaster durch die Gegend brausen gesehen! Und zwar nach dem Motto: Weg frei – jetzt komm' ich!«

»Eine doch wohl nicht seltene Zeiterscheinung – nicht wahr?«

»Natürlich! Doch eben damit fängt hier so gut wie alles an. Denn das Auto, die Modernisierung, mein Lieber, ermöglicht einen

Großteil des modernen Verbrechens. Kriminelle werden damit bewegungsfähiger; sie können schneller operieren, sich besser verflüchtigen, weit mehr transportieren. Doch das nur nebenbei. Worauf ich in diesem Fall hinauswill, ist lediglich dies: So ein Auto vermag Charaktere zu verwandeln, beeinflußt sie mit schnell zunehmender Stärke. Da glauben sich dann endlich elendigste Zugpferde des Daseins wie edelste Mustangs in freier Wildbahn vorkommen zu können, verhinderte Rennfahrer und Panzerwagenbeweger zu sein.«

»Nun ja, Karl – dieser Effekt ist bekannt. Er kommt und schwindet, ist mehr oder weniger stark ausgeprägt. So was muß man hinnehmen.«

»Einfach hinnehmen – bei diesen Tausenden und aber Tausenden von Verkehrstoten! Da sind Mörder am Werk! Massenhaft Mörder! Aber die will kaum jemand wahrhaben – möglicherweise könnte die sogenannte Volkswirtschaft darunter leiden; dieses verlogene Vaterland der fleißigen Profitmacher!«

»Bitte, Karl, versuche nicht anklägerisch abzuschweifen! Du wolltest mir lediglich deine Ansichten über Herrn Winter mitteilen.«

»Dieser Mann ist also Fernlastfahrer – sie werden ›Kapitäne der Landstraße‹ genannt; und so, also wie ein Kapitän, kommt der sich auch vor. Was im Grunde nichts als eine lächerliche Selbsttäuschung ist, ähnlich jener der armen Frontschweine, oder eben Befreiungskämpfer, auch Weltanschauungs- und Glaubensverteidiger, denen man nur einreden muß, sie wären die geborenen Helden! Dann vollbringen sie garantiert gigantische Anstrengungen allerletzter Dummheit – nur um sich bestätigt zu fühlen! Eben bis hin zu Mord und Selbstmord.«

»Womit du wohl«, versuchte Holden gedanklich zu vereinfachen, »damit sagen willst: Dieser ebenso selbstbewußt wie selbstherrlich anmutende Winter vermag also nicht mehr die wahren Realitäten zu erkennen, so wie du sie siehst.«

»Exakt erkannt, Mensch!« bestätigte Karl Huber, fast erfreut über so viel brauchbar einsichtsvolles Denkvermögen bei seinem Freund. »Dieser Winter ist, im Grunde, nichts als ein borniert Idiot – völlig beherrscht von den vier dominierenden F unserer Zeit.«

Das war ein Buchstabe, dessen knallige zeitgemäße Bedeutung

er nicht viel näher zu erklären brauchte. Holden wußte, was dieses vierfache F für Hubert bedeutete: Fernsehen, Fußball, Flaschenbier und Ficken. Wobei in diesem Fall wohl noch ein weiteres, ein fünftes F hinzukam: Fernlastfahren.

»Warum, Karl, bist du so sicher, das alles ganz genau zu wissen?«

»Nun – weil ich denken, aber auch sehen kann. Und diese Irene ist alles andere als ein verschleiertes Rätsel. Wenn ich etwa eine Art frühzeitiger Lustgreis wäre, dabei einsam zu verblöden drohte, jeder erdenklichen Gelegenheit einer Befriedigung entgegengierend – dann würde ich sie ziemlich mühelos abschleppen und umlegen! Doch ich bin in dieser Hinsicht, wie du weißt, glücklicherweise voll normal beansprucht.«

»Was ich dir gönne – von Herzen!« Das stimmte jedoch nicht ganz, und beide wußten es. Denn das von Karl Hubert derzeit so gut wie regelmäßig frequentierte Wesen, eine Inspektorin aus dem Bereich des Sittendezernats, war in Richard Holdens Augen nicht fraulich-feinfühlig genug, nicht ausreichend zärtlich-anschmiegsam – eben keine Susanne Sommer. Um abzulenken, sagte Holden: »Durch dich ist also Irene nicht gefährdet – was eigentlich fast schon zu bedauern ist. Durch wen dann?«

»Dafür kommen hier außer mir mindestens noch drei andere in Frage.«

»Woher weißt du das?«

»Bei diesen mindestens drei anderen handelt es sich um folgende: Erstens: ein Jüngling aus unserem Haus – ein pubertäres Nullprodukt, das frühen Erfahrungen entgegeneilt; wohl kein sonderlich brauchbares Objekt für Irene, nicht einmal bei Notzuständen. Zweitens: jener Sparkassenangestellte, der am Selbstmord jener Frau nicht ganz unbeteiligt ist – den könnte sie vermutlich für einen verlockend prächtigen Sexualakrobaten halten. Wobei sie nicht zu ahnen vermag, daß die eigentliche schwerste Gefahr bereits auf sie zuzukommen scheint.«

»Das dritte Objekt also, außer dir – und wer ist das?«

»Das weiß ich noch nicht – nicht mit exakt recherchierter Genauigkeit. Es handelt sich dabei wohl um einen Mann in unserem Alter, von Beruf Mechaniker, Feinmechaniker, Datenverarbeitung vermutlich. Er ist vierfacher Vater, frühzeitig mit einer Frau verheiratet, die nun bereits, wohl nicht zuletzt durch ihn, wie seine Mutter aussieht. Er wohnt sieben Häuser von hier entfernt, in einem ähnlichen Bürgerkasernengebäude wie diesem; in einer Nebenstraße.«

»Und mit dem, glaubst du, gibt sich Irene ab?«

»Sie kennt ihn noch gar nicht. Aber eben dafür wird er bald sorgen – dessen bin ich sicher.«

Richard Holdens nicht unbesorgte Skepsis nahm erheblich an Heftigkeit zu: »Mein Gott, Karl – woher glaubst du das bloß alles zu wissen; mit dieser fast tödlich anmutenden Sicherheit?«

»Du kennst einige meiner Eigenarten. Ich lasse mich beispielsweise fast niemals direkt von meiner Dienststelle nach Hause fahren; ich steige vorher aus, um dann noch einige hundert Meter spazierenzugehen; wobei ich Menschen betrachte, auf der Straße, hinter den Glasscheiben der Geschäftshöhlen und Getränketankstellen. Als ich dabei, vor etwa zwei Wochen, mein Dienstfahrzeug beim Platz der Freiheit verließ, traf ich beim Nachhauseweg auf Irene.«

»Aha! Zufällig?«

»Schenke dir derartige Fantasieausbrüche! Ich sah sie dastehen; sie glotzte so verlangend in eine dieser modischen Trödlerbuden, Boutiquen genannt, hinein; Pseudoindien diesmal – Hängekleider, Seidenersatzhemden, Kunststoffledertaschen. Sie kam dann, auf meine Anregung, mit mir – ganz einfach, weil ich sie vor diesem Modemist zu bewahren, also sie aufzuklären gedachte; was sie sehr zu erheitern schien. Sie wirkte durchaus niedlich, wenn sie lachte, aber auch reichlich albern; was jedoch gewisse Typen erfahrungsgemäß durchaus heftig anzuziehen vermag. Als wir dann durch diese Nebenstraßen schlenderten – geschah es!«

»Geschah – was?« fragte Richard Holden, leicht verwirrt.

»Erst roch ich ihn! Und dann sah ich ihn beim Hauseingang stehen. Er starrte auf Irene, wie auf einen Christbaum voller sexueller Wunderkerzen. Und das vermutlich nicht zum erstenmal. Offenbar kannte er ihre Wege, hatte vielfach auf sie gelauert! Mich übersah er dabei – er hielt mich für nebensächlich.«

Die Verwirrung Richard Holdens nahm noch erheblich zu. »Habe ich dich da richtig verstanden? Sagtest du tatsächlich, zuerst hast du ihn – gerochen?«

»Genau das, was diese Vokabel im ursprünglichsten Sinne bedeutet, will ich damit gesagt haben. Einen Geruch wahrnehmen, ein Reagieren des entsprechenden Sinnesorgans. Also sich beriechen – wie das Tiere tun, deren Instinkt noch vergleichsweise sicher intakt geblieben ist. Ein Zustand aber auch, der gelegentlich sogar Menschen zugetraut werden kann, etwa in der Liebe und in der Kriminalistik.«

»Und du glaubst, diese Fähigkeit zu besitzen?«

Karl Huberts verständnisvoll gedachtes Lächeln wirkte nun frostkalt – es schien ein Lächeln über sich selbst zu sein. Er öffnete eine weitere Flasche Bier, seine dritte an diesem Abend, füllte sein Glas nahezu zeremoniell geduldig. »Du weißt, Richard, daß ich schon immer einen stark ausgeprägten Geruchssinn besessen habe.«

Das konnte Richard Holden nur betätigen, es war schon während ihrer gemeinsamen Jugendzeit zu erkennen gewesen: Karl Hubert haßte verqualmte Räume; den Gestank der Verwesung, auch bei Blumen; körperliche Ausdünstungen; die penetranten Abgase der Autos; die atembeklemmenden Gerüche von Müllhalden. »Und das, Karl, hat sich bei dir inzwischen noch verstärkt?«

»Manchmal bis zur Unerträglichkeit!« gestand Hubert ein. »Es konnte vorkommen, daß ich das zwingende, fast zwanghafte Bedürfnis verspürte, mich aus dieser verwesenden Welt hinauszustürzen – auf eine noch atmende Wiese hin, wo ich mich dann hinlegte; einem See entgegen, der noch halbwegs sauber anmutete; in einen Wald hinein, der noch nicht voller Abfall war, in dem selbst jetzt noch Tiere lebten, die sich nicht als beständige Ausrottungsobjekte vorkommen mußten. Und unter ihnen, wie mit ihnen, versuchte ich dann frei zu atmen – und dort, nur dort, konnte ich es.«

»Ich glaube dich zu verstehen.«

Sein Freund war, auf Hubert sehr beglückende Weise, voll mitfühlender Verständnisbereitschaft. Die Freude darüber setzte sich dann schnell in bereitwilliges Mitteilungsbedürfnis um. »Was sich dann daraus ergab, ganz real und mir deutlich bewußt – willst du das wissen? Nun, vor fast genau einem Jahr an einem ähnlichen glashart und kalt strahlenden Frühlingstag forschte ich einem scheinbar recht komplizierten und vermutlich auch ziemlich heiklen Mordfall nach, der bis in die letzte Außenbezirke des Sexualverbrechens hineinreichte.«

Holden kannte des Freundes ›Fälle‹ in allen Einzelheiten, wie der ja auch die seinen kannte; ihre Erfolge genossen sie gemeinsam. »Du meinst dabei vermutlich den S-Bahn-Mörder, der bevorzugt auf der Linie Sechs operierte– stets kurz vor Mitternacht. Ein dann von dir frappierend schnell gelöster Fall.«

»Zunächst jedoch kam ich damals nicht recht vorwärts. Ich führte fast dreißig Vernehmungen persönlich durch – meine Beamten die restlichen einhundert. Ich war völlig übermüdet, als mir dann, am fünften Sechzehnstundentag, einer der zahlreichen verdächtigen S-Bahn-Reisenden vorgeführt wurde – von dem ich mir nicht viel versprach. Während ich ihn verhörte, war ich kurz davor, einzuschlafen – jedenfalls schloß ich die Augen.«

»Was vermutlich bedeutet, Karl, daß du, da du völlig übermüdet warst, einige deiner Sinnesorgane so gut wie abgeschaltet hattest. Du hörtest ihm also nicht mehr zu, du wolltest ihn auch nicht sehen – wobei dann aber ein weiteres sehr stark ausgeprägtes Wahrnehmungsvermögen, eben dein Geruchssinn, dominierend in Erscheinung trat. War es so?«

»Genau so, Richard.« Hubert betrachtete seinen nun endlich wiedergewonnenen Freund wie ein willkommenes Geschenk. »Als ich nicht mehr hinhörte und die Augen schloß – da roch ich ihn. Seine Angst!«

»Wie kannst du Angst riechen, Karl?«

»Auf sehr verschiedenartige Weise, Richard! Es existieren viele Ängste in dieser Welt! Etwa jene vor einem Verlust; an Liebe, an Finanzen oder an Vertrauen. Oder eben jene in meinem Bereich dominierende Angst vor der Entdeckung; die gleichbedeutend sein kann mit Strafe, Bestrafung. Dabei sind die seltsamsten Zwischentöne denkbar – doch ein gewisser Grundgeruch beherrscht sie alle: der von Ausscheidungen, Absonderungen des menschlichen Organismus! Also Schweiß, Urin und Kot!«

»Und das war bei diesem Mann für dich erkennbar?«

»Erspürbar, Richard! Denn dieser Mensch, bereits bei mir so gut wie außerhalb jeden Verdachts, begann plötzlich, ohne den geringsten erkennbaren Grund, vor sich hin zu stinken. Und eben dadurch wurde ich geradezu zwingend auf ihn aufmerksam. Mit eindeutigem Erfolg, wie du weißt – er war tatsächlich der Täter, also der sogenannte U-Bahn-Mörder!«

»Welch ein seltsamer Sinneseffekt, Karl! Und der hat sich dann bei dir fortgesetzt – also bestätigt?«

»Wieder und immer wieder, Richard! Kaum noch ein Irrtum ist dabei möglich. Ein Zustand jedoch, der zu seltsamsten Erlebnissen führen kann.«

Holden lauschte dieser Aussage nach. »Ich weiß nun nicht recht«, gestand er dann, »ob ich dich deshalb bedauern oder beneiden soll. Möglich wäre wohl beides. Wie weit reicht denn diese von dir entdeckte Fähigkeit, Karl?«

»Sie ist nicht das, was man beständig präsent nennen könnte. Ich versuche auch, sie nicht beherrschend werden zu lassen, denn ein einziges, wenn auch überaus geschärftes Organ vermag noch lange nicht die ganze Fülle dieses Daseins ausschöpfend deutlich werden zu lassen. Erinnerst du dich noch an den uralten Hund unserer Jugend, den wir beide so geliebt haben?«

Selbstverständlich erinnerte sich Richard an diesen Sebastian, einen mittelgroßen Pudel. Als sie ihn kennenlernten, hatte er ein für Hunde biblisches Alter erreicht: nahezu vierzehn Jahre! Er konnte wohl nur noch mühsam sehen, bestimmt nichts mehr hören – doch sein Geruchssinn war ihm auf wunderbarste Weise erhalten geblieben. Er witterte die Freunde, wenn sie sich ihm näherten, um sich dann ihnen entgegenzustürzen.

Aber dann erinnerte sich Richard Holden auch an einen nunmehr wie wetterleuchtend sein Gedächtnis erhellenden Vorgang. Als dieser wundersame Pudel Sebastian, einer schweren Erkältung wegen, zu sterben drohte – wobei er jedoch glücklicherweise überlebte – hatte sich Karl Hubert zu diesem Tier gelegt, es zärtlich umarmt und ihm zugeflüstert: »Du, mein lieber Kleiner, wirst niemals vergessen werden – nicht solange ich lebe! Denn ich werde dann für dich leben, für dich sehen, für dich riechen!«

»Mein Gott, Karl«, stimmte Richard, nahezu beschwingt-freudig, sehr weit entgegenkommend zu, »was ist denn in diesem Leben nicht möglich? Aber das auch, erlaube mir diese Frage, im Hinblick auf Irene, deren Vater und diese Menschen im Hauseingang in der Nebenstraße?«

»Warum denn nicht?« Hubert fühlte sich voll verstanden, war somit also bereit, nun selbst allerletzte Erkenntnisse freizulegen. »Es hat nicht sonderlich viel dazugehört, dabei Witterung aufzunehmen. So etwa riecht der mittelbürgerliche, protzbereite Vater Winter nach einem immer noch viel zu bleihaltigen Benzin; auch nach in triefendem Fett brodelnden Bratkartoffeln und schweißigen Socken. Während seine Tochter Irene den Geruch frühzeitiger Verwesung verbreitet; offenbar wechselt sie bei ihren Perioden die dafür notwendigen Einlagen nicht rechtzeitig genug.«

»Und dieser Mann beim Hauseingang?«

»Der verströmte eine Ausdünstung, wie sie wohl nur von heftig ausfließendem Sperma erzeugt wird. So was kann dir fast jeder auch nur halbwegs erfahrene Sittenpolizist bestätigen. Dumpf-geil, penetrant-klebrig, süß-säuerlich-breiartig!«

»Ein an sich also wohl dennoch alltäglicher Vorgang, Karl.«

»An sich schon, Richard – durchaus. Doch eben notorische Geilheit, dazu enthemmte Berechnung, vermag keine Liebe zu erzeugen, kann aber überaus gefährlich werden, zerstörerisch wirken, zu einer letzten Vernichtung führen. Und das weißt du, nicht wahr?«

Womit Hubert, wieder einmal mehr, auf Susanne Sommer anspielte und Holden, zu seiner Freude, spürbar beunruhigte. Das war ein Vorgang zwischen ihnen, der erregt lauernde Signale auszusenden vermochte. Doch in welchem Ausmaß wirklich, konnte noch keiner von ihnen erkennen.

Vater Winter, also der seiner Tochter Irene, hatte eine seiner großen dreitägigen Halbeuropatouren, diesmal nahezu in Rekord-zeit, hinter sich gebracht. Nun starrte er entspannungswillig auf seinen Fernsehapparat. Dieser produzierte Bilder in Farbe; und die dabei erreichbaren Stationen, hier sechs, ließen sich durch ein Schaltgerät von seinem Sessel aus einstellen.

So was konnte er sich ohne weiteres leisten. Er war schließlich, als bestbewährter Fernlastfahrer seiner Firma, der ›Transit-Spedi-tion‹, ein Spitzenverdiener der Mittelklasse. Da reichte sogar einer seiner Schwager, der Fliesenleger, schon lange nicht mehr heran. Ein anderer, der Polizist, schon gar nicht. Und der einstige Verehrer seiner Frau, den er seinerzeit kräftig ausgestochen hatte, war inzwischen auch nur Studiendirektor geworden. Sie, seine Gemahlin, hatte eben richtig gewählt – also ihn; was sie gewiß, meinte er, dankbar zu würdigen habe.

Doch um diese Zeit, so etwa zwischen 19 und 20 Uhr, spuckten sämtliche Kanäle nichts als Reportagen, Berichte und Nachrichten aus – was ihn maßlos anödete. Also ergriff er die fernsehgünstige

Gelegenheit, sich seiner Familie zu widmen, die sich um ihn versammelt hatte, das heißt hinter ihm saß.

Seine liebe Frau und seine nette Tochter! Seine Frau Helga begann langsam leicht fett zu werden; sie bevorzugte allerdings Süßigkeiten – Kuchen, Pralinen und Puddings. Er hatte an sich gar nichts dagegen; denn dadurch verstärkten sich ihre an sich schon kraftvollen Formen zu genußspendender Griffigkeit.

Und neben ihr hockte Irene – seine liebe, kleine, hübsche Tochter. Von ihm stets mit Aufmerksamkeiten bedacht: großzügiges Taschengeld; Sonderzuwendungen für einen gefälligen, gefühlvollen Film, plus Eiscreme; dazu Extrageschenke, von seinen weitreichenden Kreuz- und Querreisen mitgebracht: bevorzugt Spielzeugbären, Stoffpuppen, Fabeltiere. Mein Gott, sinnierte er, wie sich dieses Kind freuen konnte! Sie war ein Sonnenschein.

Doch eben diesen ›Sonnenschein‹ betrachtete er nun näher. Irene hockte auf dem Sofa, hatte die Beine unter ihren Körper gezogen und blickte nahezu wie abwesend; und zwar in eine Richtung, in der nicht der Fernsehapparat stand. Sie lehnte sich zurück, wodurch ihr Oberkörper prall deutlich in Erscheinung trat – unter ihrem knallroten Pullover waren ausgeprägte Brüste erkennbar. Und auf diese starrte Winter nun, fast ungläubig.

Selbstverständlich war er sich, selbst jetzt noch, seiner väterlichen Werte, seiner erzieherischen Würde, durchaus bewußt. »Nun, wollen wir mal?« ermunterte er die Seinen. »Und zwar ein deutliches Wort miteinander reden. Darauf bestehe ich – das muß auch mal sein.«

Seine Frau gähnte ihn an, ohne dabei ihren Mund öffnen zu müssen. Seine Tochter Irene schloß den ihren, unendlich gelangweilt. Hinter beiden hingen Bilder, die seine Frau, wohl in einer ausgeprägt schwachen Stunde, ausgesucht hatte: blaue Pferde, grüne Rehe – ein violetter Himmel darüber. Diese Auswahl hatte er hingenommen; großzügig veranlagt, wie er stets zu sein glaubte.

Zumal alles andere ›in seinem Heim‹, wie er diese Mietwohnungsschachtel großzügig bezeichnete – die er möglichst bald in eine ›Eigentumswohnung‹ zu verwandeln gedachte – so gut wie voll und ganz seinen Wünschen zu entsprechen schien: gefällige Schleiflackmöbel, dickste Schafwollteppiche, massive Gläser; Topfblumen, Kühlschrank und Waschmaschine. Bald auch eine Geschirrspülmaschine.

»Bei mir«, verkündete er, diese seine Welt meinend, die für ihn gewiß denkbar beste aller Welten, »ist und hat auch alles wohlgeordnet zu sein! Ich bin der Garant dafür. Und ihr, meine Lieben, braucht euch nur mir anzupassen. Dann läuft hier alles bestens.« Worauf er seine Tochter voll anblickte.

Die lächelte nun – nahezu wie Mona Lisa; sie hatte eine Reproduktion dieses Bildes gesehen und versucht, zunächst vor dem Spiegel, deren Gesichtsausdruck zu kopieren. Was ihr überraschend gelang, er jedoch nicht wissen konnte. Vater Winter hielt dieses hoheitsvoll-wissend und auch sinnlich gedachte Lächeln seiner Tochter für sanfte Verlegenheit.

»Du kennst mich, mein Kind«, redete er weiter auf sie ein, schwungvoll gedacht. »Und du vertraust mir. So muß es auch sein! Denn du benötigst nun wohl dringend von mir Rat und Tat – was ich dir auch zuteil werden zu lassen gedenke.«

»Bitte«, mahnte seine Frau verhalten, »verwirre sie nicht noch mehr! Sie ist in einem Alter...«

»Weiß ich! Genau dabei kenne ich mich aus.« Er lehnte seine massige Figur behaglich zurück. »Du bist in einem Alter, mein Kind, in dem so manches reichlich kompliziert erscheint, es aber nicht ist – sobald man nur den rechten Weg weiß; wie ich!«

»Und das«, fragte Irene, »glaubst du tatsächlich zu wissen?« Worauf sie dann, zwar leicht zögernd, aber gerade wohl noch rechtzeitig, das Wort ›Vater‹ hinzufügte.

Das stimmte ihn schnell versöhnlich – er wurde respektiert; natürlich auch von seiner Frau, die sich auch diesmal nicht einzumischen versuchte. Seine Stimme röhrte gut eingefettet, oder eben, um in seinem Fernlastfahrerjargon zu bleiben, wie voll eingeölt.

»Worum es hier wirklich geht, ist mir bekannt – in allen erdenklichen Einzelheiten. Das habe ich auch mit unserem verehrten Hausgenossen Hubert eingehend besprochen. Er ist ein großer Kriminalist, den ich sehr schätze und mit dem ich so gut wie befreundet bin. Und Hubert ist, genau wie ich, der Ansicht: Diese Welt ist voller Saukerle, Schweinehunde und Sexualverbrecher! Aber das hat man doch nicht einfach hinzunehmen? Dagegen muß man sich wehren!«

»Wie denn wohl?« fragte nun seine Frau. Und Irene blickte ihn gleichfalls nicht ohne erwartungsvolle Neugier an.

»Dieses Leben«, erklärte er ungetrübt weiter, »ist Kampf. Dabei muß man sich bewähren, sich stellen. Wozu ich stets entschlossen gewesen bin. Hätte ich denn sonst so weit kommen können?«

Was er vermutlich unter ›seinem Kampf‹ verstand – und was dann Hubert später mit exakten Details herausfand, unterstützt von Keller mit seinem Hund – sah praktisch etwa so aus: Zunächst die zielstrebige Ausschaltung von unliebsamen Konkurrenten. Die waren preislich zu unterbieten; dann aber auch durch erhöhte Leistungsfähigkeit sowie Übernahme von allen notwendigen Risiken als minderrangig zu degradieren.

Zweitens gehörte dazu die Erstellung bisher noch kaum erreichter Rekorde auf den Fernstraßen des westlichen Europa. Das erforderte Tatkraft und Wagemut, wobei unvermeidliche Opfer mit in Kauf genommen werden mußten: überfahrene Tiere, etwa Hunde oder Rehe; abgedrängte Kleinkraftfahrer. Letztere hatten gegen einen Laster seiner Größenordnung sowieso nicht die geringsten Chancen; versuchten sie es dennoch, blieben sie als Schrotthaufen zurück. Die bisherige Bilanz, zwei Verkehrstote, drei Schwerverletzte, deren Selbstverschuldung er jedoch nachweisbar machen konnte.

»Dieses Leben«, behauptete er, sich souverän erfolgreich fühlend, »wird immer gefährlicher. Womit ich immer noch bei meinem eigentlichen Thema bin – also bei dir, meine liebe Tochter. Du bist gefährdet! Du könntest, eben in dieser total versauten Welt, leicht zu einem Opfer werden. Dagegen mußt du dich mit aller Entschiedenheit wehren – mit meiner Hilfe, selbstverständlich. Sobald du mich brauchst, bin ich zur Stelle!«

Die auf ihn mit gebotener Aufmerksamkeit gerichteten Blicke seiner Frau und Tochter wurden immer ratloser. Er genoß die Situation, die Signale seiner herrlichen Überlegenheit.

»Du, Irene, mein Kind, bist das denkbar gelungene Produkt deiner Eltern. Von deiner Mutter hast du alles, was eine Frau anziehend macht; und von mir, will ich hoffen, einen geraden, aufrechten Charakter!«

»Und was, bitte«, wollte Irene, nun wieder ganz Mona-Lisa-Mädchen, wissen, »könnte oder sollte sich daraus ergeben – deiner Ansicht nach?« Und erneut fügte sie, was ihn beschwingt erfreute, das Wort ›Vater‹ hinzu.

Seine glattglänzende Dickspeckvisage bekam rosarote Fleischfarbtöne. »Also, mein liebes Kind, schließlich habe ich dich bereits aufgeklärt. Und daher weißt du auch: Diverse Kerle werden versuchen, dich umzulegen; also zunächst einmal dich zu befummeln. So was ist natürlich; für diese schäbigen Kerle, die in ungeregelten Verhältnissen leben und vor Geilheit kaum noch richtig laufen können. Aber eben für dich darf das nicht natürlich sein. Du mußt dich also stets bemühen, dich zu bewahren.«

»Wofür denn?« wollte sie ein wenig voreilig wissen.

»Für das Leben, mein Kind! Also auch für den Mann, der irgendwann einmal auf dich zukommen wird und der dann deiner würdig sein muß. Blicke nur auf uns – auf deine liebe Mutter, auf mich! Wir haben uns gesucht und gefunden – und das war eben die Erfüllung; die denkbar totalste!«

Nunmehr gähnte seine Frau ungeniert – diesmal mit weit geöffnetem Mund. Winter bemerkte es nicht, denn er konzentrierte sich weiter auf seine bildnishaft lächelnde Tochter. Ihr letzte Erfahrungslektionen in intimen Bereichen zu geben, schien ihn nach dem Gespräch mit Hubert als unbedingt notwendig.

»Also, mein liebes Kind, falls dich etwa jemand zu befummeln versuchen sollte, wo auch immer – manche fangen mehr oben damit an, andere gleich unten, aber Säue sind sie alle – dann stoße sie zurück! Haue ihnen auf die Pfoten! Und wenn sie dann immer noch nicht aufhören wollen, dann hilft nur noch eins: tritt ihnen in die Eier – wollte sagen: in den Geschlechtsteil! Ganz scharf und direkt; mit dem Knie. So was wirkt immer, garantiert – das weiß ich.«

»Wenn aber nicht, Vater – was dann?«

»Dann kratze, schlage und beiße dich frei! Und dann, Irene, kommst du zu mir. Ich werde dann den elenden Saukerl schon fertigmachen – bis er nur noch Blut und Knochen kotzt! Den rotte ich aus – wie er das verdient hat.«

Und das Fatale an dieser explosivartigen Behauptung war, daß sie tatsächlich stimmte. Winter meinte genau das, was er sagte. Und er würde es beweisen.

»Du mußt dich mir nicht anvertrauen!« versicherte Karl Hubert seinem Freund Richard Holden. »Schon gar nicht, wenn es sich um höchst intime Vorgänge handeln sollte. Darüber sind wir uns stets sehr einig gewesen – so was vermag unser gemeinsames

Leben nicht zu berühren. Oder sollte es etwa diesmal doch der Fall sein?«

Es handelte sich also um Susanne Sommer; nach wie vor. Sie schien für beide ein Thema von beherrschender Zwangsläufigkeit geworden zu sein. Jeder von ihnen vermochte das zu erkennen. Also versuchten sie auch diesmal einander mit völliger Aufrichtigkeit zu begegnen.

»Wie soll ich es dir erklären, Karl? Ich bin voller Unsicherheit.«

»Ich jedenfalls vermag nicht anzunehmen, mein lieber Richard, daß es jemals einem weiblichen Wesen gelingen könnte, unsere Freundschaft zu trüben, oder uns gar auseinanderzubringen. Das ist selbst deiner ersten Frau nicht gelungen – trotz heftiger Anstrengungen. Warum also sollte es ein anderes weibliches Wesen auch nur annähernd so weit bringen?«

Richard Holden wehrte diese Vermutung verdächtig lautstark ab. »Noch handelt es sich lediglich um allererste Annäherungen, es ist völlig offen, wohin die führen könnten. Ich weiß bisher nur soviel, Karl – diese Susanne ist ein überaus anziehendes und auch höchst attraktives Wesen.«

»Was an sich«, stellte Hubert fest, wie lässig-gelangweilt dasitzend, »noch nicht allzuviel besagen will. Wenn auch begehrte Geschlechtsobjekte als überaus verzaubernd zu wirken vermögen – am Morgen danach existierte doch nichts als eine graue Maus. Oder etwa nicht – in deinem Fall?«

»Nichts Derartiges ist bisher geschehen!« versicherte Holden. »Lediglich eine sich anbahnende Harmonie; eine wohl sehr bedeutsame, auf beiden Seiten. Weiter jedoch – nichts.«

»Na, wie schön«, meinte Hubert, erfahrungsgemäß skeptisch. »Ihr habt also miteinander harmoniert – vermutlich sehr weitgehend.«

»Keinesfalls«, versicherte Richard Holden – und daran glaubte er in diesem Moment sogar. Er versuchte einfach, in Gegenwart dieses forschend-fordernden Freundes, sich nicht mehr an Einzelheiten zu erinnern. Er wollte nicht daran denken, daß Susannes Lippen die seinen nicht nur berührt hatten, sondern sich ihnen heftig entgegengepreßt. Dabei waren sie geöffnet gewesen, wenn auch nur schmal, jedoch ausreichend, um ihre Zunge vorzuschieben – in seinen Mund hinein. Er war wie betäubt von sinnenvollem Glücksgefühl gewesen.

»Jedenfalls, Karl, stimme ich dir in dem entscheidenden Punkt zu: Niemand vermag unser einzigartiges brüderliches Verhältnis zu stören oder gar zu zerstören. Auch sie nicht!«

»Das, Richard, ist genau meine Ansicht! Auch wenn ich weiß, wozu weibliche Wesen wirklich fähig sind, wohl sein müssen. Denn immer wieder haben sie eben den Versuch zu wagen, sich von dieser selbstgefällig männlich geprägten Welt nicht völlig vereinnahmen zu lassen. Sie müssen sich ihrer Haut wehren, die gewiß sehr schön sein kann – wie wohl in Susannes Fall. Mein Lieber – ich habe doch nichts gegen Frauen. Aber gar nicht selten können sie einem Mann nichts als Komplikationen bereiten; und zwar gekonnt.«

»Solltest du etwa«, fragte nun Holden weiter ablenkend, mit milder Ironie, »Ärger mit deiner Dame vom Sittendezernat haben?«

»Nie! Sie will schließlich nur das, was ich auch will. Das hält natürlich selbst sie nicht davon ab, immer wieder den Versuch zu unternehmen, letzte Gefühlsanwandlungen zielstrebig, wie den Inhalt von bereitliegenden Konservendosen, abzukochen. So sind sie eben alle!«

»Susanne nicht.«

»Na gut, Richard – das glaubst du! Und ich bin wohl der letzte, der es dir nicht gönnen würde. Dennoch habe ich dabei – ganz allgemein gesprochen – kein sonderlich gutes Gefühl.«

»Was befürchtest du denn?«

»Das weiß ich nicht – noch nicht. Mein Instinkt kann sich täuschen; meine Fantasie ist auch nicht sonderlich groß. Doch ich erinnere mich an jene Erfahrungen, die du schon einmal machen mußtest – mit deiner ersten Frau. Und ich kann nur hoffen, sehr hoffen, sie wiederholen sich nicht.«

»Das kannst du! Schließlich habe ich daraus meine Lehren gezogen. Mit deiner Hilfe.«

»Auf die du stets zählen kannst!«

4

Jene Tage des sich anbahnenden Frühlings in dieser westeuropäischen Großstadt waren voll zitternder Unruhe, durchwuchert von heftigem Verlangen, geprägt von aufkochenden Temperaturen. Die Mietskasernen standen gleich scharf-konturigen Steinklötzen da; vielfach aufgeschichteten Grabplatten ähnlich. Eng umgeben von fahlgrauen Asphaltbändern. Sie signalisierten nichts als Abnutzung, Ausnutzung, Benutzung.

»Eine Atmosphäre, die sich mir auf den Magen schlägt«, sagte der Journalist Frank Schwarz. Er öffnete weit sein Jackett aus irischer Wolle, mit schottischem Muster. »Ich brauche dringend einen großen Schnaps!«

»Den können Sie sich bestellen«, empfahl ihm Karl Hubert. »Auf Ihre Rechnung.«

»Na klar, auf meine Rechnung.« Schwarz lachte überlegen auf. »Schließlich sind meine Honorare mindestens doppelt, wenn nicht dreifach so hoch wie Ihr Gehalt – doch eben das könnten Sie vervielfachen, wenn wir weiter so gut zusammenarbeiten. Jedenfalls war mein prächtiger Selbstmordartikel ›Zu Tode gequält; ein Frauenschicksal unserer Zeit‹ – ein großer Erfolg. Dank Ihres Materials, Herr Hubert. Noch vier Zeitungen haben sich sofort angehängt.«

»Na, wie schön«, meinte der Kriminalist fast versonnen. »Für Sie.«

»Auch für Sie!« versicherte der Journalist werbend. »Nicht nur, daß ich zielstrebig damit anfange, Sie in der Öffentlichkeit als einzigartigen Superkriminalisten aufzubauen – ich beteilige Sie auch sonst gern an den durch Sie ermöglichten finanziellen Errungenschaften. Ein Viertel davon – ein Drittel? Oder falls Sie etwa königlich zu speisen wünschen – das nächste Zweisternerestaurant gehört Ihnen; dank meiner vorzüglichen Beziehungen. Außerdem sollen Sie Champagner bevorzugen, hat man mir gesagt – welche Marke bitte? Wie viele Kartons davon? Äußern Sie Ihre Wünsche, Herr Hubert – ungeniert!«

»Zunächst lediglich ein Glas Mineralwasser, Herr Schwarz – auf meine Kosten. Falls Sie mir dann jedoch, was ich erhoffe, eine schöne Geschichte erzählen könnten, ließe sich möglicherweise meine Genußbereitschaft erheblich steigern. Können Sie?«

»Klar – kann ich! Schließlich ergänzen wir uns glänzend. In dieser Stadt haben Sie die Kriminellen im Griff – und ich die Gesellschaft! Wenn wir uns zusammentun, legen wir hier so gut wie alle aufs Kreuz.«

Sie hatten sich im sogenannten ›City-Pub‹ getroffen, einem Lokal in der Stadtmitte; überregional westeuropäisch anmutend. Also ein fatal zu nennender Einheitsstall von glänzender Oberflächlichkeit: glattkalt, funkelnd, blitzend, verchromt. Eine Art Vermischung aus Londoner und Berliner Kneipe, Osteria und Bistro. Von allem etwas – doch eben nichts ganz! Aber hier fühlte sich Frank Schwarz, der Journalist, offensichtlich sehr wohl.

»Sie haben mich da«, sagte er, »auf eine gewisse Dame angesetzt.« Er meinte Susanne Sommer. »Und das selbstverständlich, wie wohl von Ihnen erwartet, nicht ohne Erfolg.«

Karl Hubert zeigte sich durchaus interessiert, jedoch nicht mit verräterischer Bereitwilligkeit – er konnte abwarten und zuhören. Er betrachtete die Poster an den Wänden.

Unter dem Modeschlagwort ›Nostalgie‹ vereint: Marlene Dietrich – in der betörend männerverbrauchsbereiten Nachtkneipenpose des ›Blauen Engel‹. Daneben Marilyn Monroe – puppenlustig über einem Windkanal stehend, der ihren kunststoffseidigen Rock weit über ihre Schenkel hochwehte. Dann Jane Russell, die sich der Kamera entgegenzuwölben schien – wobei ihre Brüste bildbeherrschend in den Mittelpunkt rückten; sie muteten wie besteigungsbereite Bergrücken an.

»Lassen Sie mich, Herr Schwarz«, sagte Hubert, »zunächst einmal eines klarstellen: Ich habe nichts von Ihnen verlangt; lediglich einige Anregungen vorgebracht, im Grunde völlig unverbindliche. Es sei denn, Sie wären hier auf eine Art Goldader gestoßen – mit der sich einiges anfangen ließe.«

»Was dabei, lediglich nach allerersten Recherchen, zum Vorschein gekommen ist, könnte man getrost als eine Menge Lebensmist bezeichnen – einen starkparfümierten noch dazu. Ist es das, was Sie hören wollten? Im Hinblick auf eine Susanne Sommer?«

»Ich habe da keine bestimmte Vorstellung, Herr Schwarz. Ich wünsche lediglich, möglichst aufschlußreich informiert zu werden.«

»Das versuche ich. Dabei könnten Sie mich sicher in zwei Punkten stark ergänzen – was ich sehr hoffe. Denn je mehr ich mich mit dieser Dame beschäftige, um so neugieriger werde ich.«

Karl Hubert schloß seine Augen spaltbreit. »Kennen Sie etwa dieses weibliche Wesen bereits schon persönlich?«

»Nein – noch nicht.«

»Erscheint es Ihnen als verlockend, sie kennenzulernen?«

»Aber ja – genau richtig geraten!« Frank Schwarz wurde sehr lebhaft. »Warum sollte ich das nicht wollen? So, wie die aussieht! Falls Sie das jedoch nicht wünschen, würde ich mich selbstverständlich nach Ihren Anregungen richten.«

Hubert schüttelte eindeutig verneinend den Kopf. »Wie sieht die denn aus?«

»Sie ist klein, zierlich, geschmeidig; sie wirkt ausgesprochen sinnlich, auf sehr katzenhaft-anschmiegsame Weise. Und so gut wie alles an ihr ist verlockend dunkel getönt: die Haare, die Augen, die Haut. Dabei habe ich sie bisher nur ein einziges Mal gesehen – im ›Wiener Café‹, gestern nachmittag, wo sie sich mit einer Freundin traf; einem mehr männlichen Typ.«

Diese von Frank Schwarz versuchte Denkanregung begriff Karl Hubert mühelos. »Was meinen Sie denn damit, daß ich Ihre Recherchen in zwei Punkten ergänzen könnte? Doch nicht etwa durch Einblicke in Polizeiakten?«

Frank Schwarz reagierte nun geradezu entzückt. »Ihnen entgeht offenbar nichts. Sie achten ganz scharf auf jede noch so nebensächlich klingende Bemerkung. Das gefällt mir.«

»Also, dann nennen Sie mal Namen, Zeitpunkte und die entsprechende Verfolgungskategorie. Nach wem habe ich zu suchen?«

»Der Name ist in beiden Fällen Hiltensperger. Er müßte erstmals, vor etwa zehn Jahren, bei Ihnen im Präsidium, und zwar im Betrugsdezernat, aufgetaucht sein. Dann erneut vor sechs Jahren; diesmal jedoch im Sittendezernat – anläßlich der Ermordung eines angeblichen Freudenmädchens.«

»Heißt das, diese beiden Namen könnten miteinander in engen Zusammenhang zu bringen sein? Also – Hiltensperger und Sommer?«

»Stimmt genau!« bestätigte der Journalist dem Kriminalisten in kameradschaftlich gedachter Anerkennung. »Denn Sommer ist der

Mädchenname dieser Susanne – und den hat sie neuerdings wieder angenommen. Doch durch Heirat – fast genau zu der Zeit, als Holdens Ehe begann – wurde sie Frau Hiltensperger. Ihr Mann entpuppte sich bald als talentierter Krimineller; er hatte sich auf schamlos schnelle betrügerische Manipulationen spezialisiert. Susanne wurde dann, was wohl einiger Gewaltanstrengungen bedurfte, von ihrem Mann geschieden – und dabei half ihr, vermutlich sehr tatkräftig, die damalige Holdenfrau.«

Karl Hubert öffnete nun seine Augen weit. Derartige Lebensvorgänge muteten ihn wie eng und dicht und beharrlich geknüpfte Teppiche an; aus Tausenden von Einzelheiten ergab sich das Muster. Doch nur wenige waren jemals von webender Harmonie. »Und was hatte die damalige Susanne Hiltensperger mit jenem Nuttenmord zu tun?«

»Nichts! Offiziell nicht das geringste, Herr Hubert. Nicht direkt. Was Ihre Akteneinsicht gewiß bestätigen wird. Aber dabei werden Sie wohl dies herausfinden: Susanne ist mit diesem ermordeten Freudenmädchen, einem ehemaligen bildschönen Mannequin, das zumeist in mehr männlicher Kleidung posierte, eng befreundet gewesen.«

»Derartige sogenannte Freundschaften sind doch meist kaum mehr als Zweckverbindungen auf Zeit und zu gegenseitigem Vorteil.« Karl Hubert zeigte bei diesem Thema eine leichte, doch kaum mißzuverstehende Verächtlichkeit. »Dabei schleimen sich diese Typen in aller Öffentlichkeit aus und bezeichnen ihre derzeitigen Beischlafgenossen als ständige Begleiter oder Lebensgefährten. Ist dabei auch Susanne Sommer zu registrieren?«

»Es gibt dabei, grob gesehen, drei Gruppen: Erstens die bereits genannten, sich in jede erreichbare Druckerschwärze hereinsuhlenden Innenlebenausbreiter. Zweitens die sich an deren Positionen fleißig heranstrampelnden Möchtegernvorzeiger. Drittens dann Leute mit sehr viel Geld, also zahlungskräftige Lustgewinnler; das jedoch möglichst ohne jede Öffentlichkeit.«

Karl Hubert nickte sachverständig. »Und zu welcher Kategorie, meinen Sie, gehört diese Susanne Sommer?«

»Vermutlich zu den Gruppen zwei und drei zugleich – leicht pendelnd. Dabei scheint diese Dame erheblichen Wert auf nachweisbar getrennte Hotelzimmer und Schiffskabinen gelegt zu haben, also nicht gleich als käuflich zu gelten; auch nicht andeutungsweise. Wohl läßt sie sich verwöhnen, macht Reisen mit, läßt sich in allerbeste Restaurants ausführen, vermutlich auch in großzügiger Weise beschenken.«

Karl Hubert hatte erhebliche Mühe, nicht gleich zu verraten, wie überaus bestürzt er war. Denn üblicherweise war ansonsten das meist anzutreffende halbwegs ›Normale‹ auch zugleich das verwertbar Übersichtlichste bei diesen Verbraucher- und Gebrauchskategorien der Geschlechtsgeschäftswelt: die süße Kleine – die ausgekochte Nutte – die lustbereite Gelegenheitsarbeiterin in diesem Metier! Doch diese Susanne Sommer schien von verwegener Vielseitigkeit zu sein, unberechenbar, also reichlich undurchschaubar – und eben deshalb überaus gefährlich. Für einen Holden gewiß.

»Wie sehen denn die speziellen Interessengebiete dieser Dame aus?« wollte Hubert nunmehr wissen. »Haben Sie diesbezügliche Adressen herausgefunden?«

»Allererste Adressen – doch zunächst ohne jene Vollständigkeit. Denn um die registrieren zu können, benötige ich noch ein wenig Zeit. Vorweg, auf Jahre verteilt: ein Großhotelier mit weit verzweigten Geschäftsbedingungen; ein international anerkannter Modeschöpfer, wenn auch von geschlechtlicher Zweigleisigkeit. Weiter ein Düsseldorfer Industrieller mit hohen finanziellen Möglichkeiten, natürlich unverstanden im familiären Bereich. Ferner ein Motorbootbauer in Holland mit amerikanischen und britischen Lizenzen und angeblich gleichfalls zerrüttetem Familienleben. Sodann ein kaufmännisch kalkulierender Patentauswerter im optischen Bereich, mit Briefkästen in Wien, Brüssel und Liechtenstein; Besitzer einer mittelgroßen Motoryacht im Mittelmeer. Genügt Ihnen das – für den Anfang?«

»Völlig! Und mit allen diesen Personen – und wer weiß, mit welchen sonst noch, was Sie aber herausfinden werden – hatte Susanne Sommer ein Verhältnis? Sie schlief also, grob und geradeheraus gesagt, mit denen herum?«

»Das eben, Herr Hubert, läßt sich nicht einwandfrei nachweisen – auch wenn es durchaus anzunehmen ist. Wobei wohl vermutet werden kann: Sie wollte heiraten, oder eben geheiratet werden.«

»Verstehe. Das aber eben auf eine möglichst vielversprechende, also sich für sie lohnende Weise.«

»Das wünschen sich doch wohl eine ganze Menge weiblicher

Wesen. Etwa wenn sie behaupten, nur zu ersehnen, nicht wie eine geliebte Frau und liebende Mutter zu sein. Wobei jedoch der von ihnen angepeilte Partner möglichst weitgehend sämtliche Vorzüge bieten sollte: mächtig wie Amerikas Präsident, reich wie ein Ölscheich und dann noch sexuell unbegrenzt leistungsfähig wie angeblich einer jener internationalisierten Playboys.«

Karl Hubert lachte trocken auf. Es hörte sich fachmännisch-zustimmend und lässig-überlegen an, das traf jedoch nicht zu. Hubert versuchte, die gehörten Fürchterlichkeiten zu überspielen, doch seine hart ineinander verschränkten Hände verrieten, wie besorgt er jetzt war.

Denn bereits diese ersten Berichte des Journalisten ließen wohl keinen Zweifel daran, daß diese Susanne Sommer vermutlich als ebenso berechnend wie aber auch, im Endeffekt, als völlig unberechenbar eingestuft werden mußte. Sie besaß offenbar ähnliche Ambitionen wie Holdens erste Frau, mit der sie gewiß nicht zufällig eng befreundet gewesen war; sie verfügte jedoch über ungleich größere Erfahrungen. Ein Richard Holden – reiner Tor, der er war, mit seinen traumhaft-wuchernden Gefühlen – mußte dieser Frau völlig ausgeliefert sein.

»Da Sie sich für diese Person, Herr Hubert, offensichtlich stark interessieren, nehme ich an, daß ich nun auch weiterhin, wie man so sagt, am Ball bleiben soll. Richtig?«

»Richtig, Herr Schwarz. Zumal ich wohl annehmen darf, daß Ihnen die Beschäftigung mit dieser Dame dennoch einiges Vergnügen bereitet. Und das können Sie getrost noch wesentlich weiter ausbauen, von mir aus sogar bis in letzte, privateste Bereiche hinein.«

»Mache ich! Für Sie, Herr Hubert, mache ich so gut wie alles – wenn ich dabei auf gegenseitiges Entgegenkommen hoffen darf.«

»Dürfen Sie. Und das gleich nach dem nächsten Glas Champagner, den Sie nun, auf Ihre Rechnung, bestellen können.«

Das angekündigte ›Entgegenkommen‹ des Kriminalbeamten Hubert dem Journalisten Schwarz gegenüber schien tatsächlich zu erfolgen; unmittelbar noch im ›City-Pub‹. Diese Übereinkunft sah, in den wesentlichsten Einzelheiten, folgendermaßen aus:

Hubert: »Sie kennen vermutlich einige Details jener drei Fälle, die ich derzeit bearbeite. Doch einer davon ist, rein äußerlich, der spektakulärste, also der für Sie wohl brauchbarste. Radikal vereinfacht bezeichnet als: der Mitternachtsmörder mit den Blumen!«

»Eine Konstellation immerhin, die gleichermaßen zutiefst makaber, als auch höchst romantisch anmutet. Denn Blut und Blumen, also das im Tod bekränzte Opfer, suggeriert zwangsläufig allerletzte Gefühlsregungen!«

»Selbst so was ist bei Mördern denkbar. Denn daß sogenannte Liebe in lebensvernichtendem Verlangen enden kann, ist eine Erkenntnis, so alt wie diese Welt. Worauf ich mich jedoch dabei allein zu konzentrieren versuche, ist – der Täter!«

»Kennen Sie ihn?«

»Ziemlich genau. Nur vermag ich ihn nach Lage der Dinge nicht absolut einwandfrei zu überführen. Nicht mit den mir gegebenen polizeilichen Möglichkeiten und Mitteln. Doch ein Journalist wie Sie könnte sich dabei ungleich weit mehr leisten – an Vermutungen, Andeutungen, hinweisenden Behauptungen. Die dann wie zu einer Falle werden.«

»Welche?«

»In diesem Fall existieren Aussagen einer Person in unmittelbarer Nachbarschaft von einer der Blumentoten. Diese Aussagen sind bisher allein der Polizei bekannt. Und von der dürfen Sie die Hinweise natürlich nicht haben.«

»Verstehe. Dann muß ich mich also an diese Zeugin direkt heranmachen. Aber Sie geben mir deren Adresse? Offiziell habe ich die selbstverständlich nicht von Ihnen.«

Er bekam sie. Worauf Frank Schwarz, mit nun geradezu schwindelerregender Sicherheit, überzeugt davon war, sich einen Partner sondersgleichen eingehandelt zu haben. Und dieser ließ ihn bereitwilligst in diesem Glauben.

Richard Holden, der Rechtsanwalt, hatte die Ehre und das Vergnügen, wie man so schön sagt, eine Dame auszuführen, also ihr ein Abendessen zu offerieren, was er mit Wonne tat.

Susanne Sommer an seiner Seite zu wissen, erfüllte ihn nicht nur mit menschlicher Freude, auch mit männlichem Stolz. Sie war, wie meist, seidig-dunkel gekleidet; sie bevorzugte Hosenanzüge, die verlockend hautnah wirkten – ihre unterste Unterwäsche war hauchdünn und ein Büstenhalter bei ihr völlig überflüssig. Sie wurde nicht nur von Richard Holden angestaunt, schien aber diskret gekonnt darüber hinwegzusehen.

»Richard«, hatte sie zu ihm gesagt – geduzt hatten sie sich schon, als er noch mit ihrer Freundin, seiner ersten Frau, verheiratet gewesen war – »im Grunde, mußt du wissen, bin ich ein sehr einfacher Mensch. Ich kann mich mit ein Paar Würstchen an einer Bretterbude oder mit einer Gulaschsuppe in einem Kellerlokal begnügen. Doch manchmal liebe ich es, groß auszugehen, in erlesenen Lokalen zu speisen – besonders wenn ich in froher, fast festlicher Stimmung bin; wie neuerdings in deiner Gegenwart. Aber das muß nicht sein – ich meine diese Lokale.«

Damit versuchte sie wohl herauszufinden, ob er sich so etwas leisten konnte – und das auch, für sie, wollte. Holden war zwar ein sogenannter ›bekannter‹ Mann; er wurde in der Presse, nicht nur jener des Boulevard, oft genannt; dort als ›Verteidiger der Bedrängten‹ bezeichnet, ›Schützer der Umwelt‹, ›verläßlicher Freund der Verfolgten‹, auch politischer. Über seinen Lebensstandard besagte das jedoch nicht viel.

»Du brauchst nur zu sagen, Susanne, welche Wünsche du hast – und ich werde sie dir erfüllen.« Für sie war er bereit, sich einiges, wenn nicht so gut wie alles zu leisten.

Das konnte er auch – da war er sicher! Seine monatlichen Einkünfte aus seiner Anwaltspraxis, bei der sein Freund Hubert für zahlungskräftige, oder eben spektakulär-publikumswirksame Klienten sorgte, waren nicht gering. Hinzu kam, daß er geerbt hatte: seine von ihm ein Leben lang hingebungsvoll betreute Mutter hatte fast alle finanziellen Wohltaten ihres Sohnes sorgfältig gesammelt; auf einem Bankkonto – und das stand ihm nun, nach ihrem Tod durch Herzversagen, zur Verfügung. Eine Summe von einigen zehntausend Mark.

Und die wurden jetzt, wie er glaubte, sinnvoll verwertet. Er hatte sich einen nachtblauen Abendanzug gekauft, einen dazu passenden Mantel, entsprechende Hemden. Er rasierte sich mit britischem Schaum, besprühte sich mit amerikanischem Desodorant, auch benutzte er ein französisches Toilettenwasser. Alles das, wie ihm zugestanden werden mußte, einigermaßen dezent.

Susanne hatte ihre Hand in die seine gelegt, wie innig verlangend danach, sich bei ihm geborgen zu fühlen. So betraten sie das von ihr ausgesuchte Restaurant: ein internationales Kettenluxuslokal mit indonesischer Küche.

In einer der zahlreichen ›hintersten Ecken‹ war ein Tisch für sie reserviert worden. Hier saßen sie nun, eng nebeneinander, auf einer halbrunden Polsterbank. Sie hatte sich ihm dicht genähert, während sie gemeinsam die Speisekarte betrachteten. Die wies gegrillte, gesottene, gekochte Spezialitäten auf – besonders Fischgerichte: Haifischflossen, Scherentiere, Krabbengewimmel.

»Gefällt es dir hier?« wollte sie wissen.

»Ja, sehr!« Er atmete genußbereit ihren Duft ein, der ihn an Flieder in leuchtenden Frühlingsnächten erinnerte. »Es ist schön hier – mit dir, durch dich.«

»Ich freue mich, Richard, daß wir nun wieder zusammen sind – das genieße ich sehr.« Sie streichelte, mit fast scheuer Zärtlichkeit, wie ihm schien, seine rechte Hand, die wohl kaum zufällig neben ihrem linken Schenkel lag.

»Auch ich, Susanne, genieße das sehr«, versicherte er, sich wundersam verwirrt fühlend; wohl deshalb hatte er ihre Worte wiederholt. Er glaubte zu erkennen: Offenbar legte sie Wert auf Feingefühl, auf ritterliche Zärtlichkeit – sie wollte und durfte nicht einfach überrannt werden.

Sie lächelte ihn an, saugte an einem betäubend schweren Rumgetränk, um dann mit strahlenden Augen zu versichern: »Du beginnst mir viel zu bedeuten.«

»Nichts wünsche ich mehr, Susanne!«

»Wobei ich dich aber nicht täuschen will, Richard – um nicht, wieder einmal mehr, enttäuscht zu werden. Ich bin schließlich eine Frau mit einer gewissen Vergangenheit.«

»Aber ich bitte dich, Susanne – welche Frau wäre das nicht! Was kann bei einem derartig verlockend wunderschönen Wesen selbstverständlicher sein? Das sehe ich ein – da mache ich mir nichts vor.«

»Wie schön, wenn du das so siehst.« Sie knabberte an kroß überbackenen Hummerschwänzen mit verlockend saugenden, dennoch zierlich schmal wirkenden Lippen. »Aber du mußt auch wissen, Richard, daß ich mich seit damals, als ich noch die Freundin deiner Frau war, nicht unwesentlich verändert habe. Damals mochte es wohl den Anschein haben, als lebte ich ein wenig wahllos dahin – doch inzwischen bin ich wesentlich bewußter, selbstbewußter geworden.«

»Das«, gestand er ihr bereitwillig anerkennend zu, »habe ich erkannt. Gefallen hast du mir immer schon; was dir gewiß nicht entgangen sein wird. Nun aber verehre ich dich – um das, was ich für dich empfinde, sehr vorsichtig, äußerst behutsam auszudrücken.«

»Bitte, Richard«, riet sie ihm voller Wärme, »versuche mich auch weiter mit Vorsicht und Behutsamkeit zu behandeln. Ich bin da wohl sehr empfindlich geworden – aufgrund einiger Erfahrungen, die ich machen mußte. Ich vermag es einfach nicht zu ertragen, daß man in mir irgendein Stück Besitz zu sehen versucht – eine Art Möbel, Gemälde oder ähnliches. Mute mir das, bitte, niemals zu. Versprich mir das!«

»So etwas«, stellte er nicht ohne glücklichen Stolz fest, »auch nur in Erwägung zu ziehen, liegt nicht in meiner Natur.«

»Dann bin ich beruhigt«, sagte sie, anscheinend unendlich erleichtert. »Dann kann alles gut zwischen uns werden – vielleicht sogar sehr gut.«

»Du mußt mir nur sagen, was ich tun soll, für dich, in deinem Sinne – und es wird geschehen!«

»Wie schön«, hauchte sie ihn an, wobei das betäubend schwere, von ihr genossene Rumgetränk erkennbar wurde. Sie wünschte sich noch ein weiteres. Es wurde sofort serviert.

»Ich will versuchen, dir eine gute Freundin zu sein; was gar nicht wenig ist. Ich empfinde sehr viel Zärtlichkeit für dich – ich will dir aber auch behilflich sein. Vermutlich weißt du, daß ich über einige, nicht ganz unbedeutsame Beziehungen verfüge – die ich nicht ungern, wenn du erlaubst, für dich aktivieren würde.«

»Das, Susanne, muß wirklich nicht sein!«

»Aber – wenn ich es möchte! In unserem beiderseitigen Interesse, Richard?« Sie saugte ihren duftschweren Rumdrink aus – offenbar noch ein drittes Glas begehrend. Erfahrungsgemäß machte das selbst starke Männer schwach, sie jedoch nicht. »Wärest du bereit, das zu akzeptieren?«

»Einfach alles, was du von mir verlangst.«

Auch an diesem Abend hatte Kriminalhauptkommissar Karl

Hubert sein Dienstfahrzeug frühzeitig verlassen, um den Rest des Weges zu seiner Wohnung zu Fuß zurückzulegen: dahinschlendernd, beobachtend, mit bald grimassenhaft-erstarrtem Lächeln.

Denn die Menschen, die an ihm vorbeihasteten, in Schaufenster starrten, wie ziellos einherstreunten, schienen Gesichter vor sich herzutragen, die von frühester Kindheit an vorgezeichnet waren: schweinegleich, kuhartig, pferdetraurig, schafsähnlich, aber auch hundehaft zutraulich – falls sie das Glück hatten, von folgsamergebenem Gemüt zu sein und eben deshalb halbwegs zufriedenfreundlich dahinvegetieren durften.

Hubert überkam das Verlangen nach einem stark betäubenden Getränk – einem doppelten Espresso; schwer, schwarz und heiß. Der war in einem Lokal zu haben, das an seinem Weg lag; es nannte sich ›Adria mio‹. Dort dominierte eine italienisch gedachte Ersatzdekoration von beherrschend roten Farben, die jedoch wie zerwaschen, verschmiert, vielfach befleckt anmuteten. An einem der wenigen noch freien Tische ließ er sich nieder.

Er wurde zunächst nicht beachtet, wenn nicht gar leicht verächtlich übersehen – was er durchaus genoß; denn es gefiel ihm ungeheuer, möglichst unauffällig in Erscheinung zu treten, weitgehend unterschätzt zu werden. Und schließlich war er ja auch kein strahlender Richard Holden. Vielmehr nahezu das Gegenteil von diesem. Seine Erscheinung ließ einen biederen Beamten vermuten, einen Aushilfsbuchhalter, einen Vertreter.

Seinen Espresso erhielt Karl Hubert dennoch; und er war bereit, ihn zu genießen. Er beugte sich dicht darüber, fühlte sich wohlig abgelenkt, nahm den ersten schlürfenden Schluck. Doch dann kam eine Stimme, ein Stimmchen auf ihn zu, das ihn anzwitscherte, anpiepste, mit frechmunterer Spatzenhaftigkeit. »Darf ich mich zu Ihnen setzen?«

Vor ihm stand Irene Winter: enger Pullover, noch engere Jeans; dazu trug sie rote halbhohe Stiefel und ein gleichfarbiges Seidentuch um den Hals. Sie setzte sich zu ihm, ohne dazu aufgefordert worden zu sein. Er sagte zunächst nichts.

Sie jedoch versuchte sich ihm mit sprudelnder Bereitschaft mitzuteilen. »Ich bin hier ganz zufällig vorbeigekommen und sah Sie. Welch eine günstige Gelegenheit, dachte ich, um mich mit Ihnen zu unterhalten, über meine speziellen Probleme – Sie wissen schon, welche. Bestellen Sie mir ein Glas Wein?«

»Nein«, sagte Hubert, bemüht gelassen. »Weder Wein noch eine Cola – das eine enthält Alkohol, das andere Coffein. Doch irgendein Saftgetränk spendiere ich Ihnen.«

»Sie behandeln mich wie ein Kind, Herr Hubert!« Irene schien sich mächtig mißverstanden zu fühlen. »Doch das bin ich nicht – nicht nach all dem, was da auf mich zugekommen ist.«

»Na, was denn wohl, Mädchen?«

»Ich würde gerne mit Ihnen über alles reden, Herr Hubert – was mich da so bedrängt. Darf ich das?«

»Wenn Sie unbedingt wollen – ich höre zu.«

Was er dann auch tat. Sie spürte, daß er seine Bereitschaft durchaus ernst meinte. Sie trank von ihrem Traubensaft, neigte sich ihm aufgeregt entgegen, um ihm sodann, in ersehnter Offenheit, ihre Erkenntnisse zu verkünden.

Zunächst diese, wohl mehr allgemeiner Natur: Alle wollen immer nur das eine von mir – nichts anderes. Wieder und immer wieder. Und sie alle behaupten: So ist nun mal das Leben, oder eben die Liebe – also das, was die so nennen. »Muß man da mitmachen?«

»Man muß wohl manchmal so manches tun, was man nicht will, Irene – das jedoch nicht unbedingt.«

»Aber neuerdings, glaube ich, will ich das, gerade das – es drängt auf mich zu, bedrängt mich, droht mich zu überwältigen. Nun gut – dagegen wehre ich mich; aber weshalb, frage ich mich manchmal. Kann man sich diesem Verlangen überhaupt noch entziehen? Allein in unserem Haus, in dem Sie und ich leben, wimmelt es nur so von sexuellen Vorgängen!«

»Schließlich, Mädchen, befinden Sie sich in einem Alter, in dem eine derartige sinnenbetonte Erlebniswilligkeit vorzuherrschen scheint. Doch was glauben Sie denn da so alles bemerkt oder eben erkannt zu haben?«

Und nun schien Irene eine dicke Daunendecke aus traumhaft-honigartig triefenden Bildern von sich abstrampeln zu wollen, diesem Mann gegenüber; dem wohl einzigen, mit dem sie völlig offen reden zu können glaubte. Gleich einer voll aufgedrehten, hoch emporsprudelnden Fontäne versuchte sie alle auf ihr lastenden, sie bedrückenden Erlebnisse, Erkenntnisse, Vermutungen von sich zu sprühen.

Über ihre Eltern: »Die behaupten, sich zu lieben! Doch meist hocken die wie fauligdumpf, ungeniert gähnend nebeneinander. Und jeden siebten Abend, regelmäßig am Samstag, schläft er mit ihr – meist nach fünf Flaschen Bier und fünf Stunden Fernsehen; also etwa um Mitternacht. Dabei stöhnt er, und sie scheint zu schreien; um danach ins Klo zu kotzen. Man kann es in der ganzen Umgebung hören.«

Dann über den Schul- und Jugendfreund gleichen Alters, ein Stockwerk tiefer unter ihr: »Der versucht immer wieder, mich zu betatschen – er greift mir an die Brust, am liebsten gleich zwischen die Beine, um mir den Schlüpfer herunterzuziehen; mit zitternden Händen, dabei keucht er wie ein Langstreckenläufer. Er versucht, seinen Mund gegen den meinen zu pressen, mir seine Zunge hineinzuschieben – doch er riecht schlecht. Und seine Haut ist voller Pickel, seine Augen sind schafsblöd – wie kurz vor dem Abschlachten.«

Weiter über eine Nachbarin, ein Stockwerk darunter: »Als ich sie beim Hauseingang traf, bat sie mich um einen Gefallen: Sie fühle sich nicht sonderlich wohl, ich möge ihr Kopfschmerztabletten besorgen. Das tat ich. Dann empfing sie mich, in einen Bademantel gehüllt, der ziemlich weit geöffnet war – darunter trug sie nichts. Sie sagte: ›Du bist ein liebenswertes Geschöpf.‹ Sie lud mich ein, ihr Gesellschaft zu leisten, wobei sie meinte: ›Wir sollten es uns gemütlich machen, meine Liebe! Männer braucht man nicht dazu!‹ Doch die war schon uralt, mit Hängebrüsten und Kartoffelsackhintern – bestimmt schon Mitte Dreißig!«

Schließlich über den Mann, der jene Selbstmörderin vor deren Ende häufig besucht hatte, also den Sparkassenmenschen: »Den traf ich im Keller, bei den Mülltonnen; dort schütteten wir Abfall hinein – ich meist Obstreste, er eine Menge leerer Flaschen. Er sagte zu mir: ›Du bist mir schon mehrmals aufgefallen – nach so was wie dir habe ich immer schon gesucht!‹ Und ich sagte zu ihm: ›Sie haben doch bereits eine Menge von Weibern! Und denen besorgen Sie es – gründlich!‹

Worauf er meinte: ›Das ist nun mal eine meiner Spezialitäten, die ich auch dir gerne gönnen würde – wenn du nur willst!‹ Doch ich wollte nicht – mitten in diesem Abfall kam mir auch dieser Mensch wie Abfall vor – und ich ebenso. Vermutlich habe ich physische Hemmungen – nennt man das nicht so?«

Sogar Karl Hubert kam noch an die Reihe. »Da hat sich doch erst neulich, kurz vor Mitternacht, eine Person zu Ihnen begeben, der ich zufällig die Haustür aufgeschlossen habe. Ich war von einer sogenannten Dichterlesung in der Autorenbuchhandlung heimgekommen, war aber bloß Gemütsscheiße. Bei dieser Frau jedenfalls handelte es sich ganz eindeutig um eine Nutte. Und sie blieb fast genau eine Stunde bei Ihnen – was wohl die übliche Zeitspanne bei Damen dieses Gewerbes ist.«

Karl Hubert lächelte. Dieses seltsam überreife Kind begann ihn immer mehr zu faszinieren; jedoch auf fatal-makabre Weise. Er glaubte zu dem Schluß kommen zu müssen: Diese Irene war jetzt schon schwer gezeichnet von ihren dschungelhaft-wuchernden Sexualfantasien und den sie überschleimenden Gedankengängen wie ausgeliefert. Sie war bereits so gut wie erledigt.

Nur noch ein einziges auslösendes Moment – das bereits in einem Nebenhaus auf sie zu lauern schien – und sie war fällig. Total. Und da ihr nun offenbar nicht mehr zu helfen war, mußte wohl eben dieser unvermeidlichen Konstellation Genüge getan werden – was zu einer schockartigen Erlösung führen könnte.

Karl Hubert war dazu entschlossen.

Richard Holden hatte seinen Freund Karl Hubert zu sich gebeten – in sein Apartment im ›Exelsior-Center‹. Das war einer der in dieser zweckbetonierten Welt üblichen Zement- und Glaskästen, immerhin jedoch einer der oberen Mittelklasse, mit einer geräumigen Eingangshalle mit zwei Fahrstühlen. Für Sauberkeit sorgte eine offenbar fleißige und nicht an Putzmitteln sparende Reinigungsfirma – zumindest roch es hier weniger nach Menschen, mehr nach Chemikalien.

Hubert beherrschte stets, wenn er seinen Freund aufsuchte, das Gefühl, als durchschreite er eine Klinik für gut zahlende Patienten – bis er das Apartment 403 betrat. Dessen zwei Zimmer hatte Holden in eine sehr persönlich wirkende Wohnung zu verwandeln vermocht; mit wenigen Mitteln, aber erheblichem Geschick. Vorhänge, Möbel und Teppiche harmonierten miteinander; sie muteten norwegisch-bäuerlich an, wirkten kraftvoll, waren jedoch ohne jede plumpe Rustikalität. Hinzu kamen starke, doch keineswegs aufdringliche Farben, vorherrschend war naturhaft gebliebenes Holz.

»Herzlich willkommen!« Bei aller Intimität, die zwischen ihnen herrschte, legte Richard stets Wert darauf, seinen Freund Karl wie einen bevorzugten Gast zu begrüßen. Mit höflich einladenden Gesten geleitete er ihn hinein. »Mache es dir bequem.«

Für Karl Hubert war das eine völlig überflüssige Aufforderung. Er vereinnahmte prompt den besten, also für ihn bequemsten Sessel, zog sich den Rock aus – den Richard sorgfältig über einen Kleiderbügel hing. Weiterhin entledigte sich Hubert seiner Krawatte und dann auch noch seiner Schuhe. Seine Füße, eingehüllt in grauwollige Socken, plazierte er vor sich auf den kleinen Eichentisch.

»Also – du wolltest mich sprechen! Ich bin da. Ich höre.«

»Ich habe da ein Problem, Karl«, gestand Richard Holden, nachdem er dem Freund dessen Lieblingsgetränk – Gin auf Eis – serviert hatte.

»Probleme«, sagte Karl Hubert, »haben wir alle – und so gut wie ständig. Trinken wir darauf – also auf das, was uns dennoch nicht umbringt.«

Karl Hubert genoß es, bei seinem Freund zu sein – was er natürlich niemals deutlich zu zeigen pflegte. Doch er liebte Holdens ausgeprägtes Gefühl für die Schönheiten des Alltags, seine gepflegt anmutende Lebensart. Holdens Wohnung war ein überzeugender Beweis dafür. An der Wand über dem Sofa hing eine Lithographie von Marc Chagall – ›Die Liebenden‹ genannt; erworben von den Honoraren eines mühsamen Prozesses. Auf dem Tisch stand eine afrikanische Stecksteinplastik, ›Mutter mit Kind‹, Sierra Leone; das Geschenk eines seltenen dankbaren Klienten. Und an der Tür befand sich eine Tanzmaske aus Indien; von einer ihrer gemeinsamen Reisen mitgebracht.

Wieder einmal stellte Karl Hubert fest, wie verschieden sie doch waren. Aber eben wohl deshalb ergänzten sie einander auf wunderbare Weise. Was der eine nicht konnte, vermochte der andere; was dieser nicht besaß, hatte jener. Nur sie beide, gemeinsam, waren von denkbarer Vollkommenheit. Woraus sich dann alles Weitere, mit bestürzender Zwangsläufigkeit, ergab – unvermeidlich ergeben mußte.

»Irgend etwas beunruhigt dich also – was?«

»Ich kann mich irren, Karl – was ich in diesem Fall sehr wünschen würde. Doch bin ich da einem Mann begegnet. Genauer: Er versuchte mit mir Verbindung aufzunehmen. Sein Name ist

Lichtenberg, Alfons mit Vorname; manchmal nennt er sich auch Alfonso. Vermutlich hatte er einen deutsch-schweizer Vater und eine italienische Mutter. Außerdem ist sein Wohnsitz Lugano – also im Kanton Tessin, wo Italienisch gesprochen wird.«

»Was immer noch eine gute Adresse zu sein scheint – für Geschäftemacher diverser Spielarten. Doch was will so einer ausgerechnet von dir? Schließlich bist du kein Wirtschaftsexperte, kein Vermögensverwalter, kein Steuerhinterziehungsspezialist. Oder solltest du so etwas in Erwägung ziehen? Es würde sich lohnen, könnte sich auszahlen, ist aber wohl auch nicht ganz ungefährlich. Solltest du neuerdings auf so etwas Wert legen?«

»Natürlich nicht, Karl!«

»Traue ich dir auch nicht zu, Richard! Denn schließlich versuchst du hier der wie dazu geborene Verteidiger für Verfolgte jeder erdenklichen Spielart zu sein – was an sich ja ziemlich sinnlos, also nutzlos ist, mir aber ehrlich imponiert. Um so verwunderlicher, wenn da so ein Alfons oder eben Alfonso, Doktor oder eben Dottore, mit dir in Verbindung zu treten versucht. Was erwartet er denn ausgerechnet von dir?«

»Vermutlich dies: mich als eine Art geschäftliche Zwischenstation auf anwaltlicher Basis einzuschalten – mit sicheren und wahrlich nicht geringen Vermittlungshonoraren. Doch ich mißtraue ihm.«

»Warum, Richard – möglichst genau?«

»Weil mir seine beabsichtigten Aktionen, oder eben Transaktionen, nicht ganz unbedenklich anmuten wollen. So was aber, Karl, glaube ich nicht mit meinem Gewissen vereinbaren zu können.«

»Wie konnte denn überhaupt eine derartig fragwürdige Person an dich herantreten?«

»Nun, ich nehme an, dieser Lichtenberg ist auf mich aufmerksam gemacht worden. Sicherlich im guten Glauben.«

»Von wem?« verlangte Hubert unverzüglich zu wissen. »Von einem Menschen deiner näheren Umgebung etwa?«

»Ist das wirklich wichtig, Karl?«

»Für mich schon, Richard – und für dich gewiß auch. Versuche das zu verstehen. Hier ist ein Pferd erkennbar – nun will ich auch dessen Reiter wissen. Doch die Formation dabei glaube ich bereits zu erkennen. Oder sollte ich mich irren?«

»Vermutlich nicht, Karl.«

»Also war es diese Dame Sommer, die dir diesen dubiosen Klienten zuzuspielen versucht hat? Woraus sich unverzüglich eine Frage ergibt: Wie kam sie dazu?«

»Ich werde selbstverständlich alle deine Fragen beantworten, Karl. Dabei muß ich dich aber bitten, von fragwürdigen Formulierungen wie ›zuspielen‹ im Zusammenhang mit Susanne Abstand zu nehmen.«

»Akzeptiert. Also – wie kam es dazu?«

»Ich lernte diesen Dr. Lichtenberg zufällig kennen, bei einer kleinen Gesellschaft, die von einer Freundin von Susanne veranstaltet wurde. Dabei kamen wir ins Gespräch.«

»Wer ist denn diese Freundin deiner Freundin?«

»Eine gewisse Simone Jahr – Schauspielerin. Eine nette, angenehme, sich stets hilfreich bemühende Person. Sehr selbstlos.«

»Und diese beiden haben dich für diesen Lichtenberg zu vereinnahmen versucht?«

»Ich muß dich sehr bitten, das nicht so zu sehen!« Holden erklärte das mit einiger Entschlossenheit. »Diese Simone Jahr ist für mich ein unbeschriebenes Blatt – doch zwischen Susanne und mir, mußt du wissen, besteht nunmehr eine schöne Harmonie, die ich mir nicht zerstören lassen will. Susanne Sommer ist eine ungewöhnliche Frau – versuche das bitte nicht anzuzweifeln!«

»Will ich auch nicht!« versicherte Hubert prompt; und das sogar mit ausgebreiteten, wie segnungswilligen Händen. Seine Augen funkelten jedoch. Denn solche Worte kannte er; sein Freund hatte sie, fast genau vor zehn Jahren, auf seine erste Frau angewendet.

»Halten wir also fest, mein Freund: Dieser Lichtenberg, mit Wohnsitz und Büro in Lugano, will dir als reichlich fragwürdig erscheinen. Normalerweise hättest du ihn, also seine Geschäftsmethoden, der Polizei, oder eben der Staatsanwaltschaft, als verdächtig melden müssen.«

»Was jedoch die Schweigepflicht eines Rechtsanwaltes nicht zuläßt. Er hat sich mir als Klient angeboten – doch ich gedenke ihn abzulehnen.«

»Nun, Richard, da du ihn abzulehnen gedenkst, hat er auch niemals zu deinen Klienten gehört. Dennoch versuchst du, anwaltlich das zu sein, was gemeinhin loyal genannt wird – aus welchen Beweggründen auch immer. Und zu denen gehört gewiß auch deine Dame Sommer, was ich zu berücksichtigen versuchen werde.«

»Ein Vorgang, Karl, mit dem Susanne unter keinen Umständen belastet werden darf. Darauf bestehe ich – ganz entschieden.«

Diese Forderung schien Hubert zu akzeptieren – mit geradezu herzlich entgegenkommender Freundschaft. »Da kannst du dich ganz auf mich verlassen – das erledige ich schon. In deinem und in unserem Sinne!«

Die versuchte ›Erledigung‹ dieser Vorgänge schien, in ihren Anfängen, geradezu ein Musterbeispiel für wirksamste kriminalpolizeiliche Internmethoden zu sein. Die daran beteiligten Fachleute spielten sich durchaus gekonnt alle erreichbaren Bälle zu.

Karl Hubert, der im Präsidium stets höchst respektierte, wenn nicht gar oftmals bestaunte Mörderergreifer, suchte den Chef des dortigen Betrugsdezernates auf. Zunächst mit ausgesucht kollegialer Herzlichkeit, welche jedoch schnell in eine Atmosphäre amtlicher Verschwörungsbereitschaft ausartete.

»Der Zielname, über den ich Auskunft erbitte, lautet: Lichtenberg, Alfons; oder eben Alfonso. Das könnte möglicherweise in deinem Bereich registriert sein. Kannst du das feststellen?«

»Dieser Name«, meinte der Weißkragenkriminalist, »kommt mir bekannt vor.« Er roch nach klebrigem Leim und ausgetrockneter Tinte; er besaß ein irritierend dummgutmütiges Gesicht, aber zugleich einen computerhaft schnell und sicher funktionierenden Verstand. »Solltest du etwa Dr. Lichtenberg, Lugano, meinen?«

»Genau den, Kollege!«

»Den hätte ich lieber in deinem Bereich, Karl. Eine reine Berufsfreude für mich, wenn du ihm einen Mord anhängen könntest; noch besser, wenn der als Leiche in deine Hände geraten würde. Doch das ist wohl des Guten zuviel erhofft – wie?«

Karl Hubert war ungemein neugierig geworden. »Der scheint offenbar eine ganz prächtige Type zu sein.«

»Eine meiner prächtigsten«, bestätigte der Betrugsspezialist, nachdem er sich seine ›Spezialkartei‹ geangelt hatte, einen kleinen rollenden Aktenschrank. Das gelang ihm, ohne seinen Sessel verlassen zu müssen, was er, wie amtsbekannt, nicht gerne tat; es sei denn, um Kantine oder Toilette aufsuchen zu müssen.

Er zog mit sicherem Griff eine Schublade auf und von dort einige geheftete Blatt Papier hervor. »Dieser Lichtenberg gehört zu meinen gesuchtesten Kunden – das ist eine Finanzsau sondersgleichen!«

»An die du aber nicht herankommst«, erkannte Hubert prompt.

Der Chef des Betrugsdezernates nickte höchst widerwillig zustimmend. Er litt sichtlich darunter, einen offenbar schweren Kriminellen nicht überführen zu können. Dabei mutete das von ihm gesammelte Material ziemlich vielversprechend an.

»Also – Lichtenberg, Alfonso, Lugano. Er ist übrigens berechtigt, sich Doktor zu nennen – er hat diesen Titel in Mailand erworben; und der hilft natürlich mit, seine Spielchen zu spielen. Seine Spezialität sind internationale Geschäfte; bei zielstrebiger Ausnutzung eventuell bestehender Gesetzeslücken zwischen diversen Ländern. Dafür ist sein Lugano eine Art Drehscheibe – bevorzugt zwischen Italien und Frankreich einerseits sowie der Bundesrepublik, England und den Niederlanden andererseits. Sichere Voraussetzungen für schnelle, gewinnbringende Transaktionen!«

»Doch den kannst du nicht festnageln?«

»Nein«, mußte dieser ansonsten wirksam erfolgreiche Bekämpfer der sogenannten Weißkragenkriminalität zugeben. »Denn die immer sicherer und wirkungsvoller werdenden Tricks dieser Typen bestehen darin, Zwischenmitglieder einzuschalten und denen dann die ganze Verantwortung zuzuschieben.«

»In meinem Bereich«, stellte Karl Hubert sanft provozierend fest, »läßt sich so was kaum jemals machen.«

»Leider«, meinte der Betrugsspezialist geradezu versonnen, »ist bei mir alles anders. Zu einem Opfer, bei dir, gehört ein Täter; in meinem Metier jedoch muß ziemlich umfangreichen Täterketten nachgespürt werden. Und bei diesem unendlich verfilzt anmutenden Fall Alfonso Lichtenberg spielen auch mißbrauchte Politiker mit, geile Geschäftemacher – und in allererster Linie törichte Rechtsanwälte.«

Nun reagierte Hubert hellwach. »Sagtest du – Rechtsanwälte?«

»Sagte ich«, schnaufte der Betrugsspezialist auf. »Denn derartige Rechtsbewahrer lassen sich oftmals sehr leicht, vielleicht nur in Unkenntnis der Sachlage, zu schnellen Geldgewinnen verführen. Doch eben damit geraten sie dann prompt in diese Lichtenberg-Falle. Der läßt sie zunächst kassieren, schiebt aber, sobald dann der unvermeidliche, einkalkulierte Zusammenbruch kommt, alle Verantwortung auf sie ab. Das immer wieder mit der Masche: Sie, die doch die Gesetze ihres Landes kennen müßten, hätten ihn getäuscht, hintergangen, wenn nicht gar betrogen! So einfach ist das.«

Karl Hubert schloß nun, wie stark geblendet, seine Augen. Sekundenlang dachte er intensiv an Richard Holden, den Freund. Um dann unverzüglich folgende Überlegungen vorzubringen:

»Eine ziemlich vielversprechende Praxis dabei, lieber Kollege, würde doch wohl so aussehen: Man müßte versuchen, diesem Dottore einen ihm gemäßen, aber dir in möglichst allen Einzelheiten bekannten Partner unterzujubeln. Falls die dann beginnen, gemeinsame Sache zu machen, mit alsbald erkennbaren Adressen, sind sie auch ziemlich gut überwachbar; und das dann sicherlich auch mit Amtshilfe der Schweizer Polizei. Dann hättest du sie bald im Sack!«

»Jawohl – das wäre gewiß die brauchbarste Methode. Und ich kenne auch einige Kandidaten dieser Größenordnung, die ganz prächtig zu unserem Alfonso passen würden. Jedoch – wie bringe ich die zusammen?«

»Nenn mir einen Namen«, forderte nun Karl Hubert. »Aber den denkbar besten, der zu diesem Betrugsschwein passen konnte, wie die Faust aufs Auge.«

»Kann ich machen. Sogar gerne! Doch – was dann?«

»Dann könnte ich dafür sorgen, daß dessen Adresse diesem Alfonso zugespielt wird. Und zwar denkbar zufällig, absolut unverdächtig neutral. Etwa durch eine Dame der von ihm bevorzugten Gesellschaft. Das Ganze dann noch von einer dritten Person angeregt – also weder von dir noch von mir. Einverstanden?«

Ohne nun auch nur im geringsten zu zögern, durchblätterte daraufhin der Betrugsspezialist des Amtes, sichtlich genau wissend, was er suchte, einige Teile seiner Kartei. Dann nickte er vor sich hin, um schließlich fachgerecht schlicht festzustellen: »Der.« Er nannte einen Namen und die dazugehörige Adresse; sehr langsam und deutlich.

Selbstverständlich beherrschte Karl Hubert diesen Teil der absicherungsbewußten kriminalen Branchenspiele vollkommen, also jede irgendwie gewünschte Auskunft unter Kollegen unter vier

Augen. Doch da er ein exakt funktionierendes Gedächtnis besaß, reichte es vollkommen aus, wenn dieser Name und dessen Adresse lediglich mündlich weitergegeben würden.

»Ruf mich aber an«, ermunterte ihn der Betrugsexperte. »Falls diese Verbindung klappen sollte, erledige ich dann den Rest. Mit Wonne.«

Unmittelbar danach begab sich Karl Hubert im Polizeipräsidium zwei Stockwerke tiefer. Zum Chef des Dezernates Sitte. Also zu Kommissar Krebs – dem exzellenten Kenner aller erdenklichen Spielarten des außerehelichen Geschlechtslebens.

Dieser Krebs schien, wie völlig entgegengesetzt zum rein äußerlich unendlich gelassen anmutenden Betrugsspezialisten dieses Amtes, stets von höchstnervöser Unruhe erfaßt zu sein. Es war, als verschmähte er Sitzgelegenheiten – zumeist wieselte er durch sein Büro und dessen Nebenräume, anscheinend jederzeit bereit, daraus auszubrechen. »Was«, verlangte er unverzüglich besorgt von Hubert zu wissen, »willst du von mir – ausgerechnet du!«

»Lediglich einige Auskünfte; sehr spezielle, Kollege Krebs.«

»Die kannst du haben – falls du zu begründen vermagst, warum.«

Sie harmonierten wahrlich nicht miteinander – nicht im Grundsätzlichen. Denn Hubert war ein erbarmungsloser Verfolger, Krebs ein bemühter Bewahrer. Der eine schien auf endgültige Erledigung aus zu sein, der andere erstrebte eine einfühlsam vorbeugende Verbrechensbekämpfung. Doch deshalb waren sie keinesfalls ›Feinde‹ – sie blieben Kollegen.

Krebs: »Was du auch immer von mir wissen willst – spekuliere bitte niemals darauf, daß ich bereit sein könnte, dir ohne exakte Begründung, Daten und Erkenntnisse meines Sittendezernates für deine Mordkommission zu liefern. Denn sittliche Entgleisungen sind Krankheiten, vielfach-verwirrende, mit Erscheinungsformen, die nicht automatisch dem Täterbild eines Gewaltverbrechers gleichgestellt werden dürfen!«

Hubert: »Rege dich wieder ab, Kollege Krebs! Ich bin nicht hier als Chef einer Mordkommission – sondern fast ausschließlich privat. Aus Sorge um einen Freund, meinen wohl einzigen.«

Diese Versicherung akzeptierte Krebs unverzüglich. Sie traf seinen Nerv für sehr menschliche Reaktionen. Fast murmeltierhaft lauschend wollte er jetzt wissen: »Worauf, bitte, kommt es dir dabei an?«

»Auf einen Einblick in deine Spezialkartei.«

Diese stellte, über das Amt weit hinaus international bekannt, nahezu ein Musterbeispiel westeuropäischer Gründlichkeit dar; sie war von einer Vollkommenheit sondersgleichen. In vielfacher Hinsicht so gut wie unfehlbar angelegt: Namen, Vornamen, Rufnummern, ›Spezilitäten‹, dazugehörige Adressen. Also so gut wie alles registriert, was jemals in diesem denkbar scheußlichen Bereich irgendwie präsent geworden war.

»Was mich besonders interessiert, Krebs, ist die Wienerwaldstraße, und dort ein Haus mit der Nummer 43. Kannst du mir darüber Auskünfte geben?«

Wobei es sich exakt um jenes Haus handelte, in dem auch Susanne Sommer wohnte. Doch sie erwähnte Karl Hubert dabei mit keinem Wort. »Dieser Bereich interessiert mich ungemein. Gehen deine Recherchen so weit?«

Das taten sie, selbstverständlich. Krebs stellte fest: »In manchen großen Mietshäusern scheint sich das sogenannte Gunstgewerbe zu ballen. Diese Wohnkasernen muten wie gut funktionierende Eros-Center mit Außenbetrieb an. Bei dieser Adresse wohl auch.« Dann nannte er drei Namen – der von Susanne Sommer war nicht darunter.

»Also – nicht wie eine Ansammlung von Nutten!«

»Da muß ich dich doch wohl sehr um Verständnis bitten, verehrter Kollege Hubert. Selbst bei den von dir summarisch als Nutten bezeichneten Lebewesen vermögen ganz erhebliche Unterschiede zu existieren. Darunter befinden sich auch Frauen, denen sogar ein gewisses Feingefühl nicht abzusprechen ist, die also von recht angenehmem Wesen sind; intelligent auch. Nur eine in ein wenig andere Konstellation in ihrem Leben – und sie wären prächtige Ehefrauen, wenn nicht gar repräsentative Weggefährten angesehener Leute geworden.«

»Falls dort etwa auch ein derartiges Exemplar in jener Wienerwaldstraße existiert – so würde mich das ungemein interessieren.«

»So was existiert dort allerdings. Dabei handelt es sich um eine gewisse Uta. Die hat einige Semester Kunstgeschichte studiert, geriet dann jedoch, ihm anscheinend schnell hörig, an einen äußerst schäbigen Kerl, der jetzt irgendwo wegen Rauschgiftschmuggel im Gefängnis sitzt. Doch der machte ihr ein Kind, bevor er sie verließ. Ihre Eltern haben sie rausgeworfen. Doch sie versucht, sich durchzuschlagen – nicht zuletzt für ihr Kind. Durchaus tapfer, wenn auch höchst fragwürdig, sie macht nun so gut wie alles – aber eben doch nicht alles –, um irgendwie zu überleben. Immerhin: Anruf genügt!«

»Welche Rufnummer?« wollte Karl Hubert wissen.

Auch die wurde ihm mitgeteilt: 341335. »Was gedenkst du damit anzufangen?«

»Zumindest eines, Kollege Krebs, kann ich dir dabei versichern: Ich merke mir diese Telefonnummer nicht, um als Mordspezialist in deine offenbar sehr gepflegt verständniswütigen Bereiche einzudringen. Vielmehr darfst du tatsächlich annehmen, daß ich aus sehr persönlichen Gründen an dieser Person interessiert bin.«

»In deinem Bereich«, vermutete Krebs vorsichtig, »scheinen Mörder wohl unvermeidlich zu sein. Wie manchmal Freunde auch. Ist es das?«

Auf diese Frage zu antworten, zeigte sich Karl Hubert nicht bereit.

5

Die sternenklare, betörend leuchtende Frühlingsnacht in diesem Jahr wollte nicht nur für Meteorologen reichlich ungewöhnlich anmuten. Auch jene Menschen, die ein noch nicht voll abgetötetes Naturgefühl besaßen, spürten es. Karl Hubert wollte zu ihnen gehören; zumindest, als er seinen Freund Richard Holden anrief.

»Achte auf diese Nacht! Sie scheint einen Anhauch von wohliger Körperwärme zu besitzen, wie umflutet zu sein von allererstem Sommerglanz. Sie läßt uns aufatmen – ganz tief und endlich wieder vom Winter befreit.«

»Ich würde diese Nacht«, versicherte Richard Holden aufrichtig, »gerne mit dir verbringen, Karl.«

Das hatten sie, nahezu Jahr für Jahr, immer wieder getan: Die Überwindung des Winters, das Hervorbrechen des Frühlings, die sich dann anbahnende Sommerherrlichkeit vermochte sie zu intensiven, sich einander bestätigenden Gesprächen zu verführen. Das sie beherrschende Thema dabei: der ewige Wechsel; eine wie endlose Kette aus Dahinsterben und Wiedergeburt; selbst noch der Tod, ganz gleich auf welche Art, mutete wie etwas Positives an. Wundersamste Blumen vermochten zu erblühen; und um dann zu verwelken.

»Dabei wollte ich dir den Vorschlag machen, Karl, gemeinsam mit uns zu speisen – mit Susanne und mir. Ich habe im Restaurant ›Royal‹ einen Tisch bestellt – die Küche dort ist absolut erstklassig. Und Susanne will dich unbedingt kennenlernen; ich habe ihr viel von dir erzählen müssen. Und ich glaube, es wäre gut, wenn auch du sie kennenlernst.«

»Später einmal!« Hubert gab sich verständnisvoll zurückhaltend. Dabei vergaß er jedoch nicht zu registrieren: Dieses Restaurant war nicht nur seiner Küche wegen bekannt, auch wegen seiner enormen Preise – offenbar war seinem Freund für diese Dame nichts zu teuer. »Weiß sie schon, daß du den von ihr dir zugeführten Klienten, diesen Dr. Lichtenberg, abzulehnen gedenkst?«

»Nein, das habe ich ihr noch nicht gesagt. Doch ich vermute, sie wird sehr enttäuscht sein.«

»Sage es ihr trotzdem. Etwa nach dem Abendessen, beim Kaffee. Und damit sie nicht allzusehr enttäuscht ist, habe ich für dich eine Adresse besorgt, die ich dir anschließend durchgeben werde. Es handelt sich dabei um den wohl idealsten Geschäftspartner für diesen Dottore aus Lugano. Die kann sie ihm übermitteln!«

»Doch nicht etwa in deinem Auftrag?« wollte Richard Holden wissen.

Karl Hubert konnte nur noch lachen. »Du kennst doch die dazugehörigen Spielregeln: Die Polizei ist kein Adressenlieferant! Und ein Rechtsanwalt sollte das möglichst auch nicht sein. Du gibst Frau Sommer lediglich einen persönlichen, privaten Hinweis – sozusagen aus Freundschaft; und den kann sie dann weitergeben. Wobei ich wohl nur eines fast so gut wie garantieren kann: Dr. Lichtenberg wird von diesem Partner und dessen Möglichkeiten geradezu entzückt sein; also ihr dankbar.«

»Nun gut«, entschied Holden. »Dann mache ich das also – weil diese Anregung von dir kommt. Und du willst uns wirklich nicht ins ›Royal‹ begleiten?«

»Ich kann nicht. Zumindest bis Mitternacht bin ich im Präsidium blockiert – ich habe Bereitschaftsdienst, warte also hier auf irgendeinen nächsten Mord. Und falls der geschehen sollte, muß ich mich erfahrungsgemäß bis zum Morgengrauen mit den Produktionsmöglichkeiten von Leichen beschäftigen. Deine Art von Vergnügen dürfte da wohl wesentlich anderer Natur sein – gönnen wir jedem das Seine!«

In jenem Haus, in dem Karl Hubert die kargen Reste seiner freien Zeit zu verbringen pflegte, bahnte sich, fast gleich zu Beginn dieser Nacht, eine Serie von scheinbar vielschichtig komplizierten Vorgängen an. Doch diese sollten alsbald, wie bei derartigen heimtückisch-gefährlichen Konstellationen fast immer, reichlich banal anmuten.

Es begann in der Wohnung des erfolgreichen Fernlastfahrers Winter. Dieser war voller Unwillen – und zwar abermals über mangelhafte Leistungsfähigkeit: jener des Fernsehens. Wobei er allerdings nicht unzufrieden registrieren konnte, daß seine interne Mannschaft, also seine Familie, vom gleichen Geist beherrscht zu sein schien. Auch sie, Frau ebenso wie Tochter, teilten ganz offensichtlich seine unwillige Empörung – über derartige TV-Zumutungen.

Denn auf allen erreichbaren fünf Kanälen kein Krimi, keine Unterhaltung, kein Spielfilm. Vielmehr immer wieder nur dies: Politgeschwätz, Nabelbeschausozialismus, Unterleibsliteratur, Emanzipationsonanien, tiefsinnige Terrorismusandeutungen. »Einfach zum Kotzen – das alles! Hätten wir eine Ordnung, wie es sich gehört, brauchten die nicht darüber zu quatschen!«

Frau Winter bestätigte seine Ansicht unverzüglich. Vollfleischig, mit träger Lässigkeit, blinzelte sie ihn an; um dann zu erklären: »Ich gehe. In ein Kino. Mit meiner Freundin. Was dagegen?«

»Mach das!« stimmte er ihr zu. Was sich großzügig-verständnisvoll anhörte, doch nicht ohne ihm hoffnungsvoll erscheinenden Hintergedanken war. »Meinen Lieben gönne ich einfach alles!«

Frau Winter behauptete, sich gemeinsam mit ihrer Freundin, die in den Augen des Fernlastfahrers eine noch größere Kuh war, einen Film ansehen zu wollen, von dem nunmehr ›alle Welt‹ sprach. Darin ein Riesenaffe von überdimensionaler Gewaltigkeit, der ein zierliches, weibliches Wesen bis zu seinem Tode, qualvoll verblutend, verteidigte.

Ein derartiges Erlebnis gönnte er ihr – zumal er sie damit für etwa drei Stunden losgeworden war; eine Zeitspanne, mit der sich gewiß einiges anfangen ließ. »Meinen Segen hast du!«

Allerdings vermochte er sich nicht im geringsten vorzustellen, was diese beiden angeblich kuhartigen Freundinnen tatsächlich zu unternehmen gedachten. Nämlich den Besuch eines in der Nähe gelegenen italienischen Restaurants, in dem, neben brauchbarer Küche, auch noch eine Spezialität ganz besonderer Art geboten wurde: Einige der dort beschäftigten Kellner waren von großer Bedienungsbereitschaft, falls sich das auszahlte – die Gemeinschaftstoilette dieser Lokalität war ein vielfach benutzungsfähiger Raum.

Nachdem sich also diese Mutter, sehr bereitwillig, aus der Winter-Wohnung entfernt hatte, blieben nun dort zurück: der zutiefst fernsehgelangweilte Vater und seine überaus unzufrieden wirkende Tochter. Sie sahen aneinander vorbei; wie um sich nicht erkennen zu müssen. Lauernde Minuten vergingen so.

»Totale Scheiße!« sagte Winter dann; ein von ihm vielbenutztes Kraftwort, nicht nur dem Fernsehen gegenüber. »So was, meine Tochter, solltest du dir ersparen! Mach Schularbeiten.«

»Habe ich schon gemacht.«

»Dann vervollständige, überprüfe sie – strebe beständig nach Höherem. Lies ein gutes Buch, versuche Handarbeiten zu machen, dich künstlerisch zu betätigen; so was wirkt immer.«

»Auf wen denn?«

»Auf mich, deinen dich liebenden Vater. Ich will stolz auf dich sein – wie du das ja auch auf mich sein kannst. Mach mir bloß keine Schande!«

»Was, bitte, verstehst du darunter?«

Ihr diese Frage zu beantworten, hielt er für völlig überflüssig. »Ich jedenfalls«, erklärte er, sich aus seinem Sessel stemmend, »muß nun mal. Dringend. Ein Bier trinken gehen.«

Eine fast eingeübt anmutende Bekundung des Vaters Winter, welche besagte: Wenn das gebotene Fernsehprogramm einigermaßen brauchbar war, eben seiner hier gewiß maßgeblichen Ansicht nach, hatte seine Tochter Irene bierbesorgend in Erscheinung zu treten. Drohten sich jedoch diese Televisionsdarbietungen als hoffnungslos unerfreulich zu erweisen, dann zog er selbst aus, um in den Genuß der von ihm erstrebten Biere zu gelangen; zusätzlich einiger magenfreundlicher Schnäpse.

Das dabei von ihm neuerdings bevorzugte Lokal befand sich gleich an der nächsten Straßenecke und besaß den schlicht-vielversprechenden Namen ›Die Kneipe‹. Ein angedunkelter Stall, mit Naturholz und Kutscherlaternen; gemütvoll verwahrlost. Er fühlte sich hier sozusagen sauwohl.

Dieses Gefühl vermittelte ihm wahrlich nicht zuletzt die prall-selbstgefällige Bedienung in dieser Männertränke: blaßblond und bleichgesichtig, mit gierenden Augen und Falten wie Ackerfurchen um die Mundwinkel. Ihre Stimme war von rauh-fröhlicher Animierbereitschaft; und wenn sie ihren Hintern schwenkte, erinnerte ihn das an paarungswillige Stuten.

Winter reagierte auf sie, wie stets, mit scheinbar empörter Ablehnung – er gab vor, sie zu verachten. Sie war eben wie alle Weiber. »Wieviel«, fragte er nach dem dritten Pils und dem vierten Schnaps, »kostest du eigentlich?«

Sie reagierte völlig unbeeindruckt, nachsichtig auch. »Ich bin nicht verfügbar«, sagte sie. Um dann, nach nur kurzem Zögern, hinzuzufügen: »Jedenfalls nicht gleich. Bis ein Uhr früh muß ich hier bedienen.«

»Zu spät! So lange kann ich nicht warten. Heute nicht.«

Währenddessen speisten Susanne Sommer und Richard Holden im Restaurant ›Royal‹. Und hier schien so gut wie alles voller Harmonie zu sein – nicht nur die Raffinessen der sogenannten neuen französischen Küche, auch die immer intensiver werdende Zuneigung, die sie füreinander zu empfinden schienen.

Einfach alles mutete von unverfälschter Reinheit an: der Salat schien gerade erst gepflückt; das Fischgericht duftete nach dahin-strömenden Flüssen; der Lammbraten war unvergleichlich. Sie genossen das mit erklärtem Verständnis für das bewußt Reine, Saubere, Urnatürliche.

Susanne pflegte täglich zu baden und dabei die Haut ›am ganzen Körper‹ zu bürsten und einzuölen. »Bei einer Frau«, hatte sie gesagt, vertraulich, wenn nicht gar intim, »muß man jederzeit überall herankommen können.«

Sie neigte sich ihm entgegen. »Ich genieße diese Stunden mit dir sehr, Richard.«

»Was mich beglückt, Susanne! Es ist wunderbar, daß es dich gibt. Ich küsse dich – in Gedanken.«

Sie lächelte ihn an. »Warum nur in Gedanken. Tue es!«

»Hier?« fragte er mit bestürztem Glücksgefühl und blickte in den rostrot bestrahlten Glanz um sich. Dort saßen Menschen, als hätten sie sich zu einem Ritual versammelt: feierlich, steif, nahezu lautlos hingegeben.

»Warum nicht hier? Küsse mich – auf den Mund, zu meinem Ohr hin, meinen Nasenflügeln entgegen. Wohin auch immer. Was hindert dich daran?«

»Nichts!« sagte er mit schnell ausgelöster freudiger Mutwilligkeit. Er berührte mit seinen Lippen ihr Ohr und streichelte es mit der Zunge. »Du bist – so einmalig!«

Es war ihr inzwischen gelungen, eine ganze Anzahl von Hemmungen, Sperren, sogar Vorurteilen bei ihm abzubauen. Und das war, was er jedoch nicht zu erkennen vermocht hatte, mit planvoller Zielstrebigkeit erfolgt – sie verstand es, ihre vielfältigen Erfahrungen geschickt auszuwerten.

Die Stationen, im Hinblick auf ihn, dabei:

Einmal ihre offenbar wachsende Bereitschaft, ihm ihr Gesicht in verlockendem Entgegenkommen hinzuhalten: die zierlich-schmalen, doch überaus sinnlich wirkenden Lippen, die sich ihm entgegenzusaugen schienen – ein wie verschwenderisch voll aufblühender Mund, zu dem auch Gaumen und Zunge gehörten; feuchtnaß, austerngleich, von sanft-heftiger Zärtlichkeit.

Dann die Regionen darum herum, ihre leicht bebenden Nasenflügel; ihre verlockend formenreich geschwungenen Ohren; ihre großen Augen, die sie wie zutiefst beglückt schloß, wenn seine Lippen sie berührten. Die dann abwärts gleiten durften, zu ihrem Hals hin, ihren Schultern entgegen. »Beiß mich!« hatte sie ihm zugeflüstert, als sein Mund bei ihrem Nacken angelangt war. »Wie Tiere einander beißen – um gewisse Rangordnungen herzustellen. Versuche es!«

Schließlich der Bereich darunter, den sie ihm, wie auf zwei Gleitbahnen, zu ertasten erlaubte. Einmal über die Rückenzone hinweg, die straff muskulös wirkte und dann in Wölbungen endete, die sich seinen aufzitternden Händen entgegenschmiegten. Dann auch über die Vorderfront hinweg, die sie für ihn entblößte; dabei ihm jedoch suggerierte: er entblößte sie!

Sein erster großer Haltepunkt bei dieser ihm abenteuerlich-verwegen erscheinenden, jedoch sichtlich erlaubten Besitzergrei-

fung waren ihre Brüste: immer noch ertastbar straff, leicht birnen-
förmig, mit sehr schnell sich aufsteilenden Warzen, sobald er
dorthin gelangte. Eine Beschäftigung, bei der er sich lange aufhielt; schon weil er spürte, daß es ihr Freude bereitete.

Nur langsam durfte er sich dann weiter – noch weiter abwärts –
tasten. Zu ihrem Bauch hin, der sich leicht aufwölbte – ihr Nabel
war weitere Verlockung und konnte niemals übergangen werden.
Erst später gelang es ihm dann, ihre untersten Regionen zu
erreichen – ihren wahren Mittelpunkt. Und der duftete, wollte ihm
erscheinen, fast genauso wie ihr naßfeuchter Mund.

Dabei hatte er unsagbar herrliche Gefühle empfunden, wie noch
niemals zuvor bei einer Frau. Alle reine Frauen, zusammengenom-
men, waren wie Varianten vielfach erscheinender Hingabemög-
lichkeiten gewesen – Susanne jedoch allein vereinigte alles in
Vollkommenheit. Sie war der erkannte Höhepunkt seines Daseins
– sein ersehntes, erträumtes Endziel.

Diesen Zustand zu erreichen, bei dem noch eine allerletzte
Erfüllung fehlte, hatte einige Tage und etliche Nächte gedauert;
Stunden mit sinnvoll sinnlichen Gesprächen, Viertelstunden einer
stufenweisen Annäherung ihrer Körper. Wobei sie ihm signalisiert hatte, manchmal sogar fast warnlichthaft deutlich: Nichts ist
einfach, nichts darf ganz schnell gehen; keinesfalls bei mir! »Ich
liebe deine Zärtlichkeiten. Ich genieße deine Behutsamkeit. Du
bist so wunderbar geduldig.«

»Ich liebe dich sehr, Susanne. Dazu gehört aber auch, daß ich
dich respektiere; und das werde ich immer tun.«

»Nicht unbedingt immer, Richard«, stellte sie verlockend sanft
fest. »Das muß und soll kein Dauerzustand sein. Nicht für uns –
jetzt wohl nicht mehr.«

Dabei blinzelte sie in dieses Luxusrestaurant ›Royal‹ hinein.
Hier schien jeder Tisch einer Insel zu gleichen, wenn auch von
zahlreichen, stets aufmerksam-betreuungsbereitem Bedienungspersonal umgeben. Das war der hier garantiert exklusive Service:
Jede erdenkliche Diskretion war in der Endrechnung mit einbe-
griffen.

»Komm bitte noch näher, viel/näher, zu mir, Richard«, sagte
Susanne nun, mit nahezu selbstverständlich klingender Großzü-
gigkeit. »Ich habe es gern, wenn du deine Hand auf meine
Schenkel legst – so wie jetzt; in wunderschöner Vertraulichkeit.«

Doch du mußt deine Hand dort nicht liegen lassen – du darfst mich berühren. Genau dort, wonach es dich verlangt.«

Und das tat er dann auch.

Irene, die Winter-Tochter, war allein in der Mittelklasse-Standard-wohnung ihres besitzergreifenden Vaters zurückgeblieben. Und dort starrte sie höchst gelangweilt auf den Fernsehapparat, der unermüdlich auf sämtlichen Kanälen seine Bildfolgen ausspuckte. Alles fürchterlich langweilig.

Also begann Irene, um sich abzulenken, zu telefonieren. Von wuchernder Sehnsüchtigkeit getrieben nach einem männlichen Wesen; irgendeinem! Sie lechzte nach Befriedigung, seit Wochen schon – ein Zustand, der sie immer mehr enthemmte.

Sie wählte zunächst Karl Huberts Nummer. Denn der imponier-te ihr irgendwie. Auch glaubte sie erspürt zu haben, daß auf die treuherzig-vertrauensvolle Mädchen-Tochter-Tour durchaus an den heranzukommen war. Doch Hubert meldete sich nicht.

Dann versuchte sie, leicht nervös, doch unentwegt verlangend, eine Verbindung mit dem Sparkassenangestellten herzustellen, der sich offenbar für sie zu interessieren schien; nun ja – warum nicht. Der war eben ein Kerl! Das hatte erst neulich ihre Mutter in einem von ihr belauschten Intimgeschwätz mit ihrer Freundin festgestellt. Doch auch er meldete sich nicht.

»Scheiße!« stellte Irene lapidar fest, in dieser Hinsicht ganz die Tochter ihres Vaters. Worauf sie dann, jedoch erst nach längerem Zögern, jenen von ihr für kleinpubertär gehaltenen Jüngling im selben Haus·anrief. Dieses sie unentwegt angierende, pickelge-sichtige Neutrum, sagte sie sich, war immer noch besser als nichts. Er meldete sich.

»Was machst du denn so?« fragte sie ihn.

Worauf er tief Luft zu holen schien, um dann hervorzusprudeln: »Eigentlich bin ich verabredet. Ich und ein paar Kumpels wollen heute noch einiges aufreißen; du kannst dir wohl schon denken, was.«

»Gib nicht so an«, meinte sie mäßig belustigt. »Vermutlich wollt ihr euch gemeinsam einen abwichsen, wie gewöhnlich; auf ir-gendeiner U-Bahnhof-Toilette. Was aber diesmal nicht unbedingt sein muß. Du kannst mich besuchen – ich bin sozusagen in Stimmung.«

»Dann Mädchen, zieh dich schon mal aus und mach die Beine breit.«

»Werd' nur nicht unverschämt, Kleiner – nicht bei mir!« wies sie ihn zurecht. Schließlich war er nicht gerade das, was sie sich ersehnte – doch als eine Art Ersatz dafür möglicherweise nicht ungeeignet. »Von mir aus kannst du mich befummeln, was du ja auch immer wieder versucht hast; allerdings nicht sehr überzeugend. Jedenfalls sage ich dir eins: Bumsen lasse ich mich nicht von dir!«

Wobei eine derartige Formulierung lediglich zu den bevorzugten Vokabeln einer zeitgemäßen Jugend gehört und jede Generation hatte nun mal ihre beherrschenden Reizworte.

Was jedoch Irene, diesem niedlichen, verlangenden, sich bestätigt wissen wollenden Mädchen, keinesfalls klar bewußt war. Sie wollte nichts als ihr Leben leben – ohne ahnen zu können, daß dieses bereits vieltausendfach vorgezeichnet, vorgeprägt, so gut wie endgültig beeinflußt worden war.

»Also, Irenchen, wie ist es nun? Machen wir endlich mal was miteinander?« wollte der von ihr angerufene Jüngling wissen. Die Distanz per Telefon machte ihn mühelos verwegen. »Denn das willst du doch – das kann man spüren. Und ich will das auch – nur das.«

»Ach, du armer Irrer!« rief sie. »Was bildest du dir ein? Aber du kannst dennoch kommen; eben nur auf die Gefahr hin, daß ich dir eine runterhaue. Riskierst du das?«

Selbst das war ihm die Sache wert, behauptete er – freudig, reichlich mutwillig wohl auch.

Die ersten Stunden jener frühlinghaft leuchtenden, betäubend schweren, hochtemperaturigen Nacht verbrachte Karl Hubert in seinem schäbigen Einheitsbüro im Polizeipräsidium. Dort arbeitete er Akten auf, versuchte ›Fälle‹ zum Abschluß zu bringen. Nicht eine Minute seines Daseins schien er untätig verbringen zu wollen – abgesehen von den Stunden seines Schlafes, die sich jedoch neuerdings immer mehr zu verkürzen drohten.

Mit ihm im selben Raum befand sich sein wohl wichtigster Mitarbeiter – Kriminaloberinspektor Kolb. Der kam, wie er, aus der hohen Schule des sogenannten ›großen alten Mannes‹ des Präsidiums, also Keller, des Mannes mit dem Hund. Und der war ein stets zu respektierender Lehrmeister gewesen. Irgendwie standen sie alle immer noch in dem gigantischen Schatten dieses körperlich kleinen Menschen.

Zu den Besonderheiten dieses ›Leichen-Kellers‹ gehörte auch seine Undurchschaubarkeit. Wenn er einen Mordfall zu bearbeiten hatte, pflegte er niemals irgendeine diesbezügliche persönliche Ansicht zu äußern; weder über das Opfer, noch über den vermutbaren Täter. Auch nicht zu seinen ›Kollegen‹, wie er jeden zu bezeichnen pflegte, der mit ihm zusammenarbeitete. Keller pflegte lediglich kurze Anregungen, sachliche Hinweise zu geben, stand aber dann meistens scharf beobachtend, dabei reichlich unscheinbar wirkend, in irgendeiner Ecke.

Diese bemüht gepflegte Verhaltenheit hatten auch Hubert und Kolb von diesem, ihrem sagenhaften Vorbild übernommen – und glücklicherweise nicht nur das. Jedenfalls vermochte Hubert durchaus wie ein Verwaltungsbeamter irgendeiner Registratur zu wirken. Und Kolb schien ihn darin noch übertreffen zu wollen – er machte zumeist einen nullgesichtig-desinteressierten Eindruck. Doch sein Verstand vermochte messerscharf zu arbeiten – und eben deshalb hatte Hubert ihn sich ausgesucht.

»Noch Fragen zu dem gestern angefallenen Mord?«

»Keine«, bestätigte Kolb erwartungsgemäß.

Dabei handelte es sich um eine sogenannte Schauspielerin – gelegentlich beschäftigt im Kabarett, in Boulevardkomödien und beim Fernsehen; nunmehr jedoch von der Skandalpresse unverzüglich schlagzeilenträchtig zum ›Filmstar‹ hochgejubelt. Sie hatte ihren wesentlich jüngeren Freund erschossen.

»Für diese dubiose Dame«, meinte Hubert leicht sarkastisch, »wird sich gewiß alsbald eine unserer populären Prozeßhyänen einfinden, um dann als vielpublizierter Rechtsbewahrer in Erscheinung zu treten.«

Kolb nickte. »Natürlich. Und dann den ›unglücklichen Zufall‹ auftischen, um an einer Mordanklage für seine Klientin vorbeizukommen.«

»Das könnte dieser Mistwelt so passen!« sagte Hubert in plötzlich hervorbrechendem Zorn. »Von wegen Zufall! Von wegen sich plötzlich lösender Schuß oder ähnlicher Quatsch! Dieses sexbesessene, besitzgierige Weibsbild!«

»Nun ja«, meinte Kolb; wobei er Mühe hatte, nicht zu zeigen, wie sehr ihn dieser Ausbruch seines Chefs überraschte. Wohl kannte er hinreichend Huberts Ansichten über die total verdorbenen Moral- und Sittenbegriffe – nur hatte der sie bisher noch niemals in direkter Verbindung zu einem ganz bestimmten Fall geäußert. »Jedenfalls sind die Ergebnisse unserer Untersuchungen einwandfrei – es war Mord. Zumindest Totschlag ist absolut sicher nachzuweisen. Daran wird auch ein sogenannter Staranwalt nichts ändern können.«

»Das wäre auch noch schöner!« Hubert schien, wenn auch nur kurz, in blutrot aufwallende Nebelfelder zu blicken. Dann ordnete er sachlich an: »Überprüfen wir noch einmal alle Ergebnisse; fundamentieren wir sie – bis hin zu einer tatsächlich absoluten Sicherheit! Diese Dame darf uns nicht von der Schippe springen.«

»Wird erledigt«, bestätigte Kolb.

»Aber so gründlich, wie nur irgend möglich!« Hubert versuchte zu erklären: »Das wohl Fatalste in unserer Zeit, Kolb, ist diese benebelnde Sucht, einfach alles als Krankheit erklären zu wollen. Das ist wie ein im voraus ausgestellter Freibrief – für Hörigkeitsexplosionen, für Sexualexzesse, für diese fürchterliche, sich seuchenhaft ausbreitende Konstellation: entweder totale Erfüllung oder absolute Vernichtung!«

»Diese Welt ist sehr krank, gewiß«, gestand Kolb seinem Chef zu. »Aber damit müssen wir uns wohl abfinden.«

»Nicht abfinden – fertig werden!«

Eine Antwort hierauf blieb Kriminalinspektor Kolb erspart. Ein nächster Mordfall kam auf sie zu. Der Tod eines jüngeren Mannes. Seine Leiche war in der Wohnung der Eltern aufgefunden worden. »Na, dann wollen wir mal wieder«, ermunterte Hubert seinen Kollegen.

»Na, dann will ich mal wieder!« verkündete Vater Winter, wobei er sich in dem Etablissement ›Die Kneipe‹ seine leicht herabgerutschten Hosen mit kraftvollen Griffen hochzog. »Mal sehen, was sich da noch so alles anbietet!«

Sichtlich gestärkt durch eine entsprechende Menge alkoholischer Getränke, spürbar angewidert auch von dieser dreisten, doch eben nicht genug entgegenkommenden Bedienung, verließ er das Lokal. Und er trottete wohlig trunken jenem Haus entgegen, in dem er wohnte – mit Frau und Tochter.

Ihm war heiß – er hatte sich wohl zu dick angezogen. Diese Vorfrühlingsnacht beengte ihn. Er entfernte seine Krawatte und öffnete sein Oberhemd weit. Dann streichelte er, wie anerkennend, seine stark behaarte Brust. Irgendwo hatte er gelesen: So was war ein klares Symbol von Männlichkeit. Das gibt Auftrieb.

Also begab er sich ungemein munter gestimmt in das Haus hinein – jedoch nicht zu jener Tür hin, auf der sein Name prangte: M. Winter. Und zwar in vergoldeter Schrift auf silbernem Grund – allerbeste Handarbeit, ausgesprochen dekorativ; ihm angemessen. An diesem Prunkstück schritt er vorüber. Zum nächsten Stockwerk hoch.

Dort klopfte er an eine Wohnungstür; mehrmals, wie im Marschrhythmus. Dabei lehnte er sich durchaus erwartungsvoll gegen die nächste Wand. Nach etlichen Sekunden erzeugte er abermals derartige Geräusche, nunmehr jedoch leicht dröhnend; mit der flachen Hand betrommelte er die Türfüllung in hastiger Unwilligkeit. Ihm wurde geöffnet.

Was Winter nunmehr vor sich erblickte, war wohl genau das, was er erwartet hatte: ein weibliches Wesen; vielversprechend kompakt, aber auch, nicht minder vielversprechend in seinen Augen, ziemlich schlampig wirkend – in einen Bademantel gehüllt, der reichlich strapaziert wirkte. Das Kaninchengesicht dieser Frau bibberte. Vermutlich vor Erregung bei seinem Anblick.

»Herr Winter!« rief sie ihm abweisend zu. »Sie hier – um diese Zeit! Ich war gerade dabei, schlafen zu gehen.«

»Na – wie sich das trifft!« stellte er augenzwinkernd fest. »Wenigstens weißt du schon, wie ich heiße – aber deshalb kennst du mich noch lange nicht! Und wenn du nun gerade in dein Bett steigen willst – warum nicht? Ich schließe mich an.«

»Sie!« stieß nun diese Frau, die Erika Schönfeld hieß, höchst ablehnend hervor. »Sie sind offenbar völlig betrunken!« Sie versuchte, die Tür vor ihm zuzuschlagen.

Doch er stellte seinen Fuß dazwischen, beugte sich vor, ihr entgegen; wobei er dann, nahezu sanft säuselnd sagte: »Nun hör mir mal gut zu, Erika! Es stimmt – ich habe einen getrunken! Also bin ich in Stimmung, worüber du dich freuen solltest. Du weißt sicherlich genau, warum.«

»Wenn Sie hier nicht sofort verschwinden, Herr Winter«, drohte sie ihm an, »dann schreie ich um Hilfe!«

Er winkte mit gemüthafter Schwergewichtigkeit ab. »Versuch das nicht, Erika. Das ganze Haus und sogar die Polizei könnten alarmiert werden. Aber wenn schon – von mir aus! Dann werde ich denen eben erklären, daß du darauf aus gewesen bist, meine Tochter Irene zu verführen.«

»Das«, versicherte sie wie beschwörend, »ist ein Irrtum.«

»Dann kläre den mal auf!«

Erika Schönfeld gab nunmehr die Tür zu ihrer Zweizimmerwohnung frei. Er marschierte an ihr vorbei, unmittelbar in ihr Schlafzimmer hinein. Und hier ließ er sich auf ihrem Bett nieder, das reichlich strapaziert wirkte.

»Was wollen Sie von mir?«

»Na – was denn wohl? Im Grund nichts als das, was auch du willst – wie alle Weiber!« Winter lehnte sich zurück. »Oder – bist du nicht so veranlagt? Also eben anders; mithin scharf auf kleine Mädchen?«

»Bin ich nicht!« behauptete sie prompt.

»Wirklich nicht?« Er grinste sie hämisch an. »Wenn das stimmt, wäre es gut – für dich. Auch für mich. Doch behauptet wird da ganz was anderes – falls ich diverse Andeutungen richtig verstanden habe, die mir meine liebe Tochter Irene gemacht hat. Solltest du etwa versucht haben, sie zu vernaschen?«

»Habe ich nicht!«

»Wenn das aber zutreffen sollte, wie es den Anschein hat, könnte es ziemlich fatal werden – für dich. Denn meine Irene, mußt du wissen, erfreut sich allerhöchster Protektion. Offenbar hat sogar ein Superkriminalbeamter hier im Hause – du weißt schon wer – sozusagen ein Auge auf sie geworfen; in allen Ehren versteht sich, und mit meinem Segen, wenn er will. Der ist schließlich eine prima Partie. Aber was meinst du, was passieren könnte, wenn ich ihm von deinen schlüpfrigen, lesbischen Anträgen erzähle? Dann macht der dich fertig – garantiert!«

»Aber ich bin nicht so – veranlagt. Das war ich noch nie. Wirklich nicht!«

»Na schön, Erika – dann beweise mir das mal! Ganz direkt, völlig eindeutig, absolut unmißverständlich. Schau mich an – ich bin ein Mann! Und was für einer. Erkennst du das? Ja? Also dann mal los, nichts wie ran. Zeig mir jetzt mal, daß du eine richtige Frau bist.«

Das versuchte sie denn auch. Ebenso angestrengte wie eifrige Minuten vergingen – wortlose, doch nicht lautlose; sie gab sich erhebliche Mühe. Unmittelbar danach wollte sie dann wissen: »Nun – habe ich dich überzeugt?«

»Hast du! Und zwar davon, daß du bist, wofür man dich hält!« Er schlug ihr in das ihn ungläubig anstarrende Gesicht. Dann zog er sich die Hosen hoch.

Nach dem köstlichen und zugleich kostspieligen Souper im ›Royal‹ – die Rechnung dafür übertraf den Wochenlohn eines Spezialarbeiters mühelos – hatten sie sich ins Freie begeben: Susanne Sommer und Richard Holden. Hand in Hand.

Nun drohte sie auch diese sanft-seidige Frühlingsnacht zusätzlich zu berauschen – ihre Wirkung verstärkte noch jene des genossenen Champagners. Sie suchten nach einem Taxi, aber sie ließen sich Zeit dabei. Sie drängten sich aneinander, sie umarmten und küßten sich. Er spürte ihren ganzen Körper – von den Lippen bis zu ihren Schenkeln hin.

»Soll ich dich bis zu deinem Haus begleiten, Susanne?«

»Fahren wir zu dir, Richard – wenn du willst.«

Sie gab vor, seine kleine, doch erlesen ausgestattete Wohnung zu lieben, sich darin ungemein wohl zu fühlen. Sie streckte sich unverzüglich auf der breit-bequemen Couch aus, nachdem sie ihre Schuhe abgestreift hatte. »Komm zu mir!« forderte sie ihn auf, wobei sie ihre Arme ausstreckte, mit nun bereits leicht geschlossenen Augen. »Komm ganz dicht zu mir.«

Er kniete sich vor ihr hin. Und wieder einmal rollte das zwischen ihnen fast wie eingeübte Zeremoniell der entgegenkommenden Entblößungen ab. Beginnend bei ihrem Mund, dann über Nasenflügel, Ohren und Hals zu ihren Brüsten hin. Das ohne jede manuelle Schwierigkeit – sie trug kaum Unterwäsche, auch im Winter nicht, wie sie ermunternd versichert hatte, sie war nicht anfällig für Erkältungen; manchmal war ihr bereits ein Slip zuviel. So wie jetzt auch.

Ohne sich selbst noch eines Kleidungsstückes entledigt zu haben, bewegte er sich bei ihr abwärts. Er ertastete sie in allen, in fast allen Einzelheiten. Er glitt über sie, klammerte sich an ihr fest, preßte ihr seinen Körper entgegen. »Du – bist wunderbar!«

Susanne reagierte mit überraschendem Entgegenkommen; auf

beglückende Weise überraschend für ihn. Ihre Stimme war von sinnlicher Direktheit: »Du willst wohl ganz in mich hinein?«

»Ja«, bekannte er, leicht keuchend; wobei er sich auf ihr in zustoßendem Rhythmus bewegte.

»Dann tun wir es eben!« sagte sie. »Ich ziehe mich aus.«

Es war Mitternacht.

Ebenfalls um Mitternacht betrat Karl Hubert, Chef der Mordkommission eins, dicht gefolgt von seinem Mitarbeiter Kolb, den neu ›angefallenen‹ Tatort: ein Reihenhaus in der Siedlungsvorstadt Ost. Vermutlich vor etwa zwanzig Jahren erbaut, doch nunmehr bereits dem Verfall nahe: verwitterte Hausfront, brüchige Eingangstreppe, strapazierte Haustür – die jedoch war weit geöffnet.

Davor und dahinter hatte sich das versammelt, was Keller, der große alte Mann des Präsidiums, wohl greisenhaft munter, als ›Spurenvernichtungskommission‹ zu bezeichnen pflegte: fleißig absperrende, kreuz und quer herumtrampelnde Polizisten – einige leicht verfettet, andere ein wenig verwahrlost; dicker Rippenspeck und lange Haare vertrugen sich nicht mit Uniformen. Sie waren eifrig, nicht selten übereifrige Platzmacher für die noch vor dem Chef der Mordkommission eintreffenden Spezialisten.

Diese Kripospezialisten waren gekleidet wie Finanzbeamte der mittleren Laufbahn mit Kundenkontakt: sorgfältig gebügelte Hosen, nicht ganz zu den blanken Schuhen reichend; ausgebeulte Jacken, jedoch fleckenlos sauber; dazu Weißkragenhemden mit dunklen Schlipsen. Sie wirkten übermüdet, schienen bemüht zu sein, höchst gleichmütig zu wirken – was lediglich eine Art Abwehrreaktion war, um sich von Leichen nicht beeindrucken zu lassen. Sie waren Fachleute für Fingerabdrücke, Blutproben, Pulverrückstände, Ein- und Ausschußkanäle, Stoffaserreste und so weiter und so fort.

Ihr Oberbeamter, ein liliputanerhafter Brillenträger, jedoch ein großer Kenner seiner Materie, wieselte Hubert unverzüglich entgegen und verkündete ihm, vertraulich flüsternd, bereits an der Haustür: »Ein ziemlich klarer Fall, Herr Hauptkommissar.«

»Mal sehen«, sagte Hubert, »ob Sie wieder einmal mehr recht haben, Herr Kollege.« Worauf er sich, begleitet von Kolb, in das Haus hineinbegab.

Die schnell erkennbare Ordnung darin war das denkbar krasse

Gegenteil der Verwahrlosung des Äußeren: Die Böden waren intensiv gescheuert, die Wände schneeweiß gekalkt, die Hartholzmöbel auf Hochglanz poliert. Keine Teppiche, keine Bilder, keine Glasvitrine mit Familienkitsch. Alles war klar, kühl, sauber.

»Die Leiche befindet sich oben – in einer Kammer. Und dort hält sich auch der mit Sicherheit zu vermutende Täter auf. Doch er sagt kein Wort.«

Hubert nickte lediglich – weder zustimmend noch ablehnend. Er stieg, gefolgt von Kolb und dem obersten Spurensicherer, die Treppe hoch. Die Stufen unter ihren Füßen knarrten, stöhnten, ächzten wie unendlich strapaziert auf. Die Tür zu einem schlauchartigen, niedrigen Raum, der ›Kammer‹, war offen – durch Suchscheinwerfer verstärktes Licht flutete ihnen entgegen.

Und dort fand sich nun: eine Leiche, männlich, etwa Mitte Zwanzig, voll bekleidet, auf einer Liege lang ausgestreckt, wie sich an diese klammernd, mit letzter Kraft – mit blau gewordenen Händen. Das Gesicht, der Kopf mutete völlig zerstört an, schien nur noch eine Masse aus blutigem Brei zu sein. Das wies offenbar auf folgenden Tatbestand hin: erschossen aus allernächster Nähe; die dabei benützte Waffe war in Höhe der Schläfe angesetzt worden.

Unmittelbar neben dieser Leiche saß, wie dort Totenwache haltend, ein Mann zunächst unbestimmbaren Alters – anscheinend völlig steif und als ob er gar nicht mehr atmen würde. Auf seinem erstarrten Gesicht zeichnete sich jene unendlich hilflosergebene, aber auch quälend-lächerliche Ahnungslosigkeit der ganz und gar Ehrenwerten ab: Gläubigkeit – ohne zu wissen, woran; Sehnsucht – ohne zu ahnen, wonach; Hoffnung auch – aber worauf?

Hinter diesem Menschen – der vermutlich der Vater dieses Toten war – wie zu ihm stehend, auch jetzt noch, eine Frau, die Mutter wahrscheinlich. Gebeugt, vorgebeugt, hingebeugt – zu Mann und Sohn. Als habe sie ein Leben lang so dagestanden. Ihre Augen wirkten, obgleich sie nicht weinte, wie von Tränen zerspült.

Karl Hubert erspähte in nur wenigen Sekunden, womit er hier konfrontiert wurde: Ein Vater hatte seinen Sohn getötet. Und die Mutter war bereit, diesen Vorgang zu bejahen. Auch die Leiche ihres Sohnes änderte nichts daran, daß sie die Frau ihres Mannes war.

Der Chef der Mordkommission bewegte sich jetzt langsam auf die Leiche zu – und vor dieser setzte er sich hin; damit entzog er den Toten den starren Blicken seines Vaters. Und diesem stellte er nunmehr eine Frage, die aus einem einzigen Wort bestand: »Warum?«

Hubert sah in das einfache, ihm gütig erscheinende, doch von unendlichen Qualen gezeichnete Gesicht. Er sah lange in dieses Gesicht. Dann sagte dieser Mann, mit leiser, beklemmender Eindringlichkeit, mit einer rauh-heiseren wie sprechungewohnten Stimme:

»Er war nicht mehr würdig, noch länger zu leben. Er mußte also gerichtet werden. Und von wem sonst, wenn nicht von mir.«

Karl Huberts aufmerksames Gesicht veränderte sich nicht im geringsten. Seine Augen jedoch schienen aufzuleuchten. Dann war es, als nicke er – fast zustimmend, zumindest verständnisvoll. Worauf sich sein Blick auf die Frau hinter diesem Mann, auf die Mutter, richtete – und auch ihr stellte er nun die gleiche Frage. »Warum?«

»Wir haben«, sagte sie tonlos, »immer nur das Beste für ihn gewollt. Immer. Auch das – gehört wohl dazu.«

Karl Hubert nickte, zum Erstaunen von Kolb, diesen beiden Menschen zu, als verstehe er sie. »Weil so etwas sinnvoll ist, glauben Sie – nicht wahr?« Er sagte es versonnen, gleichsam vor sich hin. Dann erhob er sich mit entschlossener Plötzlichkeit.

Im Untergeschoß dieses Hauses angelangt, nahm dann Hubert den inzwischen eingetroffenen ›Hintergrundbericht‹ der Karteisammler des Präsidiums entgegen. Und der besagte: Der Tote war mehrfach vorbestraft; Rauschgifthandel, Verführung Minderjähriger, Einbrüche und Diebstähle. Sodann vermutete Beteiligung an einem Raubmord, auch an einer Entführung.

Dazu kam der vorläufige Befund des Polizeiarztes: »Der Tote darf als hochprozentig rauschgiftsüchtig gelten; er war wie vollgepumpt mit Heroin! Den hätte man gar nicht erst zu erschießen brauchen – er wäre vermutlich auch so draufgegangen.«

Worauf der Kriminalhauptkommissar mit der ihm eigenen, keine Hindernisse anerkennenden Energie unverzüglich entschied: »»Unternehmen Sie die noch notwendigen Klärungen in diesem Fall, Kollege Kolb. Wobei Sie – ganz in meinem Sinne, und gewiß auch Ihren Erkenntnissen entsprechend, hoffe ich – alles Erdenkliche tun sollten, um diesen Menschen, diesen Vater, zu entlasten. Der verdient es.«

»Wenn Sie meinen, Chef, dann will ich das versuchen.«

»Nicht nur versuchen, Kolb – *machen*! Unsere Beiträge zur Gerechtigkeit sollten nicht nur denkbar perfekt, sondern auch überzeugend sein. Sie erledigen das also?«

Kolb bekräftigte das.

Inzwischen war knapp eine Stunde vergangen. Das Hubert-Team arbeitete wieder einmal äußerst erfolgreich. Er, der Chef, zog sich zurück. »Falls irgendwelche Komplikationen eintreten sollten, was ich aber nicht annehme, bin ich jederzeit in meiner Wohnung zu erreichen.«

Als Winter, der erfolgreiche Fernlastfahrer, in dieser Nacht schließlich wieder nach Hause kam, brüllte er freudig-gemütlich, wie meist, wenn er gut gelaunt war, drei Fragen hervor: Wo ist ein kühles Bier? Was macht meine liebe Frau? Wo steckt meine hübsche Tochter? Und zwar stets in dieser Reihenfolge. Doch diesmal fand er nur Irene in seiner Wohnung vor.

Sie starrte er an, wobei er im Türrahmen seines Wohnzimmers stehenblieb, ganz massives Familienoberhaupt. »Wie kommst du mir denn vor?« Denn sein Kind machte einen reichlich verwahrlosten Eindruck: ihre Jeans waren geöffnet; und die Bluse, eine sehr modische, indisch-seidene, hatte sie ausgezogen. Sie lag auf dem Fußboden. »Schämst du dich nicht?«

»Nein«, sagte Irene und gähnte. »Mir war eben heiß. Und daß im Kühlschrank kein Bier mehr ist, weißt du – nur noch Weißwein; italienischer. Und Mutter befindet sich vermutlich immer noch im Kino, dort läuft ein ganz langer Film. Und danach wollte sie noch zu ihrer Freundin, wegen ihrem kranken Kind, hat sie gesagt. Und ich finde einfach alles zum Kotzen!«

Das traf zu. Denn nicht nur, daß ihre Telefongespräche praktisch echolos geblieben waren; auch dieser schäbig-unentschlossene Pubertätsjüngling hatte sich als eine blindwütige, also ziel- und planlos herumfummelnde Sexualnull erwiesen. Sie hatte ihn hinausgefeuert.

Am liebsten wäre sie danach ins Freie gerannt. Suchend, sehnsuchtsvoll, hingebungsbereit. Um dann dort, mitten auf der Straße, aus sich herauszuschreien: Bin ich denn nichts – will mich denn niemand – erkennt denn keiner, wonach es mich verlangt und was ich zu bieten habe?

»Bedecke zunächst einmal deine Blößen!« forderte ihr Vater streng; getreu seiner Rolle als Erziehungsberechtigter. »Und dann hol mir eben diesen schäbigen Weißwein – ich bin durstig.«

Irene erschien bald wieder, in den Bademantel ihrer Mutter gehüllt. Sie trug, auf einem Tablett, eine dickbauchige Zweiliterflasche mit Frascati-Wein, dazu zwei Gläser. Das alles stellte sie vor Winter ab. Dann setzte sie sich zu ihm auf das Sofa.

»Hat dir Mutter erlaubt, ihre Sachen zu tragen?« fragte er leicht unwillig, aber auch irgendwie nervös.

»Sie hat es mir nicht verboten«, sagte Irene, wobei sie näher auf ihn zurückte, wohl um sein Glas vollschenken zu können. »Und ich bin nun fast schon ein wenig größer wie sie – wenn auch nicht ganz so voll; nicht oben, aber unten, hinten, beinahe schon. Was meinst du?«

Winter trank fast hastig sein Glas leer – es wurde ihm unverzüglich wieder nachgefüllt. Er schien ins Schwitzen geraten zu sein; diese lauwarme Nacht drohte zu einem Brutofen zu werden. Der Anblick seiner verdammt hübschen Tochter verwirrte ihn leicht, glücklicherweise nur leicht – denn schließlich hatte er seine Gefühle inzwischen kräftig abreagieren können. Also vermochte er nun so gut wie uneingeschränkte väterliche Ansichten zu demonstrieren.

»Du mußt immer daran denken, Irenchen, mein Kind«, tönte er sie an, nach dem dritten Glas greifend, dessen Inhalt ihn angenehm erschlaffte, »daß du geliebt wirst. Von mir, deinem Vater, von deiner Mutter auch, versteht sich. Wir haben uns, ganz bewußt, nur ein einziges Kind zugelegt. Um ihm eben alles zukommen zu lassen, was irgendwie im Bereich unserer gar nicht geringen Möglichkeiten liegt.«

Aber das, Mann, Vater, ist doch Scheiße, sagte sie sich. Und genauso, als habe sie es ausgesprochen, blickte sie ihn nun auch an. Er war von borniert Ahnungslosigkeit. Was wußte er denn schon, was in ihr vorging? »Nun gut, ja, kann sein – ich werde also geliebt. Aber ich will auch lieben – und eben nicht nur meine Eltern. Nicht als Eltern.«

Winter, der Vater, räusperte sich heftig. Er zog die Flasche mit dem Weißwein an sich; dessen hintergründige Süße widerte ihn an, war ihm dennoch willkommen – wie nun wohl einfach alles, was seine vielfache Unruhe zu betäuben vermochte. »Du bist sehr gefährdet, Irene«, sagte er, als äußere er schwere und bedeutsame Gedanken. »Du bist inzwischen ziemlich fraulich geworden – oder eben weiblich.«

»Merkt man das?« fragte sie erfreut.

»Leider«, bestätigte er, wahrlich nicht unbesorgt. »Dennoch bist du geistig ein Kind – aber eben nun in einem Stadium, das wie Blütenstaub für Bienen ist; und ich weiß, wovon ich rede. Denn mein Vater, wenn auch wohl ansonsten ein Trottel, wie meine Mutter mehrfach behauptet hat, ist dennoch ein großer Imker gewesen; mit zeitweise sechzig Bienenstöcken in der Heide.«

»Na, wie schön! Aber was, bitte, habe ich damit zu tun?«

»Auch du wirst nun umschwärmt.« Er trank jetzt direkt aus der Flasche. »Aber du hast keine Blüte zu sein, an der einfach jeder herumsaugen kann.«

»Wer denn?« wollte sie höchst neugierig wissen, als erwarte sie, daß ihr Adressen genannt wurden. Sie zur Kenntnis zu nehmen, war sie nur allzu bereit.

»Ganz egal, wer! Ob nun irgendein Frühlustgreis, eine verkappte Lesbierin oder ein unterentwickelter Jüngling bei ersten Besteigungsversuchen – gegen solche Schmeißfliegen verteidige ich dich. Sozusagen mit Klauen und Zähnen. Dich will ich als strahlende, glückliche Braut sehen! Und ich könnte mir auch schon vorstellen, mit wem. Falls dich jedoch, mein schönes Kind, irgend jemand frühzeitig zu verderben versuchen sollte – dann bringe ich den um!«

Richard löste sich mit taumelnder, doch unendlich beglückter Erschöpfung von Susanne. Sie blieb wie regungslos liegen. Das Licht der mit einem Tuch überdeckten Nachttischlampe ließ ihren nackten Körper flamingorosarot erglänzen.

»Du bist einfach wundervoll!« sagte er ermattet.

»Für dich bin ich das gern«, hauchte sie, womit sie gleichsam zu erkennen gab, daß auch sie denkbar letzten, erschöpfenden Genuß empfunden hatte. »Das habe ich schon immer gewollt – mir ersehnt.«

Richard Holden war zutiefst überzeugt davon, die irgendwie vorstellbar vollkommenste Erfüllung seines Daseins gefunden zu haben: das Ineinandertauchen ihrer Körper; als ob sich zwei Ströme vereinigten, die in wilder Freude einander entgegengestürzt waren, um sich dann gemeinsam in unendliche Meeresfluten fallen zu lassen. Sie lagen nebeneinander – wie auf ewig untrennbar, dachte er.

»Dich liebe ich«, bekannte er dann, nach einer ihrer Hände tastend, »wie ich noch niemals einen Menschen geliebt habe. Es gibt einfach nichts mehr, Susanne, was danach noch kommen kann – es sei denn, ein Leben mit dir.«

Sie antwortete darauf nicht – vermutlich war sie zu erschöpft; vielleicht auch zu lebenserfahren, um dieses herrliche Bekenntnis unbedenklich zu bejahen. Für sie hatte es immer nur Übergänge gegeben – von einer Situation in eine andere, von einem Mann zu einem nächsten; Frauen dazwischen. Ihr Leben schien wie gezeichnet von Zufällen.

Sie wurde begehrt, sie ließ sich begehren. Für sie wurde investiert; sie duldete das. Sie wurde geliebt, sie liebte. Sie liebte die Wonnen, die ihr bereitet wurden, ebenso wie das Glücksgefühl, das sie anderen zu vermitteln vermochte. Jedoch niemals mehr vorbehaltlos! Das hatte sie sich nach einer Kette von bitteren Enttäuschungen geschworen; und das gedachte sie auch nicht wieder zu vergessen. Auch jetzt nicht.

Richard jedenfalls vermochte in dieser Situation lediglich eines zu registrieren: Er hatte – bei dieser oder eben durch diese wunderbare Frau – den wohl absolutesten Hochhimmel seiner Gefühle erreicht und endlich genossen. Das traf tatsächlich zu. Nur eben, daß er nicht vermochte, die gültige, fast wie endgültige Bedeutung dieses Vorganges zu erkennen.

Nämlich das, was an sich völlig logisch und unvermeidbar war: Nach einem erkannten und erklärten absoluten Höhepunkt war schließlich nur noch eines vorstellbar: ein Abgleiten, ein Entgleiten, ein zwangsläufiger Fall. Hochgefühle lassen sich eben niemals stabilisieren. Sie vermögen lediglich den Anfang eines unvermeidbaren Endes zu signalisieren.

Nur einer erahnte – oder erhoffte – hier wohl die Zusammenhänge. Um seines Freundes willen. Karl Hubert.

Karl Hubert war in seiner Wohnung angekommen. Dort schaltete er sämtliche Lampen ein – als vermöge er dadurch klarer, deutlicher zu sehen. Das traf jedoch nicht zu. Er vermochte nur noch mühsam zu atmen – er roch immer noch die Toten dieser Nacht. Er öffnete die Fenster weit.

Die Nachtluft strömte auf ihn zu; hautwarm. Doch zugleich damit drängten sich ihm brodelnde Gemenge von Auspuffgasen, Küchenresten und Abfallfäulnis entgegen. Er schloß die Fenster wieder – was ein knallend-hartes, fast pistolenartiges Geräusch erzeugte. Dann legte er eine Schallplatte auf – Schuberts ›Unvollendete‹. Doch gleich nach den ersten Takten schaltete er wieder ab. Seine Unruhe schien grenzenlos.

Minutenlang blickte er, wie zutiefst nachdenklich, vor sich hin. Dieses Leben war voller Scheußlichkeiten, schon immer gewesen – und das nicht nur allein berufsbedingt. Er versuchte auch schon lange nicht mehr, sich einzureden, daß es ihm jemals gelingen könnte, davon loszukommen. Es blieb ihm wohl nur noch, andere Menschen davor zu bewahren, in diese vergiftenden, erstickenden Daseinssümpfe, die er kannte, hineinzugeraten.

Denn immerhin: Er besaß einen Freund! Und ihn bewunderte er nicht nur – ihn liebte er. Dessen bisher so logisches Denkvermögen, dessen immer noch ungetrübtes herzliches Menschlichkeitsverlangen, dessen strahlende männliche Schönheit! Richard Holden verkörperte seinen heimlichsten und herrlichsten Wunschtraum. Und den wollte er und mußte er sich erhalten.

Er zog sein Notizbuch aus der Brusttasche und blätterte es auf. Er fand die Eintragung, die er dem Kollegen Krebs verdankte, dem Chef der Sitte: ein Vorname, eine Telefonnummer. Und die rief er an: Ute – 341335. Sie meldete sich unverzüglich.

»Was bitte, kann ich für Sie tun?«

»Ich würde mich gern, wenn Sie Zeit haben, ein wenig mit Ihnen unterhalten.«

»Was auch immer! Bitte nennen Sie mir Ihre Adresse und Ihre Telefonnummer. Ich rufe zurück, um Ihre Bestätigung zu erbitten. Danach komme ich; sofort.«

Hubert lächelte nahezu anerkennend vor sich hin. Diese Ute kannte sich aus. Sie wußte noch, was Absicherung war. Er schätzte Personen, die ihr Metier beherrschten – welches auch immer. Zumal ihre Stimme recht angenehm geklungen hatte, ohne jede nuttenhafte Aufdringlichkeit. Vermutlich stimmte der Hinweis des Kollegen Krebs: Sie paßte nicht in das übliche Schema.

Ute rief unverzüglich zurück und fragte: »Ich nehme an, daß Sie vorher meinen Preis wissen wollen? Der beträgt sechzig Dollar – beziehungsweise den Gegenwert in jeder westeuropäischen Währung. Einverstanden?«

Er bestätigte es ihr, leicht belustigt. Und knapp zwanzig Minuten später traf dann diese Ute bei ihm ein: hoch gewachsen, sichtlich gut proportioniert, mit recht angenehm wirkendem Gesicht, wiegenden Bewegungen und wohltuend unkomplizierter Direktheit. »Da bin ich«, sagte sie. Sie blickte ihn abschätzend an, anscheinend mit schnell wachsender Zufriedenheit. »Sage mir nur, was ich machen soll – und ich mache es. Zumal mit einem Kunden wie dir – du bist mir sympathisch.«

Hubert wies auf einen Sessel in seinem Wohnzimmer. »Mach es dir bequem.« Er hielt ihr einige Geldscheine hin. »Hier ist dein Honorar. Zähl nach.«

Sie warf einen kurzen Blick auf die Banknoten und meinte dann erfreut: »Guter Wechselkurs! Solche Kundschaft habe ich gern – und wenn halbwegs normal, dann möglichst öfters. Ausgefallene Sachen mache ich übrigens nicht – habe ich dir das schon gesagt?«

»Das hast du nicht gesagt. Aber das hättest du mir auch nicht zu sagen brauchen. Mich interessieren Frauen von Format. Von welchem auch immer – also keinesfalls schnell parate Gebrauchsartikel. Versuch das zu verstehen.«

»Das verstehe ich nicht nur, so was erhoffe ich auch immer. Meist leider vergeblich.«

Diese Ute war tatsächlich so, wie sie Krebs, der Sittenchef, beschrieben hatte; also nicht nur einigermaßen attraktiv, vielmehr auch ziemlich gescheit und geschickt – also wohl genau das, was er gebrauchen konnte für seine speziellen Zwecke. »Ich gedenke, dich zunächst lediglich kennenzulernen – dich anzuschauen und ein wenig mit dir zu plaudern.«

»Was anschauen – worüber plaudern?« fragte Ute aufmerksam. Sie war offenbar bereit, für ihr Honorar auch einen überzeugend gefälligen Gegenwert zu leisten. Sie war eben ein Vollblutprofi.

Karl Hubert erkannte es hoffnungsvoll, wobei er zugleich über seine sehr persönlichen sexuellen Sperren zu lächeln vermochte. Wohl hatte es in seinem Leben etliche weibliche Wesen gegeben –

mit Erfolg genossene –, doch eben keine käuflichen. Bei ihnen hatte er stets, in geradezu groteskem Ausmaß, versagt. Die von ihm höchst selten besuchten Freudenhäuser vermochten sich eben, in jeder Hinsicht und verblüffend schnell, als faulige, gefühlsabtötende Schuttabladeplätze zu erweisen.

Doch selbstverständlich kannte er, eben als vielerfahrener Kriminalist, die in diesem Metier wohl unvermeidlichen Verfahrensregeln: Das in Erscheinung tretende Objekt wollte anerkannt werden. Also forderte er Ute auf: »Zeig mir deine Brüste.«

Das tat sie. Dabei brauchte sie lediglich ihren Pullover hochzuziehen. Was dabei zum Vorschein kam, war erstklassig kompakt. Er nickte mit Kennermiene. »Und nun deinen Po.«

Auch das geschah mit entgegenkommender Schnelligkeit. Sie streifte ihre Blue jeans herunter und mit ihnen ihren Slip. Sie ließ Hubert dabei nicht aus den Augen. Sie wußte, was sie zu bieten hatte, und wollte die Wirkung beobachten. Und die war wie von ihr erwartet: Auch dieser Kunde bezeugte volle Anerkennung.

»Ganz außerordentlich! Eins der schönsten Exemplare dieser Art, die ich jemals erblickt habe; einschließlich im Kino. Danke, Ute! Wie wäre es jetzt mit einem Glas Sekt?«

»Wunderbar!« bestätigte sie. »Soll ich so bleiben?«

»Du kannst dich wieder anziehen. Wieviel Zeit habe ich für mein Geld? Eine Stunde?« Er sah sie bestätigend nicken. »Gut, die wollen wir dann nutzen.«

Und das tat Hubert denn auch. Gleich nach dem ersten Glas Sekt wünschte er Einzelheiten aus ihrem Leben zu wissen. Wobei ihre Angaben hierzu exakt den ihm von Krebs, dem Chef der Sitte, mitgeteilten Details entsprachen. Sie verschwieg also nichts, setzte nichts hinzu, versuchte nichts irgendwie zu beschönigen oder zu erklären. So war es! Fertig. Sie gefiel ihm immer mehr.

Nach dem zweiten Glas Sekt kam er dann auf sein eigentliches Anliegen zu sprechen. »Das Haus, in dem du wohnst, Ute, ist sozusagen eine stadtbekannte Adresse. Ein Apartmentgebäude, in dem noch andere weibliche Wesen deiner Profession leben – mindestens drei.«

»Kann sein«, sagte sie, nun sehr vorsichtig geworden. »Aber die kenne ich kaum. Außerdem sind die doch wohl nicht mit mir zu vergleichen; es gibt auch dabei gewisse Klassenunterschiede. Sollte dich etwa eine davon interessieren?«

»Nicht unbedingt, Ute«, versicherte er besänftigend. Er nannte dann, wohl zu seiner taktischen Absicherung, drei beliebige Namen; drei erfundene. Sie kannte keinen davon. »Schade«, sagte er – und wollte dann wissen: »Und was ist mit einer gewissen Susanne Sommer, die auch dort wohnt? Ist die dir bekannt?«

»Die?« Ute reagierte nun leicht gereizt. »Warum sollte ich die kennen oder kennen sollen? Ich weiß nur soviel: Sie wohnt ein Stockwerk über mir – aber ich mag sie nicht! Du – etwa?«

»Ich habe sie noch niemals gesehen; ich weiß also weder wie sie aussieht, noch was sie so treibt. Wenn ich mich dennoch nach ihr erkundige, dann lediglich – eines Freundes wegen.«

»Eines sehr reichen, vermutlich! Hast du einen von dieser Sorte?«

»Müßte er das sein – im Hinblick auf Susanne Sommer, deiner Ansicht nach?«

Ute war nun nicht wenig erregt – die Befragung über diese Person behagte ihr offenbar ganz und gar nicht. »Nun ja, diese Sommer ist immerhin noch recht attraktiv, trotz ihres Alters. Und so gut wie attraktiv ist auch nahezu alles bei ihr und um sie herum, beispielsweise dieser kleine Hochrassehund, den sie gelegentlich mit sich herumschleppt. Auch ihre Kleidung von sogenannten besten Häusern – sie trägt Kleider, für die ich mindestens drei Abende investieren muß. Dann diverse Freunde mit Klassewagen; mindestens Mercedes, wenn nicht gar Jaguar. Dazu gehören auch fast täglich dicke Blumensträuße, die dann vor ihrer Tür liegen – meist verwelkend, bevor sie mal heimkommt.«

»Und davon – lebt sie?«

»Aber nicht doch! Die doch nicht. Offiziell hat sie eine Halbtagsbeschäftigung – bei einem Börsenmakler. Vier- bis fünfmal in der Woche, jeweils vier Stunden. Was sie dort tatsächlich macht, weiß niemand. Aber denken kann sich das jeder. Und so eine interessiert dich?«

»Für mich, Ute, wie gesagt, ist sie lediglich ein Objekt. Eines Freundes wegen.«

»Was auch immer. Jedenfalls vermag ich mir kaum vorzustellen, daß du auf die hereinfallen könntest. Denn die ist bestimmt nicht dein Typ. Und du bist nicht der ihre.«

»Wie müßte der denn aussehen?«

»Auf das Aussehen kommt es dabei wohl nicht so sehr an –

obgleich keiner ihrer Männer irgendwie schäbig oder gar mies wirkt. Worauf sie jedoch besonderen Wert zu legen scheint, sind ein paar andere Dinge – ein gewisser Luxus, ein stattliches Bankkonto oder eben sich auszahlende Beziehungen.«

»Tatsächlich?« Karl Hubert genoß diese Unterredung sehr, besonders Utes giftgelbe Verachtung Susanne Sommer gegenüber. Wenn die auch möglicherweise nicht ohne wuchernden Neid war. »Eine kalt berechnende Person also?«

»Aber nein, nein!« Utes ehrlicher Leistungswille durfte bei ihr niemals angezweifelt werden. Nicht bei entsprechender Bezahlung – zumal hier von ihr keine horizontale Darbietung, sondern Auskünfte erwartet wurden. »Zumindest sieht sie keinesfalls so aus. Mehr lieb und nett, nahezu katzenhaft; aber eben in Luxusausgabe. Ich nehme an, du kannst dir vorstellen, was ich damit sagen will.«

»Kann ich mir vorstellen, Mädchen! Du jedenfalls magst sie nicht.«

»Vielleicht beneide ich sie sogar. Durchaus möglich, daß auch ich gelegentlich gern so leben würde; manchmal aber auch nicht. Weißt du, was ich vermute? Die schläft sehr unehrlich herum. Etwa im Vergleich zu mir. Meine Devise lautet: Jede Leistung hat ihren Preis! Die Sommer jedoch, vermute ich, ist allein auf ihren persönlichen Vorteil aus – und zwar um jeden Preis. Sie schafft sich also das an, was wir abzuschaffen versuchen: hoffnungslos hörige Kerle. Und eben damit ist sie wohl eine von jenen, die das Geschlechtsleben so unerhört kompliziert machen.«

»Darüber, Ute, würde ich gern noch etwas mehr wissen wollen – soviel wie nur irgendwie möglich. Wärst du bereit, mir dabei behilflich zu sein?«

»Warum nicht – wenn ich dir damit einen Gefallen tun kann?«

»Kannst du! Du brauchst nur zu versuchen, soviel wie möglich über diese Person herauszufinden. Es gibt dabei so gut wie nichts, was mich nicht interessiert. Nach etwa drei oder vier Tagen werde ich dich wieder zu mir bitten, falls du dazu bereit sein solltest. Bei erhöhtem Honorar. Einverstanden?«

Sie war es.

In derselben Nacht – nunmehr jedoch schon nahe den frühen Morgenstunden – suchte Frank Schwarz, der Journalist, die angebliche Schauspielerin Simone Jahr auf. Diese gab eine ›Party‹, die jetzt langsam verendete. Für ihn war es die dritte derartige Veranstaltung in dieser Nacht – er war eben ein vielbeschäftigter, da einflußreicher Mann. Und als solcher gern gesehen, in gewissen Kreisen ganz besonders.

Jetzt also noch diese dritte Party, veranstaltet von Simone Jahr, einer durchaus als erfolgreich zu bezeichnenden Person: zumindest in internen bis intimen Bereichen, was sich herumgesprochen hatte. Sie war übrigens tatsächlich eine exzellente Gastgeberin: Auf erlesene Getränke, gepflegte Delikatessen, muntere Atmosphäre legte sie Wert. Und das konnte sie sich auch leisten.

Bei dem von ihr großzügig-vereinnahmend als ›mein Mann‹ bezeichneten Versorger handelte es sich um einen ehemaligen Filmproduzenten, der mit seinen überaus gemütsträchtigen Streifen gerade noch zur rechten Zeit Millionen gemacht hatte. Und einen Teil davon, wohl keinen geringeren, zweigte sie nun für sich ab – was wohl, irgendwie, als ziemlich ausgleichende Gerechtigkeit anmutete.

Jedenfalls hatte diese Simone in ihrem Penthouse – das zu einer der allerbesten Adressen dieser Stadt gehörte – einige von denen um sich geschart, die sich hier so gut wie jederzeit mobilisieren ließen, falls sie nicht gerade anderweitig beansprucht wurden. Also wieder und immer wieder in Klatschspalten publizierte Namen. Diesmal versammelt etwa drei Dutzend. Und dabei eben dann auch noch er, Frank Schwarz.

Ihm eilte Simone entgegen. Das geschah geradezu rauschend. Denn sie bevorzugte wallende, knisternde Seide, möglichst mit Edelpelzbesatz. Sie streckte umarmungsbereit ihre Hände aus, an denen stets einige Ringe steckten, die auch noch bei schwächerer Beleuchtung als kostbar funkelnd zu erkennen waren. »Wie schön, Frank, mein Lieber, daß endlich auch du gekommen bist.«

»Zu dir, Simone, komme ich immer wieder gern!« versicherte er. Wobei er, als sie ihn umarmte, amüsiert ihre vollen Brüste spürte, den Geruch eines gewiß sehr teuren Parfüms einatmete. »Kaum jemand vermag so viele Besonderheiten zu bieten wie du!«

Sie sagte nun nicht, wozu es sie drängte: Du läßt dich viel zu selten bei mir blicken, obwohl ich dich immer wieder eingeladen habe. Sie sagte lediglich: »Hauptsache, du bist gekommen.« Simone wirkte jetzt entschlossen betreuungsbereit. Denn dieser Mann, das wußte sie, vermochte durch sozusagen unbezahlbare Schlagzeilen das zu erzeugen, was dann ›Prominenz‹ genannt wurde. »Was kann ich dir anbieten?«

Er ließ sich ein Glas Champagner reichen, der erwartungsgemäß von hoher Qualität war und ganz genau die richtige Temperatur hatte. Er trank mit Genuß und sah sich dann um. Er registrierte: das übliche!

Also ein international anerkannter Modemacher, eindeutig homosexuell; mit Ferienvilla und entsprechenden Bedienungsknaben, eben arabischen, in Algerien. Dann eine unzerstörbar erscheinende Filmschauspielerin der dreißiger Jahre, die damals ihre Generation reihenweise zu Tränen gerührt hatte, jetzt allerdings etwas zu prallrosig wirkte. Weiter ein angeblich weltbekannter Autor, der in seinem Leben nur ein einziges, zeitbedingt Aufsehen erregendes Buch geschrieben hatte. Er hockte ziemlich kläglich herum. Die übrigen Partygäste waren von ähnlichem Kaliber.

»Sehr nette Leute!« versicherte Frank Schwarz ungeniert.

»Kann ich dich mit jemandem bekannt machen?« wollte Simone Jahr höchst entgegenkommend wissen.

»Die kenne ich alle«, sagte er mit lauerndem Lächeln. »Alle, bis auf einen.« Dabei wies er auf einen zwischen zwei überreifen Filmschauspielerinnen sitzenden und auf sie einredenden Menschen. Er war gut frisiert, italienisch gekleidet, kosmetisch aufpoliert. Leicht überfressen auch, doch bemüht munter. »Wer ist denn das?«

»Ein Dr. Lichtenberg – Lugano, Vaduz und Liechtenstein. Internationale Geschäfte, millionenschwere. Grundstücke, Devisenhandel und Öl. Willst du ihn kennenlernen?«

»Vielleicht später.« Frank Schwarz erlaubte ihr, sein Glas mit Champagner nachzufüllen – bei Simone Jahr leistete er sich die leicht gönnerhafte Tour. Schließlich wollte sie etwas von ihm, und zwar Zeitungszeilen über sich. »Doch weit und breit nichts Neues im weiblichen Bereich«, stellte er fest. Was zutraf.

»Nun ja, Frank – nicht gerade Neues, aber immer wieder Brauchbares.«

»Dabei sollst du aber«, sagte er dann, wie nebensächlich, »seit einigen Jahren schon eine ganz spezielle, sehr besondere Freundin besitzen, die du ›Body‹ nennst. Eine gewisse Susanne Sommer.«

»Wie kommst du ausgerechnet auf die?« Simone vermochte nicht zu verbergen, daß sie leicht alarmiert war. Sie blickte zu Dottore Lichtenberg hin, der seinen italienisch angehauchten Charme mit angelernter Schweizer Behaglichkeit vertrieb. »Was weißt du denn, oder glaubst du zu wissen von ihm – im Zusammenhang mit ihr?«

»Gibt es da Zusammenhänge?« Der jagdhundsichere Spürsinn des Frank Schwarz funktionierte vorzüglich. »Und wenn – warum? Wofür – wogegen?«

»Aber ich bitte dich, Frank – wo denkst du hin!« Sie versuchte mit Eifer ihren möglicherweise voreiligen Fehler zu verdecken. »Meine Freundin Susanne ist ein Mensch, der sich niemals auf irgendwelche fragwürdigen Dinge einlassen würde.«

Er stieß sofort nach. »Was ist denn hier fragwürdig? Etwa die Geschäfte dieses Lichtenberg?«

»Weiß ich nicht. Es ist aber vielleicht nicht ganz ausgeschlossen – sagt mein Mann.« Also ihr augenblicklicher Versorger. »Doch falls es dich interessiert, diesen Menschen kennenzulernen...«

»Nur langsam, Simone! Deine Freundin Susanne jedenfalls kennt also diesen offenbar vielversprechenden Geldschweizer – wie gut denn wohl?«

»Das weiß ich nicht, Frank, und ich will es auch nicht wissen – das hat mich nichts anzugehen. Doch immerhin kenne ich Susanne. Und von der weiß ich genau, daß sie sehr wählerisch ist und nichts überstürzt. Bei der, mein Lieber, ist so gut wie nichts zu machen; nicht auf die schnelle Tour. Sie ist nicht zufällig meine beste Freundin.«

Genau das, sagte sich Frank Schwarz, erklärte so manches. Wie ein Fuchs spürte er weiter. »Wo befindet sich denn diese offensichtlich so überaus bemerkenswerte Dame? Hier, bei dir ja wohl leider nicht.«

»Sie bemüht sich, hat sie mir gesagt, um einen kranken Menschen. Sie ist sehr hilfsbereit veranlagt – was wohl manche Männer ausgenutzt haben; aber eben nicht auf die Dauer.«

»Na – wie vielversprechend, das alles! Könntest du mir ihre Bekanntschaft vermitteln?«

»Du weißt ja, Frank«, versicherte sie ihm nach kurzem Zögern, »wie gerne ich dir einen Gefallen tue; zumal du ja auch immer einiges für mich tust. Aber in einer Hinsicht, mein Freund, kann ich dich nur warnen: Versprich dir nicht allzu viel davon.«

»Zumindest nicht das, Simone, liebe Freundin, was du zu vermuten scheinst. Denn im Hinblick auf die Masse dieser stets präsenten Weiber bin ich mehr als eingedeckt. Mit einer Susanne jedoch würde ich gerne ein wenig plaudern.«

»Nun gut, das werde ich arrangieren – bei meiner nächsten Party, in einer Woche. Du bist herzlich eingeladen.«

»Nicht erst dann – gleich morgen; oder eben heute, da ja Mitternacht schon lange vorüber ist.«

»Ich weiß nicht recht, Frank...«

»Du machst das schon, Simone, wie ich dich kenne. Und wie du mich kennst, werden dann, spätestens übermorgen, einige Zeilen über dich in meinem Blatt stehen; mindestens fünf, garantiert. In der üblichen Machart. Also eindeutig positiv-prominenzgemäß.«

Wobei ›die übliche Machart‹ war: ›...empfing sie den oder die, diese oder jenen... begegneten sich die einen oder anderen... ergab sich dann daraus...‹ Und so weiter und so fort. Gesellschaftspudding, Prominentenklatsch, Publikumsaufgeilung. Unter Rubriken wie: ›Privat-privat‹ – ›Leute von heute‹ – ›Mitmenschen, von denen man spricht‹. Diverse Reporter waren wie süchtig auf jeden diesbezüglich verwertbaren Hinweis. Und die lieferte ihnen Schwarz dutzendweise.

»Nun ja, Frank«, gestand sie ihm zu, »selbstverständlich kannst du stets mit mir rechnen. Dann versuche ich das also zu arrangieren.«

»Fein, Simone. Und das versuchst du nicht nur – das machst du, wie ich dich kenne. Vielen Dank.«

»Nichts zu danken, mein Lieber.« Simone Jahr zögerte niemals, einiges, in diesem Fall sogar reichlich weitzeugendes, für ihr sogenanntes Image zu tun; ohne Rücksicht auf mögliche Verluste – bei anderen. »Wie viele Zeilen über mich, hast du gesagt, Frank – fünf oder zehn?«

»Fünf garantiert, Simone. Doch warum nicht auch zehn? Es kommt darauf an.«

»Worauf – bitte?«

»Einmal auf das Gespräch mit Susanne Sommer, das du arrangieren wirst. Dann auch, ob sich dieser Dottore Lichtenberg als verwertbar entpuppt; wie auch immer. Mach mich jetzt mit ihm bekannt.«

Das geschah, als sich bereits allererste, wenn auch noch wie mühsam hervorquälende rosablasse Aufgangssonnenfarben selbst in dieses Penthouse hineindrängten. Die Gesichter der Versammelten wirkten bleich und ersterbend erschlafft. Der neue, nächste Tag war unvermeidlich.

6

Der Mann, den Hubert gerochen hatte, in einem Haus in der Nebenstraße, stand nun dort seit einer Viertelstunde im Eingang herum und betrachtete die Menschen, die an ihm vorübertrotteten: Hängehintern und Wabbelbäuche, Lastträgerschultern, bleichfette Visagen mit hilflos ausgelieferten Hundeaugen. Er verachtete sie – alle!

Er verachtete sie wohl auch deshalb, weil sie darstellten, was ihm bevorstand – im Grunde verachtete er sich selbst. Denn dieses Leben war, glaubte er erkannt zu haben, nichts als ein Meer voller Scheiße; bis zu allen Horizonten hin. Es quälte ihn unsagbar, darin existieren zu müssen. Er haßte das.

Und dieser sein aufgestauter Haß mutete grenzenlos an – ließ keine Ausnahme mehr zu. Er galt seiner waschweibartigen Frau, seinen plärrenden Kindern; diesen schleimig dahinkriechenden Firmenkollegen und dem dort feist selbstherrlichen Rindvieh von Chef. Nichts als schäbige Kreaturen, wohin er auch blickte.

Er hätte wohl schon längst auf dem Weg zu seinem Büro sein müssen, um dort Daten in Maschinen einzuspeisen oder sie von ihnen abzufordern – inmitten weißer Wände, grau verklebter Fenster, schmutzigbraunem Bodenbelag. Doch er stand immer noch hier, im Eingang des Hauses, in dem er wohnte – wie leblos hinausstarrend.

Da war wieder das fürchterlichste Exemplar; ein ihn ungemein erregendes, also seinen Abscheu heftig herausforderndes Geschlechtstierwesen – dieses Mädchen. Ach was, Mädchen! Nichts als eine kleine schäbige Nutte aus dem Haus in der Nachbarstraße. Hüftenschwenkend, brüstebewußt; mit verlogen niedlichem Gesicht. Eine unter vielen.

Doch von ihr wußte er immerhin einiges, er hatte ihr nachgespürt. Sie hieß Irene, mit Nachnamen Winter. Ihren Tagesablauf kannte er: Schulbeginn, Schulende; die Stunden danach. Zumindest jene gleich nach dem Essen, in denen sie herumgierte – mit albernen Freundinnen, mit aufdringlich lauten Knaben. Aber dabei konnte man sehen, wie ihre Augen verlangend blinzelten, ihr Gang sich einer erhofften Befriedigung entgegenschob und ihre Hände dabei wie zugreifbereit flatterten.

Ihr schlich er jetzt nach – wie schon einigemal vorher. Sie schwang ihre Schultasche im Rhythmus ihrer Hüften. Er starrte wie gebannt auf ihre dabei weit auspendelnden, wie raffiniert einladend wirkenden Bewegungen.

Ein Anblick, bei dem sich ihm in letzter Zeit immer stärker, immer heftiger werdende Visionen aufdrängten: Er sah sie unter sich – dann über sich, freudig, durchaus schon gekonnt und völlig schamlos. So wie er das in Pornofilmen gesehen hatte, die er gleichfalls ungemein verabscheute, zutiefst haßte, auch wenn er sie sich häufig ansah – besonders, wenn es sich dabei um Schulmädchen handelte.

Er bewegte sich näher auf sie zu. Doch sie bemerkte ihn nicht – sie blickte niemals zurück. Dann hatte Irene das Tor ihrer Schule erreicht. Sie entfernte sich wie hüpfend von ihm. Er starrte ihr nach – also auf ihr ihm ungemein prall vorkommendes, verführerisch gekerbtes Hinterteil. Sekundenlang wirkte er wie völlig regungslos – dann spuckte er aus.

Er kam mit fast einer Stunde Verspätung in seiner Bürohalle mit den gefräßigen Datenverarbeitungsmaschinen an. Vor diesen stand sein derzeitiger Chef. Der blickte auf die Uhr des Betriebes, dann auf jene an seinem linken Handgelenk. »Glauben Sie, sich das leisten zu können?« fragte er vorwurfsvoll.

»Ach, Mann, Sie können mich mal!« erwiderte der Angesprochene äußerst gereizt, nahezu vernichtungswillig streitbar. »Was wissen Sie schon davon, was wirkliche Freiheit ist! Auf die aber bin ich scharf!«

»Diese Worte werde ich mir merken«, sagte der Chef würdig verweisend.

Und er merkte sie sich. Er gab sie sogar bald danach sozusagen ›zu Protokoll‹. Und das hatte seine Auswirkungen.

Karl Hubert suchte, nach erledigter Vormittagsarbeit, seinen Freund Richard Holden in dessen Anwaltskanzlei auf. Die Kanzlei bestand aus drei karg möblierten Räumen in einem Altbau nahe der Innenstadt: einem Warteraum, klein, dem hier anfallenden Klientenbetrieb durchaus angemessen; dann dem Vorzimmer der Sekretärin, einer ältlichen, wohltuend neutral wirkenden Person; schließlich Holdens Büro, fast so groß wie die beiden anderen Zimmer zusammen.

»Ich komme gerade zufällig vorbei«, behauptete Karl Hubert. »Und da dachte ich: Ich sage dir schnell mal guten Tag. Oder störe ich dich?«

»Niemals!« versicherte der Freund mit der bei ihm üblichen Herzlichkeit, die nunmehr geradezu ins Gigantische gesteigert wirkte. »Du bist mir stets willkommen.«

Karl Hubert ließ sich im Sessel des Rechtsanwaltes nieder und betrachtete den Freund mit steigendem Wohlgefallen. »Du machst einen überaus zufriedenen Eindruck, Richard.«

»Nicht nur das – ich bin glücklich!«

»Das gönne ich dir. Wenn einer das verdient hat – dann du.« Karl Hubert meinte das genau so, wie er es sagte. Das erkennbare, fast leuchtend zu nennende Glücksgefühl seines Freundes erfreute und bewegte ihn, bereitete ihm aber auch nicht wenige Sorgen. »Und der Grund?«

»Susanne«, bekannte Richard Holden. »Sie ist wunderbar.«

Hubert nahm es hin – ohne jeden erkennbaren Vorbehalt, ohne irgendeine bohrend-fragende Bemerkung vorzubringen, zu der er sich heftig versucht fühlte; das jedoch nur kurz. Er betrachtete Richard Holden, als sehe er sich in einem Spiegel – und er sah sich unsagbar gern darin.

Der Freund hielt ihm ein Glas von dem besten Getränk hin, das er besaß: einen edlen spanischen Brandy, ›Gran Duque d'Alba‹; Geschenk und Honorar eines dankbaren Klienten, eines aus Barcelona stammenden Kellners. Für ihn hatte er einen Prozeß angestrengt – wegen etlicher Monatsgehälter. Einer der typischen Fälle in seiner Kanzlei, die er dennoch stets mit Hingabe zu erledigen pflegte. Der Advokat als Menschenfreund.

»Freue dich mit mir, Karl!«

Dazu schien Hubert unverzüglich bereit. »Also – du liebst sie«, stellte er nahezu ergeben fest, um dann schnell hinzuzufügen:

»Nun, warum nicht – wenn sie dich auch liebt, ist alles in Ordnung.«

»Susanne«, bekannte Holden abermals, sein Glas hebend, »bedeutet mir unendlich viel. Ihr begegnet zu sein, ist wie die endliche Erfüllung eines Lebens. Und ich kann nur hoffen, du verstehst das – nichts wünsche ich mehr.«

»Wenn einer es versteht, Richard – dann ich!« Davon war Hubert überzeugt. Er trank auf Holdens Wohl. »Deine Freuden erfreuen auch mich; dein Glück beglückt mich. Wir sind wie Brüder.«

»Für diese Worte danke ich dir.«

»Es sind für mich die selbstverständlichsten Worte der Welt – dir gegenüber. Wenn diese Susanne dich wirklich glücklich macht, dann bin ich der allererste, der das akzeptiert.« Karl Hubert trank sein Glas leer und stand auf. »Wenn sie dich aber nicht glücklich macht, dann bin ich auch der allererste, der die Konsequenzen daraus ziehen wird. Dann werde ich wie ein Racheengel sein – deinetwegen.«

»Das wirst du niemals sein müssen, mein Freund. Denn alles, was ich jetzt erlebe – mit ihr, aber auch mit dir – ist unsagbar herrlich! Sie liebt mich, und du bist mein Freund – was will man mehr?«

Sie umarmten sich, geradezu feierlich – es war wie ein Versprechen.

Karl Hubert ließ sich diesmal von einem der zahlreichen, ihm stets zur Verfügung stehenden Dienstfahrzeuge unmittelbar bis zu jenem Haus fahren, in dem er wohnte. In seinen Räumen angekommen, entledigte er sich seiner Bekleidung – er hüllte sich in einen dicken, dunkelblauen, maßlos strapaziert anmutenden Bademantel.

Dann legte er sich auf den harten Fußboden, streckte Arme und Beine weit von sich und starrte gegen die einst kalkweiße, nunmehr graugelblich wirkende Zimmerdecke – wie in ein weitflächiges Nichts hinein. Ihn beherrschte Ratlosigkeit – eine zersetzende, bedrohliche, ihm äußerst fragwürdig vorkommende Ratlosigkeit. Verursacht durch dieses offenbar durch nichts zu trübende Glücksgefühl des Freundes.

Wie nebelhaft verschleiert bedrängte ihn nunmehr das wuchernde Gefühl, an dem vielleicht entscheidenden Wendepunkt seines Daseins angekommen zu sein. Er befahl sich, nachzudenken; mit präziser Gründlichkeit. Um zu versuchen, eine Art Bilanz zu ziehen.

Seit er denken konnte, besaß er diesen Freund – erst als Kind in einem Nachbarhaus, dann in der Schule auf der Bank neben sich, schließlich in gemeinsamen Jugendjahren: das erste Glas Alkohol, die ersten Mädchen, die sich fast genau gleichenden familiären Verhältnisse – stets gemeinsam genossen; oder eben erduldet.

Dabei sein Vater – ein scheinbar gemütlich wirkender, dickbauchiger Mensch, mit volltönender Weinfaßstimme. Er war verantwortlich für die Stahldrahtproduktion eines großen Werkes; ein Fachmann sondersgleichen, jedoch nur ein Angestellter mehr. Mit seinen Fähigkeiten hatte er seinem Arbeitgeber Millionengewinne ermöglicht. Doch irgendwie stolz darauf vermochte er nicht zu sein – dazu war er zu klug.

Immer wieder bekam der Sohn, wenn sie alleine waren, von ihm zu hören: »Diese Welt, mein Junge, ist nicht in Ordnung. Die Guten werden ausgenutzt, die Begabten ausgebeutet, die Rechtschaffenen werden zur Beute der Skrupellosen. Was, mein Sohn, folgerst du daraus?«

»Doch nicht etwa, Vater, daß man mit den Wölfen heulen, sich also unter die Nutznießer, die Ausbeuter, die Skrupellosen mengen soll?«

»Das selbstverständlich nicht, mein Sohn! Du mußt der Unordnung dieser Welt deine eigene Ordnung entgegensetzen. Also versuchen, dir eine Welt aufzubauen, die es dir ermöglicht, mit diesem Hyänendasein fertig zu werden.«

Worauf dann eines Tages dieser so intensiv präparierte Sohn seinem Vater mitteilte, ein Polizeimensch werden zu wollen, was den Vater geraume Zeit verstummen ließ. Nur mühsam begann er schließlich, seine Bedenken zu erläutern:

»Vermutlich hast du mich mißverstanden, mein Junge. Ich habe weder gesagt: heule mit – aber auch nicht: spucke zurück, wenn man dich anzuspucken versucht; tritt um dich, wenn man dich zu zertrampeln versucht. Ich habe lediglich gesagt: Halte dich zurück, nimm Abstand, vermeide es, in die Schußlinien der professionellen Treiber und Jäger hineinzugeraten – also zwischen Kanzeln und Konzerne, Profiteure, Meinungsmacher und Meineidsbeamte.«

»Eben deshalb, Vater, erscheint es mir sinnvoll, dennoch eine mögliche Gerechtigkeit zu erstreben – einen denkbar vollkommenen Vollzug derselben.«

»Mein Gott, mein Sohn – solltest du etwa versessen darauf sein, einem irrealen, fragwürdigen Wunschtraum nachzujagen? Was oder wer hat dich dazu inspiriert? Doch nicht etwa dein Freund Richard Holden?«

»Bisher, Vater, hast du noch niemals irgend etwas gegen ihn einzuwenden gehabt.«

»Habe ich auch nicht, Karl – immer in der Hoffnung, meine Ansicht über ihn stimmt: Er ist anständig, ehrlich, ausgleichend, neutral und durchaus real veranlagt. Sollte er sich nun etwa als eine Art Traumtänzer entpuppen – und du, wie in seinem Sog, mit ihm? Falls das zutrifft, ist er nichts als Ballast für dich. Er könnte dich mit hineinziehen – in seine angeblich ehrenwerten Abgründe erklärter Gerechtigkeitsgefühle. Hüte dich davor.«

Diese sich ihm massiv aufdrängenden Erinnerungen an seinen Vater und dessen Lebensweisheiten, schien nun Karl Hubert von sich abschütteln zu wollen – ähnlich einem in Regen geratenen Hund, der versucht, jede Nässe von seinem Fell wegzusprühen. Er griff zum Telefon, um drei Gespräche zu führen.

Das erste mit Kriminaloberinspektor Kolb, seinem engsten Mitarbeiter. Dieser konnte ihm berichten: »Alles verläuft weisungsgemäß. Jedes erdenkliche Entlastungsmaterial, diesen Vater betreffend, ist gesammelt worden – es scheint ausreichend zu sein. Zugleich ließ sich das Belastungsmaterial über jene Frau, die ihren Geliebten erschossen hat, verstärken – fast mühelos.«

Karl Hubert leistete sich daraufhin höchst seltene, anerkennende Worte. Dann rief er unverzüglich Richard Holden an. »Wie fühlst du dich, mein lieber Freund – immer noch gut?«

Holden korrigierte ihn heiter – er fühle sich nicht nur gut, vielmehr überaus glücklich, und er freue sich sehr, daß sich der Freund dafür interessiere.

»Bleib so!« sagte Karl Hubert, eindeutig ermunternd.

Darauf führte er ein Telefongespräch mit dem Journalisten Frank Schwarz. »Vielleicht sollten wir jetzt einen Teil unserer internen Abmachungen fallenlassen, mein Lieber, sozusagen begraben – Susanne Sommer betreffend. Lassen wir sie sausen!«

»Heißt das etwa, Herr Hubert«, fragte der andere nahezu bestürzt, »Sie steigen aus unserem Geschäft aus?«

»Das heißt es nicht, Herr Schwarz. Wir bleiben selbstverständlich in Verbindung – und ich werde Ihnen gern weitere brauchbare Anregungen liefern. Aber auch ohne von Ihnen gelieferte Details über diese Dame Sommer. Kapiert?«

»An sich schon, Herr Hubert. Nur eben, daß ich bereits eine Verabredung mit dieser Person getroffen habe – ich bin so gut wie auf dem Weg dazu. Doch wenn ich sie einfach sitzenlassen soll, dann mache ich das – falls Sie es wünschen. Aber vielleicht entgeht uns dann – oder Ihnen – einiges, was vielleicht nicht uninteressant sein könnte. Soll ich also – oder nicht?«

»Nun ja, Schwarz, nun ja – wenn Sie bereits mit dieser Dame verabredet sind, dann von mir aus. Aber dezent, wenn ich bitten darf.«

»Selbstverständlich. Und danach erstatte ich Ihnen Bericht. Mal sehen, was dabei noch zum Vorschein kommt.«

In den ersten Nachmittagsstunden dieses wie kosmisch angeheizten Frühlingstages traf sich der Journalist Frank Schwarz mit Susanne Sommer. Die Begegnung hatte Simone Jahr bereitwillig arrangiert. Sie fand im Carlton-Teeraum statt, der eine für Damen im gewissen Alter wohltuend dezente Beleuchtung besaß.

Er erkannte sie sofort, als sie das Lokal betrat. Und das nicht nur, weil er bei Simone Jahr ein Foto von ihr entdeckt hatte; ein höchst unzulängliches, wie sich nun herausstellte. Er hatte sie bereits vor zwei Tagen gesehen, allerdings aus einiger Entfernung. Was jetzt auf ihn zukam, mutete ungemein zierlich und dabei sanft sinnlich an. Sie war sich ganz unverkennbar ihrer Wirkung sehr wohl bewußt.

»Sie gefallen mir ungemein«, versicherte Frank Schwarz, wobei er sich über ihre Hand beugte – ihr Parfüm war exquisit. »Sie sind noch weitaus attraktiver, Frau Sommer, als ich bisher geahnt habe.«

»Da täuschen Sie sich vermutlich – und zwar sehr.« Susanne bevorzugte nunmehr, wie immer in verschleiert-unklaren, möglicherweise vielleicht auch fragwürdigen Situationen, die wohlberechnet ganz deutliche Tour. »Ich bin schließlich fast fünfundvierzig Jahre alt und damit wohl wesentlich älter als Sie.«

Davon ließ er sich, wohl erwartungsgemäß, nicht abschrecken. Denn Schwarz pflegte sich nicht sonderlich gern mit heftig hemmungslosen Mädchen zu beschäftigen; mit deren dringendem Entjungferungsbedürfnis oder haltlos pubertärem Bestätigungsverlangen. Vielmehr bevorzugte er reife, ausgeglichene, vielerfahrene Frauen – wohl entsprechend dem sich als wirkungsvoll erweisenden Verkehrsprinzip: Eingefahrene, voll funktionierende, über jede Anfangsmängel hinausgebrachte mobile Untersätze wurden von Kennern fabrikneuen Modellen stets vorgezogen.

»Entscheidend allein ist wohl«, versicherte er, »was dabei wirksam zum Vorschein kommt. Und das scheint in Ihrem Bereich, verehrte Frau Sommer, wahrlich nicht wenig zu sein. So was weiß ich zu schätzen – man sagt, ich wäre ein Kenner.« Darunter verstand er: das Erscheinungsbild.

Dementsprechend glaubte er sich auch gekleidet zu haben – von Fuß bis Kopf: italienische Lacklederschuhe, halbhohe, von nahezu allererster Qualität; schimmernde Seidenwollsocken aus Irland; eine flauschige Hose in brauchbarer Paßform, wohl ein französisches Produkt; ein anschmiegsamer, die sportlichen Formen seines Oberkörpers betonender Rollkragen-Kaschmir-Pullover; britisch, London, Bondstreet. Und das alles braun in braun – das war auch die Grundfarbe seines gemusterten Sakkos.

»Ich habe«, behauptete er ungeniert, »schon viel von Ihnen gehört – denkbar Verlockendes in erster Linie. Und deshalb bat ich unsere gemeinsame Freundin Simone, endlich eine Begegnung zwischen uns zu arrangieren.«

»Und zu welchem Zweck, Herr Schwarz?«

»Ich wünsche lediglich, Frau Sommer«, log der Journalist weiter hoffnungsfreudig, »mich ein wenig intensiver mit Ihnen zu unterhalten.«

»Falls das schon alles ist – das wäre wohl zuwenig.«

»Verstehe durchaus! Sie sind schließlich nicht irgend jemand. Doch auch ich, Verehrteste, rangiere nicht unter ferner liefen. Ich bin in meinem Metier gleichfalls einer der ersten – wenn nicht der erste überhaupt.«

»Schön, Herr Schwarz. Doch was geht das bitte mich an?«

Frank Schwarz breitete nun, fächerartig-signalhaft, ein Panorama seiner angeblichen Beziehungen aus, was sich erfahrungsgemäß fast immer als recht wirksam erwiesen hatte. Eben in dieser durch Illustriertengeschwätz, Gazettengeilheit und Fernsehenthüllungen systematisch hochgezüchteten Enthemmungswelt.

Dementsprechend knüpfte er an seinem spinnenartigen Netz, mit dem sich gar nicht wenige, ziemlich mühelos, hatten einfangen lassen. Etwa: diverse Hollywoodstars würden sich geradezu darum reißen, mit ihm befreundet zu sein, also von ihm gewürdigt und publizistisch hochgejubelt zu werden. »Doch ich bin nicht bereit, mich unbedenklich benutzen zu lassen; ich treffe stets sehr bewußt eine gewisse Auswahl.«

»Wie ungemein informativ das alles, Frank! Doch was geht mich das an?«

»Ich gedachte damit lediglich anzudeuten, Susanne, daß ich Ihnen gewiß einiges bieten könnte. Was ich auch sehr gern täte – wenn Sie nur wollen.«

»Was denn wohl, Frank?«

»Tiefere Einblicke, sich lohnende Beziehungen, besondere Erlebnisse. Etwa gleich heute abend. Da bin ich mit dem alten Sam verabredet, einem der wohl erfolgreichsten Filmproduzenten aller Zeiten – kein Objekt unter zehn Millionen Dollar! Der sucht hier nach Talenten für sein neuestes Leinwandopus. Hätten Sie Lust, mich zu begleiten?«

»Sollten Sie tatsächlich darauf Wert legen?«

»Ihre Begleitung wäre für mich ein eindeutiger Gewinn. Denn das Ansehen eines Mannes, was Sie mit Sicherheit wissen, basiert immer auf dem Aussehen und der Ausstrahlung der Frau an seiner Seite. Also – akzeptiert, Susanne?«

»Möglicherweise ja, Frank.« Sie wirkte durchaus entgegenkommend, war jedoch nach wie vor bemüht, auch ihm klarzumachen, sie pflege nichts zu überstürzen, sie wäre betont zurückhaltend veranlagt, sie wisse um ihren Wert. »Erlauben Sie mir zunächst einmal, ein Telefongespräch zu führen, das möglicherweise einiges klären könnte.«

»Es gibt nichts, Susanne, was ich Ihnen nicht erlaube – möglichst im Hinblick auf mich!«

Dieses Telefongespräch fand mit Richard Holden statt, der sich in seiner Kanzlei aufhielt. Er war dort mit einem seiner menschheitsbemühten Minimalfälle beschäftigt: Eine ältere Frau war von unbekanntem Täter überfallen und zusammengeschlagen worden.

Als Richard Holden die Stimme von Susanne Sommer vernahm, reagierte er mit schnell berauschter Innigkeit. »Da bist du ja endlich, mein Liebling! Den ganzen Tag habe ich an dich gedacht, jede Sekunde. Wie geht es dir? Wann kommst du? Ich sehne mich nach dir.«

»Ich mich nach dir auch!« behauptete sie; mit einer Stimme, die sinnlich-versonnen klang. »Und nichts würde ich lieber tun, als zu dir zu kommen. Doch heute abend geht es nicht. Ich muß einer Freundin von mir beistehen. Sie bedarf meiner Hilfe – was du gewiß verstehen wirst, Richard, mein Lieber.«

»Meine Liebste, ich werde mich stets bemühen, einfach alles zu verstehen, was mit dir zusammenhängt – was auch immer.« Er gefiel sich ungemein und völlig bedenkenlos in der von ihm erwähnten Rolle als ein rein liebendes Wesen. »Sag mir nur, was du von mir erwartest. Ich werde es tun.«

»Küsse mich!« hauchte sie ins Telefon. »Du weißt schon, wohin.«

Er ging beglückt auf diese Gedankenspielerei ein – mein Gott, sie war wunderbar! »Das mache ich!«

»Mir ist, als spüre ich es – ganz deutlich.«

»Du bist herrlich, Susanne.«

»Bei dir, Richard, bin ich es – durch dich.« Lieblich-verwirrende Mädchentöne, zärtliche Anschmiegsamkeit, vollfraulichste Ausstrahlung – alles das beherrschte sie gekonnt. Dann jedoch: »Was ich dich noch fragen wollte, mein Liebster: Hast du dir inzwischen überlegt, was du für Dr. Lichtenberg tun könntest? Denn der legt, ganz offenbar, äußersten Wert auf deine Ratschläge und deine Mithilfe. Es würde sich vermutlich auch lohnen, also auszahlen – glaubst du nicht?«

»Nein«, sagte er, durchaus behutsam, doch ziemlich entschieden. »Und ich bitte dich sehr, meine über alles geliebte Susanne, dafür Verständnis zu haben. Ich vermag zwischen jenem Herrn und mir kaum irgendwelche Gemeinsamkeit zu erkennen – da scheinen vielmehr Abgründe zu existieren, für die es keine Brükken gibt.«

Sie schwieg sekundenlang. »Wenn ich dich aber bitte, Richard, es dir noch einmal zu überlegen – dann wirst du das auch tun, nicht wahr?«

»Selbstverständlich, wenn du das wünschst.«

»Ich würde es für angebracht halten. Denn ich will nicht, daß dir möglicherweise irgend etwas sehr Gewinnbringendes entgeht.«

»Wann darf ich dich wiedersehen?«

»Ich rufe dich an – vielleicht schon morgen, gegen Mittag. Ist dir das recht? Fein – dann werden wir weitersehen.«

Unmittelbar nach diesem Telefongespräch erklärte Susanne Sommer dem freudig auf sie lauernden Frank Schwarz: »Ich habe es möglich gemacht, Sie heute abend zu begleiten – falls Sie immer noch Wert darauf legen sollten.«

»Das tue ich!« versicherte der Journalist vereinnahmungsbereit entzückt. »Und das, meine Verehrteste, werden Sie nicht zu bereuen haben. Sie brauchen sich mir nur anzuvertrauen.«

Wozu sie bereit zu sein schien.

Karl Hubert, nach wie vor nur mit seinem dunkelblauen, überaus strapaziert wirkenden Bademantel bekleidet, hatte sich in seiner Wohnung an den Schreibtisch gesetzt. Er öffnete die unterste linke Schublade. In der lagen, äußerst sorgfältig übereinandergeschichtet, seine sogenannten ›privaten Akten‹.

Dabei handelte es sich um eine Art halbamtliche Sammlung: Sachnotizen, Erkenntnisse, Vermutungen, nicht verwendete Protokolle, Auszüge aus Polizeirecherchen – über kriminelle Vorgänge; meist Morde. Eines dieser Aktenstücke, es war das unterste von allen, wohl auch das dünnste, doch inhaltsschwer, zog er mit sicherem Griff hervor. Er legte es auf die klobige, eichene Tischplatte vor sich.

Die Farbe dieser Akte war Rot. Auf dem Deckel standen lediglich zwei Buchstaben: R und H. Sie bedeuteten: Rosmarie Holden.

Das war der Name der einstigen Frau seines Freundes Richard gewesen – die im Tessin umgekommen war; umkommen mußte. Offizielle Todesursache: Unfall im Badezimmer; verursacht durch Kurzschluß bei der Verwendung eines beschädigten Föns. Also scheinbar nichts als einer von etlichen tausend ähnlichen Fällen alljährlich – der Presse nur wenige Zeilen wert. Die Redakteure ahnten gar nicht, was ihnen da so alles entging.

Diese Rosmarie hatte sich als hochgradiger Zerstörungsfaktor bei sogenannten zwischenmenschlichen Beziehungen erwiesen. Richard Holden heiratete diese Person, als er begann – durch einige erste Aufsehen erregende Fälle, die ihm Hubert zugespielt hatte – zu einem interessanten, vielbeachteten Anwalt für Gewaltopfer zu werden. Um sich dann alsbald wieder – wohl seinem innersten Anliegen entsprechend, seiner eigentlichen Veranlagung – zu einem Rechtsstreiter für die Ärmsten der Armen und für armselige Verfolgte zurückzuentwickeln; entsprechend minimal honoriert. Das hatte diese Rosmarie wohl nicht vorauszusehen vermocht.

Doch nachdem sie das dann erkennen mußte, war es zwischen beiden zu heftigsten Auseinandersetzungen gekommen. Richard Holden hatte unsagbar darunter gelitten – davon war Karl Hubert überzeugt gewesen. Der kurz darauf erfolgte schwere Verkehrsunfall seines Freundes gehörte ganz sicher unmittelbar dazu; auch wenn Richard Holden offiziell völlig schuldlos gewesen war: Der andere Fahrer war auf der Gegenfahrbahn an einem Doppellaster nicht mehr vorbeigekommen.

Danach lag Richard Holden fast zwei Monate lang im Krankenhaus: zertrümmertes rechtes Handgelenk, doppelter Beinbruch, gleichfalls rechts; dazu hatten Glassplitter sein Gesicht zerfetzt. Als er das dann einigermaßen überstanden hatte, war Rosmarie bereits abgereist. »Ich gehöre nicht mehr zu dir«, hatte ihre Erklärung gelautet. »Da gibt es jetzt einen anderen.«

Dieser ›andere‹ war ein vergleichsweise noch jüngerer ›Baulöwe‹, der auf etliche Millionen Privatvermögen geschätzt wurde – mit Villa im Tessin, wo sie dann sterben sollte, einem Penthouse in Paris, einem Apartment in New York. Richard Holden schien monatelang völlig verstummt zu sein, wie gelähmt, dumpf vor sich hinbrütend. Fortan erwähnte er den Namen dieser Rosmarie nie mehr; auch nicht bei ihrem Tod – und sein Freund Karl litt mit ihm; gleichfalls wortlos.

Und jetzt, mußte Karl Hubert sich sagen, konnte das alles, wenn auch in Einzelheiten abgewandelt, sich noch einmal ereignen. Denn Richard Holdens derzeitiger ›Höhenflug‹ mutete, genau wie damals, enorm an. Ein abermaliger Absturz würde den Freund endgültig zerschmettern. Schließlich war doch diese Susanne Sommer wohl nicht zufällig eine der besten Freundinnen seiner Frau Rosmarie gewesen.

Hubert überkam ein würgendes Gefühl. Das lag wohl an den durch seine weit geöffneten Fenster hereindrängenden abendlichen Mietshausgerüchen: diesem penetranten Gebräu aus Brühwürfelsaucen, Bratenfett und Gemüseölen.

Er schlug die Fenster zu und schaltete einen mittelgroßen

Ventilator ein, der wohl für halbtropische Temperaturen gedacht war. Er hatte ihn sich unmittelbar über seinem Schreibtisch montieren lassen. Dann zündete er sich eine bereits vorsorglich beschnittene Zigarre an; aus jener Kiste mit erlesenen holländischen Edelprodukten, die ihm sein Freund geschenkt hatte. Und dabei bemerkte er, ungläubig verwundert, daß seine Hände zitterten – er betrachtete sie, weit ausgestreckt vor sich haltend, mit erheblichem Widerwillen.

Schwer atmend widmete er sich dann wieder seinen Unterlagen: diesem möglichen Doppelfall einer fürchterlichen Zerstörung. Er glaubte, sich vorsorglich nunmehr ein weiteres Aktenstück zulegen zu müssen. Ihm blieb wohl gar keine andere Wahl. Auf dessen Umschlag, einem gleichfalls roten, verzeichnete er abermals lediglich zwei Buchstaben: S. und S. Susanne Sommer also. Womit wohl deren Schicksal so gut wie besiegelt war – er hatte sie in sein Verfolgungsleben eingebracht.

In welchem Ausmaß das tatsächlich zutraf, vermochte selbst er in diesem Augenblick noch nicht zu erkennen. Ihm war unsagbar übel. Die entsetzlichen Geruchsschwaden dieser Welt drohten ihn zu betäuben.

In den Abendstunden dieses Tages hatte sich der bleiche, bleischwere Himmel über dieser Stadt, wie gegen verschwenderische Neonfluten aufbäumend, blutend rotlichtviolett gefärbt. Irene Winter sah die günstige Gelegenheit gekommen, sich von ihrem permanenten Familienzwang zu befreien.

Das war mit der Behauptung in die Wege geleitet worden: »Ich muß noch schnell mal zu einer Schulfreundin, wegen der Prüfungsarbeit morgen. Darf ich?«

»Warum nicht«, hatte ihre Mutter, wieder einmal leicht gähnend, gesagt. Und der Winter-Vater hatte versichert: »Für eine Bildung muß man eben was tun, mein Kind – bleib am Ball.«

Die Formulierung ›Ball‹ kam dabei nicht ganz zufällig. Winter wollte möglichst ungestört eine Fußballspielübertragung im Fernsehen genießen; Europapokal.

Irene entfernte sich also. Und von diesem Augenblick an sollte dann, nur wenig später, fast jede Minute in diesen Stunden ihres abendlichen Lebens registriert werden. Oder eben versucht, rekonstruiert zu werden – polizeiamtlich.

Die exakt greifbaren Details: ».. . verließ sie ihre elterliche Wohnung... begab sie sich dann... traf sie dabei!« Dazu Ortsangaben, Uhrzeit, Personalbeschreibungen. Alles soweit eben amtlich für notwendig erachtet.

Selbstverständlich keine vielleicht irgendwie poetisch zu vermutenden Feinheiten dabei – etwa in der Art: Sie entfernte sich leichtfüßig; mit nahezu schwalbenschwanzartigem Wippen ihres Körpers, wobei ihre Augen erlebnisfreudig funkelten. So was hatte die Polizei nicht zu interessieren – auf derartige Einzelheiten ließ sich dort auch niemand ein.

Mit vielleicht nur einer Ausnahme: Keller, der alte große Mann des Präsidiums, der sich nur noch mit seinem gleichfalls uralten Hund zu beschäftigen schien. Ein Vorgang, der irrtümlicherweise so manche Kriminellen und auch Kriminaler ruhiger schlafen ließ. Aber das war kein Dauerzustand – nicht in diesem Fall und nicht bei diesem Mann.

Der ›Fall‹ begann harmlos: Irene schien entschlossen, die nächsten Viertelstunden ihrer Freiheit von Mutter und Vater – letzterem ganz besonders – einigermaßen zu genießen. Was jedoch gar nicht so einfach zu realisieren war.

Doch auch nicht ohne schnell vermutete Lächerlichkeiten. Denn als Irene in ein Dekorationsgeschäft hineinstarrte, stand neben ihr ein älterer Mann, gutgekleidet. Der betrachtete sie, als erblicke ein Kenner ein schönes Bild – mit Kaufinteresse. Sie lächelte auch jetzt noch, leicht böse, da sie sich belästigt fühlte; allerdings auch ein wenig geschmeichelt. Doch dann streunte sie erlebnissehnsüchtig weiter – zum nächsten Schaufenster.

Dabei war sie bei einer ›Zoohandlung‹ angekommen, wo tagsüber kleine, wie flehend um Befreiung winselnde Hunde in erbarmungswürdig engen Käfigen zum Verkauf angeboten wurden. Auch jetzt noch bewegten sich dort, wenn auch im abgedunkelten Raum, Tiere hin und her: ein wippender grellgefiederter Vogel; ein emsig seine Trommel berasender Hamster; ein nervös hüpfender und dann angstvoll vor sich hinmümmelnder Hase. Irene überkam das heftige Verlangen, diese Fenster einzuschlagen, die Gitter zu zerbrechen und die Tiere zu befreien. Jedoch – was dann?

Ein vergleichsweise noch jüngerer Mann hatte sich auf sie zugeschoben – ein fremdländisch wirkender Typ, also durchaus

vielversprechend. Balkan vielleicht, bis hin zur Türkei. Breit-
schultrig, enghosig, mit einem wie jederzeit schnell zu öffnenden
Gürtel um die Taille. Aber immerhin.

Er meinte: »Nun, Fräulein – wie wäre es denn so, mit uns
beiden? Du gefällst mir. Wenn ich dir auch gefalle, könnten wir
eine Menge Spaß miteinander haben. Und für so eine wie dich
mache ich Sonderpreise.«

»Hau ab, Mensch!« rief Irene schnell und heftig empört. Seit
wann denn auch noch bezahlen? Von ihrem Taschengeld konnte
sie sich gerade noch eine Cola und eine Bockwurst leisten. »Verschwinde gefälligst, du Ausbeuter – oder ich trete dir in den
Hintern. Oder noch woandershin.«

Er verschwand schleunigst. Doch danach kam es zu einer
Begegnung, die auch im Polizeibericht exakt registriert werden
sollte: Irene Winter hielt sich vor einer Blumenhandlung auf, wo
sanft schimmernde morgenrote Rosen ausgestellt waren – und
diese betrachtete sie nun mit steigendem Entzücken. Vielleicht
stellte sie sich dabei vor, sie würden ihr überreicht – in glühender
Liebe. Genußvoll, wie überwältigt von ihrer schönen Fantasie,
schloß sie die Augen.

Dabei vernahm sie eine leicht quäkende, reichlich aufdringlich
anmutende Stimme, die versicherte: »Welch ein schöner Zufall,
Irene, dich zu sehen!«

»Was soll denn schön daran sein?« Ihre nun wieder ganz groß
blickenden Augen musterten den pubertären Jüngling aus ihrem
Haus. Verklemmt, aber eben deshalb wohl betont großspurig –
doch auch mit der Ergebenheit eines ganz niedlichen jungen
Hundes ihr gegenüber. »Was willst du?«

»Dich verwöhnen!« Er zog triumphierend mehrere Geldscheine
aus seiner Hosentasche. »Na, ist das etwa nichts?«

Diese Demonstration schien Irene nicht ganz gleichgültig zu
lassen. Sie blickte vorsichtig entgegenkommend. »Versprich dir
bloß nichts davon. Doch zu einer Limo darfst du mich einladen.«

»Auch vielleicht zu einem Glas Bier – einem Pils?«

»Auch dazu – wenn du dich unbedingt in Unkosten stürzen
willst. Aber ohne Gegenleistung. Klar?«

Worauf sie sich in das nächstgelegene Lokal begaben. Es war
jenes, das verlockend einfach genannt wurde: ›Die Kneipe‹.

Nach den Polizeirecherchen ergab sich folgendes: In dieser ›Kneipe‹ konsumierten Irene Winter und ihr gleichfalls jugendlicher Begleiter etliche Glas Pils. Insgesamt acht, also jeder von ihnen vier. Wozu denn auch noch für jeden drei ›Klare‹ als magenwärmende Zwischenstationen kamen.

Im Zuge der Ermittlungen kamen auch gleich noch einige weitere strafverfolgungswürdige Einzelheiten zum Vorschein. Einmal: Wie konnte die Besitzerin dieser ›Kneipe‹ Alkohol an Minderjährige ausschenken? Ihre Antwort: »Die kamen mir einfach nicht so vor! Und wenn Sie ganz genau wissen wollen, warum nicht – nun, die gierten sich an, als könnten sie es überhaupt nicht abwarten. Besonders dieser Junge; mich hat er auch mit den Augen fast ausgezogen.«

Dann die Frage: Woher hatte der Junge soviel Geld? Das vermochte die Polizei wie nebenbei zu klären: Er hatte diese Scheine entwendet – aus der Ladenkasse seiner Eltern. Um sich – angeblich für Irene – einen guten, gelungenen Abend zu machen. Gar nicht wenige kriminelle Vorgänge pflegen auf gemütsbetonten Wunschtraumanwandlungen zu basieren.

»Versuchst du mich etwa besoffen zu machen?« wollte Irene in der Kneipe wissen.

»Versuche ich nicht!« Er beugte sich stark vorwärts – ihr entgegen; wobei er jedoch das weibliche Wesen hinter der Theke anstarrte. »Denn schließlich bedeutest du mir eine ganze Menge.«

»Und so was«, stellte Irene mit aufflackernder Empörung fest, »sagst du und glotzt dabei diese Person hinter der Theke an!«

»Nur um sie mit dir zu vergleichen.«

»Du spinnst wohl!« Irene fauchte fast katzenhaft angriffsbereit. »Mich mit dieser fetten Type vergleichen – Mensch, du bist wohl bescheuert!«

»Komm, beruhige dich wieder«, sagte er. »Vermutlich verträgst du keinen Alkohol. Das hättest du mir sagen müssen.«

Auch diese Bemerkung war dann in einem Polizeiprotokoll nachzulesen. Wobei sich dieser Jüngling dann noch die Vermutung leistete: Es habe tatsächlich den Anschein gehabt, als wäre Irene ziemlich angetrunken gewesen – und aggressiv dazu.

»Du kannst mich mal!« hatte sie zu ihm gesagt. Mit näherem Hinweis darauf, was er sie konnte.

Unmittelbar danach – laut Polizeirecherchen – verließ Irene ›Die

Kneipe‹. Sie stürzte sich sozusagen ins Freie. Das wohl mit dem Verlangen, frische Luft zu atmen, wenn auch in dieser von Autoabgasen verpesteten Gegend. Nach übereinstimmenden Berichten schien sie leicht zu schwanken.

Sie entfernte sich von diesem stinkenden Lokal, dem blöden Jüngling und der fetten Kellnerin – und zwar ziemlich hastig. Sie sah auch jetzt nicht zurück, sondern nur nach vorn; jedoch mit leicht gesenktem, wohl ziemlich schwerem Kopf. Sie blickte auf grauschimmernde Pflastersteine und in die fahlen Gesichter der wenigen Menschen, die ihr entgegenkamen.

Dieser Effekt wurde durch die Neonlichter eines Supermarktes erzeugt, dessen Warenregale nun wie Blöcke in einer menschenleeren Montagehalle dastanden. Die grelle Beleuchtung schien in alle Winkel dieser in den späten Abendstunden fast verlassen wirkenden Wohnstraße kriechen zu wollen. Wie versessen darauf, deren lähmende Zwecklosigkeit kraß zu betonen.

Dort angelangt, überkam Irene Winter ein sehr menschliches Bedürfnis – nach vier Pils und drei Schnäpsen durchaus verständlich. Sie blickte kurz um sich – sie sah keinen Menschen in der Nähe. Dann hielt sie nach einem brauchbaren Platz Ausschau.

Zwischen zwei Häuserblöcken war eine schmale, doch ziemlich lange Grünfläche, daneben etliche Parkplätze, auf denen sich Autos befanden. Darauf strebte sie zu, mit schneller, aber auch immer kürzer werdenden Schritten.

Bei einem schützenden Busch nahe der Hauswand zerrte sie ihre Jeans abwärts und hockte sich hin.

Dabei wurde sie überfallen.

Die Rekonstruktion – als Tatbestandsaufnahme – war so gut wie eindeutig; der Überfall dabei – wie zwingend zu vermuten – aus sittlichkeitsverbrecherischen Motiven erfolgt.

Der Ablauf: Das Objekt, also Irene Winter, hockte sich, weitgehend entblößt, nieder. Der Täter, noch unbekannt, doch eindeutig männlichen Geschlechts, unbestimmbaren Aussehens und Alters, stürzte sich auf sie, riß sie zu Boden, versuchte sich mit bestimmbar geschlechtlichen Manipulationen, auf sie zu wälzen. Was nicht ohne Komplikationen vor sich ging.

Denn das Objekt, also Irene Winter, 15, versuchte sich zu wehren. Nicht nur körperlich – was aufgefundene Spuren am Tatort bewiesen – auch laut aufschreiend. Eine Zeugin in unmittelbarer Nähe: »Ich vernahm einen Schrei – aber wohl nur einen. Danach war es still.«

Diese danach folgende ›Stille‹ war erklärbar – anhand der Untersuchungen des Polizeiarztes. »Das Opfer ist mit dem Kopf gegen die Hauswand geprallt – oder ihr Kopf wurde brutal dagegengeschlagen – worauf sich vermutlich eine schwere Betäubung einstellte, glücklicherweise nicht lebensgefährlich. Doch daraus ergab sich wohl beim Objekt ein Zustand weitgehendster Benutzbarkeit – eben in geschlechtlicher Hinsicht.«

Wobei die ›Zeugin in unmittelbarer Nähe‹ nicht untätig geblieben war. Sie hatte die Polizei alarmiert. Diese traf eine knappe Viertelstunde danach ein.

Sie fanden ein bewußtloses, am Hinterkopf stark blutendes Mädchen; mit nahezu völlig entblößtem Unterleib. Und dort dann, schnell erkennbar, Spermaspuren.

»Bringt sie in das gerichtsmedizinische Institut«, entschied der zunächst für diesen Vorgang verantwortliche Beamte – Kriminalkommissar Krebs. Einer der Besten seines Amtes.

7

Karl Hubert wartete – auf das, was kam. Dabei beschäftigte er sich mit seinen privaten Akten. Worauf er dann ein leeres Blatt Papier an sich zog. Er betrachtete es blinzelnd, widerwillig.

Dennoch begann er es zu beschreiben – sehr langsam, fast jeden der so entstehenden Buchstaben abtastend, die zunächst wesentlich größer waren als seine ansonsten kleine, zierlich geschwungene Schrift. Er schrieb, oben rechts, auf den grauweißen Bogen ein S und dann noch ein S. Danach eine Adresse, eine geschätzte Altersangabe, eine angenommene Berufsbezeichnung; dazu etliche Daten und vermutbare Kontaktadressen.

Dann schob er dieses Blatt, mit dem eine neue seiner privaten, halbamtlichen Akten zu entstehen drohte, von sich. Er sträubte sich dagegen, dort nun auch noch zwei weitere Buchstaben hinzuschreiben – ein R und ein H. Die Initialen seines Freundes also. Auch den in seinen Akten aufnehmen zu müssen, war eine fürchterliche Vorstellung. Eine unvermeidliche?

Wie ergeben, doch intensiv lauschte er vor sich hin. Der Ventilator surrte aufdringlich laut. Doch immerhin übertönte es den fernen, spätabendlichen Straßenlärm, auch so manche Geräusche dieses Hauses – aufrauschende Wasserspülungen, knallende Türen, Korridorgespräche. Auch sein Hörvermögen war wohl zu stark ausgeprägt.

Doch diesmal vernahm er, wie in unmittelbarer Nähe, schwache, piepsende, wie nach Hilfe schreiende Töne – die er weder erklären noch gar zu bestimmen vermochte. Sie waren bisher auf der Skala seiner tonlichen Wahrnehmungen nicht verzeichnet. Sie wurden aber offenbar in unmittelbarer Nähe der Tür erzeugt.

Diese Tür öffnete er; sah in den völlig leer erscheinenden Fliesenkorridor hinein, der stromverbrauchsbewußt, also wohl für die Hausverwaltung kostensparend, nur mäßig beleuchtet war. Dann erst erblickte er, zu seinen Füßen, ein kleines, schwarzes Tier, mit einigen wenigen schneeweißen Flecken über der Nase und an den Pfoten. Eine Katze.

»Wer bist denn du?« fragte er überrascht. »Woher kommst du? Was willst du hier?«

Die Katze schien ihn verständnisvoll anzublinzeln; jedoch nur kurz. Dann bewegte sie sich dicht an seinen Beinen vorüber, wie tänzelnd, in seine Wohnung hinein. Und hier begab sie sich, nahezu zielstrebig, in sein Arbeitszimmer – dort schien sie die Körperwärme seines Schreibtischstuhles zu wittern, sprang hoch und rollte sich zusammen.

Karl Hubert betrachtete diesen Eindringling leicht verwirrt. Was sollte er mit ihm anfangen? Dieses wahrlich nicht unattraktive Geschöpf abspeisen, ihm Milch oder Wasser vorsetzen und es dann wieder abschieben? Dorthin, woher es gekommen war – auf den Korridor hinaus?

Von dort vernahm er nun eine kindlich-weibliche Stimme – die flüsternd und flehend zugleich klang. Die schien lediglich ein einziges Wort zu produzieren, das dann jedoch als ein Name erkennbar wurde: Minka.

Karl Hubert öffnete jetzt die Tür seiner Wohnung sehr weit. Vor ihm stand eine Frau – oder war es noch ein Mädchen? Jedenfalls ein Geschöpf von schlanker, elastischer, nahezu sportlicher Präsenz. Doch was er zunächst, wie beherrschend, registrierte, waren ihre großen, lavendelblauen, ihn anleuchtenden Augen. Und das Gesicht war von zärtlichster Zuneigungsbereitschaft.

»Wenn ich Sie richtig verstanden habe«, sagte er, wobei er sie mit steigendem Wohlgefallen betrachtete, »haben Sie einen Namen genannt, der sich wie Minka angehört hat. Das könnte der einer Katze sein. Eine solche befindet sich bei mir.«

»Wie schön!« sagte sie strahlend dankbar, sichtlich beglückt auch. »Ich muß mich da wohl sehr bei Ihnen entschuldigen. Aber meine Minka ist neuerdings von einem heftigen Freiheitsdrang erfüllt – sobald ich nur die Tür öffne, versucht sie auszureißen. Doch sie ist ja glücklicherweise in gute Hände geraten. Danke.«

Karl Hubert bat sie zu sich hinein. Sie lief auf ihre Katze zu. Die ließ sich streicheln und in die Arme nehmen. Ein leicht gesträubtes Idyll schien sich anzubahnen. Minka schnurrte heftig – doch mit verlangendem Frageblick auf ihren neuesten, von ihr instinktiv erkannten Beschützer.

»Ihre Minka kann stets zu mir kommen«, versicherte Karl Hubert, etwas verwundert über sein Angebot. »Und Sie können das auch.«

»Danke sehr«, sagte sie, erkennbar ehrlich erfreut. »Sie sind ein wunderbar großzügiger Mensch.«

»Täuschen Sie sich da nicht!« glaubte er, sie warnen zu müssen, tat es jedoch lächelnd. »Was wissen Sie denn schon von mir?«

Sie wußten nichts voneinander – obgleich sie, wie sich dann herausstellte, bereits monatelang in engerer Nachbarschaft gelebt hatten; nur wenige Meter einander entfernt. Ihre Wohnung, ein Stockwerk tiefer, war wesentlich kleiner – ihr Vater, berichtete sie eifrig, habe sie für sie gekauft; für ihr Studium – Soziologie.

Sie hielt ihre Minka in den Armen; beide blickten Karl Hubert groß an. Und sie sagte mit spontaner Herzlichkeit: »Ich heiße Margit, mit Nachnamen Müller – ganz einfach Müller. Nennen Sie mich Margit – wenn Ihnen das recht ist.«

»Das ist mir recht.« Worauf dann auch er sich vorstellte – auch er nannte seinen Namen – mit dem Zusatz: Beamter. »Darf ich Ihnen irgend etwas anbieten? Vielleicht sollten wir darauf trinken, daß Sie Ihre hübsche Katze wiedergefunden haben.«

»Sie sind ein überaus verständnisvoller Mensch«, versicherte dieses mädchenhaft-frauliche Wesen spürbar überzeugt.

Hubert ließ sie in diesem Glauben. Er füllte für sie ein kleines Glas mit dem Wein, von dem er trank, einem milden Bordeaux. Margit Müller nippte davon. Dann erzählte sie von sich, und er hörte ihr zu. Sie arbeite viel; meist wäre sie allein, wohl viel zu allein; aber da gebe es Minka, diese Katze, die sie sehr liebe, die aber eben in ihrer kleinen Wohnung keinen rechten Auslauf habe.

»Das ist doch kein Problem, Margit. Minka kann jederzeit zu mir kommen; bei mir stehen ihr alle Räume zur Verfügung.«

»Danke – sehr!« Sie verströmte eine wundersame, kindhaft-naive Harmonie. Ihr Lächeln war von großer Zutraulichkeit.

Das genoß er sehr. Doch bewußt vorsichtig, wie er stets zu sein wünschte, gedachte er ihr sanftes Entgegenkommen nicht auszunutzen. Er trank ihr zu und sagte: »Schön, daß es so etwas wie Sie gibt.« Für ihn war das – sie konnte das kaum wissen – eine Feststellung von großem Seltenheitswert. »Kommen Sie bald wieder.«

Dann geleitete er Margit, diese strahlende, ihn anstrahlende Mädchenfrau, mitsamt ihrer prächtigen Katze Minka bis auf den Korridor hinaus. Dort streichelte er, mit sehr scheuen, sie entzückenden Bewegungen, das Tier – in Wirklichkeit jedoch sie. Dabei atmete er ihren Geruch ein; und das diesmal mit erheblichem Genuß. Sie duftete nach frühem, noch nicht voll erblühtem Flieder – ein Hauch strengerer Körperlichkeit dabei konnte wohl von ihrer Katze erzeugt worden sein.

Margit entfernte sich mit leicht tänzelnden Schritten, Minka in den Armen. Ihre Bewegungen wollten ihm unendlich graziös erscheinen. Und ihre Stimme klang anschmiegsam sanft, als sie sagte: »Bis bald! Hoffentlich.«

Karl Hubert sah ihr beglückt lächelnd nach. Danach begab er sich wieder in seine Wohnung. Er setzte sich hinter seinen Schreibtisch; auf jenen Stuhl, den die Katze Minka mit wohliger Behaglichkeit belegt hatte.

Und dort zog er den wie von sich gestoßenen Aktenbogen, den mit den Kennzeichen S und S, wieder an sich – und zerriß ihn unendlich erleichtert.

Fast unmittelbar danach wurde Huberts Tür regelrecht betrommelt – dumpf-lautstark, fordernd-rücksichtslos, mit verlangender

Ausdauer. Er öffnete. Herein drang, äußerst erregt, nahezu bebend der Winter-Vater.

Er verkündete keuchend: »Mein Gott, Herr Hubert – was da passiert ist! Sie werden es kaum glauben!«

»Was auch immer, Herr Winter! Unmöglich in dieser Scheißwelt ist schließlich nichts. Was ist es denn diesmal?«

Dabei mußte sich Karl Hubert abwenden. Denn was ihn da nun mit beklemmender Heftigkeit anatmete, war eine massiv-betäubende Geruchsmischung aus Angstschweiß und Preisringerausdünstungen. Kaum zu ertragen – jedenfalls nicht nach dem, was kurz vorher, bei Margit und Minka, ihm zu erspüren gelungen war: fliederhaft-lichtblaue, veilchenhaft-süße, sanft erglühende Körperlichkeit. Dieser Mensch jedoch stank penetrant. »Was bringt Sie denn so völlig außer Fassung?«

»Meine Tochter!«

»Nicht unverständlich, Herr Winter. Doch in welcher Hinsicht, bitte?«

»Sie ist überfallen, brutal niedergeschlagen, dann noch vergewaltigt worden!« brüllte der Vater anklagend auf. »Heute abend. In der Nebenstraße. Wie von Ihnen angekündigt!«

»Das«, sagte nun Hubert, betont reserviert, »habe ich keinesfalls angekündigt – lediglich für möglich gehalten. Falls so was tatsächlich eingetroffen sein sollte, bedauert das niemand mehr als ich.«

»Aber nun machen Sie mal was dagegen! Schließlich, Herr Hubert, sind Sie hier die Polizei. Und noch dazu bei diesem Verein, wie man sagt, einer der Größten!«

»Sagt man, ich weiß. Doch was hat das schon zu bedeuten – in diesem Fall.« Hubert sträubte sich sichtlich, als benutzbares Eingriffsobjekt in Erscheinung zu treten. »Ich bin Mordspezialist. Der von Ihnen geschilderte Vorgang jedoch gehört in den Bereich des Dezernates Sitte.«

»Ach was, Mann – verehrter Herr!« bedrängte ihn Vater Winter massiv. »Sie sind unser Nachbar. Sie kennen meine Irene – schließlich könnte sie auch Ihre Tochter sein. Wenn nicht gar Ihre zukünftige Frau. Ein ganz prächtiges Mädchen jedenfalls – oder etwa nicht? Na also. Doch jetzt von einem Sittenstrolch überfallen! Den Dreckskerl will ich haben. Besorgen Sie ihn mir!«

Karl Hubert hob abwehrend beide Hände. »Nur langsam, Mann! Nur langsam. Wie geht es Irene?«

»Woher soll ich das wissen? Mir sagt hier ja niemand was. Wie soll es ihr schon gehen – verdammt schlecht, vermutlich. Sie haben sie abtransportiert – angeblich wegen medizinischer Untersuchungen. Und ich soll mich nicht aufregen, hat einer von den Polizeibeamten gesagt – zu mir, dem Vater! Und zu meiner Frau hat er gesagt, sie soll sich bereithalten, sie wird abgeholt werden.«

»Das, Herr Winter, ist neuerdings beim Dezernat Sitte die übliche Verfahrensweise; seitdem dort Kommissar Krebs zu bestimmen hat. Er ist übrigens ein außergewöhnlich guter Fachmann. Er pflegt denkbar gründlichste Untersuchungen zu veranstalten und dabei meist die Mutter einzuschalten – nicht den Vater.«

»Und was dann, wenn mein Kind dabei draufgeht? Ich bin voller Sorge, Herr Hubert; aber auch voller Wut. Helfen Sie mir!«

Daraufhin erfolgte ein Telefongespräch. Und zwar zwischen Hauptkommissar Hubert, Mordkommission eins, und Kommissar Krebs, dem Sittenaufklärer des Amtes. Es verlief zunächst ohne jede erkennbare Komplikation. Der Chef des Dezernates Sitte meldete sich unverzüglich, spürbar bereitwillig, stark interessiert auch.

Hubert: »Ich hätte gern eine Auskunft von dir. Und zwar über ein zu vermutendes Sittlichkeitsverbrechen, das heute, in den späten Abendstunden, stattgefunden hat. Das Opfer: eine gewisse Irene Winter. Bekannt?«

Krebs war sichtlich beunruhigt. »Warum, bitte, verlangst du, ausgerechnet du, eine derartige Auskunft von mir?«

Hubert: »Du darfst dabei ein mehr zufälliges, nahezu privates Interesse meinerseits an diesem Fall annehmen. Denn diese Irene Winter wohnt in meiner unmittelbaren Umgebung, und mit ihrem Vater bin ich gut bekannt. Ich bitte dich also lediglich um eine sehr persönliche Auskunft. Geht das in Ordnung?«

Krebs: »Selbstverständlich!« Wobei eine Pause entstand. Der Sittenchef blätterte in den vor ihm liegenden Papieren. Er ließ sich offenbar Zeit.

»Also – lediglich allererste Befunde. Diese Irene hat bei diesen Vorgängen einige Verletzungen erlitten; eine gewisse Zeitspanne muß sie bewußtlos gewesen sein. Doch es besteht offensichtlich kein Grund zu größerer Besorgnis; nicht in körperlicher Hinsicht. Ist es das, was du hören wolltest?«

Hubert: »Das höre ich gerne. Doch ich habe noch eine Bitte, Krebs: Unterrichte dementsprechend auch den Vater dieser Irene Winter. Er sitzt, verständlicherweise überaus beunruhigt, neben mir. Kann ich ihn zu dir schicken?«

Krebs sagte nun sehr zögernd: »Derartige Fürsorgemaßnahmen sind an sich nicht üblich – und du weißt das. Wenn ich dir jedoch damit einen Gefallen tun kann . . . nun gut, dann soll er kommen.«

Karl Hubert betrachtete das erregte Bulldoggengesicht des Winter-Vaters vor sich mit zunehmender Neugier. Zugleich erstrebte er eine möglichst schnelle Befreiung von dessen sprunghaft stark zunehmenden Ausdünstungen.

Er sagte: »Kriminalkommissar Krebs persönlich ist bereit, sich mit Ihnen zu unterhalten. Dabei können Sie an sich ziemlich beruhigt sein – Irene scheint es, den Umständen nach, gut zu gehen, Herr Winter. Sobald der das Gefühl haben sollte, daß Sie eventuell durchdrehen, ob nun aus Sorge oder aus Wut, wird er Sie prompt abwimmeln, also Ihnen so gut wie nichts sagen; keinesfalls das, was Sie möglicherweise von ihm zu vernehmen erhoffen.«

Vater Winter erhob sich, als werde eine mächtige Kiste kraftvoll hochgestemmt. »Da können Sie ganz beruhigt sein, Herr Hubert. Nachdem ich nun weiß, daß unsere Irene nicht in Lebensgefahr schwebt, bin ich kalt wie eine Hundeschnauze. Jedenfalls danke ich Ihnen für Ihre einzigartige Hilfsbereitschaft – die werden Sie nie zu bereuen haben!«

Karl Hubert lehnte sich in seinem Schreibtischstuhl zurück, mit nun völlig geschlossenen Augen. Er sann den Begegnungen nach, die in dieser Nacht auf ihn zugekommen und von seltsamer Vielschichtigkeit gewesen waren. Ungemein beglückende, auch äußerst abstoßende zugleich.

Derartige Betrachtungen, zwischen sonnenhellem Erkenntnis-tag und tiefstem Nachtdunkeltaumel, wurden gestört durch das Klingeln des Telefons. Er nahm den Hörer dennoch ab. Dabei hoffte er wohl auf einen neuen, ihn von seinen Grübeleien endlich ablenkenden Mordvorgang – als vermöge der ihn zu erlösen.

Doch ganz wider Erwarten meldete sich nicht sein stets kapitalverbrechensaufklärungsbereiter Stellvertreter Kolb im Präsidium, sondern Richard Holden, der Freund. Und dessen Stimme klang bedrückt, besorgt, überaus zögernd. »Ich bitte sehr um Entschuldigung, Karl, wenn ich dich um diese Zeit noch störe.«

»Aber ich bitte dich, Richard! Um welche Zeit auch immer – ich bin stets für dich da. Worum geht es denn?«

»Ich habe lediglich das Bedürfnis, mich mit dir zu unterhalten.«

»Tue das! Und worüber! Über Susanne Sommer?«

»Ja.«

»Also über jene Person, mit der du angeblich so überaus glücklich bist. Dennoch – irgendwelche Komplikationen dabei, mein Freund?«

»Das«, gestand Richard Holden ein, »könnte möglicherweise sein. Doch in welchem Ausmaß wirklich, weiß ich nicht...«

»Willst du auch vermutlich gar nicht wissen! Denn in deinen Augen ist sie herrlich. Was sonst noch?«

Holden zögerte mit seiner Antwort. »Nun ja – manchmal mutet sie leicht verwirrend an; wie sicher die meisten Frauen.«

»Und wie, bitte, äußert sich das bei ihr?« Die Unruhe seines Freundes war deutlich – sie flatterte durch manche Worte, durch die Pausen zwischen den Worten, war am stärksten bei der sehr zögernd vorgebrachten Formulierung ›verwirrend‹. »Was beunruhigt dich – was hat sie dir gesagt?«

»Nichts, Karl. Aber eben das ist es wohl. Ich habe mehrfach versucht, Susanne anzurufen. Doch sie meldete sich nicht.«

»Sie wird ausgegangen sein. Ich bitte dich, bei ihr handelt es sich sozusagen um eine Dame von Welt. Du wirst dich also daran gewöhnen müssen, nichts Verwirrendes an derartigen Vorgängen zu finden.«

»Ich habe versucht, sie anzurufen, um ihr, wie ich glaube, eine angenehme Nachricht zu übermitteln. Als sie dann gegen Mitternacht immer noch nicht zu Hause war, wurde ich besorgt. Sie hatte mir gesagt, sie müsse sich ihrer Freundin widmen, also rief ich auch dort an. Doch Susanne war an diesem Abend gar nicht bei ihrer Freundin gewesen. Vermutlich habe ich mich da geirrt, Susanne falsch verstanden...«

Karl Hubert reagierte überraschend nachsichtig; er mußte an die Mädchenfrau mit der Katze denken. »Ach, mein Lieber! Schönheit kann nun mal Unruhe erzeugen – damit muß man sich zwar nicht gleich abfinden, doch stets damit rechnen.« Dann wollte er instinktsicher wissen: »Was war das denn für eine angenehme Nachricht, die du ihr übermitteln wolltest. Darf ich das wissen?«

»Das mußt du sogar, Karl! Denn es handelt sich um diesen Dr. Lichtenberg, Lugano. Susanne hat offenbar auf eine mögliche Verbindung meinerseits mit diesem Herrn erheblichen Wert gelegt – und sie war spürbar verstimmt, als ich sie abgelehnt habe.«

»Was denn, was denn!« Hubert zeigte seinen wuchernden Unwillen nun sehr deutlich. »Soll das etwa heißen, daß du auf diesen Kerl einzugehen gedenkst – nur weil sie das wünscht?«

»Nein, Karl, das sollte es nicht heißen. So was würde ich nicht ohne deine Zustimmung tun; nicht ohne dich zu informieren. Ich wollte Susanne lediglich sagen, gewissermaßen um sie zu beruhigen, daß ich mir diese Konstellation noch einmal zu überlegen gedenke.«

»Verdammt noch mal, Richard – diese Person scheint dich tatsächlich erheblich zu verwirren! Du solltest ein Beruhigungsmittel nehmen, ein möglichst starkes – und dich dann endlich schlafen legen. Damit du für Stunden das alles vergessen kannst; also auch sie. Danach reden wir weiter.«

In dieser Nacht – fast genau zur gleichen Zeit, da dieses Telefongespräch zwischen den Freunden Richard und Karl stattfand – wurde Susanne Sommer von dem Journalisten Frank Schwarz bis zu der Tür des Hauses geleitet, in dem sie wohnte. Auf der Straße wartete das Taxi.

»Soll ich es wegschicken?« fragte Frank ermunternd. »Ich bin noch nicht müde – das bin ich eigentlich nie. Falls mir ein guter Drink oder ein starker Kaffee angeboten werden, möglichst beides, sage ich nicht nein.«

Sie blinzelte ihn an und versicherte: »Auch ich fühle mich noch durchaus angeregt. Das ist ein interessanter Abend gewesen.«

»Ihm werden noch viele andere folgen, Susanne – dafür garantiere ich!«

»Wir wollen nichts überstürzen, Frank«, sagte sie mit verlockendem Lächeln. »Sie sind ein sehr erfahrener, mir recht bedeutsam erscheinender Mann – aber ganz unerfahren bin ich auch nicht; und unbedeutend will ich gleichfalls nicht sein. Ich gedenke mich also niemals auf das einzulassen, was man, recht gewöhnlich, die schnelle Tour nennt. Das wäre einfach zu wenig – für uns.«

»Akzeptiert!« versicherte er mit geschmeidiger Anerkennung. Da war er wohl, glaubte er sich bereitwillig bestätigen zu können, an eine Klasse-Frau herangeraten – die ließ sich nicht einfach, wie Dutzende andere, glatt umlegen. Für die mußte viel mehr investiert werden: einiges an Geld, eine Menge guter Gelegenheiten, alles Erdenkliche an Beziehungen! »Das entspricht irgendwie, ziemlich genau, meiner Wellenlänge.«

»Nichts anderes habe ich erwartet«, sagte sie. Danach hielt sie ihm, wie seine diesmaligen gesellschaftlich-speziellen Leistungen aufrechnend, ihren Mund hin. Und so schmal der auch erscheinen mochte, er besaß eine betörende, unverzüglich zur vollen Wirksamkeit gebrachte Saugkraft. »Ich bin sehr dankbar veranlagt – muß man wissen.«

Ihre Zungen berührten sich, schienen einander, mit heftigem Wohlgefallen, abzutasten. Seine Hände schoben sich zu ihren Brüsten vor – doch die entzog sie ihm; sie löste sich mit sanfter Entschlossenheit. »Alles zu seiner Zeit!« sagte Susanne Sommer.

Vater Winter, beherrscht von seinem üblichen Sicherheitsverlangen und Ordnungsbewußtsein, eilte heimwärts. Er kam direkt vom Präsidium. Dort war Kriminalkommissar Krebs, Chef Dezernat Sitte, auf Ersuchen von Hubert persönlich bemüht gewesen, ihm aufklärende Informationen zukommen zu lassen. Das ziemlich vergeblich, wie sich schnell erweisen sollte.

Denn Winter betrat sein Haus nicht etwa, um in seine Wohnung zu gelangen – er lief vielmehr, leicht keuchend, direkt in den dritten Stock. Und hier betätigte er anhaltend einen sirenenartigen Anmeldungsapparat, der jaulende, alarmartige Töne erzeugte. Zugleich pochte er, mit der geballten Faust, gegen die dünne, heftig bebende Holzverkleidung. Ein Fußtritt von ihm, nur ein einziger, sagte er sich, würde ausreichen, diese schäbig unzureichende Lebensraumbegrenzung zu beseitigen.

Doch bevor er das noch zu bewerkstelligen versuchte, wurde ihm diese Tür geöffnet. Sehr weit. Und dort erblickte er zwei Menschen, die er kannte – ein älteres Ehepaar; wie vorzeitig daseinsverbraucht. In beider Gesichter: Leere, Ahnungslosigkeit, kein Funke von Hoffnung.

»Herr Winter«, sagte der Mann. Die Frau wiederholte es. Sie waren aus dem Schlaf gerissen worden. »Was wollen Sie?«

»Von Ihnen will ich nichts!« Der Winter-Vater schob sich auf sie zu, drängte sich wie ein Keil zwischen sie, dividierte sie also auseinander; rein körperlich. »Ich gedenke mich lediglich mit Ihrem Früchtchen von Sohn zu unterhalten. Und ich rate Ihnen nicht, mich daran zu hindern.«

Mit absoluter Sicherheit erreichte er das Zimmer, in dem der Jüngling schlief. Das war an sich nicht weiter erstaunlich; denn diese Standardwohnungen glichen einander, basierten sozusagen alle auf dem gleichen banalen Schnittmuster. Wo bei ihm seine geliebte Tochter zu schlafen pflegte, mußte sich hier dieses Früchtchen aufhalten.

In dessen Zimmer schaltete Winter mit sicherem Griff das Oberlicht ein. Dann stürzte er sich auf den schlafenden Jungen, riß den hoch, dicht zu sich hin.

»Du kleines, schäbiges Schwein!« schrie ihn Irenes Vater an, wobei er an ihm rüttelte, als habe er vor sich zu zersprengende Gefängnisgitterstäbe. »Was hast du mit meiner Tochter angestellt?«

»Aber ich doch nicht!« jaulte der angstvoll auf.

»Nicht er!« schrien nun auch die Eltern beschwörend; sie versuchten, Winter von ihrem Sohn zu trennen. »Er ist es wirklich nicht gewesen!«

Der väterliche Gerechtigkeitserzwinger stieß die beiden mit einer Prallbewegung seines Körpers von sich, ohne ihren Sprößling aus den Händen zu lassen. »Wenn er das – das! – getan hätte, dann lebte er nicht mehr!« verkündete Winter dumpf-feierlich. »Aber dieser verkommene, leichtsinnige Lümmel ist nicht schuldlos daran gewesen.«

»Aber wieso denn...«

»Du hast«, röhrte Winter den Jungen an, den er nun fest im Griff hatte, »meine Tochter in diese schäbige Kneipe verschleppt! Und dort hast du sie zum Saufen verführt.«

»Das ist nicht wahr!« rief die Mutter des Jungen überzeugt, während der Vater beschwörend forderte: »Sag, daß das nicht wahr ist, mein Sohn – sag es!«

»Wenn er lügt«, drohte der Winter-Vater glaubhaft, »schlage ich ihn zusammen! Nun – du Früchtchen?«

»Na ja – allerdings«, würgte der Junge hervor, »ein paar Bier, aber kleine...«

»Wie viele?«

»Zwei – oder drei. Kaum mehr.«

Der Gerechtigkeitsvertreter seiner Irene nickte nun schwer den verstummten Eltern zu. »Na gut – so was kann vorkommen. Das ist nicht gerade sehr anständig, aber immerhin menschlich verständlich.« Dann wandte er sich ausschließlich wieder dem bebenden Jungen zu, den seine Hände schraubstockartig festhielten. »Du aber, du kleines, schäbiges Schwein, hast es zugelassen, daß sich meine Irene ins Freie begab – allein, ungeschützt, also ausgeliefert! So handelt keiner, der mal ein verantwortungsbewußter Mann werden will!«

»Irene selbst, Herr Winter, bestand darauf...«

»Na – und wenn! Sie hatte sich dir anvertraut, du bist für sie verantwortlich gewesen – du aber ließest sie laufen. In ihr Unglück. Und hier ist meine Quittung dafür!«

Er ohrfeigte den ihn vergeblich hilflos-flehend anstarrenden Jungen – kurz, hart zuschlagend, scharfknallend. Links und rechts. Dann stieß er ihn von sich – der fiel auf sein Bett zurück.

»Das«, sagte der Winter-Mensch dann zu den verwirrt-empört blickenden Eltern, »mußte getan werden. Wenn nicht von Ihnen, dann eben von mir. Solche Schweinereien dürfen nicht ungesühnt bleiben. Und das eine kann ich Ihnen versichern: Wenn ich den Kerl erwische, der meine Tochter tatsächlich auf dem Gewissen hat – dann gnade dem Gott!«

Diese Nacht, die nun langsam verendete, war sternenklar gewesen, beherrscht von sanften Temperaturen – »für die Jahreszeit wesentlich zu mild«, formulierten Meteorologen. Umglänzt vom absterbenden Mondlicht.

Der wie zögernd heraufdämmernde Morgen erblickte die letzten Stationen des Schlafes. Jene der wuchernden Unruhe, den der angeblichen Gerechten, der erschlafften Sünder, Säufer und Selbstbeflecker. Schläfer, die wie in einem steuerlosen Boot auf einem Todesstrom des bereitwilligen Vergessens dahintrieben.

In dieser Nacht lag Susanne Sommer, völlig unbekleidet, auf ihrem Bett; auf einer Bärenfelldecke, die das Geschenk eines ihrer zahlreichen Freunde war. Eine große, wohl ganz von innen kommende, rein körperliche Wärme erfüllte sie. Sie schien stets wie von Hochtemperaturen heimgesucht zu sein, was sich schon an ihrer sparsamen Unterkleidung ablesen ließ; ihre Männer wußten das und vermochten das auch zu schätzen.

Da Susanne völlige Dunkelheit um sich nicht zu ertragen vermochte, brannte ihre Nachttischlampe, ein sichtlich kostbares venezianisches Glasprodukt, gleichfalls das Geschenk eines ihrer Verehrer. Deren sanftes Licht ließ ihr Gesicht rosig erglühen. Sie lächelte selbst noch im Schlaf; aber so, als lächle sie nur sich allein an.

Richard Holden wälzte sich voller Unruhe von einer Seite auf die andere – als wollte er die Rückenlage vermeiden; denn dabei wachte er stets wieder auf. Auch legte er sich kaum jemals auf Bauch und Brust, so was vermochte seine wuchernden Sehnsüchte bis zu quälenden Erregungen zu verstärken.

Er suchte den erlösenden Schlaf, wobei er sich durch filmhaft flimmernde heraufbeschworene Bildgedanken zu betäuben bemühte: ein wundersam sinnliches Gesicht, dicht über ihn gebeugt – dazu ein entblößter Oberkörper, dessen Brüste ihn fast zu berühren schienen. Sein Kopfkissen wies feuchte Stellen auf – erzeugt von Speichel oder ihm unbewußt entflossenen Tränen?

Karl Hubert lag in seinem Schlafzimmer wie eine regungslose Puppe – jedoch mit weit geöffneten Augen. Er beherrschte die Kunst, vollkommene Entspannung zu erreichen, ohne dabei schlafen zu müssen. Das Licht der in seiner Nähe eingeschalteten Nachttischlampe fiel fast scheinwerferartig auf ein Blatt Papier. Dort standen etliche Namen, wie hingezerrt verkürzt – nur für ihn allein entzifferbar.

»Minka«, sagte er dann vor sich hin – sehr leise, überaus deutlich dennoch. Womit er die Katze jener Mädchenfrau meinte, deren Besuch ihn so ungemein beglückend abzulenken vermocht hatte. Er zog ernsthaft in Erwägung, Katzen zu mögen – und die sich ihnen zugehörig fühlenden Wesen auch. Zumal diese Geschöpfe offenbar noch das Verlangen danach besaßen, ein eigenes, eigenwilliges Leben führen zu wollen.

So was war schließlich von erheblichem Seltenheitswert – in dieser Welt voller ›Anpassungssucht‹; ergebener, gleichgültig erfolgender, auch berechneter. Sogenannte ›Umstände‹ wurden zu ›bewältigen‹ versucht – hingenommen oder eben verwertbar gemacht. Wie wohl auch von dieser Susanne Sommer. Er haßte derartige, alles in sich hineinfressende, verdauen könnende Daseinsgenossen. Und sein Haß denen gegenüber nahm immer mehr zu.

Doch nach derartigen Erkenntnissen schlief er gut, wenn auch nur wenige Stunden. Diese reichten völlig aus, um Karl Hubert abermals wieder mit vernichtender Energie in Erscheinung treten zu lassen.

Das Ende dieser Nacht durchschnarchte der Winter-Vater mit bedrohlich raumfüllend klingenden Holzsägegeräuschen – nicht unzufrieden über seine Leistungen; wobei er wohl noch weitere tatfreudig ausbrütete.

Seine Frau hielt sich währenddessen bei ihrer Tochter Irene auf, im gerichtsmedizinischen Institut. Dort starrte sie auf das schlafende Kind, das unfaßbar unbeeindruckt anmutete. So als wäre nichts geschehen.

Frank Schwarz, der Journalist, vermochte auch in dieser Nacht nicht allein zu schlafen. Diesbezüglich stets verwertbare Adressen lagen dutzendweise bereit – ein Anruf genügte; und welche auch immer er wünschte, sie kam; sie kamen alle! Diesmal betreute ihn eine Barbara; geschickt, komplikationslos, fachfreudenfraulich. Auf alle Forderungen gefaßt, auf jede eingehend. Sie nahm es sogar ziemlich reaktionslos hin, als er sie auf dem Höhepunkt aufstöhnend Susanne nannte.

»Wer ist denn das?« fragte sie lediglich; wobei sie sich unbeirrbar weiter über ihm bewegte.

Diese Barbara besaß das Gesicht einer vielbeschäftigten Nutte; ausgelaugt, faltenscharf, konturenarm. Doch ihr Körper mutete immer noch wie der einer jungen Frau an: straff jugendliche Brüste, Nabel und Bauch darunter samtartig und sauber. Und ihr Po war von hügelartiger Schönheit. Das alles bot sie ihm dar: gekonnt geschäftig, mithin geschäftstüchtig auch.

»Sollte die – also diese Susanne – das etwa noch überbieten können?«

»Na und wenn«, murmelte er. »Doch das wohl nur mit einiger

Anstrengung. Aber warum sollte die sich nicht anstrengen?« Er wollte damit wohl sagen, das hatten schließlich bisher alle weiblichen Wesen in seinem Bereich getan. Seine besonderen Werte stets würdigend.

Er schlief dennoch schnell ein; wie über Barbara zusammengefallen. Sie schob sich unter ihm hervor, ohne ihn noch einmal anzusehen – sie betrachtete ihre Armbanduhr, um festzustellen, daß sie wie üblich prompte Arbeit in der dafür vorgesehenen Zeitspanne geleistet hatte.

Das Honorar dafür erhielt sie, wie bei Frank üblich, in Form von sechs Tagesanzeigen in seiner Zeitung: »Bei mir oder bei Ihnen. 349878.« Der Gegenwert dieser Annoncen machte ungefähr ihren halbnächtlichen Preis aus; wobei Frank Schwarz Sonderrabatt erhielt.

Der neue, unvermeidliche Tag breitete sich nun mit besitzergreifender Helligkeit aus. Er drängte sich unhemmbar in alle Fenster hinein. Selbst ödeste Mietskasernen schienen jetzt aufzuglühen. Das Morgenlicht legte flimmernden Goldschimmer über schweißfeuchte Körper.

An diesem Morgen traf Karl Hubert bereits eine Viertelstunde vor acht Uhr, seinem alltäglichen Dienstbeginn, im Präsidium ein. Diesmal hatte er die U-Bahn benutzt. Beim Portier rief er seine Dienststelle an – um das zu erfahren, was er hören wollte: keine Besonderheiten.

»Gut. Dann suche ich inzwischen D 5 auf.«

Was ›Dezernat fünf‹ hieß, das für Sittlichkeitsverbrechen. Und wenn sich der Chef der Mordkommission eins dort aufzuhalten gedachte, dann natürlich gleich beim zuständigen ›Obermacher‹, also Kriminalkommissar Krebs. Dieser wurde unverzüglich über den sich nahenden Besucher verständigt – vorsorglich amtsintern.

Dementsprechend waren alle Türen für Karl Hubert geöffnet – auch jene des Dienstzimmers, in dem Krebs hauste. Dort befand sich ein wie überfüllt wirkender Schreibtisch; unmittelbar daneben ein kleines, doch gleichfalls wie vollgestopftes Regal. Und die Wände rundherum waren dicht bedeckt – von Stadtplänen, Tatortskizzen, Statistiken, Fotos, Namensverzeichnissen. Krebs, mittendrin, machte einen rosigen, nahezu gemütvollen, doch unentwegt einsatzbereiten Eindruck.

Er war der große, wenn auch körperlich recht kleine Nachtarbeiter dieses Amtes – auch vom Präsidenten, anerkennend scherzend, ›unsere herrliche, hellwache Nachteule‹ genannt. Kommissar Krebs pflegte seine Arbeit stets am späten Nachmittag eines jeden Tages zu beginnen, um dann die ganze Nacht hindurch – ›in den Stunden meiner Hauptkunden‹ – wach, also wachsam, zu bleiben; bis weit in den nächsten Tag hinein. Er wirkte auch jetzt nicht im geringsten übermüdet, als er seinen ihm angekündigten Kollegen begrüßte.

»Setze dich zu mir, Hubert!« rief er ihm einladend zu. »Ich habe die dich möglicherweise interessierenden Unterlagen bereitgelegt.«

Karl Hubert war von diesem Angebot nicht im geringsten überrascht. So was gehörte mit zu den großen Selbstverständlichkeiten der wahren Fachleute seiner Branche. Diese vermochten über Andeutungen weit hinauszudenken, noch so vage erscheinende Anregungen zu realisieren, lediglich ein Kennwort in Erkenntnisgruppen zu verwandeln. Und einer von diesen kriminalistischen Hellhörern war Krebs – wie ja auch Hubert. Beide kamen aus der kriminalistischen Hochschule eines Keller.

Hubert zog also die für ihn bereitliegenden Ergebnisse erster Ermittlungen an sich – er blätterte sie durch; er war ein schneller, doch überaus gründlicher Leser. Danach sagte er, ohne jede möglicherweise aufdringlich scheinende Anerkennung: »Ausgezeichnete Recherchen, Krebs – aber das ist ja ganz selbstverständlich bei dir.«

Krebs lauerte weiterhin wachsam. »Habe ich immer noch anzunehmen, Hubert, daß dein Interesse an diesem Fall mehr persönlicher Natur ist?«

»Nimm das ruhig an!« bestätigte Hubert und sah dabei die Unterlagen weiter durch. »Wie ich dir schon gesagt habe, ich kenne zufällig diese Irene Winter – und auch, ein wenig genauer, deren Vater. Den ich zu dir geschickt habe.«

»Den du mir in dieser Nacht zugemutet hast! Mein Lieber, der scheint mir ein ganz fürchterlicher, ordnungsbesessener, gerechtigkeitsgewaltiger Kerl zu sein. Warum hast du mir ausgerechnet diese Type auf den Hals gehetzt?«

»Lediglich in der Annahme, Krebs, daß du ihn zu durchschauen vermochtest – was dir ja auch einigermaßen gelungen zu sein scheint. Wenn auch leider nicht hundertprozentig.«

»Was versuchst du damit zu behaupten, Hubert?«

»Einige deiner Andeutungen scheinen Winter in Richtung auf diesen Kneipenjüngling dirigiert zu haben. Und den hat er zusammengeschlagen. Nur kurz, aber ziemlich kräftig. Außerdem gewiß nicht ganz unverdient. Nimm so was also nicht gleich tragisch.«

»Worauf willst du hinaus, Hubert?« Krebs vermochte seinen wachsenden Unwillen gegen diesen ihm rücksichtlos erscheinenden Einbruchsversuch in seine mühsam-bemüht geregelte Verbrechenswelt kaum noch zu verbergen. »Du versuchst hier offenbar eine Art Spiel zu betreiben – mit mir?«

»Nichts dergleichen!« versicherte Hubert. Er war nunmehr bei einem erfreulich real begrenzten Verzeichnis möglicher Verdächtiger angelangt. Dieses wies, recht gründlich recherchiert, bemüht vollständig zusammengetragen, an die vier Dutzend Namen auf. Wie kreuz und quer durch die Gegend gesammelt.

»Deine Leute werden immer besser, Krebs.« Hubert nickte anerkennend. »Du bist ein vorzüglicher Lehrmeister; aber hoffentlich nicht nur in psychologischen Bereichen. Was du für deine Praxis benötigst, sind keine Seelsorger, sondern Spürhunde. Aber wenigstens einen vielversprechenden Kandidaten hast du ja bereits herausgefunden.«

»Was veranlaßt dich zu dieser Ansicht?«

Hubert tippte nun auf einen von den fast fünfzig angesammelten Namen. »Der hier ist ein Volltreffer, mein Lieber! Diesen Mann solltest du dir näher ansehen – vor allen anderen.«

Krebs blickte seinen Kollegen groß an; doch keinesfalls sonderlich verwundert. Schließlich kannte Hubert das Opfer, den Tatort, dessen Umgebung – warum also sollte ein so hellwacher, erfahrener Kriminalist nicht noch mehr erkennen oder eben zwingend vermuten? Hubert besaß, wie oft erwiesen, einen geradezu tödlich-sicheren Instinkt.

»Weißt du, mein Lieber, wozu ich jetzt große Lust hätte? Mit dir eine regelrechte Vernehmung zu veranstalten! Um herauszubekommen, warum du ausgerechnet auf diesen einen Namen hingewiesen hast. Warum du dabei so sicher bist und was dich dazu veranlaßt hat.«

Hubert lachte unbekümmert auf. »Laß dich nicht von Neben-
sächlichkeiten ablenken, Kollege Krebs. Nimm dir diesen Burschen, auf den ich dich hingewiesen habe, vor – taste den ab,
kremple ihn um. Dann werden wir weiter sehen.«

Der Sittenchef schüttelte, sehr bedächtig, seinen Kopf. »Du wirst
gewiß meinen Unterlagen entnommen haben, daß Irene Winter so
gut wie keine brauchbaren, also juristisch verwendungsfähige
Angaben machen kann über den Mann, der sie überfallen hat.«

»Beklagenswert, aber nebensächlich – für unser Metier«, entschied Hubert. »Schaue dir diesen Kerl genauer an, befrage ihn mit
deinen Methoden, am sichersten noch mit meinen – und du wirst
schnell erkennen, ob er der Täter ist oder nicht.«

»Kann sein, daß ich das danach weiß. Doch was ist damit
erreicht? Dann muß ich das erst einmal zu beweisen versuchen,
was verdammt schwer sein wird – nach dem bisher vorliegenden
Material.«

»Das habe ich erkannt, Krebs. Aber ich kenne dich ziemlich gut.
Und daher weiß ich, daß du nichts unversucht lassen wirst, um
einen einmal in deine Hände geratenen Sittenstrolch festzunageln.
Und besonders einen von dieser Sorte: Wenn ich nicht irre, ist
deine Tochter jetzt fast genauso alt wie diese Irene.«

»Das ist natürlich kein maßgebliches Argument – lediglich ein
Hinweis«, stellte Krebs lächelnd fest. »Also gut, Hubert – dann
werde ich mir den vornehmen. Solltest du den Wunsch haben, bei
seiner Vernehmung anwesend zu sein?«

»Falls du das nicht als störend empfindest, Kollege Krebs –
werde ich mich gern dabei einfinden. Denn du gehörst zu jenen
wenigen Menschen unseres Metiers, von denen sogar ich noch
einiges lernen kann.«

Das war durchaus ehrlich gemeint, denn hier im Präsidium
hatten sie die beharrlich-intensiven Methoden ihres großen Lehr-
meisters Keller, des alten Mannes mit dem Hund, zu übernehmen
versucht: dessen sanfte, ungemein beharrliche Seelenbohrungs-
versuche – zu denen unendliche Ausdauer ebenso gehörte wie
auch geschickteste Formulierungsfallenstellerei. Und dann eben
noch das vielleicht absolut Entscheidende dabei: der Instinkt.

»Ich verständige dich, Hubert, wenn es soweit ist.«

»Da bist du ja endlich, meine Liebste!« rief Richard Holden hastig beglückt aus, als er endlich wieder die Stimme seiner Susanne Sommer vernahm; per Telefon. »Ich habe die ganze Nacht und den halben Tag versucht, dich zu erreichen. Vergebens.«

»Solltest du mir etwa deshalb irgendeinen Vorwurf machen?« wollte sie wissen, anscheinend überaus verwundert.

»Aber nein, nein, mein Liebes!« versicherte er eilig. »Mich beherrschte lediglich der Wunsch, deine Stimme zu hören, mit dir zu sprechen – ist das so schlimm?«

»Aber nein, mein Lieber.« Susanne sagte das unendlich sanft, zutiefst verständnisvoll, dezent warnend aber auch. »Denn ich nehme nicht an, daß du jemals versuchen würdest, mich wie ein jederzeit erreichbares Objekt zu behandeln.«

»So was würde ich mir niemals erlauben, Susanne. Doch ich habe mir Sorgen gemacht – deinetwegen.«

»Völlig überflüssigerweise.« Sie kannte, oder eben erahnte, so gut wie alle eventuellen Komplikationen – erfahrene Praktikerin des Daseins, die sie war. »Gestern abend wollte ich zu meiner Freundin, doch dann rief mich meine Mutter an und behauptete, mich dringend zu benötigen; auch sie kann recht anstrengend sein. Als ich schließlich, reichlich strapaziert, wieder zu Hause war, habe ich das Telefon in mein Bad eingeschlossen – um endlich ungestört schlafen zu können. Das wirst du sicher verstehen.«

Er versicherte ihr das unverzüglich; fast heftig, feierlich. »Meine Verständnisbereitschaft, Susanne, ist sehr ausgeprägt – ganz besonders dir gegenüber. Wann darf ich dich wiedersehen? Heute abend? Gehen wir in ein Restaurant – deiner Wahl. Dann – zu mir?«

»Richard, mein Lieber, das würde ich gerne – sehr gerne; falls es mir bis dahin besser geht.« Und sie fügte mit taubenartig gurrenden Untertönen hinzu: »Du bist so herrlich bemüht um mich – und ich weiß das zu schätzen. Wobei mir einfällt, was ich dich noch fragen wollte: Hast du weiter über die Möglichkeit nachgedacht, diesen Dr. Lichtenberg, Lugano, als deinen Klienten zu betreuen – nur gelegentlich.«

Die Verbindung zwischen ihnen wirkte kurz wie unterbrochen. Dann aber sagte er, sehr behutsam: »Ich glaubte, dir einigermaßen deutlich gemacht zu haben, daß mir eine derartige Verbindung nicht sonderlich angenehm wäre. Sie würde, ganz einfach, wohl kaum in meinen juristischen Interessenbereich hineinpassen.

Doch um dir einen Gefallen zu tun, habe ich dir eine gewisse Adresse für ihn gegeben.«

»Eine ganz ausgezeichnete! Dr. Lichtenberg versicherte mir, es wäre eine der allerbesten Adressen, die er jemals erhalten habe. Aber eben deshalb ist er nun noch begieriger darauf, mit dir persönlich intensiv in Kontakt zu treten. Er hält dich für einen Menschen mit ganz besonderen Beziehungen.«

Das traf ja auch zu. Jedoch wohl in wesentlich anderer Hinsicht, als in diesem Fall offenbar erhofft wurde. »Du scheinst jedenfalls«, konstatierte er, »erheblichen Wert auf eine derartige Verbindung zu legen.«

»Deinetwegen, Richard – auch unsertwegen.«

»Wobei ich jedoch annehme, Susanne, mein Liebling« – seine Stimme klang jetzt bittend, fast beschwörend – »daß eine mögliche Ablehnung meinerseits nichts ändern, nichts verändern würde – an dem, was zwischen uns ist. Darf ich das annehmen?«

»Ja«, sagte sie tonlos.

Er registrierte genau ihre maßlose Enttäuschung, ihren fast kalten Tonfall. »Doch wir können durchaus noch einmal darüber sprechen; in aller Ruhe. Also nicht über das Telefon. Vielleicht heute abend? Bei mir?«

»Das, Richard, mein Liebster, würde auch ich sehr wünschen!« Ihre Stimme flackerte nun auf wie nach einem zündenden Funken. »Mich bekümmert nichts so sehr wie mögliche Mißverständnisse zwischen Menschen, die sich lieben. Wie wir. Doch du mußt sehr viel Geduld mit mir haben.«

»Das mußt du mit mir ja auch!« bat er sie fast flehend. »Du bist so ganz anders als jedes andere weibliche Wesen, das ich bisher kennengelernt habe – du bist absolut einzigartig; in jeder Beziehung. Wie ein großes, göttliches Geschenk! Aber dich muß man verdienen, das weiß ich! Verdiene ich dich?«

»Nichts anderes wünsche ich mir, Richard! Aber ich kann dir noch nicht versprechen, daß ich heute abend zu dir komme.« Ihre Stimme besaß nun wieder Untertöne, als wären ihre Worte in kalte, schnelle Gebirgswasserfluten gehüllt. Das entsprach einer ihrer wirksamsten, bisher stets erfolgreich angewendeten Taktiken – ›Wechselbäder für Gefühle‹. »Wir werden also sehen, was sich ergibt.«

Damit beendete Susanne dieses Telefongespräch – und zwar

genau mit dem von ihr gewünschten Erfolg: Richard Holden fühlte sich wie von heftigen, pausenlos sich ihm entgegenstürzenden Wellen der Ungewißheit überspült. Er kam sich unendlich hilflos vor und spürte nur noch ein schnell steigendes, würgendes Verlangen, sich davon zu befreien.

In den Mittagsstunden dieses Tages trafen sich abermals der Journalist Schwarz und der Kriminalist Hubert. Das geschah in einem Restaurant, das sich wirksam schlicht ›Bistro‹ nannte. Dort wurden Spezialitäten der Provence, von lässiger Sorge, meisterhaft gekocht, doch höchst lässig serviert.

»Betrachten Sie sich als mein Gast!« Frank Schwarz produzierte eine groß einladende Geste. »Für Sie ist mir einfach nichts zu teuer.«

»Brechen Sie sich nur keine Verzierungen ab«, meinte Karl Hubert munter. »Schließlich kenne ich die Gepflogenheiten Ihres Metiers – und ein paar sehr spezielle, von Ihnen persönlich arrangierte ebenfalls.«

In diesem Fall sah das so aus: Dieser Journalist war im ›Bistro‹ eine Art Stammgast, ein sehr gern gesehener. Und das ohne bezahlen zu müssen. Dafür rührte er bei jeder Gelegenheit die Werbetrommel mit von ihm lancierten ›Gesellschaftsnachrichten‹, die für ein Lokal dieses Genres bares Geld wert waren.

»Warum eigentlich«, fragte Karl Hubert scheinbar nebensächlich, als beschäftige ihn allein die Speisekarte, »taucht bei diesem von Ihnen so intensiv verbreiteten Gesellschaftstratsch so gut wie niemals der Name Susanne Sommer auf?«

»Womit wir wohl beim Thema sind! Doch zunächst sollten wir bestellen – so gut wie alles, was hier erlesen erscheint und auch teuer ist. Fangen wir mit Austern an? Oder bevorzugen Sie Schnecken – hier werden die besten in der ganzen Stadt serviert. Jedenfalls sollten Sie sich stärken – für das, was ich Ihnen sonst noch zu bieten habe.«

Hier im ›Bistro‹ konnten sie sich völlig ungestört unterhalten. Zumindest mittags waren dort nicht viele Gäste da. Sie dürften sich da völlig ungeniert vorkommen.

»Diese Susanne Sommer«, berichtete Frank Schwarz etwas später, wobei er seine Forelle mit Mandeln gekonnt zerlegte, »scheint tatsächlich eine höchst bemerkenswerte Person zu sein. Sie ist wohl einfach zu klug, also bewußt raffiniert genug, sich derartiger Publicitysucht nicht auszuliefern. Die ist eben, auf ihre Weise, Klasse!«

»Tatsächlich? Die Dame scheint also sogar Sie beeindruckt zu haben.«

»Aber doch nicht gleich das, Herr Hubert. Über derartige kleinbürgerliche Kinderkrankheiten bin ich längst hinaus. Mittlerweile bin ich zu einem Kenner geworden – speziell von weiblichen Wesen.«

»Auch von dieser Susanne Sommer –?«

»Die ist vielmehr ein ziemlich außergewöhnliches Exemplar für eine Frau.« Frank Schwarz ließ sich nunmehr genau auf das ein, was Karl Hubert seiner Meinung nach von ihm erwartete: auf den Versuch einer Analyse.

»Sie ist schließlich nicht mehr die Jüngste, dennoch ein Wesen höchst sinnlicher, überaus vielversprechender Attraktivität. Der Andrang auf sie war und darf immer noch als einigermaßen groß gelten. Dabei scheint sie jedoch stets äußerst geschickt reagiert zu haben. Sie meidet Tagesgrößen und den fragwürdigen Rummel um diese. Vielmehr bevorzugte sie die ungleich leistungsfähigere Solidität von Männern, die nicht lediglich auf schnelle Publicity aus sind, sondern auf die möglichst ungestörte, unbeachtete Vergrößerung ihres Bankkontos. So was ermöglicht schließlich Genußmöglichkeiten, und mit dieser Einstellung läßt sich ungemein viel anfangen. Besonders wenn dabei eine Frau wie Susanne Sommer im Spiel ist.«

Karl Hubert schwieg. Er schien sich jetzt völlig auf seinen halben Hummer zu konzentrieren. Irgend etwas – etwas sehr Wichtiges – schien bei dem, was Frank Schwarz an ihn herantrug, nicht zu stimmen. Wenn die tatsächlich so veranlagt war, wie dieser Schwarz vermutete, warum hatte sie sich dann mit dem eingelassen? Neben Richard Holden.

Frank Schwarz schien diese Gedankengänge zu ahnen. »Susanne richtet sich stets äußerst geschickt auf begehbare, tragfähige Übergänge aus! Menschen werden für sie zu Brücken, zu Trittbrettern, zu sogenannten höheren Möglichkeiten.«

Karl Hubert war der Appetit auf ein gutes Essen gründlich vergangen. »Und Sie sind sicher, Schwarz, sich da nicht zu irren?«

»Absolut sicher, Herr Hubert! Ich bin nach wie vor dabei,

dementsprechendes Material zu sammeln. Darunter auch Details über diese Dame Simone Jahr.«

»Wer ist denn das?« fragte er wie überrascht, obgleich er bereits einiges von ihr wußte.

»Bei der handelt es sich um eine überaus geschäftstüchtige, stets absahnungswillige Person; reichlich direkt auf ihren Vorteil aus, überaus kupplerisch veranlagt noch dazu. Doch eben zu ihren intimsten Freundinnen – angeblich ist die sogar die einzige – gehört Susanne Sommer; ein Lockvogel der Sonderklasse! Allerbestens für diesen Gewinnverein geeignet, zu dem Filmkaufleute ebenso gehören wie Bauunternehmer und Modemacher, sofern die mit Millionen operieren können. Mithin alles, was sich möglicherweise schröpfen läßt.«

»Interessant«, sagte Karl Hubert sanft anfeuernd. »Können Sie Namen nennen?«

Das konnte Frank Schwarz. Er nannte deren fünf, die so gut wie stadtbekannt waren. Dann aber auch noch einen sechsten Namen. »Neuerdings scheint sich dort ein gewisser Lichtenberg breitzumachen.«

»Wer ist denn das?« Hubert gab sich desinteressiert, doch eben so, daß Schwarz es merken mußte.

Das Gesicht des Journalisten glänzte prospektreif zufrieden – er glaubte offenbar auf eine Art Goldader gestoßen zu sein; ohne zu ahnen, auf welche wirklich. »Bei diesem Lichtenberg handelt es sich um einen Doktor der Ökonomie, mit Hauptbüro in Lugano. Er scheint seine Aktivitäten hier entfalten zu wollen.«

»Doch nicht etwa in bezug auf Susanne Sommer?« scherzte Hubert neugierig.

»Schon möglich! Jedenfalls paßt er offenbar ganz gut in diesen Verein. Er benutzt und nutzt aus, er bezahlt sogar – alles, was sich ihm als lohnend anbietet. Eine Finanzhyäne mehr – aber eben eine mit internationalen Beziehungen.«

»Verfügen Sie über brauchbare Einzelheiten, Herr Schwarz?«

»Die lassen sich beschaffen, Herr Hubert – zumal Sie Wert darauf zu legen scheinen. Und darüber hinaus wahrscheinlich auch noch einiges!« Er sah den Kriminalisten andeutungsweise, aber unverkennbar zustimmend nicken. »Wir beide sind also voll im Geschäft! Wobei ich nun wohl auf eine gewisse Gegenleistung hoffen darf – sozusagen für eine publizistische Tätigkeit.«

»Selbstverständlich.« Karl Hubert hatte aus einem Futteral eine Brissago-Zigarre hervorgezogen: handlang, schokoladenbraun, mit gänsekielartigem Mundstück. Die beroch er, tastete sie ab, schien sie zu streicheln. Und dabei sagte er: »Da hat gestern nacht ein Überfall stattgefunden – ein Sittlichkeitsverbrecher stürzte sich auf ein Mädchen; fast noch ein Kind.«

Schwarz blickte leicht betrübt auf seinen Gesprächspartner, nicht wenig enttäuscht auch. »Aber ich bitte Sie, verehrter Herr Hubert – so was kommt doch hier alle Tage vor. Oder – sollte dabei diesmal irgend etwas Besonderes sein?«

»Es scheint sich um einen Fall zu handeln, mit dem sich gewiß eine Menge anfangen läßt – falls er in die richtigen Hände gerät. Also in die Ihren. Sehen Sie diesen Vorgang etwa so: Da existiert ein sogenanntes Kind aus dem Volk: lieb, schön, ahnungslos, anschmiegsam, naiv entgegenkommend. Und auf das stürzt sich dann etwas Dumpfes, Dunkles, Geiles, völlig enthemmtes Wesen. Was doch wohl zwingend suggeriert: Unsere Kinder sind zutiefst gefährdet. Alle!«

»Nun ja, gewiß – so etwas ist publizistisch gar nicht unbrauchbar«, erkannte Frank Schwarz. »Denn dabei pflegen erfahrungsgemäß biedere Bürger, angebliche treusorgende Familienväter ebenso wie gemütstriefende Mütter, auf die Barrikaden zu gehen. Wie könnte ich dabei an die Unterlagen herankommen?«

»Die erhalten Sie vom Dezernat Sitte; von Kommissar Krebs. Falls Sie einigermaßen geschickt vorgehen – was ich Ihnen zutraue. Denn Krebs ist schließlich zu Auskünften gegenüber der sogenannten Öffentlichkeit nicht nur berechtigt, vielmehr verpflichtet. Bemühen Sie sich also, ihm diesbezüglich alle erdenklichen Würmer aus der Nase zu ziehen.«

Frank Schwarz erkannte prompt den entscheidenden dunklen Punkt dabei. »Seine sicherlich wichtigsten Erkenntnisse – die über den möglichen Täter – wird der mir doch gewiß nicht mitteilen.«

»Natürlich nicht, Schwarz. Die aber könnten Sie möglicherweise von mir erhalten, sozusagen exklusiv. Damit würden Sie zum Aufklärer, zum Entdecker sogenannter scheußlicher Vorgänge werden. Ich biete Ihnen also möglicherweise diesen Täter an, liefere ihn aus – mit allen diesbezüglichen Einzelheiten: Triebkraft, Funktion, Vorgehen! Ist das ein Angebot?«

Das war es. Frank Schwarz sah sich bereits als Aufspürer

seltsam-wirkungsvollster Zusammenhänge. Er rieb sich geschäftig die Hände. Sehr voreilig.

8

Karl Hubert begab sich an diesem Nachmittag – vom ›Diner‹ mit Frank Schwarz kommend – ins Polizeipräsidium. In seinen Büroräumen herrschte gähnende Langeweile vor. Seine Beamten arbeiteten Akten auf.

»Kein interessanter Mord in Sicht!« meldete ihm sein Oberinspektor Kolb fast mürrisch. »Nur die üblichen Routinefälle, bei denen zufällige Kriminelle oder unberechenbare Triebtäter am Werk waren – also nichts für uns, meint der Kriminaldirektor. Sieht fast so aus, als versucht der unsere Arbeitskraft zu schonen – wofür bloß?«

Hubert lachte leicht bösartig auf. »Möglicherweise geht es dem um seine Erfolgsstatistik. Er hat nun mal eine Mordkommission in seinem Bereich, deren Aufklärungsquote hundertprozentig ist – und dieses einzigartige Aushängeschild gedenkt er sich zu erhalten.«

»Weiter so«, meinte Huberts Stellvertreter, »und wir kommen womöglich noch außer Übung.«

»Da dürfen Sie völlig unbesorgt sein, mein Lieber. Mit dem Kriminaldirektor werde ich in den nächsten Tagen ein ernstes Wörtchen reden. Doch zur Zeit soll mir diese interne Betriebspause nur recht sein – uns allen. Sie, Kolb, schließen möglichst alle bisherigen Fälle ab – reif für den Staatsanwalt. Und ich gedenke mich auch zu entspannen; auf meine Weise – indem ich diversen Kollegen mit Wonne ins Handwerk pfusche.«

»Geht in Ordnung, Chef«, bestätigte sein Oberinspektor verständnisvoll. »Bei uns jedenfalls scheint es augenblicklich nur eine einzige Schwierigkeit zu geben, die ich aber erledigen kann.«

»Welche Schwierigkeit?«

»Der Rechtsanwalt dieser sogenannten Schauspielerin, die ihren Freund über den Haufen geknallt hat, scheint darauf zu spekulieren, diese Person als unzurechnungsfähig zu erklären. Dagegen sollten wir uns absichern.«

»Unzurechnungsfähig«, stellte Karl Hubert grimmig-belustigt

fest, »sind fast alle diese Affekthandlungstypen. Aber so was darf niemals zu einem Freibrief werden – nicht für diese von Skandalblättern hochgejubelten prominenten Kriminellen mit ihren publicitysüchtigen Anwälten. Diese Type nehmen wir uns also noch einmal vor.«

»Gleich heute, Chef?«

»Unverzüglich! Stellen Sie dafür eine der bei uns üblichen Checklisten für Fangfragen auf – die gehen wir dann mit dieser Dame durch.«

»Wird vorbereitet, Chef!« Oberinspektor Kolb gehörte zu den eifrigsten, vorbehaltlosesten Bewunderern seines Hauptkommissars. Der wußte noch kriminale Leistungen zu schätzen – also auch wirksam zu würdigen. Wenn hier alles gut und richtig lief – und warum sollte es das nicht? –, würde er, der Oberinspektor, bald Kommissar und selbst Chef einer Mordkommission sein. »Auf mich können Sie sich verlassen.«

»Weiß ich«, bestätigte Hubert lapidar. »Das gleiche ist auch von mir stets zu erwarten.«

Danach telefonierte Karl Hubert zunächst mit dem Experten des Präsidiums für Wirtschaftskriminalität. Den fragte er: »Kommst du weiter – im Fall Lichtenberg?«

»Offenbar ganz erheblich, Hubert. Deine Vermutung scheint zu stimmen: Möglicherweise kann ich den Kerl jetzt über seinen neuesten örtlichen ›Mitarbeiter‹ in den Griff bekommen. Dank deiner Hinweise. Kann ich noch mit weiteren diesbezüglichen Anregungen rechnen?«

»Kannst du, mein Lieber. Du bleibst also, wie man so sagt, am Ball – aber zugleich weiter mit mir in Verbindung. Ich werde sehen, was sich da noch machen läßt. Richtig so?«

Das wurde ihm bestätigt. Worauf Hubert den Chef des Dezernats Sitte anrief, Kommissar Krebs. Von ihm wollte er wissen: »Bist du meiner Anregung gefolgt?«

»Selbstverständlich!« versicherte Krebs entgegenkommend. »Alle erreichbaren Unterlagen über den von dir vermuteten Täter im Fall Irene Winter werden zusammengetragen. In etwa drei Stunden wird er dann hier vorgeführt.«

»In meinem Beisein, Krebs?«

»Wie von dir gewünscht! Wobei ich allerdings noch – sicher mit deinem Einverständnis – zwei weitere Personen hinzugebeten habe, oder eben Persönlichkeiten – wie man es nimmt: Keller mit seinem Hund. Was dagegen einzuwenden?«

»Nein.« Hubert reagierte hellwach. »Ist das ein Zufall? Oder solltest du dir dabei irgend etwas gedacht haben, Krebs?«

»Beides, Hubert. Ich traf Keller zufällig, und wir unterhielten uns – auch über den Fall Irene Winter.«

»Und über mein Interesse daran?«

»Du sagst es. Worauf Keller prompt wie ich der Ansicht war: Wenn du dich dafür interessierst, dann müßte eigentlich etwas ganz Besonderes dahinterstecken. Schließlich bist du hier eine Art Tiger – und der gibt sich nicht ohne weiteres mit Ratten ab.«

»Ach was, Mann!« rief Karl Hubert nun leicht verärgert aus, aber auch etwas geschmeichelt. »Im Grunde ist das doch ganz einfach. Man sollte eben auch Polizeibeamten, sogar mir, gelegentlich menschliche Anwandlungen zutrauen – und dies ist eine.«

»Das nehme ich gerne an. Du kennst dieses überfallene Mädchen. Das hast du schon einmal gesagt, öfter als einmal. Allerdings nicht gleich derartig deutlich.«

»Laß das auch Keller wissen – gleich derartig deutlich. Und möglichst bald. Damit nicht etwa dessen brillante Kombinationsfähigkeit in eine völlig falsche Richtung dirigiert wird.«

»Wird gemacht«, versprach Krebs. Seine Neugierde schien ungebremst. »Wir sehen uns dann also in etwa drei Stunden.«

Diese Zeitspanne gedachte Karl Hubert nicht im Amt zu verbringen – das ließ seine tief im Innern wuchernde Unruhe nicht zu. Er verkündete seinem Oberinspektor: »Ich werde einen kleinen Frühlingsspaziergang unternehmen. Dabei gedenke ich, bei Rechtsanwalt Holden aufzukreuzen und mich danach zu mir nach Hause zu begeben. Zur verabredeten Zeit werde ich mich dann direkt bei Kommissar Krebs einfinden. Erst danach stecke ich wieder meine Nase in unseren derzeit sterilen, langweiligen Stall. Klar, Kolb?«

Der nickte lediglich. Denn damit war der Zeitplan seines Chefs für die vermutlich nächsten vier, fünf Stunden registrierbar geworden: Fußweg eins, 30 – Aufenthalt bei Dr. Holden, 60 – Fußweg zwei, 30 – Aufenthalt Wohnung, 45 – Fahrt ins Amt, 15 – dann Vernehmung Sitte, 45–90. Die von ihm dabei verzeichneten Zahlen waren Erfahrungswerte, errechnet in Minuten. Kolb vermochte Hauptkommissar Hubert ziemlich richtig einzuschätzen – zumindest was dessen berufliche Aktionen betraf.

Karl Hubert hielt sich diesmal nicht sonderlich lange bei einer seiner erklärten Lieblingsbeschäftigungen auf: dem Beobachten, Betrachten, Abschätzen von Menschen. Menschen, die ihm begegneten, denen er nachging, die er manchmal sogar verfolgte, um sie zu ergründen, zu durchschauen, zu analysieren zu versuchen.

Daß Karl Hubert selbst bei derartigen Beschäftigungen immer noch zu lächeln vermochte – wenn auch mit sprunghaft steigender Verachtung –, das, da war er sicher, verdankte er allein seinem Freund Richard Holden. Dieser war noch von großer Gelassenheit, gewachsener Würde und Anständigkeit – Reinheit fast. Ihn zu lieben, war wie eine Erlösung – dennoch. Zu Holden strebte Karl Hubert jetzt hin.

Er betrat den sogenannten Warteraum von dessen Büro. Mehrere Klienten saßen dort, die unverkennbar zu der bemüht treusorgenden Welt seines rechtswahrenden Freundes gehörten: verlassen wirkende Frauen, einsame Mütter, hilflose Zeitgenossen – hoffend, bittend, flehend! Und dazu noch würgend bescheiden.

Ein Anblick, dem sich Hubert rasch entzog. Er eilte in das Vorzimmer hinein, wo Holdens Sekretärin saß. Die war ein älteres, in wohl jeder Hinsicht ungemein um Verständnis bemühtes Wesen, was in diesem Bereich gewiß notwendig war. Außerdem, stellte Hubert wieder einmal mehr fest, roch sie nicht schlecht – wie nach vollreifen, abgelagerten Äpfeln. Und sie lächelte bei seinem Anblick – dezent einladend, außerdem anscheinend mächtig erleichtert.

»Darf man den Meister stören?« wollte Hubert wissen, mit unverbindlich gutgelaunt gedachten Untertönen.

»Gut, daß Sie gekommen sind«, erwiderte sie, sehr spontan, doch durchaus vorsichtig. »Sie werden ihm gewiß sehr willkommen sein.«

»Warum?« fragte Hubert hellhörig. Ihm entging keine irgendwie ungewöhnlich erscheinende Reaktion in seiner Umgebung – im Bereich eines geliebten Freundes schon gar nicht. Und dessen langjährige Sekretärin war stets ein Musterbeispiel an Diskretion gewesen. Doch nun aber leistete sie sich eine behutsame, leicht unsicher anmutende Andeutung. Bestimmt nur ihm gegenüber. »Ist irgend etwas nicht in Ordnung?«

Er wußte, daß er auf eine derartige Frage keine Antwort von ihr erhalten würde; zumindest keine direkte. Auch sie liebte Holden – wie eigentlich wohl jeder, der auch nur in etwas engere Berührung mit ihm gekommen war. Doch er wußte, daß sie ihn, Hubert, für besitzergreifend hielt. Und er wußte auch, was sie in diesem Spiel sein wollte: eine Bewahrerin!

»Sollte ich möglicherweise irgend etwas angedeutet haben, Herr Hubert, wozu ich nicht berechtigt bin? Das würde mir leid tun.«

»Sie haben! Aber das braucht Ihnen nicht leid zu tun, Verehrteste – eben weil ich es bin, den Sie zu informieren versuchten. Also?«

Karl Hubert blickte sie herzhaft aufmunternd an, und in seinen sonst so kühlen, wenn nicht kalt wirkenden Augen schimmerte seltene Wärme auf – so bat ein Freund um wichtig erscheinende Auskünfte. »Also los – springen Sie über Ihren Schatten!«

Holdens Sekretärin bemühte sich sichtlich darum. Und sie wußte, daß sie nicht erst noch zu erklären brauchte, warum sie dabei überhaupt etwas sagte. Denn irgendwie gehörte sie mit dazu – zu diesen Freunden. Als ein nicht unwichtiges Bindeglied. Das schien sie erkannt zu haben, als sie nunmehr mit einiger Offenheit sagte:

»Er kommt mir urplötzlich völlig verändert vor.« ›Er‹ war selbstverständlich Richard Holden. »Doch in welcher Hinsicht er sich verändert hat oder haben könnte, vermag ich nicht zu sagen. Manchmal, glaube ich, wirkt er überaus glücklich – dann aber auch wieder, völlig übergangslos, zutiefst deprimiert. Neuerdings arbeitet er nicht mehr so konsequent-intensiv wie sonst, das spüre ich. Und ich fürchte, auch seine Klienten könnten das alsbald zu spüren bekommen. Doch ich kann mich irren, Herr Hubert! Das würde ich sehr wünschen.«

Karl Hubert bewegte sich nun einige Schritte vorwärts, auf sie zu. Und dann legte er, mit großer, doch sehr zarter, ihm kaum jemals zuzutrauender Geste seine rechte Hand auf ihren Oberarm. Sie erkannte beglückt, was er damit andeuten wollte. Er sagte, kaum vernehmbar: »Danke!«

Unmittelbar danach begab er sich in das Büro des Rechtsanwaltes – die Tür aufstoßend und die hinter sich zuknallend. Hubert sah den Freund beim Fenster stehen; er setzte sich in dessen Schreibtischsessel. Dann musterte er Holden, als wäre dieser ein nicht leicht erklärbares Ausstellungsobjekt modernster Kunst.

»Ich komme hier gerade zufällig vorbei. Schau mich nicht so ungläubig an – selbstverständlich stimmt die Ausrede nicht. Ich wollte sehen – *sehen*, Richard, nicht per Telefon hören –, wie es dir geht. Also, wie geht es dir?«

»Blendend!« versicherte Richard Holden nur allzu prompt. Wobei er sich mit dem Rücken gegen das Fenster stellte, wie um sein Gesicht nicht den eindringenden Lichtfluten preisgeben zu müssen. »Ich fühle mich prächtig.«

»Mein lieber Richard«, stellte Hubert prüfend unnachsichtig fest, »so hört sich deine Stimme aber gar nicht an – die klingt belegt rauh, fast heiser. Und dein Gesicht mutet müde, enttäuscht und zergrübelt an. So ähnlich fast wie damals, als du in Erwägung ziehen mußtest, dich von deiner Frau zu trennen.«

Holden löste sich von der lichtgrellen Fensterfront. Er bewegte sich in den Raum hinein – auf Hubert zu. Bei ihm angekommen, zog er einen Stuhl herbei, setzte sich – mehr auf den Rand allerdings, wie jederzeit schnell fluchtbereit. »Du hast recht«, stellte er dann tonlos fest, »du kennst mich eben und durchschaust mich. Fast ganz.«

»Was doch wohl zu den Vorrechten, wenn nicht gar zu den Verpflichtungen eines Freundes gehört. Du bist also – unglücklich.«

»Was gewiß ein Irrtum ist!« Richard Holden suchte, wobei sich seine Hände unruhig bewegten, nach den nun wohl angebrachten, notwendigen Ausdeutungen. »Es handelt sich bestimmt nur um Mißverständnisse, Fehldeutungen, fatal voreilige Einschätzungen.«

»Also Susanne Sommer betreffend.« Karl Hubert lehnte sich im Schreibtischstuhl seines Freundes weit zurück. Seine Hände lagen griffbereit auf den Lehnen – als müsse er darauf vorbereitet sein, jeden Augenblick vorzuschnellen, Richard entgegen, sich über ihn zu stürzen, um ihn abzuschirmen mit seinem Körper. Sein Lächeln wirkte gläsern.

»Du bist um mich besorgt, Karl, nicht wahr? Das mußt du nicht sein. Doch ich nehme das als einen Freundschaftsbeweis.«

»Das ist einer, Richard!«

»Wobei du jedoch Susanne nicht richtig siehst, Karl. Das geschieht so gut wie jedem, der Susanne nicht näher oder eben nicht ein wenig genauer kennt. Zu denen gehörst auch du. Schließlich hast du sie noch niemals gesehen – du hast lediglich von ihr gehört.«

»Mach dir bitte eines klar, Richard«, sagte Hubert, den Freund jetzt unnachsichtig bedrängend, »daß sich in meiner Praxis immer wieder folgende Erfahrung ergeben hat: Es ist durchaus möglich, ein menschliches Wesen ziemlich zutreffend zu bestimmen, selbst wenn man ihm noch niemals direkt begegnet ist. Das anhand von amtlichen, wenn auch nur halbwegs korrekten Aktensammlungen.«

»Das, Karl, ist deine Ansicht!« wehrte Richard Holden fast traumatisch entschlossen ab. »Und sie ist der meinen, wie du weißt – oder eben wissen müßtest –, genau entgegengesetzt. Um einen Menschen zu beurteilen, ihn gar verurteilen zu können, muß man ihn kennen. Doch das willst du offenbar gar nicht. Du bist eben ein verfolgungsentschlossener Durchschauer – ohne jede tiefere Bindung.«

»Außer zu dir.«

»Zu einem dir geradezu polar entgegengesetzten Menschen – wie es den Anschein hat! Dir etwa ist so gut wie nichts heilig – mir nahezu alles. Ich hoffe unentwegt – auf die wahren Schönheiten dieses Daseins, dennoch. Du jedoch verachtest derartige Anwandlungen.«

Karl Hubert schien mechanisch zu nicken, wie weitgehend desinteressiert an derartig blumigen Bekenntnissen. Er zog aus seiner Brusttasche eine Zigarre hervor – eine Fünf-Dollar-Havanna, die ihm der Präsident neulich überreicht hatte. Er tastete sie fast zärtlich versonnen ab und fragte den Freund dann: »Hast du Feuer?«

Holden suchte nach einer Schachtel Streichhölzer, zerrte sie hervor und zündete eins davon sehr hastig an. Er hielt es Karl Hubert entgegen. Der starrte versonnen darauf – wofür er sich Zeit ließ. Die Hände des Freundes zitterten. Wenn auch nur leicht, doch leider unverkennbar deutlich.

Diesen Anblick empfand Karl Hubert als ungemein quälend. Er schien dennoch nachsichtig gelassen, als er nunmehr wissen wollte: »Angenommen, Richard, nur angenommen, ich würde dir eine – zugegeben recht verwegene – Forderung stellen. Und zwar diese: Versuche dich von Susanne Sommer zu lösen; möglichst konsequent, also radikal! Was dir im Augenblick gewiß recht schmerzhaft erscheinen könnte, doch auf die Dauer gesehen jedoch möglicherweise wie endlos erlösend. Wie, mein Freund, würdest du auf eine derartige Forderung reagieren?«

»Mit einer Gegenforderung, Karl: Lerne Susanne kennen! Nur dann wirst du sie zutreffend zu beurteilen vermögen – ihre leuchtende Schönheit, ihre wundersame Hingabebereitschaft, ihre strahlende Selbstverständlichkeit! Sie ist – ganz einfach – einzigartig!«

Hubert gab sich dennoch heiter. »Ich versuche da wohl gegen Gefühle zu argumentieren! Du liebst sie also – tatsächlich?«

»Ja, Karl.«

»Versuche trotzdem einmal intensiv über sie nachzudenken«, empfahl ihm der Freund, bevor er sich dann, fast fluchtartig, entfernte.

Karl Hubert war sicher, Unheil wittern zu können – und Unheil witterte er nun auch bei seinem Freund. Dessen gequälter Optimismus bedrückte ihn; dessen enthemmt gefühlsbetontes Liebesverhältnis bereitete ihm heftige Unruhe. Er konnte und wollte ihn nicht leiden sehen – ihn nicht.

Doch dann, wie um sich gewaltsam abzulenken, betrat er den Supermarkt in der Nähe seiner Wohnung. Dieser aufgequollene Verkaufsbauch glich einer Vorhölle des gefräßigen Konsums. Zumeist von Frauen bevölkert, verlangend und verlockt, im gelinden Taumel der Bestätigung ihrer Kaufkraft. »Hier ist der Kunde König!« So fühlten sie sich denn auch; wenn sonst nirgendwo – hier schon.

Hubert beeilte sich, seine wenigen Einkäufe hinter sich zu bringen. Das tat er jedoch nicht, ohne einige seiner kleinen, hier sich stets anbietenden Verwirrungsspiele zu betreiben. Und zwar mit seinem Warentransportwagen, dessen permanente Verschmutzung er mit einer mitgebrachten, eigens zu diesem Zweck gekauften Zeitung abzudecken pflegte. Mit diesem Wagen blokkierte er zielstrebig etliche der Einkaufshyänen. Wenn sie gebannt auf Angebote starrten, in denen sie wohl Fernsehreklame freudig wiedererkannten, füllte er ihnen Waren zu. Oder er stellte von ihnen bereits entnommene Kaufobjekte wieder in die Regale zurück; natürlich nicht in die dafür zuständigen. Das war eine wirksam verwirrende Betätigung, deren Enderfolg bestürzte Verunsicherung war. Auch derart genoß er ungemein – so nebenbei.

Doch als er sich diesmal einer der Kassen entgegenbewegte – mit raffinierten Überholmanövern –, prallte er auf ein breitschultrigblockierendes Wesen. Dieses stellte prompt Vorrechte fest und bestand auch auf ihnen, und zwar mit bedrohlich knurrenden Tönen. »So was verbitte ich mir, Mann – ich war zuerst hier!«

Das war eine massiv-warnende Feststellung, die jedoch unverzüglich korrigiert wurde. Nämlich als erkannt worden war, wer hier eigentlich wem begegnete: Karl Hubert war auf Vater Winter geprallt! Und der rief nun tönend einladend aus: »Sie haben natürlich bei mir immer Vorfahrt!«

»Was jedoch nicht unbedingt notwendig ist, Herr Winter.«

»Aber ich bestehe darauf! Zumindest das bin ich Ihnen schuldig.«

Hubert betrachtete den leicht schwitzenden Fernlastfahrer, der hier zu einem Schwertransporteur mit Familienbetreuungswut geworden war. Er hatte einen Kasten Bier und drei Flaschen Rotwein eingekauft; Tiroler, Kalterer See. Dazu eine Flasche Schnaps, den ›Klaren aus dem Norden‹.

»Na fein, Mann, Sie derartig munter zu sehen.«

»Ich bin zutiefst betrübt«, stellte Winter umgehend richtig. »Denn so weit ist es bereits gekommen! Irgend so ein Sittenstrolch läuft frei herum, und man läßt ihn frei herumlaufen. Mein armes Kind dagegen ist schwer krank, und meine liebe Frau muß sie betreuen. Mir bleibt gar nichts anderes übrig, als mich selbst zu versorgen. Ein Skandal!«

Sie gingen danach nebeneinander auf das Haus zu, in dem sie wohnten. Winter schnaufte leicht unter seiner schweren Getränkelast; Hubert, der lediglich einige wenige Lebensmittel trug, wartete nachsichtig-hoffnungsvoll auf weitere exemplarische Äußerungen seines Begleiters. Er mußte nicht allzu lange warten.

»Weiß die Polizei denn schon, wer dieses Schwein gewesen ist?«

»Noch nicht, Herr Winter, nicht mit Bestimmtheit. Sie müssen wohl dabei ein wenig Geduld entwickeln – und Vertrauen haben. So was geht nicht von heute auf morgen. Jede Gründlichkeit braucht ihre Zeit.«

»In einem Punkt jedoch, Herr Hubert«, behauptete der Winter-Vater, breitbeinig entschlossen dastehend, »sind wir uns gewiß einig: Gerechtigkeit muß sein! Die muß man sogar erzwingen – wenn nichts anderes übrigbleibt. Total! Sobald ich den Täter kenne, erledige ich ihn.«

»Das traue ich Ihnen tatsächlich zu.« Hubert vermochte seine Genugtuung über diese von ihm stets erhoffte Einstellung kaum zu verbergen, wenn er sich auch leicht besorgt gab, wie um Ausgleich bemüht; vorsichtig anfeuernd dennoch. »Immerhin müssen Sie damit rechnen, daß der mögliche Täter unmittelbar in die Hände der Polizei geraten könnte und damit gleich in den Bereich der Justiz. Dadurch wäre er ihrem Zugriff entzogen.«

»Keinesfalls endgültig!« stellte Vater Winter entschlossen bedrohlich fest. »Denn falls der verurteilt werden sollte, was ich sehr hoffe, dann doch nicht auf ewige Zeiten. Sobald dieser Kerl wieder greifbar ist, schnappe ich ihn mir. Am liebsten allerdings – gleich! Bezweifeln Sie das etwa?«

Das bezweifelte Karl Hubert keineswegs – bei seiner bereitwilligen Genußbereitschaft für alles Extreme. Die Weichen waren also gestellt, der dazugehörende Zug so gut wie abgefahren. Dieser Mensch mutete voll programmiert an – also wohl auf sehr zeitgemäße Weise in Funktion gebracht.

Karl Hubert blickte jetzt scheinbar zum Himmel hinauf – jedoch nicht weiter als bis zum vierten Stock jenes Hauses hoch, in dem er wohnte. Damit allerdings weit über diesen Winter hinweg, der sich vermutlich wie ein Fels in der Brandung vorkam – dieser jedoch kaum gewachsen. Dessen bornierte, rechthaberische Beschränktheit war primitiver Alltag.

Nicht jedoch das, was Karl Hubert nunmehr dort oben auf einem Balkon erblickte. Das war diese seltsam strahlende Mädchenfrau mit den innig leuchtenden Augen, dem wallenden Blondhaar und der grazilen, knabenhaften Figur. Und die hob nun, wie ihn freudig erkennend, eine Hand – mit zärtlich-zutraulichem Gruß.

Er starrte entzückt hinauf – diesem wundersamen, lichthellen Wesen entgegen. Der Winter-Vater, unmittelbar vor ihm, der sich nun wieder empört keuchend mit seinen Flaschen abmühte, existierte nicht mehr für ihn. Den roch er nun sogar kaum noch.

Er sah allein sie! Und sie, Margit, beugte sich nun hinunter –

wobei sie ihn, nur schnell vorübergehend, aus den Augen zu lassen schien, hatte er den Eindruck. Sie beugte sich dem Boden ihres Balkons zu. Das jedoch nur, um dort ein seidig-schwarzglänzendes Tier aufzugreifen – jene Katze, die Minka hieß. Sie nahm Minka in ihre Arme, und Minka schmiegte sich an sie. Damit bot sie einen Anblick, der ihn ungemein bewegte.

In diesen Sekunden, glaubte er zu erkennen, existierten allein sie beide in dieser seiner Welt. Margit und Minka! Nichts anderes sonst, außer Holden selbstverständlich, zählte; nichts war sonst noch wichtig. Allein sie!

Und er war sicher, noch niemals vorher in seinem Leben ein derartig beglückendes Bild gesehen zu haben.

Kurz nachdem die Abenddämmerung eingesetzt hatte, erschien Susanne Sommer im Büro des Rechtsanwalts Holden. Die Sekretärin im Vorzimmer musterte sie instinktiv besorgt, mit abschätzenden Blicken auch. Denn sie vermochte mühelos zu erkennen:

Diese Person dürfte kaum zu den üblichen Klienten ihres Chefs gehören – nicht vom Typ her, schon gar nicht bei der sichtlich teuren Ausstattung. Die trug einen seidigen Hosenanzug in Schwarz, vermutlich teuerste französische Kreation; dementsprechend auch ihr Parfüm – dezent, süßlich-sanft, sehr sinnlich wirkend. Und ihr Lächeln demonstrierte unentwegt höfliche Freundlichkeit.

Holdens Sekretärin war beeindruckt; sie zögerte dennoch nicht, ihre Position auszuspielen. »Vermutlich wünschen Sie Herrn Holden zu sprechen. In welcher Angelegenheit, bitte? Sie sind, soweit ich das erkennen kann, nicht angemeldet. Und nur nach vorheriger Vereinbarung...«

»Ich bin privat hier«, wurde ihr nun versichert, mit völlig unveränderter freundlicher Höflichkeit. »Ich darf wohl annehmen, daß Sie meinen Namen kennen – wir haben bereits miteinander telefoniert. Dabei hatte ich Sie um eine Verbindung mit Herrn Holden gebeten, die dann auch prompt erfolgte. Ich heiße Sommer.«

Genau das hatte die Sekretärin vermutet. Sie verlor dennoch nichts von ihrem souveränen Vorzimmerselbstbewußtsein. »Ich werde Herrn Holden benachrichtigen. Inzwischen darf ich Sie bitten, Platz zu nehmen.«

»Sehr liebenswürdig«, sagte Susanne Sommer. »Doch ich nehme kaum an, daß ich hier zu warten brauche. Es ist nur notwendig, Richard, Herrn Holden, zu verständigen. Bitte tun Sie das.«

Das geschah. Richard Holden erschien unverzüglich; spürbar beglückt. Mit weit ausgestreckten Armen eilte er seiner Sekretärin voraus – auf Susanne Sommer zu. »Welch eine wunderbare Überraschung!« rief er ihr zu. »Wie schön, dich zu sehen! Komm herein.«

Er legte einen Arm um ihre Schultern, sie schmiegte sich zu ihm hin – und so begaben sie sich in sein Büro. Er brauchte seiner Sekretärin gar nicht erst zu sagen, daß er nunmehr nicht gestört zu werden wünsche. Obgleich sie so etwas bei ihm noch niemals erlebt hatte, mutete alles sehr deutlich an.

Holden schlug die Tür hinter sich und Susanne zu. Er legte, immer noch wie ungläubig-glücklich, beide Hände auf ihre Schultern. Sie schien sich ihm entgegenzustürzen, preßte sich wie sehnsuchtsvoll an ihn. Zunächst völlig wortlos.

»Wie herrlich!« sagte er, sie umarmend. »Ich habe mich so nach dir gesehnt – doch nicht erwartet, dich zu sehen. Und jetzt, mein Liebling, bist du da!«

»Ich mußte ganz einfach kommen, mein Liebster!« behauptete sie; das klang gar nicht unglaubhaft, nicht bei ihrem demonstrierten körperlichen Einsatz. Denn er vermochte jetzt ihre straffen, sich ihm wie entgegendrängenden Schenkel zu spüren. »Ich hatte – Sehnsucht. Nach dir.«

»Du machst mich glücklich, Susanne«, hörte er sich sagen, schon wie versunken in die dunkel-sinnlichen Ausstrahlungen ihres Körpers. Es war, als sauge er sich an ihr fest – wobei sie mit geschickten Manipulationen ihrer Hände gekonnt nachhalf.

Und das in seinem Büro. Neben einer eingeschalteten 100-Watt-Lampe – die jede denkbare Deutlichkeit ermöglichte. Richard Holden schien nur sie mit höchstem Entzücken zu genießen, ohne jeden ablenkenden Blick zu der unverschlossenen Tür hin.

Sie löste sich wieder von ihm, jedoch nicht, ohne unverzüglich wissen zu wollen: »Bist du glücklich?«

»Das bin ich – durch dich.«

»Und nun, nicht wahr, ist alles klar – zwischen uns?«

»Aber ja, ja, meine Geliebte! Alles. Einfach alles ist nun klar.«

Und genau das war es wohl, was sie hatte wissen wollen. Sie küßte ihn, ließ sich von ihm küssen. Dann entfernte sie sich wieder, überaus hoffnungsvoll, ihre und seine Zukunft betreffend. Und das mit voller Berechtigung.

Fast unmittelbar danach fand ein Telefongespräch statt. Diesmal war es Richard Holden, der seinen Freund Karl Hubert anrief. Es begann mit den zwischen ihnen üblichen Wortvorspielen, wie: »Hoffe, dich nicht zu stören... möchte ich dir aber gerne mitteilen... um mögliche Mißverständnisse zu beseitigen...«

»Beseitige sie!« ermunterte Karl Hubert den Freund spürbar gutgelaunt, also bereitwillig entgegenkommend.

Worauf Holden, der Susanne noch nachzugenießen schien, versicherte: »Möglicherweise, Karl, könntest du da vorhin, bei deinem Gespräch mit mir, einem völlig falschen Eindruck erlegen sein. Du weißt schon, wen betreffend.«

»Weiß ich! Und dabei mußte ich wohl registrieren, Richard, daß du überaus besorgt gewesen bist, nahezu verwirrt, wenn nicht gar verstört. Dieser Person wegen.«

»Das könnte vielleicht vor ein, zwei Stunden so ausgesehen haben. Aber jetzt nicht mehr! Jetzt ist wieder alles in Ordnung; in allerbester Ordnung. Glaube mir das!«

»Warum, mein Lieber«, versicherte Karl Hubert mit verständnisvoll klingender Nachsichtigkeit, »sollte ich dir das nicht glauben.« Eine Erklärung, die er vermutlich noch unter dem Eindruck des Anblicks jener Mädchenfrau Margit mit der Katze Minka auf dem Balkon abgab. Doch selbst dieses unsagbar schöne, seltsame, beglückend nachleuchtende Bild vermochte ihn nicht zu verlokken, in seiner Wachbereitschaft dem Freund gegenüber nachzulassen.

Zumal der nun noch, wie hervorbrechend-beschwörend, behauptete: »Susanne ist wirklich so ganz anders als du möglicherweise vermutest. Sie ist die denkbar herrlichste Beglückung.«

»Wenn du das sagst«, meinte Hubert gedehnt, »wird das wohl auch stimmen. Doch gerade noch bist du mir jedenfalls ziemlich verstört erschienen. Ihretwegen. Jetzt aber nicht mehr? Was ist denn inzwischen geschehen?«

»Sie hat mich aufgesucht – und überzeugt. Und zwar davon, daß sie allein mich liebt.«

Hubert fragte nun nicht, wie sie das wohl angestellt hatte – seine kriminalistischen Erfahrungen reichten aus, sich das vorzustellen. Mein Gott, mußte er sich wohl sagen, Holden schwankte ja geradezu wie ein Rohr im Winde, der drohte sich beständig zu verfärben, wie Blätter im wechselnden herbstlichen Sonnenlicht, der war wie ein glatter Wasserspiegel, den jeder Windhauch zu zerstören vermochte. Die fürchterlich gefährdende Hingabebereitschaft seines Freundes drohte jetzt ganz zum Vorschein zu kommen. »Solltest du ihr etwa irgendwelche Zugeständnisse gemacht haben?«

»Keine! Aber vielleicht auch alle irgendwie erdenklichen. Was doch selbstverständlich ist – bei einem Menschen, den man liebt und von dem man geliebt wird. Verstehe das, bitte! Du bist der einzige, dem ich so etwas anvertraue.«

»Das kannst du auch, Richard – mußt du sogar!« Huberts Stimme wirkte jetzt, kurz bevor er dieses Telefongespräch fast schroff beendete, unendlich müde. »Du darfst stets sicher sein, daß ich einfach alles tun werde, um dir einen derartigen Zustand, den du dein Glück nennst, zu erhalten. Sofern das sinnvoll ist. Dann bin ich zu jedem diesbezüglichen Entgegenkommen bereit. Doch nur dann!«

Wenig später begann im Polizeipräsidium, Dezernat Sitte, die Vernehmung des möglichen Täters im Fall Irene Winter.

Das geschah in einem Raum von höchst strapaziert wirkender, doch kernseifensauber erscheinender Gerechtigkeitsfindungsbürokratie. Dort befanden sich: ein grüngrauglatter, wie tausendfach zertreten anmutender Kunststoffußboden; fahlweiße, abgegriffen wirkende Wände; wenige Möbel – kaum Akten. Also so gut wie nichts, was die Fantasie anzuregen, die Augen abzulenken vermochte.

Und in dieser glattkalten Vernehmungshöhle saßen nun, eng beieinander, auf schäbigen, bei jeder Bewegung knarrenden, jederzeit zusammenzubrechen drohenden Holzstühlen: einmal, dominierend, Kommissar Krebs, der stets wie bedächtig sanftbohrende Sittenexperte; dem jedoch auch jede denkbare Entschlossenheit zuzutrauen war, sobald er komplizierte Ausweitungen witterte. In seiner Nähe dann, fast dicht hinter seinem Rücken, hatte sich Karl Hubert plaziert – wie im Hintergrund, doch stets weitgehendste Übersicht erstrebend. Wobei er sich dann auch noch einige Mühe zu geben schien, gähnend gelangweilt zu wirken.

Der dritte Mann in diesem Raum, gemeinsam mit seinem wohl unvermeidlichen Begleiter – seinem uralten, höchst seltsam verfilzten, doch überaus neugierig wirkenden Hund – war Keller: auch ›Leichenkeller‹ genannt, der ›große alte Mann‹ des Präsidiums. Dieser schien eine Position am äußersten Rande angestrebt zu haben; dicht beim Fenster. Über seinem bleichen Greisengesicht lagen, im Gegenlicht, dunkle Schatten; sie erreichten auch seinen Hund, den er sanft beruhigend hinter den Ohren kraulte. Es war, als blinzelten sie einander erwartungsvoll zu.

Der vermutliche Täter wurde hereingeführt. Ein Oberinspektor geleitete ihn zu dem leeren Stuhl vor dem Schreibtisch des Kommissars. Dort ließ er sich nieder. Er blickte unruhig fragend um sich.

Krebs blätterte inzwischen anscheinend intensiv, doch wohl überflüssigerweise, in seinen Akten. Er schien seinen Kollegen ausreichend Zeit lassen zu wollen, die vorgeführte Person näher zu betrachten. Keller zeigte dabei nicht die geringste Reaktion; sein Hund auch nicht. Hubert jedoch lehnte sich in seinem aufächzenden Stuhl weit zurück – er vermochte die Angst des Mannes zu riechen.

Sittenchef Krebs begann seine Vernehmung, wobei er zunächst, mit fast leiser Predigerstimme, einige amtliche Feststellungen traf: Name, Vorname, Geburtstag, Geburtsort, Wohnort. Und dann: Beruf, Familienstand. »Stimmt das – soweit?«

»Stimmt«, bestätigte der Mann. Also: Gesner, Paul, geboren am 4. Mai 1939, in Straßburg, wohnhaft nun hierorts, Friedensstraße 33. Von Beruf: kaufmännischer Techniker, Datenverarbeitung. Verheiratet seit 1960; drei Kinder, alle männlich; sieben, neun und elf Jahre. »Nicht vorbestraft!« fügte er unaufgefordert hinzu.

Krebs nickte – wie zustimmend, aber auch leicht irritierend skeptisch; als habe er sagen wollen: noch nicht vorbestraft. Dann verlangte er zu wissen: »Wo, bitte, Herr Gesner, haben Sie sich vorgestern, in den späten Abendstunden, aufgehalten?«

Der Befragte erkannte prompt, mit geradezu tierhaftem Instinkt, die ihn massiv umlauernden Gefahren. Dementsprechend reagierte er unverzüglich aggressiv: »Was soll denn das? Worauf wollen Sie hinaus? Man hatte mir lediglich gesagt, daß hier einige Auskünfte von mir erwartet werden – weiter nichts.«

»Eben diese, Herr Gesner.«

»Sollten Sie etwa versuchen, mich zu verschaukeln? Worum handelt es sich denn dabei – möglichst genau! Habe ich nicht ein Recht, das zu erfahren?«

Das hatte er. Und Krebs, der nicht nur wegen Kellers Anwesenheit erheblichen Wert auf äußerste Korrektheit legte, bestätigte es ihm. »Es handelt sich um eine gewisse Irene Winter, eine Minderjährige – die überfallen und sexuell mißbraucht worden ist.«

»Kann ja sein! So was soll immer wieder vorkommen. Doch was habe ich denn damit zu tun?« fragte Paul Gesner erregt. »Glauben Sie vielleicht, mir irgend etwas beweisen zu können? Da muß ich doch sehr bitten! Außerdem habe ich dann ja wohl das Recht, jede diesbezügliche Frage abzulehnen.«

»Das haben Sie«, bestätigte ihm Krebs mit dennoch nachsichtiger Geduld. Diese flüchtig rechtsaufgeklärten Fernsehbetrachter begannen immer unbequemer zu werden. »Sie können selbstverständlich jede Beantwortung derartiger Fragen verweigern, falls sich dadurch eine Belastung für Sie ergeben sollte. Ist das hierbei der Fall?«

Der vorgeführte Gesner wirkte ungemein strapaziert. Nahezu lebensgefährlich blockiert, gleich einem Hasen, den lauernde Hunde umstellt hatten. Diesmal gleich drei! Und dazu dann noch ein ihn überaus irritierendes viertes Geschöpf; ein wirklicher Hund. Der richtete sich auf, gleichsam ihm entgegen – schien scharf Witterung zu nehmen. Paul Gesner schwieg – beherrscht von fieberhaft-verwirrenden Gedankengängen.

Seine scharfen, wie in schnellen Wellen auf Karl Hubert hinflutenden Ausdünstungen waren für diesen in dem engen Raum kaum noch zu ertragen. Und eben wohl deshalb schaltete er sich vorstoßend ein. »Kennen Sie mich, Herr Gesner?«

Der Mann betrachtete jetzt überaus angestrengt Huberts Gesicht, das ihm glücklicherweise ziemlich nichtssagend vorkommen wollte, also wohl reichlich bedeutungslos. »Woher sollte ich Sie denn kennen?«

»Immerhin kenne ich Sie! Zumindest in einigen Einzelheiten«, klärte ihn Hubert suggestiv bedrohlich auf. »Ich wohne zufällig in Ihrer Nähe – nur einige wenige Häuserblocks von Ihnen entfernt.«

»Wer sind Sie denn?« wollte der vorgeführte Verdächtige alarmiert wissen.

Krebs schnappte instinktsicher zu und übernahm unverzüglich die Vorstellung dieser Person hinter sich: »Hauptkommissar Hubert.« Wobei er dann noch, mit sanft-lauernder Aufmerksamkeit, hinzufügte: »Chef unserer Mordkommission eins.«

Bei dieser, zumindest in Polizeikreisen, lapidaren Eröffnung zuckte Paul Gesner zusammen, während Hubert ihn gar nicht weiter zu beachten schien. Der blickte vielmehr sehnsuchtsvoll zum Fenster, das er gerne geöffnet hätte – möglichst weit.

Der vorgeführte Hauptverdächtige jedoch atmete heftig; auf seinem Gesicht zeigte sich eine dünne, glänzende Schweißschicht. Er mobilisierte also Abwehrkräfte. Dann rief er gepreßt aus: »Wie weit, meinen Sie, mich denn zu kennen? Was wissen Sie denn wirklich von mir?«

»Eine ziemliche Menge«, stellte Hubert unnachsichtig bedrängend fest. Krebs schloß die Augen fast völlig; und Keller hörte auf, seinen Hund zu streicheln. Sie alle wirkten nun höchst konzentriert. Und Hubert sagte weiter: »Kann sein, daß ich vielleicht ziemlich Entscheidendes von Ihnen weiß – diesen Vorgang betreffend.«

Paul Gesner hatte nunmehr das Gefühl, kurz davor zu sein, in eine Falle hineinzugeraten. Hastig stieß er hervor: »Ich lehne es ab, dazu Stellung zu nehmen! Was ich ja wohl auch nicht muß – oder? Nicht ohne mich mit einem Rechtsanwalt beraten zu haben.«

Das war sein gutes Recht, wie ihm prompt von Kommissar Krebs bestätigt wurde – mit erneut irritierend-entgegenkommender Bereitwilligkeit. Diese Falle, dicht vor ihm, schien sich zu vergrößern, auch zu vertiefen. Doch warum das so war, wußte er nicht.

Doch die Erklärung dafür war wohl höchst einfach. Sie basierte auf langjährigen polizeipraktischen Erfahrungen. Ein derart massiv tönender Ruf nach einem Rechtsanwalt war nicht selten gleichbedeutend mit einem ersten, indirekten Schuldbekenntnis. Zumindest signalisierte so das Befürchtungen – die zumeist eine fatal-reale Bezüglichkeit besaßen.

Dementsprechend freundlich-hoffnungsvoll mutete dann auch

Krebs an, als er jetzt verkündete: »Dann beraten Sie sich also, Herr Gesner, mit einem Rechtsanwalt. Und zwar möglichst gründlich. Dafür gebe ich Ihnen vierundzwanzig Stunden Zeit.«

Hubert stürzte zum Fenster und öffnete es weit.

Auch an diesem Abend, wie an zahlreichen anderen, hatte Simone Jahr Gäste um sich versammelt. Dabei flatterte sie, gleich einem großrauschenden Vogel in Samt oder eben Seide, vom Hauptraum zur Tür, um dort ihre Besucher zu begrüßen – mit vereinnehmenden Umarmungen, um die dann so Beglückten in den Hauptraum zu geleiten.

Diese Gäste hockten inmitten von Chrom, Kristall und Ebenholz; auf Damast aus Lyon; Perserteppiche neuerer Machart lagen unter ihren teuer beschuhten Füßen. Diese sogenannte ›große Gesellschaft‹, hier angeblich ›tonangebend‹, wenn auch nur zweiter oder gar dritter Wahl, machte sich lauttönend breit.

Schließlich erschien auch Susanne Sommer. Sie wurde von ihrer Freundin Simone anschmiegsam begrüßt. Sie waren spürbar aufeinander eingespielt. Doch wie weit, in welchem Ausmaß wirklich, schien etlichen noch ein Rätsel – ein eventuell fragwürdiges sogar.

Simone flüsterte auf Susanne ein: »Ich brauche dich – dringend!«

»In welcher Hinsicht?«

»Bevor du dich hier auf deine Weise amüsierst, was ich dir gönne, könntest du dich meinem Mann widmen – wenn auch nur kurz.« Sie produzierte für die übrigen Anwesenden ein strahlendes Partylächeln. »Dem solltest du klarmachen, daß wir beide heute nachmittag zwischen vierzehn und siebzehn Uhr einen ausgedehnten Einkaufsbummel unternommen haben. Etwa in der Gegend Cartier und Pucci; ohne dabei irgend etwas zu finden, das uns gefiel.«

Susanne Sommer nickte lediglich. »Wer ist es denn diesmal?«

»Das erzähle ich dir später! Beruhige zunächst meinen Mann. Das mit der gebotenen Vorsicht; der reitet schon wieder einmal seine mißtrauische Tour.«

Das traf tatsächlich zu. Dieser von Simone Jahr ungeniert und in aller Öffentlichkeit als ›mein Mann‹ bezeichnete Mensch, von dem jeder wußte, daß er zwar verheiratet war, aber nicht mit Simone,

hockte sichtlich mürrisch in einer Ecke dieses modischen Glanz-
raumes – mittelgroß, mittelschwer, mittelmäßig gekleidet; ein
fleischiges Gesicht mit kleinen, flinken Grauaugen.

Susanne Sommer, ganz Freundin der Simone-Haushaltung,
setzte sich unverzüglich zu ihm, hielt ihm ihr hübsch-sinnliches
Gesicht entgegen, um sich dann, wohl rein freundschaftlich, von
ihm küssen zu lassen.

»Wie geht es dir denn so, Werner?« fragte sie einfühlsam. »Du
machst keinen sonderlich glücklichen Eindruck. Im Augenblick
jedenfalls nicht. Warum denn? Schließlich gehört zu dir eine Frau
wie Simone – die dich liebt.«

»Mich?« fragte er aufgrollend. »Oder mein Geld?« Eine derartige
massive Aufrichtigkeit konnte er sich Susanne Sommer gegenüber, der vertrauten Freundin, leisten. Zumal er erkannt zu haben
glaubte, daß Susanne wesentlich anders als seine Simone war –
ungleich unauffälliger, wohl auch aufrichtiger, also weit weniger
berechnend. Sie wollte geliebt, bewundert, anerkannt werden.
»Warum«, fragte er offen, »bin ich nicht an dich geraten?«

Susanne spürte, daß so was wohl eine Art indirektes Angebot
war – auf das jedoch einzugehen, auch nur andeutungsweise,
gewiß nicht der richtige Zeitpunkt war. Also betätigte sie sich als
voll verläßliche Freundin. »Du verkennst sie, Werner. In diesem
Punkt bist du wie alle Männer, die Ansehen und Vermögen
besitzen – ihr alle glaubt, nur deshalb geliebt zu werden.«

Das hörte dieser ›ihr Mann‹ nicht ungern, zumal Susannes
weitere Ausführungen, plauderhaft-plakativ dargeboten, ihn zu
ermuntern vermochten. So etwa die Schilderung eines Einkaufs-
bummels der beiden Freundinnen an diesem Nachmittag. Simone
hätte dabei etliches erblickt, was ihr sehr gefallen habe – doch sie
wäre vor den Preisen zurückgeschreckt. Das mit den Worten:
»Darüber muß ich erst mit meinem Mann sprechen – ohne seine
Zustimmung leiste ich mir das nicht.«

Das gefiel Werner ungemein. Er entspannte sich, ergriff dankbar
jene von Susannes Händen, die ihm am nächsten lag, tätschelte sie
freundschaftlich und widmete sich dann unverzüglich seinem
Champagner – der ihm nun wieder mundete. Susanne konnte also
weiterziehen.

Und zwar unverzüglich zu Dr. Lichtenberg hin. Dieser hatte ihr
bereits bei ihrem Erscheinen verlangend entgegengeblickt und

streckte ihr nun beide Hände weit entgegen. Er schob die ihm zugeteilte Gespielin neben sich zur Seite, um für Susanne Platz zu machen. Sein freundlich-harmlos wirkendes Jungengesicht schien Entzücken bekunden zu wollen. Er war eine Hyäne, die sich als Lamm ausgab.

»Sie fahren einen Volkswagen«, sagte er, schnell massiv-geschäftlich, stets erprobt wirksam direkt. »Dabei könnte ich Sie mir viel besser in einem erstklassigen Sportwagen vorstellen – etwa einem Lancia, einem Porsche, einem Jaguar.«

»Gedenken Sie etwa«, sagte sie, irritierend amüsiert, »mir ein derartiges Fahrzeug vor die Haustür zu stellen?«

»Warum nicht!« Jeder Gauner, und dieser Dr. Lichtenberg war gewiß einer, glaubte bedenkenlos an die Wirkung des Geldes; wer Millionen machen wollte, wie er, durfte nicht vor etlichen zehntausend Dollar als Investition zurückschrecken. »Sie brauchen nur Ihre diesbezüglichen Wünsche anzumelden, verehrte Frau Sommer.«

»Bei einer bestimmten, von Ihnen bereits angedeuteten Gegenleistung – nicht wahr?«

»Selbstverständlich meine ich Rechtsanwalt Dr. Holden. Der könnte hier für mich, einen Ausländer, der denkbar beste Partner sein. Sobald er bereit sein sollte, für mich zu arbeiten, mit seiner ganzen Kanzlei, mit seinem erfreulich guten Ruf, dürfen Sie mit jeder erdenklichen Dankbarkeit meinerseits rechnen. Nun, ist das ein Angebot? Ließe es sich realisieren?«

»Könnte sein«, sagte Susanne Sommer gedehnt. Sie war eine Meisterin der vorsichtigen Versprechungen.

Dr. Lichtenberg glaubte nunmehr, seiner Sache sehr sicher sein zu können. »Ich darf also annehmen, verehrte Frau Sommer, daß Sie mich bei meinen Bestrebungen unterstützen werden?«

»Nehmen Sie das an«, sagte sie mit behutsamer Ermunterung und entschloß sich, als das ihr angemessene Honorar einen Jaguar zu akzeptieren.

»Das müßte aber möglichst gleich morgen geschehen«, sagte er, sich ihr entgegenneigend, wie in vollstem Vertrauen. »Ich habe da ein Millionenobjekt an der Hand – bei dem ich jedoch schnell zupacken muß; mit Hilfe einer absolut vertrauenswürdigen Person, die für mich den entscheidenden Vertrag abschließen kann – einen äußerst lohnenden Vertrag auch für diese Person. Die ersten

Einhunderttausend zahle ich sofort, weitere alsbald. Sie verstehen?«

Sie verstand. Dabei betrachtete sie sehr versonnen ihre zierlichen, schön geformten, doch auch sehnigen Hände, die kraftvoll zupacken konnten. Diese Hände liebte sie – wie wohl alles an sich. In der sicheren Erkenntnis: Sie hatte, immer noch, einiges zu bieten! In letzter Zeit begann sie sich allerdings zu fragen: Wie lange wohl noch?

»Ich werde das also«, sagte sie, mit wohl sehr sanfter, doch ziemlich entschieden wirkender Entschlossenheit, »zu arrangieren versuchen.«

»Ich verlasse mich auf Sie – und Sie können sich auf mich verlassen«, versicherte Dr. Lichtenberg. »Sobald ich, möglichst gleich morgen, etwa mittags, spätestens nachmittags, einen Termin bei Rechtsanwalt Holden bekomme und der sich bereit erklärt, diese Verträge für mich abzuschließen, werde ich mich mit Ihnen in Verbindung setzen, um Ihre speziellen Wünsche zu erfahren.«

»Und welche – erwarten Sie?«

»Außer Anregungen, Ihr Lieblingsfahrzeug betreffend, noch eine von Ihnen zu bestimmende Summe. Eine fünfstellige selbstverständlich. Wobei die erste Zahl davon eine drei sein kann. Sind wir uns einig?«

Sie waren es.

Ungetrübt auch dann noch, als der Journalist Frank Schwarz auftauchte – der nach Susanne Ausschau hielt.

Inzwischen saßen sich in dem steril anmutenden Büroraum des Chefs Dezernat Sitte drei Männer gegenüber; den seltsamen, uralten Hund nicht zu vergessen, der irgendwie ebenso fragend, neugierig und skeptisch zu blicken vermochte.

Krebs, der souveräne Sittenwächter, Hubert, der erbarmungslose Mordaufklärer; schließlich ›Leichenkeller‹, sie alle randgefüllt mit kriminalen Erfahrungen – wie dazu verdammt. Der ihnen vorgeführte Verdächtige, dieser Paul Gesner, war sozusagen ›auf freien Fuß‹ gesetzt worden – zumindest für die nächsten vierundzwanzig Stunden.

Krebs – der hier amtlich maßgebliche Sittenchef – stellte jetzt fest:

»Da hast du nun also versucht, Hubert, mir deine Methoden aufzuzwingen! Methoden, die nicht die meinen sind!«

»Ich habe lediglich deinen Verdächtigen«, stellte der Hauptkommissar fest, »den du mir zu verdanken hast, in die Enge getrieben; was erfahrungsgemäß zu Kurzschlußhandlungen zu führen vermag. Und mehr kannst du nach dem Stand deiner Ermittlungen nicht erwarten.«

Krebs sah den ›großen, alten Mann‹ des Präsidiums an. Der jedoch schien sich bei der Beschäftigung mit seinem Trollhund nicht stören lassen zu wollen; was praktisch bedeutete: Keller gedachte vorerst in dieses Gespräch nicht einzugreifen. Hubert hatte zwar kräftig geblufft, aber ohne jedoch dabei falsche Angaben zu machen, ohne den Vorgeführten zu täuschen, zu belügen – und die Art, wie er so was formulierte, war schließlich seine Sache.

Hubert versuchte seine Ansichten zusätzlich noch zu erklären. »Du mußt das so sehen, Krebs: Nach einer derartig massiven Herausforderung wird dieser Mistkerl, der garantiert der Täter ist, kalte Füße bekommen. Er wird sich also einem Rechtsanwalt anvertrauen. Und wenn der erfährt, mit was und auch mit wem da sein Klient konfrontiert worden ist, wird er diesem, wenn er kein ausgemachter Idiot ist, die Flucht nach vorn empfehlen.«

»Das könnte sein«, sagte nun Keller recht leise, doch überraschend deutlich. »Wenn mein Rechtsanwalt seinen Verdächtigen dazu bringt, sich auf eine Art Eingeständnis einzulassen, kämen wir einen Schritt weiter. Doch entscheidend dabei werden dann die dem Täter eingeübten Aussagen sein.«

»Das ist es!« reagierte Krebs leicht erregt. »Denn hier haben wir es mit einem Sittlichkeitsverbrechen zu tun, das kaum brauchbare Spuren und keinen direkten Zeugen besitzt – lediglich zwei Aussagen, die sich mit Sicherheit auseinanderdividieren ließen. So was ist schließlich alles andere als ein Mord, bei dem sich der Täter unmittelbar neben der von ihm produzierten Leiche aufhält.«

»Ach was, Krebs«, sagte nun Hubert überzeugt, »ich habe schon Morde aufgeklärt, für deren Täter zunächst nicht der geringste Anhaltspunkt existierte! Doch sobald ich dann so ein Schwein zu wittern vermochte, habe ich es an eine Beweiskette gefesselt, von der es niemals mehr loskam. Und so was kannst du auch. Das haben wir gelernt.« Womit er Keller würdigte.

Dieser blinzelte vor sich hin – seinen Hund an. Krebs fühlte sich und seine Arbeit falsch eingeschätzt. »Das sagst du so!« grollte er Hubert an. »Ohne die Akten dieses Falles zu kennen.«

»Akten, Mensch, sind doch kaum mehr als Anhaltspunkte. Du kennst, du hast den Täter – und nun überführe ihn!«

»Das aber, Hubert, würde ich gern auf meine Art und Weise tun – genau und gründlich. Glied für Glied zusammenfügend, ohne eine derartig vorschnelle massive Konfrontation, die vieles an Feinheiten zerstören kann.«

»Verdammt noch mal, Krebs, verehrter Kollege – wir sind doch keine Seelsorger für geistig oder geschlechtlich Gestörte!«

»Sind wir nicht, mein lieber Hubert«, bestätigte ihm nunmehr Keller. »In diesem Punkt hast du recht. Aber unser Freund und Kollege Krebs hat gewiß auch recht; und zwar in seiner Annahme, daß sich Kriminalisten, heutzutage, gegen einfach alles vorbeugend absichern müssen. Also möglichst auch gegen Gutachten ausbrütende Psychologen, die mit Sicherheit versuchen werden, in einem Prozeß, oder auch schon im Vorfeld eines solchen, geistige Sperren einzubauen.«

»Diesmal sogar mit einiger Gewißheit!« rief Krebs aus, sich bestätigt fühlend. »Hubert, du hast lediglich ein Faktum: der Mann ist dieser Irene nachgeschlichen! Und es ist doch nicht ganz ausgeschlossen, daß sie ihn dazu ermuntert hat. Eine Art gegenseitiges Verlangen wäre dabei durchaus denkbar – ein präsentes, anlockendes; dann vollzogenes. Solltest du das für ausgeschlossen halten, Kollege?«

»Nun sage mir mal, Krebs«, provozierte Hubert, »für wen arbeitest du eigentlich? Für diese Sittenstrolche – oder für die Sittlichkeit?«

Krebs nahm diese Provokation, nachdem ihm Keller ermunternd zugelächelt hatte, ziemlich gelassen hin. »Ich versuche lediglich das zu registrieren, was wir feststellen konnten: Irene begab sich auf ein Gelände in der Nähe der Straße. Und er folgte ihr. Jedenfalls ließ sie dort ihre Blue jeans fallen, ohne erst noch einen Schlüpfer herunterziehen zu müssen. Das gibt sie selbst zu – das ist protokolliert worden. Und warum tat sie das – wird man wohl fragen?«

»Weil sie dringend mal mußte! Nach den ihr offerierten Bieren und Schnäpsen ist so was menschlich.«

»Das behauptest du, Hubert. Und so kann und so wird es wohl auch gewesen sein. Deine Irene wirkt ziemlich glaubhaft; aber ein kindlicher, ahnungsloser Unschuldsengel ist sie nicht. Schon gar nicht, da ihre Aussage auf fatale Weise ausgedeutet, verschärft, verdreht werden kann, was einem halbwegs cleveren Rechtsanwalt durchaus gelingen würde. Dann könnte es prompt heißen: Sie habe ihn angelockt, sich ihm angeboten, sogar vor ihm ihre Geschlechtsteile entblößt. Und da konnte der einfach nicht anders...«

»Ja, pfui Teufel, Krebs!« rief Karl Hubert empört aus. »Und so was glaubst du?«

»Glaube ich nicht«, versicherte Krebs, wie unendlich nachsichtig. »Aber mit derartigen Argumenten muß ich rechnen und rechne ich!«

»Na gut – tu das!« rief ihm Hubert zu. »Aber wenn sich für den Kerl noch so viele Schlupflöcher anzubieten scheinen – dann mußt du die eben verstopfen!«

»Das will ich versuchen. Doch das wird gar nicht so leicht sein.«

»Falls du dabei meine Hilfe benötigen solltest, die meiner Leute auch – wir stehen zur Verfügung.«

»Danke, Hubert. Doch das, ich hoffe, wird nicht notwendig sein.«

Krebs blickte zu Keller hin. Doch der schien diesem Gespräch nicht mehr zu folgen. Er beschäftigte sich mit seinem Hund.

Eine der letzten Stationen dieses Abends, dieser Nacht: eine weitere Party bei Simone Jahr.

Die drohte nun sehr schnell zu verenden. Der Herr des Hauses, ›ihr Mann‹, der mürrische Finanzier ihrer großen Vergnügungen, hatte durch sein dringliches Verlangen, sich besaufen zu wollen, dementsprechend auch die Gäste animiert. Und die starrte er nun nahezu bösartig blickend an.

Susanne Sommer schob sich, erneut von Simone Jahr angeregt, mit leicht wiegenden Bewegungen auf Werner zu. »Du solltest sehr glücklich sein«, sagte sie, sich zu ihm setzend. »Deine Simone ist nicht nur eine wunderbare Frau – auch eine vollendete Gastgeberin.«

»Ach was!« stieß Werner betrunken-boshaft hervor. »Die kann

doch nichts als Geld ausgeben.« Womit er unmißverständlich meinte: sein Geld. »Die ist nur wirklich geil, wenn es um ihre Geltungssucht geht. Sie will wer sein! Sie hält sich vermutlich für eine verkannte Greta Garbo, für eine mißverstandene Marlene Dietrich!«

»So was, Werner – solltest du nicht sagen«, riet ihm Susanne dringlich. »Deine Simone ist allein für dich da.«

»Das ist sie nicht!« stieß er schwerzüngig hervor. »Und manchmal frage ich mich, nicht nur neuerdings: Warum bist du denn nicht – an ihrer Stelle? Wenn jemand ein so großzügiges Leben verdient, wie ich es ermöglichen kann – dann du!«

»Das, Werner«, sagte Susanne wie bestürzt, aber auch geschmeichelt, »will ich nicht gehört haben. Simone ist meine beste Freundin.«

»Ich bitte dich«, murmelte er tiefsinnig, »was besagt denn das schon?«

Dieser Abend, konstatierte Susanne zufrieden, war recht erfolgreich gewesen. Und das dachte sie selbst noch, als sich nunmehr Frank Schwarz, der Journalist, mit besitzergreifendem Lächeln auf sie zubewegte.

Im Polizeipräsidium, Dezernat Sitte, das Hubert verlassen hatte, war Kommissar Krebs anhand seiner Akten bemüht, seinen verehrten Lehrmeister Keller über den Fall Irene Winter mit möglichst letzten Einzelheiten zu informieren. Und Keller schien jetzt wieder durchaus intensiv zuzuhören – sein Hund auch.

»Das wäre an sich«, referierte Krebs, »ein völlig alltäglicher Fall; in meinem Bereich in jedem Monat so an die einhundertmal vorstellbar. Wobei jedoch kaum viel mehr als ein Dutzend derartiger Vorgänge angezeigt, also amtlich bekannt werden. Weil falsche Scham im Spiel ist, oder eben sogar die halbwegs richtige Erkenntnis: Bei derartigen sexuellen Vorgängen sind wir, die Polizei, weitgehend machtlos.«

»Bekannt!« bestätigte ihm Keller – wobei auch sein wundersamer Hund wie zustimmend zu nicken schien. »Gefühle, Leidenschaften, oder eben auch Laster, entziehen sich sehr weitgehend jeder brauchbaren kriminalen Bestimmbarkeit. Sie muten wie ein endloses Sumpfgelände an, das sich noch dazu durch zeitbedingte Moralbegriffe wie in ständiger Veränderung befindet. Schwer, da einen gangbaren Weg hindurchzufinden – und nicht nur für Polizeibeamte.«

»Ich versuche es dennoch immer wieder!« gestand Krebs seinem Keller. »Und so mühsam das auch ist – manchmal gelingt es. Nicht jedoch in diesem Fall, befürchte ich. Wenn der auch an sich ziemlich greifbar anmutet.«

»Was du hier offenbar«, reagierte Keller einfühlsam, »als alarmierend empfindest, ist die Tatsache, daß sich da jemand direkt in deinen Bereich einzumischen versucht. Und zwar gleich einer von der enormen kriminalen Größenordnung eines Hubert.«

»Genau das ist es wohl«, bestätigte Krebs, sich verstanden fühlend. »Was veranlaßt Hubert dazu, frage ich mich.«

»Dabei könnten«, meinte der alte Mann bedächtig, »sehr persönliche, sehr menschliche Beweggründe eine Rolle spielen.«

»So was kommt bei Hubert doch wohl kaum in Frage. Der will nichts als die absolute Gerechtigkeit, die versucht er zu erzwingen! Wo immer er auch ein Verbrechen wittert, reagiert er ohne die geringste Rücksichtnahme. Er ist – so ganz anders als wir.«

»Sagen wir, Freund Krebs, er scheint sich verändert zu haben«, korrigierte Keller sanft, wobei er seinen nun eingeschlafenen Hund verständnisvoll betrachtete. »Es könnte sein, daß Hubert nicht mehr das ist, was er war.«

»Kommt dir das auch so vor, Keller?«

»Das ist wohl von jedem zu befürchten – manchmal auch zu erhoffen. Schließlich kann man keinen Menschen nach wenigen Jahren endgültig definieren. Du brauchst nur die schönen, gefälligen Gemeinplätze zu bedenken, die hier im Amt über uns kursieren. Wir werden für eine Art strahlendes kriminalistisches Dreigestirn gehalten. Etwa ich – als der angeblich philosophisch angehauchte große Lehrer seiner Meisterschüler; also der von euch beiden. Du, Krebs, wirst als sanfter, zugleich sicher zupackender Aufklärer bezeichnet. Während sich unser Hubert die Vermutung gefallen lassen muß, was er offenbar sogar sehr gern tut, ein denkbar rücksichtsloser Verfolger zu sein. Aber was, frage ich dich, stimmt dabei wirklich restlos?«

Das war eine Frage, auf die Krebs keine Antwort wußte. Noch nicht. Und wenn Keller die Antwort bereits zu ahnen schien, so machte er das nicht deutlich.

Die Simone-Jahr-Party löste sich nunmehr in ein zielstrebig erhofftes Wohlgefallen auf. Susanne Sommer und Frank Schwarz gehörten zu ihren letzten Gästen. Simone geleitete beide zur Tür. Sie umarmte ihre Freundin betont innig – ihn aber vorsorglich auch. »Also dann – macht es gut. Was auch immer.«

»Eine herrliche Nacht!« stellte Frank Schwarz fest, als er mit Susanne auf dem nahen Parkplatz angekommen war. Dessen bleicher Zementboden schimmerte im Mondlicht; modisch gedachte Bienenwabenhäuser umstellten ihn. »Was, meinst du, ließe sich in dieser Nacht noch anfangen?«

»Eigentlich«, sagte Susanne, »bin ich sehr müde.«

»Kein Wunder!« meinte er munter. »Schließlich bist du bei dieser Party ziemlich intensiv in Aktion getreten.«

»So – bin ich das?« fragte sie, leicht heiter erwartungsvoll.

Worauf er demonstrierte, daß er ein exzellenter Beobachter war – schließlich lebte er von dieser Fähigkeit, bei recht brauchbaren, aus diversen Quellen fließenden Honoraren. Sein sicherer Instinkt dafür, selbst noch so verdunkelte, möglichst schlüpfrige, also vielversprechende Kreuz- und Querverbindungen aufspüren zu können, machte sich immer mehr bezahlt.

»Bei dir, meine Liebe, hat es sich diesmal offenbar um drei dir recht verwendungsfähig scheinende Zielpunkte gehandelt. Dabei einmal, doch wohl mehr am Rande, dieser andersgeartete Modeschöpfer, der danach giert, auch von Frauen anerkannt zu werden, was du wirkungsvoll getan hast. Womit sich vermutlich erhebliche Sonderpreise für seine Kreationen einbringen lassen.«

»Na und, Frank? Was ist denn schon dabei?«

»Bei dem, was ich da soeben gesagt habe, meine liebe Susanne«, versicherte er unverzüglich, »hat es sich keinesfalls um einen Vorwurf gehandelt, mehr um eine anerkennende Feststellung.«

»Erkläre mir das näher«, wollte sie nun fast begierig wissen, wobei sie sich lässig gegen seinen knallroten Porsche lehnte. »Sage mir, was du sonst noch herausgefunden zu haben glaubst.«

»Zweitens, Susanne: dein vielversprechend vorsichtiges Eingehen auf diesen Werner, also Simones sogenannten ›Mann‹ – und dessen deutlich enormes Interesse für dich. Bei dem könntest du sie jederzeit ablösen. Ist das deine Absicht?«

Sie lachte spröde auf. »Ich bitte dich! Simone ist schließlich meine beste Freundin!«

»Eine denkbar beste Freundin ist Simone immer – so gut wie jedem gegenüber; sobald sich das irgendwie für sie lohnt. Und drittens: deine intensiven Bemühungen um diesen Lichtenberg – oder eben seine um dich. Auch hier ganz sicherlich von Simone inspiriert.«

»Nun – er war ihr Gast; jemand mußte sich um ihn kümmern.« Susanne reagierte schnell ausweichend. »Doch persönlich oder gar privat ist er mir reichlich gleichgültig. Wäre ich denn sonst hier? Bei dir?«

»Darüber freue ich mich – sehr sogar. Doch vermutlich wollte dieser Lichtenberg irgend etwas von dir. Wenn auch nicht gleich dich, so doch etwas anderes, zu dem du Zugang hast. Was ist das? Wofür interessiert der sich? Schließlich ist er ein Geschäftsmann – ein ziemlich ausgekochter, wie man so flüstert.«

Susanne lächelte ihn an. Sie vermochte seine instinktsichere Gefährlichkeit zu erkennen. Sie sagte, bemüht ablenkend, wie bereit, sich anzuschmiegen – was sie dann auch tat; zunächst an seinen Porsche. »Du bist eben ein Mann, Frank, du siehst in Frauen immer nur das, was du in ihnen sehen willst. Doch zu denen gehöre ich nicht.«

»Irgendwie – bist du absolute Sonderklasse. Zugestanden.«

»In Wirklichkeit«, behauptete sie völlig ungeniert, »ist es so gewesen: Ich habe den ganzen Abend auf dich gewartet. Und inzwischen mußte ich eben das übliche Partygeschwätz über mich ergehen lassen. Weiter war nichts. Das mußt du mir glauben.«

»Das glaube ich dir auch, Susanne – liebend gern!«

Er stellte das überaus bereitwillig fest, um dann jedoch unverzüglich massiv-fordernd vorzustoßen. »Doch wenn das tatsächlich so ist – was hindert dich denn daran, mit mir die nächsten Stunden zu verbringen? Diese Nacht.«

»Nichts«, antwortete Susanne völlig komplikationslos. Was sie ja auch scheinbar im Grunde ihres Wesens war. Doch weiter nichts als horrender Irrtum in dieser vernebelten Welt.

Im Polizeipräsidium, diesmal im Büro der Mordkommission eins, hatte sich Hauptkommissar Karl Hubert wieder einmal mehr eines jener Objekte vorführen lassen, dem ein Mord nachzuweisen war: die Frau, die ihren wesentlich jüngeren Freund vor Tagen über den Haufen geknallt hatte.

Ein völlig eindeutiger Vorgang – in Huberts Augen. Deshalb mußte schleunigst ad absurdum geführt werden, daß es sich hierbei, wie der aufdringlich-publikationssüchtige Anwalt der Angeklagten behauptete, um einen Totschlag im Affekt, wegen Trunkenheit oder bei zeitlicher Geistesgestörtheit, gehandelt haben könnte. Um das möglichst wirksam richtigzustellen, wendete Hubert eine seiner Spezialmethoden an: die Schaffung einer psychischen Zwangslage.

Das hierbei als erfolgssicher erkannte Arrangement begann damit, daß Hauptkommissar Hubert seinem Oberinspektor Kolb zunächst scheinbar völlig freie Hand ließ. Dieser manipulierte unverzüglich fachgerecht mit seinem Fragenkatalog. Lapidar, sachlich, gründlich, noch dazu anscheinend ungemein desinteressiert vorgetragen.

Wobei sich alsbald eine anödende, zermürbende, auf die Dauer selbst stärkste Nerven strapazierende Monotonie ergab: wann – wie – wo – warum – weshalb – weshalb nicht – warum das so – warum das nicht anders – wie wirklich, genau, in allen Einzelheiten – wo erfolgend, mit welchen Worten, Gesten, Bewegungen. Und das stundenlang.

Dann jedoch ersuchte der Hauptkommissar seinen Oberinspektor, nicht ohne diesem anerkennend zugeblinzelt zu haben, eine Pause einzulegen. Praktisch hieß das: Kolb hatte sich zu entfernen. Während dann Hubert, mit seinem bereits schweißnassen, leicht zitternden Objekt, allein in diesem Raum zurückblieb. Minutenlang fiel zwischen ihnen kein Wort – sie sahen sich nur an.

Dann aber sagte Hubert, fast wie nebenbei, ohne jede bedrängende Feststellung: »Sie haben den also über den Haufen geknallt. Offenbar ganz bewußt. Und dazu sind Sie schon mehrmals bereit gewesen.« Eine äußerst gefährliche, aber wohl kaum von ihr erkennbare Feststellung, sie bedeutete: Absicht, Planung, Vorausberechnung sogar. Also die juristisch einwandfreien Konstellationen für einen Mord.

»Ich habe ihn geliebt«, stieß sie erzitternd hervor.

»Selbstverständlich!« gestand ihr der Hauptkommissar unverzüglich zu. »Sie wollten ihn nicht verlieren. Er bedeutete Ihnen unendlich viel, er bestätigte sie, er war ein guter Liebhaber – in seinem Alter ist man schließlich noch recht leistungsfähig. Doch dabei tauchte eine andere Frau auf.«

Sie wiederholte monoton: »Ich habe ihn geliebt.«

»Aber eben deshalb haben Sie ihn getötet – töten müssen! Denn Sie wollten diese Liebe nicht aufgeben – ihn nicht einer anderen überlassen.«

»So – ist es – wohl gewesen«, versuchte sie sich mühsam zu erklären. »Aber das habe ich nicht gesagt.«

»Sagen Sie das dennoch. Denn das könnte Sie erleichtern«, meinte nun Karl Hubert behutsam ermunternd. »Zumindest mir gegenüber können Sie das getrost sagen – jetzt. Wir befinden uns hier beide sozusagen unter vier Augen. Kein Zeuge ist anwesend; und ich mache mir keine Notizen.« Das hatte Hubert bei seinem exzellenten Gedächtnis auch gar nicht nötig. »Kein Protokoll findet statt, lediglich eine Art Gespräch, eine Aussprache. Und selbst wenn dabei ein Tonband laufen sollte, was aber garantiert nicht der Fall ist – so wären die Aufnahmen dabei ohne jede juristische Beweiskraft. Ich bin da sehr offen.«

»Und warum sind Sie das – mir gegenüber?«

»Weil ich glaube, sogar absolut sicher bin, Sie zu verstehen, Ihre Beweggründe zu begreifen.«

»Aber ich«, stöhnte sie nun wieder vor sich hin, »kann immer wieder nur das sagen: Ich habe ihn geliebt!«

»Aber ja, ja! Davon bin ich nicht nur überzeugt; ich glaube auch zu wissen, was das zu bedeuten hat.« Hubert schien nunmehr seine ureigensten Erfahrungen auszubreiten. »So eine wie endgültig erscheinende Liebe kann eine ebenso wunderbare wie auch fürchterliche Erscheinung sein.«

Durchaus möglich, daß Hubert dabei an Holden dachte, seinen Freund, als er dann weiter sagte: »So eine Liebe, wenn sie in vollem Ausmaß dominiert, vermag die wohl ganze große Skala unserer letzten menschlichen Daseinsgefühle zu umspannen – von der denkbar herrlichsten Erfüllung bis hin zur todesnahen Trauer.«

»Ja«, gestand sie stammelnd ein. »Das ist es wohl.«

»Woraus sich dann«, folgerte er suggestiv, »letzten Endes eine einzige Folgerung beherrschend herauskristallisiert. Und zwar diese: Liebe mich – oder ich sterbe. Und weiter: Versuche, bemühe dich, diese Liebe zu erkennen. Wenn jedoch nicht, bist du ihrer nicht wert. Dann bist du nichts wert. Dann – bist du so gut wie tot.«

»Ja«, bestätigte sie ihm, wie unendlich ergeben und erschöpft.

Diese Formulierung kam einem Geständnis gleich. Denn Karl Hubert glaubte nun genau das zu wissen, was er bisher lediglich, jedoch mit an Sicherheit grenzender Wahrscheinlichkeit, zwingend vermutet hatte. Damit schien auch dieser Fall für ihn so gut wie abgeschlossen zu sein.

Richard Holden vermochte in dieser Nacht nicht zu schlafen. Die wunderbare Begegnung mit Susanne lebte verlockend in ihm nach. Sie war so hinreißend gewesen, hatte ihn zutiefst erregende Zärtlichkeiten verströmt – nun wollte er von ihr träumen.

Er hatte alle in seinem Apartment erreichbaren Kerzen angezündet und sie dann in sein Schlafzimmer gestellt, wo sie eine Art Altar bildeten. Und in diesem schimmernden, wie in Herztönen flackernden Lichtraum hatte er alles das um sich versammelt, was er liebte: eine mexikanische Tonfigur, die einen denkbar ergebenen Hund in rührender Weise darstellte; ein königliches Kind aus Afrika, aus Holz, pechschwarz getränkt, mit stolz erhobenem Haupt; dann ein kleines Aquarell von Emil Nolde, einen leuchtenden Sonnenuntergang, der sich in blaudunkle Nacht verlor, als ersta erbe dabei jedes Licht.

Etliche Jahre Arbeit hatte er dafür geleistet, erhebliche Klientenhonorare investiert. Doch jetzt besaß er diese Dinge. Er betrachtete sie beglückt. Denn endlich glaubte er sicher zu wissen: Diese Welt war schön, voller Herrlichkeiten, erfüllt von Wundern. Eben weil es darin eine Susanne Sommer gab!

Und zu ihr träumte er sich hin. Verlangend, hingebend, völlig vorurteilslos. Er war absolut sicher, durch sie die Erfüllung seines Daseins erreicht zu haben. Das glaubte er, daran wollte er glauben.

Er wußte ja auch nicht, daß Susanne Sommer gerade einem anderen Erfüllung zu bereiten gewillt war. Einem Frank Schwarz. Ein Übergangsmensch mehr für sie – jedoch: wohin?

Als Karl Hubert gegen Mitternacht in seiner Wohnung angekommen war, wirkte er gar nicht, wie ständig von ihm erwartet, wachsam und scharf verfolgungsentschlossen. Schließlich besaß auch er seine heiteren Anwandlungen. Das Gespräch mit dieser Mörderin hatte dazu gehört.

Der angebliche psychologisch-klärende, erklärende Motive einzureden, war ein Kinderspiel gewesen – für ihn ein absolut alltägliches. Denn selbst kaltblütigste Mörder zögerten erfahrungsgemäß niemals, sich möglichst gefühlvoll erklären zu lassen.

Huberts grimmige Heiterkeit schien sich grenzenlos auszuweiten, selbst jetzt, beim Anblick seiner Standardbehausung.

Er ging zum Telefon. Neben dem Apparat lag, auf seinem roten Adressenbuch, ein Zettel – mit einer Nummer und einem Namen: Minka – die Katze, zu der eine seltsam strahlende Mädchenfrau gehörte.

Er rief Margit an. Sie meldete sich prompt, mit einer zart und freundlich klingenden Stimme. »Entschuldigen Sie bitte, falls ich Sie stören sollte«, versicherte er ihr, mit einer bei ihm recht selten anzutreffenden, diesmal jedoch sehr überzeugenden Höflichkeit. »Aber ich habe noch Licht in Ihrer Wohnung gesehen. Ich bin der Nachbar aus dem oberen Stockwerk – erinnern Sie sich noch an mich?«

»Aber ja – gewiß. Wie nett, daß Sie mich anrufen!« versicherte das Katzenmädchen. »Wie geht es Ihnen?«

»Gut«, sagte er. »Und wie geht es Ihnen – und Minka?«

»Auch gut! Nicht zuletzt, weil Sie mich angerufen haben. Kann ich irgend etwas für Sie tun?«

»Ich würde mich gern mit Ihnen unterhalten – wenn Sie erlauben.«

»An sich jederzeit, Herr Hubert!« Ihre betörende Jugendlichkeit flirrte ihn an. »Nur eben nicht jetzt. Sie werden sich vermutlich denken können, warum nicht.«

»Kann ich«, versicherte er ihr, wie selbstverständlich sehr weit entgegenkommend, leicht vertraulich scherzend auch. »Es ist bereits reichlich spät – Sie werden also entsprechend bekleidet sein. Oder aber es kann auch sein, daß ich Sie bei Ihren späten Studien unterbrochen habe – und die wollen Sie ungestört betreiben. Möglich aber auch, daß sich bei Ihnen vielleicht auch eine Art Freund aufhält – selbst für so was habe ich Verständnis.«

»Danke«, sagte Margit mit leichtem, zartem Auflachen. »Sie sind überaus rücksichtsvoll! Und ich würde mich sehr freuen, wenn Sie mich bald wieder anrufen. Vielleicht – schon morgen?«

Das versprach er ihr dankbar und beglückt. Ihn erfreute ungemein die Hoffnung, daß es in diesem an sich scheußlichen Dasein noch Menschen wie sie gab – vielleicht sogar für ihn. Das ließ ihn fast lächelnd einschlafen. Vorübergehend hatte er sogar seinen

Freund Richard Holden vergessen – jedoch eben nur vorübergehend.

9

In den Vormittagsstunden des nächsten, nun plötzlich naßkalten
Frühlingstages rief Susanne ›ihren‹ Richard in seinem Büro an.
Das geschah zunächst mit der innig klingenden Versicherung, sie
sehne sich so sehr nach ihm! Das habe sie in allen Stunden getan –
in denen der Nacht; auch vorher, nachher, jetzt.

»Liebste, es geht mir genauso!« bekannte Richard Holden.
»Auch ich habe immer nur an dich gedacht. Ganz besonders,
nachdem du hier gewesen bist.«

Diese Frau vermochte ihm ein Lebensgefühl zu schenken, das
ihn völlig zu verändern drohte. »Weißt du, meine wunderbare
Liebste, was ich möchte? Einfach ausbrechen, hier alles hinwerfen
– und dann einige Tage mit dir verreisen. Wohin du willst! An
irgendeinen See, ins Gebirge, nach Südfrankreich.«

»Das wäre einzigartig schön, Richard – wie ein Traum«, versicherte sie ihm unverzüglich begeistert. Dann fügte sie jedoch mit
Bedauern hinzu: »Aber leider geht das nicht – ich habe hier im
Maklerbüro noch einiges aufzuarbeiten; schließlich hast du mich
in den vergangenen Tagen stark abgelenkt; allerdings auf eine mir
sehr wohltuende Weise. Außerdem kommen einige andere Verpflichtungen hinzu, wofür du gewiß Verständnis haben wirst.«

»Aber selbstverständlich, Liebste!« Seine Enttäuschung war
spürbar, zugleich aber auch sein Bemühen, ihre Entscheidungen
stets zu respektieren. »Wann darf ich dich wiedersehen?«

»Vielleicht schon heute mittag, wenn du willst.«

»Und ob ich das will. Ich freue mich jetzt schon.«

»Ich gebe dir noch näheren Bescheid – sobald ich kann. Inzwischen, würde ich dich bitten, setze dich mit Dr. Lichtenberg in
Verbindung, er wartet auf deinen Anruf.«

Richard Holden schwieg einige Sekunden betroffen. Sie wartete
geduldig. Dann versuchte er ihr behutsam zu erklären: »Meine
liebe Susanne – ich glaube doch, dir erst neulich mit einiger
Deutlichkeit gesagt zu haben...«

»Hast du, Richard, mein Lieber! Und ich habe das auch zur

Kenntnis genommen.« Sie schien auf seine Reaktion vorbereitet zu sein. »Doch worum ich dich bitte, ist lediglich, ihn anzurufen und dir von ihm sagen zu lassen, was er dir anzubieten beabsichtigt – nur um dich zu informieren. Nichts weiter sonst – zunächst.«

»Ich weiß nicht recht, Susanne...«

»Überleg dir das, ich bitte dich darum! Es könnte vielleicht sehr wichtig sein – für dich, für uns beide. Wenn wir uns mittags sehen, reden wir weiter darüber. Doch zunächst, bitte, rufe ihn an.«

So ein Telefon, empfand nicht selten auch Richard Holden, schien eine Erfindung des Teufels zu sein, wenn es auch manchmal wie ein Geschenk von irgendwelchen Göttern anmutete. Ein Instrument der schnellen Verbindungen, überfallartiger Gespräche, der Zerstörung versuchter Zeiteinteilungen. Das Endergebnis war nicht selten ausgelieferte Abhängigkeit.

Derartige Vorgänge schienen auch diesmal zu erfolgen, in schneller, erdrutschartiger Folge; unmittelbar hintereinander.

Die erste Phase: Richard Holden rief seinen Freund Karl Hubert im Polizeipräsidium an.

Dieser befand sich zwar mitten in einem neuen schönscheußlichen Mordfall – ein Mann hatte, aus noch zu klärenden Gründen, seine Frau und seine drei kleineren Kinder umgebracht –, zögerte aber keine Sekunde, sich seinem Freund zu widmen. »Was kann ich für dich tun?«

Holden: »Du erinnerst dich gewiß noch an unser Gespräch über diesen Dr. Lichtenberg, Lugano. Du hattest mir dringend davon abgeraten, mich mit ihm in Verbindung zu setzen. Ich beabsichtige jetzt dennoch, mit ihm eine Art Informationsgespräch zu führen. Ich bin darum gebeten worden.«

Hubert wußte von wem! Er lachte auf – keinesfalls verächtlich, aber auch kaum noch amüsiert. »Nun gut, wenn du erfolgreich dazu verleitet worden bist – dann tu das. Aber ohne jedes Zugeständnis – leiste dir auch nicht die Andeutung eines solchen. Berichte mir dann unverzüglich. Danach werden wir weitersehen.«

Die zweite Phase: Richard Holden im Gespräch mit Dr. Lichtenberg, Lugano – derzeit im hiesigen Hilton.

Lichtenberg: »Ich bin erfreut darüber, daß Sie mich anrufen. Ich bin entsprechend, in sehr diskreter Weise, darauf vorbereitet worden – Sie wissen schon, von wem? Und ich beneide Sie um dieses herrliche Wesen. Darüber hinaus hat sich jene Adresse, die Sie mir über diese Dame zukommen ließen, als recht wertvoll erwiesen. Und wenn ich von Werten spreche, meine ich Gelder – in erheblicher Größenordnung. Sie sollten sich diese nicht entgehen lassen. Ihre schöne Frau Sommer weiß da offenbar ganz genau, was Sie ihr wert sind.«

Holden, um Sachlichkeit bemüht: »Und wie würden dabei, Ihrer Ansicht nach, diese Geschäfte im Hinblick auf mich aussehen?«

Lichtenberg: »Ganz einfach, sehr übersichtlich, völlig klar – mit sofortigen ersten großen Gewinnspannen, so an die Einhunderttausend, die sich bald auf das Mehrfache steigern werden. Wie ich Ihnen schon angedeutet habe, benötige ich hierorts ein bevollmächtigtes Büro. Dieses schließt nach meiner Weisung Verträge mit in diesem Land befindlichen Firmen ab – Bau, Industrie, Atomwerke – und dann weiter mit mir, mit meinem Büro in Lugano. Eine übliche Zwischenstation. Das ist alles.«

Holden: »Sie erlauben mir gewiß, darüber nachzudenken.«

Lichtenberg: »So intensiv Sie nur wollen! Doch, bitte, nicht endlos! Sagen wir: innerhalb von vierundzwanzig Stunden? Ja? Die besten Geschäfte sind erfahrungsgemäß die ganz schnellen. Und solche biete ich Ihnen.«

Unmittelbar danach Phase drei: Holden berichtete Hubert von dem Angebot des Dr. Lichtenberg.

Holden: »Dabei habe ich ihm gegenüber auch nicht die Andeutung einer Zustimmung gemacht – deinen massiven Warnungen entsprechend.«

Hubert: »Gut – sehr gut sogar! Warte ein paar Minuten, dann rufe ich dich wieder an. Und inzwischen bitte keinerlei gefällige Abschweifungen – schon gar nicht im Hinblick auf deine Dame!«

Holden: »Wofür hältst du mich?«

Hubert: »Für ein sehr männliches Wesen – was auch immer darunter zu verstehen sein mag. Und Susanne Sommer kalkuliert das ein.«

Vierte Phase: Telefongespräch zwischen Hubert und dem von ihm geschätzten Amtskollegen vom Dezernat Wirtschaftskriminalität.

Ihm schilderte Hubert, in allen ihm bekannten Einzelheiten, was sich hier anzubahnen schien. Dabei nannte er jedoch lediglich den Namen Lichtenberg – also nicht auch jenen des vorgesehenen Partners. Und er erlebte die Genugtuung, seinen Kollegen nahezu entzückt reagieren zu hören.

»Deine Hinweise auf die Machart stimmen mit meinen Erfahrungen überein. Diese Tour wird von einigen internationalen Geschäftsgangstern neuerdings bevorzugt angewendet: die Bildung einer Kette – Ortsfirma, Zwischenstation, ausländischer Empfänger. Nur eben, daß eine solche Konstellation fast immer erst dann bekannt wird, nachdem alles gelaufen, also der große Betrug geglückt ist. Das wirklich Prächtige an diesem Fall jedoch wäre: Sobald Namen vorliegen, könnten wir endlich einmal rechtzeitig eingreifen, also wirksam zupacken.«

Hubert, sehr aufmerksam: »Bei wem?«

Der Wirtschaftskriminalist: »Zuallererst bei diesem Zwischenvermittler selbstverständlich. Sobald der nachweisbar eingestiegen ist, können wir ihn uns schnappen; erst danach, wenn überhaupt, die anderen. Kennst du ihn?«

Hubert wich dieser direkten Frage aus. »Er wäre also, in jedem Fall, der Dumme?«

»Nicht unbedingt in jedem Fall.« Der Weißkragenkriminellenkiller reagierte recht hellhörig. »Beispielsweise, wenn dieser Zwischenträger, der bei solchen Geschäften stets der am meisten Gefährdete ist, frühzeitig und voll und ganz mit uns zusammenarbeiten würde. Dann könnten wir ihm weitgehendst entgegenkommen, ihn sogar ziemlich absichern.«

»Ziemlich! Aber eben nicht mit letzter Garantie.«

»Die gibt es in unserem Metier nicht – und das weißt du. Aber du kennst auch schließlich meine Methoden, die den deinen nicht unähnlich sind. Wenn dir also, was ich annehme, der Name dieses vorgesehenen Mittelsmannes bekannt ist, auf dessen Schutz du offenbar Wert legst, so solltest du ihn mir dennoch getrost nennen – ich werde für ihn tun, was ich kann. Und dann, Hubert, garantiere ich dir ein Feuerwerk, das so manchen blenden wird. Daran hast schließlich auch du nicht selten Gefallen gefunden. Nennst du mir diesen Namen?«

»Nein!«

Die fünfte Phase: Anruf des Karl Hubert bei Richard Holden.

Hubert, eindeutig fordernd, ganz entschieden, mit nicht unbittenden Untertönen auch: »Nein!«

Holden: »Was – nein? Du versuchst immer wieder, Karl, mich massiv zu beeinflussen – mit gewiß sehr freundschaftlich gedachten Beweggründen. Und ich höre ja auch auf dich. Bestehst du nun wieder darauf?«

Hubert: »In diesem Fall Lichtenberg ganz besonders. Halte dich heraus. Dabei scheint einfach alles faul zu sein.«

Holden: »Deiner Ansicht nach, Karl. Eine für mich, zugegeben, sehr maßgebliche. Aber – erlaube mir bitte diesen Einwand – das ist nicht die einzige Ansicht, die mir zugetragen worden ist. Ich habe wohl auch jene von Susanne Sommer zu berücksichtigen.«

»Was sie für dich bedeutet, Richard, vermag ich mir durchaus vorzustellen. Doch ich glaube auch zu wissen, was ich dir bedeute. Sie ist gewiß eine überaus faszinierende Frau – ich jedoch bin Kriminalist, kein sehr schlechter, darf ich annehmen. Aber außerdem bin ich dein Freund.«

Holden: »Und was wäre deiner Meinung nach diesmal daraus zu folgern?«

Hubert: »Trenne ganz entschieden dein Privatleben mit ihr von allen möglichen vor ihr geäußerten geschäftlichen Vorschlägen. Deine innerlichsten Empfindungen dürfen nichts mit ihren sonstigen Anregungen zu tun haben. Sind wir uns in dieser Hinsicht einig?«

»Falls du das unbedingt fordern solltest, Karl – dann ja.«

»Ich werde niemals irgend etwas von dir fordern, Richard«, behauptete Hubert. »Ich bitte dich lediglich, meine Erkenntnisse zu akzeptieren – es sind die eines erfahrenen Kriminalisten und die eines bemühten Freundes.«

An diesem Tag trat der Fernlastfahrer Winter mit der ihm eigenen kraftvollen Entschlossenheit abermals in Aktion – und zwar gleich im Polizeipräsidium. Dort drang er bis zum Sittendezernat vor; mehrere Beamte versuchten völlig vergeblich, ihn daran zu hindern. Er rief nach Kriminalkommissar Krebs.

Von diesem wurde er dann auch empfangen; nicht zuletzt, um

jeden weiteren ruhestörenden Lärm zu unterbinden. Winter durfte sich in dem kargen Büro des Fachmannes für Sittlichkeitsverbrechen niederlassen – was er schwer schnaufend tat. »Nur Ruhe!« versuchte ihn Krebs zu besänftigen.

»Sie haben gut reden!« legte Winter los, streitbar Gerechtigkeit erstrebend. »Sie sind kein Vater!«

»Ich bin einer«, sagte Krebs, der leiseste Mann des Amtes, mit beruhigender Höflichkeit. »Auch zu mir gehört eine Tochter – sie ist fast genauso alt wie Ihre Irene.«

»Dann werden Sie ja auch verstehen, Herr Kommissar, was mich bewegt.«

Krebs nickte bedächtig, wie zustimmend – sein ernsthaftes Primanergesicht schien einer neuen Fleißaufgabe entgegenzublicken. »Was führt Sie also her?«

»Das ist schnell gesagt, Herr Kommissar. Ich will wissen, ob Sie meine Tochter einfach abgeschrieben haben. Tun Sie nichts mehr für sie?«

»Herr Winter – wir sind keine Verfolgungsbehörde. Wir bemühen uns, Verbrechen aufzuklären. Dazu gehören Beweise, und zwar absolut einwandfreie. Wir sammeln sie, aber das braucht Zeit. Sie müssen sich gedulden.«

»Sie haben leicht reden!« glaubte Winter provozierend feststellen zu können. »Sie sind in erster Linie Beamter – während ich vorwiegend Vater bin – und als solcher zu jedem Opfer bereit.«

»Zu welchem denn beispielsweise?« wollte Krebs wissen, immer noch überaus höflich.

»Nun, da ist einmal meine liebe Frau – völlig zusammengebrochen, worauf ich einen Arzt kommen lassen mußte, einen erstklassigen und entsprechend teuren. Währenddessen liegt mein geliebtes Kind mehr tot als lebendig in einem Krankenhaus.« Das hörte sich jedenfalls recht wirkungsvoll an. Tatsache jedoch war, daß sich Irene dort recht wohl fühlte. »Und dann, Herr Kommissar, wurde mir eine ganz große, schnelle Fuhre nach England angeboten, über den Kanal – die mir mindestens einen Tausender eingebracht hätte. Doch ich habe abgelehnt. Nur um endlich zu wissen, welcher Strolch sich da an meiner Tochter vergriffen hat.«

»Das ist schlimm«, gab Krebs zu.

»Letzten Endes wohl nur für dieses Schwein! Wenn es noch eine Gerechtigkeit gibt, auf der ich bestehe. Niemand kann mich daran hindern. Auch Sie nicht – falls es Sie interessiert!«

Krebs, der sanfteste, beharrlich stille Verbrechensaufklärer dieses Amtes, lehnte sich nun, wie leicht erschöpft, in seinem primitiven Bürostuhl zurück. Er betrachtete den erbosten Vater mit schnell steigender Unruhe. Dessen Stiernacken signalisierte fürchterlichste Entschlossenheit. Und dann diese sich nebeneinander bewegenden, kraftvoll-massiven Schlachterhände – sehnig, kraftvoll, muskulös.

»Herr Winter«, sagte Kommissar Krebs vorsichtig, »erlauben Sie mir einen gutgemeinten Rat: Lassen Sie sich niemals auf Gewaltlösungen ein – selbst dann nicht, wenn Sie der Überzeugung sein sollten, sich das leisten zu können, sich sogar dazu berechtigt fühlen. Sie werden dafür kein Verständnis finden.«

»Bei Ihnen offensichtlich nicht!« Was ganz eindeutig hieß: Von anderen jedoch war durchaus ein derartiges Verständnis zu erwarten – für einen Vater, der sich entschlossen für seine mißbrauchte Tochter einsetzte. Etwa – von einem Hubert.

Der einfühlsame Krebs versuchte, Winters Gedankengänge nachzuvollziehen. »Überlassen Sie das uns, rate ich Ihnen – wir werden tun, was wir können.«

»Na – und, was können Sie tun?« Die Antwort darauf brauchte nicht erst ausgesprochen zu werden, nicht für ihn; sie lautete: nichts! »Warum überlassen Sie diesen Kerl nicht einfach mir – sozusagen zu treuen Vaterhänden. Eine Andeutung genügt.«

Worauf sich dann genau das anbahnte, was Krebs schon befürchtete, ohne daß selbst seine Fantasie ausreichte, es sich in allen Ausmaßen vorzustellen. Er war jetzt ohne den alten Keller – und dessen einzigartigen Hund.

In den Mittagsstunden erlaubte Susanne Sommer ihrem Richard Holden, sich mit ihr zu treffen, diesmal in einem Restaurant mit Schweizer Küche.

Dieses Lokal befand sich in der Nähe des Maklerbüros, in dem Susanne so an die vier- bis fünfmal wöchentlich halbtags arbeitete, nicht klar zu erkennen: für wen, um welchen Preis, weshalb wirklich. Doch damit verdiente sie sich vermutlich jenen Teil ihres Lebensunterhaltes, der sie einigermaßen frei machte – von sehr menschlichen Zwängen und allzu männlichen Forderungen. Eine gewisse Unabhängigkeit ergab sich daraus, mit der sie gerne und wirksam jonglierte.

Sie hielten sich bei den Händen und blickten sich an, mit eindringlicher Verhaltenheit. Richard schien sprachlos vor Glück. Zumal Susanne seine Hände an sich zog, sich ihm entgegenlehnte, ihn anlächelte – wie mit großer, erwartungsvoller Freude. Mit einiger Ausdauer auch.

»Wie wunderbar du bist!« versicherte er, sie ertastend. Das sagte er nicht zum erstenmal.

Sie nickte ihm zu, scheinbar intensiv mit der ihr servierten Salatplatte beschäftigt. Dabei ließ sie ihn nicht aus den Augen – aus Augen, die ihn anzustrahlen schienen. Dann wollte sie, wie völlig nebensächlich, wissen: »Was ist mit diesem Lichtenberg – hast du ihn angerufen?«

»Selbstverständlich, Susanne! Schließlich hattest du das angeregt.«

»Und – mit welchem Erfolg?«

»Mit einem leider ziemlich negativen, fürchte ich.« Das begann Richard Holden jetzt tatsächlich zu fürchten. Denn nun lehnte sie sich weit zurück, entzog sich also seinen Händen, und in ihren großen Blauaugen schimmerten gletscherhafte Farben auf.

»Und warum – negativ?«

»Seine Geschäfte scheinen mir nicht sauber genug«, gestand er ihr ein, was ihm sichtlich schwerfiel.

Sie schob ihre Salatplatte fast schroff zurück. Sie sah jetzt nicht nur den ihr offerierten Jaguar in Gefahr, auch alle Summen, die sonst dabei bereitstanden, für ihn und nicht zuletzt auch für sich. »Das kannst du nicht machen, Richard!«

»Muß ich wohl aber – leider.«

»Und wenn ich dich bitte«, sie ergriff erneut zärtlich-innig seine Hände, »es für mich zu tun? Für unsere so wunderschöne Gemeinsamkeit, für ein herrliches Leben zu zweit, für die Erfüllung aller unserer Hoffnungen! Wenn ich dich also bitte, das alles zu bedenken – was dann?«

»Selbst dann, meine Liebste – müßte ich wohl nein sagen.«

»So ganz einfach?« fragte sie ungläubig. Sie betrachtete ihn, als habe sie ihn noch nie vorher, zumindest nicht deutlich genug gesehen. »Sollte das tatsächlich dein letztes Wort sein?«

Er versuchte abermals auszuweichen. »Ich bitte dich, meine liebe Susanne, mir zu glauben, daß ich einiges von diesem Lichtenberg weiß, was dir gar nicht bekannt sein kann. Es könnte ziemlich gefährlich werden, mit einem solchen Menschen in engere Verbindungen zu treten. Darauf hat mich auch mein Freund aufmerksam gemacht.«

Wer das war, brauchte Susanne nicht erst zu fragen – von dem wußte sie einiges. Sie kannte ihn; auch wenn sie ihm noch niemals begegnet war, ihn auch nicht zu sehen begehrte. Offenbar beherrschte er Richard Holden – vermutlich noch ungleich mehr als sie. »Er bedeutet dir wohl sehr viel?«

»Er ist mein Freund – doch du bist die Frau, die ich liebe«, versicherte er und versuchte ihre Hände zu nehmen – die sie ihm jedoch entzog. »Ihr beide gehört zu meinem Leben; gleichermaßen bedeutungsstark. Ich will keinen von euch verlieren.«

»Doch was dann, Richard, wenn dabei eine Situation eintreten sollte, die dich dazu zwingen könnte – zwischen ihm und mir zu entscheiden? Wen würdest du dann wählen?«

»Du kennst ihn nicht!« rief er nun aus; mit großer Abwehrgeste. Und dann ein erneutes Ausweichen. »Auch du würdest ihn, wenn du ihn kennenlernen könntest, akzeptieren.«

»Was vermutlich heißt, mein Lieber – du vermagst dich ganz einfach nicht zu entscheiden, falls so was jemals von dir gefordert werden sollte. Also zumindest nicht gegen ihn.«

»Aber auch niemals gegen dich, Susanne! Bitte, laß uns darüber reden – wann immer du willst. Heute nachmittag bei mir? Ich würde dann alle Termine in meinem Büro absagen.«

»Heute nachmittag«, stellte sie nunmehr betont sachlich fest, wobei es war, als blättere sie in einem Terminkalender, »bin ich bereits verabredet – mit einer Freundin; wegen eines individuellen Urlaubs in Afrika, Südostafrika. Ich nehme nicht an, daß du irgend etwas dagegen einzuwenden hast.«

Das versicherte er ihr unverzüglich mit würgendem Entgegenkommen, wobei ihn das Gefühl beherrschte, er müsse auf einem schmalen Floß einen breiten, schnell dahinströmenden Fluß überqueren. »Und was ist mit heute abend?«

»Da muß ich ein mir sehr liebes, älteres Ehepaar betreuen – wir kennen uns bereits seit Jahren; von Brüssel her; Stahlverarbeitung. Übrigens angenehme Menschen, die Wert auf meine Gesellschaft legen. Und die will ich nicht enttäuschen – wie überhaupt niemanden, der mich mag, mich schätzt, mir entsprechend entgegenkommt. Ich glaube noch zu wissen, was wirkliche Verpflichtungen sind.«

Richard Holden vermochte, wenn auch ziemlich mühsam, zu erkennen, was ihm hier demonstriert wurde – auch zu welchem Zweck. Er bemühte sich dennoch, oder eben gerade deshalb, so weit wie nur möglich auf alle ihre Anregungen einzugehen. »So gut wie alles, Susanne, wird von mir akzeptiert, wenn du es wünschen solltest. Ich kann also nur hoffen, daß du einen schönen, harmonischen Abend haben wirst. Wobei ich mir jedoch die Frage erlaube: und danach?«

»Werde ich vermutlich sehr müde sein. Das bitte ich dich zu berücksichtigen, Richard.«

»Selbstverständlich, Susanne!« Sein Entgegenkommen ihr gegenüber war jetzt von nahezu ersterbender Hilflosigkeit. Noch niemals vorher in seinem Leben hatte er sich einem weiblichen Wesen derartig ausgeliefert gefühlt – auch seiner ehemaligen Frau nicht. Von ihr waren wohl damals völlige Verwirrungen ausgegangen, und er hatte unsagbar gelitten. Aber jetzt glaubte er selbst dabei noch bebende Wonnen zu verspüren. Denn er liebte grenzenlos und zutiefst ergeben. »Darf ich dich dann wenigstens heute abend noch anrufen, Susanne?«

»Darüber, mein Lieber«, versicherte sie, schnell und sicher reagierend, »würde ich mich sehr freuen – falls mich dein Anruf erreicht. Du solltest jedoch damit rechnen, daß ich nicht gewillt bin, noch sehr späte Anrufe entgegenzunehmen – ich bin dann einfach zu müde. Du verstärkst das noch – eben weil du dich nicht voll und ganz zu mir zu bekennen vermagst.«

»Du entziehst dich mir«, erkannte er alarmiert-bestürzt.

»Du übertreibst, mein Lieber. Ich gebe dir lediglich Zeit, ein wenig intensiver über uns nachzudenken, über die Gegebenheiten, die dazu gehören – das scheinst du dringend nötig zu haben.« Sicherlich meinte sie damit auch Lichtenberg.

Darauf entzog sich Susanne Sommer jeder weiteren Diskussion über dieses Thema schroff-entschlossen. Sie küßte ihn flüchtig, beinahe schon wie pflichtgemäß, und erhob sich eilig, um sich, wie dahinschwebend, zu entfernen.

Richard Holden starrte ihr bestürzt nach.

Der Journalist Frank Schwarz meldete sich telefonisch mit forschfreudig klingender Stimme bei Kriminalhauptkommissar Karl Hubert im Polizeipräsidium. »Ich glaube, ich habe da einiges Interessantes für Sie – soll ich Sie aufsuchen?«

Dieses Angebot wurde spürbar begrüßt; allerdings schien Karl Hubert das Polizeipräsidium ganz und gar nicht der passende Ort für eine solche Begegnung. Auf derartige Feinheiten legte er immer noch Wert.

Also schlug er einen Treffpunkt in seiner unmittelbaren Nähe vor – einen Stehausschank, der jedoch von wohltuender Sauberkeit war. Hier konnte selbst noch ein Hubert den Geruch eines kraftvoll würzigen Bieres einatmen; wenn er sich dicht darüber beugte, war dessen Geruch weit stärker als jener des Raumes und der Menschen darin. Hier verkehrten zumeist seine Kollegen, die sich schnell mal ›zwischendurch‹ den täglichen Aktenstaub herunterzuspülen versuchten.

Frank Schwarz mutete denn auch in dieser Umgebung irgendwie deplaciert an. Seine modisch getrimmte Erscheinung – diesmal in leuchtendem Rehbraun, vom Rollkragenpullover bis zu den Lacklederschuhen – wirkte in dieser dunklen Erfrischungshöhle wie ein praller Fremdkörper. Frank Schwarz erkannte das sehr wohl, es schien ihn jedoch nicht sonderlich zu stören – sein Selbstbewußtsein war von erheblicher Belastbarkeit.

Er meinte lediglich: »Dieses ganze Dasein ist doch ziemlich beschissen. Das werden Sie mir gewiß bestätigen.«

»Warum nicht«, sagte Hubert wie zustimmend. »Wobei es wohl auf den Blickwinkel ankommt – und auf das dabei angepeilte Objekt. Also zunächst auf das mich hierbei interessierende – falls ich mich nicht täusche.«

»Diese Susanne Sommer ist genau das, was Sie vermuten, Herr Hubert, also ein ziemlich ausgekochtes Luder – sehr vorsichtig ausgedrückt.«

Hubert wehrte ab. »Ich habe niemals eine derartige Vermutung geäußert, Frank Schwarz – nicht einmal angedeutet.«

»Direkt nicht, zugegeben. Aber für möglich haben Sie es gehalten – oder? Doch gut, gut – Sie sind auf Fakten aus.«

Und diese glaubte nun Frank Schwarz liefern zu können. Er war ziemlich sicher, sich inzwischen auf diesen Hubert eingestellt zu haben, auf dessen Denkweise, dessen Methoden. Er verabscheute intimes Geschwätz, er wollte greifbare Details.

»Die augenblicklichen Konstellationen: Susanne Sommer scheint Eisen im Feuer zu haben. Einmal einen Industriellen, Raum Brüssel, Stahlverarbeitung; er ist vermutlich ihretwegen zu einer Scheidung bereit. Dann jene dubiose Geldmachertype aus Lugano, ein sogenannter ›Scheinwerfer‹ – er blätterte jede Menge Gelder hin, für Gegenleistungen verschiedenartigster Macharten. Schließlich dieser leicht angegraute, jedoch stinkreiche Freund ihrer augenblicklich besten Freundin. Und dann noch gewiß der eine oder andere – ich werde schon noch herausbekommen, wer.«

Karl Hubert schien angesichts dieser Nachrichten, die er bereits zum Teil kannte, wie überwältigt verstummt zu sein. Das jedoch nur, um sich nicht gleich äußern zu müssen. Er fühlte sich wie hin und her gerissen – zwischen Ekel und Genugtuung, Furcht und Freude, Wissen-wollen und Wissen-müssen. »Allerhand«, sagte er dann lediglich vor sich hin. Dieses scheußliche Bild drohte immer deutlicher zu werden.

Frank Schwarz erkannte, wahrlich nicht ungeschmeichelt, daß ihm hier eine Art Volltreffer gelungen war, und er bemühte sich, ihn noch weiter auszubauen. »Um besagte Person noch etwas näher zu katalogisieren, sozusagen zu Ihrem Hausgebrauch, Herr Hubert: Ich habe die vergangene Nacht mit dieser Dame verbracht – verbringen dürfen, darf ich wohl sagen! Sie ist tatsächlich, ganz unter uns Männern, eine Wucht von Weib.«

»Heißt das – sie hat mit Ihnen geschlafen?« Hubert reagierte wie ein zurückschreckendes Pferd. »Warum?«

Frank Schwarz lächelte nachsichtig. »Sicherlich nicht meiner Schönheit wegen! Und finanziell bin ich für eine Susanne Sommer ziemlich uninteressant; selbst meine Beziehungen zu sogenannten Öffentlichkeitsorganen scheinen ihr reichlich gleichgültig zu sein.«

»Warum – aber dann?«

»Nun, sie wird vermutlich angenommen haben, daß ich einiges weiß, etwas für sie zur Zeit überaus Wichtiges. Und zwar eine gewisse Querverbindung betreffend, bei der sie nicht gestört werden will. Eben deshalb wohl versuchte sie mich abzulenken – oder gar zu vereinnahmen; mit bei ihr gewiß bewährten und sehr gekonnten Methoden.«

»Um welche Art von Querverbindungen könnte es sich dabei gehandelt haben?« wollte nun Hubert fast drängend wissen. Es hörte sich beinahe so an, als gedenke er eine Art Vernehmung durchzuführen.

»Weiß ich nicht!« Schwarz wich prompt aus; er schien erkannt zu haben, daß er einem äußerst heiklen Punkt sehr nahe gekommen war. »Das will ich auch gar nicht wissen. Denn bisher fehlt mir jeder beweiskräftige Überblick – auf den allein Sie ja wohl Wert legen.« Er zögerte, sich da noch weiter in Versuchung führen zu lassen – doch er zögerte suggestiv gekonnt. »Ich könnte Ihnen lediglich eine Vermutung anbieten.«

»Bieten Sie die an!« forderte Hubert erwartungsgemäß.

»Höchst ungern«, versicherte Schwarz, dennoch spürbar entgegenkommend. »Ich bin da wie immer sehr vorsichtig, allerdings auch aufrichtig – Ihnen gegenüber besonders, was Sie gewiß entsprechend zu würdigen wissen werden. Nun gut – also: Da scheint eine intensive Verbindung angestrebt oder bereits ausgebaut zu werden, von ihr – und zwar eben für diesen überaus dubios anmutenden Herrn Lichtenberg. Wollen Sie nun auch wissen, zu wem hin diese Verbindung offenbar geplant ist? Dafür scheint Rechtsanwalt Holden in Frage zu kommen. Ist es das, was Sie hören wollten?«

»Nein!« stellte Hubert schroff ablehnend fest. »Das will ich nicht hören – und das habe ich auch nicht gehört.«

»Verstanden.« Frank Schwarz war unverzüglich bereit, sich Huberts Wünschen anzupassen – zu seinem Vorteil, wie er hoffte. »Ich habe also diesen Teil unseres Gespräches bereits vergessen.« Bis auf weiteres – dachte er. »Aber gut bedient habe ich Sie doch wohl – oder etwa nicht?«

Der Hauptkommissar nickte. »Ich weiß Ihre besonderen Leistungen zu würdigen – auf meine Weise.«

»Womit wir also wieder einmal mitten im Geschäft sind. Ohne Umschweife. Können Sie mir einiges für mich wirkungsvoll Verwertbare anbieten, wie Sie bereits angedeutet haben?«

Auf diesen radikalen Handel ließ sich Hubert ein, ohne sonderlich zu zögern. Um so mehr, als er bereits zu wissen glaubte, wer hierbei letzten Endes auf der Strecke bleiben würde. Er kannte viele, deren Daseinsberechtigung ihm keineswegs einleuchtete, und für einen ganz besonders hatte er seine Raubtierfalle aufgestellt.

»Dabei handelt es sich, wie schon angekündigt, Herr Schwarz, um ein Sittlichkeitsverbrechen – den Fall einer gewissen Irene Winter. Sie haben sich darüber informiert, wie ich Ihnen riet?«

»Habe ich«, bestätigte Frank Schwarz, »ohne etwas Wesentliches herausgefunden zu haben. Wo ist denn der Pferdefuß? Aus diesem Krebs jedenfalls war nicht allzuviel herauszuholen. Ich benötige brauchbare Unterlagen.«

»Die bekommen Sie – von mir. Einschließlich eines Namens.«

»Den des Täters, Herr Hauptkommissar? Wenn ich den wirksam in den Griff bekomme, könnte das durchaus ein Erfolg werden. Ausreichend, um so manchem unserer Kleinbürger das Frühstück genußvoller zu machen.«

»So ungefähr das gedenke ich Ihnen anzubieten. Doch lassen Sie mich zunächst einmal – zur Absicherung für uns beide – ein Telefongespräch führen.«

Das hierauf erfolgende Gespräch per Telefon fand zwischen Hauptkommissar Hubert, Mordkommission eins, und Kriminalkommissar Krebs, Chef des Dezernates Sitte, statt. Es wurde mitgehört von Frank Schwarz, dem Journalisten – wie angeordnet schweigend.

Hubert: »Kommst du weiter – im Fall Irene Winter?«

Krebs: »Dabei entwickelt sich alles leider ziemlich genau so, wie ich das erwartet oder eben befürchtet habe.«

Hubert: »Du kannst aber den Täter dennoch nicht unmittelbar in den Griff bekommen?«

Krebs: »Nicht direkt, nicht sofort. Zumal dieser Mensch, was vorauszusehen war, durch seinen Rechtsanwalt wirkungsvoll aufgeklärt worden ist. Und das reichlich intensiv. Er versucht jetzt, und zwar gar nicht ungeschickt, sich aus allen Verdächtigungen herauszuwinden.«

Hubert: »Heißt das – er belastet jetzt Irene Winter, sein Opfer? Und dagegen bist du machtlos?«

Krebs: »Nicht auf die Dauer. Aber so was braucht nun mal seine Zeit.«

Hubert: »Glaubst du denn, du hast noch genügend Zeit?«

Frank Schwarz hatte erregt mitgehört und reagierte jetzt hellwach und sichtlich alarmiert – also ganz wie erwartet. Hubert betrachtete ihn hoffnungsvoll prüfend.

»Was soll denn das heißen?« preschte Schwarz vor. »Da existiert offenbar ein bekannter Täter – aber der ist nicht zu überführen?«

»Wie schon angedeutet, nicht mit unseren kriminalistischen Mitteln und Möglichkeiten«, klärte ihn Hauptkommissar Hubert freundlich auf. »Denn die müssen auf einer höchst exakten Beweisführung basieren. Wir besitzen leider nicht die Möglichkeiten der Presse, lediglich Vermutungen zu äußern, sie auszuspielen, also mit den Methoden der indirekten, doch recht massiv möglichen Verdächtigungen zu manipulieren.«

»Dabei helfen wir Ihnen gerne aus – im Interesse der Öffentlichkeit.« Schwarz grinste ungeniert; er schnappte sich mit einiger Heftigkeit diesen ihm dicht vorgehaltenen Köder. »So was wäre durchaus nach meinem Herzen!«

»Ich habe mir nur so als Gedächtnisstütze – den Namen dieses mit Sicherheit anzunehmenden Täters, seine Adresse und diverse diesbezügliche Details auf einen Notizzettel geschrieben.« Hubert zog ihn aus seiner Brusttasche wie ein Zauberer, der ein stattliches Kaninchen hervorangelt. »Ich lege ihn nun hier hin – neben mein Bier. Doch eben diesen Zettel habe ich Ihnen niemals zukommen lassen – kapiert? Und nun muß ich mal kurz hinaus.«

Hubert entfernte sich, worauf Frank Schwarz erwartungsgemäß prompt nach den Notizen griff. Er übertrug sie eilig auf die Rückseite eines Briefumschlages und fühlte sich bereits als totaler journalistischer Aufklärer: Er, Schwarz, Polizeireporter, Gerichtsberichterstatter und Gesellschaftskritiker, in jeder Hinsicht anerkannt, vermochte nunmehr einen Sittlichkeitsverbrecher zu entlarven, ihn zu überführen, festzunageln. Vor aller Öffentlichkeit. Und das noch weit früher als die Polizei!

Als Hubert nach nur wenigen Minuten wieder zurückkam, steckte er seinen Notizzettel ein; mit unbeweglichem Gesicht. Der Handel war also perfekt. Er verlief nach den dabei von beiden Seiten zu beachtenden Spielregeln: Nichts war gesagt, nichts abgesprochen, nichts bestätigt worden. Der Lieferant blieb anonym, der Empfänger würde offiziell versichern: ›Wie wir vertraulich aus ungenannten, doch uns bekannten, für maßgeblich zu haltenden Quellen erfahren haben...‹

Frank Schwarz zeigte sich äußerst dankbar. »Das, Herr Hubert, sind allerbeste Hinweise! Ich bin bereit, mich dafür zu revanchieren. Sie brauchen mir nur zu sagen, auf welche Weise.«

»Das werde ich – wenn es soweit ist. Und wenn ich es Ihnen nicht direkt sage, werden Sie es dennoch merken. Doch jetzt Waidmannsheil. Wobei Sie auf diesen Vater Winter achten sollten; das sage ich Ihnen mit der dabei wohl gebotenen Vorsicht. Der ist scharf wie ein Rudel Reißhunde auf einen Hirsch.«

»Waidmannsdank«, sagte der Journalist unternehmungsfreudig.

In den späten Abendstunden dieses Tages empfing der Polizeipräsident, nach seinem überaus höflichen Ersuchen, den großen, alten Mann seines Amtes, also Keller. Dieser erschien wie unvermeidlich gemeinsam mit seinem vierbeinigen Freund, der ein für Hunde biblisches Alter haben mußte.

»Ich bin besorgt«, erklärte der Polizeipräsident.

»Wer hätte das denn in diesen wie völlig aus den Fugen geratenen Zeiten nicht zu sein«, bestätigte Keller entgegenkommend. »Doch in welcher Hinsicht?«

»Nun ja, lieber Keller, besorgt, wenn auch nicht gleich beunruhigt – angesichts dieser immer massiver, rücksichtsloser, fast brutal werdenden Vorstöße gewisser Teile der Tagespresse – gegen uns!«

»Die«, meinte Keller mit weitem Verständnis, »brauchen ganz direkte, greifbare, begreifbare Zielpunkte – für ihre Leser. Und das eben von uns, der Polizei. Die interessiert alles, was irgendwie nach Sensation riecht. Alles, was irgendwie kriminell anmutet – also auch etwa dahintreibende Pestfahrzeuge auf den Meeren, Öltanker genannt – Verderben vor sich hinbrütende Atomreaktoren, die nicht nur, falls irgend etwas schiefgeht, ihre nähere Umgebung ausrotten können – dahinrasende Flugzeuge und Kraftwagen ebenso, die auf die Dauer fast so viele Todesopfer verursachen, als in noch so massiven Kriegen gelungen ist. Und dann noch dieses besänftigende Geschwafel: Das wären eben so die Opfer, welche der Fortschritt fordert!«

»Diese Welt ist eben zutiefst erkrankt – das spürt man!« Der Polizeipräsident reagierte dabei nicht viel anders, als habe er lediglich die täglichen, immer fürchterlicher werdenden Berichte seiner Dezernate vor sich. »Doch niemand findet sich, kein Politiker, kein sogenannter Staatsmann, der aufrichtig und konsequent dagegen anzugehen gedenkt. Sie alle scheinen Gruppeninteressen nachzugeben, Geldinstituten hörig zu sein, einem bestürzend weit verbreiteten, schnellen, raffgierigen Gewinnstreben anzuhängen. Da sind fürchterliche Angleicher, Ausgleicher, Einebner am Werk. Wobei viele Menschen, die nicht an dieser Fortschrittsgläubigkeit mitverdienen, das zu ahnen beginnen – sie werden unruhig, böse, kommen sich hilflos und verlassen vor.«

»Doch eben zu denen«, sagte Keller bedächtig, »gehören auch Polizisten! Denn die muten oft überstrapaziert und überfordert an. Diese sogenannten Hüter der Ordnung beginnen an sich und ihren Aufgaben zu zweifeln. Sie fangen an, sich zu fragen: Um welche Ordnung handelt es sich denn eigentlich wirklich?«

»Das ist es wohl, Herr Keller, was auch ich zu spüren beginne. Allein zu unserem Bereich, in dieser Stadt, gehören an die viertausend Beamte. Der Großteil davon leistet ganz vorzügliche Arbeit, immer noch – aber wie lange wohl noch, wollen Sie sicher fragen. Und das frage ich mich auch! Denn der zunächst verschwindend geringe Prozentsatz der schwarzen Schafe unter unseren Leuten scheint bestürzend schnell immer größer zu werden. Polizisten als Zuhälter, Einbrecher oder Betrüger – so was ist keine Seltenheit mehr.«

»Das hat es schon immer gegeben, Herr Präsident. Sogar Mörder! Die sind sogar vor einigen wenigen Jahrzehnten in der Nazizeit staatlich gefördert und rechtlich unterstützt worden.« Keller blinzelte seinem hellwachen Hund besänftigend zu. »Das jedoch heutzutage wirklich Bedenkliche scheint sich in zwei Erscheinungen deutlich zu machen: Da ist, einmal, die zunehmende Gleichgültigkeit unserer Beamten gegenüber ihren wahren Aufgaben – sie vertreten nicht mehr überzeugend genug das Gesetz, sie fühlen sich nicht mehr als Helfer der Bedrohten, Verfolgten und Gequälten. Sie scheinen sich nur einen Job zugelegt, eine Verdienstquelle aufgerissen zu haben, sie sind lediglich auf ihre Einkünfte fixiert.«

Der Polizeipräsident nickte zustimmend. Das galt jedoch mehr dem Hund. Sehr zögernd wollte er dann von Keller wissen: »Und die zweite dieser Erscheinungen?«

»Dabei handelt es sich, fast zwangsläufig, um die Funktion des denkbar Extremen. Und zwar bei außergewöhnlichen Menschen von besonderer Eigenwilligkeit. Auch sie sind bei uns vorstellbar. Ihnen etwa, Herr Präsident, sagt man das nach, mir auch, was jedoch nicht ganz zutrifft. Denn Sie sind fixiert auf Ihr Amt, ich bin geprägt durch meine Erfahrungen. Das macht uns vorsichtig. Zumindest wollen wir erhalten und bewahren, und zwar so ziemlich alles, was uns als gut, gerecht, anständig, sauber, lebenswert erscheint. Es könnte durchaus sein, daß wir dabei konservativ anmuten, wenn Sie mir diese Vokabel erlauben. Extrem veranlagt jedenfalls sind wir nicht – also vermögen wir auch nicht dementsprechend zu funktionieren.«

Der Polizeipräsident wollte jetzt offensichtlich keine möglicherweise voreilige Frage stellen. Wie um sich abzulenken, widmete er sich Kellers Hund und füllte Wasser in seine Schale nach.

Dann erst fragte er Keller: »Was, bitte, haben Sie mit dieser Andeutung gemeint? Wollten Sie etwa auf einen ganz bestimmten Vorgang in unserem Bereich anspielen – oder ist das lediglich eine Art Theorie gewesen?«

»Nehmen Sie das letztere an«, empfahl ihm Keller. »Doch immerhin vermag ich mir einen erklärten Mann der Gerechtigkeit, *seiner* Gerechtigkeit – mitten unter uns – durchaus vorzustellen.«

»Ich habe schon immer Ihre Fantasie bewundert, Herr Keller, und sie auch stets als schöpferisch empfunden.«

»Wobei nicht ausgeschlossen ist, Herr Präsident, daß dabei jemand zum Vorschein kommen könnte, der sich bei diesen permanenten Lebenslügen total verraten und verkauft vorkommt. Und damit – herausgefordert. Und der dann, absolut entschlossen und sozusagen auf eigene Faust, dagegen vorgeht – keine Hindernisse mehr anerkennend! Auch nicht sogenannte amtliche.«

»Das befürchte ich auch«, sagte der Präsident gequält nachdenklich, wie vor seinem eigenen Schatten stehend, den er nicht zu überspringen vermochte. »Doch davor – gnade uns Gott!«

Der Journalist Frank Schwarz witterte sensationelle Schlagzeilen – zumindest drei, nach seinen Berechnungen; verteilt auf sechs Tage. Er gedachte äußerst planvoll ans Werk zu gehen; mit der ihm eigenen, oft erfolgreichen Direktheit. Also: zum totalen Kahlschlag bereit!

Was ihm auch gelang.

Erste Station dabei:

Frank Schwarz suchte – sozusagen als Fundament für seine Recherchen – den Vater von Irene Winter auf. Dieser saß vor dem Fernsehapparat, während seine Frau in der Küche hantierte. Er gab sich überaus mürrisch.

Schwarz bat berechnend höflich um Entschuldigung dafür, möglicherweise gestört zu haben, worauf Winter meinte, das Programm wäre sowieso eine Zumutung.

Er schaltete den Apparat aus. Mittels Fernbedienung natürlich, um dann Schwarz mit prüfender Verächtlichkeit anzublicken. »Was sind denn Sie für einer? Etwa noch einer von der Kripo? Diese Versager kotzen mich an. Für die ist mein armes Kind nichts als ein Aktenstück, auf dem sie ihren Mittagsschlaf halten. Von denen habe ich die Schnauze voll.«

Frank Schwarz versicherte unverzüglich – sehr wortreich, mit geschicktem Einfühlungsvermögen –, daß er das voll und ganz verstehe. Er war offensichtlich mit einer Art Stier konfrontiert worden, der geradezu danach schrie, in irgendeiner Arena vor tosendem Publikum abgestochen zu werden.

Er erklärte, lediglich Journalist zu sein. Doch eben nicht irgendeiner – vielmehr einer der wohl wesentlichsten, maßgeblichsten, einflußreichsten dieser Stadt. »Mir können Sie sich anvertrauen, Herr Winter.«

Mißtrauisch, wie er nun mal geworden war, nahm Winter das ganz und gar nicht als gegeben hin. »Was denn, was denn – Sie wollen doch nicht etwa meine liebe Tochter, und mich dazu, vor aller Öffentlichkeit in den Dreck zerren?«

»Sie verkennen die Gegebenheiten, Herr Winter.« Schwarz gab sich erstaunt, keineswegs irgendwie gekränkt. »Wenn ich das wollte, brauchte ich mich doch nur an die vorhandenen Unterlagen zu halten und mich dann kreuz und quer durch die Gegend zu fragen. Aber eben das tue ich nicht – ich bin direkt und vertrauensvoll zu Ihnen gekommen.«

»Und – warum?«

»Um Ihnen, nicht zuletzt angeregt von Herrn Hubert, meine guten Dienste anzubieten und Ihre Mitarbeit zu mobilisieren. Denn ich bin ebenso empört über die Vorgänge wie Sie.«

»Das kann keiner sein!« protestierte Winter restlos überzeugt. »Ich bin der Vater. Und als solcher fordere ich: Dieser verbrecherische Kerl muß bestraft, unschädlich gemacht werden – für alle Zeiten!«

So etwas hörte Frank Schwarz nicht ungern. »Und eben das kann die Polizei nicht! Denen sind die Hände gebunden; durch Verfügungen, Verordnungen, Bestimmungen des Strafgesetzbuches. Doch auf mich aber trifft das alles nicht zu. Ich kann mich da wesentlich freier bewegen – und sogar, falls ich Ihrer Mithilfe sicher sein darf: direkt auf den Täter zu.«

»Glauben Sie denn, eine Chance zu haben, Herr Schwarz«, fragte Winter mit plötzlich hervorgebrochener, scharf lauernder Aufmerksamkeit, »diesen Mistkerl aufzuspüren?«

»Nahezu die Gewißheit, Herr Winter. Ich weiß wesentlich mehr als Sie ahnen.«

»Sie kennen ihn also? Auch seinen Namen? Und den werden Sie mir nennen?«

»Warum nicht – falls Sie mir dabei behilflich sind, ein möglichst übersichtliches Bild der Vorgänge zu erstellen.«

»Wenn ich an dieses Schwein herankomme, bin ich dazu bereit«, versicherte Winter feierlich, entschlossen, der Gerechtigkeit – seiner Gerechtigkeit – zum Sieg zu verhelfen. Er faltete seine leicht bebenden, äußerst kraftvollen Hände wie zum Gebet.

Und damit war dieser Pakt perfekt.

Die zweite Station dieser Vorgänge:

Intensive Befragungen, bereitwillige Auskünfte des Vaters von Irene Winter, aus denen sich dann, im ersten Bericht des Frank Schwarz für sein Boulevardblatt – unter der Schlagzeile ›Mißbrauchte Kinder unter uns‹ – unter anderem folgende journalistische ›Feinheiten‹ ergaben:

›Ein verzweifelter Vater sitzt einsam in seiner Wohnung. Er wird von bohrenden Fragen gequält: Wie konnte das geschehen? Wie war es möglich, daß sein geliebtes, ahnungsloses, gutgläubiges Kind... siehe Foto.‹

Hierzu ein Arbeitskollege dieses schwergeprüften Mannes: »Der war die Fröhlichkeit in Person, immer gut gelaunt, stets hilfsbereit. Ein prima Kumpel! Bis dann so was Scheußliches passierte. Danach sah der nur noch rot, wie man so sagt. Er konnte sich eben nicht damit abfinden. Wir, seine Kameraden, haben dafür vollstes Verständnis. So darf es hier einfach nicht weitergehen!«

Station drei sodann:

Nunmehr bereitwillig erfolgende Auskünfte von Frau Winter, die von ihrem danebenstehenden Mann intensiv dazu angeregt wurde. Ein Vorgang, der dann in dem Schwarz-Artikel folgendermaßen nachzulesen war:

›Die Mutter dieses beklagenswerten Opfers ist eine Hausfrau, die ihre Familie mit Hingebung und Sorgfalt betreut. Ihre Sauberkeit und Ordnungsliebe muten vorbildlich, musterhaft an. Diese bemühte Frau und Mutter vermag einfach nicht zu begreifen, was geschehen ist.

›Was habe ich denn nicht alles für mein liebes Kind getan‹, sagte sie mit Tränen in den Augen. ›Ich habe ihr Liebe gegeben, sie zärtlich umsorgt, war stets bemüht, ihr ein glückliches, geborgenes Leben zu bereiten. Doch nun – das!‹

Der sich unmittelbar an diesen Bericht anschließende Schwarz-Kommentar besagte: ›Dabei handelt es sich leider um keinen Einzelfall. Vielmehr spielen sich nahezu tagtäglich bei uns derartige Untaten ab. Jedes unserer Kinder kann zu einem solchen Opfer werden. Ihre Gefährdung wächst bedrohlich an. Das aber dürfen wir nicht dulden! Dagegen müssen wir uns wehren. Es muß endlich etwas getan werden, Herr Polizeipräsident!‹

Station vier war eine Befragung der immer noch im Zentralkrankenhaus befindlichen Irene Winter. Sie wurde zunächst von der dort diensttuenden Schwester ziemlich energisch abzuschirmen versucht. Doch gegen den vordringenden Vater war selbst sie machtlos – und unmittelbar hinter diesem schob sich auch Frank Schwarz in das Krankenzimmer hinein; weiteren, zeilenträchtigen Erkenntnissen entgegen.

Irene vermochte lediglich dies zu sagen: Sie wisse nicht, nicht genau, was wirklich mit ihr geschehen wäre. Nun ja – jemand habe sich auf sie gestürzt. »Ich habe mich gewehrt, selbstverständlich! Doch dabei bin ich wohl ausgeglitten, möglich auch, daß er mich gestoßen hat, wobei ich dann mit dem Hinterkopf... Na ja, so war es wohl – doch mehr kann ich eigentlich gar nicht sagen.«

Was dann im ersten Aufklärungsartikel des Frank Schwarz folgendermaßen beschrieben wurde:

›Im Zentralkrankenhaus, sorgfältig betreut, intensiv gepflegt, liegt einsam dieses Mädchen von noch erkennbarer besonderer Lieblichkeit. Wenn auch jetzt ihr schmal gewordenes Gesicht bleich anmutet, fahl, unendlich erschöpft wirkt. Dieses einst so liebliche Kind ist nunmehr schwer gezeichnet. In ihren dunkelblauen Augen schimmert Angst auf. Sie vermag, diesen Ereignissen noch nachzitternd, kaum Worte dafür zu finden. Sie wirkt zutiefst verwundet – in ihrer Seele verstört.

Nur ein ungemein beklagenswertes Opfer dieser sichtlich fragwürdig gewordenen Zeit. Eines unter vielen anderen. So aber darf das hier nicht weitergehen, Herr Polizeipräsident!‹

Bei der fünften Station dieser Vorgänge ergab sich dies:

Frank Schwarz und Vater Winter hielten sich vor dem Haupteingang jenes Krankenhauses auf, in dem Irene lag. Eine sehr lind anmutende Vorfrühlingsnacht schien sie angenehm erwärmend zu umhüllen. Der Fernlastfahrer öffnete, wie um endlich einigermaßen frei atmen zu können, seine oberen Hemdknöpfe.

»Ich bin erschüttert«, glaubte der Journalist bekennen zu müssen. »Das waren tiefe Einblicke. Das wird ein Artikel werden, der hinhaut.«

»Also«, stellte Winter fest, wie ein Rammbock vor Frank Schwarz dastehend, »habe ich Sie gut bedient – was? Sozusagen bestens! Und was«, fragte er begierig, »ist Ihnen das wert?«

»Nun – genau wohl das, was Sie von mir erwarten.«

Winter schnappte zu, wie ein Hund, dem ein stattlicher Knochen mit erheblichen Fleischresten vorgehalten wird. »Sie nennen mir also den Namen von diesem Kerl?«

»Nicht nur das, Herr Winter – ich gebe Ihnen sogar seine Adresse. Wobei Sie jedoch bedenken sollten: Dieser Mann darf, sozusagen offiziell, lediglich als der mögliche Täter gelten – ob er auch der tatsächliche Täter ist, wäre erst noch herauszufinden.«

»Das mache ich schon! Mit Wonne.«

»Ich habe allerdings noch eine Bedingung.«

»Na – welche denn, Mann!« reagierte Winter erregt unwillig. »Wollen Sie etwa versuchen, mir diese Tour zu vermasseln?«

»Aber nicht doch, Herr Winter. Sie bekommen diese Adresse.

Und was Sie dann auch immer mit dem Herrn veranstalten sollten – das ist allein Ihre Angelegenheit. Doch unmittelbar danach – und eben das ist meine Bedingung – unterrichten Sie mich darüber. In allen Einzelheiten. Akzeptiert?«

»Wird gemacht!«

Rechtsanwalt Richard Holden verbrachte diesen Abend allein in seinem Büro. Dabei wartete er auf einen Anruf von Susanne Sommer. Während der vergangenen Stunden hatte er mehrfach versucht, sie telefonisch in ihrer Wohnung zu erreichen – nur um zu fragen: Wie geht es dir? Doch sie war wohl, wie von ihr angekündigt, sozusagen beständig unterwegs – um ihr wichtig erscheinende Freundschaften zu pflegen.

So brütete er denn, verheerend unkonzentriert, über einigen von seinen Akten. Und diese, sonst von ihm aufmerksam betreut, wollten ihm nunmehr nichtssagend, banal vorkommen.

Alles, was sich da auf ihn zudrängte, kam ihm auf einmal fürchterlich fragwürdig vor, abgebrüht hinterhältig, unendlich verdorben. Diese denkbar dunkle Seite des Daseins widerte ihn an – er sehnte sich nach Erlösung davon; also nach Susanne. Voller Hoffnung stürzte er sich auf das Telefon, das nun endlich schrill-dröhnend läutete.

Doch es meldete sich lediglich sein Freund Karl Hubert. Und der wollte wissen: »Wie geht es dir?«

»Sozusagen bestens!« Holden versuchte sich frohgelaunt und optimistisch zu geben.

»Versuche mir nichts vorzumachen, Richard. Dir geht es nicht gut – das spüre ich. Und ich glaube auch zu wissen, warum. Du machst dir Sorgen – und sicherlich nicht ganz unberechtigt – dieser Dame Sommer wegen.«

»Warum sollte ich das?« wehrte Holden heftig ab. »Schließlich ist sie nicht mein Eigentum; selbstverständlich hat sie ein Anrecht darauf, ihr eigenes Leben zu leben. Zumal das nicht ausschließt, daß mich Susanne vertrauensvoll informiert. So etwa weiß ich, daß sie heute abend mit einem ihr befreundeten Ehepaar aus Brüssel verabredet ist. Zum Abendessen.«

»Und zwar im Hilton – nicht wahr?«

»Wo auch immer, Karl – was hat mich das anzugehen? Doch woher weißt du das?«

»Ich habe da so meine Quellen«, erklärte ihm Hubert lässig. »Oder eben das Amt hat sie. Dazu gehören auch diverse Hoteldetektive – von denen kaum einer zögert, mit uns auf Verlangen zusammenzuarbeiten. Und im Hilton läuft gerade eine Observation von uns, also die Überwachung eines Verdächtigen. Doch was dabei rein zufällig als Nebenprodukt zum Vorschein gekommen ist, solltest du dir ein wenig genauer ansehen.«

»Ich muß schon sehr bitten, Karl! Du erwartest doch nicht etwa, ausgerechnet von mir, daß ich meiner Susanne nachspioniere!«

»Du solltest lediglich versuchen, dich zu informieren. Denn dort scheint sich deine Susanne Sommer gar nicht, wie sie dir gesagt hat, mit einem Ehepaar getroffen zu haben – vielmehr allein mit einem Mann. Woraus sich dann allerdings möglicherweise ein Ehepaar ergeben könnte – durch ihre Beteiligung.«

»Karl, mein Freund«, sagte nun Holden mit schwerer Stimme, überaus bedrückt wirkend, »kannst du denn niemals aufhören, mich herauszufordern und extremen Situationen zuzutreiben?«

»Ach was, Richard – ich mache dir lediglich einen Vorschlag: Nimm einen Drink in der Bar des Hilton – sieh dich dort um. Das ist zunächst alles.«

Richard Holden erschien, wie von motorischer Unruhe angetrieben, eine knappe halbe Stunde nach diesem Anruf im Hilton. Dort begab er sich in die Bar, ohne sich auf einen der Sessel zu hocken. Stehend bestellte er sich einen Wodka-Tonic; mit viel Eis. Doch den rührte er zunächst nicht an.

Er schob sich, dezent-vorsichtig, zu dem dekorativen Türbogen hin, der einen Überblick auf den daneben befindlichen Grillroom ermöglichte. Und dort sah er sie sitzen. Susanne neben einem Mann von unbestimmbarem Alter, kosmetisch gepflegt, dezent gekleidet; mit leuchtender Gesichtsbräune unter sorgfältig onduliertem Weißhaar. Also wohl, stellte Holden fest, mit so gut wie allem ausgestattet, was man mit Geld kaufen konnte.

Dieser Mann, registrierte Holden weiter, war ganz der Typ eines seriösen, erfolgreichen Geschäftsmannes. Er neigte sich ihr, während sie speisten, gleichsam besitzergreifend beglückt entgegen, näherte seine Lippen ihrem Ohr. Susanne lachte auf; wenn auch unhörbar für Holden, so doch eindeutig diesen Menschen an.

Richard Holden zog sich nun, wie angewidert, zurück. Um dann jedoch erleben zu müssen: Diese beiden erhoben sich; sie verließen das Restaurant, eng nebeneinander, Hand in Hand. Sie durchquerten die Bar – nur wenige Meter von ihm entfernt. Doch sie schienen ihn nicht zu bemerken. Sie sahen offenbar nur noch sich.

Er ging ihnen nach. Sie begaben sich zur Portierloge, wo dieser Mensch, Susanne nicht aus den Händen lassend, seinen Zimmerschlüssel verlangte. Den erhielt er – mit wissend lächelnder Höflichkeit, wofür er einen größeren Geldschein hinblätterte.

Danach gingen die beiden zum Fahrstuhl. Doch bevor sie einstiegen, glaubte Richard Holden dem fürchterlich-fatalen Eindruck ausgeliefert zu sein: Susanne blickte ihn an! Fragend, vorwurfsvoll, nahezu anklagend.

Dann entschwand sie seinen Augen.

Winter, der Vater, der sich überaus bestätigt und auch gestärkt fühlte – nach dem Genuß von fünf Flaschen Bier erst recht – schien jetzt entschlossen, sich durch nichts und niemanden mehr in seinem Bestreben um Gerechtigkeit aufhalten zu lassen. Er betätigte energisch die Türklingel im Hause Friedensstraße 33, 3. Stock, links. Dort war ein schäbiges Papierschild angebracht worden, auf dem stand: Gesner, Paul.

Als ihm diese Tür dann, wie nach längerem Zögern, geöffnet wurde, nur spaltbreit, drängte sich Winter unverzüglich hinein, mit der ihm eigenen massiven, unbremsbaren Energie. Er schob den Menschen, der sich ihm in den Weg zu stellen versuchte, wie eine lästige Fliege zur Seite. Der prallte gegen die nächste Wand.

»Wer sind Sie?« wollte dieses in Winters Augen schmalbrüstige, todblasse, hasenhaft erregt wirkende Geschöpf wissen. »Und was wollen Sie von mir?«

»Ich bin Winter!« verkündete dieser, weiter vordringend. »Der Vater. Und das besagt doch wohl alles, Mensch!«

Worauf er sich gleichsam besitzergreifend in den Räumen dieser Wohnung umsah. Das geschah mit schnell steigender Verächtlichkeit, nichts wirkte sonderlich sauber oder wohlgeordnet – zerwohnte Möbel, abgewetzter Fußbodenbelag, verblaßte rissige Tapeten. »Diese Bude sieht Ihnen ähnlich. Hier also hausen Sie – mit Familie, hat man mir gesagt. Führen Sie mir die vor – denn die hätte ich gerne aufgeklärt. Über Sie! Wo ist die?«

»Was geht Sie das denn an!« rief Gesner erregt aus – fast verwegen bereit, den Eindringling anzuspringen.

Seine sogenannte Familie, also seine Frau mit den Kindern, hatte ihn verlassen. Wieder einmal. Das war also an sich keine Besonderheit; das hatte sich sein Eheweib einige Male in den letzten Jahren geleistet, und zwar mit den üblichen Beweggründen: Sie fühlte sich, auch seelisch, vernachlässigt... Vermutlich verdiente er nicht genug, vermochte also keine überzeugende Betreuungsbereitschaft für sie zu entwickeln. Schließlich dann auch Hinweise auf seine schleichend erkennbare Vorliebe für Kinder; leider nicht für die eigenen. Also hatte sie sich ihm entzogen. Und die Mutter seiner Frau stand dann stets mit weit offenen Armen da; geradezu begierig betreuungsbereit.

»Ich bin eben«, behauptete Gesner mühsam, »ein überaus schwergeprüfter Mensch – das dürfen Sie mir glauben! Denn niemand versteht mich. Alle sind gegen mich. Und nun bedrängen auch noch Sie mich! Warum?«

»Was für eine blöde Frage, Mann!« grollte ihn Winter an.

»Verehrter Herr«, sagte Gesner nun, sichtlich um jedes erdenkliche Entgegenkommen bemüht, zugleich aber auch um seine Sicherheit besorgt – er wich Schritt um Schritt zurück. »Ich verstehe Ihre Erregung. Doch die ist unnötig, und sogar unberechtigt! Falls Sie das mit mir unter vier Augen klären wollen, bin ich dazu bereit. Wenn jedoch nicht...«

»Na, was dann wohl, Mensch?«

»Dann müßte ich Sie wohl bitten, unverzüglich meine Wohnung zu verlassen! Wenn nicht, könnte ich mich gezwungen sehen, Ihr Eindringen als den Versuch einer Nötigung, als Hausfriedensbruch festzustellen – und zur Anzeige zu bringen. Bedenken Sie das. Darauf könnte Gefängnis stehen!«

»Und so was wagst du Saukerl mir ins Gesicht zu flüstern! Halte gefälligst deine vorlaute schäbige Schnauze – bis du gefragt wirst!« Winter griff nun fast spielerisch, doch mit grimassenhaft erstarrtem Lächeln, nach Gesner. Er zog ihn lässig kraftvoll an sich, ganz dicht – um ihn dann sehr schnell von sich zu stoßen, als habe ihn sein Atem angewidert.

Gesner fiel auf ein Sofa, das heftig aufzuächzen schien – und dort blieb er dann liegen. Mit ausgestreckten Beinen, wie entkräftet baumelnden Armen, leicht keuchend. Doch seine unruhigen Augen funkelten empört. »Das, Herr Winter, hätten Sie nicht tun dürfen!«

»Ich tue immer nur das«, sagte dieser, sprunghaft lauernd dastehend, »was ich für richtig halte. Und was das in diesem Fall ist, weiß ich genau.«

»Sie kennen die Zusammenhänge nicht«, versicherte Gesner nun in besorgter Abwehr. »Denn sonst, Herr Winter, wären Sie nicht hier.«

»Womit du also eingestehst, Mensch, daß du es gewesen bist, der sich an meiner Tochter vergangen hat!«

Paul Gesner hob abwehrend beide Hände – gegen den sich zentimeterweise auf ihn zuschiebenden Winter, der nun maskenhaft bleich wirkte; planierraupenartig bedrohlich. »Sie wissen nicht, was dabei tatsächlich geschehen ist! Alles war anders, ganz anders, als Sie offenbar vermuten.«

»Mir genügt, daß ich jetzt weiß: Du bist es gewesen!« Winter stand felsenhaft starr da, wenn auch wie von heftigen Gefühlswellen bereits weitgehendst unterspült. Er drohte zu stürzen – auf Gesner zu, ihn erschlagend.

Dieser spürte die massiv vernichtende Bedrohung und wehrte sich mit hektischer Heftigkeit weiter. »Urteilen Sie nicht voreilig! Die Kriminalpolizei hat alle Einzelheiten überprüft – doch dann mußten sie mich freilassen. Und mein Rechtsanwalt, einer der allerbesten in unserer Stadt, ist überzeugt davon, daß man mir nichts unterschieben kann. Achten Sie darauf – bitte!«

Winters Beharrlichkeit war unerschütterlich; seine Bedrohlichkeit besaß sendungsbewußtes Format. »Du gestehst also ein, du Schwein, diese Tat begangen zu haben.«

Paul Gesner mobilisierte allerletzte Abwehrkräfte. Und das geschah nun mit einer fast hektisch um sich schlagenden Verteidigungswut. »Was heißt denn da Tat? Ich bin herausgefordert worden! Wobei sogar ein gewisses Einverständnis...«

»Was wagst du mir da zu sagen?« fragte Winter mit einer Stimme, die heiser, brüchig, würgend klang. »Behauptest du etwa, sie wäre damit einverstanden gewesen? Meine Tochter! Solltest du das tatsächlich zu behaupten wagen?«

»Aber ja – denn so war es! Und das sollten nun auch endlich Sie einsehen. Ich habe ihr, mein Wort darauf, keinesfalls Gewalt angetan – ich habe mich auf ein Liebesabenteuer eingelassen.«

Winter atmete jetzt unsagbar schwer, mit geschlossenen Augen; was höchst bedrohlich wirkte. Sein massiger Körper schwankte – erneut auf Gesner zu. »Ein Liebesabenteuer, behauptest du Saukerl – mit meiner Tochter?«

»Was doch etwas sehr Schönes sein kann!« versicherte Paul Gesner fast beschwörend. »Zumal dann, wenn so was auf Gegenseitigkeit beruht. Sie zeigte sich dazu bereit – und ich folgte ihr. Alles war ganz natürlich. Sie streifte, mich erwartend, ihr Höschen ab...«

»Was – tat sie?«

»Sie entblößte ihren Unterleib! Was ist schon dabei – ich bitte Sie! Ein ganz alltäglicher Vorgang – zwischen Menschen, die sich begehren. Was Liebe ist!«

Da stürzte sich Winter über ihn – gleich einem mächtigen, ins Meer fallenden Eisberg.

Er erwürgte ihn.

Mit bloßen Händen.

Ein Vorgang, der einem Winter nicht sonderlich viel an Kraftentfaltung abforderte. Ein Fernlaster mußte mit ungleich mehr Energieverbrauch gesteuert werden – über alle Ländergrenzen hinweg. Auf die Erreichung des gesetzten Zieles kam es dabei an.

Nachdem Winter das erledigt hatte, schien er zu lächeln – wohl wirkte er leicht abwesend, aber auch zutiefst ergeben. In sein Schicksal, seine Bestimmung, seine Verpflichtung. Schließlich hatte er nur das getan, tun müssen, was ihm sein Gewissen befahl – und das nun denkbar vollkommen.

Um jetzt auch noch die erstrebte vollendete Gerechtigkeit in letzter Konsequenz zu erreichen, verließ Winter diese Wohnung mit steifen, aber festen Schritten. Er begab sich zu seinem knapp zweihundert Meter entfernt parkenden Auto. Und dieses war, wie eben alles in seinem Bereich zu sein hatte, von glänzender Sauberkeit – auf seinen Lackflächen spiegelte sich ein früher Frühlingsmond.

Dem Fahrzeug entnahm er einen Kanister Benzin – Fassungsvermögen: zwanzig Liter. Diesen schwenkte er nun, als habe er ein Geschenkpaket zu transportieren, lässig neben sich hin. Er trug es in die Wohnung hinein, in der Paul Gesner gleich einer leblosen, gliederarmen, konturlosen Stoffpuppe dalag.

Über dieses Gebilde schüttete er sodann, mit fast segnender

Gebärde, den Inhalt des Kanisters. Dann zündete er ein Streichholz an – ohne zurückzutreten. Er warf es von sich.

Ein grellheftiges Feuer brach wild auffauchend hervor.

10

Richard Holden hatte eine nahezu schlaflose Nacht verbracht. Nun starrte er dem aufdämmernden Tag entgegen, der nur bedrückende Schwere zu bieten schien. Er sah ihn so, wie er sich fühlte.

Er erhob sich von seinem Bett, trank ein wenig aus einer bereitstehenden Flasche Mineralwasser und schwankte dann, zutiefst ermüdet, in sein Badezimmer und zum Spiegel. Er wollte sein Gesicht sehen. Denn dieses mußte sich verändert haben.

Doch so intensiv er sich auch anstarrte – er war nicht irgendwie ›gezeichnet‹. Wohl glänzte sein Gesicht schweißfeucht – wie immer, wenn er schlecht oder zu wenig geschlafen hatte. Auch war ihm, als wirkten seine Augen kleiner; sie schienen fast leicht rötlich zu schimmern. Wie etwa nach einigen der langen, durchzechten oder mit heftigen Gesprächen verbrachten Nächten.

Diesmal jedoch hatte er in den langen Stunden zuvor nichts Alkoholisches getrunken, auch keinerlei Streitgespräche geführt – lediglich zu telefonieren versucht. Wieder und immer wieder. Stundenlang. In Abständen von zehn Minuten. Mit Susanne. Vergeblich.

Und es war ihm gewesen, als habe er nach ihr geschrien – lautlos; wobei seine Stimme durch das eintönig klagende Klingeln des Telefons ersetzt wurde. Diesem lauschte er nach – dessen grelle Monotonie drohte ihn zu betäuben. Die völlige Echolosigkeit seiner Bemühungen machte ihn ratlos, hoffnungslos. Zwischen seinen Anrufversuchen starrte er unendlich ermüdet vor sich hin.

Dabei hatte er sich auch, immer intensiver, an eine der Erkenntnisse seines Freundes Karl erinnert: Was du auch immer zu erblicken glaubst, es ist niemals das Ganze, lediglich ein Teil davon, ein Ausschnitt, höchstens die eine Seite aller Dinge – wobei dann zwangsläufig noch hinzukommt, daß deine vorgefaßten Annahmen, Vermutungen, Vorurteile deine Augen betrügen, dein Gehör verwirren.

Und was hatte er denn zu sehen erwartet? Doch wohl, nach

Susannes Ankündigung, dies: sie beim Abendessen mit einem befreundeten Ehepaar. Doch was hatte er gesehen: sie mit einem Mann – einem ihm überaus dekorativ erscheinenden; das hatte ihm voreilig seine wohl als eifersüchtig zu bezeichnende Verstörtheit suggeriert.

Nun gut, ja – sie schienen wie intim miteinander gewesen zu sein; doch immerhin, sie kannten sich schon seit vielen Jahren, was wohl eine Art gewohnheitsmäßige Zärtlichkeit zu erzeugen vermochte. Und wenn sie dann Hand in Hand an ihm vorübergeschritten waren, wie allein aufeinander konzentriert – so was mußte nicht allzuviel bedeuten.

Wenn sich dann Susanne und dieser Mann in dessen Hotelzimmer begeben hatten – so ließe sich selbst das erklären: Dort könnte dessen Frau, vielleicht vorübergehend erkrankt, auf sie gewartet haben; oder sie gedachten noch geschäftliche Dinge miteinander ungestört zu besprechen. Alles das war möglich, denkbar, vorstellbar!

Und eben weil er sich alle diese Vermutungen als mögliche Erklärungen eingeredet hatte, versuchte er in dieser Nacht Susanne mit ergebener Beharrlichkeit anzurufen. Alle zehn Minuten. Denn er sagte sich, sie könnte schließlich jeden Augenblick wieder nach Hause kommen. Wobei er sie weder störte noch gar belästigte; denn sie legte sich gewiß nicht gleich in ihr Bett, nicht innerhalb von zehn Minuten. Und dann gedachte er ihr nur zu sagen: Schlafe gut – ich liebe dich!

In der beharrlichen Sehnsucht, das, nur das, zu tun, hatte er diese von seinen Anrufsignalen durchdröhnten, endlosen Nachtstunden verbracht. Was ihn dann immer mutloser machte, zermürbend ermüdete, sein quälendes Schlafbedürfnis zerstörte. Warum, warum, fragte er sich, antwortet sie nicht? Wo ist sie? Was macht sie? Sollte ihr womöglich irgend etwas zugestoßen sein – ein körperlicher Zusammenbruch etwa, sie war sehr zart; oder ein Unfall, ein Verkehrsunfall, auch das war nicht auszuschließen.

Überaus spät dann in dieser beunruhigenden Nacht erinnerte er sich an eine Bemerkung von ihr: ›Ich brauche meine Ruhe. Bitte, rufe mich nicht nach elf Uhr nachts an. Das könnte vergeblich sein – wenn ich schlafen will, stelle ich mein Telefon weit weg.‹

Das also, sagte er sich, war wohl zu berücksichtigen; das vermochte so gut wie alles zu erklären. Er hatte das zu respektieren.

Karl Hubert hatte einen großen Teil der vergangenen Nacht in der Villengegend im Süden der Stadt verbracht – bei einer stattlich zu nennenden Leichensammlung beim Schwimmbad in einem Luxuskeller: vier Tote; eine Frau, drei Kinder. Erschlagen, erschossen, ertränkt. Der vermutliche Täter: ein oftmals beanstandeter, schließlich davongejagter Hausmeister. Zumal dieser sich bereits als vorbestraft erwies; wegen Teilnahme an einem Raubüberfall.

Der Ehemann der Getöteten und ihrer Kinder kam zwar auch als möglicher Verdächtiger in Frage, besonders, weil er nun einziger Erbe seiner millionenschweren Frau geworden war. Doch er behauptete, für die Tatzeit ein einwandfreies Alibi zu besitzen. Ein Dutzend Entlastungszeugen schienen sich dafür anzubieten – in dem von ihm bevorzugten Nachtlokal.

Aber »der stank geradezu nach Schuld«, sagte der Hauptkommissar später lapidar. Und kurz nach der Morgendämmerung hatte er ihn schließlich soweit, nachdem er seine ganze Mannschaft ausschließlich auf dessen Alibigeber konzentriert hatte, um die wirksam unter Druck zu setzen.

Er selbst hatte sich mit der ihm eigenen Rücksichtslosigkeit auf den sich bereits als ›Erbe‹ fühlenden Lebemenschen konzentriert. Er schlüsselte ihn systematisch auf, zerlegte und zerpflückte seine Angaben und Behauptungen. Der Verdächtige mußte sich bald vorkommen wie ein in unendliche Trockenheit geschleuderter Fisch.

Hubert ließ ihn abtransportieren. Er lächelte dabei – doch sein Lächeln wirkte müde. Und die erlebnisfreudig begeisterten, überaus anerkennenden Blicke seiner Mitarbeiter übersah er. Er fühlte sich weder glücklich, noch irgendwie befriedigt.

Diese Welt, sagte er sich, war voll von verendenden Fischen; in den Weltmeeren ebenso wie in jedem Tümpel. Und wenn sie auch völlig lautlos zu sein schienen – die schrien dennoch vor sich hin! Vergiftet, verseucht, tödlich erkrankt. Doch die Taubheit der Menschen vermochte das nicht zu vernehmen. Er jedoch konnte diese Zersetzungssignale hören, sie sogar riechen.

Er griff nach Handtuch und Seife, die stets in dem oberen

rechten Fach seines Schreibtisches lagen, und begab sich in den schäbigen, doch ziemlich sauberen Gemeinschaftswaschraum in seinem Stockwerk. Hier ließ er kaltes Wasser in ein Becken laufen, um sein Gesicht damit abzusprühen. Als er dabei in den von Rostflecken zersetzten Spiegel blickte, sah er hinter sich Kommissar Krebs stehen, den Chef des Dezernates Sitte.

Und ohne sich umzuwenden, sagte Hubert, mit mildem Spott: »Was willst du denn hier? Etwa demonstrieren, daß die Sitte allgegenwärtig ist – sogar auf der Toilette des Präsidiums?«

»Ich gedenke dich lediglich zu informieren.«

Hubert zögerte, sich Krebs direkt zuzuwenden – er betrachtete immer noch ihr gemeinsames Bild im Spiegel: verzerrte, verwaschene Konturen; die ihre ernstbesorgten Gesichter jedoch nicht auszulöschen vermochten. »Du gedenkst mich also zu informieren, Krebs – hast du gesagt?«

»Um dir dann eine Frage zu stellen, Hubert.«

»Du willst doch nicht etwa versuchen, mich irgendwie anzumisten, was? Na, dann versuch es mal.«

Worauf Krebs sachlich erklärte, so als habe er lediglich den täglichen Wetterbericht zu verkünden: »In der vergangenen Nacht ist dieser Gesner umgebracht worden; erwürgt. Danach wurde er mit Benzin übergossen und verbrannt.«

Nun wandte sich Hubert voll seinem Kollegen Krebs zu; er sah ihn offen und geradezu neugierig an. »Weißt du auch schon, wer sich das geleistet hat?«

»Warum fragst du – du weißt es!«

»Winter also«, stellte Hubert fast anerkennend fest.

»Und was, bitte, hast du dazu zu sagen? Also möglicherweise auszusagen – falls man das von dir fordern würde?«

»Nichts«, erklärte nun Hubert schroff ablehnend. »Was geht mich das an?«

»Bist du da ganz sicher?«

»Völlig, Krebs. Zumal ich wesentlich andere Sorgen habe.«

Unmittelbar nach diesem Waschraumgespräch versuchte Karl Hubert vom Präsidium aus, seinen Freund Richard Holden anzurufen. In dessen Büro. Denn um diese Zeit hielt Holden sich dort gewöhnlich auf.

Seine Sekretärin meldete sich – mit spürbar besorgter Unruhe.

Höchst vertrauensvoll auch, eben einem Hubert gegenüber. »Ich kann Sie bedauerlicherweise nicht mit Herrn Holden verbinden. Er ist diesmal leider nicht zur täglich üblichen Zeit in unserem Büro erschienen. Warum – weiß ich nicht.«

»Haben Sie in seiner Wohnung angerufen?«

»Selbstverständlich. Jedoch vergeblich. Dort ist er auch nicht zu erreichen. Er hat entweder seinen Telefonhörer neben den Apparat gelegt – oder er telefoniert pausenlos.«

Hubert vermochte nicht zu unterdrücken, wie überaus besorgt er nun war. »Jetzt mal ganz offen, Mädchen – macht der so etwas öfter?«

»Das ist bei ihm noch niemals vorgekommen; nicht solange ich ihn kenne. Doch in den letzten Tagen scheint er sich völlig verändert zu haben. Das sage ich Ihnen, da ich ja ganz offen sein darf, Herr Hubert. Und selbstverständlich sage ich so was nur Ihnen.«

»Verändert? In welcher Hinsicht?«

»Auf recht alarmierende Weise!« sprudelte sie nun hervor, dankbar dafür, sich ihm anvertrauen zu können. »Er arbeitet höchst unkonzentriert – falls er überhaupt noch arbeitet. Er vernachlässigt seine Klienten, scheint starken Stimmungsschwankungen ausgeliefert zu sein. Manchmal wirkt er überaus glücklich, dann wieder maßlos deprimiert. Kann man denn da nichts tun? Wenn überhaupt, dann könnten Sie das, Herr Hubert.«

»Mal sehen«, sagte dieser voller Unruhe, »was sich da machen läßt.«

In den Vormittagsstunden dieses Tages beschäftigte sich Susanne Sommer mit einer ihr ungemein wichtigen, weiterzeugenden, sie abzusichern scheinenden Tätigkeit. Sie telefonierte – wie um sich zu befreien. Frei von den vielfachen, sich ihr aufdrängenden Verpflichtungen – ihren gewiß zahlreich zu nennenden Männern gegenüber.

Das geschah vom zentral gelegenen Büro jenes Börsenmaklers aus, für den sie offiziell tätig war. Und während dieser sich in der nahen Börse mit Kursschwankungen abmühte, hatte sie Zeit genug, ihre derzeitigen Jagdgebiete zu inspizieren, auszuloten, abzugrenzen. Auf seine Kosten.

Susanne telefonierte also, und zwar überaus geschickt – mit

großer Beharrlichkeit; Vertrauen versichernd, auch erhoffend; mit wohlklingend behaupteter Zärtlichkeit, Zuneigung, wenn nicht gar Hingabebereitschaft signalisierend. Sie wäre, behauptete sie, verständnisvoll, stets freundschaftlich entgegenkommend – auch sehr, sehr lieb!

Soweit eine der von ihr als wirksam erkannten Standardformulierungen im Umgang mit ihrer Männerherde.

Weiter sagte sie dann noch, etwa zu Dr. Lichtenberg: »Werden Sie bitte nicht gleich ungeduldig, Alfonso! Ich versuche zu erreichen, was ich kann. Auf mich kann man sich verlassen – doch man darf mich nicht bedrängen.«

Sodann erklärte sie dem Freund ihrer angeblich besten Freundin gegenüber: »Du mußt Geduld haben. Es fällt mir wahrlich nicht leicht, Simone möglicherweise schwer enttäuschen zu müssen – deinetwegen; unseretwegen. Doch zumindest so viel kann ich jetzt schon sagen: Du bedeutest mir nicht wenig!«

Das unverzüglich danach erfolgende Telefongespräch fand mit dem Mann aus Brüssel statt. »Das ist eine ungemein harmonische Nacht gewesen. Wie früher. In Madrid, auch in London. Ich danke dir für deine Blumen und den beigelegten Scheck für das Poccikleid, den ich wohl zurücksenden werde. Denn das, was zwischen uns ist, sollten wir nicht zerstören oder zerreden; ich jedenfalls würde niemals versuchen, irgendeine Forderung daraus entstehen zu lassen. Das alles, mein Liebster, muß reifen.«

Worauf sie dann auch noch zwei weitere, mehr hastige, Telefongespräche führte. Das eine mit einem Mann, den sie mit ›mein Liliom-Liebling‹ anredete – wohl so genannt nach einer Theaterfigur von Molnar, bei dem ›Liliom‹ ein potenzstarker Rummelplatzausrufer war. Zu ihm sagte sie: »Ich konnte gestern nacht nicht mehr kommen – aber die nächste gehört wieder dir! Du bist einfach alles für mich. Mache mit mir, was du willst!«

Das nächste Gespräch – ein längeres, fast flüsterndes, vogelhaftes zwitscherndes – war ihrer derzeit angeblich besten Freundin zugedacht; also Simone Jahr. Und der versicherte sie: »Was dir da auch möglicherweise zugetragen werden sollte, meine Liebe, etwa im Hinblick auf mich und deinen Freund, deinen Mann – glaube das nicht!«

»Warum denn nicht, Susanne?«

»Weil du weißt, Simone, daß ich dich liebe. Nur dich!«

»Nichts würde ich lieber glauben. Kann ich das?«
»Du kannst. Denn es ist so.«

Karl Hubert drang freudig rücksichtslos, wobei er also wohl versuchte, seine wuchernden Besorgnisse zu verbergen, in die Wohnung seines Freundes Richard Holden ein.

Dort stellte sich Hubert vor Holden auf, als habe er nunmehr einen ihm wichtig erscheinenden Beobachtungsposten bezogen. Intensiv musterte er den Freund, um dann herausfordernd auszurufen:

»So hast du noch niemals ausgesehen! Deine Haut wirkt schlaff und bleich. Deine Augen sind kaninchenhaft gerötet. Und wenn ich von dir fordern würde: strecke deine Hände aus – sie würden zittern. Du bist krank.«

»Das kann sein, Karl. Irgendeine fieberhafte Erkältung vermutlich, wie fast jedes Frühjahr. Jedenfalls habe ich eine äußerst unruhige Nacht verbracht – ich konnte ganz einfach nicht schlafen.«

»Dieser Susanne Sommer wegen – muß ich wohl annehmen. Sie regt dich auf, sie macht dich krank – das spüre ich.«

Holden sagte nur: »Was weißt denn du schon von Susanne – was glaubst du von ihr zu wissen?«

»Noch nicht genug«, bekannte Karl Hubert leise. Der Anblick seines Freundes tat ihm weh. »Doch immerhin glaube ich zumindest eines erkannt zu haben: Du bist wohl noch niemals in deinem Leben, selbst bei deiner Frau nicht, einer derartig großen Gefahr ausgesetzt gewesen – einer nahezu totalen Gefährdung. Du drohst, dich zu verlieren. Sie – zerstört dich! Erkennst du das nicht?«

Holden sah Hubert nicht an, als er nun Worte gebrauchte, die wie unbeirrbar ergeben, bekennend klangen: »Für mich jedenfalls ist allein dies entscheidend: Ich liebe diese Frau! Bedingungslos. Ich kann nicht anders.«

»Richard, du hast auch diese Formulierung ›Liebe‹ gebraucht, als es deine Frau noch für dich gab. Und sie hat damals ein derartiges Bekenntnis schändlich mißbraucht. Ich will das alles nicht noch einmal erleben oder gar heraufbeschwören! Und deshalb rate ich dir jetzt, ich fordere es nun sogar, deinetwegen: Löse dich von dieser Person! Schnell, entschlossen, entschieden! Um zu überleben. Denn sie – kann dein Ende sein.«

Der Journalist Frank Schwarz drang in das Dezernat Sitte ein. Dort fand er Kommissar Krebs vor, der schildkrötenhaft wie immer hinter seinem Schreibtisch hockte – ausdauernd, unbeweglich, scheinbar tatenlos. Ihm legte Schwarz schwungvoll das neueste Exemplar jenes Boulevardblattes vor, das sich seiner Ansicht nach rühmen konnte, ihn als Mitarbeiter zu besitzen.

Auf der ersten Seite stand, frontal in Balkenlettern die Verkündigung: ›Sexualstrolche unter uns!‹ Darunter, nur wenig kleiner gedruckt, eine Art Summierung der im folgenden breitgetretenen Recherchen: ›Kind überfallen. Opfer im Krankenhaus. Eine Familie zerstört. Polizei machtlos. Doch wir klären auf.‹ Schließlich dabei noch, nicht zu übersehen: ›Spezialbericht von Frank Schwarz.‹

»Na – was sagen Sie nun?« wollte der Journalist wissen, seiner ganz besonderen Leistung sehr sicher. »Da staunen Sie wohl – was?«

»Staunen«, sagte Krebs, sehr gemessen, »ist vermutlich nicht der richtige Ausdruck dafür, was ich beim Anblick dieser Ihrer Leistungen empfinde – oder eben empfunden habe. Denn ich kenne Ihren Artikel bereits seit einer Stunde; ich habe ihn gründlich gelesen.«

»Nicht ohne Anerkennung, nehme ich an. Denn Sie haben, hoffe ich, bei dieser Lektüre herausgefunden, daß es stets ratsam für Sie, also die Polizei ist, mit der Presse eng zusammenzuarbeiten – speziell mit vertrauenswürdigen Journalisten wie mir. Was ich, ab sofort, im verstärkten Maße erhoffe. Sie haben doch wohl sicher dabei erkannt: Auch wir haben da so unsere Quellen!«

»Welche – glauben Sie denn zu haben?« fragte Krebs lauernd.

»Allerbeste. Mein Artikel beweist das.« Schwarz war schwungvoll in diesen Nachrichtenhandel eingestiegen.

Krebs lehnte sich jetzt nahezu gemächlich in seinem aufächzenden Beamtenstuhl aus Fichtenholz zurück. »Ich teile Ihnen gerne mit, Herr Schwarz, was ich von derartigen Veröffentlichungen halte. Nämlich nichts! Und nicht nur das. Ich vermag darin lediglich eine unverantwortliche, leichtfertige Aufputschung der Öffentlichkeit zu sehen, eine Vergiftung derselben, eine rücksichtslose Verbreitung von blutiger Gewalt – was zerstörerische Nachfolge erzeugt. Sie versuchen selbst noch ein denkbar schäbiges Verbrechen in eine schlüpfrige Sensation zu verwandeln!«

»Aber, aber, werter Herr!« wehrte Frank Schwarz entrüstet ab. »Sie scheinen offenbar gar nicht zu ahnen, in welcher Rangordnung meine Informanten zu vermuten sind. Das nur so nebenbei: Vor einigen Tagen habe ich mit dem Polizeipräsidenten gespeist. Was aber noch lange nicht alles ist. Das sollten Sie berücksichtigen.«

»Was ich hier wohl allein zu berücksichtigen habe, Herr Schwarz, das sieht, und zwar für Sie, so aus: Sie haben angebliche Informationen, und von wem auch immer, einfach mißbraucht, sie ausgespielt wie bei einer Pokerrunde. So was haben Sie sich vermutlich im Bereich des Dezernats Sitte leisten zu können geglaubt, mit einem, oder einigen, wie Sie andeuteten, gewichtigen Informanten im Hintergrund. Doch jetzt sind Sie bei unserer Mordkommission gelandet.«

»Wo – soll ich da gelandet sein?« Frank Schwarz ahnte, daß er nunmehr einigen Grund hatte, sich beunruhigt zu fühlen. »Da haben Sie sich doch wohl einen Scherz geleistet, Herr Krebs!«

Der Kommissar betrachtete den Journalisten aufmerksam. »Sollten Sie etwa noch gar nicht erkannt haben, was Sie da so alles mit oder eben bei Ihren Nachforschungen inspiriert, angestellt, ausgelöst haben? Im Fachjargon nennt man so was Beihilfe – und diesmal handelt es sich um Mord.«

»Mann Gottes – wovon reden Sie denn da eigentlich?«

»Von einem Vorgang, der sich heute nacht ereignet hat. Dabei ist der Ihnen bekannte Verdächtige Nummer eins jenes Sittlichkeitsverbrechens getötet worden – erwürgt und dann mit Benzin übergossen.«

»Wer?« leistete sich Frank Schwarz zu fragen.

Krebs schüttelte lediglich mißbilligend seinen irritierend bieder wirkenden Beamtenkopf. »Falls es sich bei den Vernehmungen des Winter herausstellen sollte – womit mit einiger Sicherheit zu rechnen ist –, daß Sie es gewesen sind, der ihm den Namen des Ermordeten geliefert hat, vermutlich recht zielbewußt –, was dann?«

»Derartige Unterstellungen«, wehrte der Journalist erregt ab, »muß ich mir entschieden verbitten!« Er vermochte jetzt das Heikle seiner Situation richtig einzuschätzen, sah also genau deren direkte Bedrohlichkeit. Er versuchte unverzüglich, sich massiv abzusichern. »Ich muß energisch fordern, daß derartige

Mutmaßungen unterlassen und darüber hinaus sogar unterbunden werden. Und das zwar auch im Interesse des Präsidiums! Achten Sie darauf.«

»Was hat denn das Präsidium«, fragte Krebs, wobei seine lässige Mißbilligung der Methoden dieses Besuchers erheblich zunahm, »mit Ihren Publikationsmethoden und deren Manipulationen zu tun?«

»Nun, immerhin – falls man mich massiv-rücksichtslos zu bedrängen versuchen sollte, könnte ich mich möglicherweise gezwungen sehen, Namen zu nennen. Ganz besonders einen. Können Sie ahnen – welchen?«

»Den ahne ich nicht nur – den kenne ich.« Krebs schien jetzt sogar eine Art Mitleid für seinen Besucher durchblicken zu lassen. »Offenbar glauben Sie, sich auf Hauptkommissar Hubert berufen zu können – nicht wahr?«

»Warum denn nicht?«

»Weil Sie den nicht kennen, Herr Schwarz! Der ist schließlich kein normales Stück Wild, das man einfach abknallen kann, keine Forelle, die sich mühelos angeln läßt – selbst wenn man sich als noch so fähiger Jäger und Fischer fühlen sollte. Derartige Anwandlungen sollten Sie vermeiden – und das selbst noch in Ihren mutwilligsten Träumen.«

Worauf Krebs dann, nahezu erlebnisfreudig heiter, hinzufügte: »Das ist wohl der beste Ratschlag, den ich Ihnen in dieser Hinsicht geben kann – und den scheinen Sie dringend nötig zu haben.« Ein Ratschlag allerdings, wie nun Krebs geradezu erhoffte, den dieser Schwarz nicht befolgen würde.

Nach nahezu stundenlangen vergeblichen Bemühungen gelang es dann Richard Holden endlich, seine Susanne Sommer telefonisch zu erreichen. Sie meldete sich, da sie sich in dem von ihr betreuten Börsenmaklerbüro befand, in freundlich-unverbindlichem Geschäftston. »Ja – bitte.«

»Da bist du ja endlich!« rief er, spürbar beglückt, ihre Stimme zu hören. »Ich habe mich so sehr bemüht, dich zu erreichen!«

»Ich bitte dich, Richard! Schließlich habe ich einiges zu tun. Was du stets respektieren würdest, hast du mir versichert – oder irre ich mich da?«

»Aber nein, meine Liebe, nein!« versicherte er voller Ergebenheit. »Ich bitte dich lediglich, zu bedenken, daß ich so sehr gehofft hatte, daß du mich anrufen würdest – ich habe darauf gewartet. Nicht nur eine ganze lange Nacht lang.«

»Das«, versicherte sie ermunternd und willig entgegenkommend, »höre ich gerne – das klingt gut! Eben weil du es sagst.«

Er vermochte nur noch leise und heiser zu bekennen: »Ich habe Sehnsucht nach dir.«

»Ich nach dir auch.« Wobei sich allerdings ihre Stimme wieder herzlich-geschäftig anhörte. »Doch ich habe hier nun mal meine Arbeit, die ich machen muß, wenn sie mir auch keine reine Freude bereitet – aber schließlich muß ich mir meinen Lebensunterhalt verdienen.«

»Eine Sorge, die ich dir abnehmen könnte – wenn du nur willst.«

Das war, erkannte sie, ein höchst eindeutiges Angebot – die ziemlich sichere Anbahnung eines Eheversprechens. Es war jedoch nicht das einzige, mit dem sie augenblicklich rechnen konnte. Und dann wollte sie natürlich das denkbar beste.

»Ich danke dir, Richard! Dein Angebot macht mich sehr glücklich. Ich empfinde ähnlich wie du. Doch ich habe, wie du weißt, auch noch einige sehr gute, langjährige Freunde zu betreuen, die sich mir verpflichtet fühlen – und ich mich ihnen auch. Das jedoch ohne jede körperliche Beziehung; falls dich das beruhigt.«

»Das beruhigt mich – sehr sogar.«

»Mein lieber Richard, es wäre eigentlich nur mein Wunsch, daß meine Freunde auch die deinen sind – und umgekehrt selbstverständlich auch. Ein Vorschlag, den ich dir schon einigemal gemacht habe – nicht zuletzt, weil sich daraus gewisse Vorteile ergeben könnten. Sagen wir: für unser beiderseitig erstrebtes gemeinsames Leben. Oder – willst du das nicht mehr?«

»Nichts, meine liebe Susanne, könnte ich sehnlicher erhoffen.«

Sie stieß unverzüglich mit fordernder Anregung nach: »Warum sperrst du dich dann, immer noch und immer wieder, gegen einen Lichtenberg? Er könnte dir, und damit uns, sehr nützlich sein.«

»Bitte, Susanne – nicht das! Nicht der!« wehrte er unendlich ermüdet ab. »Verlange, was du willst – das jedoch nicht. Bitte.«

»Ich habe noch niemals irgend etwas von dir verlangt, Richard. Ich habe stets nur gehofft, daß du mich verstehst, meine fürsorgliche, bemühte Liebe zu dir begreifst. Ich will nicht nur deine Geliebte sein – auch deine Gefährtin!«

»Laß uns darüber reden, Susanne – komm zu mir!«

»Nein!« sagte sie fast schroff abweisend. »Zuvor mußt du dich endlich entscheiden. Für oder gegen mich! Oder sollte ich etwa schon aufgehört haben, dir das zu bedeuten, was du mehrfach versichert hast?«

»Du bist mein ein und alles!« rief er ihr in flehend-beschwörender Verzweiflung zu. »Und das ist, in diesem Ausmaß, noch niemals zuvor ein Mensch in meinem Leben gewesen.«

»Dann handle endlich dementsprechend!« forderte sie fast hart und beendete damit das Gespräch.

Hauptkommissar Karl Hubert, Chef der so erfolgreichen Mordkommission eins, das international strahlende Aushängeschild des Präsidiums, das gepflegte Paradestück des Kriminaldirektors und auch des Präsidenten, ließ sich an diesem Tag ausnahmsweise von einem der ihm stets zur Verfügung stehenden Dienstwagen direkt bis zum Eingang seines Hauses fahren. Und dort stieg er fast hastig aus.

Er begab sich in den käfigengen, grell neonbeleuchteten Fahrstuhl. Doch mit dem ließ er sich diesmal nicht zum fünften Stockwerk bringen, in dem sich seine Wohnung befand – er hielt im vierten. Also dort, wo sich diese wundersam strahlende Mädchenfrau Margit mit ihrer Katze Minka befand. Vor ihrer Tür angekommen, klingelte er nur zweimal kurz.

Worauf dann aber nicht, wie erhofft, jenes ungemein zierlich großäugige Wesen zum Vorschein kam; mit ihrer anschmiegsamen Katze in den Armen. Vielmehr zeigte sich ein reichlich robust wirkender Jüngling: frühbärtig, straffblauleinen bekleidet, mit bereitwilligen Aggressionsaugen ausgestattet. »Wer sind denn Sie? Was suchen Sie hier?«

»Keinesfalls Sie!« sagte Hubert mit lässiger Nachsicht. »Ich habe lediglich den Wunsch, jene junge Dame zu sprechen, die hier mit ihrer Katze Minka lebt. Läßt sich das ermöglichen?«

»Nein!« sagte der Jüngling unverändert aggressiv. »Was berechtigt Sie dazu?«

»Nichts«, gab Hubert zu. »Lediglich wohl etwas sehr Zufälliges. Ich wohne ein Stockwerk höher; wir kennen uns. Und ich würde gern wissen, wie es ihr geht.«

»Sie sind das also!« Der bärtige Jüngling wirkte nun wesentlich freundlicher, auch neugierig interessiert. »Von Ihnen habe ich schon gehört – Sie mir jedoch wesentlich anders vorgestellt.«

»Ich Sie mir nicht«, meinte Hubert nachsichtig.

Er lächelte nun – fast herzlich, aber auch bekümmert. »Margit hat mehrfach in der vergangenen Nacht versucht, sich mit Ihnen in Verbindung zu setzen – nach all dem, was da so passiert war. Aber Sie waren nicht zu erreichen! Doch das scheint auf diesem Scheißglobus kaum jemand zu sein – zumindest nicht dann, wenn er wirklich gebraucht wird. Dann müssen eben die Freunde herhalten – wie ich einer bin. Und wo – waren Sie?«

»Wann?«

»Nun – als das passiert ist!«

»Was?«

»So ganz genau, in allen Einzelheiten, weiß ich es nicht. Etwas scheint jedoch festzustehen: Da hat doch irgendein Irrer, wie sich später herumsprach, in der Nachbarschaft einen Brand gelegt! Jedenfalls war es ein wildflackernder Feuerzauber. Und der störte uns – störte uns auf! Wollen Sie wissen, in welcher Situation? Wollen Sie nicht wissen? Auch gut! Schließlich werden Sie sich denken können, was wir da so unternommen haben – doch ich will Sie nicht schockieren.«

»Was Ihnen wohl auch kaum gelingen dürfte – nicht bei mir.«

»Sie scheinen tatsächlich das zu sein, wofür meine Freundin Margit Sie stets gehalten hat: ein Mann von großer Verständnisbereitschaft, ein prima Vatertyp – eben ein Mensch! Und so was noch heutzutage. Sollten Sie das tatsächlich sein?«

»Na – und wenn schon!« Hubert sagte das wie empfehlend, doch nun bereits mit unruhiger Forderung. Noch immer standen sie einander gegenüber – der eine wie blockierend in der Tür, der andere eindringungsbereit davor. »Sagen Sie mir endlich was geschehen ist!«

»Zunächst lediglich dies: Dieses Feuer störte uns also. Wir waren aber nicht allein auf freiem Feld – da gab es noch dieses fürchterlich aufdringliche Kleintier.«

»Also die Katze namens Minka! Ein überaus dekoratives, höchst eigenwilliges Geschöpf. Und die störte Sie – dabei?«

»Nicht gleich. An ihre sich dazwischendrängenden, besitzergreifenden Selbstherrlichkeiten hatte sogar ich mich gewöhnt. Diesmal jedoch, beim Anblick des Feuers, gebärdete sich die Katze wie verrückt! Sie schrie auf, krümmte sich, stürzte sich auf den Balkon, auf dessen Balustrade – vermutlich mit zu großem Schwung. Sie fiel hinunter. Vier Stockwerke tief.«

»Fürchterlich«, stellte Hubert fest und wollte dann unverzüglich wissen: »War sie tot?«

»Leider nein – nicht gleich!« wurde ihm berichtet. Und das mit dem brutal-harmlosen Unverständnis eines Menschen, der noch nie ein Tier gehabt hatte. »Sie hatte sich dabei etliche Knochen gebrochen; vermutlich zwei Beine. Sie schrie wie ein entsetzlich gequältes Kind – sah uns dabei mit großflehenden Augen an. Mann, ging die mir auf die Nerven! Ich mußte dann mithelfen, sie zu irgendeinem Tierarzt zu schleppen. Doch der konnte nichts mehr tun – außer sie einschläfern.«

»Ein dunkler, bedrückender Vorgang – wenn auch nicht unbedingt für Sie, so gewiß doch für Ihre Freundin.«

»Margit«, erzählte der Knabe nun, wohl in Würdigung seines Durchstehvermögens, »war völlig durchgedreht! Sie versuchte dann Sie – warum eigentlich Sie? – mehrmals, immer wieder, zu erreichen. Sie rief Sie an, klopfte dann sogar gegen Ihre Tür, schrie förmlich nach Ihnen!«

»Nach mir?« fragte Hubert bestürzt; er fühlte sich seltsam belastet, ungemein beglückt zugleich.

»Das jedenfalls vergeblich! Also hielt sie sich an mich – ich mußte dann diesen hektischen Katzengefühlszirkus über mich ergehen lassen. Wirklich allerhand, was einem da so zugemutet wird.«

»Sie werden es überleben!« stellte Hubert fest. Er wendete sich zur Seite, um diesen Jüngling nicht ansehen zu müssen. »Doch wie geht es ihr – Ihrer Freundin?«

Worauf der frühzeitig Bärtige beruhigend abwehrte – er blokkierte immer noch die Wohnungstür. »Sie hat mir ihre tote Katze übergeben – und die habe ich in einer Mülltonne dieses Hauses deponiert.«

»Mit ihrem Einverständnis?«

»Margit ist panikartig geflüchtet. Zu ihren Eltern, nehme ich an; die irgendwo in den Bergen leben. Und mich hat sie hier zurückgelassen.«

»Eine Reaktion von großer Hilflosigkeit und Trauer.« Hubert hatte jetzt das Bedürfnis, sich zurückzuziehen. Zumal ihn dieser feist-selbstbewußte Jüngling regelrecht anwiderte. »Dann gehe ich wieder.«

»Von mir aus, Mann, hätten Sie hier erst gar nicht aufzukreuzen brauchen!«

»Ihretwegen gewiß nicht!« stellte Karl Hubert fest. »Doch Sie sollten Ihre Freundin Margit, die ich sehr schätze, wenn möglich wissen lassen, daß ich immer für sie da bin. Falls sie mich braucht.«

»In welcher Hinsicht denn wohl, Mann – jetzt noch?«

»Das würden Sie doch nicht verstehen. Aber Margit vielleicht. Berichten Sie ihr bitte von meiner Anteilnahme, von meinem Besuch. Werden Sie das tun?«

»Aber ja doch, sogar mit Wonne. Sie versuchen offenbar so etwas wie eine Art verständnisvollen Opa und personifizierte Gerechtigkeit darzustellen.«

Kommissar Krebs, Chef des Sittendezernats, hatte Keller, den großen, alten Mann des Präsidiums, zu sich gebeten. Und damit auch, absolut unvermeidlich, dessen Hund. Diese beiden belauerten ihn alsbald – fragend intensiv, doch zugleich gutwillig-einfühlsam.

Krebs: »Du mußt mir helfen, Keller, diesen Vorgang zu durchschauen. Mir erscheint es äußerst irritierend, zutiefst beunruhigend. Und zwar, wie du wohl vermutest, im Zusammenhang mit unserem Kollegen Hubert.«

Keller antwortete mit lächelnder Bedächtigkeit: »Ich bitte dich, Krebs – was wäre denn eigentlich im Bereich eines Huberts nicht vorstellbar? Der ist einer der ganz Großen in unserem Metier, ein Spürhund sondersgleichen. Das mit gebotenem Respekt gesagt; ich liebe Hunde!«

»Nun ja – er ist ganz groß, absolut unbeeindruckbar, von einem geradezu herrlichen Selbstbewußtsein erfüllt! Doch wohin, frage ich mich – und dich – könnte das führen?«

»Was vermutest du, Krebs?«

»Seine absolute Bereitschaft, auf einer sogenannten totalen Gerechtigkeit zu bestehen – sie sogar zu erzwingen!«

»Und wie weit – meinst du, könnte er dabei gehen?«

»Vielleicht sogar bis hin – zur Beihilfe zu einem Mord! Von einem Kriminellen veranstaltet, doch eben von einem Kriminalisten dirigiert, eingerichtet, in Funktion gebracht. Würdest du das für möglich halten?«

»Normalerweise nicht, Krebs. Doch bei ihm – und allein bei ihm – durchaus. Seine Methoden sind neuerdings von einer geradezu totalen Rücksichtslosigkeit – gegen alles und jeden, die Polizei mit eingeschlossen. Sogar – gegen sich selbst.«

»Das, Freund Keller, droht sich irgendwie grandios anzuhören, nahezu heroisch. Aber in meinem Bereich stoße ich immer wieder zwangsläufig auf einen dominierenden Grundbegriff: Triebtäter. Und manchmal, wie jetzt auch, ertappe ich mich dabei, mit diesem Wort spielen zu wollen – bis hin zu dem Begriff Triebtatenmensch.«

Der große alte Mann nickte bedächtig zustimmend, während sein Hund anscheinend gähnen wollte. »Dazu gehören entscheidend auslösende Elemente, manchmal nur einige wenige, oftmals ganze Ketten – hier aber vielleicht nur eines.«

»Also das, was man als seine schwache, seine verwundbare Stelle bezeichnen könnte«, hakte Krebs sofort ein. Es schien, als habe er darauf gelauert, diese Erkenntnis anbringen zu können. »Das kann etwa eine verehrte Frau sein – oder eben ein geliebter Freund.« Deutlich spielte er dabei auf Richard Holden an. »So was vermag zu sehr weit zeugend verwirrenden Vorgängen zu führen.«

»Durchaus möglich, Krebs. Doch eine erklärte Freundschaft muß ja nicht unbedingt auch gleich fürchterlich fruchtbare Folgen zeitigen – dabei ist auch erlösende Harmonie denkbar.« Worauf Keller augenzwinkernd lächelte. »Wie etwa zwischen mir und meinem Hund.«

»Damit könntest du vielleicht sogar den springenden Punkt dieser Vorgänge deutlich gemacht haben, mein Freund.« Krebs reagierte nun mit schneller, bereitwilliger Fantasie. »Denn einmal angenommen, man würde versuchen, deinen Hund zu schlagen, nach ihm zu treten, ihn zu quälen – was würdest du dann tun?«

»Sei vorsichtig!« riet ihm Keller, wobei er seinen Hund an sich zog; und dieser schmiegte sich ihm bereitwillig entgegen. »Du hast es bei Hubert mit einem Mann zu tun, der alle erdenklichen Spielregeln unseres Metiers meisterhaft beherrscht.«

»Auch der – kann Fehler machen!«

»Fehler machen wir alle, irgendwann einmal bestimmt. Doch

zugleich wissen wir, aufgrund unserer praktischen Erfahrungen, wie sie sich korrigieren lassen.«

»Falls wir sie erkannt haben!«

»Genau das traue einem Hubert zu. Du solltest auch überlegen, was du dir dabei möglicherweise zutraust. Mein Ratschlag jedenfalls lautet – und ich nehme an, daß du ihn nicht befolgen wirst: Laß dich auf keine direkte Konfrontation mit einem Hubert ein! Dem ist nur, wenn überhaupt, auf einigen Umwegen, mit erheblichen Winkelzügen und Tricks beizukommen. Und auch das ist für ihn kein sonderliches Problem. Er besitzt offenbar einen doppelten Instinkt – jenen eines Kriminalen und den eines Kriminellen. Und beides investiert er für das, was er als absolute Gerechtigkeit bezeichnet.«

Frank Schwarz, der Journalist, versuchte dringend, Hauptkommissar Karl Hubert zu erreichen. Dieser hielt sich, wie Schwarz nach mehreren Telefongesprächen herausgefunden hatte, in seiner Wohnung auf. Die Klingel war abgestellt – also trommelte der Journalist gegen die Tür, um hineinzugelangen.

Ihm wurde geöffnet. Hubert stand in Hose und Hemd da, mürrisch abweisend. »Was wollen denn Sie hier? Sie stören mich.« Er bat seinen Besucher nicht herein.

Doch der drängte sich vorwärts, an Hubert vorbei. Nachdem er in dessen Arbeitszimmer angelangt war, ließ er sich in einen Sessel fallen – gleichsam demonstrierend: Hier bin ich, und hier bleibe ich! »Ich brauche Sie – dringend!«

»Warum?« Hubert stellte sich vor ihm auf, sah zu ihm hinunter; er schien ihn kühl abzuschätzen.

»Weil wir eine Art Abkommen haben! Und das muß jetzt funktionieren. Die Mordkommission des Präsidenten scheint direkt auf mich zuzukommen. Sie wollen mir Beihilfe oder so was ähnliches anhängen. Dagegen müssen Sie was unternehmen!«

»Was habe ich denn damit zu tun?« Hubert blinzelte vor sich hin. »Sollte ich Ihnen jemals den Ratschlag erteilt haben, sich an kriminellen Vorgängen zu beteiligen? Und sollten Sie etwa bereit sein, so etwas zu behaupten – falls Sie, möglicherweise offiziell, danach befragt werden?«

»Natürlich nicht!« versicherte Schwarz unverzüglich. Denn eine andere Antwort wäre einem Hubert gegenüber kaum ratsam gewesen. »Aber Sie müssen mir helfen! Und das werden Sie doch gewiß auch – unseres Abkommens wegen.«

»Wovon reden Sie eigentlich pausenlos?« Huberts Stimme schien zunehmende, gelassene Gleichgültigkeit auszustrahlen. »Wir haben lediglich eine Art Zusammenarbeit erstrebt.«

»Und sie auch vollzogen.«

»So was allerdings – hatte ich erhofft. Und zwar zu meinen, in meinem Bereich allein verbindlichen Bedingungen. Denn ich bin Kriminalist und als solcher meinen Regeln unterworfen – zu denen jedoch die von Ihnen praktizierten, reichlich brutal anmutenden Aufreißermethoden nicht gehören.«

»Aber ich bitte Sie, Herr Hubert – was meinen Sie denn damit?« Das klang beschwörend, geradezu um Verständnis flehend. »Bin ich denn nicht stets bemüht gewesen, allen Ihren Anregungen und Anforderungen nachzukommen? Habe ich Ihnen denn nicht denkbar prächtigstes Material geliefert? Etwa diese Susanne Sommer betreffend – worauf Sie so scharf waren!«

»Über die, allerdings, wollte ich einiges wissen – eben Auskünfte, Informationen, wie man sie von den Recherchen eines verantwortungsbewußten Journalisten erwarten kann. Doch ich habe Sie keinesfalls aufgefordert, mit ihr ins Bett zu steigen. Das aber haben Sie getan – und eben das gefällt mir gar nicht.«

»Ach, Mann«, versuchte sich Schwarz werbend zu erklären, »was ist denn schon dabei! Ich bin schließlich kein Angehöriger der Polizei; bei uns ist Beischlaf zwecks Nachrichtenerwerb nicht verboten. Außerdem habe ich in diesem Fall mit Sicherheit keine irgendwie höheren oder eben tieferen Gefühle verletzt – bei wem auch immer. Bei dieser Dame jedenfalls ist das auch praktisch gar nicht möglich – die macht so was bei jeder sich bietenden Gelegenheit, diese Sau. Sobald es sich für sie lohnt.«

»Sagten Sie – Sau, Schwarz?«

»Genau das!«

»Sind Sie absolut sicher?«

»Aber ja doch! In dieser Hinsicht kann ich Ihnen, falls Sie Wert darauf legen, auch noch weitere Adressensammlungen bieten. Abermals mit vermutlich einigen Ihnen nicht ganz unbekannten Namen.«

»Das – ist scheußlich!« Huberts Stimme klang rauh, sein übermüdet wirkendes Gesicht glänzte feucht. Er zog sich einige Schritte zurück, wie um sich nicht in heller Deutlichkeit betrachten zu lassen. »So was – gehört nicht zu meiner Welt, hat also darin keine Existenzberechtigung.«

»Na schön. Wie Sie das auch immer betrachten und einschätzen mögen – schließlich habe ich geliefert, was ich konnte; Ihren Anregungen entsprechend. Wobei nun aber wohl eine Art Rechnung, Aufrechnung fällig ist – ich bitte Sie darum. Sie müssen mir beistehen!«

»Verschwinden Sie hier!« sagte Hubert sehr leise, doch mit kobrahaft hervorbrechenden Zischtönen. Er schloß, wie angewidert von dem, was er erblicken mußte, die Augen; jedoch nur kurz. »Mit einem von Ihrer Sorte will ich nichts zu tun haben.«

Schwarz reagierte nunmehr hyänenartig aufknurrend, als wäre ein Stein nach ihm geworfen worden. »So was – können Sie doch nicht machen! Nicht mit mir.«

»Das mache ich aber.«

»Aber doch nicht nach allem, Hubert, was ich so von Ihnen weiß!«

»Einen Dreck wissen Sie, Mensch! Und selbst wenn Sie noch so überzeugt sein sollten, einen ganz dicken Sack voller Vermutungen zu besitzen – Sie haben nicht einen einzigen brauchbaren Beweis. Und wenn Sie versuchen sollten, auch nur mit einer Ihnen halbwegs sicher anmutenden Verdächtigung hausieren zu gehen, dann werde ich Ihnen ins Handwerk pfuschen. Dann lege ich Sie aufs Kreuz, daß es nur so kracht! Scheren Sie sich also zum Teufel!«

»Und das«, fragte Schwarz dunkel, »ist Ihr letztes Wort?« Er mußte erkennen, daß es so war. »Das – werden Sie bereuen, Hubert!«

»Versuchen Sie mich nicht mit Gewalt zu erheitern, Schwarz. Das ist noch niemandem gelungen – schon gar nicht jemandem, der mich anwidert.«

Er öffnete seinem Besucher weit die Tür. Und der stolperte hinaus. Haßerfüllt.

An diesem Abend veranstaltete Simone Jahr abermals eine ihrer zahlreichen, inzwischen schon zahllos anmutenden Partys, mit den üblichen, in allen Teilen dieser pseudo-feudalen Vordergrundwelt schablonenartig auswechselbaren Akteuren.

Dabei leicht gedämpftes Licht; kristallflimmernd, katzensanft matt. Flirrende Gesprächsfetzen, gurrendes Gelächter, Gläserklirren. Menschen mit gelackten, gefärbten, buntmodischen Magazingesichtern. Grelle Munterkeit, mastfeist Fülle, sanft sinnliches Gurren: Vorzeiger, Hinhalter, Selbstdarbieter, Mitmacher, Aufreißer – jede Sorte von geschlechtlichen Möglichkeiten.

Der sogenannte Ehemann Simones hockte diesmal nicht wie üblich in irgendeiner Ecke, um dort dumpf-böse seinen Champagner anzustarren; wobei er wohl über die Preise derartiger Unternehmungen vor sich hinbrütete. Er hielt interessiert Ausschau – zur Tür hin.

Und er wirkte überaus munter, nahezu unternehmungsfreudig belebt, als er dort Susanne Sommer erblickte. Susanne schob sich gerade mit wiegenden, tänzerischen Schritten in dieses Getöse. Dabei blinzelte sie katzenhaft sinnlich um sich; als sie ihn entdeckte, mit lichterhaftem Aufleuchten ihrer nachtdunklen Augen. Schlafzimmeraugen. Da war er sicher.

Susanne wurde unverzüglich von Simone Jahr in Empfang genommen, gleichsam von ihr blockiert. Das geschah mit innigvereinnehmenden Umarmungen, mit zärtlich anmutenden Wangenküssen, sehr in Mundwinkelnähe, mit heimlich heftig tastenden Händen. Wobei geflüstert wurde: »Du willst mir doch nicht etwa Schwierigkeiten machen, Susanne, meine Liebe?«

»Warum sollte ich das! Denn schließlich liebst du mich, wie du immer wieder behauptest. Aber eben das könntest du mir ein wenig intensiver zu beweisen versuchen.«

»Jetzt, hier, sofort!« Simone lachte wie stets freudig aktionsbereit auf. »Sollen wir in mein Schlafzimmer gehen – dort stört uns niemand. Und wohl kaum jemand, der uns hier vermissen wird – nicht in der nächsten Viertel- oder halben Stunde. Die sind alle mit sich selbst beschäftigt!«

»Auch – dein Mann?«

»Den könnten wir mitnehmen – falls dir das angenehm ist. Für dich und ihn tue ich einfach alles. Oder solltest du darauf Wert legen, mit ihm allein zu sein? Ist es das? Das ist es also – tatsächlich!«

Das gurrend-geifernde Partygetöse um sie vermochte ihre heiseren Stimmen dennoch nicht ganz zu übertönen. Und wenn dort die Menschen auch noch in einiger Entfernung beieinander saßen – sie erschienen bereits wie klebrig-verfilzt.

»Diese Weiber«, versuchte Simone Jahr bemüht lässig zu erklären, wobei sie diese rosarote und lilafarbene Gebrauchswelt um sich mit Kennermiene betrachtete, »sind einfach zu allem fähig!« Dabei sah sie ihre Freundin Susanne Sommer nicht an. Und die sah sie auch nicht an; sie blickte zu Simones ›Mann‹ hinüber. Simone sinnierte weiter: »Und diese Kerle sind doch nichts als Objekte – falls sich das irgendwie lohnt. Das wissen wir beide. Und wir sind uns noch niemals in die Quere gekommen. Doch neuerdings habe ich den Eindruck, daß du auf meinen Mann spekulierst!«

»Das, Simone, würde ich von mir aus niemals tun! Was aber bitte, wenn er auf eine andere Frau spekuliert – möglicherweise auf mich? Wie sollte ich wohl darauf reagieren?«

Diese sanft-massive Andeutung verschlug Simone die Sprache; wenn auch nur für wenige Sekunden. »Und das sagst du – mir? So ganz einfach ins Gesicht! Mir – die ich mit dir befreundet bin wie mit keiner anderen Frau sonst? Mir – die ich dich liebe?«

»Ach, Simone, was ist denn schon von Dauer! Und wenn er sich unbedingt von dir trennen will – dann ist es doch immer noch besser, er bleibt in unserem Bereich, bevor er noch an irgendeine dieser gefallsüchtigen Gänse gerät, die du ihm massenweise, wie Kuchenberge, präsentierst.«

»Solltest du tatsächlich bereit sein...«

»Nenne das Realitäten, Simone – für die ich nichts kann. Doch sie könnten auf uns zukommen. Und damit muß man sich wohl abfinden – meinst du nicht auch?«

»Was bist du doch für ein fürchterliches Stück Mist, Susanne! Der denkbar letzte Dreck. Du schreckst vor gar nichts zurück!«

In einer geradezu idyllisch gelegenen Anstalt am Rande dieser Betonstadt, für ›Untersuchungshäftlinge‹ reserviert, fand sich Karl Hubert, der Kriminalhauptkommissar, ein. Er gedachte dem dort einsitzenden Winter-Vater einen als amtlich getarnten Privatbesuch abzustatten. Wobei ihm alle Türen unverzüglich weit geöffnet wurden. Für ihn galten hier keinerlei Einschränkungen, kein Reglement – er war eben eine maßgebliche, in Strafverfolgerkreisen bekannte und anerkannte Amtsperson.

Winter, der Vater, stand in seiner vergleichsweise nicht unkomfortablen Zelle erwartungsvoll da. Und er röhrte beim Anblick von

Hubert völlig ungetrübt-selbstbewußt und fordernd: »Da sind Sie ja endlich, Mann! Auf Sie habe ich gelauert. Nun tun Sie mal was für mich!«

Hubert setzte sich auf Winters Bett und forderte ihn auf, neben ihm Platz zu nehmen. Schulter an Schulter betrachteten sie sich äußerst hoffnungsvoll – wenn auch mit sehr verschiedenartigen Beweggründen. »Sie haben ihn also umgebracht?«

»Sozusagen mit Wonne! Das sage ich Ihnen ganz aufrichtig – da Sie mich gewiß verstehen werden.«

»Ich verstehe Sie, Winter. Doch sagen Sie das keinem anderen – nicht so!«

»Wie dann?«

»Vermeiden Sie zumindest Worte wie Wonne, Mensch – unter allen Umständen. Sagen Sie: Wut! Berechtigte Wut. Die hatte Sie überfallen, denn der Kerl hatte Sie herausgefordert. Und zwar mit höchst ordinären, Sie bis aufs Blut peinigenden und Ihr Ehrgefühl verletzenden Äußerungen.«

»Stimmt genau! Denn was mir, dem Vater, dieser Sittenstrolch da zugemutet hat, war einfach fürchterlich. Nicht mehr zu verkraften.«

»Exakt das müssen Sie deutlich machen – so deutlich wie nur irgendwie möglich. Am besten wir üben das nachher noch ein wenig.«

»Wird gemacht, Herr Hubert! Und dann – komme ich frei?«

»Nicht gleich unbedingt, Herr Winter. Denn leider haben Sie vor Ihrer Tat nicht meinen Rat gesucht, der Ihnen stets zur Verfügung gestanden hätte. Vielmehr ließen Sie sich reichlich unbedenklich mit einem überaus fragwürdigen Journalisten ein.«

»Aber doch in gutem Glauben, Herr Hubert! Denn ich war sicher, der kam von Ihnen – jedenfalls hat er das gesagt.«

»Gesagt, mein Lieber, wird vieles. Sie hätten mich doch nur anzurufen brauchen – und ich hätte Sie gewarnt und zur Vorsicht ermahnt.«

»Sie sind mir doch nicht etwa böse, Herr Hubert?« fragte Winter nun geradezu treuherzig. »Schließlich habe ich als aufrechter Mann und Vater nichts als meine verdammte Pflicht und Schuldigkeit getan.«

»Eben nicht nur das, Winter! Vielmehr noch einiges weit darüber hinaus. Hätten Sie den Mann zusammengeschlagen, ihm einige Knochen dabei gebrochen – nun gut, das wäre mühelos erklärbar gewesen. Selbst dann noch, wenn diese erregte Auseinandersetzung mit einer Todesfolge geendet hätte. Dann aber, wie zu allem Überfluß, dieser Benzin-Feuer-Zauber! Menschenskind, was haben Sie sich denn dabei gedacht?«

»Das – überkam mich eben so!«

»Wohl eine Art Berufskrankheit – als Fernlastfahrer. Benzin ist für Sie wie Herzblut – wie?«

»Kann sein. Da ist mal vor meinen Augen ein Kollege von mir verbrannt – ein ganz prima Kumpel. Einer unserer Besten. Der war wie eine Fackel! Warum denn nicht erst recht dieser schäbige Dreckskerl – werde ich da wohl gedacht haben.«

»Kein besonders glücklicher Gedanke, Winter. Er könnte Ihnen etliche Jahre Gefängnis einbringen – schätzungsweise fünf bis sieben.«

»Na – und wenn! Selbst das nehme ich noch auf mich. Das bin ich meinem geschändeten Kind und meiner verletzten Ehre schuldig!«

»Bleiben Sie so, Mann!« empfahl ihm Hubert leicht erheitert. »Dann könnten Sie erheblichen Eindruck schinden – bei der Öffentlichkeit allemal; vielleicht sogar bei der Justiz.«

Winter empfand nun sichtlich eine plötzliche Besorgnis. »Und was, Herr Hubert, werden Sie für mich tun? Etwa – nichts? Sollten Sie mich aufgeben?«

»Aber nicht doch gleich das, mein lieber Mann! Ich werde für Sie gerne und garantiert wirksam einiges versuchen. Beispielsweise die Anzahl der unvermeidlichen Gefängnisjahre für Sie herabzuschrauben. Etwa auf drei bis vier.«

»Und weniger, meinen Sie, geht nicht?«

»Wahrscheinlich nicht, Winter. Das muß wohl auch nicht sein. Denn Sie benötigen offenbar eine Menge Gelegenheit, um über sich nachzudenken – auch über Ihre Familie; besonders über Ihre Tochter. Diese Zeitspanne sei Ihnen gegönnt!«

Als Hubert von seinem Abstecher ins Untersuchungsgefängnis zurückgekehrt war, gelang es ihm endlich, seinen Freund Holden zu erreichen. Das glückte ihm jedoch erst nach der Anwendung der zwischen ihnen vereinbarten telefonischen Sonderregelung: Zunächst erfolgte ein Anruf – wobei der Anrufer dreimal klingeln ließ. Unmittelbar danach ein zweiter Anruf – und der wurde dann angenommen.

Hubert, herzlich aufmunternd: »Wie geht es dir denn? Was machst du so?«

Holden war spürbar dankbar für das Interesse des Freundes, dennoch wirkte er nicht nur leicht abwesend. »Ich versuche in einem Buch zu lesen – Heinrich Mann. Außerdem höre ich Musik – Haydn.«

Hubert meinte: »Wohl zuviel des Guten auf einmal! Du hättest dich für das eine oder das andere entscheiden sollen. Beides zugleich mutet wie der Versuch einer Betäubung an. Darunter leidet die Konzentration, so was verführt zu angespannten Gefühlen. Und eben das gefällt mir nicht. Hattest du nicht bisher immer versucht, derartige unkontrollierbare Fragwürdigkeiten zu vermeiden?«

Worauf Holden überaus aufrichtig erklärte: »Ich fühle mich sehr müde, völlig erschöpft – doch ich kann nicht schlafen.«

»Dann komm her, Richard, zu mir. Wobei du nicht befürchten mußt, daß ich mit dir eine Art Inquisition veranstalte. Ich verspreche, dir keine möglicherweise unbequemen Fragen zu stellen.«

»Karl, ich bin ganz einfach im Augenblick keinen intensiven Gesprächen gewachsen – worüber auch immer. Vielleicht sollte ich ein paar Schlaftabletten nehmen.«

»Soviel ich weiß, befinden sich bei dir keine derartigen Medikamente. Oder etwa neuerdings doch? Nein? Gut! Schließlich hatten wir uns beide fest versprochen: keinerlei Betäubungs- oder Aufputschmittel in unserem Bereich – niemals!«

»Ja – das stimmt. Doch ich glaube, ich habe Fieber. Vermutlich doch diese lästige Grippe. Ich könnte zur Apotheke gehen. Die an der Ecke hat Nachtdienst.«

Huberts Stimme klang nun noch um Grade fordernder, bemüht ermunternd auch. »Ach was, vergiß das. Komm zu mir. Ich würde gerne mit dir die Nachtvorstellung eines Theaters besuchen – hier in unmittelbarer Nähe. Es wird dir gewiß gefallen. Zumal wir dort sehr willkommen sind. Zufällig verfüge ich bei einer der Darstellerinnen über vielversprechende Kontakte.«

»Ich weiß nicht recht«, sagte Holden gequält, »ob mir das guttun würde. Ich fühle mich wie unendlich verbraucht. Laß mich zu schlafen versuchen, Karl.«

»Du nimmst sofort ein Taxi«, entschied Hubert mit massiver Ermunterung. »Und dann werden wir uns hier amüsieren – so wie in alten, allerbesten Zeiten; wobei die alten Zeiten nur zwei, drei Wochen her sind, als noch alles zwischen uns und überhaupt normal war. Keine Widerrede! Du kommst.«

Holden kam. Er wurde kurz umarmt, willkommen geheißen, als sei nichts vorgefallen. Kein prüfender Blick, keine irgendwie anmaßend scheinende Frage. Nichts als freundschaftliche Geborgenheit, sich anbietende Herzlichkeit. Sie nahmen zunächst einen Drink – angerauchter schottischer Whisky auf Eis. Und dann begaben sie sich zu dem in der Nähe gelegenen Theater.

Dieses Unternehmen – weit abseits aller prall-verschwenderisch subventionierten Staats- und Stadttheater – war ein stallartig anmutendes Demonstrationsobjekt für extraordinäre, hochgesteigerte literarische Sonderwünsche. Dort wurde in den Nachmittagsstunden versucht, hellhörig gewordene Kinder mit Diskussionsmaterial zu versehen – doch allabendlich, nahezu mitternächtlich, war man bemüht, für angeblich bereits Erwachsene in Aktion zu treten.

»Ich liebe diese herrlich-hoffnungslos anmutenden Verblödungsversuche«, erklärte Karl Hubert dem Freund auf dem Weg dorthin. »Sie beweisen erneut die völlige Vergeblichkeit derartiger schöngeistiger Hirnmassagen. Denn allabendlich brüten hier, in dieser Millionenstadt, einige wenige Dutzend Zeitgenossen bemüht zeugungsträchtig vor sich hin, ohne irgend etwas davon zu begreifen, was ihnen da so geboten wird. Doch das geben die dann als geistiges Erlebnis aus. Du wirst sehen – so was kann umwerfend komisch sein!«

Diesmal erfolgte die Verlesung von Teilen eines Briefwechsels. Im Grunde wohl ziemlich unwichtig, zwischen wem der stattgefunden hatte – auf die Ausschnitte, Auszüge, Auslegungen kam es dabei an. Soweit erkennbar, handelte es sich um eine polnische Gräfin und einen französischen Romancier aus dem vorigen Jahrhundert. Beide behaupteten, sich zu begehren, einander heftig zugeneigt zu sein – also: sich zu lieben! Wobei es ihm wohl um ihr Geld ging, ihr um seinen Ruhm – daran gedachten sie wohl möglichst intensiv Anteil zu nehmen.

Das wahrlich nicht ganz Unraffinierte dieser Darbietung bestand dabei darin, daß diese beiden Briefpartner von zwei weiblichen Wesen dargestellt wurden. Die Ergüsse der Gräfin, einer gewissen Hanska, vermittelte ein sinnlich-vollfleischiges Wesen; die sich nahezu peinlich anbiedernden Verkaufsversuche des Poeten, keines anderen, Geringeren als Balzac, stellte ein knabenhaft zartgliedriges Geschöpf dar. An die drei Dutzend Zuschauer bestaunten sie, wie wissend lächelnd; manchmal keuchten sie auch leicht – sie kamen sich vermutlich überaus elitär vor.

Doch unmittelbar nach dieser stark applaudierten literarisch-theatralischen Selbstbefriedigung wurde hier schnell wieder alles ›halbwegs normal‹. Die begeistert erscheinenden Betrachter entfernten sich in die Nacht hinaus, wohl geistvoll Gedachtes ausbrütend. Und die beiden Schauspielerinnen, noch leicht transpirierend nach soviel bereitwillig engagierter Anstrengung, fanden sich an der zu diesem Theater gehörenden Miniaturbar ein.

Dort wurden sie von Hubert, der zumindest eine von ihnen genauer kannte, herzlich willkommen geheißen. Er offerierte ihnen Champagner, was sie akzeptierten. Und dann stellte er ihnen seinen Freund vor.

Dieser schien unverzüglich ihr Wohlgefallen zu erregen. Denn sie sahen, da sie eben sehr weibliche Wesen waren, prompt in ihm das, was vielleicht nur äußerlich, doch sehr zwingend in Erscheinung trat: ein dekorativ männlich wirkendes Gesicht, angenehm ernst, umglänzt wie von sanfter Trauer; mit Augen, in denen helle Nächte aufzuleuchten schienen – Raffael hatte maskulin anmutende Engel ähnlich gemalt. Die Damen jedenfalls prosteten Holden hoffnungsvoll blinzelnd zu.

Die eine von ihnen, jene namens Sally, mutete jetzt noch weit kompakter, massiver, vollfleischig direkter an, als sie bereits schon auf der Bühne in Erscheinung getreten war – doch keinesfalls fett, träge, schwabbelig. Sie durfte vielmehr als prachtvoll animalisch bezeichnet werden, war also eine wundersam-verwirrende, beherrschend starke Mischung.

Während sich die andere, die Magda hieß, ungemein lässig gab, mit wie schwebenden Bewegungen. Ihre helle, reine, pergamentartig straff wirkende Haut umspannte einen knabenhaft-grazilen Körper. Sie schien von glasig-sprödem Wesen zu sein. Sie lehnte ihren breitschultrigen, auch ansonsten wenig weiblich ausgeprägten Oberkörper weit zurück, als biete sie dadurch ihren Unterleib fast vorwärtsdrängend an.

Beide, Sally und Magda, tranken den ihnen offerierten Champagner genußvoll schlürfend. Sie blinzelten sich lediglich zu – in schnellem Einverständnis. Hubert genoß das ungemein. Denn wieder einmal war er beglückt, geradezu stolz auf diesen Freund, auf dessen blendende Erscheinung und magische Anziehungskraft. Holden war eben einfach alles gegeben, was ihm niemals vergönnt gewesen war. Er liebte ihn. Wie den wundersamsten Wunschtraum seines Lebens.

Eine der Schauspielerinnen verkündete jetzt munter blinzelnd – wobei sie für die andere mitsprach: »Ich hoffe, Sie entschuldigen uns – nur für wenige Minuten. Wir müssen uns abschminken und so weiter. Aber dann sind wir ganz da.«

Sie entfernten sich – graziös trabend die eine, mit wiegendem Katzengang die andere. Holden sah ihnen fast traurig nach. Hubert betrachtete allein den Freund.

Dann wollte er von Holden wissen: »Nun – was meinst du? Sind die nicht herrlich!«

»Recht attraktiv, durchaus – auf ihre Weise.«

»Dann los, Richard, suche dir eine von ihnen aus, von mir aus auch alle beide – was natürlich nur ein Scherz ist. Mensch, ich versuche dich eben zu erheitern, abzulenken – was du offenbar dringend notwendig hast.«

»Mag sein«, gestand der Freund und tastete dabei über sein Gesicht, das fiebrig zu glänzen schien. »Doch ich fühle mich nicht gut; ich komme mir völlig ratlos, überfordert und zweckentfremdet vor. Ich weiß vermutlich gar nicht mehr, was ich will oder kann oder tun muß – bis auf eins.«

»Eine ganz bestimmte Person betreffend – nicht wahr?«

»Ja«, sagte Richard Holden bekenntnisschwer. »Was ich auch immer denke, mir vorstelle – sie gehört dazu! Wen ich auch sehe, ich sehe sie unmittelbar daneben, dahinter, wie beherrschend im Raum. Sie ist so – absolut einzigartig!«

»Ach was, Mensch!« rief ihm Karl Hubert robust fordernd zu, mit hoher Besorgnis auch. »Sie ist auch nur eine – unter zahllosen anderen! Nichts als ein Verbrauchsobjekt in dieser Konsumwelt mehr – ganz bewußt auf Nachfrage und Preis getrimmt. Du solltest sie schnell vergessen; also versuchen, dich von ihr zu befreien.«

»Kann man sich denn von einem wundersam-webenden Traum befreien?«

»Aber ja – indem man endlich aufwacht! Und dann wieder ganz realistisch zu denken beginnt. Und dazu, mein Freund, gehört auch jene scheinbar lapidare, doch wie ewig maßgebliche Erkenntnis: Nichts ist endgültig! Dieses Leben geht weiter. Alles ist nur ein Übergang.«

»Susanne jedoch nicht!« Holden lächelte dennoch; zerquält und hoffnungsvoll zugleich. Es war, als erblicke er nun, wieder einmal mehr, diese einzigartige, ihn beherrschende Person unmittelbar vor sich! Er sah sie in ihrer glühend sinnlichen Schönheit, die für ihn denkbar vollkommenste Erfüllung war. »Mich von ihr trennen – niemals.«

»Irgendwann einmal, Menschenskind, wirst du es dennoch tun, müssen – früher oder später! Und erfahrungsgemäß sollte das in solchen Fällen so früh wie nur irgend möglich geschehen – bevor dabei noch größere Mengen Herzblut vergossen werden, was zum Tod führen kann.«

»Das aber auch – bei einer Trennung von ihr!«

»Ach was, Richard, mein Freund! Selbst eine Todesanzeige von heute ist doch erfahrungsgemäß, nur wenige Monate später, nichts als eine verblassende Erinnerung an vorgestern. Finde dich damit ab. Schleppen wir also diese Damen auf meine Bude – die kommen bestimmt mit. Und dann werden wir weitersehen. Nun?«

»Nein, Karl – ich kann, ich will das nicht!«

»Was also heißt: dieser Susanne Sommer wegen nicht. Aber das, mein Freund, mutet nahezu irrsinnig an. Denn du vermagst offenbar gar nicht zu ahnen, immer noch nicht, wer und wie die wirklich ist – wozu die fähig sein kann. Willst du mich auch noch dazu zwingen, dich massiv aufzuklären?«

Worauf Holden heftig warnend ausrief: »Mische dich da nicht ein, Karl!«

»Mein Gott, Richard – diese Person mißbraucht, verunsichert, zerstört dich! Ein Blick auf dich genügt – du bist zutiefst gezeichnet. Völlig am Ende.«

Holden löste sich, geradezu fliehend, von seinem Freund. Er stürzte hinaus ins Freie und lehnte sich, unendlich erschöpft, gegen eine Hauswand. Die Wand war weiß; sein Gesicht schimmerte noch weißer.

Wie erstickt murmelte er: »Ich liebe diese Frau. Und niemand vermag das zu verstehen.«

Hubert, der ihm gefolgt war, betrachtete den Freund mit heftig besorgter Anteilnahme – Holden so überaus hingebungsvoll leiden zu sehen, schmerzte ihn zutiefst. Er litt mit ihm. Er liebte unsagbar diesen, in seinen Augen einzigen wertvollen Menschen. Holdens Stimme bebte jetzt, krankhaft-fiebrig; seine Augen flakkerten, seine Hände zitterten wie die Flügel einer schwer verwundeten Taube beim endgültigen Absturz.

»Beruhige dich, bitte – bitte beruhige dich!«

»Ich komme mir vor«, bekannte Richard Holden kaum vernehmbar, kurz davor, in sich zusammenzusinken, »als wäre ich am Ende. Als wäre nun alles um mich und in mir zusammengebrochen. Aber ich will es nicht wahrhaben!«

»Das mußt du auch nicht. Das gedenke ich nicht zuzulassen. Niemals!«

Doch dieses Versprechen vernahm Richard Holden nicht mehr. Also vermochte er auch nicht zu erkennen, welch ein ungeheuerlicher Vorsatz sich dahinter verbarg. Er schloß seine Augen. Sein Gesicht glänzte strichweise wie magisch auf – dort, wo die Tränen darüberliefen. Dann brach er zusammen. Hubert schleppte ihn ab. Und nun schien auch er zu weinen.

Der Herausgeber und Chefredakteur der örtlichen *Tageszeitung* – sein Name war Gutmann – hatte seine laufende Arbeit kurz nach Mitternacht beendet. Und die begutachtete er nun – also sein neuestes Blatt, das jetzt im Andruck vor ihm lag. Er betrachtete es mit Wohlgefallen, es würde die von ihm erstrebten Verkaufszahlen garantiert nicht sinken lassen.

Denn da war, wie er gemeinhin zu sagen pflegte, »wieder alles drin und dran«! Also: eine schön-erschaudernde Gewalttat dickzeilig auf der ersten Seite – Mann erschlägt Frau und drei Kinder; versucht dann, vergeblich, Selbstmord zu verüben. Weiter: ›Sie verkaufen Liebe und Lust‹ – mithin das neueste Kapitel einer erfolgreichen Serie vom Nachtleben in dieser Großstadt.

Sodann auch: Holzhammerkritiken, Gesellschaftsklatschsucht, Marktfrauenfreundlichkeiten, Stammtischhumor, Anzeigenergänzungen durch redaktionelle Schaumschlägereien. Dazu dann noch, einigermaßen vorsichtig, sanfte Anpöbeleien in politischen Bereichen, mit Beihilfe diverser Parteien. Die ließen sich bereitwillig gegeneinander ausspielen.

Das alles genoß Gutmann. Er war eben ein erfolgreicher, zum Teil sogar recht angesehener, zumindest meist respektierter Zeitgenosse. Doch ein so großes Arschloch – hatte er selbst einmal gutgelaunt alkoholisiert gesagt –, um all denen Platz zu bieten, die sich dort hineinzudrängen versuchten, besaß nicht einmal er. Und nun, da er erneut weitzeugend am Werk zu sein gedachte, wollte er auch ein Glas Rotwein genießen – oder eben zwei davon.

Dabei empfand er es zunächst nicht als Störung, als sich Frank Schwarz in sein Büro hereindrängte. Dieser gab sich zwar, wie stets, reichlich forsch, also wohl zu wenig dezent-ergeben ihm gegenüber. Doch immerhin war der ein absolut erstklassiger Mann, von seiner hier maßgeblichen Sicht aus: ein Anschlepper, Aufspürer und Aufreißer mit beachtlichen Talenten. Ein potentieller Auflagesteigerer also. Ihm bot er ein Glas von seinem Rotwein an – eine ungewöhnlich anerkennende Auszeichnung.

»Nun, mein Lieber – was gedenken Sie mir denn diesmal Schönes anzubieten?«

»Nun – vielleicht nicht nur einiges in meiner üblichen Größenordnung.« Schwarz prostete seinem Chefredakteur zu. »Diesmal möglicherweise sogar – erheblich mehr.«

»Fein!« Gutmann reagierte erfreut, aber auch vorsichtig. Denn dieser Schwarz pflegte seine Angebote mit Preisforderungen zu verbinden – der war nicht gerade billig; doch Sonderausgaben lohnten sich in diesem Fall fast immer. »Ihre letzte große Serie – Selbstmord aus Lebensangst und Sittenverwilderung mit Kindervergewaltigung – war klasse!« Also: allerbestes Lesefutter. »Mit ausgezeichnetem Hintergrundmaterial! Sollten Sie etwa noch mehr davon auf der Pfanne haben?«

»Einen ganz dicken Hund – sozusagen.«

»Dann servieren Sie mir den mal, Schwarz!« Der Journalist erhielt noch ein Glas Rotwein, einen Medoc 66; der Herausgeber bemühte sich sichtlich um ihn. »Am liebsten wäre mir eine ganze Serie – etwa nach dem stets bewährten Slogan: Die Mörder sind mitten unter uns! Die sitzen neben dir im Kino, hocken in derselben Kneipe, lungern bei deinem Wohnblock herum. Jeder – kann es sein!«

»Jeder – jawohl! Sogar ein Polizist.«

»Warum nicht? Schwarze Schafe gibt es schließlich überall. Ich verweise da nur auf den Bericht über einen durchdrehenden Streifenpolizisten, den wir erst neulich publiziert haben. Der war jedoch leider nicht von Ihnen. Dabei hat Ihr bewährter, befeuernder Schreibschwung gefehlt. Jedenfalls hatte bei diesem Vorgang ein sogenannter Hüter der Ordnung einen von ihm gestellten, für verdächtig gehaltenen Passanten brutal zusammengeschlagen; krankenhausreif! Was dann mit Recht mächtigen Staub aufgewirbelt hat. So was nenne ich fortschrittliche Aufklärung. Können Sie ähnliches anbieten?«

»Weit mehr!« versicherte Frank Schwarz hoffnungsfreudig. Zumal er nun seinen Herausgeber Gutmann eine weitere Flasche von diesem blutrot funkelnden Medoc 66 öffnen sah – woraus ihm unverzüglich, randvoll, eingeschenkt wurde. »Was würden Sie denn davon halten: Die Polizei – dein Mörder!«

»Hört sich gut an – ist aber an sich nicht ganz neu. Denn Polizisten als Mörder hat es bereits mehrere gegeben, wenn auch zumeist im Privatleben, so doch mit Gebrauch der Dienstwaffe: Frau tot, Freundin tot, Hausgenosse über den Haufen geschossen! So was, ich bitte Sie, ist doch fast Alltag.«

»Aber nicht dann, wenn es sich dabei etwa um den Chef einer Mordkommission handeln sollte – und zwar gleich um den hier wohl maßgeblichsten! Vermögen Sie sich vorzustellen, daß der bei derartigen Fällen nicht nur kräftig mitmischt, sondern sogar selbst einige davon inspiriert? Also veranstaltet. Was würden Sie dazu sagen?«

»Stopp!« rief Gutmann jetzt alarmiert aus. Wenn er hier auch zumeist lediglich Finanzfunktionen ausübte, so zögerte er doch niemals, zu demonstrieren, daß er wichtige Gesellschaftsfunktionen darzustellen gedachte, sich dazu verpflichtet fühlte. »Ich fürchte, mein Lieber – so geht das nicht!«

»Doch – genau das läßt sich machen! Denn ich verfüge da über einiges Material, mit dem sich eine ganze Menge anfangen läßt. Sie brauchen es mich nur ausspielen zu lassen.«

»Mann Gottes – warum sollte ich!« rief Gutmann ehrlich besorgt aus. »Damit könnten wir uns in ein Sumpfgebiet hineinbegeben, in dem wir ersaufen – alle beide!«

»Nicht bei den Unterlagen, die ich Ihnen zu liefern gedenke«, versprach Schwarz. »Es handelt sich um ein Feuerwerk sondersgleichen. Unsere Leser werden da nur noch Bauklötze staunen –

dafür garantiere ich! Wollen Sie Einsicht in mein Material nehmen?«

»So was, Mann, ist doch pure Scheiße!« erkannte Gutmann ziemlich unbeirrbar. »Sie übersehen offenbar, wer eigentlich der wohl wichtigste Nachrichtenlieferant für unser Metier ist – eben diese Polizei!«

»Die aber selbst in sich zutiefst verseucht zu sein scheint – was ich zu beweisen gedenke. Und das auch kann. Ich beabsichtige, diese kriminalen Amtsratten aus ihren letzten Schlupflöchern zu locken! Und dazu kann ich Ihnen einfach umwerfende Recherchen anbieten. Sie brauchen mir nur freie Hand zu lassen.«

»In meiner Zeitung, die unter meinem Namen erscheint, für die ich voll verantwortlich bin? Wie stellen Sie sich das vor! Nur ein kleiner Fehler dabei – und die hauen uns in ihre Pfanne, Schwarz.«

»Es darf eben und wird auch keinen Fehler geben, Gutmann! Lassen Sie das meine Sache sein.«

»Ich bin doch nicht behämmert, Mensch! Erwarten Sie denn allen Ernstes von mir, daß ich mich auf eine massive Konfrontation ausgerechnet mit der Polizei einlasse? Soll ich etwa den Ast, auf dem wir ziemlich sicher sitzen, einfach ansägen lassen?«

»Nun ja«, erklärte er dann weiter, »irgendeinen niederen Polizeibeamten können wir immer aufs Korn nehmen. So was kann volkstümlich sein. Doch Sie zielen offenbar gleich bis ganz nach oben – aber das könnte bis in die Politik hineinreichen. Sollten Sie etwa beabsichtigen, den Polizeipräsidenten, mit dem ich so gut wie befreundet bin, über einen seiner allernächsten Mitarbeiter fertigzumachen?«

»Darum, Gutmann, geht es mir nicht!«

»Doch eben das, Schwarz, könnte der dabei zum Vorschein kommende Endeffekt sein, auf den ich mich nicht einzulassen gedenke. Ich jedenfalls stehe einer eindeutig-demokratischen, freiheitlich-meinungsbewußten Zeitung vor. Und die lasse ich nicht in eine mögliche Klärgrube für radikale, vielleicht auch sehr persönlich getönte Daseinsbetrachtungen umfunktionieren! Ich bewahre Sie also, Schwarz, davor, hier horrende Dummheiten zu begehen.«

»Und wenn ich mich mit meinem Material einer anderen Zeitung anvertrauen sollte – was dann?«

»Werden Sie nicht, Schwarz! Denn bei uns verdienen Sie

bestens – sowohl durch das, was Sie liefern, aber auch von dem, daß Sie wohl einiges wissen, doch eben nicht darüber schreiben. Das sage ich Ihnen ganz offen. Und genau das wird Ihnen auch jeder andere Zeitungsherausgeber sagen, an den Sie sich möglicherweise heranzuwanzen versuchen. Es gibt eben gewisse Tabus – und eben die sollte ein so cleverer Mann wie Sie schon längst erkannt haben.«

Karl Hubert schien nunmehr lediglich einen morgendlichen Spaziergang zu unternehmen. Er schlenderte, wie einer frühen Arbeit lässig entgegen, durch die Straßen beim Westpark auf ein Mietshaus in der Wienerwaldstraße zu; jenem mit der Nummer 43. Also zu diesem kastenartig breitflächigen Gebäude hin, in dem auch Susanne Sommer wohnte.

Er hatte irgendeine der drei in dieser Stadt konkurrierenden Boulevard-Zeitungen an irgendeiner Ecke gekauft – doch nicht darin gelesen. Vielmehr hatte er sie wie automatisch auseinandergefaltet, um ihre penetrant prall-deutliche Frontseite nicht in Erscheinung treten zu lassen. Dort wurde, und zwar freudigempört, von einem Überfall mit Todesfolge berichtet: Terrorgangster mordet Gemüsefrau! Ein Vorgang, der für ihn schäbigster Alltag war. Und als Reklameausträger für Sensationsblättchen gedachte er sich nicht mißbrauchen zu lassen.

Er genoß seine wie hinter dicken Glasscheiben nur mühsam in Erscheinung tretende, also überaus wirksame Unscheinbarkeit – diesmal sogar ganz besonders. Kein Taxifahrer sah in ihm einen Kunden, kein frühes Freudenmädchen blinzelte ihn an oder blickte sich nach ihm um. Selbst nun bereits einsam herumflanierende Frühgreise, einige mit Hund, schienen ihn als völlig unbemerkenswert zu empfinden. Er war eben ein grauer Mann.

Er öffnete die Haupttür jenes Hauses Wienerwaldstraße 43; und zwar mit einem der von ihm gesammelten Nachschlüssel – ohne jede Komplikation. Schließlich existierte für ihn kein Schloß, das sich irgendwie als ein Hindernis erwies. Auch auf diesem Gebiet durfte er als Fachmann sondersgleichen bezeichnet werden. Hubert begab sich in die stehgrabartig schmale Fahrstuhlkiste hinein und ließ sich bis zum fünften Stock hinaufbefördern.

Dort stieg er aus und gelangte in einen klebrig-verwohnten, nur flüchtig gereinigten Korridor. Dessen Wände schienen von feuchten, nach Halt suchenden Händen betastet worden zu sein. Es roch stark nach Desinfizierungsmitteln niedrigster Preisklasse – nach nichts anderem zunächst.

Hubert begab sich nunmehr zu jener Tür, auf welcher die Nummer 503 angebracht worden war; in bronzeschimmernden Plastikziffern. Und hier stand er, vorgebeugt, lauschend – mit leicht geschlossenen Augen; jetzt dominierte sein Gehörsinn. Wobei dann sogar das, was man als ›timing‹ bezeichnen würde, von einem Mann wie ihm voll beherrscht wurde.

Denn er wußte: Die Bewohnerin der Nummer 503 – zwei Zimmer, Küche, Bad, kleiner Flur, 82 Quadratmeter insgesamt – pflegte an fünf Tagen in der Woche – und dies war einer davon – gegen neun Uhr das Büro des sie beschäftigenden Börsenmaklers aufzusuchen. Und bei einer stets so überaus bewußt dekorativ in Erscheinung tretenden Person wie dieser Susanne, zumal in derem bereits fortgeschrittenen Alter, bedeutete das: Sie stand gegen sieben Uhr auf.

Dabei ließen sich ihre Tätigkeiten ab diesem Zeitpunkt ziemlich exakt berechnen. Sie waren auch erkennbar, vielmehr hörbar. Etwa durch dabei erzeugte Geräusche, die von der dünnen Tür regelrecht eingefangen wurden.

Geräusche wie diese: Eine Wasserspülung trat heftig gurgelnd in Aktion – also hatte sie ihre Toilette benutzt. Dann wurde Kaffeewasser aufgesetzt – in einem scharf scheppernden Metallkessel, der alsbald kochte. Sodann lief, mit rauschender, fast dröhnender Fülle, Wasser in die Badewanne ein. Fast würgende Stille danach – empfand Karl Hubert. Zu seiner hoffnungsvollen Erleichterung vernahm er dann ein munter klingendes Plätschern – also genau das, worauf er gewartet hatte: Sie war in der Badewanne!

Hubert brauchte sich nicht umzusehen – er horchte um sich herum, in diesen Korridor hinein; der war leer. Er roch keinen Menschen, kein Tier. Die anderen Bewohner in diesem Stockwerk, das wußte er, waren Nachtarbeiterinnen und sonstige Spätaufsteher: ein Kellner, ein Koch, ein Serviermädchen; dazu zwei Musiker, auch eine Art Künstler.

Hubert zog sich fast zeremoniell Lederhandschuhe an. Dann brachte er einen weiteren, wie bereits griffbereit vorhandenen Nachschlüssel hervor. Mit dem öffnete er die Wohnungstür. Geräuschlos. Was er erfahrungsgemäß gar nicht nötig hatte – denn ein Mensch in einer Badewanne befand sich wie in einer ziemlich tönenden, schalldichten Grube.

Er bewegte sich zielstrebig vorwärts. Diese Wohnungen glichen zu Tausenden wie ein Ei dem anderen; sogar die Einrichtungen. Ihm war es gegeben, in seiner Praxis zahlreiche Tatorte exakt beschreiben zu können, ohne sie jemals gesehen zu haben – der Einblick in einen Bauplan genügte dabei völlig. Die von diversen Versandhäusern diktierten Kasernierungen des Daseins reichten bis in Toiletten und Schlafzimmer hinein.

Also betrat er zielstrebig das Bad, dessen Tür weit offen war. Und dort sah er sie liegen. In praller Nacktheit – die zu verbergen sie keinerlei Anstalten machte. Was sie ja auch, erkenntnisgemäß, gar nicht notwendig hatte.

Susanne blickte ihn empört-verweisend an. »Was – erlauben Sie sich? Was – haben Sie hier zu suchen? Wer – sind Sie?«

Hubert schien sie nicht zu beachten, das auch gar nicht zu wollen, besser gesagt, nicht mehr zu müssen. Denn im Bruchteil von Sekunden hatte er erkannt: Was da vor ihm in Erscheinung trat, war eine glattschöngelackte Larve, mit dem Kopf einer sinnlichen Katze, dem Körper eines schuppenlos glänzenden Fisches – stark anziehend und überaus abstoßend zugleich! Von entsetzlicher Unbegreifbarkeit. Kaum ein Anhauch eines menschlichen Geruches dabei.

Karl Hubert blickte nunmehr prüfend um sich – alles sicher registrierend, was er sah. Vor allem die Tischlampe, die auf dem Schminktisch stand, in unmittelbarer Nähe der Badewanne. Auf die ging er zu – die schaltete er ein.

Dann hob er diese Lampe, gleich einer rosigen Fackel, über sich – sie überzog sein strengblasses Gesicht mit morgenrötlich schimmernden Farben. Seine Augen flackerten wie geblendet auf. Doch dann starrten sie, ganz groß, wie einem letzten, endgültigen Ziel entgegen: auf diese Person, deren Dasein für ihn die absolut schamloseste Nacktheit war. Die Frau, die seinen Freund zerstört hatte, war zu zerstören!

Karl Hubert warf die eingeschaltete Lampe mit kraftvoll-sicherer Bewegung in die Badewanne, in der Susanne Sommer lag.

Und dort zuckten wildgrelle Lichtfetzen auf, die von scharf versengender Zerstörung waren: heftig prasselnd, flächenhaft auflodernd, feuerwerkartig bunt zugleich. Alsbald wie im parfümierten Wasser ertrinkend, von dem aufgesogen, um dort gurgelnd zu ersterben. Ein allerletztes Erzittern schien aufzukommen.

Danach lebte Susanne Sommer nicht mehr.

Richard Holden wurde vierundzwanzig Stunden später in seiner Wohnung, Europa-Center, Apartment 403, tot aufgefunden. Er lag auf dem Fußboden. Auf dem Tisch über ihm befand sich ein aufgeschlagenes Buch mit Bildern von Bosch.

Die wohl zuletzt von ihm betrachtete Reproduktion eines Gemäldes dieses unheimlichen Meisters allerletzter Erkenntnisse war ein Flügel des Triptychons, genannt ›Der Garten der Seligkeit‹. Und zwar der rechte Teil davon – ›die Hölle‹ darstellend. Holdens weit ausgestreckte, nunmehr erstarrte Hand schien darauf hinzuweisen.

11

»Der äußerliche Vorgang, meine Herren, ist Ihnen bekannt. Dabei handelt es sich um ein Schreiben des Journalisten Frank Schwarz an mich. Und in diesem werden, wenn auch wohl mit der gewiß gebotenen Vorsicht, diverse Verdächtigungen vorgebracht, speziell gegen einen leitenden Kriminalisten unseres Hauses.«

Der Polizeipräsident hatte die nach ihm maßgeblichsten Beamten seiner Verfolgungsbehörde zu sich gebeten: den Kriminaldirektor, auch genannt ›das Pferd‹, und den Polizeidirektor, der im Amt, nicht nur scherzhaft gedacht, als ›die Eiche‹ bezeichnet wurde. Beide standen dem Präsidenten, rangordnungsgemäß nahezu gleichwertig, am nächsten – und einer von ihnen würde, falls er versagte, vermutlich sein Nachfolger werden. Beide waren gerne dazu bereit.

»Ist denn diese Angelegenheit immer noch nicht erledigt?« schnaufte der Kriminaldirektor auf. »Schließlich haben Sie bereits diesem Schwarz einen ziemlich scharfen, klärenden Brief geschrieben – und mir eine Kopie davon zukommen lassen, wofür ich danke.«

»Auch ich«, versicherte der Polizeidirektor, wie stets knorrigunzugänglich wirkend, »habe eine Kopie davon zur Kenntnis genommen. Woraus jedoch zu erkennen war, daß Sie diesem Menschen, Herr Präsident, weitere Aufklärungen, nach intensiven Nachforschungen, in Aussicht gestellt hatten; sehr höflich entgegenkommend.«

»Habe ich, allerdings. Und auf denen besteht er nun!«

»Dann werden wir das wohl auch versuchen müssen, Herr Präsident – wenn wir die Presse nicht, wie man so sagt, vor den Kopf stoßen wollen.«

»Da gibt es doch gar nichts aufzuklären!« rief der Kriminaldirektor empört aus. »Auf so was hat ein notorischer Dreckaufwühler wie dieser Schwarz nicht den geringsten Anspruch. Dem gedenke ich meinen, also unseren besten Beamten nicht auszuliefern. Ich muß doch sehr bitten! Ein Schmierant wie Schwarz und ein kriminalistisches Genie wie Hubert – dazwischen liegen doch Welten!«

»Dazwischen liegt unser Amt!« gab der Präsident zu bedenken. »Und das ist dazu verpflichtet, der sogenannten Öffentlichkeit, von wem auch immer dargestellt, jede gewünschte Auskunft zu erteilen. Bei den auf diese Weise geäußerten Verdächtigungen gegen Herrn Hubert kann man nicht schweigen. Die muß man klären!« Der Polizeipräsident stellte das nicht ohne Bedauern, doch klar fordernd fest. »Bereinigen – so wirksam wie nur irgend möglich.«

»Das«, meinte nun der Polizeichef, demonstrativ unerschütterlich, »ist auch meine Ansicht! Ein Ausweichen würde die schwelenden Verdachtsmomente nur verschlimmern. Ich plädiere für reinen Tisch!«

»Ich auch«, stimmte der Präsident zu.

»Nun gut«, schlug unverzüglich der Kriminaldirektor wie entschlossen vorwärtstrabend vor, »dann empfehle ich die Einsetzung einer Untersuchungskommission. Ich wäre bereit, diesen Vorsitz zu übernehmen.«

»Was als ein recht subjektives Unternehmen bezeichnet werden könnte!« warnte der Polizeidirektor. »Wir müssen allerhöchste Objektivität anstreben – um nicht möglicherweise in den Verdacht zu geraten, daß hier ein Kollege von Kollegen abgeschirmt werden soll.«

»Und so was trauen Sie mir zu?« Der Oberste der Kriminalen wieherte den Boß der Polizisten geradezu streitbar warnend an.

»Ich doch nicht! Aber andere könnten das sehr schnell tun.«

»Stopp, meine Herren!« Der Polizeipräsident hob abwehrend, mit leicht entsetzter Geste, beide Hände. »Im Grunde erstreben Sie beide, und ich ja auch, das gleiche – eine möglichst überzeugende Klärung. Und die kann hier vielleicht nur einer schaffen. Also jener Mann, dem doch wohl unser gemeinsames, uneingeschränktes Vertrauen gehört.« Er brauchte dessen Namen nicht auszusprechen – es war Keller, der große alte Mann mit seinem Hund. »Akzeptiert?«

Keiner der Anwesenden hatte irgendeinen Einwand – einem Keller gegenüber wäre das wohl kaum angebracht gewesen. Der Polizeidirektor war erneut ganz knorrige Eiche; der Kriminaldirektor wieder ein gewichtiges, startbereites Vollblutpferd. Dieser Keller besaß schließlich einen Vorzug sondergleichen: Er war mit Leib und Seele Kriminalist.

»Also – übereinstimmend akzeptiert!« stellte der Polizeipräsident nicht ohne Erleichterung fest. »Dann also – Keller kann kommen!«

Keller kam. Und wie erwartet gemeinsam mit seinem Hund. Dieser streckte sich, im Büro des Polizeipräsidenten angelangt, auf dem Mittelornament des Teppichs aus, während sich sein menschlicher Freund den bequemsten Stuhl aussuchte.

Der Polizeipräsident eröffnete dieses Gespräch nahezu schwungvoll. »Verehrter Herr Keller! Ich gedenke Sie nun – und zwar im völligen Einvernehmen mit meinen beiden Stellvertretern – mit einer höchst heiklen, jedoch auch überaus wichtigen Mission zu betrauen.«

»Wovor ich nur warnen kann, Herr Präsident. Denn ich übe meinen Beruf nicht nach Wünschen und Weisungen aus, vielmehr so, wie ich das verantworten zu können glaube. Sagen wir mal: vor meinem Gewissen.«

»Bekannt, Herr Keller! Das wird Ihnen auch uneingeschränkt zugestanden – und eben deshalb werden Sie mit dieser Aufgabe betraut. Sie wissen zum Teil schon, worum es sich dabei handelt.«

»Um den Journalisten Schwarz, vermutlich.«

»Und eben dazu noch um Kriminalhauptkommissar Hubert. Jener Brief, den Schwarz mir geschrieben hatte, ist Ihnen bekannt; auch meine Antwort darauf. Dabei habe ich Schwarz versprochen, ihn über Ergebnisse weiterer Nachforschungen zu unterrichten. Und darauf besteht er nun.«

»Dann soll er kommen; direkt zu mir. Ich habe, als Todesermittlungsbeamter, den Endvorgang Richard Holden noch einmal intensiv überprüft. Alles dabei ist absolut einwandfrei beweisbar, bis hin zu letzten winzigen Kleinigkeiten. Es war ein Selbstmord.«

»Diese Behauptung, Herr Keller, akzeptiere ich gerne voll und ganz. Denn Ihre Untersuchungsergebnisse haben sich immer wieder sozusagen als rechtsmedizinische Glanzpunkte in unserem Amt erwiesen. Sie werden gewiß auch diesen Schwarz überzeugen – in diesem Punkt bin ich ganz sicher. Doch was, bitte, ist mit den anderen, von diesem Menschen vorgebrachten indirekten Verdächtigungen? Auch die müssen aus der Welt geschafft werden!«

»Heißt das – Sie versuchen mich, ausgerechnet mich, auf Hubert anzusetzen?« Keller wirkte nun leicht erheitert; und auch sein Hund schien belustigt zu blinzeln. »Was, bitte, versprechen Sie sich davon?«

»Eine möglichst letzte Klärung aller dieser Vorgänge! Zumindest jener zwei Todesfälle, die nach Schwarz ganz direkt als zusammenhängend vermutet werden – Sommer und Holden. Und das mit dem behaupteten Bindeglied Hubert. Derartig heikle Verdächtigungen müssen aufgeklärt werden – so oder so. Und das, Herr Kollege, ist die Ihnen gestellte Aufgabe.«

»Glauben Sie denn wirklich zu wissen, wer Hubert ist?«

»Weiß ich. Der nach Ihnen gewiß genialste Kriminalist unseres Amtes. Um so wichtiger erscheint mir eine möglichst endgültige und überzeugende Klärung. Ich stelle Ihnen alles zur Verfügung, was Sie irgendwie benötigen – unseren gesamten Apparat.«

»Und mit welchem erhofften Ergebnis?«

»Herr Keller, Sie klären; klären auf. Denn nur Sie sind – falls sich das als notwendig erweisen sollte – einem Hubert gewachsen! Danach erstatten Sie mir Bericht – in allen Einzelheiten. Das Weitere überlassen Sie mir.«

»Nein, Herr Präsident!« erklärte nun Keller leicht lächelnd, doch schien er lediglich seinen Hund zu meinen. »Wohl bin ich bereit, mich auf diese von Ihnen geforderte Untersuchung einzulassen. Jedoch nur unter einer Bedingung: Das Ergebnis dieser Untersuchung muß als endgültig hingenommen, also entsprechend bestätigt und verwertet werden. Anders mache ich es nicht.«

»Bei jedem anderen, Herr Keller, müßte ich wohl eine derartig weitreichende Forderung als Erpressung bezeichnen. Doch bei Ihnen habe ich das gewiß als einen sehr durchdachten Vorschlag zu registrieren, den ich vermutlich akzeptieren muß.«

»Ich erlaube mir, Ihnen das zu raten, Herr Präsident!«

»Und ich befolge Ihren Ratschlag, Herr Keller.« Das klang vertrauensvoll zustimmend. Doch gleich die nächsten Worte signalisierten dann wieder die besorgte Unruhe, die diesen Herrscher – nicht Beherrscher – von etlichen Tausenden Polizeibeamten überfallen hatte. »Derartige Vorgänge scheinen mir überaus gefährlich. Nicht auszudenken, was geschehen könnte, wenn einer unserer allerbesten Kriminalbeamten überführt werden könnte, in kriminelle Delikte verwickelt zu sein. Dabei würde es auch um mein Amt gehen.«

»Was niemand von uns will.«

»Danke, lieber Herr Keller. So was höre ich gerne; das gibt mir Hoffnung. Welche Zeitspanne glauben Sie zu benötigen, um eine überzeugende Klärung herbeiführen zu können?«

»Etwa drei Tage, und dann noch drei Stunden. Die Tage für die notwendigen Vorbereitungen, Recherchen, Ermittlungen – die Stunden lediglich für ein Gespräch mit Hubert. Danach dürfte vermutlich alles geklärt sein.«

Das ›amtlich klärende‹ Gespräch mit Karl Hubert, Kriminalhauptkommissar dieses Amtes, Chef der Mordkommission eins, fand in dessen Büro statt. Keller suchte ihn auf, gemeinsam mit seinem treuen Begleiter. »Nun ist es wohl soweit.«

Hubert – klein und stämmig wirkend, doch unendlich zäh und gelassen auch – hatte für diese ihm seit langen Jahren vertrauten Besucher alles vorbereiten lassen, was sie erfahrungsgemäß zu erfreuen vermochte: also nicht sprudelndes, doch kühles Mineralwasser und dünne Scheiben Tilsiter Käse für den Hund; weiter ein gutgepflegtes Bier für Keller. Beide nahmen das ihnen Offerierte gerne entgegen.

»Du also«, sagte dann Hubert, ebenso aufmerksam wie neugierig, »bist vermutlich gemeinsam mit deinem unvermeidlichen Hund als eine Art Untersuchungskommission über mich eingesetzt worden. Denn seit drei Tagen, wurde mir berichtet, hast du mir nachgespürt. Sozusagen ganz offiziell; was ich akzeptiere, bei dir wohl akzeptieren muß. Doch mit welchem Ergebnis, Keller?«

»Genau mit dem, Hubert, das du von mir erwarten mußt.«

Hubert lachte auf – leicht rauh und auch heftig, wie um seine Gedanken zu verdrängen. »Du weißt also alles – glaubst das zumindest zu wissen; wieder einmal mehr. Und das vermutlich sogar mit erheblicher Berechtigung, wie ich dich kenne. Doch mit welchen Einzelheiten wirklich?«

Keller schlürfte von seinem Bier. Dabei betrachtete er besorgt-anteilnehmend seinen geliebten Hund; der lag lang ausgestreckt da, leicht keuchend. »Das sind reichlich anstrengende Tage für uns gewesen. Mein kleines Kerlchen wollte mir manchmal dabei vorkommen wie kurz vor einem Herzinfarkt. Zumindest heftige Kreislaufstörungen sind bei dem zu befürchten.«

»Das, Keller, mein Verehrter, hättest du ihm und dir ersparen können. Eine aufrichtige Unterredung zwischen uns, also unter vier beziehungsweise sechs Augen, jene deines Hundes mit inbegriffen, hätte genügt. Ich hätte dir dann all das gesagt, was du inzwischen aufgespürt hast.«

»Das glaube ich dir sogar, Hubert. Nur gedachte ich dabei absolut sicherzugehen, also nichts zu übersehen; nichts, was du möglicherweise vergessen willst, was mich aber gerade deshalb interessiert. Ansonsten jedoch nehme ich gern deinen Vorschlag an. Du gedenkst mir also alles zu erzählen? Mit jeder Einzelheit?«

»Warum sollte ich da zögern, Keller? Denn nur dich, dich allein, akzeptiere ich – in diesem Brutstall der ängstlichen Absicherer. Denn ich bin sicher, daß du mich, meine Beweggründe, meine Motive zu begreifen vermagst.«

»Nun gut, Hubert! Dann versuchen wir doch mal, das alles möglichst greifbar zu verdeutlichen. Beginnen wir dabei mit dem Selbstmord deines Freundes Richard Holden – den du sehr geliebt hast, nicht wahr?«

»Den ich sehr geliebt habe, ja!« bestätigte Karl Hubert – doch mit der unüberhörbar eindeutigen Feststellung: Das war Vergangenheit. »Ich habe jedoch niemals, auch in dunkelsten Traumvorstellungen nicht, angenommen, daß er sich selbst umbringen könnte. Dafür reichte wohl selbst meine Fantasie nicht aus.«

»Ein Vorgang also, der dich sehr getroffen hatte.«

»Anfangs schon. Dann bald nicht mehr. Man könnte es so sagen:

Ich hatte mich in ihm getäuscht – oder eben: Er hat mich enttäuscht! Maßlos. Er war offensichtlich diesem Dschungeldasein nicht gewachsen, war also keiner von denen, wie ich stets gehofft hatte, die Kraft genug besitzen, dennoch überleben zu wollen. Vielmehr erwies er sich, im Endeffekt, als der geborene Verlierer.«

»Daß du das so sehen würdest, sogar mußt, habe ich mir gedacht.« Keller nickte seinem Hund ermunternd zu – der verspeiste, mit einiger würgender Wonne, mühsam die Reste des ihm offerierten Käses. »Wobei der Selbstmord deines Freundes ein kriminalistisch-juristisch einwandfrei nachweisbarer Vorgang gewesen ist. Was jedoch – frage ich mich, und nun dich – ging dem voraus? Was war der Anlaß dafür? Das sozusagen auslösende Element?«

»Genau das, was du vermutest, Keller – der Tod dieser Susanne Sommer.« Hubert stellte es fest, als habe er lediglich einen Posten irgendeiner Lebensaufrechnung zu fixieren. »Bei der hat es sich jedoch lediglich um einen Unfall gehandelt, ausgelöst durch Elektrizität. Solche Unfälle im häuslichen Bereich kommen jährlich tausendfach vor.«

»Dabei scheint sich aber, Hubert, eine ebenso merkwürdige wie auch wohl recht bemerkenswerte Übereinstimmung zu ergeben. Denn die erste Frau deines Freundes Richard Holden ist, bei Lugano im Tessin, vor etwa zehn Jahren auf fatal ähnliche Weise umgekommen. Wobei du dich, zum Zeitpunkt ihres Todes, dort aufgehalten hast. Und nun – auch hier?«

»Solltest du das etwa zu beweisen versuchen, Keller? Ich bitte dich – die diesbezüglichen Akten in Lugano sind schon längst abgeschlossen; mit dem eindeutigen Beweisergebnis: Es war ein Unfall! Und zu dem gleichen Endergebnis wird man auch hier kommen. Da bin ich sicher – trotz deiner Nachforschungen.«

»Allzu sicher solltest du da lieber nicht sein, Hubert. Ich könnte, wenn ich wollte, in diesen Vorgang etliche Verunsicherungen einbringen. Da ist zum Beispiel registriert worden: die Lieferung von Nachschlüsseln durch das Einbruchsdezernat an dich.«

»Das geschah bereits vor einigen Wochen. Und zwar zwecks vergleichender Nachprüfungen in einem noch nicht voll abgeschlossenen Mordfall.«

»Diese Schlüssel passen aber zufällig auch zum Haus und der Wohnung jener Susanne Sommer.«

»Die lassen sich zu neunzig Prozent aller Schlösser passend machen! Dabei handelt es sich um das große Spezialbesteck unseres Einbruchsdezernates; von jedem Fachmann mühelos zu handhaben. Ohne irgendwelche Spuren zu hinterlassen.«

»Und dein Alibi – für die fragliche Zeitspanne?«

»Ein unerschütterliches. Ich hatte eine anstrengende Nacht – beruflich – hinter mich gebracht. Danach wollte ich dann nichts wie schlafen.«

»Und wenn ein Zeuge existieren sollte, der behauptet, dich zur möglichen Tatzeit in der Nähe des Tatortes gesehen zu haben? Etwa ein Mann in einem Kiosk, der dir eine Zeitung verkauft hat?«

»Falls du mir das nachzuweisen versuchst, würde ich dich bitten, ein wenig genauer auf meine Worte zu achten. Ich sagte: Ich wollte dann nichts wie schlafen. Wollte! Konnte das aber nicht – ich machte noch einen Spaziergang.«

»In jener Gegend?«

»Genau in jener Gegend. Denn dort hatte sich, vor einiger Zeit, jener Fall ereignet, der in der Presse sinnigerweise als ›Der Mörder mit den Samthandschuhen‹ bezeichnet wurde. Dort überprüfte ich nun einige Wegstrecken.«

»Und gleichfalls dort in der Nähe existiert auch ein munteres, recht nettes Mädchen, ein ziemlich gescheites noch dazu. An sie bin ich durch Zufall geraten.«

»Ich auch. Denn ich nehme an, daß du genau dasselbe prächtige Stück Weib meinst; Uta genannt. Die jedoch hat praktisch Kommissar Krebs für mich ausgesucht; er nannte mir drei bis vier Namen. Eine solche Person brauchte ich – wegen irgendwelcher fachgerechten Ausdrücke für einen meiner Fälle.«

»Und erst danach hast du dann entdeckt, daß diese Uta im gleichen Haus wohnte wie die Freundin von Richard Holden, diese Susanne Sommer? Und selbstverständlich – neugierig von Berufs wegen wie du bist – hast du sie dann auch noch über diese Dame ausgefragt?«

»Du sagst es – und so war es. Und ich vermag mir nicht vorzustellen, daß dieses gescheite Mädchen irgend etwas anderes zu behaupten versucht hat – so wie ich sie einschätze.«

Keller nickte, anscheinend seinem Hund zu. »Du bist eben ein perfekter Fachmann, Hubert. Also das vollendete Beispiel für jene verführerische Theorie, wonach als brillanter Kriminaler eigentlich nur der in Erscheinung treten kann, der auch alle Mittel, Möglichkeiten und Macharten des Kriminellen beherrscht.«

»Sollte das etwa als Kompliment gedacht sein, Keller?«

»Mehr als Warnung. Denn du weißt wie ich, daß es Vorgänge in unserem Bereich gibt, bei denen dann, plötzlich entfesselt, so gut wie einfach alles möglich ist. Dann etwa, wenn es sich um eine hingebungsvolle Liebe sondersgleichen handelt – wie du sie zweifellos für Richard Holden empfunden hast. Und zwar so ähnlich intensiv, fühle ich mich versucht zu sagen, wie ich für meinen Hund.«

Der Hund Anton lag ahnungslos ermüdet da – wie in rührender, vertrauensvoller Hilflosigkeit jetzt; er ließ Keller nicht aus seinen großen, blankdunklen Augen. Hubert betrachtete die beiden nun mit einer ihm sehr fern aufdämmernden Erkenntnis: Dieses seltsame Verhältnis zwischen dem Hund und seinem Menschen war tatsächlich jenem zwischen Holden und ihm nicht unähnlich. »Du bist also sicher – daß ich sie getötet habe? Seinetwegen.«

»Diese Erkenntnis, Hubert, drängte sich mir auf. Denn ihr beide, Holden und du, seid Freunde von Jugend auf gewesen – und es gibt wohl so gut wie nichts, was ihr nicht gemeinsam durchlebt habt. So etwa hat er dich vor dem Tod durch Ertrinken gerettet – er war der bessere Schwimmer. Dann hast du ihn, im Krieg, aus einem brennenden Panzer herausgezerrt – du verfügtest über die stärkeren Nerven. Auch in der Nachkriegszeit habt ihr einfach alles, was euch irgendwie möglich war, füreinander getan. Dabei hast du, als einfacher Polizeibeamter, sein Jurastudium mitfinanziert – und er hat dich dann, durch zahlreiche nächtliche Lektionen, praktisch daran teilnehmen lassen. Was du dann geworden bist, nämlich ein absolut erstklassiger Kriminalist, noch dazu mit erheblichen juristischen Kenntnissen, verdankst du nicht zuletzt ihm. Ihr beide habt eine unheimliche, bestaunenswerte Einheit dargestellt.«

»Nicht ohne dich, Keller. Denn dieses unser Gespräch wäre wohl schon längst beendet, wenn ich nicht das besitzen würde, was ausgerechnet du mir beigebracht hast. Nämlich die nahezu vollkommene Kenntnis der Grundregeln unseres Metiers; die totale Beherrschung der uns gegebenen Möglichkeiten.«

»Diese, Hubert, vermag ich dir nicht abzusprechen. Schon gar nicht nach jenem Gespräch, das ich inzwischen mit Schwarz geführt habe. Der versuchte mir zwar eine Menge dreckiger Behauptungen zu suggerieren – wobei jedoch klar war: Es hat sich dabei letzten Endes um Gespräche unter vier Augen gehandelt.«

»Er kann also nichts von dem beweisen, was ich ihm angeblich mitgeteilt habe. Weiß der Teufel, woher dieser saudumme Kerl seine behaupteten Weisheiten hat!« Hubert lachte erleichtert und nicht ohne Stolz auf. »Auch das hast du also herausgefunden?«

»Ja. Doch allein das will mir noch nicht sonderlich interessant erscheinen. In meinen Augen existieren vielmehr wesentlich andere Dinge, die ich gern erklärt haben möchte. Etwa dies: jenes aufgeschlagene Buch, mit Bildern von Hieronymus Bosch, das in der Nähe des toten Richard Holden vorgefunden wurde. Ein – Zufall?«

»Keinesfalls, Keller! Vielmehr wohl eine Art Schlüssel; zu allen diesen Vorgängen. Aber damit will ich dich nicht auch noch belasten. Nur so viel mußt du vielleicht wissen: Eine sich dabei herausbildende Weltschau hat sich, in langen Jahren, wie zwangsläufig, zwischen uns ergeben.«

»Ich versuche das zu verstehen, Hubert. Denn auch ich habe diese seltsam-traumhaft-eindringlichen Bilder oftmals betrachtet. Mit der bestürzenden Erkenntnis: Dieser Bosch hatte alle erdenklichen Sumpfgebiete des Daseins durchforscht, aus tiefsten dämonischen Dunkelheiten so gut wie alles in sein Licht gezerrt, was denkbar letzte menschliche Qualen ausmacht; auch die entsetzlichsten Deformierungen des angeblich ebenbildhaft Göttlichen; Schweinepriester, Saumenschen, Sehnsüchtige, geilpralle Darbieter, triefäugige Einkassierer.«

»Erkannt!« bestätigte ihm Hubert, mit schnell aufsteigendem Glücksgefühl. »Du verstehst mich. Vermutlich vermagst nur du zu erkennen: Diese Höllenerkenntnismalereien sind wie ein Signal. Nur ganz wenige andere Bilder dieser Welt muten ähnlich ausdrucksstark an; doch gleichfalls bedrückend hintergründig. Etwa die sogenannten ›schwarzen Malereien‹ eines Goya, die im unteren Stockwerk im Prado in Madrid hängen, teuflische Bedrohungen ausströmend – wer lebt, ist gefährdet! Endlos, tagtäglich, in jeder Sekunde!«

Hubert fuhr dann fort: »Und wohl nur einem Menschen, im Anfang unseres Jahrhunderts, einer gewissen Paula Modersohn-Becker, ist es dann sogar gelungen, selbst die frühesten Anfänge der unendlichen Traurigkeit dieses Daseins einzufangen: Sie gestaltete Kinder in dunklen, glanzlosen, bedrückend erdhaften Farben; arme, erbarmungswürdig verloren wirkende Kinder – auf einer Wiese hockend, an eine Art Birke gelehnt, wie hilflos in ein nebelhaftes Nichts starrend. Ich erinnere mich noch genau: Als Richard gemeinsam mit mir die wesentlichsten ihrer Bilder in Bremen zu Gesicht bekam, war er zutiefst erschüttert.«

»Er hat diese Signale also erkannt?«

»Die waren von einem so überaus empfindsamen Menschen wie ihm nicht zu übersehen. Er hat dann ja auch aus diesen und ähnlichen Erkenntnissen seine Folgerungen gezogen – auch einstmals von mir mit Freude bewundert. Er wurde sozusagen zu einem Anwalt aller armen Kinder, Mütter, Greise.«

»Doch eben eine derartige Menschheitssehnsucht gefährdete sein Verhältnis zu dieser Susanne Sommer?«

»Wenn die eine Gefahr für Richard Holden werden konnte, so wohl nur, weil er niemals voll und ganz entschlossen und stark genug war, auch noch die allerletzte Konsequenz aus diesen Erkenntnissignalen zu ziehen. Doch allein diese dominieren: Das denkbar Fürchterliche existiert; mitten unter uns – darauf hat man stets gefaßt zu sein, damit muß man leben! Was jedoch nur möglich ist, wenn man entschlossene Abwehrkräfte dagegen mobilisiert, sie geradezu entfesselt. Auch ich war eine Zeitlang sicher, daß er das konnte. Bis dann diese Person kam – die erledigte ihn entsetzlich total.«

»Eine überaus bemerkenswerte Begegnung. Manchmal wollte sie mir jedoch vorkommen wie ein später Racheakt, wenn auch ein verblüffend gelungener. Und zwar im Hinblick auf dessen erste Frau. Oft war mir, als habe er sich wahrlich nicht zufällig eine Susanne Sommer als Freundin ausgesucht.«

»Stimmt. Diese beiden Geschöpfe waren berechnende, egoistische, zerstörerische Wesen. Geradezu teuflische Weiber!«

»Also ausgestattet mit entsprechend verführerischem Glanz, wenn ich das richtig sehe.«

»Ziemlich zutreffend, Keller. Nur eben wohl noch nicht deutlich genug. Denn die eine war nichts als ein Stück Dreck – und die andere, Susanne, übertraf sie vielleicht noch.«

»Und deshalb hast du sie getötet.«

»Kannst du mir das nachweisen?«

Worauf der ›große alte Mann‹ des Präsidiums sich allein um seinen Hund zu kümmern schien. Keller streichelte ihn sanft und hob ihn zu sich hoch. Wie so oft in den letzten Nächten, in denen er dessen kleinen knochigen Körper, dessen müde gewordenen Hinterbeine, massiert hatte – dem Rhythmus des kranken Herzens entsprechend. »Irgendwie«, bekannte er dann wie ergeben, »sind wir wohl ausgeliefert. Alle!«

»Und das«, wollte Hubert unverzüglich verlangend wissen, »gestehst du auch mir zu?«

»Nicht unbedingt – nicht bedingungslos. Bitte, achte darauf.«

Wobei Hubert das zu erkennen glaubte, was er geahnt, sich gewünscht hatte: Hier schien ihm – dennoch – ein Entgegenkommen sondergleichen signalisiert zu werden. »Du weißt also alles. Doch du willst mich nicht ausliefern. Weil du meine Beweggründe verstehst, zu begreifen vermagst. Du bist prädestiniert dazu, so denken zu können wie ich. Wohl nur du – erlaube mir das zu sagen – bist mein wirklicher Freund!«

Keller lächelte Hubert nun fast nachsichtig an. »Und das behauptest du sogar, ohne daß dein sagenhaft ausgeprägter Geruchssinn dich dabei irgendwie zu irritieren scheint?«

»Der vermag offenbar«, erkannte Hubert, ehrlich verblüfft, »in deiner Gegenwart gar nicht zu existieren. Ich kann dich also nicht erriechen! Und deinen seltsamen Hund auch nicht. Ihr beide seid wohl, außer Richard Holden, die einzigen Lebewesen ohne jede für mich registrierbare Ausdünstung.«

»Uns beide hat das wohl sehr zu ehren, das scheint jedoch, im Bereich meines Hundes, nicht ganz zu stimmen. Denn ein gewisser Geruchssinn gehört vermutlich dazu, seine Bedürfnisse zu erspüren – der meine hat sich auf ihn eingestellt; wohl nur auf ihn. Beispielsweise erkenne ich jetzt, daß er mal muß, dringend sogar. Und das ist, im Augenblick, das wichtigste.«

»Und was – kommt danach? Mich betreffend?«

Keller war aufgestanden und schritt mit seinem Hund auf die Tür zu. Er blieb noch einmal stehen. »Du«, sagte er zu Hubert, »bist von einer denkbar fürchterlichen Konsequenz. Das aber kann ich auch sein, auf meine Weise – die leider deinen Manipulationen gar nicht unähnlich zu sein scheint.«

»Eine Erkenntnis, Keller, die ich als überaus vielversprechend registriere.«

»Nicht auf die Dauer!« meinte der nun eindeutig warnend. »Denn wir sind keine Freunde – wir sind Gegner. Rechne damit – ab sofort. Mit der von dir ausgesuchten Welt wünsche ich nichts zu tun zu haben. Sie ist ein Selbstbetrug sondergleichen!«

»Na – und wenn schon, Keller – deiner Ansicht nach. Doch selbst du kannst nichts dagegen machen!«

Keller suchte – zum scheinbaren Abschluß dieser Vorgänge – den Polizeipräsidenten auf. Diesmal allerdings ohne seinen Hund, was jedoch zunächst gar nicht weiter auffiel. Denn die Erwartung auf das, was Keller zu berichten hatte, überdeckte alles andere. Keller blinzelte, unendlich traurig wirkend, vor sich hin – es war, als wäre er nun sehr einsam.

Er wurde wie gebannt angestarrt – vom Präsidenten, dann auch von dessen beiden Direktoren, die sich diesmal mehr hinter ihm plaziert hatten: ›das Pferd‹, also der Chef des Kriminalwesens; und dann ›die Eiche‹, zuständig für polizeiliche Sicherheit und Einsatz der bewaffneten Ordnungskräfte. Sie blickten fordernd erwartungsvoll.

»Wir hören!« rief der Präsident ermunternd.

»Das mit der sicheren Hoffnung«, meinte der Kriminaldirektor, überzeugt vorprellend, »daß Sie, Herr Keller, eben als einer unserer besten Männer, wenn nicht gar der allerbeste, überzeugende Resultate anzubieten haben.«

»Und zwar ohne jede mögliche Rücksichtnahme!« ergänzte der Polizeidirektor, standhaft beharrlich auf seine ›Reine-Tisch-Theorie‹ getrimmt.

Keller nickte. Dabei betrachtete er suchend den Fußboden – als erwarte er dort seinen Hund zu sehen; doch er sah nichts als einen dicken, strapazierten Orientteppich mit zertretenen Ornamenten. Danach blickte er zu diesen drei Großfassaden der polizeilichen Gerechtigkeit hin. Auch das nun bei ihm aufkommende Lächeln schien von unendlich ergebener Trauer überflutet.

»Meine Herren«, sagte Keller sodann, mit leiser, doch sehr deutlich klingender Stimme, »wenn ich Ihnen nunmehr einen Bericht meiner Untersuchungen im Hinblick auf Hauptkommissar Hubert anzubieten versuche, so darf ich doch wohl annehmen, daß Sie dabei diesbezügliche Einzelheiten gar nicht sonderlich interessieren.«

»Richtig erkannt, verehrter Keller!« bestätigte ihm der Kriminaldirektor unverzüglich. »Derartige Untersuchungen sind lediglich Routine. Material muß sein; doch allein entscheidend ist der daraus resultierende Tatbestand.«

»Und wie, bitte, sieht der aus?« wollte der Präsident dringend wissen.

»Hoffentlich überzeugend beweiskräftig – also unerschütterlich!« glaubte der Polizeidirektor knorrig zu bedenken geben zu müssen. »Allein darauf kommt es hier an!«

Keller blickte abermals abwärts, zum Mittelornament des Teppichs des Präsidenten hin, aber auch dort lag sein geliebter Hund nicht. »Ich nehme an, daß ich mich auf das Wesentliche beschränken darf. Und das sieht so aus: Einem Hubert ist nichts nachzuweisen! Also keine der gegen ihn vorgebrachten Anschuldigungen, Verdächtigungen, Anmaßungen. Keine. Was wohl, nehme ich an, das hierbei erhoffte Endergebnis ist.«

»Das ist es!« bestätigte ihm der Kriminaldirektor, wonnevoll schwer schnaufend – gleich einem Rennpferd weit vor allen anderen in der Zielgeraden. »Nichts anderes habe ich schließlich auch erwartet! Nichts wie hinein!«

»Wirklich unerschütterlich?« wollte die Eiche des Amtes wissen. »Also vollkommen – in allen erdenklichen Einzelheiten?«

»In restlos allen!« bestätigte Keller einfach.

»Kein Irrtum dabei möglich?«

»Keiner.«

Worauf nun der Polizeipräsident, unendlich erleichtert und nahezu umarmungsbereit ausrief: »Wenn uns das unser Herr Keller versichert, dann ist hier wohl weitgehendst alles geklärt. Denn ihm vertraue ich – wie hier kaum einem anderen sonst. Sie ja wohl ebenso, meine Herren. Womit ich also erfreut feststellen kann: In unserem Bereich ist einfach alles perfekt!«

Das schien es zu sein und wurde bereitwilligst akzeptiert. »Ich danke Ihnen, meine Herren!« rief der Präsident aus. Die Direktoren, Kriminalwesen und Ordnungspolizei, entfernten sich; in trauter Einheit, gleichsam Schulter an Schulter. Es wirkte geradezu harmonisch – war gewiß jedoch ein schnell vorübergehender Zustand.

Zurück blieben in diesem verwaschen-prunkhaft staatskanzleiartig ausgestatteten Raum der Polizeipräsident und sein ›großer, alter Mann‹. Sie betrachteten sich. Wofür sie sich Zeit ließen.

»Ich habe Ihnen sehr zu danken, verehrter Herr Keller!« versicherte dann der Präsident mit herzlicher Offenheit. »Es ist Ihnen da weit mehr gelungen, als lediglich den denkbar heikelsten Fall in meinem Bereich abschirmend aufzuklären. Dabei war sogar mein Amt in Gefahr!«

»Sie sagten das schon einmal, Herr Präsident«, meinte Keller lapidar. »Und ich habe dazu gesagt, daß wir das gar nicht gerne gesehen hätten.«

»Wie schön, Herr Keller. Jedenfalls bin ich Ihnen nicht nur dankbar, ich fühle mich vielmehr Ihnen gegenüber überaus verpflichtet. Falls Sie irgendeinen Wunsch, ein Verlangen, irgendeine Anregung haben sollten – bitte, lassen Sie es mich wissen. Wobei mir auffällt: Sie haben diesmal Ihren Hund nicht mitgebracht – wie geht es ihm?«

»Er lebt nicht mehr. Er ist vor wenigen Stunden verendet – rücksichtslos überfahren worden. Unmittelbar vor dem Präsidium. Von einer jener Typen, die nicht schnell genug durch ihr Leben kommen können.«

»Wie fürchterlich!« beeilte sich der Präsident anteilnehmungswillig zu versichern. »Sie dürfen mit meinem erklärten Mitgefühl rechnen. Doch immerhin – Ihr Hund war wohl schon sehr alt.«

»Was keine Entschuldigung für den ist, der ihn getötet hat.«

»Natürlich nicht, Herr Keller. Lassen Sie mich wissen, ob ich Ihnen irgendwie bei der Erledigung dieses Vorgangs behilflich sein kann. Etwa dann, wenn es sich dabei um eine Art Fahrerflucht gehandelt haben sollte. Ich würde unverzüglich das zuständige Dezernat mobilisieren. Oder falls Sie etwa einen Brief von mir an die betroffene Versicherung wünschen – den schreibe ich gerne.«

»Danke. Aber das erledige ich selbst.«

»Wie Sie wünschen, mein Lieber. Ganz wie Sie wünschen. Kann ich sonst noch was für Sie tun?«

»Einiges, Herr Präsident«, sagte Keller nun mit leiser Festigkeit. »Jetzt, da mein geliebter Hund nicht mehr lebt, droht meine Freizeit wieder unendlich groß zu werden. Ich könnte mich jetzt also weit mehr engagieren als bisher.«

»Für unser Amt?« fragte der Polizeipräsident, nicht ganz ahnungslos, aber doch erfreut. »Das würde mich, uns alle, sehr beglücken. Doch in welcher Hinsicht wirklich, bitte? Wie Sie wissen, brauchen Sie nur Ihre Wünsche zu äußern.«

»Ich wäre nunmehr bereit, jenes Angebot anzunehmen, das Sie und unser Kriminaldirektor mir immer wieder offeriert haben: die Übernahme einer Mordkommission. Kann ich damit rechnen?«

»Aber ja, ja! Ihre Bereitschaft dazu haben wir uns stets erhofft. Ihr Angebot wird also bereitwillig akzeptiert. Ich empfinde es als einen Glücksfall sondergleichen, nun endlich auch den wohl besten, genialsten Kriminalisten unseres Amtes voll wirksam einsetzen zu können.«

»Und Sie befürchten nicht, das jemals bereuen zu müssen, Herr Präsident?«

»Warum sollte ich das, mein lieber Herr Keller?« Der blinzelte vor sich hin, wie dem nun nicht mehr vorhandenen Hund auf dem Mittelornament seines Teppichs zu. »Denn ich glaube ziemlich genau zu wissen, was Sie damit letzten Endes beabsichtigen.«

»Das, Herr Präsident, traue ich Ihnen auch zu.«

Der Präsident fühlte sich erkannt, also gewürdigt – was um so erfreulicher war, als es durch einen Mann dieses Formates geschah. »Ich habe das aus Ihrem Bericht über Hubert ersehen. An den vermochten Sie nicht heranzukommen nach Lage der Dinge – aber an den wollen Sie herankommen! Und das läßt sich wohl eben nur ermöglichen, wenn Sie in seiner unmittelbaren Nähe tätig werden können. Nur dann entgeht Ihnen nichts – erst dann vermögen Sie ihn wirklich einzugrenzen; ihn, wenn es denn unbedingt sein muß, zu überführen. Und das scheint wirklich notwendig zu sein, wenn wir hier nicht unser Gesicht verlieren wollen.«

»Das haben Sie richtig erkannt, Herr Präsident. Gedenken Sie es darauf ankommen zu lassen?«

»Habe ich denn eine andere Wahl, Herr Keller?«

Er hatte keine.

Hans Hellmut Kirst
ein Meister des zeitgeschichtlichen Romans

Geboren wurde er 1914 in Osterode, Ostpreußen. Als Achtzehnjähriger trat er in die deutsche Reichswehr ein und blieb bis 1945 Soldat.

Nach dem Zusammenbruch erkannte er, der falschen Sache gedient zu haben. Er empfand ein »unausrottbares Schuldgefühl«. Nach seiner Entlassung aus amerikanischer Kriegsgefangenschaft arbeitete er tagsüber als Straßenarbeiter, Landwirt und Gärtner. Erst abends fand er Zeit, um zu schreiben. 1950 erschien sein erster Roman *Wir nannten ihn Galgenstrick.* Jedes Jahr folgte ein neues Buch: »Auf über zehntausend Seiten habe ich versucht, mit der deutschen Vergangenheit – und mit meiner eigenen – fertig zu werden. Der Schlüssel zu meinen Büchern ist die Empörung, die ich empfand, als ich erkannte, wie wir belogen worden waren.« 1954 erschien die Roman-Trilogie *08/15*, die Hans Hellmut Kirst Weltruhm einbrachte.

Die meisten seiner Romane spielen vor dem zeitgenössischen Hintergrund der Jahre 1933–45. Zentrales Thema ist die Bewältigung des Zweiten Weltkrieges. Mit großer Aufrichtigkeit und Betroffenheit beschreibt Kirst die Ereignisse. Eigene Kriegserlebnisse ziehen sich wie ein roter Faden durch sein Werk. Hans Hellmut Kirst erzählt direkt, ohne literarische Verbrämung. So erkennt sich ein Millionenpublikum in seinen realistischen, manchmal auch humorvollen Schilderungen wieder.

Der Schriftsteller Kirst versteht sich nicht als Künstler: »Ich bin wie ein Handwerker, ich halte mich jeden Tag an meine gewohnten Arbeitszeiten, da gibt's kein Faulenzen.«

Sein Handwerk, seine Disziplin beim Schreiben hat er als Film- und Literaturkritiker in der Feuilleton-Redaktion des *Münchner Merkur* gelernt. Auch heute noch unternimmt Hans Hellmut Kirst von Zeit zu Zeit Ausflüge in das journalistische Metier und gibt im ZDF profunde »Ratschläge für Kinogänger«.

Mit über 50 Büchern, die in 28 Sprachen übersetzt worden sind, und einer Gesamtauflage von mehr als 12 Millionen Exemplaren ist Hans Hellmut Kirst einer der meistgelesenen Romanciers der Nachkriegszeit. Zahlreiche Literaturpreise des Auslandes haben ihn gleichzeitig zu einem international erfolgreichen deutschen Schriftsteller gemacht.

Nach seinen literarischen Zukunftsträumen befragt, antwortet er: »Ich habe eigentlich immer im voraus gearbeitet. Ich weiß ungefähr, wie meine nächsten Bücher aussehen werden. Und ich weiß jetzt schon, wie mein letztes Buch aussehen wird. Das wird der Bericht über eine Figur sein, die meinem eigenen Leben entspricht, mit all meinen persönlichen Erfahrungen. Es soll eine symbolische Figur werden, die die ganze deutsche Geschichte erfaßt von 1914 bis heute.«

Verzeichnis der lieferbaren Titel
(Stand Dezember 1986)